民营经济与中国现代化

增订本

李济琛 著

民营经济与中国现代化，这是一个多学科的复合型课题。

华文出版社
SINO-CULTURE PRESS

图书在版编目（CIP）数据

民营经济与中国现代化／李济琛著．—增订本．—北京：华文出版社，2020.6
  ISBN 978-7-5075-5287-4

Ⅰ．民… Ⅱ．李… Ⅲ．①民营经济—经济发展—关系—现代化研究—中国 Ⅳ．①F121.23②D614

中国版本图书馆 CIP 数据核字（2020）第 064839 号

书　　名：	民营经济与中国现代化
标准书号：	ISBN 978-7-5075-5287-4
著　　者：	李济琛
责任编辑：	宋军占　雷　平
出版发行：	华文出版社
地　　址：	北京市西城区广外大街 305 号 8 区 2 号楼
邮政编码：	100055
网　　址：	http：//www.hwcbs.com.cn
投稿信箱：	sinoculturepress@yahoo.com
电　　话：	总 编 室 010-58336239　发行部 010-58336270
	责任编辑 010-58336192
经　　销：	新华书店
印　　刷：	三河市航远印刷有限公司
开　　本：	880×1230　1/16
印　　张：	35.5
字　　数：	575 千字
版　　次：	2020 年 6 月第 2 版
印　　次：	2020 年 6 月第 2 次印刷
定　　价：	68.00 元

版权所有，侵权必究

谨以本著作纪念

改革开放四十一周年

暨新中国成立七十周年

邓小平领导的改革开放从思想路线拨乱反正、正本清源开始。拨"左"之乱，正马克思主义基本原理之源和本。其首要即为恢复将生产力标准作为社会形态衡量的根本标准，并因此而得出中国现阶段是处于社会主义初级阶段的科学结论——并基于此，以解放生产力和发展生产力作为根本任务。也正是基于此，在正本的基础上"还原"老百姓即"民"作为社会主体，既是社会主义国家的主人，又是社会主义生产力的主体——解放和发展生产力，即解放和发展"民"，让人民中蕴藏的巨大的生产力能量充分释放出来，并创造性发挥作用——民营经济应运而生、迅猛发展也就成为历史的必然。

增订版前言

2019年3月下旬，我接到华文出版社编辑的电话，希望我将11年前出版的拙作《民营经济与中国现代化》增订，然后他们出版。

出版社的决定，是对拙作的充分肯定。对此，我甚感欣慰。

十余年来，读者向我索要本拙作的甚多。索要者不仅让我亲自署名，而且还尽可能地希望合影。

读者对拙作的喜爱，说明这样一个问题：民营经济在社会主义现代化中国建设中不仅居功至伟，而且不可或缺。

没有改革开放，就没有中国的今天。

11年前，拙作是为纪念改革开放30周年而撰写的。

当年，健在的第七届全国政协副主席、原国务委员、第十届全国人大常委会副委员长司马义·艾买提老人以73岁高龄欣然为拙作提笔作序。他老人家在其"序言"中高度肯定与赞赏拙作："诞生于改革开放大潮中的我国基本经济制度，与社会主义市场经济体制一起共同构成社会主义初级阶段中国经济建设的制度体系，是对马克思经济理论的重大创新，李济琛先生所著《民营经济与中国现代化》一书，对这重大创新做了深刻的理论论证与生动的形象阐述——这是我读完本专著后的第一个结论。"

司马义·艾买提老人家刻意指出："言其理论性很强，是因为包括马克思在内的马克思主义经典作家的书本上找不到，社会主义经济理论教科书上见不着，但在现社会改革与社会发展中又绕不开的既必要且重要的理性问题。言其实践性意义很重要，是因为没有他国（包括西方国家）的现存模式可资借鉴，而又实实在在地在中国大地上每时每刻都在生长着、发展着的社会现实存在。理论源于实践，又反过来指导实践，并在实践检验中进一步提升——《民营经济与中国现代化》一书体现了马克思主义基本原理——这是我的第二个结论。"

"民营经济之于中国，社会主义民营经济之于社会主义初级阶段中国的现代化，是一休戚相关的共生关系，这是本著作最具价值意义的研究成果——这是我的第三个结论。"

司马义·艾买提老人家充分赞赏：

"这是一本不可多见的值得一读的原创性著作。"

"我推荐这本书给广大读者，是因为我相信读者读完本专著会和我一样得出这样一个结论：'坚持社会主义基本经济制度，促进社会主义民营经济又好又快地发展'。"

司马义·艾买提作为国家领导人，对拙作如此高度的肯定与赞赏，除了对笔者的关怀与嘉奖之外，更为主要与重要的是对"坚持社会主义基本经济制度，促进社会主义民营经济又好又快地发展"这样一个历史性结论的坚定宣示。

拙作自2008年问世以来的十余年，民营经济的发展在暗流涌动中劈波斩浪奋勇且艰难地向前。

2018年11月1日，习近平总书记主持召开的民营企业座谈会，就是"艰难"的另一种宣示。

也正因为于此，笔者的第十九章"习近平新时代特色社会主义经济思想认识"是对习近平新时代特色社会主义思想的尝试性学习。

拙作也在这十余年中经受与接受劈波斩浪实践的挑战与检验。

作为一本理论与实践均与改革开放深化息息相关的专著，十余年后能被出版社决定增订再版，是中国特色社会主义基本经济制度的胜利。

现将新增加的必要说明的内容做一说明：

为尊重历史，第十八章第三节（包括在内）之前内容，尽量不做大的改动。增订内容始于第十八章第四节。

"中国特色"是不可避免的。作为次生型的市场经济体制，肯定不是原生型市场经济体制的翻版，这是创新的要求。就以原生型的发达国家而言，也不是完全的一个模式。美国的"后来居上"即本著作提到的"美洲公式"即是创新的产物，"东亚公式"的四小龙特别如日本、韩国的模式创新特色十足。就日本而言，其传统文化对现代化是贡献，是促进，而不是包袱。

就中国而言，我在坚定"市场在资源配置中起决定性作用"这一坚决"市场核心"基础的同时，对"政府调控"则在"民营经济二十字理念"中强调提出："背靠政府"这四个字的理念。我认定，短期必须存在的现实就必然面对，且必须坦然面对，或者叫"接地气"。经济建设不能太理想化。

中国经济在一个不太短的历史时期中，不可能离开政府这一中国特色。比如修高铁，中国政府说干就干，西方或其他任何国家均不可能。因为利益方太多，利益诉求太复杂。中国就两方：国家、企业。

"不太长的历史时期"到底是多长？

回答这个问题的关键是："政府行为"能否成为中国创新的主体内容。"集中力量办大事"的节点是如何把大事办好！办成功！要害是老百姓要能受益，增加获得感与幸福感！

于此，我将第二十一章《市场体制建设过程中的计划体制现实存在》与第二十二章《使市场在资源配置中起决定性作用》奉献给读者。我们中国，"政府"与"市场"四十余年来总是在"博弈"中！这种博弈的结果会不会是"零和博弈"呢？肯定不会是。中国人、中华民族的智慧不仅丰富，而且灿烂。尤其，这丰富且灿烂的智慧在其社会实践过程中已硕果累累。

拙作以"党建报告"结篇。为什么？"民企党建"是不折不扣的中国特色。作为数量甚少（一个省就那么几个）的民企党建研究员，我通过认真调研撰写的这篇报告，相信读者（特别是民营企业家读者）会有一定的心得。附上刘德华先生的《抓党建·促发展》短文一篇，以增本章色彩。

笔者力争在明年内出版"头顶阳光"20字诀的《阳光下的民营经济》一书，将对"20字理念"系统展开论述，以展示当今中国人勇于学习、善于学习的时代情怀。

最后，衷心感谢华文出版社！

以拙作纪念并告慰于2018年10月16日仙逝的司马义·艾买提副委员长：

"坚持社会主义基本经济制度，促进民营经济又好又快地发展！"

李济琛 2019年4月23日于四川大学

序　言

坚持社会主义基本经济制度，促进民营经济又好又快发展。

诞生于改革开放大潮中的我国基本经济制度，与社会主义市场经济体制一起共同构成社会主义初级阶段中国经济建设的制度体系，是对马克思经济理论的重大制度创新。李济琛先生所著《民营经济与中国现代化》一书，对这重大创新作了深刻的理论论证与生动的形象阐述——这是我读完这本专著后的第一个结论。

对于民营经济与中国现代化建设事业的关系认识，既是一个理论性很强的问题，又是一个实践意义很重要的问题。言其理论性很强，是因为包括马克思在内的马克思主义经典作家的书本上找不到，社会主义经济理论教科书上见不着，但在现实社会改革与社会发展中又绕不开的既必要且重要的理论性问题。言其实践性意义很重要，是因为没有他国（包括西方国家）的现存模式可资借鉴，而又实实在在地在中国大地上每时每刻都在生长着发展着的社会现实存在。理论源于实践，又反过来指导实践，并在实践检验中进一步提升——《民营经济与中国现代化》一书体现了这一马克思主义基本原理——这是我的第二个结论。

民营经济之于中国，社会主义民营经济之于社会主义初级阶段中国的现代化，是一体戚相关的共生关系，这是本著作的最具价值意义的研究成果——这是我的第三个结论。

这是一本不可多见的值得一读的原创性著作。

作为原创性著作，同理论创新一样，著作中的闪光点亦甚多。如同作者提出的"阳光下的资本""阳光下的剥削"一样，仅就"社会主义民营经济"一说，也是一个闪光点。

我推荐这本书给广大读者，是因为我相信，读者读完这本专著，会和我一样得出这样一个结论："坚持社会主义基本经济制度，促进社会主义民营经济又好又快地发展。"

　　是以为序。

第七届全国政协副主席

原国务委员

第十届全国人大常委会副委员长

司马义·艾买提

2008. 8. 16

目 录

导 论
——全力打造"中国公式","路漫漫其修远兮,吾将上下而求索" 1
一、问题的提出 1
二、上篇"理论篇" 3
三、中篇"历史篇" 10
四、下篇"现实篇" 15
五、结束语 20

上篇 理论篇

第一章 马克思关于人类社会发展三阶段(三文明形态)理论 25

第一节 马克思社会发展三阶段理论认识 25
　一、"三阶段理论"的函数认识 25
　二、"三阶段理论"的理性认识 27
第二节 马克思社会发展三阶段理论的相互关系认识 33
　一、自然经济文明与商品经济文明的更替 33
　二、第二阶段与第三阶段的更替 36
第三节 "三阶段"相互更替过程的实践认识 38
　一、"物的依赖关系"即商品经济文明是人类社会发展必经的社会文明阶段 39
　二、世界市场的形成使世界成为一个整体 41
第四节 后来居上:"后发优势""后发优势发展战略"及成功的"丁尼生公式"和"东亚公式"认识 42
　一、"后发优势""后发优势发展战略"及其成功的两个公式简介 42

二、"丁尼生公式"——原生市场经济国家形成的历史必然性认识 44
三、"东亚公式"——派生与次派生市场经济的典范 46
四、"中国公式"的伟大创造工程 47

第二章 市场经济 50

第一节 资本主义条件下的市场经济 50
一、借助王权，从自然经济向市场经济过渡 50
二、借助科学技术革命，确立市场经济的主体支配地位 52
三、借助经济全球化，实现国际垄断资本主义 53
四、作为物质基础——为新的阶段更替作充分准备 54
五、当代资本主义的发展 56

第二节 社会主义条件下的市场经济 58
一、社会主义经济理论发展的四个阶段 58
二、社会主义市场经济的特点 62

第三节 市场机制促进经济社会发展的优势认识 65
一、市场经济中的社会分工 65
二、市场经济中的价格机制 66
三、市场经济的竞争机制 67
四、市场经济中的激励机制 68

第三章 生产力理论 71

第一节 马克思、恩格斯的生产力理论 71
一、生产活动是一切历史的基本条件 71
二、一切历史冲突都根源于生产力和生产关系之间的矛盾 72
三、生产力理论把两个伟大的发现有机地联系到一起 73

第二节 生产力的两大社会功能认识 76
一、生产力是人类社会进步发展的根本推动力 76
二、生产力标准是人类社会形态衡量的根本标准 79

第三节 邓小平的生产力理论与中国处于社会主义初级阶段 81
一、对生产力社会形态衡量根本标准功能的运用与发展 81
二、对生产力社会发展根本动力功能的运用与发展 83
三、社会主义本质生产力界定的创新认识 84

第四章　资本幼芽在中国始终长不成参天大树的原因认识　87

第一节　两大水系文明与孔孟儒学相得益彰　87
一、两大水系是中华民族得天独厚的物质基础　87
二、孔孟儒学是与两大水系物质基础相适应的意识形态主体　89

第二节　中国封建制度的显著特征　92
一、三权鼎立的政治局面　92
二、土地的买卖制度　93
三、重农抑商政策　94
四、城市功能作用　96
五、"奴化"性质的八股取士制度　97

第五章　毛泽东、邓小平新民主主义经济思想概述　100

第一节　毛泽东新民主主义经济思想概述　100
一、新民主主义革命时期毛泽东新民主主义理论及其经济思想　100
二、新中国成立前后毛泽东新民主主义经济思想　104

第二节　邓小平新民主主义、经济思想概述　108
邓小平对新民主主义经济思想形成的贡献　108

中篇　历史篇

第六章　自然经济文明晚期的中国经济概述　117

第一节　自然经济的统治地位　117
一、中国封建社会自然经济的特点　117
二、中国封建社会的土地所有制形式及特点　118
三、租赋制度是封建剥削的主要形式　121

第二节　中国的资本主义萌芽　123
一、资本主义萌芽状况描述　123
二、农民家庭副业的商品率明显提高　126
三、国内市场的扩大和城市经济的繁荣　128

第七章　西方列强对中国的经济扩张　130

第一节　早期资本主义对中国的经济扩张　130
一、商品倾销和原料掠夺　130
二、早期的资本输出　133

第二节　甲午战争后列强加强对中国的资本扩张　135
一、西方列强对中国由以商品输出为主转变为以资本输出为主　135
二、列强在华投资的主要形式　137
三、西方列强对华投资的特点　140

第三节　西方列强对中国经济命脉的控制　143
一、西方列强对中国财政金融的控制　143
二、西方列强对中国国内外贸易的控制　144
三、西方列强对中国工矿、运输业的控制　145

第八章　中国民族资本主义经济和民族资本主义的产生和发展　149

第一节　开创中国现代化先河的洋务运动简述　149
一、洋务运动产生的历史背景特点　149
二、洋务运动的主要内容　150
三、洋务运动中民用工业具有明显的资本主义性质　152
四、洋务运动是催生先进生产力的革命运动　153
五、洋务运动的评价　154

第二节　中国商业资本主义的产生　155
一、资本主义商业的兴起　155
二、中国商业资产阶级的产生　157
三、商业资本向产业资本的转化　159

第三节　中国民族产业资本主义的产生　160
一、洋务运动催生民族产业资本主义的产生　160
二、中国民族产业资本主义的资本来源　162
三、中国第一代资本家阶级的形成　164
四、中国民族产业资本主义的主要产业领域　165

目 录

第九章 中国民族产业资本主义的发展 168

第一节 中国民族产业资本主义的发展 168
一、中国民族产业资本主义的初步发展 168
二、中国民族产业资本主义的进一步发展 171

第二节 中国民族产业资本主义获得发展的原因和特点 173
一、民族产业资本主义获得快速发展的原因 173
二、中国民族产业资本主义发展的特点 175
三、资本集中和资本集团的产生 177

第三节 民族资本主义发展的政府支持举措 179
一、甲午战争后清政府的支持举措 179
二、北洋政府的支持举措 183

第十章 国民党执政时期的民族资本主义发展状况 188

第一节 第二次国内革命战争时期的民族资本主义发展状况 188
一、南京国民政府与江浙财团的"蜜月"时期 188
二、南京国民政府的经济政策 189
三、民族资本主义经济的发展 192
四、民族资本主义经济发展的特点 193
五、民族资本主义产业资本估计 194
六、民族资本主义企业资本"三低一高"现象 195
七、金融资本与产业资本的组合 197

第二节 抗日战争时期的民族资本主义经济状况 198
一、民族资本主义工业大迁徙 198
二、战时统制经济政策 201
三、国统区民族资本主义经济的兴衰 204
四、沦陷区民族资本主义企业遭受空前劫难 206
五、官僚资本对私人资本的掠夺 209

第三节 第三次国内革命战争时期的中国民族资本主义经济 211
一、经济"劫收"与"五子登科" 211
二、民营中小企业举步维艰 214
三、空前绝后的"金圆券危机" 219

四、蒋经国上海打虎　220
　　　五、民营企业生存状况　225

第十一章　建立新民主主义经济秩序，建设新民主主义国家　229

　第一节　建立新民主主义经济秩序的指导思想和纲领　229
　　　一、新民主主义国家制度的确立　229
　　　二、新民主主义国家的经济建设总方针的确立　231
　　　三、《共同纲领》反映的经济思想　235
　　　四、《共同纲领》为什么没有把社会主义作为前途写进去的理性认识　235
　第二节　建立新民主主义经济秩序的举措　237
　　　一、没收官僚资本　237
　　　二、对官僚资本企业进行改革　237
　　　三、打击投机资本，稳定市场物价　238
　第三节　促使财政经济的根本好转，建立新民主主义经济秩序　241
　　　一、恢复国民经济的战略和策略　241
　　　二、合理调整工商业　243
　　　三、全国土地改革完成　244

第十二章　毛泽东的社会主义过渡理论与过渡时期总路线　248

　第一节　毛泽东的社会主义过渡理论　248
　　　一、毛泽东关于"过渡"理论　248
　　　二、新民主主义社会是向社会主义社会过渡的历史时期　249
　第二节　对过渡时期总路线的认识　251
　　　一、社会主义革命的复杂、艰巨程度远远超过新民主主义革命　251
　　　二、新民主主义理论是毛泽东思想的伟大创新　251
　　　三、毛泽东确立过渡时期总路线　252
　　　四、毛泽东提出"可以消灭了资本主义，又搞资本主义"的论断　254
　　　五、"中国要几十年才能将穷鬼送走"　255

第十三章　三大社会主义改造　258

　第一节　对农业的社会主义改造　260
　　　一、毛泽东对中国农民和农业的认识　260

二、农业社会主义改造的概述 262

第二节 对手工业和资本主义工商业的社会主义改造 263

一、对手工业的社会主义改造 264

二、对资本主义工业的社会主义改造 266

三、对资本主义商业的社会主义改造 270

四、生产资料私有制的社会主义被改造完成 273

下篇　现实篇

第十四章　中国所有制结构市场化基础奠定历程 277

第一节　家庭联产承包责任制和人民公社寿终正寝 277

一、家庭联产承包责任制 277

二、"人民公社"寿终正寝 280

三、中共中央终止"农业学大寨运动" 282

第二节　中国民营经济再生与发展 284

一、落实原工商业的政策 284

二、民营经济再生 287

三、民营企业发展 289

第三节　外资经济落户中国 292

一、外资经济起步 293

二、创办经济特区 293

第十五章　中国所有制结构市场化改革成形过程 297

第一节　私营企业补充地位的确立与政治风波引起的私营经济大滑坡 297

一、公有制为主体 297

二、"私营经济是社会主义公有制经济的补充" 299

三、私营经济大滑坡 299

第二节　邓小平南方谈话和中共十四大 302

一、邓小平南方谈话与中国民营经济大发展 302

二、中共十四大与民营经济大发展 305

第三节　中国所有制结构市场化成形速度加快　307
　　一、公有制为主体的多种经济成分共同发展格局的形成　307
　　二、民营经济快速发展　309
　　三、中国所有制结构市场化成形速度加快　312

第十六章　中国所有制结构市场化改革基本成形　320

第一节　中国基本经济制度的确立　320
　　一、中共十五大政治报告关于经济体制改革的主要内容　320
　　二、《中华人民共和国宪法》部分内容的修改　323
　　三、相关法律和政策的陆续制定　324

第二节　从制度安排上强化中国所有制结构市场化体系　325
　　一、中共十六大的相关制度举措　325
　　二、《经济体制若干问题的决定》　327
　　三、通过《中华人民共和国宪法修正案》　328
　　四、国务院颁布《关于鼓励支持和引导个体私营等非公有制经济发展的若干意见》　329

第三节　十七大对中国所有制结构市场化的肯定和进一步的制度强化　330
　　一、对改革开放充分肯定　330
　　二、完善社会主义市场经济体制是实现国民经济又好又快发展的重要保障　332
　　三、拓展对外开放广度和深度，提高开放型经济水平　335

第十七章　民营经济强力推进中国现代化建设事业　338

第一节　民营经济对中国特色社会主义"四大建设"的贡献　338
　　一、民营经济对经济增长和经济发展的贡献　338
　　二、对和谐社会建设的贡献　344
　　三、对体制改革的贡献　350
　　四、对中国企业"走出去"的贡献　354

第二节　民营经济当事人是社会主义国家的主人翁和建设者　354
　　一、民营经济当事人是社会主义国家的主人翁　354
　　二、民营经济当事人是社会主义事业的建设者　358
　　三、所有制结构市场化改革见成效　364

第三节　民营经济是民生建设的主体内容　365
　　一、民营与国有——一枚硬币的两个方面　365
　　二、民营与民生——社会和谐发展的两个方面　369

第十八章　完善基本经济制度，健全现代市场体系　376

第一节　坚持和完善基本经济制度　376
　　一、以公有制为主体　376
　　二、多种所有制经济共同发展　381
　　三、毫不动摇地鼓励、支持、引导非公有制经济发展　382
　　四、非公有制经济发展的可控性认识　384

第二节　健全现代市场体系，发展生产要素市场　386
　　一、现代市场体系构成　386
　　二、强化劳动力市场建设　388
　　三、改革户籍管理制度　392

第三节　强化民营经济"基础工程"的资本市场健康发展　393
　　一、中国资本市场概况　394
　　二、中国资本市场的基本特点　396
　　三、强化中国资本市场规范发展　399

第四节　国务院促进中小企业发展小组召开第一次会议　402
　　一、面临挑战，着力解决民营经济中小企业面临的突出问题　402
　　二、会议对中小企业的高质量发展提出了明确要求　403
　　三、身家性命押注给企业的中小企业家　403
　　四、中国不能没有中小企业　404

第十九章　习近平新时代中国特色社会主义经济思想认识　405

第一节　抓住百年未有大变局机遇，紧扣重要战略机遇新内涵　405
　　一、百年未有之大变局　405
　　二、紧扣重要战略机遇的新内涵　409

第二节　"经济体制改革必须以完善产权制度和要素市场化配置为重点"　411
　　一、完善产权制度是政治体制改革的经济学诉求　412
　　二、完善保障产权是产权制度有效的基础　412

三、混合所有制改革是完善产权制度的契机　413

第三节　毫不动摇坚持和完善社会主义基本经济制度　415

一、"是中国共产党确立的一项大政方针"　415

二、"是中国特色社会主义制度的重要组成部分"　415

三、"也是完善社会主义市场经济体制的必然要求"　417

第四节　"民营经济要走向更加广阔的舞台"　417

一、就支持民营企业发展提出六个方面（减轻企业税负，解决民企融资难、融资贵，营造公平竞争环境，完善政策执行方式，构建亲清新型政商关系，保护企业家人身和财产安全）的政策举措　418

二、新常态既是挑战，也是机遇，民营经济大有可为　420

第二十章　创新是企业的灵魂　425

第一节　第四次工业革命的灵魂是创新　425

一、这是一个创客的时代　425

二、第四次工业革命正在到来　427

三、第四次工业革命的特征　428

四、小微企业如何才能活下来　431

五、"再工业化"　433

第二节　创新弄潮儿　435

一、"华为现象"　435

二、任正非的开放思想与危机思维　439

三、"芝麻开门"　441

第三节　民营企业创新的困惑与困境　443

一、文化的困惑　443

二、体制的困境　445

三、创新体制之己见　446

第二十一章　家族企业与"富不过三代"　448

第一节　家族企业概述　448

一、什么是家族企业　448

二、家族企业的特点　450

第二节　家族企业治理　454
　　一、家族企业的治理机制　454
　　二、"家训文化"　457

第三节　"富不过三代"　461
　　一、魔咒形成的内因认识　461
　　二、魔咒形成的外因认识　463
　　三、"富不过三代"的魔咒破解　468

第二十二章　市场体制建设进程中的计划体制现实存在　472

第一节　资源稀缺性和人的需求无限性认识　472
　　一、资源稀缺性的最简单认识　472
　　二、人的需求无限性的最简单认识　473

第二节　资源的稀缺与人的需求不可满足的矛盾调控认识　474
　　一、人类历史就是资源与需求间解决的过程　474
　　二、资本主义是解决资源与需求关系的里程碑时代　474
　　三、资本主义不是资源与需求关系矛盾解决的最后阶段　475

第三节　稀缺的资源通过公权力配置是产生腐败的根源　476
　　一、公权力配置资源认识　476
　　二、公权力配置资源导致腐败案例简介　478

第二十三章　使市场在资源配置中起决定性作用　484

第一节　制度是社会公平正义的重要保证　484
　　一、"制度是社会公平正义的重要保证"　484
　　二、决定国家竞争力的核心是制度安排　485
　　三、从"效率优先兼顾公平"到"兼顾效率和公平，更加注重公平"　485
　　四、以促进社会公平正义、增进人民福祉为出发点与落脚点　486

第二节　使市场对资源配置起决定性作用　487
　　一、实践是检验真理的唯一标准　488
　　二、市场决定性作用认识　488

三、市场决定性作用认定的现实性意义认识 488

四、正确认识市场作用和政府作用的关系 491

第三节 市场决定性作用的时代特征和针对性特点认识 492

一、市场在资源配置中起决定性作用具有与时俱进的鲜明时代特征 492

二、市场在资源配置中起决定性作用有强烈的现时针对性 493

第二十四章 阳光下的民营经济 495

第一节 头顶阳光 495

一、阳光即社会主义初级阶段中国的法制与法治 495

二、阳光下的利润 496

第二节 背靠政府 498

一、中国政府的职能功能定位 498

二、中国政府的现有经济职能 499

三、背靠政府 500

第三节 面向市场 504

一、实践是认识的来源和认识发展的动力 504

二、建设统一开放、竞争有序的市场体系，是使市场在资源配置中起决定性作用的基础 505

三、离开市场，你将什么也不是 506

四、亚当·斯密的历史性贡献 506

第四节 握手金融 508

一、金融的本质 508

二、金融与经济的辩证关系认识 510

三、金融在现代经济中的核心地位 511

四、握手金融 512

第五节 高擎科技 516

第二十五章 党组织建在商会是党建新路子 517

第一节 中共成都江津商会党组织建立过程介绍 517

一、成都江津商会概况 517

二、中共成都江津商会党组织建立建设概况 517

三、中共成都江津商会党组织建立建设发展详情　518

第二节　中共成都江津商会党组织四大建设与发展　519

　　一、思想建设　520

　　二、组织建设　522

　　三、作风建设　524

　　四、纪律建设　526

第三节　会员企业、员工与商会党总支荣辱与共、风雨同舟　527

　　一、新老党员与党员企业家的无私奉献精神和先锋模范作用　527

　　二、企业出资人为党组织发挥作用提供保障　528

　　三、党员履行社会责任，起到良好的带动作用　529

　　四、增加国家税金，逐步提高员工工资福利，改革红利让人民安享　530

　　五、结束语　531

附：抓党建·促发展　533

　　一、基本情况　533

　　二、商会统战工作的重要性　533

　　三、我们所做工作有如下几点　534

主要参考书目　536

后　　记　539

导 论

——全力打造"中国公式","路漫漫其修远兮,吾将上下而求索"

一、问题的提出

民营经济与中国现代化,这是一个多学科的复合型课题。

研究我国民营经济与我国现代化建设的关系,是笔者多年来的一个愿望。特别是我担任四川大学非公有制经济研究所负责人以来,这个愿望就更加强烈——尤其,随着岁月的流逝,两鬓霜雪的加重,这个愿望已不再是情绪和情感的冲动——如何以马克思历史唯物主义作指导,如何以近代以来世界经济社会发展的事实为背景,如何以中国近代经济、社会发展演变的实际为依据,理论联系实际地来研究我国民营经济与我国现代化进程的关系,来厘清二者之间的脉络,来探讨中国经济社会发展的规律?这已经是我作为一名党员学者的责任和使命。这个责任和使命,是改革开放这个时代赋予我的。

在世界现代化进程的400年间,中国先后错失了多次重大历史机遇,付出了极其巨大和惨重的代价。这几百年间,中国从世界经济中心、经济强国被迅速边缘化、被迅速弱国化,乃至第三世界化。中国GDP从1820年世界份额的33%到1978年的1%;如按当年价国际美元计算,中国1990年的GDP占世界份额的1.6%,而美国则为26.4%。①当工业革命和新技术革命以雷霆之势改变欧洲和美洲乃至澳洲经济的躯体和灵魂的时候,我们中国还沉睡在"中央帝国"的迷梦里。在过去的400年间,西方列强为世界历史贡献出后发优势发展战略成功的"丁尼生公式":50年=1000年,即西方国家在17、18世纪里因为学习并创新东方,尤其是中国自然经济文明成果而用每50年时间走完中国曾经用1000年走过的历程(50年=1000年);20世纪下半叶,东亚的"四小龙""四小虎"为世界又贡献出一个后发优势发展战略成功的"东亚模式"(笔者认定其为"东亚公式"):30年=300年,即东亚国家(除中国)通过学习西方发达国家文明成果并创新用20世纪下半叶的30年时间走完西方国家花了300年走完的现代化历程。十分遗憾的是这两大公式,都与我们中国无缘!

在过去几百年间,世界中心从东方转移到西方。在新世纪里,世界中心还会转移,机会正在向我们招手。通过40余年的改革开放,中国正在发生历史性的巨大变革。巨大变革的根本性保障是中国共产党的坚强领导,是中国特色社会主义制度的优越性体现。正如习近平总书记在中共十九届四中全会报告中指出的那样:"中国特色社会主义制度和国家治理体系是以马克思主义为指导、植根中国大地、具有深厚中华文化根基、深得人民拥护的制度和治理体系,是具有强大生命力和巨大优越性的制度和治理体系,是能够持续推动拥有近十四亿人口大国进步和发展、确保拥有五千多年文明史的中华民族实现'两个一百年'奋斗目标进而实现伟大复兴的制度和治理体系。"

中华民族的伟大复兴。复兴,这在当今世界上,只有很少几个国家能够使用这个概念,而最有资格使用的就是我们中国。我们曾经领先世界,但我们近几百年却落后了,而且落后得十分茫然,也十分悲壮!但是,今天,我们正在重新崛起!在邓小平理论指导下,在中国共产党领导下,用我们的智慧、用我们的劳动、用我们的爱国主义精神为人类世界贡献伟大的"中国公式"。

习近平总书记在中共十九届四中全会报告中指出:坚持公有制为主体、多种所有制经济共同发展和按劳分配为主体、多种分配方式并存,把社会主义制度和市场经济有机结合起来,不断解放和发展社会生产力的显著优势。因此,从市场经济体制建设的角度来研究中国经济社会发展进程中现实的新情况和新问题,来学习和研究马克思的经济思想,来借鉴当代西方经济学成果,就已经有了一个很好的平台和空间。而且,从新的认识角度所获得的研究成果,又可以被运用来促进社会主义市场经济体制的进一步强化和发展。这一历史逻辑关系的形成,是邓小平改革开放、建设中国特色社会主义现代化国家的思想与实践的结果,是习近平新时代中国特色社会主义经济思想与实践的结果。

龚育之先生揭示出的小平同志关于中国经济体制改革与执政党端正思想路线之间关系的论述甚为深刻,被笔者视为本著作的门径:"小平同志的论述,最重要、最给人以启发的,还不在于那些论述的细节,而是在于他把市场经济的认识问题,同端正思想路线的问题,紧密地联系起来。贯穿在他的有关论述中的一条红线,就是强调必须坚持解放思想、实事求是的马克思主义思想路线。"只有遵循这样的思想路线,才能找到正确解决对市场经济的认识问题的门径。

二、上篇"理论篇"

要系统研究中国民营经济与中国现代化的关系问题，首先需要解决的就是民营经济与市场经济的关系问题。从世界经济史的角度来看，民营经济既是市场经济诞生的催生体，又是市场经济得以形成与发展的主体。因此，民营经济的研究，首要的问题就是市场经济的研究。这就必须研究并回答：市场经济体制为什么能推动近几个世纪以来的世界经济社会的发展与进步？社会主义市场经济体制建设为什么是建设中国特色社会主义强大国家经济道路的必然选择？为什么以公有制为主体、多种所有制经济共同发展的基本经济制度是我党对马克思社会主义经济理论的创新？对于这些问题的研究与回答，就构成了本著作的上篇"理论篇"。

如何摒弃教科书语言来分析、研究、认识市场经济，还原市场经济和市场经济体制的本来面目？这不仅仅是个理论问题，更是一个关系到对人类发展历史与现实及未来如何把握的重大实践问题。当然，其还是关于在中国建立社会主义市场经济体制与社会主义现代化建设事业成败的生死攸关问题。西方社会传统的观念是把市场经济体制等同于资本主义制度，因此把市场经济体制的对外输出作为一种对外扩张的强有力工具运用，使包括苏联、东欧在内的一系列社会主义国家把市场取向的改革等同于资本主义取向的改革而搞资本主义。同时，形成很多发展中国家为了获得发达国家的外援而被迫输入"市场经济唯资本主义制度论"的发展方案，而不得不搞资本主义的社会现实。社会主义传统观念亦是把市场经济与社会主义对立起来，认为社会主义制度的巩固与发展就必须人为地限制与逐步消灭商品货币关系，消灭市场经济。这种"市场经济非社会主义论"与西方社会的"市场经济唯资本主义论"，尽管从阶级的观点来看存在本质的区别。但是，在对市场经济、资本主义和社会主义三者关系的看法上却是一致的。从世界共产主义运动史、从世界社会主义运动史来审视，除列宁、邓小平外几乎所有马克思主义经典作家、所有社会主义国家莫不如此。在中国，即使已经经党的十四次全国代表大会一致通过且形成党的决议，并成为国家意志的将社会主义市场体制建设作为社会主义经济体制改革的目标，也还有少数理论工作者，尤其是那个被邓小平在南方谈话中指出的所谓"个别理论家"，至今仍喋喋不休地坚持"市场经济唯资本主义论"。尤其，因为改革中出现的诸如教育体制、医疗体制和住房体制改革的一系列新的问题，致使少数人怀疑改革的社会主义取向。

因此，从理论上廓清市场经济与人类经济社会进步的关系问题，进而认识与把握在中国如何利用民营经济推进中国社会主义现代化建设事业，就显得十分重要和必要了。

本著作以马克思历史唯物主义作指导，以发展的观点探讨市场经济从何而来，现为何物，处于何阶段，向何方发展；当代社会主义和资本主义为何会同处一文明形态，二者又如何竞争，又如何协调。

本著作以马克思的社会发展三阶段理论作为基础理论和基本工具。

作为基础理论，是因为马克思的社会发展三阶段理论是马克思历史唯物主义的理论构成基础。马克思在其《政治经济学批判（1857—1858年草稿）》里明确地把人类社会的发展过程划分为三大社会形态。马克思指出："人的依赖关系（起初完全是自然发生的），是最初的社会形态，在这种形态下，人的生产能力只是在狭窄的范围内和孤立的地点上发展着。以物的依赖性为基础的人的独立性，是第二大形态，在这种形态下，才形成普遍的社会物质交换，多方面的需求以及全面的能力的体系。建立在个人全面发展和他们共同的社会生产能力成为的社会财富这一基础上的自由个性，是第三个阶段。"② 在这里，马克思对人类社会发展过程的阶段性划分，绝不是基于道法、伦理和情感因素，而是基于同类型生产力所形成的社会关系的最基本、最本质、最一般的表现形式，以及由这两者决定的个人的自由发展程度。也就是说，马克思是以同类型生产力所形成的社会关系的最一般表现形式，以及由这两者决定的个人自由发展度为标准来划分社会发展阶段的，是对人类社会发展过程中，社会关系演变的高度抽象和高度概括的结果。正是基于此，人们才能得出，正是从市场经济内部发展起来的新的生产力和生产关系，才能使商品货币关系自然消亡的结论。因此，发展市场经济（在市场经济的进步功能尚未发挥完全的前提下），而不是人为地消灭市场经济，才是中国现实的社会主义初级阶段社会发展战略和经济发展道路的必然选择。

作为基本工具，是因为从历史的、发展的、动态的观点来研究市场经济，马克思的社会发展三阶段理论是十分有效和不可替代的。马克思的社会发展理论包括社会发展五形态理论（原始共产主义社会、奴隶社会、封建社会、资本主义社会和社会主义社会）和社会发展三阶段理论（人的依赖关系、物的依赖关系和"个人全面发展"），前者是从生产关系的角度来划分，后者是从社会关系的角度来划分。作为认识和分析社会发展过程的方法论，马克思社会发展理论所包含的这两个方面是互为补充和不可分割的。在过去很长的时期里，社会主义国家的人们无意或有意地忽视了马克思的社会发展三阶段理论，而仅仅根据马克思的社会发展五形态理论，来认识和分析人类社会发展过程与进程。加之错误地把现实的社会主义社会等同于马克思所设想的社会主义，从而误认为现实的社会主义社会比与它同时存在的资本主义社会高出或胜出一个历史时代甚至历史阶段，并由此提出了很多不切实际、大大超越现实的社会主义实践的目标任务和发展战略，从而使社会主义实践发生重大失误，乃至于使社会主义变得苍白而失去活力。本著作以马克思社会发展三阶段理论作为基本的认识工具，是恢复马克思社会发展理论的本初面目。也是在运用马克思的社会发展五形态理论来分析、认识现实的中国是处于社会主义初级阶段的社会主义，能处处以马克思的社会发展三阶段理论为基础性认识前提，这样，就能帮助我们正确无误地理解与认识到现实的处于社会主义初级阶段的中国社会，虽然在社会制度形态上处于社会主义，但在人类文明阶段上与当代资本主义社会却是同处于人类社会发展的第二大阶段即"物的依赖关系"阶段，也即商品市场经济文明阶段，从而也就会把中国社会主义建设的实践目标、根本任务与战略战术能动地限制在商品经济文明阶段所能解决的范围内，并进而能够在把握规律的基础上去主动、能动地运用规律，创新制度，更能自觉地利用好包括发展民营经济在内的一切经济形式和经济手段来建设好有自己特色的现代化的社会主义国家。

　　借助马克思社会发展三阶段理论作为本著作的基础理论和基本工具，笔者在理论篇中还就生产力理论作了专章论述。众所周知，马克思的生产力理论是其创立的历史唯物主义的基础之一，是马克思科学社会主义区别于空想社会主义的标志性因素之一。空想社会主义为什么是空想，科学社会主义为什么是科学？二者的分界线或曰临界点就是生产力理论。空想社会主义有消灭阶级、消灭私有制、消灭剥削，实现人人劳动、人人享受劳动成果的社会主义大同理想。但是，空想社会主义没有生产力，没有生产力发展水平的高度解放与发展作为社会主义的根本性基础，其物质财富根本无法满足这个社会主义制度下广大人民群众日益增长的物质文化需要；这个社会主义是穷社会主义。而穷社会主义不符合人性，不能满足人们的物质文化攀升的需求，就只能在理论和思想上以"禁欲主义"来约束人们；同时，穷社会主义因物质财富匮乏，在分配制度上就不得不推行"平均主义"。而"禁欲主义"和

"平均主义"这两种思想武器,不仅不是社会主义的思想武器,相反却是社会主义的敌人——封建主义的思想武器。空想社会主义者沦落到利用封建主义的思想武器来批判资本主义,这是马克思对空想社会主义的尖锐与愤怒的批判之一。马克思创立的科学社会主义,是对空想社会主义思想形态中科学成分的继承,却是在批判基础上的继承,其批判之一就是对其思想武器"禁欲主义"和"平均主义"的批判,其批判武器则是他所创立的唯物史观,而唯物史观的基础性理论则是生产力理论。马克思的科学社会主义之所以是科学,正如高放先生所说,就在于"批判了空想社会主义的唯心史观和各种不切实际的空想体系,在唯物史观和剩余价值理论的基础上揭示了社会主义的一系列科学原理"。③马克思的生产力理论,在"文化大革命"中遭到那些假马克思主义理论家(如陈伯达、张春桥等)的篡改与批判。改革开放以来,通过拨乱反正,生产力理论得到广泛运用,特别在邓小平理论体系中得到大发展。笔者在拙作《继承与发展——邓小平理论研究》中对邓小平生产力理论中的"两大社会功能"作了专节研究,并将其成果运用到本著作中,特别就"生产力的社会形态根本标准评价评判功能"作了强调。笔者在本著作理论篇中就生产力理论专章研讨,就"生产力社会形态根本标准评价评判功能"特别强调,中国的社会主义制度自1956年被宣布建立起来后的二十几年,毛泽东总是在生产关系上把握社会主义,建设社会主义。这就不但不能实现他老人家强大国家、富裕人民、造福人类的理想,反而还继续拉大了中国同西方国家的差距,乃至"以阶级斗争为纲",通过"文化大革命"而造成"浩劫"。对此,邓小平尖锐地指出:"搞社会主义,一定要使生产力发达,贫穷不是社会主义。我们坚持社会主义,要建设对资本主义具有优越性的社会主义,首先必须摆脱贫穷。现在虽说我们也在搞社会主义,但事实上不够格。只有到了下世纪中叶,达到了中等发达国家水平,才能说真搞了社会主义,才能理直气壮地说社会主义优于资本主义。"④邓小平衡量中国现阶段社会主义合格与否的根本标准就是生产力,这是对马克思主义生产力理论的科学运用与重大发展。其科学运用指运用生产力社会形态根本评价评判标准来衡量中国现阶段的社会主义形态,明确指出我们搞了几十年的社会主义"不够格",这不仅需要理论勇气,而且需要实事求是的思想品质和大无畏的无产阶级革命家气魄。其重大发展指我们搞的社会主义既然不够格,那我们就全力以赴地把社会主义搞够格。在创造性地提出中国现阶段处于社会主义初级阶段理论的同时，把解放和发展生产力作为社会主义搞够格的根本任务。在社会主义初级阶段的中国，如何把我们坚持的社会主义"搞够格"？那就必须大力解放和发展社会主义生产力。如何才能大力解放和发展生产力？那就必须坚持在以公有制经济为主体的前提下，大力发展民营经济——正如习近平总书记在中共十九大报告中指出的："毫不动摇地鼓励、支持、引导非公有制经济发展。"

为什么民营经济能加速社会主义生产力的解放和发展？这就是本著作"理论篇"中的第二章"市场经济"需要研究和回答的问题。笔者在马克思社会发展三阶段理论认识即第一章中明确提出，当前的社会主义初级阶段中国，在社会制度形态上处于社会主义，但在人类阶段文明形态上同当代资本主义社会同处于"物的依赖阶段"即商品市场经济文明阶段。那么，这一文明形态下的市场经济体制、机制于解放和发展社会主义生产力就十分重要和必要。同时，由于社会主义市场经济又属于派生或次派生市场经济，因此，如何运用其原生市场经济机制和体制来解放和发展社会主义初级阶段的生产力就成为自然历史的逻辑性选择，这种选择的结果就是民营经济的大发展。

市场经济文明阶段的不可逾越性，使我们必然选择社会主义市场经济体制作为我国经济体制改革的目标。而市场经济的原生形态又使我们必须选择民营经济作为社会主义公有制经济的结合体来加速社会主义中国生产力的解放和发展。这两个选择结果，都是经济社会发展规律性的体现，不是领袖个人意志的强加。笔者在"理论篇"中借助"丁尼生公式"和"东亚公式"来展示近代世界市场经济文明的两大阶段性文明成就与成果，企图将复杂的世界经济发展不平衡理论形象化、简单化和直观化，同时更有启发性和认识性意义。是的，人类社会市场经济文明诞生以来所解放和发展的生产力成就十分巨大，所创造的物质财富总量加权式地成倍增加，具有如马克思、恩格斯在其《共产党宣言》中指出的"如魔术师那样"的"魔力"。值得我们深思的是，"丁尼生公式"时代，崛起的西方世界是以中国创造的自然经济文明为其基础，而我们却在阶段性文明顶峰上昏睡了数百年；而当西方列强踩到我们的肩上乃至头上超越我们，反过来用创新出来的新文明即商品经济文明猛烈敲打我们时，我们还把新文明视为异端邪说；而在付出极其沉重与昂贵的代价，在被西方"猛烈敲打"的过程中，我们还几乎"睡死"过去！中华民族迎接新文明的挑战历程何其惨痛，其代价何其剧烈！

▶ 民营经济与中国现代化

是的,作为新文明的商品经济文明,相对于被取代的自然经济文明,是进步的文明。而且这种文明一经诞生与确立,就以不可阻遏的摧枯拉朽之势"把一切民族甚而最野蛮的民族都席卷到文明之中来了";"它按照自己的面貌为自己创造出一个世界"。⑤但是,不可否认的是,历史地出现的商品经济新文明在资本主义条件下表现出的若干亚文明特征而被深深地烙上了早期资产阶级贪婪、冷酷与掠夺成性的印记。这就使这种文明在其诞生、发展和形成的历史进程充满血腥和火药味。当然,这也就迫使一切被席卷进来的民族不得不遭受远远超过那些原生型市场经济化国家的人民所曾遭受的巨大苦难——中国,就是这样一个很有典型意义的国家。

中国,我们的祖国,一个曾经创造自然经济文明辉煌顶峰的国家,一个曾经居于世界的中心,曾经领先世界,曾经引领世界长达一千多年的自然经济文明古国。但是,近代以来,却被迅速地边缘化了——这样,就有两个问题必须提出并回答。

第一个问题,我们中国被谁给边缘化了?答案有二:一是被西方列强,后来居上的西方列强;另一个是我们自己,是我们自己把自己给边缘化了。

第二个问题,我们中国为什么会被边缘化?答案有一:我们创造了自然经济文明("人的依赖阶段")这个阶段性文明顶峰,却错误地以为这个顶峰已经是人类文明历程的终极顶峰而躺倒在这个阶段性文明顶峰上做起了中华大帝国的迷梦。

还在我是一个小学生的时候,老师就讲过,18世纪法国的拿破仑说中国是一头睡狮,现在正在昏睡。而且,拿破仑还警告世界:谁也不要企图去惊醒这头睡狮,因为这头睡狮一旦醒来,必将震动整个世界。

在我已经是一个大学教师的时候,我从资料上得知,20世纪80年代经济学诺贝尔奖获得者萨缪尔森针对中国说过,近几个世纪以来中国始终在左冲右突地努力寻求崛起的经济发展道路,但又始终未能找准这条道路;如果一旦找准,这个国家再度崛起将是世界任何力量也无法遏制的。

拿破仑与萨缪尔森,一个是政治家,军事天才;一个是经济学家,社会天才。两个人相距几乎两个世纪,针对同一个中国,却做出了几乎同样的历史性判断。这难道是一个历史的巧合与偶然吗?

在我成为一个学者的时候,又是这个萨缪尔森向世界宣布,中国终于找准了自己再度崛起的经济发展道路:那就是市场经济道路。

导 论

而这一年,是邓小平发表南方谈话的1992年,是我们党的十四次全国人民代表大会将社会主义市场经济体制改革作为中国经济体制改革的目标写进党的代表大会决议的1992年。

正是这一年,通过邓小平的南方谈话和中共十四大,中国的经济发展轨迹才真正融入了世界经济发展的历史潮流中。也正是因为中国的主动融入,经济全球化,作为世界历史性潮流,才真正地形成。

经济全球化,作为世界性经济潮流,其概念形成于20世纪末。但是,其发端却是在19世纪中期。笔者认为,马克思、恩格斯在《共产党宣言》中所强调指出的商品经济文明通过商品和资本的世界扩张"把一切民族甚而最野蛮的民族都席卷到文明之中来了";"它按照自己的面貌为自己创造出一个世界"⑥即是指这一世界性经济潮流发端。就中国来说,自1840年第一次鸦片战争开始至今的一百几十年间,崛起的西方对于自然经济的中华文明,总是采用各种手段,甚至多次用暴力的方式给予"猛烈敲打",企图将中华帝国"席卷"到"文明之中"。我们这个曾经创造过自然经济文明顶峰的大帝国,对此由抗争转化为迎接挑战,再转化到今天的主动融入经济全球化的历史潮流之中,并立志在经济全球化历史潮流中有所作为和建树——这就是中国的近代史和现代史(或曰当代史)历史发展轨迹。对此,笔者在拙作《继承与发展——邓小平理论研究》中这样评价邓小平和邓小平理论:"历史已经深刻并将继续证明:因为邓小平和邓小平理论,中国才成功地阻止了西方列强对中国可能发动的'第三次鸦片战争'!因为邓小平和邓小平理论,中国才彻底地遏制了西方列强对中国可能发动的'第二次八国联军入侵'!"⑦

笔者在"理论篇"中,还就"毛泽东、邓小平新民主主义经济思想"作了专章概述。毛泽东的新民主主义理论,是毛泽东思想的精华之一,是毛泽东对马克思社会形态理论的重大创新。毛泽东针对国际共产主义运动中某些领袖如斯大林、布哈林对中国共产党性质和中国革命性质的质疑,立足于马克思主义基本原理,创造性地提出中国共产党领导的革命为新民主主义革命的理论。毛泽东指出中国革命:"按其社会性质,基本上依然还是资产阶级民主主义的,它的客观要求,是为资本主义的发展扫清道路。"⑧但是,这一革命又不同于资产阶级领导的旧民主主义的革命,其原因为领导阶级领导政党不同,依靠力量不同。毛泽东的这一理论自他于1940年以《新民主主义论》提出,并在其后的革命实践中加以不断完善,到1945年4月24日在七大上的政治报告的发表而完全成熟。依据这一理论，中国共产党则完全自主、独立、创造性地成功领导了中国的新民主主义革命，并创建了新民主主义的新中国。作为20世纪中国三大伟人之一的毛泽东，其对中国共产党、中华人民共和国和中国人民的贡献是无与伦比的。毛泽东新民主主义经济思想，是新中国成立后迅速扭转当时十分混乱和恶劣的经济形势，并迅速建立起新民主主义经济秩序，建设新民主主义国家的指导思想。实践已经检验，毛泽东新民主主义理论（含其新民主主义经济思想）是完全正确的。

也在同一章，笔者对邓小平的新民主主义经济思想作了介绍。

中国共产党的马克思主义政党性质，中国共产党的高度团结的统一性，决定了党的领导的集中性。尤其新中国成立伊始，党和国家最高领导人（"领导核心"）的建国思想，及其在建国思想指导下形成的建国方针、政策和战略，对党和国家、对中华民族和中国人民就更具有全局性和决定性意义。新中国成立前后，毛泽东的新民主主义政治和经济思想，对中国革命和新中国成立、建设具有决定性意义。毛泽东的新民主主义社会经济思想，邓小平的社会主义初级阶段思想，对中国的改革开放格局形成和发展具有决定性意义。

三、中篇"历史篇"

本著作的"历史篇"，笔者就中国民营经济两度艰难诞生、屡经挫折的历史发展轨迹给予了一定评述。笔者力图表明，以民营经济作为中华民族的化身，中华民族犹如一只凤凰，其涅槃的艰难、悲壮与痛苦，是当今世界绝无仅有的。

"历史篇"以"自然经济文明晚期的中国经济概述"即第六章开篇到"三大社会主义改造"即第十三章结束，共八章内容。

中国的明朝时期，既是中国自然经济文明走向世界顶峰，对人类文明进步作出历史性巨大贡献的时期，又是中国自然经济文明登峰造极之时。后因西方市场经济文明崛起而被其"逼迫"跌落，被迅速边缘化的时期，当然也是"丁尼生公式"形成时期。中国自然经济文明形成的中国社会经济超稳定结构，使中国社会接受外来新文明的艰难程度大大加剧。中国黄河、长江两大水系形成的以男耕女织为特点的农耕文明在人类文明史上具有典型意义。

资本幼芽萌生在中国明朝。可是这株幼芽在中国土地上历经数个世纪却一直未能长成参天大树，其原因众多，笔者借助众多研究成果也作了尽可能的探讨。这在理论篇中已作交代，而在本篇中，将萌芽的资本状态作了描述。

在"西方列强对中国的经济扩张"一章中,笔者用大量事实材料说明马克思、恩格斯的资产阶级"正像使乡村从属于城市一样,它使未开化和半开化的国家从属于文明的国家,使农民的民族从属于资产阶级的民族,使东方从属于西方"⑨这一论断的科学性。

列强对华投资就其性质来讲,完全是一种半殖民地性质的特权投资,具有明显控制中国的政治和经济的目的,具有诸如其原始资本绝大部分来自对中国本土的掠夺、明显的投机性、强烈的集中垄断性、超经济掠夺和投资地区集中等特点。而这些特点,可以鲜明地说明西方学者的所谓列强对华投资是主动帮助中国发展的欺骗性。当然,笔者也明确认定,西方列强对华投资虽然出自其贪婪血腥和残酷的掠夺本性,但在客观上也起到了刺激中国有识之士因被欺侮、掠夺而奋起抗争的效果,这也就是洋务运动产生和中国民族资本主义经济诞生的直接原因。

清朝末年的实际状况说明,列强通过对华大规模的资本输入和商品输出,迅速实现了对中国国民经济命脉的控制,并进而对中国政治统治实现了一定程度的掌握,促成中国半殖民地化的形成。

在"中国民族资本主义经济和民族资本主义的产生和发展"一章中,笔者借助徐泰来先生对洋务运动研究的成果,对洋务运动的历史地位和功能作用又作了进一步提升,在展示洋务运动成就的基础上认定"洋务运动是催生先进生产力的革命运动",从而提出"洋务运动是力图图强御侮的爱国主义运动"的观点。认定其揭开了中国近代历史新的一页,为中国近代化、现代化道路的选择作了可贵的探索。而且,洋务运动的许多做法与新中国的工业化有某种血脉关系。

从世界资本主义的发展历程看,原生型资本主义的资本主义商业之"毛"是依附其自身资本主义工业之"皮"上的。但是,中国的资本主义和资产阶级的产生,则同原生资本主义不同:一是中国首先出现的是资本主义商业和商业资本家;二是中国商业资本之"毛"不是依附其中国自身的工业之"皮"上,而是附着在西方列强的资本之"皮"上的,是作为外国在华商业资本的补充,从属于外国资本的需要。这个重要特点决定了中国资本主义发展历程的艰辛与艰难。

对于"买办",笔者表示理解。因为买办的出现和买办的功能和历史作用与中国资本主义发展的特点是一致的。也正如任杰、梁凌先生在其《中国政府与私人经济》一书中所说,"不值得尊敬的买办创办了值得尊敬的民族企业"。作为买办,他们有其职业带来的买办性;作为中国人,他们又有民族性,而近代中国的多灾多难又往往成为中国民族意识觉醒的刺激物。

中国民族产业资本主义的产生的间接原因是世界资本主义体系的形成,其加剧了西方列强对中国的商品和资本扩张,造成中华民族空前的民族危机,迫使中国奋起迎接挑战。直接原因则是洋务运动对民族产业资本主义的催生与催化。中国民族产业资本主义的产生,在中国近代史上的作用极其重大:一是使中国的现代化有了自己的基础;二是从经济形态上为封建专制主义的崩溃作了物的准备;三是为旧中国融入世界作了开拓;四是为中国先进生产力的诞生提供了摇篮;五是为新的政党(资产阶级民主主义政党和无产阶级马克思主义政党)创造了条件。

中国民族产业资本主义的发展,在甲午中日战争后至抗日战争全面开始的1937年得到了长足的进步。其重要原因之一是政府的支持。在其获得快速发展的原因认识中,笔者采纳了众多学家研究成果,从社会经济条件的变化、社会政治条件的变化、特殊的国际社会历史条件变化三大方面作了阐述。在对其发展特点认识中,其与帝国主义、封建主义的矛盾,使之具有反封建的性质;在催化中国现代化进程中作用巨大,进步性显著;但由于中国产业资本和商业资本属于次生资本,中国民族资本主义属于世界资本主义体系中的次生资本主义,因此,其与西方列强、与西方资本的联系具有"先天"成分,比如前面提到的中国商业资本先于产业资本,中国资本的"毛"附于列强资本的"皮"上等特点与原因,这就使中国民族资产阶级在反帝上的受制约性而表现出不彻底性。同时,中国民族资本主义与中国根深蒂固的封建主义既有矛盾,又有千丝万缕的联系,这也决定其反封建的不彻底性。认识到中国民族资本主义的这两个不彻底性,对于我们认识辛亥革命的成果为什么会被袁世凯窃取,北伐战争成果被蒋介石集团窃取,其后的中国革命只能由中国共产党来领导,中国的革命是新民主主义革命,中国革命的前途只能是社会主义这一中国社会自然历史逻辑关系非常重要。过去,我们常说,中国不可能走上资本主义道路,搞资本主义行不通(这已成为我们这代人的信条)。但对于为什么,却很少有人讲得通——就此,笔者也请教过包括专家学者在内的不少人,通常只能教科书式地回答"两个不彻底性",但为什么会形成中国民族资本主义的两个不彻底性,极少有人能清楚解说了。

▶ 导 论

在政府对中国民族资本主义发展的支持举措中，笔者借助任杰、梁凌两位先生的研究成果，较系统地列举了晚清政府、中华民国政府对中国民族资本主义经济发展进行扶持、支持的众多举措。其意图为：由于中国经济、社会、文化、国情诸多特点，中国民营经济的发展离不开政府的支持与扶持——这是中国特色。这与西方列强资本主义经济的发展不尽相同。尽管，西方发达国家今天的政府支持是重要的，但在其历史上，政府的更多作用却在于监管与引导。其原因是它们是原生资本主义，而旧中国的民族资本主义是次生资本主义。同时，列举旧政府的众多支持举措，也为今天中国民营经济的发展提供政府支持的借鉴。尤其，今天的政府，是人民的政府；今天的民营经济，是社会主义的民营经济，是人民政府的民营经济。

在蒋介石集团窃取北伐战争胜利果实，叛变革命的过程中，江浙财团充当了极其丑陋的角色，这在本著作中"立此存照"，史实可鉴。

抗日战争时期，中国民族资本主义为抗战和抗战胜利作出了历史性的可歌可泣的贡献。对于民营企业在抗战中的巨大贡献，中国共产党给予了充分的肯定。1939年11月，周恩来、董必武、邓颖超与50余位国民参议会参议员参观了13家以内迁民营厂为主的企业后，董必武以"在极艰难的条件下奠定了新中国工业的基础"的题词给予很高的评价。1942年元旦，由内迁工厂组成的迁四川工厂联合会举办了为期两周的"迁川工厂出品展览会"，得到苏联、美国等反法西斯国家大使馆官员的交口称赞，被誉为"大后方工业生产之洪流""抗战时期厂长与职工为迁移工厂而流洒的血汗所培养出来的花蕾"等。

本著作中"沦陷区民族资本主义企业遭受空前劫难"就日本侵略者对中国沦陷区中国民族资本主义企业进行疯狂掠夺与绞杀状况作了专门评价。

解放战争中，蒋介石集团的数百万军队为什么在战场上一触即溃？国民党政府为什么成了过街老鼠？美国等西方国家为什么在关键时期放弃了国民党蒋介石集团？共产党领导的人民解放战争为什么能在战场上对国民党军队形成摧枯拉朽之势？这些特大号的"为什么"于今天的读者肯定是有历史性正确答案的——本著作对此作了回答。国民党蒋介石集团的政治腐败、经济崩溃是其根本原因。战争是政治的继续和最高较量。

蒋介石企图以消灭共产党来实现自己的专制独裁统治——其党魁，其下属们则"抠"住了蒋介石的这一"命门"而大搞腐败，并迫使蒋介石"就范"于腐败狂潮中，最终使整个执政党和其政府陷于腐败的泥淖而被灭顶。

▶ 民营经济与中国现代化

蒋介石个人在总结其失败原因时谈到的三点中,"我党同志腐败,弄得天怒人怨,人民最终唾弃了我们",算是说到了点子上。

据此,本著作"第三次国内革命战争时期的中国民族资本主义经济"一节中,就经济"劫收"与"五子登科"作了特别阐述。国民党政府的"接收"成为"劫收",还衍生出"五子登科",对国家经济、对民族资本主义经济、对中国人民造成前所未有的历史性劫难。货币贬值数百万倍,物价飞涨数千倍——这样的政权不垮,天理不容!这样的政府不灭,天理不在!

这一时期,中国的民族资本主义经济一泻千里。

1949年10月1日,中国历史揭开了崭新的一页。

中华人民共和国是中国社会发展规律性的产物。这个规律性是什么?拙作《谁主沉浮》中指出:"近代中国社会历史发展的规律性东西是什么呢?是停留在自然经济文明阶段的旧中国,借助传统的爱国主义这一文明之核心,在遭受西方列强侵凌并付出巨大牺牲的过程中,成功地遏制住西方列强企图将中国完全殖民地化图谋的同时,奋起迎接商品经济文明的挑战,为大踏步地走向现代化而进行的探索、抗争与奋斗。"⑩

"革命是解放生产力。"⑪中国共产党领导新民主主义革命的近期目标,就是通过建立新的社会制度,解放和发展被旧制度束缚的生产力。按照中国社会发展的历史逻辑,新民主主义革命成功建立起来的国家是新民主主义的中国。因此,迅速建立起新民主主义的经济秩序,以支持新民主主义国家制度的巩固已是当务之急。对此,执政的中国共产党领导集体是十分清醒、明确的。其指导思想和制定的相关纲领即《中国人民政治协商会议共同纲领》和《新民主主义经济纲领》是完全正确的,是符合中国国情的马克思主义理论结晶。具有临时宪法性质意义的《中国人民政治协商会议共同纲领》作为中国人民革命建国的基本纲领,是包括中国共产党人在内的全中国人民的意志和利益的集中体现,是一百多年来特别是近二十多年来中国人民革命斗争经验的总结,也是中华人民共和国在相当长一个时期内的施政准则。《共同纲领》的制定与通过表明,中国共产党的最低纲领即新民主主义纲领,已被集中代表各民主党派、各人民团体、各民主阶级、各少数民族、海外华侨及其他爱国民主分子意志的中国人民政治协商会议所一致接受,成为新中国的建设蓝图,成为规范和衡量一切党派、团体、个人的行动纲领和共同准则。

到1953年初,在执政的中国共产党领导下,在《共同纲领》的规范与指导下，新中国采取若干重大政治的、经济的举措，迅速解决了新中国成立时国民经济的极其严重困难，迅速地扭转了极其混乱的经济状况，建立起了新民主主义经济秩序，从而使新民主主义的中华人民共和国巩固并发展起来。

新中国成立伊始的前三年，旧中国留下来的极其混乱的经济状况的被治理、经济秩序的被扭转，尤其新民主主义经济秩序的初步建立，新民主主义国家政权的巩固，充分显示了以毛泽东为首的中国共产党的英明、正确与伟大，也充分展示了中国共产党人领导经济建设的智慧、能力与才华。1954年2月10日，中共七届四中全会通过决议，正式批准了毛泽东提出的过渡时期总路线。同年9月，在中华人民共和国第一届全国人民代表大会上，这条总路线写进中华人民共和国的第一部宪法。

笔者对过渡时期总路线阐述了自己的认识。

社会主义三大改造自1956年底为止变成现实。社会主义公有制成为国民经济发展的全部力量，我国已从新民主主义时期的多种经济成分构成的新民主主义经济制度转变成为公有制经济为几乎全部的社会主义经济制度，从所有制层面上实现了社会主义的制度要求。

本著作的中篇"历史篇"到此画上句号。

四、下篇"现实篇"

1978年12月，中共十一届三中全会在北京举行。

作为中国共产党、中华人民共和国、中华民族的伟大里程碑，中共十一届三中全会结束了党和国家长达20多年的"左"倾历程。中国的社会主义现代化建设事业端正了自己的航向，其标志之一是中国民营经济诞生并迅猛发展。笔者认定十一届三中全会后，中国的民营经济是诞生，而不是如其他学者所言是复苏，这是因为，这时开始的中国民营经济已经不是新中国成立之初的民营经济，更不是旧中国的民族资本主义经济，而是社会主义的民营经济。二者虽然有形式上的相似处，但在实质上是有根本区别的。马克思指出："在一切社会形式中都有一种一定的生产支配其他一切生产的地位和影响，因而它的关系也支配着其他一切关系的地位和影响。这是一种普照的光，一切其他色彩都隐没其中，它使他们的特点变了样。"⑭中国今天的基本经济制度，是以公有制经济为主体，国有经济为主导，多种所有制经济共同发展。中国今天的社会制度，是社会主义制度，中国今天的主人，是全中国人民，全国人民理所当然地包括广大民营经济从业人员——这三大部分构成了马克

民营经济与中国现代化

思所说的中国社会的"普照的光"。今天的民营经济犹如一只涅槃后的凤凰，已经是在"普照的光"下的社会主义的民营经济。如同毛泽东对中国社会主义制度奠定认识决定于所有制一样，有中国特色的社会主义现代化建设事业的改革开放也从所有制即中国所有制结构市场化入手，即大力发展"普照的光"下的社会主义民营经济入手。社会主义的民营经济从无到有、从小到大、从弱到强的过程，是社会主义初级阶段中国改革开放的过程，是社会主义生产力不断解放和发展的过程，是社会主义综合国力不断增强的过程，是人民生活水平不仅告别贫穷，更是不断提升的过程，是社会主义优越性不断显现的过程，是中华人民共和国国际地位和国际能力不断提升与不断强化的过程，是中国经济主动融入世界，在经济全球化历史潮流中有所作为的过程——一句话，是社会主义中华人民共和国在邓小平理论指导下"冲出百慕大"奋力打造"中国公式"的过程。

"现实篇"是从第十四章"中国所有制结构市场化基础奠定历程"到第十八章"完善基本经济制度，健全现代市场体系"共五章内容。

中国所有制结构市场化基础奠定，是决定改革大局及最终成败的关键性举措之一。而这一解决历程，是一个艰巨斗争的历程，是一个翻天覆地的历程，是充分展示以改革开放总设计师邓小平为首的中国共产党人的智慧和胆识的历程。这一历程的始发点发生自中国农村和中国农民——如同中国新民主主义革命的发端一样。

因"小岗革命"和废除"人民公社"而引发的中国农村"家庭联产承包责任制"的体制创新，被誉为"中国农民的伟大创举"。中国农民求生存、谋发展的创举，引发了中国所有制结构市场化改革。而且，改革开放30年来的历史，又主要是中国农民的奉献史、创业史。

所有制结构市场化改革，是一场深刻的革命。如理论篇所阐述的，因为新中国成立以来，我们已经习惯于纯而又纯的公有制经济是社会主义的思维范式和行为范式，甚至于还在生产力相当落后的中国农村搞出了"一大二公"的人民公社制度。拨乱反正，正本清源，就是要解决这种脱离实际，大大超越现实生产力水平、束缚现实生产力解放和发展的旧体制、旧制度。而超越中国实际的所有制结构首当其冲。"实践是检验真理的唯一标准"，实践已经证明，中国单一的、清一色的公有所有制关系，已经严重束缚了社会主义中国生产力的解放与发展。处于社会主义初级阶段的中国的生产力的解放和发展,需要从所有制结构重新构建入手——公有制为主体、多种所有制经济共同发展的基本经济制度应运而生。社会主义初级阶段中国的基本经济制度的诞生和确立,是以邓小平为首的中国共产党人将马克思主义基本原理结合中国社会主义建设实际加以创新的产物,是中国共产党人对马克思主义社会主义经济理论的重大贡献。

本著作的"现实篇"始终以所有制结构的市场化改革为主线,其原因正在于抓住主要矛盾:社会主义初级阶段中国的生产力解放与发展同所有制之间形成的矛盾。

这样,中国经济体制改革的两大关键性要素得以解决:一是社会主义市场经济体制作为中国经济体制改革目标的确立;二是社会主义基本经济制度即公有制为主体、多种所有制经济共同发展制度的确立。

作为制度创新,这两大制度的创立是中国共产党人对马克思主义、社会主义经济理论的继承与发展。

作为多种所有制经济中的民营经济是构成中国基本经济制度的组成部分之一。

例如,中国共产党将公有制界定为我国基本经济制度的主体,既是中国政治性社会诉求,又是中国经济性社会诉求,将多种所有制界定为基本经济制度"共同发展",同样既是中国共产党经济性社会诉求,又是政治性社会诉求。所不同的是政治性社会诉求与经济性社会诉求的先后次序差异而已。

恩格斯指出:"政治统治到处都是以执行某种社会职能为基础时才能继续下去。"[15]在世界范围内,自20世纪中期(实际是从"罗斯福新政"发端)开始,国家对经济社会生活进行管理调控的职能已大大增加并强化。在我国,新中国成立以来一直进行的计划经济,也有某种意义。执政党通过计划经济体制管理国家的一切经济活动,其政治的社会诉求是以消灭私有制进而消灭剥削为目标,其手段当然以公有制为基础,即以所有制为社会形态判断的根本标准;其经济的社会诉求则是以满足国家强大和人民幸福为其出发点和目标。但是,正因为执政党政治性社会诉求的社会形态判断根本标准的错误,从而导致经济的社会诉求目标和出发点的虚置。执政党(通过政府)对经济、社会建设和发展的管理和调控不仅没有能获得预期的成就，甚至还两度使中国经济濒临崩溃的边缘，进一步拉大了与发达国家间的差距。邓小平的改革开放从思想路线拨乱反正、正本清源开始。拨"左"之乱，正是马克思主义基本原理之源和本。其首要即为恢复生产力标准作为社会形态衡量的根本标准，并因此而得出中国现阶段是处于社会主义初级阶段的科学结论——并基于此，以解决生产力和发展生产力作为根本任务。也正是基于此，在正本的基础上"还原"——老百姓即"民"作为社会主体，既是社会主义国家的主人，又是社会主义生产力的主体——解放和发展生产力即解放和发展"民"，让人民中蕴藏的巨大的生产力能量充分释放出来，并创造性地发挥作用——民营经济应运而生、迅猛发展也就成为历史的必然。

社会主义的民营经济从诞生、确立到发展壮大成为中国基本经济制度的重要组成部分，其历程是十分艰巨的——本著作忠实地记录了这一历程。

社会主义的民营经济自诞生之日到今天，其解放和发展社会主义生产力的功能十分巨大；其增强社会主义国家综合国力的作用十分突出；其提高人民群众生活水平的效用十分明显。到2007年底，中国GDP增长份额中，民营经济已经占到了65%。29年来，中国改革和经济增长在转轨过程中的杰出表现举世瞩目。一个重要原因正如《中国改革与发展报告》指出的："几乎所有的历史数据和调查研究都表明，过去20多年我国经济的高速增长主要取决于非国有经济的发展。"[16]中国民营经济创造的辉煌业绩，从事实和实践层面雄辩地证明，今天中国的民营经济是社会主义的民营经济，民营经济是建设中国特色社会主义现代化事业的生力军和主力军之一。

基于民营经济对中国现代化建设事业的"四大贡献"（对国民经济增长和社会主义发展的贡献，对和谐社会建设的贡献，对体制改革的贡献和"走出去"的贡献）这个基本事实，笔者才有可能进一步分析和认识民营经济当事人与社会主义国家和社会主义建设事业的共生关系，并进而得出民营经济当事人是社会主义国家的主人翁和社会主义建设事业的建设者这样一个科学结论。

作为民营经济的当事人（企业家、业主和所有从业人员），享受宪法规定的国家主人的权利，是理所当然的国家主人。作为社会主义国家的主人，怎么会去反对社会主义呢？

▶ 导 论

民营经济的当事人，都是社会主义现代化事业的建设者。作为自己事业的建设者，当然没有任何理由去企图损害或毁坏自己的事业。

因此，民营经济当事人，不可能成为社会主义现代化建设事业的敌人。这个逻辑关系十分简单、明确。也因此，那个担心民营经济大发展的"个别理论家"是否可以消除自己的疑虑呢？

尤其，民营经济当事人，更是社会主义现代化事业的贡献力量，今天中国GDP的65%来自他们——他们更应受到社会、政府和人民的尊重和信任。

一个执政党、一个政府，如果对自己有重大贡献、有突出奉献的社会力量和社会群体不给予信任和尊重，那么，这个执政党和政府就非常危险了。

这个认识对于我们中国共产党有特别的意义。因为我们始终代表中国先进生产力的发展要求；始终代表中国先进文化的前进方向；始终代表全中国最广大人民群众的根本利益。

实践证明：社会主义民营经济是中国先进生产力的组成部分，是中国先进文化的构成部分，是中国最广大人民群众的组成部分。

据此，我们看到，民营经济当事人不仅不是所谓的"另类"，他们实实在在、不折不扣的是社会主义中国的主人和主体力量。

民营经济企业家符合党员条件，有入党要求的，光荣入党，也就顺理成章。

那么，如何看待资本？如何看待民营经济中存在的剥削事实？

如何看待资本？"理论篇"中资本的功能作用已阐明："阳光下的资本。"马克思指出："整个生产过程不是从属于工人的直接的技巧，而是表现为科学在工艺上的直接运用的时候，只有到这个时候，资本才获得了充分的发展，或者说，资本才造成了与自己相适应的生产方式。可见资本的趋势是赋予生产以科学的性质。"[17]充分运用资本的进步功能和社会杠杆作用，并不断创新科学技术，使之作为第一生产力，才能尽可能地减轻或衰减资本的血腥，将资本置于法律法规的"阳光"之下，是今天的中国共产党人的历史责任和历史使命。

如何看待民营经济存在的剥削事实？笔者提出"阳光下的剥削"概念。1998年，笔者在《四川统一战线》第8期的文章中提出了"阳光下的剥削"这个概念。[18]

五、结束语

习近平总书记在中共十九大报告中指出:"中华民族是历经磨难、不屈不挠的伟大民族,中国人民是勤劳勇敢、自强不息的伟大人民,中国共产党是敢于斗争、敢于胜利的伟大政党。历史车轮滚滚向前,时代潮流浩浩荡荡。历史只会眷顾坚定者、奋进者、搏击者,而不会等待犹豫者、懈怠者、畏难者。全党一定要保持艰苦奋斗、戒骄戒躁的作风,以时不我待、只争朝夕的精神,奋力走好新时代的长征路。全党一定要自觉维护党的团结统一,保持党同人民群众的血肉联系,巩固全国各族人民大团结,加强海内外中华儿女大团结,团结一切可以团结的力量,齐心协力走向中华民族伟大复兴的光明前景。"

改革开放40余年来,中国人民正在脚踏实地一步一步地消灭贫穷与愚昧这样两个最大的敌人。

改革开放40余年来,中国人民在中国共产党的领导下,正在通过自己的艰苦奋斗,全力打造世界上第三个后发优势发展战略公式:中国公式。

"丁尼生公式"诞生于人类的18世纪:50年(西方)= 1000年(东方、中国)

"东亚公式"诞生于人类的20世纪下半叶:30年(东亚[除中国])= 300年(西方)

"中国公式"诞生于人类的21世纪。

如果从1979年改革开放算起,到2018年,即改革开放40周年纪念时,这个"中国公式"已经初见端倪。但是,如果说中国改革开放的40年超过西方已经走过的400年历程,还确实有点勉强,因为今天的中国,到底还只是一个发展中的快速发展国家,还不完全是一个中等发达国家。

那么,到2028年呢!是的,再过10年,中国的经济总量一定会跃居世界第一,人均GDP将达到10000美元以上,如果这个期间,台湾问题顺利解决,中华经济圈完全形成,中华人民共和国的综合实力将更加增强。

从1979年到2028年,50年时间,中国经济将进入世界中等发达国家行列。中国花了50年时间,走完西方国家500年的历史历程,那么,"中国公式"书写就基本成功了:

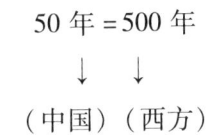

尤其，届时中国的现代化绝对不是西方国家现代化的翻版：我们创立的是中国特色的社会主义现代化。

今天，笔者"抢先"将"中国公式"提出来并公开推出，有抢先"注册"的嫌疑——是的，因为笔者期待"中国公式"的完全成功，笔者充分相信并且完全坚信"中国公式"一定成功。

之所以抢先"注册"，是因为笔者已经看到"中国公式"的时代性、历史性、正确性和科学性。具有时代性、历史性、正确性和科学性的世界公式就必然具有"价值性"。

是的，到公元2028年，改革开放50周年之际，中国人民成功书写出的"中国公式"的价值意义将何其巨大啊！

我和我们正在用双手全力打造"中国公式"！我和我们正在展开双臂热烈拥抱我们自己打造的"中国公式"。

注释：

①中国现代化战略研究课题组，中国科学院、中国现代化研究中心：《中国现代化报告·2005》，北京大学出版社2005年版，第148～149页。

②《马克思恩格斯全集》，人民出版社1958年版，第46卷上册，第104页。

③高放主编：《科学社会主义的理论与实践》，中国人民大学出版社1990年版，第23页。

④《邓小平文选》，人民出版社1993年版，第3卷，第223页。

⑤《马克思恩格斯选集》，人民出版社1958年版，第1卷，第255页。

⑥同上注。

⑦李济琛：《继承与发展——邓小平理论研究》，中央文献出版社2005年版，第5页和封底。

⑧《毛泽东选集》，人民出版社1977年版，第4卷，第357页。

⑨《马克思选集》，人民出版社，第1卷，第263页。

⑩李济琛、陈志英：《谁主沉浮》，改革出版社1996年版，第5页。

⑪《邓小平文选》，人民出版社1993年版，第3卷，第372页。

⑫顾龙生主编：《中国共产党经济思想与发展史》，山西经济出版社1996年版，第368页。

⑬《毛泽东著作专题摘录》上册，人民出版社1964年版，第528页。

⑭《马克思恩格斯选集》，人民出版社1958年版，第2卷，第389页。

⑮《马克思恩格斯全集》，人民出版社1982年版，第20卷，第195页。

⑯李国荣：《民营之路》，上海财经大学出版社2006年版，第103页。

⑰《马克思恩格斯全集》，人民出版社1982年版，第22卷，第268页。

⑱李济琛：《非公制经济与社会主义本质的关系》1998年7月（《人大复印资料》全文复印）《四川统一战线》1998年第8期。

上 篇
理 论 篇

人类社会自16世纪末开始，由英国发端，揭开了商品经济文明诞生和发展的新的历史篇章。

商品经济文明是在继承自然经济文明优秀成果基础之上的新文明。

作为新文明的商品经济文明，相对于被之取代的自然经济文明，是进步的文明。而且，这种文明一经诞生与确立，就以不可阻遏的摧枯拉朽之势"把一切民族甚至最野蛮的民族都席卷到文明中来了"，"它按照自己的面貌为自己创造出一个世界"。①

但是，不可否认的是，历史上出现的商品经济新文明在资本主义条件下表现出资本主义亚文明的若干特征而被深深地烙上了早期资产阶级贪婪、冷酷与掠夺成性的印记。这就使得这种新文明诞生、发展和形成的历史过程，也就是自17世纪以来的整个人类历史进程充满血腥与火药味的过程。当然，这也就迫使一切被席卷进来的民族不得不遭受远远超过那些原生型市场经济化国家的人民所曾遭受的巨大苦难——中国，就是这样的一个国家。

中国，一个曾经创造自然经济文明辉煌巅峰的国家，一个曾经引领世界进步长达1000多年之久的文明古国，尤其，一个曾经诞生资本幼芽，而资本幼芽却始终没有能长成参天大树，不仅与率先跨入商品经济文明失之交臂，反倒在近几个世纪中因为落后而被后起之秀的西方国家用暴力反复敲打的国家，自1840年的鸦片战争开始了它的痛苦而漫长的涅槃过程。仅仅认识到自己的落后，我们这个民族付出的代价，是近代世界史中所绝无仅有的。当然，我们这个民族，在现代化道路的选择上所做出的牺牲也是近代世界史中所仅有的。

作为本著作的"理论篇"，笔者拟就中国新旧文明的交替撞击做出自己的探索性认识。

第一章　马克思关于人类社会发展三阶段（三文明形态）理论

马克思在《政治经济学批判（1857—1858年手稿）》中明确地把人类社会的发展过程划分为三大社会形态，他指出："人的依赖关系（起初完全是自然发生的），是最初的社会形态，在这种形态下，人的生产能力只是在狭窄的范围内和孤立的地点上发展着。以物的依赖性为基础的人的独立性，是第二大形态。在这种形态下，才形成普遍的社会物质交换，全面的关系，多方面的需求以及全面的能力体系。建立在个人全面发展和他们共同的社会生产能力成为他们的社会财富这一基础上的自由个性，是第三个阶段。"[②] 至此，马克思将人类社会发展过程明确地划分为三大相继更替的阶段，即"人的依赖关系"阶段、"物的依赖关系"阶段和"个人全面发展"的阶段。而且，在此后的诸多论述中，更是将此三阶段理论明确地分别对应"三大文明形态"理论，即"人的依赖阶段"对应为"自然经济文明"，"物的依赖阶段"对应为"商品经济（市场经济）文明"，"人的全面发展阶段"对应为"产品经济文明"，从而形成"三大文明形态"理论（特别说明，本著作为研究和阐述的需要，同时使用"三阶段理论"或"三文明形态"这两个概念）。

第一节　马克思社会发展三阶段理论认识

一、"三阶段理论"的函数认识

依据马克思关于人类社会发展三阶段理论，我们可以对人类社会发展轨迹给出这样一个函数。

▶ 民营经济与中国现代化

1. "三阶段理论"的函数认识

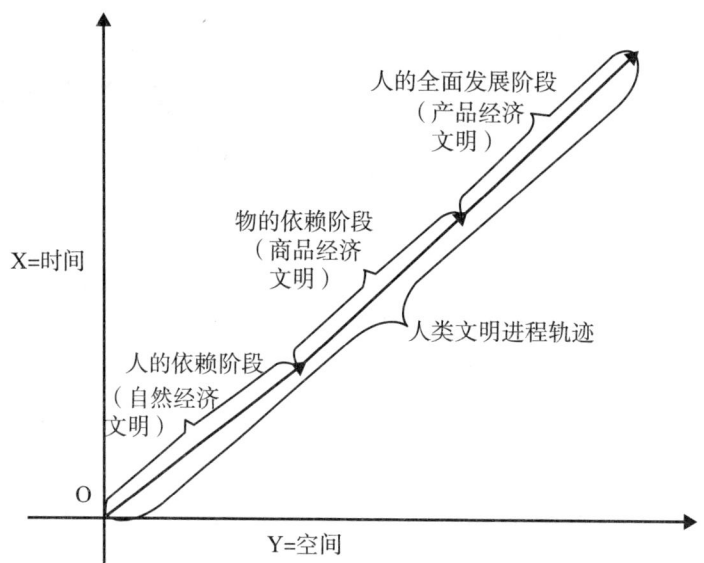

该函数图示,将马克思人类社会发展三阶段(三文明形态)理论很直观、形象且深刻地表现出来。

2. "三阶段理论的函数"的理性认识

人类自脱离动物界而自成体系的特定时刻,即在一定的时间、空间点即O点处,人类便开始了自己的文明。也就是在一定的时间、空间作用下,人类文明自O点处开始了自己的文明进程。而且,随着时间的作用,人类文明的进程长度在不断延伸的同时,更是表现出其文明高度的不断增加。该函数图示十分形象地告诉我们,在人类文明进化与进步的过程轨迹中,永远是一个不断向上攀升的过程。也就是说,人类文明的进步不仅是一个连续不断的过程,而且是一个不间断的依次更替的过程,后来的文明总是前面文明的继承,但又总是先进于其继承的前面文明的进程。据此,那种认为人类文明只有时间先后而无优劣之分、进步与落后之别的说法就完全站不住脚了。

也正是基于此,我们才能读懂,并真正领会马克思、恩格斯在其《共产党宣言》中针对性极强的这样一段话的深刻含义了:曾经辉煌、曾经如日中天,引领世界进步长达1000多年的"东方文明"(尤其是中华文明)为什么会在马克思、恩格斯笔下成为"野蛮"的文明呢?一句话:这是因为以中华文明为主体的"东方文明"在西方发端并引领的新的商品经济文明诞生并形成后仍不思进取而落后了。"落后就是野蛮!"这是辩证法。这是历史逻辑。这是唯物史观。辩证法、历史逻辑和唯物史观是真理。而真理是无情的。

二、"三阶段理论"的理性认识

对于马克思关于人类社会发展三阶段理论,我们可以这样理解并认识。

1. 马克思发展三阶段理论划分的理论依据

人类社会发展的三阶段理论,马克思是以社会关系为尺度依据进行科学划分的。在这里,要特别指出的是,所谓"社会关系"绝不是简单的生产关系。因为有的学者,在阐述马克思的社会发展三阶段理论时,认为生产关系等同于社会关系。我们知道,社会关系包含生产关系,其外延大大地大于生产关系。尤其,马克思于此处以社会关系为依据、为尺度来划分人类社会的三大阶段,与马克思以生产关系为依据和尺度来划分人类社会的五形态(原始共产主义社会、奴隶社会、封建社会、资本主义社会和社会主义社会),二者是有本质区别的(这将在后面章节阐述)。简单地说,生产关系是和生产力相对应的政治经济学范畴,是以对物的权属形式为依据的人与人之间的关系,而社会关系则是人与人、人与物、人与社会、人与自然等诸多关系的总和。以"社会关系"为尺度和依据来划分人类社会形态,能更全面、更准确地反映出人与自然、人与社会、人与人的关系,更能有效地避免单面性。例如现实生活中的"不是好人,就是坏人","不是先进分子,就是落后分子","不是依靠对象,就是斗争对象",尤其是"不是自己人,就是敌人",等等。特别地,我们今天以经济建设为中心,全面建设中国特色社会主义事业时,学会以社会关系来认识人、来发展人,而不是简单地以生产关系,就更加具有现实意义了。

2. 对"人的依赖阶段"的认识

人的依赖阶段即自然经济文明阶段,人与人之间的关系是相互依赖的关系,其根本原因是因为生产力和落后,是因为"人的生产能力只是在狭窄的范围内和孤立的点上发展着"。人们的生产,更主要直接地表现出对自然界、对自然资源的依赖。因此,这种类型的生产力使个人之间还不能形成复杂而丰富的关系,而只能是一种"以自然血缘关系和统治服从关系为基础的地方性关系"。因此,"虽然个人之间的关系表现为较明显的人的关系,但他们只是作为具有某种社会规定性",即"个人受他人限制的那种规定性"的个人而相交往,"如封建主和臣仆,地主和农奴等等,或作为种姓成员等等,或属某个等级等等"。总之,这种类型的生产力使社会关系表现为"人的限制"或者说"人的依赖关系"。而且,这种类型的生产力和社会关系形成的交换也只能是"不发达的交换,交换价值和货币制度",这种交换"只是附带进行的,或者大体说来并未触及整个共同体的生活,不如说只发生在不同共同体之间,绝没有支配全部生产关系和交往关系"。③

"人的依赖阶段"的生产力水平,是人类脱离动物成为人后的人类的活动产物。是人类对自然、对社会认识,把握和利用的初始状态反映。这一阶段的文明发展,是人类从无到有、从简单到复杂、从低级向高级的初始发展。其总体虽然是原始的、简单的、低级的,但也不乏进程中的"异军突起"。这表现在整个自然经济文明阶段中的若干个有自己独创贡献的亚文明方面,如"中华文明""古埃及文明""古罗马文明""两河文明""玛雅文明"等。这些"异军突起"的文明,对人类文明的进化与进步,都各自作出了不同程度的历史性贡献。今天,我们仔细考察人类第一文明阶段的历史,包括各亚文明历史,仍然只能得出马克思关于那一文明形态下人与人之间主要的或根本的关系还只能是"依赖关系"的结论。正如未来学家阿尔温·托夫勒在其代表作《第三次浪潮》一节中所说:在第一次浪潮(自然经济文明——笔者注)占统治地位时,种族文明虽然在表面上有所不同,但在骨子里基本相似,"他们都是以土地为其经济、生活、文化、家庭结构和政治制度的基础。他们的生活都围绕着村落。他们分工简单,阶级少而界限森严:贵族、神父、武士、奴隶(或者工匠)。他们的政权强硬权威而且'先天性'。他们都是以个人的出身决定一生的社会地位。他们的经济都是分散的,因此,每个群居之处,都是自给自足的"。④也仍然如托夫勒所述:在自然经济文明占统治时期,也时而出现过暗示未来趋势的迹象,如古希腊、古罗马,也有进行大规模生产的工厂的萌芽,在亚洲和南美洲出现了大城市,形成繁华的商业都市。但是,这些都是未来隐约的闪现,不过是在历史中分散在不同的地方,在不同的时间出现过的奇观罢了。它们从未曾汇集起来形成制度,也不可能形成制度。"因此,直到1650—1750年为止,我们可以说,世界是第一次浪潮的天下。尽管有零星的原始社会存在,有未来文明的先兆,但是农业文明统治世界,而且好像要千秋万代永世长存。"⑤

3. 对"物的依赖关系"的认识

人类社会第二阶段的"物的依赖关系"即"物的限制关系"。在这一阶段,"个人只能为社会和在社会中进行生产"。⑥即个人的劳动,已不再简单是自己个人的事情,由个人的意志和能力决定的事情,而是个人劳动必须经过社会检验得到社会承认与否的事情。在自然经济文明社会里,个人的劳动是自己的事情,由个人的意志和能力决定。比如,农耕的好坏、狩猎的多少、捕捞的结果主要都是决定于个人。而在商品经济文明社会里,个人的劳动必须经过社会检验,才能得到社会确认。因此,就连个人劳动这样最基本、最明确的权属认定,也已经不属于个人自己而交给社会群体。而且,这种委托给社会群体的权属论证却又正好是通过劳动者的"劳动"所生产出来的"劳动产品"即"商品"这个"物"来实现的。因此,马克思认为,劳动者的"生产不是直接的社会生产"。这种类型的生产力使得"个人从属于像命运一样存在于他们之外的社会生产,但社会生产并不从属于把这种生产当成共同财富来对待的个人",这样,一方面,"个人的产品或活动必须转化为交换价值的形成,转化为货币,才能通过这种物的形成取得或表明自己的权力";⑦另一方面,"每个个人行使支配别人的活动或支配社会财富的权力,就在于他是交换价值或货币的所有者。他的衣袋里装着自己的社会权力和自己同社会的关系",而这种社会联系又是通过交换价值即货币类表现的,从而,"在交换价值上,人的社会关系转化为物的社会关系;人的能力转化为物的能力"。⑧换句话说,社会关系表现为"物的依赖关系",或者表现为"物的限制"。这种物的依赖纽带使"人的依赖纽带、血统差别、教育差别等等事实上都被打破了,被粉碎了",形成了"以物的依赖性为基础的人的独立性"。⑨因此,这种类型的生产力,"在产生出个人同自己和同别人的普遍异化的同时,也产生出个人关系和个人能力的普遍性和全面性"。⑩"人的独立性"或曰人的相对独立性的文明对于"人的依赖关系"的自然经济文明而言,无疑是一个巨大的历史性进步。相对于自然经济文明条件下,人的血缘、血统乃至种姓、族别等"与生俱来"的"先天性"差距而言,"人的独立性"文明,促成人的自我意识、自我觉悟,从而形成人的发展的动力机制与人的解放的激励机制,仅仅于此,商品经济(市场经济)文明的历史进步意义也就不言而喻了。也正是在这个基础上,马克思、恩格斯才对商品经济(市场经济)文明给予了充分的无与伦比的赞誉与肯定,认定其是人类社会发展"不可或缺"的历史性重要阶梯。列宁则进一步肯定其为,该文明社会是人类实现共产主义理想社会的"窗口"。也同样基于此,作为现代商品经济(市场经济)文明标志的"人权"概念,才被赋予了崭新的时代意义。

当然,我们在认识马克思的人类社会第二大形态的意义时,还必须把握住马克思本人就此阶段对"人的依赖关系"转化为"物的依赖关系"相对立的"物的依赖关系",并没有彻底,也不可能彻底消除"人的依赖关系",而只是使"人的依赖关系"变成普遍的形式,即"为人的依赖关系造成普遍的基础"。⑪因为"物的依赖关系无非是与外表上独立的个人相对立的独立的社会关系,也就是与这些个人本身相对立而独立化的,他们互相间的生产关系"。⑫因此,"物的限制",实际是将人的限制变成"普遍的形式",而不再仅仅是某种特定的人身依附。从这个意义上讲,在人类社会发展的第二大社会形态里,幻想每个个体的"独立性"和"享有更大的自由"是不切实际的,在现实上"只不过是幻想"。⑬仔细阅读马克思的这一段话,使我们能够得出这样的结论:在人类社会发展过程中的现阶段(商品经济或市场经济文明阶段),每一个社会个体,都不可能成为未来社会(共产主义社会)的完全的"自由人"。因此,每个个体在实践,实现商品生产者责任、义务的同时,以轻松的心态实践、实现现实社会消费者的责任和义务,也同样是我们的天职。只有这样,我国社会主义市场经济体制的完全建立与运行,才有实实在在的价值意义。

4. 对形成"物的依赖性阶段"的几种不同模式的认识

在人类社会发展的第一阶段,传统的农业基于自然条件和劳动者本身形成的生产力特点,造成单个生产单位内的人的依赖关系,而使单个生产单位之间不需要通过货币形成一种"供求的网状联系"来维系它们正常生产。从传统的农业文明条件下的个体化生产,发展到现代工业经济或市场经济条件下的个体化的直接生产过程和社会化的再生产过程,是人类社会生产力水平突飞猛进大发展的结果。而这种发展模式,大体上可以分为三种。一种以英国为代表。在封建自然经济世界里,市场经济的形成和发展基本处于一种"历史的""自然过程"中,即市场体系自发型。这被经济史学界称为"原生市场经济"。在已存在原生市场经济的世界市场中,市场经济体制又分别在法国、美国和日本这些当时相对落后的国家中诞生,并在已有西欧市场经济体制上加以创新,并因此确立而且迅猛发展,乃至于后来居上,而被称为

"派生市场经济"。派生市场经济不再是自发形成的。因为，对于派生市场经济来说，现存的原生市场既是它发展的完全参照物（两者都是基于资本主义制度）、"营养钵"（可以直接获取和利用原生市场经济所取得的一切文明成果）和"修正器"（可以避免其曾经走过的弯路，大大降低因走弯路而付出的成本），同时，又是扼制它发展的主要力量。

在原生市场经济和派生市场经济即"先发优势"已控制了世界市场的当今时代，市场经济又在大批发展中国家（包括中国）建立而形成"次派生市场经济"。对于次派生市场经济（无论是基于资本主义制度还是基于社会主义制度，或者其他的什么社会制度）来说，原生市场经济和派生市场经济都只是它的不完全的，但又是不可缺少的"参照物""营养钵"和"修正器"。这里，必须指出的是，当今正在形成的"次派生市场经济"的国家，绝大多数是原生市场经济或派生市场经济国家的殖民地或半殖民地。因此，次派生市场经济的形成和发展在可能形成"后发优势"并将其转化为"后发优势发展战略"。即充分利用先发国家"参照物""营养钵"和"借鉴体"作用的同时，又将受到原生市场经济和派生市场经济国家"先发优势"的极大约束与限制。另外，由于历史形成的现存的不平等的国际政治秩序和国际经济秩序，一些文化的、政治的、经济的、地缘的、军事的、历史的诸多因素，使次派生市场经济国家的"后发优势"变得极其困难。甚至于，使其"后发优势"根本就不可能形成。当然，如果次派生市场经济国家不能充分学习并利用原生市场经济国家和派生市场经济国家所取得的一切优秀文明成果，并加以创新，那么，它是根本不可能得到超常乃至正常的发展。那种想借"兔子打瞌睡"而"跑赢"兔子的"乌龟"是永远也不可能"跑"到前面的。"落后的可能变先进"中的"可能"只能是"可能性"，而绝不是一种"必然性"，将"可能性"变成"现实性"，是必须花大力气、下大功夫的。

比如，在经济全球化席卷当今世界的进程中，非洲则面临着被进一步边缘化的残酷现实。在占世界总人口13.6%的非洲，经济总量仅为世界的1%，贸易额只占世界贸易总额的2%；全世界50个最不发达国家中，34个是非洲国家；38个重债国中，32个是非洲国家。尤其，随着新科技和新材料科学的发展，非洲作为世界市场一环的作用正在下降。比如说，用尼龙或其他材料可以替代剑麻做船上的缆绳，在其他地方种植可可、咖啡的产量并不比非洲差,等等。因此,这些国家对经济全球化持保留乃至抵制反对态度是可以理解的。

5. 对"个人全面发展阶段"的认识

马克思关于人类社会发展第三阶段即"个人的全面发展阶段"是一种科学预见。如果说马克思关于人类社会发展第一、第二阶段的论述,是对人类社会已经成为历史的过去和正在进行的历史现实的一种高度抽象和高度概括的话,那么,马克思关于人类社会发展第三阶段的论述,则是基于人类社会发展第二大阶段的社会生产力的科学预见。因此,这种预见不是"关于未来社会组织方面的详细情况的预定看法",⑭而是关于社会发展总的趋势的认识。

马克思认为,人类社会从"人的依赖关系"阶段发展到"物的依赖关系"阶段之后,社会生产"产生出个人同自己和别人的普遍异化的同时,也产生出个人关系和个人能力的普遍性和全面性"。⑮而后者的不断发展显然将导致人类社会进入一个不同于"物的依赖关系"的崭新阶段,即发展到"个人全面发展和他们共同的社会关系生产能力成为他们的社会财富",从而"自由个性"成为其显著特征的第三阶段"个人全面发展阶段"。人类自此进入"在保证社会劳动生产力极高度发展的同时又保证人类最全面的发展的这样一种经济形态"。⑯

马克思认为,在人类社会发展的第三阶段,直接的社会生产和这种社会生产从属于个人的新型生产力,使"联合起来的个人"共同占有和控制生产资料,并创造出他们自己的社会联系并把这种联系置于自己支配之下。从而,每个人都实现了自己全面而自由的发展。至此,马克思科学地指出,相对于人类社会发展的第一阶段,由人的依赖关系而产生的人身依附的不自由的关系,第二阶段的由基于物的依赖关系的人的独立性是十分可贵的,甚至于是光彩夺目的。但是,如果面对的是人类社会发展的第三阶段,即"一个更高级的、以每个人的全面而自由的发展为基本原则的社会形态",⑰第二阶段的所谓个人自由将失去它的耀眼光环。

6. 商品经济文明阶段是人类社会发展必经的阶段

从历史演化的观点看,人类历史绝对不会停留在非直接的社会生产和社会关系支配着每一个人的发展阶段,即停留在社会发展的商品经济文明阶段。如果说,现代工业经济或市场经济是人类由农业社会进入工业社会的唯一通道的话,那么,由工业化(现代化)社会进入共产主义社会的唯一通道仍然是也只能是市场经济。这无论是对原生市场经济、派生市场经济国家来说，还是对次派生市场经济国家来说，都不例外。

大多数西方学者从来不能理解在市场经济内部，能够而且必须产生出一种新的生产力和社会关系，从而使工业社会进入共产主义社会第一阶段。同时，也有更多的社会主义实践者则未能认识到，正是从市场经济内部发展起来的新的生产力和社会关系，才能使商品货币关系自然消亡。因此，发展市场经济而不是人为地消灭市场经济，才是向着共产主义社会第一阶段发展与迈进的唯一正确道路——这也正是本著作立论的马克思主义唯物史理论基础。

第二节 马克思社会发展三阶段理论的相互关系认识

马克思的社会发展三阶段理论是对人类社会发展过程中社会关系演变的高度抽象和高度概括。三阶段内在联系及其相互更替的过程认识，是以"一种历史生产形式的矛盾的发展，是这种形式瓦解和改造的唯一的历史道路"[18]为主线，从旧的发展阶段内部的矛盾运动去探索旧的发展阶段的瓦解和新的发展阶段产生的基本原因。

一、自然经济文明与商品经济文明的更替

商品经济产生于自然经济的边缘而不是自然经济的内部，这是由于以生产使用价值为目的的自然经济需要以获得使用价值作为交换目的的商品交换，以便作为维系其正常运行的一种必要的外部条件。

1. 自然经济文明对商品交换的排斥性

在自然经济文明阶段，自然经济总是按其自身属性把商品交换凝固在为买而卖（W-G-W）的性质上，从而把货币的作用凝固在交换手段上。在自然经济内部则是完全排斥商品交换的，这是自然经济赖以存在的根本条件。为此，自然经济总是按其自身属性来限制商品交换的范围，从而限制货币使用的范围，使商品货币关系仅仅成为连接不同生产领域的桥梁。在这种情况下，"真正的交换只是附带进行的，或者大体说来，并未触及整个共同体的生活，不如说只发生在不同共同体之间，绝没有支配全部生产关系和交往关系"[19]。货币在这种情况下，所能拥有的社会的权力极为有限，并且，同直接的劳动产品，即不是为交换而生产的产品性质之间，以及同交换者的直接需

求之间的联系比较密切。

总之，在社会发展的第一大阶段，产生于自然经济的商品经济形式在一定程度上维系了自然经济的存在，而其自身的发展却在很大程度上受到自然经济的制约。这是问题的一个方面。从另一方面看，商品经济一旦产生，就有着自身发展的规律。随着商品流通的最初发展，把商品交换的第一形态（W－G）变化的产物，商品转化形式或它的金蛹保留在自己手中的必要性和欲望也就发展起来。这样，出售商品不是为购买商品，而是为了用货币形式取代商品形式。这种形式的交换，使货币从物质变换的单纯媒介变成了目的本身。从而导致货币"表现为真正的财富本身，表现为一般财富"。由此，所产生的求金欲，使商品交换形式由 W－G－W，发展到 G－W－G。从而，产生了为追求货币财富的商业和高利贷。

2. 商品经济文明条件下的货币权力性

货币作为财富的随时可用的绝对社会形式和作为可以成为任何人的私产，随着以使用价值为目的的交换发展到以货币为目的的交换。随着后者的扩展，日益把社会权力变成私人的私有权力。一旦追求货币财富不再仅仅与个人利益休戚相关，而更主要是与国家利益休戚相关，并成为民族国家生死攸关的问题时，商品经济的发展就获得了巨大的推动力。它会冲破自然经济的樊篱，到处破坏旧的生产方式的同时，到处创造新的生产方式。货币置换了人类社会第一大阶段的经济秩序和道德秩序，使"金的圣杯"成为人类社会第二阶段的"最根本的生活原则和光辉体现"。[20]

综上所述：产生并依附于自然经济的商品经济形式，是以交换在于获取使用价值，货币只是作为交换手段为其显著特征的，从而能起到维系并扩大以人的依赖关系为基础的自然经济的作用。但是，这种类型的商品经济，按其自身的性质，必然会导致为以货币为目的的商品交换的出现，从而使货币成为任何私人都能够拥有的一般财富，并把社会权力变成个人的私有权力。当商品经济发展到这一点时，就与产生它的自然经济的基础不相符合，并以摧毁人的依赖关系，建立物的依赖关系，来为自己的发展开辟道路。这样，人类社会发展的第二阶段也就随着人类社会发展的第一阶段的没落而发展起来。在人类历史上，第二阶段取代第一阶段的过程，是一个极其痛苦和复杂的过程。

应该强调的是，"家长制的，古代的（以及封建的）状态随着商业、奢侈、货币、交换价值的发展而没落下去，现代社会则随着这些东西一道发展起来"[21]这种历史发展趋势，不是由商品经济自然发展而得到实现的，而是通过多种社会因素的交互作用才变为现实的。注意这点，对于研究中国的问题是十分重要的。为此，我们就自己对马克思和恩格斯在这方面的论述的理解，作些具体分析。

3. 两大文明阶段的更替依赖于以科技发展为基础的大工业

商品交换在有文字记载的历史之前就开始了。恩格斯认为，在巴比伦，商品交换至少可以追溯到公元前4000年，也许6000年。历史上的商业和商业资本的发展，到处使生产朝着交换价值的方向发展，因此，商业对社会发展第一大阶段各种已有的，以不同形式生产使用价值的生产组织，都或多或少地起着解体的作用。不过，仅凭古老的商品和商业资本的力量，是不足以使人类社会由第一阶段进入第二阶段的。这是因为以下原因。

第一，古老的商业和商业资本对旧生产方式究竟在多大程度上起着解体作用，取决于旧的生产方式的坚固性和内部结构。马克思指出："资本主义以前的，民族的生产方式具有的内部的坚固性和结构，对于商业的解体作用造成了多大的障碍，这从英国人同印度和中国的通商上可以明显地看出来。在印度和中国，小农业和家庭工业的统一形成了生产方式的广阔基础……在印度，英国人曾经作为统治者和地租所得者，同时使用他们的直接的政治权力和经济权力，以便摧毁这种小规模的经济公社。如果说他们商业在那里对生产方式发生了革命的影响，那只是指他们通过他们的商品的低廉价格，消灭了纺织业——工农业生产的这种统一的一个自古不可分割的部分，这样一来也就破坏了公社。但是，就是在这里，对他们来说，这种解体工作也是进行得极其缓慢的。在中国，那就更缓慢了，因为在这里直接的政治权力没有给予帮助。"[22]

第二，由什么样的新的生产方式取代旧的生产方式，不取决于商业，而是取决于旧生产方式本身的性质。在古代世界，商业的影响和商人资本的发展，总是以奴隶经济为其结果，不过由于出发点不同，有时只是使家长制的、以生产直接生活资料为目的的奴隶制度，转化为以生产剩余价值为目的的奴隶制度。而资本主义生产方式取代旧的生产方式，除了取决于商业资本的发展以外，还取决于完全另外的一些情况。

第三，城市工业的发展要以商业为条件，而商业也依赖于城市工业的发展。但是，工业的发展在多大程度上与商业发展齐头并进，则完全取决于另外一些情况。"在古罗马，还在共和制的后期，商人资本已发展到古代世界前所未有的高度，而在工业发展上没有显示出任何进步；在科林斯和欧洲、亚细亚的其他希腊城市，商业的发展却伴随有工业的高度发展。"[23]

从上述观点来看16世纪和17世纪商业的突然扩大和新世界市场的形成的作用，一方面，因地理发现，世界市场突然的扩大，流通的商品种类的增多，欧洲各国竭力想占有亚洲产品和美洲富源的竞争热，殖民制度等对打破生产的封建束缚起了重大的作用。从而商业是"促使封建生产方式向资本主义生产方式过渡的一个主要因素"[24]。另一方面，资本主义生产方式的各种条件在中世纪内已经形成的地方，这种生产方式才得到了发展。如果在16世纪，准确地说直到17世纪，商业的突然扩大和新世界市场的形成对旧生产方式的衰落和资本主义生产方式的勃兴产生过非常重大的影响，那么，相反地，这种情况是在已经形成的资本主义生产方式的基础上发生的。因此，"不是商业使工业发生革命，而是工业不断使商业发生革命。商业的统治权现在也是和大工业的各种条件的或大或小的优势结合在一起的"[25]。因为，以科技发展为基础的大工业通过它的不断更新的生产革命，使商品的生产费用越降越低，并且无情地排挤掉以往的一切生产方式。它还由此最终地为资本征服国内外市场，并在不同部门的利润平均化过程中，保证工业取得应有的主导权和支配地位。

二、第二阶段与第三阶段的更替

马克思指出："庸俗经济学家不能设想各种资本主义生产方式内部发展起来的形式，能够离开并且摆脱它的对立的、资本主义的性质。"[26]

1. 第二阶段为第三阶段准备"物的基础"

在第二阶段，作为经济制度基础的货币财产和大工业，一方面是导致生产的社会性和全面的物的依赖关系；另一方面，又为直接的社会生产和个人支配社会关系创造了社会物质基础。另外，资本主义生产方式虽然与生产的社会性相冲突，但它榨取剩余劳动的方式和条件同以前的奴隶制、农奴制等形式相比，"都有更利于生产的发展，有利于社会关系的发展，有利于更高级的新形态的各种要素的创造。因此，资本一方面会导致这样一个阶段，在这个阶段上，社会上的一部分人靠牺牲另一部分人来强制和垄断社会发展（包括这种发展的物质方面和精神方面的利益）的现象将会消灭；另一方面，这个阶段又会为这样一些关系创造出物质手段和萌芽,这些关系在一个更高级的社会形态内,使这种剩余劳动能够同一般物质劳动所占用的时间较显著的缩短结合在一起"。[27]因此,"涌流"的社会物质财富是第三阶段社会形态实现的物质基础,而这个物质基础又必须依赖于"物的依赖关系"即商品经济文明社会的生产力的不断解放与发展。同时,货币财产虽然一方面使社会关系表现为物的关系,并形成全面的物的依赖关系。另一方面,又使人与人的关系通过这种物的依赖关系或作为"网结点"的货币,得到广泛的发展,从而突破了地区和国家的范围。这就为人们创造出他们自己的社会联系,并把这种联系置于自己支配之下奠定了基础。

2. 第二阶段为第三阶段准备"人的基础"

大工业的技术基础是革命的。现代工业通过机器、化学过程和其他方法,使工人的职能和劳动的社会结合不断随着生产的技术基础发生变革。这样,虽然大工业在资本主义条件下再生产出旧的分工及其固定化的专业,但它同样不断地使社会内部的分工发生革命,不断地把大量资本和大批工人从一个生产部门投到另一个生产部门。因此,大工业的本性决定了劳动的变换、职能的更动和工人的全面流动性。由此所造成的种种灾难,导致承认工人尽可能多方面地发展成为社会生产的普遍规律,并且使各种关系适应于这个规律的正常实现,成为生死攸关的问题。使用那种把不同的社会职能当作互相交替的活动方式的全面发展的个人,来代替只是承担一种社会局部职能的局部个人成为生死攸关的问题。由此,"工艺学校和农校是另一个要素,在这种学校里,工人的子女受到一些有关工艺和各种生产工具的实际操作的教育"。[28]大工业革命性促成了人的发展,为第三阶段社会形态的实现作了"人的准备"。

另外,大工业所形成的新的生产力已经超过了这种生产力的资产阶级利用形式,所造成的经济混乱和周期性危机迫使资本家阶级本身在资本关系内部一切可能的限度内,越来越把生产力当作社会生产力看待。大的生产机构和交换机构向股份公司和国家财产转变这一事实充分说明了这点。当然,生产力的国家所有不是冲突的解决,但是它包含着解决冲突的形式上的手段,解决冲突的线索。据此,国有经济在商品经济社会形态下,是各种制度形态的不同国家所必需的、共有的,起着国家调控经济平衡发展的重要手段作用的重要"砝码"。也正是依据于此,马克思深刻指出:"一方面,只有大工业才能发展那些使生产方式的变革和生产方式的资本主义性质的消灭成为绝对必要的冲突——不仅是大工业所产生的各个阶级之间的冲突,而且是它所产生的生产力和交换形式本身之间的冲突;另一方面,大工业又正是通过这些巨大的生产力来发展这些冲突所必需的手段。"㉙

3. 第二阶段社会即社会主义社会的到来是必然的

资本本身是处于过程中的矛盾,因为一方面在它竭力把劳动时间缩减到最低限度,另一方面又使劳动时间成为财富的唯一尺度和源泉。因此,资本调动科学和自然界的一切力量,同样也调动社会结合和社会交往的力量。一方面创造可以自由支配的时间,从而成了为社会可以自由支配的时间创造条件的工具;另一方面,则把这些可以自由支配的时间变为可以占有的剩余劳动并把创造可自由支配时间的社会生产力限制在剩余价值能够实现的限度内。这样,"一旦直接形式的劳动不再是财富的巨大源泉,劳动时间就不再是,而且必然不再是财富的尺度,因而交换价值也不再是使用价值的尺度,群众的剩余劳动不再是发展一般财富的条件。同样,少数人的非劳动不再是发展人类头脑的一般能力的条件。于是,以交换价值为基础的生产便会崩溃,直接的物质生产过程本身也就摆脱了贫困和对抗性的形式。个性得到自由发展,因此,并不是为了获得剩余劳动而缩减必要劳动时间,而是直接把社会必要劳动缩减到最低限度,那时,与此相适应,由于给所有的人腾出了时间和创造了手段,个人会在艺术、科学等方面得到发展"。㉚据此,人类社会的社会主义阶段的到来和实现是历史的必然。

第三节 "三阶段"相互更替过程的实践认识

马克思的社会发展三阶段理论既是其唯物史观的组成部分,又是其唯物史观作指导的认识论产物。人类社会发展由"人的依赖关系阶段"进化到"物的依赖关系阶段",再进化到"个人的全面发展阶段","是一种自然历史过程"。㉛而且,这种"自然历史过程"是不以人的意志为转移的规律性过程。历史本身是一个动态的发展过程。在这一过程中,每一阶段都有各自的历史面貌,同时它们又有着内在的连续性。"历史的"这一前提既是本体论意义上的,又是方法论意义上的。"历史的"方法也就是逻辑与历史一致的方法。这一方法要求对于动态的历史必须予以动态的考察,而不能用一种模式化或概念化的东西将其作简单的概括。

一、"物的依赖关系"即商品经济文明是人类社会发展必经的社会文明阶段

1. 商品经济文明是世界史的现实

"物的依赖阶段"既然是人类社会发展的规律性反映阶段,那么,任何企图超越这一阶段的想法和实现都是反历史规律的,因而肯定是错误的。马克思的这一规律性的科学认识的真理性已经为现实的社会实践所检验、所认识,并且将继续为未来社会实践所检验、所证实。

马克思认为:"一个民族与其他民族的关系,而且是一个民族本身的整个内部结构都取决于它的生产以及内部和外部的交往的发展程度。"[32]在古代世界交往不便或几乎没有交往的情况下,各民族可以发展,世界历史所呈现的亦是多样化的图景。但随着生产力的发展和各民族往来的增多,历史巨人势必打破各民族的界限,并将各民族历史带到一个总的发展秩序之中。因为,"各个相互影响的活动范围在这个发展进程中愈来愈扩大,各民族的原始闭关自守状态则由于日益完善的生产方式、交往以及因此自发发展起来的各民族之间的分工而消灭得愈来愈彻底,历史就在愈来愈大的程度上成为全世界的历史"。[33]尤其是,马克思还进一步肯定:"世界史不是过去一直存在的,作为世界史的历史是结果。"[34]

那么,究竟是什么力量在支配着世界历史朝着一体化的道路上发展呢?而一体化的世界历史又将沿着什么样的道路发展呢?马克思肯定地回答为:物质资料的生产方式和交换方式。马克思、恩格斯在《共产党宣言》中更是明确地指出:西方资产阶级由于用它那冷酷的物质力量"开拓了世界市场,使一切国家的生产和消费都成为世界性",那么,它也就有力量用自己的文明体系来规范其他各民族的文明,从而"使未开化和半开化的国家从属于文明的国家,使农民的民族从属于资产阶级的民族,使东方从属于西方"。[35]

世界历史之所以将沿着"物的依赖关系"阶段即商品经济文明阶段的发展秩序而发展,在马克思看来,首先是商品经济文明所创造的社会生产力代表了人类社会发展的方向,同时体现了世界历史的必然性规律。因为商品生产是一个长期发展的产物,是生产方式和交换方式的一系列变革的产物。商品经济文明形态下的资本主义亚文明"首次开创了世界历史,因为它使每个文明国家以及这些国家中的每一个的需要的满足都依赖于整个世界,因为它消灭了以往自然形成的各国的孤立状态",它凭着大工业的优势,"从而消灭了各民族的特殊性",从而在世界上起着"非常革命的作用"。㊱

马克思进而指出,商品经济文明产生出的资本主义亚文明在按照自己的面貌改造世界的同时,任何民族都不可能再保持着自给自足和闭关自守的状态,"不管反动派怎样惋惜,资产阶级还是挖掉了工业脚下的民族基础。古老的民族工业被消灭了,并且每天都还在被消灭"。㊲

2. 马克思对印度的解剖及其结论性认识

马克思上述结论性认识,除了基于对西方社会的严密考察之外,也依赖于他对东方社会(主要是印度)的考察。马克思把印度沿袭了十多个世纪的"村社制度"认定为半野蛮半文明的公社。㊳马克思在《资本论》第一卷中指出:"这些自给自足的公社不断地按照同一形式把自己再生产出来,当它们偶然遭到破坏时,会在同一地点以同一名称再建立起来,这种公社简单的生产机体,为提示下面这个秘密提供了一把钥匙:亚洲各国不断瓦解、不断重建和经常改朝换代,与此截然相反,亚洲的社会都没有变化。这种社会的基本经济要素的结构,不为政治领域中的风暴所触动。"㊴而且,马克思还认为,村社的孤立性和封闭性还导致了印度人民的愚昧和落后,成为专制制度赖以存在的牢固基础。它"使人的头脑局限在极小的范围内,成为迷信的驯服工具,成为传统规则的奴隶,表现不出任何伟大和任何历史首创精神"。㊵正因为如此,印度人的生活是一种"失掉尊严的、停滞的、苟安的生活"。

马克思认为,对于印度这样一种社会,单靠它自身的力量是不可能汇入世界一体化的洪流之中的,因为它"没有希望社会进步的意向,没有推动社会进步的行动"。㊶要想它进步,必须借助外力。而这种外力,在马克思看来,只能是西方资本主义生产方式。只有通过资本主义血与火的洗礼,才能破坏印度社会那种封闭的村社制度和村社自给自足的自然经济,从而在亚洲造成"一场最大的、老实说也是亚洲历来仅有的一次社会革命"。㊷

基于上述分析,马克思认为,英国人的殖民统治虽然给印度人民带来了灾难,却是势所使然的,其富有历史的进步意义。因为,"英国在印度要完成双重的使命:一个是破坏性的使命,即消灭旧的亚洲史的社会;另一个是建设性的使命,即在亚洲为西方式的社会奠定物质基础"。㊸所以马克思又说:"英国在印度斯坦造成社会革命完全是被极其卑鄙的利益驱使的,在谋取这些利益的方式上也很愚钝。但是问题不在这里。问题在于，如果亚洲的社会状况没有一个根本的革命，人类就不能完成自己的使命。如果不能，那么，英国不管是干出了多大的罪行，它在造成这个革命的时候毕竟是充当了历史的不自觉的工具。这么说来，无论古老世界崩溃的情景对我们的个人感情是怎样难受，但是从历史观点来看，我们有权同歌德一起高唱：即痛苦是快乐的源泉，那又何必因痛苦而伤心呢？"[44]马克思对印度的认识十分有利于我们对自己民族和国家的认识和现在经济社会发展的体制和机制把握。

二、世界市场的形成使世界成为一个整体

马克思指出："资产阶级既然榨取全世界的市场，这就使一切国家的生产和消费都成为世界性的了。"[45]马克思的这一认识结论是他卓越智慧的理性展示。

商品的国际价值认识

在世界市场上，各国的社会劳动通过国际交换而成为全世界社会劳动的一部分。各国商品进入世界市场，它们在各国国内的不同量的价值，通过国际交换转化为世界范围的社会必要劳动，转化为商品的国际价值。这种商品的国际价值与商品的国内价值不同。它不是由一个国家的社会生产条件下生产该种商品的社会必要劳动时间所决定，而是由"世界劳动的平均单位"，[46]即一切有关国家生产该种商品所消耗的劳动平均单位所决定。由于各国劳动生产率水平的差异，形成商品的国内外价值的不等量。在一国范围内由社会必要劳动时间决定的国内商品价值，在世界范围内就变成了个别价值，并与在世界市场上自然形成的国际价值相对立。这是价值规律在世界市场上的体现，并使价值规律发生了重大变化。因此，先发国家在对落后国家的国际交换中，必然凭借它的经济优势（如较高的资本有机构成、发达的劳动生产率等），无偿地从后者攫取巨量的剩余价值获取超额利润。英国古典经济学家李嘉图的比较成本学说肯定了国际贸易的双方都能得到一定的利益，在反对封建主义、打破区域限制、开放门户和促进生产力发展等方面确实起到了进步的作用。这种作用正如马克思、恩格斯在《共产党宣言》中指出的那样："资产阶级，由于一切生产工具的迅速改进，由于交通的极其便利，把一切民族甚至最野蛮的民族都卷到文明中来了。它的商品的低廉价格，是它用来摧毁一切万里长城、征服野蛮人最顽强的仇外心理的重炮。它迫使一切民族——如果它们不想灭亡的话——采用资产阶级的生产方式；它迫使它们在

自己那里推行所谓文明制度,即变成资产者。一句话,它按照自己的面貌为自己创造出一个世界。"㊼

第四节　后来居上:"后发优势""后发优势发展战略"及成功的"丁尼生公式"和"东亚公式"认识

人类社会进入文明社会以来,其发展是波浪式的,世界各国、各地区始终呈现出不平衡状态。物的依赖阶段取代人的依赖阶段是其必然的,但取替的过程却呈现出不同的特征。世界各国、各地区的先进与落后也是相对的,各自依据不同的条件、环境及发展战略而相互转化。

一、"后发优势""后发优势发展战略"及其成功的两个公式简介

所谓后发优势,指在先进国家或地区与后发国家或地区并存的条件下,后发国家或地区所具有的内在的可以学习借鉴先发国家或地区先进经验、文明成果,并加以创新,以缩短自身探索过程的客观的有利条件。其代表学者为美国社会学家列维和经济史学家格申克龙。所谓后发优势发展战略即成功地利用后发优势,并据此制定出符合实际的经济社会发展战略。后发优势和后发优势发展战略是人类社会自16世纪以来各国各地区经济社会发展实践轨迹及实践经验的理性认识,是对马克思社会发展三阶段理论科学性和正确性的有力论证的成果之一。据此,笔者对因此而形成的两大公式即"丁尼生公式"和"东亚公式"作一简述。

1. "丁尼生公式"简介

依据列宁经济社会发展不平衡规律,人类社会在其发展的各阶段上,世界各国各地区不平衡是必然的。先进的、引领世界的国家和民族不一定能永远立于前沿,如古希腊、古罗马、中世纪的中国、近代的荷兰、近代的英国等。而落后国家或民族不一定永远落后,只要准备得当,善于抓住机遇,可将"落后"变为"优势"而形成"后发优势"。如再将后发优势变成战略,善于学习、善于创新、善于借鉴先发国家或地区的失误教训,就有可能赶超先发国家或地区,实现后来居上。这也正如"派生市场经济"相对于"原生市场经济"的关系那样。正是在这样的一种关系下,产生出"丁尼生公式"和"东亚公式"这样两个"后发优势发展战略"成功的"范式"出来。

丁尼生公式：50 年 = 1000 年

（西方）（东方、中国）

丁尼生是 18 世纪末英国的著名学者，他在系统考察并研究了人类 17、18 世纪的发展历史后，得出了这样一个公式。该公式认定，西方社会（以荷兰、英国、法国为代表），在 17、18 世纪里，利用学习东方先进（主要是中国）文明成果并加以创新，在每 50 年的时间内，走完东方（主要是中国）花了 1000 年时间所走过的历程。因此，西方社会仅仅在不到 150 年的时间里，就走完了东方社会历经几千年所走过的历程并大大超越东方，把中国为代表的曾经是西方社会的"老师"的国家抛在后面而使之成为"野蛮的文明"。对于"丁尼生公式"，黑格尔与马克思都曾有非常一致的认识。黑格尔指出，中国的四大发明传入欧洲，帮助欧洲走出野蛮的中世纪，并创造出一个新文明世界。马克思则更是将黑格尔的思想明晰化、具体化为：中国的造纸术、印刷术帮助欧洲人发现并倡导新文明，利用科学战胜神学；指南针发现新大陆，开创了商品经济的世界贸易；火药变成热兵器，把骑士阶级炸个粉碎。注意，在今天，已被世界科学界认定的中国有五大发明，在原有四大发明的同时，增加了"钻井术"这一第五大发明（见李约瑟《世界科技博览》）。同样的，这一发明传入欧洲，帮助欧洲发现并成功开采出石油、天然气，从而解决了近现代交通工具的动力和燃油、天然气的问题。

2."东亚公式"简介

"东亚公式"即"东亚模式"。笔者为研究和推广介绍该"模式"的需要和方便，遂将"东亚模式"演变成"东亚公式"，这也应该是一种创新吧。

"东亚公式"：30 年　＝　300 年

↓　　　↓

（东亚"四小龙""四小虎"[特别注明：除中国大陆]）（西方）

该公式提出于 20 世纪 90 年代，是人们总结东亚"四小龙""四小虎"发展模式后得出的又一"后发优势发展战略"成功的"公式"，是所谓"四小龙""四小虎"利用 20 世纪 50 年代至 80 年代初 30 年的时间，积极学习利用世界（主要是西方国家）文明成果并加以创新，迅速走完西方国家 300 年发展历程的生动描绘和形象总结。这一公式再次证明，"后发优势"是可以形成的，"后发优势发展战略"是落后国家和地区可能成功的发展战略。

▶ 民营经济与中国现代化

值得一提的是,"丁尼生公式"是近代资本主义诞生、崛起、形成的,落后的西方以东方为师,学习并创新东方尤其是中华文明成果,后来居上的发展公式。作为当时的中国,站在地球的中心,但是,随之而来的是被后来居上的西方列强迅速地"边缘化"而成为"边缘化的国家"。中国是世界近代史上一个最为典型的"被""边缘化"的国家。中国是"被"谁给边缘化的呢?这是一个值得我们每一个中国人必须思考,也必须严肃回答的问题。我相信,大家的答案只能是这样的:一方面是后来居上的西方发达国家使我们中国"边缘化";另一方面是我们自己把自己给"边缘化"。而20世纪下半世纪的"东亚公式"则特别地注释,该公式中的"东亚"不包括中国——我们这个东亚诸国中版图最大、历史文化最悠久、人口最多的国家。这是为什么?这是因为这30年中,中国在政治上搞"以阶级斗争为纲",在经济发展中选择了"计划经济体制"——不仅没有能缩小与西方发达国家的差距,相反还继续拉大了自18世纪以来始终在扩大的差距。

二、"丁尼生公式"——原生市场经济国家形成的历史必然性认识

相对于东方,尤其相对于中国,封建中世纪的欧洲,尤其是西欧,是落后的、野蛮的。虽然同处于"人的依赖阶段"即"自然经济文明"条件下,欧洲的经济文化与社会发展远远落后于中国。

1. "西方国家"曾经是十分落后的即"野蛮"的国家

自16世纪开始,欧洲开始了后来居上的也是现代化的历史进程。

特别自18世纪60年代到19世纪60年代,以蒸汽机为代表的科学技术获得了惊人的发展。英国以及其他欧洲先进国家和美国,相继完成了产业革命,使资本主义生产从工场手工业过渡到机器大工业,使工农业生产和交通运输业得到空前大发展。这场产业革命直接推动着社会关系和国际关系的深刻变革,标志着资本主义生产方式在全世界的胜利,并为物的依赖阶段的世界准备了各种物质和社会关系的必要条件。

马克思对此作了科学总结:"资产阶级在它的不到一百年的阶级统治中所创造的生产力,比过去一切世纪创造的全部生产力还要多,还要大。"⑱

自资本主义生产关系形成和资本主义制度确立以来的数百年间,西班牙、荷兰、英国、法国及当代美国等,都先后确立过自己至高无上的霸权地位,充当过或正充当世界经济社会的霸主。认识和总结这些先后成为世界霸主国家的成功经验,是一项极其重大、重要而且复杂的系统工程。在这里,笔者仍借助马克思、恩格斯在《共产党宣言》中的认识来说明,"物的依赖阶段"即商品经济文明是人类社会发展不可逾越的文明阶段。

马克思、恩格斯在《共产党宣言》中分析了资本主义生产方式、生产关系产生和发展的历史过程和资产阶级在经济上、政治上产生、形成和发展的过程;他们指出,资产阶级分子是从中世纪的城市市民中产生出来的,是商品经济生产方式、生产关系萌芽的结果。新大陆、新航线及世界新市场的发现,使资本主义迅速发展起来;封建的或行会的工业经营方式已经不能满足市场的要求,资本主义的工场手工业代替了简单协作,工业中间等级代替了行会师傅;随着产业革命的发生和发展,蒸汽机和机器引起了工业生产的革命,现代大工业取代了工场手工业。"由此可见,现代资产阶级本身是一个长期发展过程的产物,是生产方式和交换方式的一系列变革的产物。"在经济发展的每一个阶段上,资产阶级都有政治上的成就伴随着;资产阶级由封建社会的统治阶级变成同封建贵族相抗衡的政治势力,在现代大工业建立起来后,资产阶级最终在现代代议制国家里夺得了独占的政治统治,把国家变成管理整个资产阶级的共同事务的委员会。

2."西方国家"后来居上的历史性贡献

资产阶级在经济上取得了统治地位后,立即用资产阶级的意识形态去进攻、打击并毁灭封建主义的意识形态,特别在政治上取得统治地位后,更是如此;资产阶级把人与人的关系变成纯粹的金钱关系;它用公开的、直接的、露骨的剥削代替了用宗法幻想和政治幻想掩盖起来的封建剥削;资产阶级为了追逐利润,不得不改革生产工具、劳动对象乃至劳动者,从而创造出巨大的生产力,并依据被创造出来的巨大生产力去促进生产关系和整个社会关系的革命化;为不断扩大产品销售的需要,资产阶级奔走世界各地,建立起世界市场,挖掉工业脚下的民族基础,把资本主义的生产方式推行到整个世界;资产阶级使乡村屈服于城市的统治,使农民的民族从属于资产阶级的民族,使东方从属于西方,使"物的依赖阶段"即商品经济文明成为世界现实;同资本主义经济的集中相适应,分散的封建割据的各个地区集中成为政治上统一的资产阶级国家;资产阶级、资本主义制度无情地摧毁了封建制度,瓦解了自然经济文明,极大地解放和发展了生产力,它在经济、政治、思想意识和国际社会,都"按照自己的面貌为自己创造出一个世界"。[49]

由此可见,"资产阶级赖以形成的生产资料和交换手段,是在封建社会里造成的。在这些生产资料和交换手段发展的一定阶段上,封建社会的生产和交换在其中进行的关系,封建的农业和工业组织,一句话,封建的所有制关系,不再是垂直已经发展的生产力了。这种关系已经在阻碍生产而不是促进生产了。它变成了束缚生产的桎梏。它必须被打破,而且果然被打破了"。㊿资本主义社会代替封建社会是生产力发展的必然结果,是生产关系一定要适合生产力状况的必然表现——换句话说,"物的依赖阶段"一定要替代"人的依赖阶段"是历史的必然。

三、"东亚公式"——派生与次派生市场经济的典范

1993年世界银行关于"东亚奇迹"的报告中,把东亚"四小龙""五小虎"即日本、韩国、新加坡、中国台湾、中国香港、马来西亚、泰国、印度尼西亚在现代化进程中形成并利用后发优势,在20世纪50年代至80年代迅速崛起的事例认定为"东亚模式"。笔者在教学与研究中借鉴历史与现实学界的认识将这一模式提升为"东亚公式",使之更生动、更形象、更具"刺激性"。

1. "东亚公式"的奇迹性认识

与世界其他地区相比,东亚是唯一实现了经济的高速增长和相对平均的收入分配的经济体,因此而创造了现代经济发展史上的奇迹。1955—1985年人均GDP的增长率,新加坡是7.2%,印度尼西亚是4.7%,马来西亚和泰国是4.8%,大大高于撒哈拉以南非洲国家和拉美国家的0.2%和1.9%。日本在战后短短的18年时间里,迅速实现了经济复兴并创造了经济高速增长的奇迹。在1956年至1973年期间,日本的国民生产总值年均增长9.7%,其中10年增长率达到了两位数,最高的1961年和1967年为13.5%和13.0%。到1968年,日本国民生产总值超过联邦德国,成为资本主义世界第二大经济强国。至今,日本在经历了经济衰退的低谷后,经过艰难的调整期,又崭露新的发展势头,其世界第二经济强国的地位仍较稳固。经济学界将日本再度崛起的"追赶型发展模式"称为"日本模式"。"日本模式"是最典型的后发优势发展成功模式。特别值得一提的是,日本是世界上两度的后发优势成功的模式创造国。其"明治维新"后的迅速崛起和第二次世界大战后的迅速崛起使世界为之刮目相看,也因此而对之保持高度警惕。

二战后,不少拉美国家的人均国民生产总值要比韩国、中国台湾高出10~20倍。1965—1996年,韩国国民生产总值从30亿美元跃升到4846亿

美元，中国台湾人均国民收入从1952年的136美元增加到1989年的7518美元，约增加54倍。

2. "东亚公式"的成功要素

世界银行总结东亚奇迹成功的基本要素为：第一，良好的宏观经济管理和稳定的宏观经济业绩；第二，政府有选择的干预和推行出的主导型战略；第三，以人力资本的投资促进生产力的发展；第四，培育广泛的金融机构和金融市场；第五，开发基础设施；第六，增加高比率的储蓄和吸引私人投资的能力；第七，重视积累，有效的分配和技术赶超。世界银行总结东亚成功的上述七要素，无不是对西方国家已有文明成果的学习借鉴并结合自己的实际加以创新的结果，其30年时间"走"完西方原生市场经济国家300年的历程，认定其为"东亚公式"是当之无愧的。

东亚金融风暴对"东亚公式"进行了检验，暴露出这一"经济实体"的弊端与不足。但也可以说，正是该风暴"帮助"这一"经济实体"更进一步认识自己，使之总结经验，更好地发展自己。2004年，东亚经济增长率已达7.6%，2005年达6.5%，2006年达6.7%。

现在"亚欧会议"的成功合作和东盟"10+3"对话与合作机制都是东亚合作进程中的重大突破，并且在东盟框架内尝试自由贸易区以及对此达成的共识都成了东亚经济社会腾飞的制度性保障。

时至今日，东亚仍是世界经济的发动机之一。

四、"中国公式"的伟大创造工程

其实，作为20世纪中国三大伟人之一的伟大的资产阶级民主革命家孙中山在其《建国上两大要务》中早已深刻指出："款既筹不出，时又等不及，我们就要用此开放主义。凡是我们中国应兴事业，我们无资本，即借国外资本；我们无人才，即用外国人才；我们方法不好，即用外国方法。物质上文明，外国费二三百年工夫，始有今日结果。我们采来就用，诸君看看便宜不便宜？"[51]他又说，如果我们"能万众一心，举国一致，而欢迎外国之雄厚资本，博大规模，宿学人才，精练技术，为我筹划，为我组织，为我经营，为我训练，则十年之内，我国之大事业必能林立于国中，我实业之人才，亦同时并起。十年之后，则外资可以陆续偿还，人才可以陆续成就，则我可以独立经营矣，若必俟我教育之普及，知识之完备，而后始行，则河清无日，坐失良机，殊可惜也"。㊿自孙中山到邓小平的改革开放，中国耽误的时日太多，实在是"坐失良机，殊可惜也"。

自邓小平开始，中国开始了"中国公式"的创造性大工程（见本著作"导论"）。

注释：

① 《马克思恩格斯选集》，人民出版社 1958 年版，第 1 卷，第 255 页。

② 《马克思恩格斯全集》，人民出版社 1958 年版，第 46 卷上册，第 104 页。

③ 同上注，第 105 页。

④ 托夫勒：《第三次浪潮》，黄明坚译，生活·读书·新知三联书店 1984 年版，第 71～72 页。

⑤ 同上注，第 72 页。

⑥ 《马克思恩格斯全集》，人民出版社 1958 年版，第 46 卷上册，第 105 页。

⑦ 同上注，第 105 页。

⑧ 同上注，第 103～104 页。

⑨ 同上注，第 109 页。

⑩ 同上注，第 109 页。

⑪ 同上注，第 111 页。

⑫ 同上注，第 111 页。

⑬ 同上注，第 110 页。

⑭ 同上注，第 22 卷，第 623～629 页。

⑮ 同上注，第 46 卷上册，第 109 页。

⑯ 同上注，第 19 卷，第 130 页。

⑰ 同上注，第 46 卷下册，第 219 页。

⑱ 同上注，第 23 卷，第 535 页。

⑲ 同上注，第 46 卷上册，第 105 页。

⑳ 同上注，第 23 卷，第 153 页。

㉑ 同上注，第 46 卷上册，第 104 页。

㉒ 同上注，第 25 卷，第 372～373 页。

㉓ 同上注，第 25 卷，第 371 页。

㉔ 同上注，第 25 卷，第 372 页。

㉕ 同上注，第 25 卷，第 372 页。

㉖ 同上注，第 25 卷，第 43 页。

㉗同上注，第 25 卷，第 926 页。

㉘同上注，第 23 卷，第 535 页。

㉙《马克思恩格斯选集》，人民出版社 1977 年版，第 3 卷，第 408 页。

㉚《马克思恩格斯全集》，人民出版社 1961 年版，第 46 卷下册，第 218~219 页。

㉛同上注，第 13 卷，第 12 页。

㉜同上注，第 3 卷，第 24 页。

㉝同上注，第 3 卷，第 5 页。

㉞同上注，第 46 卷上册，第 48 页。

㉟《马克思恩格斯选集》，人民出版社 1977 年版，第 1 卷，第 255 页。

㊱同上注，第 253 页。

㊲同上注，第 254 页。

㊳同上注，第 2 卷，第 67 页。

㊴《马克思恩格斯全集》，人民出版社 1958 年版，第 23 卷，第 396~397 页。

㊵《马克思恩格斯选集》，人民出版社 1977 年版，第 2 卷，第 67 页。

㊶同上注，第 72 页。

㊷同上注，第 67 页。

㊸同上注，第 70 页。

㊹同上注，第 68 页。

㊺《马克思恩格斯全集》，人民出版社 1958 年版，第 4 卷，第 469 页。

㊻《资本论》，人民出版社 1975 年版，第 1 卷，第 614 页。

㊼《马克思恩格斯选集》，人民出版社 1977 年版，第 1 卷，第 255 页。

㊽同上注，第 256 页。

㊾同上注，第 255 页。

㊿同上注，第 256 页。

㉛《建国上两大要务》，见《总理全集》第二集，第 145 页。

㉜《建国方略》，见《孙中山选集》上集，第 167 页。

第二章　市场经济

市场经济的一般规定性在于：它是通过货币连接各个经济环节的一种处于支配地位的经济形式。市场经济的制度规定性在于，它是属于某种所有制的经济形式。根据这种规定性，我们可以看到，在人类社会发展的第二阶段即"物的依赖阶段"，市场经济可以有两种基本制度规定：资本主义条件下的市场经济和社会主义条件下的市场经济。市场经济的一般规定性和制度规定性是既有联系又存在区别的。作为一般规定性和制度规定性的市场经济，当然表现出共性和个性的特征，其个性为所有制，其共性为一般规定性，即都是通过货币连接各个经济环节的一种处于支配地位的经济形式，从而它们能够对接而形成一个相互依赖的统一体——世界市场。

第一节　资本主义条件下的市场经济

资本主义市场经济是当今世界经济的主体经济。资本主义市场经济经历了萌芽、自由竞争、垄断到今天的国际垄断几个发展时期。研究其产生、发展到形成壮大的过程，既可以使我们看到市场经济在一定的制度规定性下所形成的某些特殊性质，又可以使我们看到市场经济在产生和发展过程中的一般性质。这显然有助于我们正确认识市场经济的历史定位和正确处理现实中的一系列问题。

一、借助王权，从自然经济向市场经济过渡

从资本主义发展史看，资本主义市场经济最早萌芽于西欧的封建社会内部。应该说，资本主义生产方式的出现，从而工业资本家这一新权贵的出现，是排挤行会的手工业师傅，排挤封建主，从而是战胜封建势力极其令人愤恨的特权的结果。而要形成这种结果，不借助国家力量与作用是绝对不可能的。在任何一个国家的历史上都未曾出现过这样的情况：资本主义市场经济是在完全非暴力的、自然的演进过程中取代了自然经济的支配地位的。

1. 王权是资产阶级发展的产物

14世纪以后,在西欧和中欧的许多国家相继从有限的君主政体发展成为专制政体。而靠发展工业和贸易而先起的资产阶级则"赞助君主制,因为国王们维护了行旅安全,扶助了商业。同时它也给国王们供应了法律家和有效的官吏,为政府出了钱,并为军队提供了人力"。①这样,国王通过削弱封建领主势力和利用资产阶级的力量,把国家统一在一个君权之下,从而建立起强而有力的专制政权。正是从这个意义上,马克思认为王权是"资产阶级发展的产物"。②而一旦封建专制政权建立后,它从增加国库的财源,巩固自己的专制统治出发,推行了一系列鼓励商业、工业、航运业和殖民扩张事业的重商主义政策。因为,"对这一时代来说,货币是一切权力的权力"。这在客观上加速了封建自然经济向资本主义市场经济的过渡。葡萄牙、西班牙、荷兰等国的相继崛起,就是如此。

2. 李斯特的"国家保护政策"认识

德国的崛起也是一个典型。当英国、法国的专制王权在他们的国家促进民族统一的发展和结束了国家分裂状态时,德国的专制主义却带着诸侯小邦的专制主义性质,从而加深了德国的分裂状态,妨碍了一个民族市场的形成,致使德国到19世纪初叶,仍然是一个农业国。李斯特在1841年出版的《政治经济学的国民体系》一书中,强烈地反映了德国资产阶级迫切需要直接凭借国家的力量来建立资本主义市场经济的愿望。

李斯特认为,落后的自然经济国家在其经济发展历史上必须经历原始开化的时期、畜牧时期、农业时期、农工业时期、农工商业时期这样五个时期。他认为,政府为推进本国由未开化状态进入发达状态,可以分三个阶段来实施相应政策:第一,对先进国家实行自由贸易,使自己脱离未开化状态,在农业上求得快速发展;第二,用商业限制政策,来促进和保护工业、资本、人口等即实行保护制度;第三,当财富和力量已经达到相应高度后,应逐步恢复到自由贸易原则,在国内外市场进行无限制的竞争。据此,李斯特认定:处于农业国的当时德国经济发展,就必然存在一个建立保护制度的问题。

早期的重商主义的理论与李斯特的理论从历史的不同阶段反映了同一事实:从封建的自然经济向资本主义市场经济的过渡,必须借助国家力量。

而且,当代"东亚公式"中的国家和地区的实践经验也再次证明,即使在政治经济条件比英国、德国的市场经济形成时期有着显著不同的情况下,国家和政府在资本主义市场经济形成时期的决定性作用仍然没有改变。例如，在20世纪50年代处于赤贫状态的韩国也是典型之一。据此，国家的相对债权，在今天的中国，是有其现时性和必要性意义的。

二、借助科学技术革命，确立市场经济的主体支配地位

人类进入资本主义社会以后，发生过三次重大的科学技术革命。正是借助这三次革命，资本主义市场经济才得以占据经济社会发展的支配地位，形成为当今世界经济的主体。马克思指出："把科学看成是历史的有力杠杆，看成是最高意义上的革命力量。"③

1. 第一次科技革命

18世纪后期，第一次科学技术革命以蒸汽机的发明为主要标志。随着蒸汽机的广泛使用，19世纪先后发明了轮船（1807年）和火车（1814年），使交通运输业发生了根本性的革命。同时，冶金特别是炼钢和机械工业也得到极大的发展。这次科学技术革命使人类从手工工具时期跃进到机器时期，从而引起生产力的突飞猛进，在不到一个世纪的时间内，创造出比过去一切时代总和还要多的物质财富。

第一次科学技术革命使国际贸易得到了空前的发展，使得各国的商品交换具有了全球的规模，从而为世界经济准备了重要条件。

2. 第二次科技革命

19世纪后期，第二次科学技术革命首先发生在美国，它是以电力的发明和使用为代表的。这次科技革命极大地推动了社会生产力的解放与发展，使人类跨进了电气时代。生产力的巨大发展，提高了生产的社会化程度，促使国际分工向广度和深度伸展，从而加强和扩大了各国之间的经济联系；同时，生产力的解放，引起了资本主义各国生产关系的相应变化，推动了资本主义从自由竞争向垄断过渡；垄断统治的确立，使得资本输出成为金融资本向全球扩张的最有力的经济工具，并加快了对世界领土的瓜分，从而促成了统一的资本主义世界经济的最终建立。

3. 第三次科技革命

第三次科学技术革命是在第二次世界大战后发生的。它的主要标志是：原子能等新能源的发现与利用；电子计算机等的发明和应用；新材料的人工合成与利用；空间技术的发展；生物遗传工程；等等。同时，第三次科技革

命还表现为规模大,作为人的智力延伸而部分代替人的脑力劳动和"用机器操纵机器"等特点。

第三次科学技术革命的特点,决定了它是迄今为止人类历史上规模最大、影响最深远的一次科学技术革命。很多新兴的工业部门,诸如高分子合成工业、原子能工业、电子计算机工业、半导体工业、宇宙工业、激光工业、生物遗传工业等,都在这个基础上建立起来了,从而使社会物质生产各个领域的面貌为之一新。

(注:第三次科学技术革命与我国民营经济发展的关系将列专章阐述。)

三、借助经济全球化,实现国际垄断资本主义

资本主义垄断从19世纪后半叶开始,历经私人垄断资本主义、国家垄断资本主义,发展到当今的国际垄断资本主义,是由资本驱动的一种历史必然趋势。

1. 经济全球化,是国际垄断资本主义产生的更为直接、更为重要的原因

经济全球化本来就是伴随着资本的发展而发展起来的,但经济全球化的进一步发展,极大地推动了资本的全球扩张。苏联、东欧放弃社会主义制度,走向西方资本主义市场经济道路,世界上两个平行的世界市场不复存在;加之所有的社会主义国家和发展中国家,在总结经济发展的经验教训基础上,都放弃了中央计划经济体制和闭关自守的方针,实行了对外开放政策和不同类型的市场经济体制,为垄断资本的进入敞开了大门。据此,在以信息技术为核心的现代高科技和市场经济全球化推动下,就形成了以资本主义为主体的统一的世界经济体系和世界大市场。从此,世界真正进入了以金融、投资、贸易、技术转让四大市场为主要内容的世界经济全球化时期。所有这些,就使得国际垄断资本的发展如鱼得水,在发展的速度和规模上都达到了前所未有的高度。当今各种形式的国际垄断资本已在资本主义发展中占有支配地位,起着决定性的作用。在当今的资本主义国家,几乎所有的大公司都是跨国性的,都以在全球发展作为自己追求的目标,都不仅寻求在国内的垄断地位,而且寻求在国际上的垄断地位。

2. 世界进入国际垄断资本主义的主要标志

世界上几乎所有国家,无不受到国际垄断资本的强大影响或控制;几乎所有国民都在不同程度上同国际垄断资本主义发生着联系;甚至西方的政治

观念、价值观念、思想文化等也都不同程度地影响着世界各国的社会生活和人们的思想。

在列宁时期，列宁就已经为垄断资本主义作了特征认定：一是垄断组织形成；二是金融寡头产生；三是资本输出意义重大；四是瓜分世界的国际同盟已经形成；五是资本主义大国把世界领土瓜分完毕。今天，除了第五点之外，其余四点都仍存在。同时，现在的国际垄断资本主义较前已有了巨大的发展和变化：一是垄断已是高度集中的国际垄断；二是金融资本在当今经济全球化中起着引导性和决定性作用；三是资本输出已经成为国际垄断资本主义发展的主要形式。

四、作为物质基础——为新的阶段更替作充分准备

资本主义经济中出现的新现象和新特点，包括生产力的高度发达、经济危机周期性爆发的缓解、经济运行的社会调节、占有关系的社会化、工人生活状况的改善等，尽管并不意味着资本主义制度发生了根本性变化，但标志着资本主义的发展进入了一个新阶段——国际垄断资本主义阶段。这是一个包含了部分社会主义因素的阶段。这些社会主义因素的发展，为资本主义向社会主义过渡，提供了相当完备的物质条件。

1. 对当代经济社会发展的促进作用

马克思在论述资本主义的先进科学技术、先进的生产力以及由此决定的先进生产关系，在挖掉封建制度的墙脚向全球扩展的时候，对其历史的进步性和积极作用，从来都是充分肯定的。国际垄断资本主义作为最新科学技术、最新生产力和一切最新成就，对人的社会化发展的促进作用，其历史的进步性，对资本主义经济和世界经济发展的积极作用，是显而易见的，也是毋庸置疑的。

国际垄断资本主义由于在全球各地开拓市场，寻找财源，掠夺财富，把剥削对象扩展到全世界，使世界各地财富源源不断地流入西方发达资本主义国家，从而不断地增强资本主义国家的实力；同时，由于它有力地带动了发达资本主义国家的技术输出和资本输出，从而不断带动资本主义生产力的发展。20世纪90年代以来，西方资本主义国家特别是美国，正是由于国际垄断资本的大发展，才使其国内的经济能够以比较高的速度，维持长期稳定的增长，并在科技实力、经济实力和综合国力方面，一直维持着在全球的巨大优势。

2. 对自身各种矛盾的积极调整

国际垄断资本主义对资本主义发展本身的积极影响，还有一个重要方面，就是对资本主义制度调整和维护。这种影响的集中表现是促进资本主义生产关系，主要是私人资本的进一步自我扬弃。资本主义国家对生产关系的调整，始终是围绕着如何解决生产社会化和资本的私人占有这一矛盾，也就是围绕着如何使资本社会化即非私人所有这一问题展开的。而资本的不断社会化或非私人化，从信用和股份资本的出现就已开始。信用和股份资本的出现，只是资本社会化或资本自我扬弃的起点，而真正资本社会化的大发展，还是在进入垄断资本主义之后的金融资本和股份资本大发展时期，特别是在进入国际垄断资本主义之后以法人股份资本所有制和资本主义国家所有制为主体所体现出来的资本社会化，已经发展到了一个新的阶段或新的高度。它已经不再是国家意义上的社会化，而是具有国际性或全球性的社会化形态和意义，已经使资本主义制度发展成为以资本社会占有制为主的社会制度。与这种私人资本的自我扬弃相适应，资本主义的分配关系、财富占有关系，以及各种管理制度，也都朝社会化的方向发展着。

3. 对发展中国家现代化进程的促进

从对发展中国家和整个世界经济的发展来看，在国际垄断资本主义的发展阶段，大量垄断资本把大量的资金、先进的科学技术、先进的生产方式输出到比较落后的发展中国家，弥补这些国家的资金缺乏，对促进这些国家的科学技术进步，促进这些国家生产力的更快发展，加速其更快摆脱落后面貌，加速实现工业化和现代化，当然都有着不可否认的积极作用。

列宁说过："任何一个马克思主义者都不会忘记，资本主义比封建主义进步，而帝国主义又比垄断前的资本主义更加进步。"④当代资本主义创造了人类有史以来最巨大、最先进的生产力，推动了新科技革命和信息时代的到来，使人类社会的生产和生活的各个方面都发生了广泛而深刻的变化。因此，当代资本主义肯定比它之前任何一个发展阶段更加进步。资本主义制度在一定范围内还能继续容纳生产力的发展，还有较强的生命力，社会主义取代资本主义还要经历一个漫长曲折的历史过程。同时，当代资本主义尽管发生了巨大的变化，但这种变化的实质不过是在资本主义制度允许的范围内进行的局部调整与改良。这种调整与改良不能从根本上克服资本主义的基本矛盾及其固有的经济危机和社会弊病，也没有改变资本主义制度的内在本质、发展规律及其最终被社会主义取代的历史命运，资本主义并不是完美无瑕的，更不可能永世长存。

五、当代资本主义的发展

马克思在《资本论》第一卷"第一版序言"中指出："一个社会即使探索到了支配它的运动的自然规律——本书的最终目的就是揭示现代社会运动的经济规律——它还是既不能跳过也不能用法令取消它的自然发展的各个阶段；但是它能缩短妊娠期和减轻分娩的痛苦。"而最后一句话，则明确地表达了意识到资本自在必然性的主体自为必然性：如果人们"探索到了支配它的运动的自然规律"，就"能缩短妊娠和减轻分娩的痛苦"。"现代社会运动的经济规律"经马克思及后来的学者努力已经被提示出来。正是基于此，资本主义社会运用自己的可能力量对自己的弊端作了力所能及的修正，从而极大地缓解了因基本矛盾而引起的众多矛盾，使之呈现出继续发展的态势，表现出一定的生命力。其"修正"与"生命力"的关系主要表现为以下几方面。

1. 是市场竞争相对规范的法治平台搭建，促进人的进一步解放与发展，从而促进生产力的相对解放与发展，促使社会物质财富总量的相对丰富。

2. 是科技进步导致了市场的全球化，使私人资本在相当程度上适应了生产社会化的要求，从而弱化了经济运行中的供求失衡危机。

3. 是资本的社会化（包括股份公司，也包括所有权与经营权相分离的现代企业制度）突破了传统意义的完全私人占有，从而弱化了资本主义的基本矛盾。

4. 是人的社会化作用日益显现，人力资本作用的强化，在分配比重中呈现出上升的总趋势，从根本上分化了原始意义上的劳动者阶级，"中间阶层"的相对壮大，成为社会稳定器。

5. 是在普通的工人阶级内部出现职工分享剩余价值形成的利润社会化为主要内容的社会进步，在相当程度上缓解了资本与劳动的对立。

6. 是宏观的调控在相当程度上弱化了周期性经济危机，是体制、机制的不断创新，增强了市场、政府乃至社会的应变能力。

7. 是在社会物质财富总量不断增加的情况下，政府通过对国家税收、社会保障、社会福利使社会阶层、阶级没有呈现贫困化的总趋势。

8. 是通过罢工等合法形式的表达与宣泄，使各弱势阶级、阶层改善生存状态，改变生活方式的主要途径是个人素质的提高和寻求社会环境的良好机遇来获得，以及采取合法的各种斗争形式来进行。

9. 是不断涌现的众多新社会组织及专家学者个人对经济社会发展建设性"建议""意见"或"理论"的被不断提出并运用，从而保障经济社会发展的"规律性运动"。经济全球化强化了强者的强势地位，增强了西方国家的调控力。

可见，这一系列变化的实质是正如晚年恩格斯的认识，使当代资本主义正在走向"科学"意义上的社会主义。这样，不仅使社会弱化了推翻市场经济制度的经济、政治与文化动因，而且使社会衰减了推翻资本主义制度的基本力量，作为资本主义制度的掘墓人的纯粹无产阶级不仅在数量上相对减少，而且在质量上不断地分化。

进入现代社会以来，发达的资本主义国家没有发生过起义与政变事件的史实，就证明了这一点。相反，恰恰是资本主义不发达的国家才出现了频繁的造反与政变。

从根本意义上讲，这是马克思主义经济学逻辑演进的必然（指资本主义在被改造中，它验证了马克思主义经典作家的基本路径，又超越马克思主义经典作家的具体思路），更是以亚当·斯密为代表的古典经济学那只"看不见的手"的真正力量。

总而言之，虽然具体的体制上的变迁在相当程度上挽救了基本制度的危机，但它毕竟只是社会发展中的一个特定的阶段。所以，对于人类历史来讲，资本主义既谈不上是本源，更不能说是永恒。

这个历程就是，从古典资本主义走向近代资本主义，再走向现代资本主义。但它已是一种新资本主义，是包含着若干真正的社会主义合理因素的资本主义。从这个意义上讲，马克思主义经典作家关于资本主义总趋势的预言也正在实现中。这里发生着一场静悄悄的革命。

纵观世界各国的富强之路，中国著名学者吴敬琏教授在评论电视片《大国的崛起》时颇有见地地总结说："在各国走向繁荣昌盛的途程中有一些共同的因素起着关键性的作用，而对这些共同因素的偏离，不论这种偏离朝向哪个方向，总会招致逆转和挫折。通观500年来世界各主要国家的发展历程，这些共同的要素大致包括以下这些：（1）确立了自由市场经济制度；（2）建立了法治；（3）实行宪政民主；（4）保证思想自由和学术独立；（5）'橄榄形社会结构'的逐步形成。"

第二节　社会主义条件下的市场经济

中共十四大报告指出："我们经济体制的改革目标是建立社会主义市场经济体制，以利于解放和发展生产力。"中共十四届五中全会的《建议》指出："实现'九五'和2010年的奋斗目标，必须实现两个具有全局意义的根本性转变，一是经济体制从传统的计划经济体制向社会主义市场经济体制的转变；二是经济增长方式从粗放型向集约型转变。"

一、社会主义经济理论发展的四个阶段

作为社会历史形态，社会主义是资本主义的继承物、对立物、取代物和创新物。它需要继承资本主义社会的各种文明成果，但又要从根本消灭资本主义的各种矛盾和弊病，即既继承于资本主义，又同资本主义相对立。作为一种社会意识形态，社会主义思潮又几乎与资本主义同时诞生，科学社会主义自创立至今，也才一个多世纪的历史。在空想社会主义思潮的300多年间，在科学社会主义创立后的一个多世纪以来，社会主义从理论到实践，从社会意识形态到社会主义的现实运动，对市场和市场经济的认识和实践经历了四个阶段。

1. 马克思、恩格斯对市场经济的认识

空想社会主义完全地否定和批判市场经济，包括对资本主义的市场和市场经济。莫尔构想的理想社会主义内部是没有商品交换的，仅仅对外贸易才存在商品交换和市场。在这个社会里，黄金被制作成便桶。欧文、傅立叶也认定社会主义没有商品、市场与货币。傅立叶在其《论商业》一书中，列举了资本主义商业的36种罪恶，提出将来的社会主义不能有商业。恩格斯对此书评价甚高。

空想社会主义者之所以如此痛恨商品、市场与市场经济，除了一般原因外，还有其他特殊原因。一般原因是当时的市场经济是资本主义私有制市场经济，是维护资产阶级的残酷压迫和剥削，都是通过"商品"和市场经济实现的。在这样的市场经济中，社会不可能实现公平与正义，就必然会有两极分化；必然助长拜金主义，追逐利润必然加大剥削的质与量。其特殊原因是资本主义的发展，首先是商业资本主义大发展，然后才是工业资本主义和农业资本主义的大发展。资本早期积累更集中表现为商业资本的原始积累，其

野蛮性、残酷性、掠夺性与非人道性令人发指！所以空想社会主义者异常痛恨资本主义的商业剥削与掠夺。他们否认市场经济是出于伦理道德观和世俗正义感。他们理想的社会主义是生产力不发达，社会财富贫乏而必然通过平均分配数量有限的社会财富，并用"禁欲主义"控制人们占有财富，倡导清贫生活的社会。

历史唯物主义认为，作为优越于封建主义的资本主义，其进步的原因之一就在于资产阶级利用利润的追逐作为社会进步的杠杆支点，而这个"不是作为一种个人力量，而是一种社会力量"⑤的支点，在资本主义发展的全过程中始终起着重要作用。因此，这一社会形态的发展，总是以该社会大多数社会成员即广大无产阶级和劳动人民的利益牺牲（遭受资产阶级的剥削和压迫）为前提、为代价的。

也正因为如此，马克思、恩格斯一方面尖锐地也是愤怒地批判资本主义制度，指出这一制度的完备发展必将为以消灭私有制为旗帜的社会主义所取代；另一方面，也是深刻地、理性地指出，这一制度，是人类社会发展上合乎规律的不可或缺的重要阶段，离开这一阶段，共产主义社会就根本不可能实现，并从而称这一阶段是人类社会的"卡夫丁峡谷"！——人类社会只有通过这一"魔鬼峡谷"，才能到达光明美好的共产主义社会。

因此，马克思、恩格斯不像空想社会主义者那样以伦理道德观和世俗正义感作标准来简单地批判和否定资本主义的市场经济，而是历史地唯物地指出，市场经济有两个条件：一是私有制，产品归私人所有，只有通过市场进行交换才能互通有无，从而积累社会财富而推动社会发展；另一方面是社会分工，每个社会成员不可能个人生产出自己需要的一切消费品，只有在分工生产的前提下并通过市场交换才能得到自己需要的一切，并由此而提高社会劳动生产率，在不断增加社会财富总量的过程中实现社会进步。也正是在社会生产力不断发展，乃至得到相当大的发展，社会财富总量不断积累，乃至得到相当程度的积累后，即资本主义进入高度发达阶段后，无产阶级革命斗争的最后胜利才有把握。在此基础上进入的社会主义就必然排斥和否定市场经济——因为市场经济的社会进步功能和作用已经在资本主义阶段得到最大限度的发挥和实现。社会主义是生产力极大发展、社会物质财富总量极大丰富、社会成员物质文化生活水平和思想觉悟极大提高的高级社会形态。这一社会形态已经消灭了阶级、剥削和压迫。因此，与阶级剥削压迫相伴生的商品、市场、货币等都已经被消灭。在这种社会形态中，社会成员的劳动已经变成为人的"第一需要"而不存在任何意义的"惩罚性质"。其劳动和劳动成果已经不再需要通过市场、货币等中介关系而直接获得社会承认。

因此，马克思、恩格斯断言：市场经济是资本主义的伴生物。离开市场经济，就没有资本主义。

2. 列宁对市场经济的认识与实践

列宁在十月革命后为巩固新生苏维埃政权而采取的"战时共产主义政策"这一范式，基本上是按马克思、恩格斯的社会主义经济理论来设计的。其主要内容包括余粮征集制；所有企业国有化；商业国有化；禁止私人贸易和通过消费公社进行；消灭货币；等等。但是，他很快发现，在俄国这样一个小农经济占优势而生产力又不发达的国家这样做是行不通的。因而列宁不仅及时调整了政策，而且在理论上对社会主义经济理论作了进一步发展。其中最重要的是，把马克思、恩格斯关于合作生产作为向社会主义过渡的中间环节的思想，发展为"文明的合作社工作者的制度就是社会主义制度"。第一次明确地把合作社作为社会主义集体所有制性质的经济形式。而且列宁还主张推行租让制和租借制。他认为在政权掌握在工农手中的条件下，资本主义有一定程度的发展，不会恢复地主、资本家的所有制。因为"根据合同，资本家在一定期限内是一部分国家财产的在租者，但不是所有者。所有权仍然属于国家"。⑥从而突破了单一社会所有制的框架，提出了社会主义发展的一定阶段存在生产资料公有制两种形式及允许国家资本主义存在的多种经济结构的理论。对于社会主义社会是否保留商品经济的问题，他在经历了1921年的政治经济危机之后思想有了转变，开始认识到存在商品交换的必要性。应该利用商品货币关系，通过市场，建立起城乡之间的经济关系，实质上已承认价值规律的作用。这也突破了原先认为社会主义社会不存在商品经济的设想。

"新经济政策"是马克思主义发展史上的一次伟大的思想解放和实践运动，也是一场伟大的经济改革运动。即对按事先拟定的理念纲领对在国内战争时期建立起来的"战时共产主义"进行的改革运动。列宁认为这个制度是"我们把我们制定的建设共产主义社会的纲领中可能立刻实现的东西先建立起来"。对于"新经济政策"，列宁在临终前无限感慨地说：通过实践，"我们对社会主义的整个看法根本改变了"。⑦

3. 斯大林对市场经济的认识与实践

斯大林认为社会主义全民所有制不存在商品的生产。但由于存在集体农庄所有制，因而不得不保留极有限度的商品市场。因此，苏联出现了不仅生产资料不通过市场流通，而且生活消费品虽然通过市场流通，但其价格根本不与供求关系联系与变化，即价值规律不起什么调节作用的现象。按照斯大林的说法，这种市场的商品只具有商品外壳，不具有商品的内涵。有价格，但严重背离价值。也与西方经济等强调的"效用"无关，从而无法实现社会经济发展供求关系的总量平衡——表现出以牺牲人民生活水平的提高为前提的非经济发展的较高速度的经济增长。

同时，斯大林强化了列宁曾经于1906年提出的"计划经济"这个概念，并将之规定为社会主义经济制度的本质属性。斯大林在与布哈林等人的"斗争"中，为彻底击败布哈林等人，从而拿起列宁曾经放弃了的这个观点，并将之强化为社会主义经济制度的本质。随后，用法定方式将计划经济与社会主义本质联系在一起，从而形成谁违背中央计划就是违法、谁反对计划经济就是反社会主义的社会现实。

事实上，从20世纪30年代以来，"计划经济"在成为苏联社会主义经济制度本质时，就同时成为斯大林进行政治斗争的一根棍子——作为"资源配置"的一种手段，也很自然地成为政治人物的"权力配置"方式与手段。在其后的国际共产主义运动中，尤其是在几乎所有社会主义国家中，"斯大林模式"的影响是根深蒂固的，其后遗症是极其严重的。这给自50年代起，各社会主义国家的改革探索造成了巨大的障碍与惰力。直到今天，其障碍和惰力也还不同程度地存在。

4. 邓小平建立社会主义市场经济理论

第四阶段，是中共十一届一中全会以来，中国共产党人借鉴的苏联、东欧社会主义国家改革教训，认真总结自己社会主义革命与建设几十年正反两方面经验教训，认为在不发达国家基础上率先进入社会主义的国家不可能跨越经济发展过程的商品市场经济阶段。1982年提出计划经济为主，市场经济为辅；1984年十二届三中全会提出，商品经济是社会经济发展不可逾越的阶段，我国社会主义经济是公有制基础上的有计划的商品经济；1987年十三大提出，社会主义有计划商品经济体制应该是计划与市场内在统一的体制；1989年6月9日，邓小平在接见首都戒严部队军以上干部讲话时提出社会主义经济应该是计划经济与市场经济（公开发表为"市场调节"）相结合；

▶ 民营经济与中国现代化

1992年春节前后,邓小平南方谈话时提出"计划经济不等于社会主义,资本主义也有计划;市场经济不等于资本主义,社会主义也有市场。计划和市场都是经济手段"⑧的著名论断,不仅突破了传统的社会主义经济制度理论,更是对马克思主义科学社会主义经济制度理论的巨大发展。

既不能脱离生产力发展水平搞单一的公有制,又不能动摇公有制的主体地位搞私有化。在实行以按劳分配为主体的同时,要允许其他非按劳分配形式存在。既要克服平均主义,又要防止两极分化,逐步实现全体人民的共同富裕。社会主义初级阶段的经济制度也就是中国特色的社会主义经济模式。如果说准确阐述社会主义的本质,划清了社会主义与资本主义及其他社会形态的界限,那么在社会主义初级阶段理论基础上确立的中国特色的社会主义模式,则进一步划清了科学社会主义的界限,从而它第一次比较系统地初步回答了中国这样的经济文化落后的国家如何建设社会主义,如何巩固和发展社会主义的一系列基本问题,用新的思想、观点,继承和发展了马克思主义。

二、社会主义市场经济的特点

怎样搞社会主义,这不仅要从社会主义经济制度上解决问题,而且要从根本上改变束缚生产力发展的经济体制。邓小平的杰出贡献在于提出了建立社会主义市场经济体制的新构想。这就在社会主义的发展动力问题上,确立了改革也是解放生产力,是中国现代化的重要动力的新命题,为使社会主义充满生机和活力开辟了一条现代化的道路。

社会主义市场经济体制是社会主义基本制度与市场经济的结合。邓小平说:"社会主义的市场经济方法基本上和资本主义社会相似,但也有不同。它是全民所有制之间的关系。也有同外国资本主义的关系,但是归根到底是社会主义的,是社会主义国家的市场经济。"⑨这不仅指明了市场经济的一般共性,还指明了社会主义条件下市场经济的特征。

在现代市场经济条件下,它具有以下一般共性:

1. 市场经济是处于社会分工体系中彼此分散独立的各自支配自身经济活动的商品生产者和经营者的社会经济联系形式。因此,市场主体必须具有明确的财产边界和独立的经济利益,主体行为受其利益所支配,具有充分的自主权。这是市场经济存在和发展的前提。由于在私有制条件下这个前提具有必然性,所以市场经济首先在私有制社会产生,但是不等于市场经济就与私有制存在必然联系。在公有制条件下,市场主体按照独立商品生产者和经营者构造,同样可以为市场经济造就前提。

2. 市场一旦成为社会交往和联系的普遍形式，也就不可避免地会采取价值运动形式并成为支配市场以及整个社会再生产过程的独立形式。价值形式是以货币为出发点又复归到出发点，不断周而复始的循环形式。它在运动中不断变换自己的形态并不断改变自己的量的价值，使生产过程结果出现的价值量大于作为生产前提垫支的价值量，即实现价值的自行增值。在市场经济条件下，追求价值的增值乃至价值最大化必然成为商品生产具有决定性因素和绝对规定，自然也就成为市场行为追求的直接目的和动力。

3. 市场经济的基本法则是由价值规律、供求规律和竞争规律所支配的，这就决定了市场行为必须遵循等价、有偿、自愿互利的平等原则。市场关系，实质上是商品的监护人之间发生的意志体现。这种意志体现是以经济利益为客观基础的权利反映。在现代市场经济条件下，市场关系还是以信用制度为基础，以契约合同为纽带相联系的社会方式。而市场关系和规则的法制化，并保证切实实施，是衡量市场经济成熟与否的重要标志。

4. 市场经济是市场结构及其运行机制的统一。市场机制也就是价格机制，它是市场经济赖以形成和运行的核心问题。价格不仅调节各种市场当事人的经济利益，而且为生产者和消费者提供正确的选择。它通过价格信号的迅速、准确传递，使市场体系高效率地运转，促进社会资源的合理流动和优化配置，使生产结构按照不断变动的市场需求重新组合，从而促进生产力的巨大发展。因此，市场问题，说到底，就是价格问题。市场的全部功能或机制，也就是价格的功能或机制。

5. 市场经济是以市场体系为依托运行的社会经济形式。所以，市场体系的发育和健全程度也就成了衡量和反映市场经济发展的标志。一个现代市场经济，从市场主体结构看，应包括所有权市场、占有权市场和使用权市场；从市场客体结构看，应包括消费品市场、生产资料市场、资金市场、劳动力市场、技术市场、信息市场、房地产市场等；从市场时间结构看，应包括现货市场、期货市场、货款交易市场等；从市场空间结构看，应有地方市场、全国市场、世界市场等。市场体系的结构完善与否，直接关系到市场运行的基础和功能的发挥。所以，一个现代的市场经济，必然是多层次的、全方位开放的、多样化的、分级性的一体化市场。

6. 西方国家的市场经济发展早已证明，现代的市场经济完全依靠自由竞争和价值规律的自发作用，是难以实现经济发展的稳定与协调，不可避免会遭受周期性经济危机的震荡。因此，现今这些国家政府大都采用"看不见的手"与"看得见的手"，应用计划、法律和行政手段干预经济生活，调控经济运行。所以，现在的问题已经不再是市场经济要不要政府干预，而是政府是否具有必需的调控能力。调控手段是否符合客观规律，以及是否能够选择最优的决策，已成为市场经济能否健康发展的关键。国家的干预和实施有效的调控已成为现代市场经济发展的必要条件和重要特征。

7. 社会主义市场经济的个性认识。市场经济虽然不能等同于社会制度，也不专属于某个社会制度，但是并不意味着它可以脱离社会制度而孤立存在。市场经济与生产一样，也是在一定社会制度和所有制条件下存在和发展，并受到它们的制约，为它们服务。这就使市场经济必然会带上社会制度的特征。必须指出，市场经济所具有的制度特征，不具有市场经济本身的性质，它不过表现为市场经济与社会制度的结合形式。就社会主义市场经济分析，它所具有的社会制度特征，根据中共十六大政治报告论述，表现在以下三方面。

第一，在所有制结构上，"根据解放和发展生产力的要求，坚持和完善公有制为主体、多种所有制经济共同发展的基本经济制度"。市场关系是社会不同劳动通过物化形态或流动形态相交换的买卖关系。它只是表现社会关系的形式，并不改变原有社会经济关系的性质。所以，在社会主义市场经济中，由于市场主体是公有制企业，由此反映经济关系也就不同于资本主义市场经济中因为资本家的私有企业占绝对优势地位的情况所表现的经济关系。

第二，在分配制度上，"确立劳动、资本、技术和管理等生产要素按贡献参与分配的原则，完善按劳分配为主体、多种分配方式并存的分配制度。坚持效率优先、兼顾公平……初次分配注重效率……再分配注重公平"。这与资本主义市场经济中实行按资分配，必然带来贫富悬殊的两极分化的情况根本不同。

第三，"完善国家计划和财政政策、货币政策等相互配合的宏观调控体系，发挥经济杠杆的调节作用"。"建立健全同经济发展水平相适应的社会保障体。"这与资本主义市场经济中由于存在劳动与资本的根本对立和资本家私人企业之间利益尖锐冲突，使资本主义国家的宏观调控的力度和效果有限性的情况不同。

正确认识和把握市场经济的一般共性和它在社会主义条件下的特性，就可以使我们自觉地、坚定地向着社会主义市场经济体制的目标稳步前进。

第三节　市场机制促进经济社会发展的优势认识

市场机制是指在一定的市场形态下的价格、供求、竞争等市场要素相互联系、相互制约、互为因果形成的自动联结系统、运行形式和调节方式。市场机制的方方面面决定了市场经济的优势，从客观看，市场机制诱导资本在部门间流动，实现社会总劳动的合理分配；从微观看，它为生产者和经营者的活动做出导向，可以纠正他们的失误。

一、市场经济中的社会分工

亚当·斯密非常强调社会分工对于技术进步的作用："劳动生产力最大的增进，以及运用劳动时所表现的更大的熟练、技巧和判断力，似乎都是分工的结果。"[⑩]

1. 亚当·斯密总结分工有三个方面好处：第一，分工促进了劳动专业化，进而导致劳动者的技巧和熟练程度提高；第二，分工使个人的专业化程度提高，可以节省大量的时间，从而可以选择增加一些与生产有关的事情来做；第三，分工使专业化的劳动者比较容易改进生产工具和生产技术。他为解释分工的优势，举了一个针制造业的例子。因分工协作，一个工人一天可生产 48000 枚针；如果单个人完成制针的所有工序，说不定一天连一枚针也生产不出来。

2. 经济学家杨小凯将分工和市场经济的关系总结为斯密—杨格定理：递增报酬的实现依赖于劳动分工的演进；市场的大小决定分工的水平，分工的水平反过来也制约市场的大小；需求和供给是分工的两个侧面。市场的大小不但由人口规模，而且由有效购买力决定，而购买力由生产率决定，但生产率又依赖于分工水平。这一方面意味着一个动态机制产生了某种良性循环，使分工水平和市场大小不断增加，另一方面意味着分工的网络效应使市场大小与分工程度相互依赖。[⑪]

市场经济中的分工与交换，是组织人们自发协作与控制行为的重要形式，它是把社会个体联结起来的经济纽带，也是市场运行的基础。它使得市场自发力量成为主导力量，并且有力推动着社会不断地进步。

而计划经济体制下也有分工，但大量的产品是"计划调拨"的，不是真正的出售。因为"一大二公"体制下的传统理论认为,大家都是一家人,用不着算计得那么清楚。所以这种分工不是人们根据自身利益引导的自发分工,而是公有制下由计划中心指令分配的分工。由于没有市场机制的引导,这种分工难以发挥出应有的效力。下面几节我们将讨论市场经济机制的诸多方面,从中我们也可以理解为什么市场经济可以保证分工发挥强大的效力,而计划经济则不能。

二、市场经济中的价格机制

马克思曾经指出价格在市场中的重要地位:"只有通过竞争的波动从而通过商品价格的波动,商品生产的价值规律才能得到贯彻。"[12]当代经济学家也普遍认为价格机制是市场经济的核心,价格引导着市场经济主体的行为。哈耶克曾经指出:"如果我们想了解价格的真正作用,就必须把价格体系看作一种交流信息的机制。"任何一种经济体制,都应该能有效地标明价值,即这种体制能有效地综合社会各方面各层次各部分的信息以反映资源的稀缺性,同时它又能把某种形式反映出的综合起来的信息通过某种方式返回社会各方面各层次各部分中去。整个市场中的个人都是通过价格承担的信息传递作用适应着不断变化的环境,从而克服了理性不及给我们带来的经济决策上的困难。这就是经济体制中的信息机制。而这种信息机制是通过价格机制来实现的。

1. 价格作为指示信号反映市场的供求状况

市场的供求受各种因素的影响,每时每刻都在变化。这种难以直接观察到的变化都可以通过价格的变化反映出来。人们可以通过价格的变动来及时、准确地了解供求的变化。某商品价格上升,表示此商品供不应求,同时也表明社会购买力就此项商品的强势作用;反之价格下降,表示供过于求,也可能表现为社会购买力的弱势倾向。价格作为供求状况指示器的作用是任何东西不能代替的。

2. 价格变动可以调节需求

消费者依市场价格的变动决定自己的购买与消费,以实现效用或满足程度的最大化。由于在市场经济中,消费者享有完全的消费自由,他们购买消费决策只受价格的影响。当商品价格下降时,他们会增加购买;而价格上升时,则会减少购买。价格对需求的调节作用也是其他任何东西不能代替的。

3. 价格变动可以调节供给

厂商同样也要根据市场价格的变动来进行生产、销售的决策,以实现利润的最大化。在市场经济中，生产者也是享有完全的生产自由，他们的生产、销售行为只受价格影响。当商品的价格上升时，他们会增加产量供给；而商品的价格下降时，他们则会减少产量。价格对供给的调节作用也是其他任何东西不能代替的。

4. 价格的调节可以使资源配置达到最优

通过价格对需求和供给的调节，最终使需求等于供给。此时，消费者的欲望得到满足，生产者的资源得到充分利用。社会资源通过价格分配于各种用途上，这种分配使消费者的效用最大化和生产者的利润最大化得以实现，从而实现资源配置的最优化状态。

马克思指出："只有通过竞争的波动从而通过商品价格的波动，商品生产的价值规律才能得到贯彻。"美国经济学家弗里德曼把价格在经济中的作用归纳为："第一，传递情报；第二，提供一种刺激，促使人们采用最节省成本的生产方法，把可得到的资源用于最有价值的目的；第三，决定谁可以得到多少产品——收入的分配。"[13]

三、市场经济的竞争机制

市场经济之所以充满活力，一大原因就在于其竞争机制保证了优胜劣汰，因而效率自然而然地不断提高。而计划经济实际上取消了市场中自由的竞争。所有的企业被看成一样是实现中央计划的工具，在生产、销售和分配上都失去了自主的决策权，既没有竞争的动力，也没有竞争的压力，因此丝毫发挥不出竞争的优势来。

1. 竞争是发现市场信息的重要途径

马克思指出："竞争使资本主义生产方式的内在规律作为外在的强制规律支配着每一个资本家"，迫使其改进技术，优化组合生产要素，高效配置资源。哈耶克在一篇经典论文《作为一个发现过程的竞争》[14]中阐述竞争在市场经济中的重要作用。我们知道，如果事先我们就知道了市场的一切要素信息，那么我们就可以做出一个充分合理的经济计划来安排社会生产、消费和分配。那么，市场也就不需要了，计划经济也就是非常合理的了。正是因为我们并不知道关于这些要素的信息，我们才无法仅凭计划安排经济生活，而需要诉求于其他的经济机制。我们之所以需要市场，正是因为市场可以帮助我们发现我们合理安排社会生产、消费和分配所需要的各种信息，而竞争机制正是帮助我们去发现这些信息的重要途径。在哈耶克看来，竞争之所以具有价值正是因为它的结果不可预测，是有待于竞争自身去不断发现的。简单地说，竞争是手段，发现是目的。在市场经济的机制中，个人只需要知道他们采取有效行动所必需的并不复杂的由价格来传递的信息就行了。而相比之下，计划经济体制下的价格是僵化的，根本无法发挥价格传递信息的作用，个人在寻求制订经济计划所必要的知识时根本是无能为力的。

2. 竞争降低成本

真正的竞争产生的价值还体现在哈耶克所说的这种情况："一个掌握了能使他将一商品的生产成本削减50%的专门知识和技能的人，如能生产该商品，并将价格只削减25%，他仍然能对社会做出巨大的贡献。这种贡献不仅通过价格的削减，而且通过额外的成本节约。但只是通过竞争，我们才能设想取得这些可能的成本节约。即使在任何一种情况下，价格只是低得正好足以使不具备这些优势或其他相当优势的生产者退出生产，以便商品尽可能廉价地生产，虽然许多商品也许以大大高出成本的价格出售，这或许仍是一种除了让竞争展开之外通过其他方法无法取得的结果。"[15]

3. 竞争促进创新

活跃的竞争不但发挥着向微观经济个体提供信号的作用，而且有促进微观经济个体互相学习的作用。一旦某种产业、资源或技术经他人的经济活动而证明是有效率的，产值更大、更为消费者所需求的，同样具有实力的经济个体也会参与其中。合理的竞争可以使他们不得不彼此借鉴长处，以求在市场中生存壮大。在这个过程之中，市场整体生产、销售水平得到了提高。而且自由竞争可以使一个社会的整体面貌呈现出积极创新而非因循守旧的特点。对于积极的社会实验和改革的推进有莫大帮助。一个没有竞争气氛的社会是一个没有活力的死气沉沉的社会，这样的社会推进必要的改革是很困难的。

四、市场经济中的激励机制

激励机制是社会个体成员求生存，实现个人自我价值的有效机制。其有效功能的实现和发挥也是社会宏观调控手段的效能把握。现代经济学理论已经把激励认定为"经济学的一个核心"。社会个体成员对社会（国家、政府）激励机制非常敏感。西方国家的可持续发展的动力主要来自社会个体成员。

1. 价格的有效激励

在市场经济体制下，大范围的开放有序的市场价格作为反映稀缺性的综合信息,各经济主体根据价格进行自主的选择。价格既反映了现有供求情况,又指出了未来的供求情况;对利润的渴望驱使厂商对价格提供的信息做出响应。厂商通过最有效的方法生产消费者所需要的产品来增加他们的利润。同样,理性个人对自身利益的追求诱使他们对价格做出响应:只有当较贵的商品——在相对稀缺的意义上——能带给他们与价格相称的更大的利益时,他们才购买。这样一来,自然而然有一种力量指导着市场中的个体完成有效率的资源分配,避免了浪费的现象。

奥地利学派的经济学家米塞斯指出,在计划经济下情况则是相反的。在计划经济体制下,是以计划部门的计算结果来作为反映稀缺性的综合信息,并由大范围的自上而下的计划指令去指导经济活动。由于每个劳动者的收入与其实际产出贡献严重脱钩,市场经济中的激励被完全取消。每个人的劳动仅仅是社会劳动中极小的一部分,而他的收入则是按照计划分配的,这样一来他必然认为自己的偷懒对自己的收入影响不大,然而这种想法普遍地存在于社会劳动者之中,社会总产量必然受到很大的影响,最终计划经济体制表现出极低的效率。[16]

2. 激励处于经济学的核心

20世纪80年代末90年代初发生的东欧剧变和苏联解体使得社会主义事业遭遇了严重的挫折,多数人认同这主要是计划经济的过错。斯蒂格利茨在《社会主义向何处去》一书中强调,为了使市场经济有效运行,厂商和个人都必须获得信息并有对现有信息做出反应的激励。事实上,激励可以被视为处于经济学的核心。如果没有激励,谁还会去在乎付出呢?他认为:社会主义经济失败的原因——过度集权、产品质量、激励机制、选择问题、会计核算与价格体系、竞争的缺乏、创新与适应性等具有微观经济的特征;"在社会主义经济失败的标准原因的序列中,没能提供有效的激励被排在显著的位置上。也许更准确的说法应该是社会主义经济提供了激励……但是这种激励并没有直接作用于提高经济效率"。[17]斯蒂格利茨还认为,社会主义经济对平等的意识形态方面的约束阻碍了有效激励结构的建立;计划经济的官僚体系不仅提供了一种报酬机制,而且提供了一种控制机制;政治体制充当经济激励机制的部分替代物,使激励的导向发生扭曲,即经济尺度衡量的晋升与业绩的相关程度要比政治标准差一些。

所以,经济良好运行要有内在驱动力去激励它,使这种经济保持活力。

▶ 民营经济与中国现代化

在市场经济体制中,企业和消费者都是独立的主体,各自根据自己在市场中掌握的信息进行自主的选择,消费者为获得最大满足,企业为获取大量利润,以这种满足和利润激励各种经济主体,保证这种经济的活力。而在计划经济体制中则不然,它的利益主体是合并的,企业和消费者不能进行自主的选择。企业是国家大工厂中的车间,人则是车间机器中的螺丝钉。因它激励不起各种主体去发挥能力,以致整个社会经济失去活力。

注释:

①海斯等著:《世界史》中册,施诚、赵婧译,生活·读书·新知三联书店1975年版,第652~653页。

②《马克思恩格斯全集》,人民出版社1974年版,第23卷,第786页。

③《马克思恩格斯选集》,第16卷,第372页。

④《列宁选集》第2卷,人民出版社1995年版,第770页。

⑤同上注,第32卷,第360页。

⑥同上注,第32卷,第360页。

⑦同上注,第43卷,第73页。

⑧《邓小平文选》,第3卷,第373页。

⑨邓小平1979年11月26日会见美国《不列颠百科全书》副总编吉布尼时谈话,引自《文汇报》1992年4月15日,龚育之《解放思想,解放生产力》一文。

⑩亚当·斯密:《国民财富的性质和原因的研究》上卷,郭大力、王亚南译,商务印书馆1997年版,第5页。

⑪杨小凯:《分工与专业化——文献综述》,载茅于轼、汤敏编《现代经济学前沿专题》第3集,商务印书馆1999年版。

⑫《马克思恩格斯全集》第21卷,人民出版社1956年版,第215页。

⑬米尔顿·弗里德曼和罗斯·弗里德曼:《自由选择:个人声明》,胡骑等译,宋泱校,商务印书馆1982年版,第19页。

⑭收录于哈耶克《经济、科学与政治》,冯克利译,江苏人民出版社2003年版。

⑮哈耶克:《竞争的含义》,载《个人主义与经济秩序》,贾湛译,北京经济学院出版社1991年版。

⑯米塞斯:《自由与繁荣的国度》,中国社会科学出版社1994年版,第2章第4节。

⑰斯蒂格利茨:《社会主义向何处去》,周立群等译,吉林人民出版社1998年版,第230~231页。

第三章 生产力理论

生产力是生产过程中人与自然的关系能力。这种关系能力包括人对自然和自然规律的认识能力、适应能力、把握能力和利用能力。马克思主义的唯物史观认为，社会的发展主要是由社会内部的矛盾即生产力与生产关系、经济基础和上层建筑所构成的社会基本矛盾推动的。生产力有两大社会功能：一是社会进步的根本动力功能；一是社会形态检验的根本标准功能。对于生产力的社会进步根本动力功能，通过近 30 年的拨乱反正、解放思想，已形成全社会共识。但是，对于生产力的社会形态检验的根本标准功能，专家学者已形成共识，但对于全社会，尚是一个空白。加大这方面研究和宣传力度，很有必要（参见笔者《继承与发展——邓小平理论研究》，中央文献出版社 2004、2005 年第 2 次印刷）。

第一节 马克思、恩格斯的生产力理论

马克思、恩格斯的生产力理论是其唯物史观的基本理论要素。唯物史观认为，社会历史发展是一个自然的、历史的过程。物质生活的生产方式决定着整个社会的政治生活、精神生活的一般过程。社会的发展主要是由社会内部的基本矛盾即生产力与生产关系、经济基础和上层建筑所构成的矛盾推动的。

一、生产活动是一切历史的基本条件

人与自然的关系能力，从物质形态认识，是生产力；从意识形态认识是文化。但是，无论是生产力还是文化，都是人与自然关系的实践产物，而且，又反过来推进社会实践和自然实践。

1. 对实践的科学理解是认识生产活动是一切历史的基本条件的前提

马克思主义哲学的创立是以确立科学的实践观为契机和前提。马克思、恩格斯在哲学发展史上第一次对人类社会实践活动特别是物质生产给予了充

分的注意，揭示了它在人类社会生活和历史发展中的地位和作用，得出了"全部社会生活在本质上是实践的"①这一结论，从而把社会实践纳入哲学认识之中。作为他们全部哲学理论的基础，既扬弃了唯心主义，又扬弃了机械的、直观的唯物主义。

实践，在马克思看来，是人同外部世界（自然界、社会）的关系，是人为满足自身的需要而改造自然与社会的对象性活动。甚至，认定没有人的对象性活动，就没有人的存在与发展的可能——实践是人的存在形式。正因为如此，马克思把"从事实践活动的人"作为历史考察的出发点。②换言之，也就是以实践（物质生产实践）为出发点。人在实践活动中要面对的"对象世界"是：自然与社会。

对于实践来说，自然界是实践这种感性活动的最重要的对象世界。因为人们为了能够创造历史，首先必须能够生活——这是一切历史的第一个前提。但是为了生活，首先就需要吃喝住穿以及其他一些物质。因此，人的第一个历史活动就是生产物质生活本身。这种实践（生产劳动）构成了人与自然的中介，是使人从根本上区别于其他动物的决定性因素。

2. 实践的社会性

作为人与自然的中介的劳动实践，不但有自然性，还有其社会性。因为人要通过活动有效作用于自然物，就必须彼此结合起来。这样，在以自然为对象的对象化活动中形成社会关系，而在特定社会关系下的劳动就必然带有它的社会性。劳动的社会性不仅表现在劳动的前提，也表现在人们的实践活动的成果——生产力上。生产力因此不单是单纯的自然物，还具有社会之物的意义。

马克思、恩格斯对物质生产的意义的揭示，使其能科学地确认和阐明人对自然界和人对社会的关系：物质生产作为人类特有的实践活动，是联结人与自然界的纽带。只有它，才是人类社会发展的直接的、现实的基础。

二、一切历史冲突都根源于生产力和生产关系之间的矛盾

在《德意志意识形态》中，马克思、恩格斯通过对人的活动的分析，第一次阐明了一定社会的生产力与生产关系的辩证关系。

1. 人的社会活动的三因素认识

马克思、恩格斯分析了人的社会活动的三个方面或三个因素，即物质生活资料的生产、新的需要的产生以及与种的繁衍相关的家庭（人的自身的生产）。这三种因素包含了双重关系。马克思、恩格斯考察了生产力与交往关系的矛盾发展的历史，特别是生产力与作为劳动组织形式和分工结果的所有制的矛盾发展的历史。通过考察，他们认为，"一切历史冲突都根源于生产力和交往形式之间的矛盾"，它们都不过是生产力和交往形式这一矛盾所采取的附带形式。③

2. 人的社会活动受制于生产力

按照马克思、恩格斯的理解，生产力与交往形式的关系就是交往形式与个人的物质活动的关系。交往形式受制于生产力，它在历史的每一个阶段上都与同一个时期的生产力发展相适应。因此，也就伴随着生产力的发展不断由个人的活动条件转化为它的桎梏，从而在整个历史发展过程中构成一个新旧交替的有联系的交往形式序列，即部落所有制（原始共产主义社会）、古代公社所有制（奴隶社会）、封建的或等级所有制（封建社会）。前一个社会形态能被后一个社会形态所替代，是因为生产力发展的结果。反之，后一个社会形态必然取代前一个社会形态，也是生产力发展的必然结果。

三、生产力理论把两个伟大的发现有机地联系到一起

马克思的唯物史观和剩余价值学说，这两个伟大的发现是在 19 世纪 40 至 60 年代间完成的。而将两个伟大的发现有机地联系在一起的正是生产力理论。

1. 生产力理论在马克思主义诞生中的重要地位

马克思在世界观上的伟大发现，不仅在于证明了全部纷繁复杂的政治斗争的中心问题始终是社会阶级的社会和政治的统治；而且在于科学地论证了不同社会中相应的阶级产生和存在的根本原因。这一根本原因就是"当时存在的粗鄙的物质条件，即各该时代社会借以生产和交换必要生活资料的那些条件"。正是一定社会的生活的经济条件以及由这些条件决定的社会关系和政治关系，决定了该社会的观念和思想。

在马克思思想发展中，使两个伟大发现有机地联系在一起的就是生产力理论。综观 19 世纪 40 至 50 年代马克思思想的历程，我们可以看到：第一，生产力概念是马克思创立唯物史观和展开政治经济学理论研究的最重要的概念，也是使唯物史观和政治经济学理论有机统一的最基本的概念；第二，生

产力发展的物质性质和社会性质统一，以及生产力的历史演进等原理，构成马克思两个伟大发现的共同基础。

在近代欧洲思想史上，18世纪英国和法国的资产阶级古典政治经济学家就已经广泛地使用生产力这一用语。例如，亚当·斯密在《国民财富的性质和原因的研究》一书中，就明确地把"论劳动生产力增进的原因"作为开篇论述的第一个理论问题。19世纪初，德国历史学派的先驱弗里德里希·李斯特甚至还提出过创立一门独立的"生产力理论"的构想。但是，所有的资产阶级经济学家在使用这一用语时，只注重生产力的自然规定性，对其社会历史规定性几乎一无所知。

马克思对生产力问题的研究和他唯物史观的创立是密切地联系在一起的。19世纪40年代中期，他在和恩格斯合著的《德意志意识形态》手稿中就已经指出：人们所达到的生产力的总和决定着社会状况，产生出与此相适应的"交往形式"；而生产力和交往形式之间的矛盾运动，则成为一切历史冲突的根源。因此，一定的社会的基本结构就是：人们是自己的观念、思想等的生产者。但这里所说的人们是现实的从事活动的人们。他们受自己的生产力和与之相适应的交往的一定发展——直到交往的最遥远的形态——所制约。④

2. 生产力是唯物史观的最基本概念

"生产力—交往形式—理论和意识形态"就是社会基本结构的三个依次递进的层次。在马克思唯物史观中，生产力无疑是一个最基本的概念。

从唯物史观的角度来看，生产力的社会历史的规定性是十分明显的。这不仅意味着生产力是在人类世代演进的物质资料生产过程中不断发展的，而且意味着生产力总是在一定的社会交往形式中存在和发生作用的。生产力的世代演进构成人类历史发展的最基本力量。对于人类历史发展的特定阶段，生产力同样起着这种重要作用。马克思认为，在资本主义这一特定的历史发展阶段，生产力得到了前所未有的发展。它不仅使自然科学从属于资本的需要、工业的自动化体系得到了发展，使分工丧失了自然性质的最后一点痕迹，而且使商业城市中发展起来的大工业战胜乡村的分散的小手工业。但是在私有制的统治下，这些生产力只获得了片面的发展，对大多数人来说成了破坏的力量，而许多这样的生产力在私有制下根本得不到利用。⑤

对生产力社会利用和发展形式的理解，成为唯物史观的生产力概念运用于政治经济学,并使之成为政治经济学基本概念重要的理论和逻辑的中介。正是从对资本主义社会的生产力发展的分析出发,马克思才科学地揭示了资本主义生产方式的运动规律。

这一时期,马克思在给帕·瓦·安年柯夫的信中曾经提到:人们在发展其生产力时,即在生活时,也发展着一定的相互关系;这些关系的性质必然随着这些生产力的改变和发展而改变。⑥

在马克思看来,对一定社会经济关系的研究,不仅不能排斥对生产力问题的考察;相反,对生产力问题的考察既是对一定社会经济关系研究的起点,也是对这种关系性质理解的归宿。马克思正是通过对资本主义生产关系从生产力发展的推动力量转化为生产力发展的桎梏的社会历史考察,才得出资本主义生产方式发生、发展及灭亡有其内在必然性的科学结论。

3. 马克思对资本主义生产力的本质认识

也是在这一时期,马克思在对李斯特《政治经济学的国民体系》一书的批注中,首次从生产力的视角考察了资本主义经济关系的性质。马克思认为,李斯特的生产力理论是"完全唯心主义的东西"。因此,"为了破除美化'生产力'的神秘灵光,只要翻一下任何一本统计材料也就够了。那里谈到水力、蒸汽力、人力、马力。所有这些都是'生产力'"。⑦生产力作为一种物质力量,包含了自然的生产力和人本身的生产力两个主要的部分。通过对生产力的资本主义发展形式的分析,马克思得出了两点重要结论。

第一,马克思认为,资本主义社会生产力的本质在于:

在现代制度下,生产力不仅在于它会使人的劳动更有效或者使自然的力量和社会的力量更富于成效,而且在于它同样使劳动更加便宜或者使劳动对工人来说生产效率更低了。⑧

因此,生产力的资本主义发展形式,在富有成效地利用自然生产力的同时,也以更大的规模掠夺人本身的生产力。

第二,马克思认为,生产力的资本主义发展形式蕴藏着变革资本主义社会的力量。这是因为,生产力发展所引致的自然力量和社会力量,"仍然是资产者的奴隶,资产者无非把它们看作实现他的自私的(肮脏的)利润欲的工具(承担者)";生产力的进一步发展,将砸碎束缚自身的"锁链""桎梏",使生产力发展引致的自然力量和社会力量成为"人类发展的承担者"。⑨从生产力发展的性质理解资本主义历史地位的基本方法和观点,完全是由唯物史观所提供的。这些基本方法和观点是马克思创立科学的政治经济学理论，揭示资本主义生产方式运动规律的最重要的基点。

第二节　生产力的两大社会功能认识

推动人类社会的根本动力功能和人类社会形态衡量的根本标准功能是生产力的两大社会功能。深刻认识并运用这两大功能对于建设有中国特色的社会主义，对于建设社会主义市场经济制度，对于"毫不动摇地支持、鼓励和引导中国民营经济发展"具有极其重要的理论意义和实践意义。

一、生产力是人类社会进步发展的根本推动力

1. 人是"最强大的生产力"

马克思对生产力理论的研究，贯穿其经济思想的全过程。生产力问题研究也始终贯穿于马克思对自然、社会发展研究的整个基本过程。

1845—1846年间，马克思在与恩格斯合著的《德意志意识形态》手稿中，探讨了物质资料的生产对人类社会的生存和发展的决定作用，论述了人类社会历史上存在的与一定的生产方式相适应的各种不同的社会形式。马克思、恩格斯从"分工，分工的阶段依赖于当时生产力的发展水平"的基本观点出发，[10]并主要依据由社会生产力发展水平所决定的社会分工以及相应的所有制形式，把资本主义以前的社会发展，分为部落所有制、古代公社所有制和国家所有制，以及封建的或等级的所有制三种类型。具有重要意义的是，在这部手稿中，马克思、恩格斯在论述社会基本矛盾时，特别强调了社会中人的"本身力量"的发展与生产力发展的关系。他们提出："已成为桎梏的旧交往形式被适应于比较发达的生产力，因而也适应于进步的个人自主活动方式的新交往形式所代替。由于这些条件在历史发展的每一个阶段都是与同一时期生产力的发展相适应的，所以它们的历史同时也是发展着的、由每一个新的一代所承受下来的生产力的历史，从而也是个人本身力量发展的历史。"[11]

这一时期，马克思在致帕·瓦·安年柯夫的信中进一步写道："由此就必然得出一个结论：人们的社会历史始终只是他们的个体发展的历史，而不管他们是否意识到这一点。"[12]

在生产力的发展过程中,最重要的是"人"的发展,因为人是生产力中最革命、最活跃的因素,是"最强大的生产力"。

2. 科学技术是生产力

1848年,马克思、恩格斯在《共产党宣言》中,对资本主义社会得出的"资产阶级在它的不到一百年的阶级统治中所创造的生产力,比过去一切世代创造的全部生产力还要多,还要大"的结论,首先就是以科学技术的巨大进步和发展为根据、为前提的。如马克思、恩格斯所描述的那样:"自然力的征服,机器的采用,化学在工业和农业中的应用,轮船的行驶,铁路的通行,电报的使用,整个大陆的开垦,河川的通航,仿佛用法术从地下呼唤出来的大量人口——过去哪一个世纪料想到在社会劳动里蕴藏有这样的生产力呢?"[13]

马克思、恩格斯相信,新的科学技术的广泛应用,以及随之而来的社会生产力的发展,是资本主义生产方式得以产生和发展的最重要的基础。他们指出:

资产阶级除非对生产工具,从而对生产关系,对全部社会关系不断地进行革命,否则就不能生存下去……生产的不断变革,一切社会状况不停地动荡,永远不安定和变动,这就是资产阶级时代不同于过去一切时代的地方。

高度重视和评价社会生产力发展和科学技术进步及其实际应用的社会革命意义,是马克思经济学研究的重要特点,也是贯穿他全部经济学研究过程的重要思想。

马克思还高度评价了火药、指南针、印刷术这三大发明对封建制度瓦解所起的革命作用。他指出:"火药把骑士阶层炸得粉碎,指南针打开了世界市场并建立了殖民地,而印刷术……变成科学复兴的手段,变成对精神发展创造必要前提的最强大的杠杆。"[14]

3. 生产力是人类社会进化发展的根本推动力

马克思对生产力发展和科技革命的认识和研究,在总体上是循着两条思路展开的:一是以与唯物史观的发现和完善为主线的思路;二是以对资本主义经济关系的剖析为主线的思路。在前一思路中,马克思注重科学技术发展内部的革命性及其对生产力发展的作用;在后一思路中,马克思则注重生产力发展和科技革命的交互作用,及其对资本主义生产方式及运行的意义和作用。

▶ 民营经济与中国现代化

首先,社会生产力的发展在资本主义经济关系演进中的意义。社会生产力的发展是推进资本主义经济关系发展的巨大杠杆,如马克思所指出的:"在现代制度下,生产力不仅在于它也许使人的劳动更有效或者使自然的力量和社会的力量更富于成效,而且它同样还在于使劳动更加便宜或者使劳动对工人来说生产效率更低了。"[15]

但是,资本主义社会生产力在富有成效地利用自然力的同时,也形成了对人本身的生产力的更大规模的掠夺。由于生产力的进一步发展和对人本身生产力掠夺的加剧,必然在生产力的资本主义发展过程中孕育着变革资本主义社会的力量。生产力的进一步发展,必将砸碎束缚自身的"锁链""桎梏",使生产力发展引致的自然力量和社会力量变成"人类发展的承担者"。[16] 这是马克思从社会生产力发展的角度,理解资本主义社会经济关系的性质及其历史地位的主要方法和基本观点。

其次,生产力发展过程中科学因素的作用。马克思认为,科学的发展在社会生产力发展中的直接后果是机器的产生和应用,而"机器劳动这一革命因素是直接由于需求超过了用以前的生产手段来满足这种需求的可能性而引起的"。[17] 一旦传统的生产手段无法满足资本获取利润的需要,资本就迫切地追求一种新的效率更高的生产工具的出现。这是资本主义社会生产力发展的基本动力。科学介入生产的过程,使得科学成为社会生产力向其高度发展的革命性因素。马克思指出:"资本的趋势是赋予生产以科学的性质,而直接劳动则被贬低为只是生产过程的一个要素。同价值转化为资本时的情形一样,在资本的进一步发展中,我们看到:一方面,资本是以生产力的一定的现有的历史发展为前提的——在这些生产力中也包括科学——另一方面,资本又推动和促进生产力向前发展。"[18]

这就是说,科学因素介入社会生产力的发展过程,是资本本质作用的结果,从根本上说既是资本积累和资本扩张的必然趋势,也是资本更有效率地吸收活劳动的必然要求。因此,马克思认为:"知识和技能的积累,社会智慧的一般生产力的积累,就同劳动相对立而被吸收在资本当中,从而表现为资本的属性。"[19]

科学与资本的结合,必将导致社会生产力的巨大发展。近现代社会生产力的发展历史,证明了马克思这一分析的正确性。

再次,科学在社会经济关系变化中的作用。马克思认为,科学因素介入社会生产力及其发展过程，必将极大地推动社会经济关系的发展。这是因为，科学因素的介入，使得原来的人与自然之间的物质交换关系发生了根本的变化。早先的"人—生产"的直接的作用过程，在工场手工业时期转化为"人—技术—生产"的过程，在机器大工业时期，特别是机器体系形成后，则进一步发展成为"人—科学—技术—生产"的过程，科学具有了进一步的规定性。在本质上，对于科学本身来讲："既包括科学的力量，又包括生产过程中社会力量的结合，最后还包括从直接劳动转移到机器即死的生产力上的技巧。"[20]

在人类经济发展史上，生产力的发展从来就是与社会经济关系的发展紧密联系在一起的，科学技术进步、生产力发展和经济关系演进之间从来就存在着互动的关系。

二、生产力标准是人类社会形态衡量的根本标准

作为阶级社会基本矛盾之一的生产力，是对人类社会发展的根本动力的这一马克思主义基本观点的科学把握与理解。在生产力理论已深入人心并被广泛运用的今天，已经不存在"原则性"大问题了。但是，对生产力的另一社会功能即生产力的人类社会形态衡量的根本标准功能认识与把握，就一直还是个大问题、大难题，或者说是一个大"原则性"问题。

唯物史观所揭示出的人类社会发展形态有四制度形态和三文明形态。四制度形态为：原始共产主义社会、奴隶社会、封建社会、资本主义社会。三文明形态为：自然经济文明即农耕文明、商品经济文明即市场经济文明、产品经济文明即计划经济文明。不管是四制度形态还是三文明形态，人类社会进步的根本动力是生产力。而衡量四制度形态或三文明形态的标准是什么？尤其是衡量的根本标准是什么？马克思、恩格斯认为：根本标准是生产力。

生产力的社会形态衡量的根本标准是由生产力的社会进步的根本动力标准决定的

人类社会制度形态（或文明形态）的形式序列，后一个社会形态相对于前一个社会形态更为进步，更为文明，其原因众多。但其根本原因是生产力，即人对自然和自然规律的关系能力——认识能力、适应能力、把握能力、利用能力——的提升或提高。这个关系能力的提升或提高是一个过程，而且是一个自然历史过程。也正是在这个过程中，因为人与自然关系的根本联系还没有彻底协调，而且在协调的过程中又不断地产生出新的需要协调的关系即

矛盾。人类能不断地寻求解决矛盾的思想、观念、方法与行动，从而促使人和人类不断发展。按照马克思、恩格斯的理解，人和人类的不断发展的过程，也就是人和人类不断解放的过程，是人的质在量的不断积累中逐渐积累到最终完全实现的过程。因此，作为人的质的不断积累所表现出来的生产力，必须是也只能是人类社会进步的根本动力——"人与实践同在""人与劳动同在""人与生产力同在"等命题都是这个意思。

因此，人类社会的后一个社会形态（或文明形态）相对于前一社会形态（或文明形态）的根本衡量标准只能是生产力。笔者通过对马克思主义的系统学习和研究，认识到马克思社会形态衡量标准是一个体系。马克思主义唯物史观衡量一个社会处于什么社会制度形态或文明形态，其标准是一个体系，即以生产力标准为根本标准融合所有制标准、劳动形态标准、社会财富质量数量标准、社会分配标准、社会互动关系标准等组合而成的标准体系。马克思、恩格斯之所以能探索人类社会发展的形态序列，并因此而科学地揭示出人类社会的发展规律，指明人类奋斗的最终目标是共产主义，其唯物史观的生产力的标准是其基础。

马克思主义、科学社会主义之所以是科学，在于马克思、恩格斯在继承空想社会主义的社会主义学说的基础上，运用唯物史观，特别是生产力理论对空想社会主义的"非生产力""无生产力"的缺陷进行了改造与发展。空想社会主义之所以是空想，其根本原因就在于空想社会主义者还不懂得人类社会的发展动力是生产力。离开生产力，就谈不上人类社会的发展乃至谈不上人类的存在。而人类社会的最美好境界的社会主义，其前提条件就是物质财富极大丰富。没有物质财富的极大丰富，就没有社会主义；而物质财富的极大丰富必然是生产力高度发展的结果。社会主义社会是消灭阶级、消灭私有制、消灭剥削与压迫的社会，但这个社会必须是人类社会自然历史发展过程的结果。对此，马克思特别强调地指出："无论哪一个社会形态，在它所能容纳的全部生产力发挥出来以前，是绝不会灭亡的；而新的更高的生产关系，在它的物质存在条件在旧社会的胎胞里成熟以前，是绝不会出现的。"[21]

也正因为如此，当马克思主义的反对者以空想社会主义来反对科学社会主义时，马克思、恩格斯对空想社会主义进行了尖锐的批判，特别指出了空想社会主义的"卑劣"与"反动性"。

马克思、恩格斯在强调生产力两大社会功能的同时，也注意对生产关系、上层建筑对生产力、经济基础的反作用的充分肯定。并且，明确提出了当新的生产关系、社会制度建立后，能否进一步解放和发展生产力，也是判断该种生产关系、社会制度优劣的最终标准的理论。

毛泽东于1956年宣布中国建立起社会主义制度，其判断的根本标准不是生产力标准，而是生产关系标准。这也正如斯大林于1937年宣布苏联已经建立起社会主义制度，已经是一个强大的社会主义国家一样，其判断的根本标准也是生产关系标准，而不是生产力标准一样。邓小平认定中国处于社会主义初级阶段，其判断的根本标准是生产力标准。

第三节　邓小平的生产力理论与中国处于社会主义初级阶段

邓小平理论，是以解放和发展社会主义生产力、建设中国特色社会主义强大国家为其基础的理论。

生产力的不断解放和发展是一切社会存在和发展的最终决定力量。邓小平理论及其实践，是以解放社会主义生产力为首要前提，以发展社会主义生产力为其内在趋向的。从理论上认识，解放和发展生产力是其基础；从实践中认识，解放和发展生产力是建设中国特色社会主义事业的落脚点。

一、对生产力社会形态衡量根本标准功能的运用与发展

运用和发展生产力社会形态衡量根本标准功能，确认中国现阶段处于社会主义初级阶段，从而发展马克思社会发展理论。

1. 中国处于社会主义初级阶段

中国到底处于什么社会形态，这是中国建设首先需要搞清楚的问题，也一直是困惑中国共产党人和中国人民的最大问题之一。

持右的观点的人借口中国共产党在社会主义建设过程中发生多次失误，不承认中国可以不经过资本主义充分发展阶段（跨越卡夫丁峡谷）而走上社会主义道路，也以马克思的社会主义本质及特征设想来否认我们现实正在建设的社会主义；持"左"的观点的人们则认为中国可以不经过生产力的巨大发展，中国社会就可以成为成熟的、发达的社会主义。而且，这部分人还以毛泽东的"捍卫社会主义"的理论和"反对修正主义"的观点作为自己的基石。

▶ 民营经济与中国现代化

在关键时刻，邓小平站出来，于1978年在中央工作会议闭幕会上鲜明地指出："解放思想是当前的一个重大政治问题。"[22]其后，在中共十一届六中全会通过的《关于建国以来党的若干历史问题的决议》中，明确提出："我们的社会主义制度还是处在初级阶段。"在中共十二大开幕式上，邓小平讲："我们的现代化建设，必须从中国的实际出发……走自己的路，建设有中国特色的社会主义。"[23]1987年8月，在中共十三大召开前夕，邓小平会见意大利共产党领导人时谈道："我们党的十三大要阐述中国社会主义是处在一个什么阶段，就是处在初级阶段，是初级阶段的社会主义。社会主义本身是共产主义的初级阶段，而我们中国又处在社会主义的初级阶段，就是不发达的阶段。一切都要从这个实际出发，根据这个实际制定制度。"[24]

2. 邓小平对生产力社会形态衡量根本标准功能的运用和重大发展

邓小平认定中国处于社会主义初级阶段的理论基石是什么呢？他指出："马克思主义的最高目的就是要实现共产主义，而共产主义是建立在生产力高度发展的基础上的，社会主义是共产主义的第一阶段。社会主义的首要任务是发展生产力，逐步提高人民的物质文化生活水平。"[25]所以，搞社会主义，一定要使生产力发达，贫穷不是社会主义。我们坚持社会主义，要建设对资本主义具有优越性的社会主义，首先必须摆脱贫穷。"现在虽说我们也在搞社会主义，但事实上不够格。只有到了下世纪中叶，达到了中等发达国家水平，才能说真的搞了社会主义，才能理直气壮地说社会主义优于资本主义。"[26]

邓小平很明确地认定：中国搞了社会主义，但是"事实上不够格"。为什么"不够格"？生产力不发达——"贫穷不是社会主义"，甚至：还没有弄清楚"什么叫社会主义"和"怎样搞社会主义"。[27]邓小平衡量中国现阶段社会主义合格与否的根本标准就是生产力，这是对马克思主义生产力理论的科学运用与重大发展。其科学运用指运用生产力社会形态根本标准来衡量中国现阶段的社会主义，明确指出我们搞的社会主义"不够格"，这不仅需要理论勇气，尤其需要实事求是的思想品质和大无畏的无产阶级革命家的气魄。其重大发展指我们搞的社会主义虽然不够格，那我们就全力以赴地把社会主义搞够格。如何才能搞够格？大力解放和发展生产力。在什么样社会形态基础上解放和发展生产力？在社会主义初级阶段这个社会形态基础上大力解放和发展生产力。

社会主义初级阶段理论，是辩证唯物主义和历史唯物主义基本原理与中国具体实际相结合的实事求是的产物，是建设中国特色的社会主义的前提和依据，是邓小平对马克思主义社会发展理论的重大贡献。

二、对生产力社会发展根本动力功能的运用与发展

中国现阶段处于社会主义初级阶段，这鲜明地回答了两个问题：一是中国必须搞社会主义，走社会主义道路，只有社会主义才能救中国；二是中国的社会主义还不够格，还必须通过大力解放与发展生产力，使中国的社会主义完全够格，并充分显示出社会主义对资本主义的优越性。正是立足于社会主义生产力需要不断解放与发展的这个基石，邓小平提出了社会主义的根本任务是发展生产力和社会主义的基础本质是"解放生产力，发展生产力"的理论。

1. "社会主义的根本任务是发展生产力"[23]

发展生产力作为社会主义的根本任务是根据马克思主义生产力理论与中国社会主义初级阶段社会的主要矛盾实际相结合的理论产物，是邓小平对马克思主义创造性发展的结晶。社会主义初级阶段中国的主要矛盾如1981年6月中共十一届六中全会所指出的，"在社会主义改造基本完成后，我国所需要解决的主要矛盾，是人民日益增长的物质文化需要同落后的社会生产之间的矛盾"。中共十二大、十三大、十四大、十五大、十六大和十七大都确认这个论断。

以经济建设为中心，是把发展生产力放在首位和作为根本任务在党和国家工作中的集中体现，是党从路线上对其做出的政治规定。它作为党的基本路线的首要内容，和两个基本点有机联系，共同指导和规范着全党的行动。坚持以经济建设为中心不动摇，是对历史经验教训的深刻总结，是使发展生产力作为根本任务得到落实的根本保证，也是适应国际竞争日趋激烈形势的需要。

2. 衡量我们各项工作成败得失的"三个有利于"标准

中国共产党在邓小平理论的指导下，顺利实现了全党工作中心的转移之后，邓小平又抓住时机，提出衡量各方面工作成败得失的标准问题。邓小平在南方谈话中指出："判断的标准，应该主要看是否有利于发展社会主义的生产力，是否有利于增强社会主义国家的综合国力，是否有利于提高人民的生活水平。"[24]用生产力标准来衡量各方面的工作，是把历史唯物主义生产力理论贯彻到底的逻辑结论，也是使发展生产力作为根本任务能够得到最终落实的重要条件。学习、领会、掌握邓小平理论，坚持生产力标准时还必须注意两个问题。一是理直气壮地坚持"三个有利于"的生产力标准，使其在全

体党员，特别是党员领导干部的头脑中扎下根来。我们强调以经济建设为中心，各方面的工作都要服从、服务于这个中心，其服从、服务的程度、效果怎么样，是非得失如何，当然不能从它们自身加以说明，归根到底，要以"三个有利于"标准加以检验，其首要标准就是生产力标准。二是要把其他方面的具体标准同"三个有利于"的生产力标准统一起来，防止两者的割裂。因为生产力标准是个根本标准、最高标准。对于经济工作，生产力标准既是根本标准，也是直接标准。其他方面的工作，除了生产力标准外，还有反映自身特点的标准。把根本标准同具体标准有机结合起来，是形势发展的需要。

三、社会主义本质生产力界定的创新认识

"社会主义的本质，是解放生产力，发展生产力，消灭剥削，消除两极分化，最终到共同富裕。"[30]邓小平南方谈话时，对社会主义本质作了高度理论概括，提出了自己独到的见解，表现出极大的理论勇气。

马克思主义经典作家对社会主义本质或本质特征作了理论概括。邓小平的社会主义本质理论鲜明地表现出时代特征，闪耀着实事求是的光辉。

1. 邓小平对社会主义本质的立体的经济学认识

列宁指出，事物的本质是多层次的立体结构，这多层次的立体结构有该事物区别于他事物的质的本质立体。即社会主义本质由"解放生产力，发展生产力"为一级本质即基础本质、"消灭剥削，消除两极分化"为二级本质即"中坚本质"、"最终达到共同富裕"为三级本质即"终极本质"这样三级本质构成的本质立体。而三级本质之间又存在必然的内在逻辑关系：基础本质和中坚本质互为条件，即离开了生产力的解放与发展就不可能消灭剥削和消除两极分化，而消灭剥削与消除两极分化又为进一步解放和发展生产力创造"人的条件"；而基础本质和中坚本质又是最终实现共同富裕的必需的"物的准备"和"人的准备"；而"最终实现共同富裕"这一"终极本质"则是"基础本质"与"中坚本质"的自然历史过程作用的必然结果。[31]

邓小平将"解放生产力，发展生产力"作为社会主义本质的基础层面给予认定，这是将唯物史观结合中国社会主义初级阶段国情实质科学融合认识的结果，是将唯物辩证法与"具体"事物结合并进行理性抽象的逻辑结晶。既然当代社会主义都是历史规律特殊性反映的逻辑结果，那么，当代的社会主义的第一个根本性问题就是生产力问题。不解决好这个问题，社会主义就不可能存在，当然更谈不上发展。因此，将生产力的不断解放与发展作为社

会主义的本质加以界定，就是理所当然的了。

有人提出，资本主义也在不断地解放与发展生产力，相对而言，社会主义在现时的生产力解放与发展还没有达到资本主义的程度，如把解放生产力和发展生产力作为社会主义的本质予以界定，那就模糊了社会主义与资本主义制度的根本的质的规定性。笔者认为，就解放生产力和发展生产力的现象而言，社会主义与资本主义似乎相同。但就"质"而言，二者的区别是显然的：社会主义的解放生产力和发展生产力是能动的、主动的，是社会发展规律的需要反映，是符合人的发展需要，也是为人的解放和发展需要服务的；而资本主义的解放生产力与发展生产力是被动的、被迫的，是"人的异化"的反映，因为其生产力的解放与发展是满足极少数人的需要，且以牺牲大多数人的利益为代价的。

2. 邓小平依据解放生产力和发展生产力与社会主义本质的关系，全面构建了建设中国特色的理论即邓小平理论

一切从发展社会生产力出发是唯物史观"生产力决定论"基本原理的具体体现。生产力决定生产关系，经济基础决定上层建筑，是每个共产党人乃至中国普通老百姓所熟知的历史唯物主义基本原理。然而，如何运用这一原理来研究在中国这样一个经济文化落后的国家建设社会主义的问题时，人们不得不面对这样一个现实：从社会形态看，社会主义是比资本主义更高一级的社会形态，而从生产力水平看，中国的生产力水平则又远远落后于发达的资本主义国家。在这个问题上要不要坚持"生产力决定论"？在过去较长的一段时间内，我们党试图用先进的生产关系来说明，但在实践中却未能成功。邓小平对此回答是：只有坚定不移地解放和发展社会主义生产力，才能在中国坚持和发展社会主义。而30年改革开放的历史雄辩地证明了邓小平的回答。

以发展社会主义生产力为出发点，辩证地处理社会发展过程中出现的各种矛盾的方法，闪耀着唯物辩证法的思想光辉。如何运用唯物辩证法，实事求是地处理社会生活中的各种矛盾？邓小平以"生产力决定论"为其基础，将各种矛盾的"质点"界定于此，就使一些看起来十分复杂，甚至无解的矛盾和难题得以顺利化解，从而为解放生产力和发展生产力创造条件。反过来，解放生产力和发展生产力的过程和结果又为解决各种矛盾提供了物质基础，从而体现"只有社会主义才能救中国""只有改革开放才能发展和强大中国"（中共十七大报告语）论断的科学性、真理性。

注释：

①《马克思恩格斯选集》第1卷，第56页。

②同上注，第73页。

③同上注，第115页。

④《马克思恩格斯全集》第1卷，第72页。

⑤同上注，第114页。

⑥同上注，第27卷，第482页。

⑦同上注，第42卷，第261页。

⑧同上注，第263页。

⑨同上注，第258~259页。

⑩《马克思恩格斯选集》第1卷，中文第2版，第135页。

⑪《马克思恩格斯选集》第1卷，第124页。

⑫同上注，第4卷，第532页。

⑬同上注，第1卷，第277页。

⑭《马克思恩格斯全集》第47卷，第427页。

⑮同上注，第42卷，第263页。

⑯同上注，第42卷，第258~259页。

⑰《马克思恩格斯全集》，第47卷，第472页。

⑱同上注，第46卷下册，第211页。

⑲同上注，第46卷下册，第210页。

⑳同上注，第46卷下册，第229页。

㉑《马克思恩格斯选集》第2卷，第33页。

㉒《邓小平文选》第2卷，第131页。

㉓《邓小平文选》第3卷，第2~3页。

㉔同上注，第252页。

㉕同上注，第116页。

㉖同上注，第225页。

㉗同上注，第223页。

㉘同上注，第116页。

㉙同上注，第372页。

㉚同上注，第373页。

㉛李济琛：《对社会主义本质的立体认识》载《马克思主义研究》1996年第5期。

第四章　资本幼芽在中国始终长不成参天大树的原因认识

史料表明，自唐、宋、元始，中国早期商品经济的发展就已经大大领先于当时尚处于黑暗、封建的中世纪的欧洲。至明朝中叶，早期商品经济已呈现资本萌芽状态，而这种状态却一直持续到近现代。在长达数个世纪的时间中，萌芽状态的资本在中国不仅没能长成参天大树，反倒几乎幼芽不保，到底是什么原因呢？这是一个极为复杂的问题，史学界论争激烈，解说众多，各家学说都有一定的道理。进一步弄清楚这一问题，对于深化、强化我国当前正在进行的改革开放的认识与实践，尤其是对强化社会主义市场经济体制建设，加大对民营经济的发展中已经遭遇和可能遭遇的困难和问题的原因认识与解决，肯定是有积极意义的。

第一节　两大水系文明与孔孟儒学相得益彰

中华民族自然经济文明状态下相对富足，丰衣足食的和谐状态，是长江、黄河两大水系作为社会物质基础，孔孟儒学作为意识形态主体，相互支撑、相得益彰的结果。一方面形成自然经济文明的高峰，另一方面则顽固阻止新的生产力的成长、阻止市场经济文明的发展。所谓的两河即黄河、长江两大水系。所谓的两河文明即由黄河、长江两大水系形成的两大水系文明（这与马克思研究中提出的"两河文明"即恒河和黄河两河是不一致的）。

一、两大水系是中华民族得天独厚的物质基础

中华民族在其自身的繁衍与发展进程中，创造了引领世界长达一千多年的巨大历史成就，其重要原因与两大水系相关，也与孔孟儒学相关。但是，中华民族在近几个世纪以来的故步自封中，其重要原因也与两大水系和孔孟儒学相关。

民营经济与中国现代化

1. 两大水系文明从属于自然经济文明

这即是说,中国的两河文明肯定具有人类文明史上的第一文明阶段即自然经济文明的基本特征,如除生产力水平低下,自给自足,个人劳动不受社会检验,社会财富总量相对贫乏,宗族血缘为纽带联结人们互动关系等特征之外,更有自己独特的个性特征,其突出表现在黄河、长江两大水系与整个中华民族的生存关系。即中华民族因黄河、长江两大水系而生、而繁衍、而发展的共生关系,并因此而形成的文明特征。从整体而言,中华民族的生存、繁衍与发展离不开黄河、长江两大水系,即黄河、长江两大水系哺育了整个中华民族并因此形成独具特色的两河文明。具体而言,黄河、长江两大水系的每一局部状态即盈亏涨落与整个中华民族生存、繁衍、发展过程中的喜、怒、哀、乐、忧、恐、惊无不相干相系。两大水系形成的农耕文明,在帝王开明、官廉吏治、风调雨顺之际,老百姓基本的生存问题得到解决,甚至达到简单的丰衣足食境界,如历史上著名的"文景之治""贞观之治"等。相对富足的生存基础与"天人合一"的和谐状态,是两大水系的特别恩宠与赏赐,是中华民族得天独厚的地缘地域社会物质基础。这种物质基础具体化则是小农业与家庭手工业的紧密结合,直接形成"耕"与"织"的结合——人们最基本的生活必需品"食"与"衣"的生产劳动的结合。这种结合的经济单位便是家庭。家庭是封建社会经济结构的细胞。"男耕女织"的社会形式既简单明了,又易于统治与管理。

2. 两大水系强化中央集权

正因为此,两大水系的自然状态,也就必须成为与中华民族生存、繁衍、发展休戚相关的重要因素,是中国自然经济文明状态下生产力水平的关键关节点。而这一关节点的自然状态与人为状态,则必须依赖一个具有高度行政调控能力的中央政权来把握——大一统的中华帝国成为两河文明的自然与社会历史规律的反映。中国自然经济文明进化与进步过程中的历代封建王朝,无不把两大水系的调控与治理作为治国安邦重中之重的基本国策。翻开一部中华文明史,数千年来不绝于史册的典故莫不与水相干相系。从传说中的"女娲补天""大禹治水"到今天的"1998大战洪水"的事实既惊天地、泣鬼神,又无不悲壮惨烈。

因为两大水系而形成的独具特色的农耕文明,因为两大水系而获得的基本富足生存条件,因为两大水系而衍生的强大中央集权的大一统政权,因为两大水系而系整个中华民族为一体——自然经济文明的诸多特征在华夏大地不仅被规律化、制度化,而且被神圣化。因此,华夏文明不仅可以创造出人类自然经济文明的一个又一个顶峰成果,并千余年处于人类自然经济文明的领先地位,如中天之日,为人类在自然经济文明状态下的进步作出自己的卓越贡献。而且,还以自己的杰出文明成果为人类步入商品经济文明奠定坚实的基础性作用。中国五大发明传入欧洲,为欧洲告别野蛮封建中世纪而率先跨入商品经济文明时代所作的历史性贡献,已是历史结论。但是,也正是两大水系所形成的独具特色的中华农耕文明这一根本原因,使资本萌芽在中国长达数个世纪的时间才始终只能是个状态而已。而且,当借助中国的五大发明日渐强大并迅速长成资本主义的西方列强利用商品和资本,进而用武力全力敲打我们这个文明古国时,我们竟然也长久地昏睡不醒。

二、孔孟儒学是与两大水系物质基础相适应的意识形态主体

以两大水系构成生产力水平的物质基础,而与之相适应的意识形态主体则是孔孟儒学。孔孟儒学在中国能成为主流文化与意识形态核心,不是历史的偶然,也不是简单的是汉武帝个人的选择,而是经济基础使之自然,即是中国社会发展规律的反映。"儒术"的产生、形成,并最终成为"正统",是其适应中国自然经济之经济基础需要的结果。

1. 儒学独尊的历史性认识

先秦儒家学派,是中国历史上第一个建立而对后世具有决定意义的学派。它形成于春秋末期,历经数个世纪,至汉武帝"罢黜百家,独尊儒术"而成正统,世称"显学"。其创始人孔丘(公元前551—前479年),世称孔子。孔子逝世后,儒家分为众多流派。韩非子《显学》篇说:"自孔子之死也……儒分为八",而实际上对后世学术影响重大的主要为孟轲(约公元前372—前289年)即孟子与荀况(约公元前313—前238年)即荀子两大派。汉武帝独尊儒术,使孔孟儒学成为中国封建社会的统治思想而居支配地位。

中华帝国区别于世界历史上其他帝国的一个重要特征,就是"儒学之士"在政治——社会秩序中的主导作用。任何中央集权制帝国都要解决一个问题,即怎样得到治理帝国所需要的庞大的官僚阶层。有的主要从贵族阶层产生,有的则由军队把持,有的则专门训练精通政务的职业官吏。然而,如中华帝国这样以饱读孔孟经史之书的知识文化群体即"文官"制度为官僚主

要来源，却是独一无二的现象。①任何官僚制帝国的中枢追求的都是自上而下的金字塔式的垂直控制。而中华帝国的这种控制都与可能来自社会各个层面的儒学之士有机结合，这就使得皇权、君权政治相对拥有一定的"民政"色彩，这无疑大大有助于政权即君权的相对稳定。孔孟儒学奉为至尊之学的结果，不只简单地形成社会统治思想，全方位渗透进封建社会政治、经济、文化与社会生活的各个层面，培养造就出效忠皇室君权的官僚、官吏，而且"培养"出一代又一代皇帝即"天之骄子"。这种现象的直接结果，则是金字塔式的政权形式即官僚体制是一个浑然整体。从社会万民众生，到塔体基座直至尖顶人物，在思想意识、社会政治、思维模式、道德伦理等上层意识形态领域贯通一气，其"天""道"合流、"天""人"合一也就顺理成章了。

2. 孔孟儒学以仁、义、礼、智、信治理天下

孔孟儒学主张以仁、义、礼、智、信治理天下。而仁、义、礼、智、信之间的关系是：仁是核心，义是基础，礼是前提，智与信是内涵。即仁为治者之道，义为臣民之基，礼为社会之序，智、信则为社会之内涵。它们相互构成一个不可分割的整体而共同发挥作用。儒学认为，人们一切活动的正当性所应遵循的准则就是看它是否符合义的规范和要求。义是调节和制约人们一切行为的杠杆，即是说儒学非常注重人们行为的正义性。孔孟儒学在"仁"与"义"的基础上肯定人们对社会财富的追求与占有，进而肯定"国富"与"民富"的实际意义。于此，儒学对"义"与"利"或曰财富与仁义的关系认识，有其独到的精辟见解与论述。而这些见解与论述完全成为后世著名的经济社会格言。如"见利思义"；"不义而富且贵，于我如浮云"；"富而可求也，虽执鞭之士吾亦为之"；②"邦无道，富且贵焉，耻也；邦有道，贫且贱焉，亦耻也"；"富与贵，是人之所欲也，不以其道得之，不处也；贫与贱，是人之所恶也，不以其道得之，不去也"③；等等。孔子的意思非常明确，并非谓财富不当求，亦非轻视财利，而是以为财富的谋取要合乎仁义的标准，并且警戒人们非义之财是不可取的。孟子亦有类似见解："仁义而已矣，何必曰利？"（《孟子·梁惠王上》、《孟子·离娄上》）；"非其道，一箪食不可受于人"；"义，人之正路也"；"君不行仁政而富之，皆弃于孔子者也"；④等等。特别值得一提的是，孟子的"何必曰利？"有两层意思：一是要先义而后利；二是提倡大义和公利，亦即把国家的利益摆在首要地位。孟子这一见解对后世影响巨大，十分符合历代封建统治者的胃口。所谓"国

家",莫不是封建帝王的国家,而所谓"大义""大利"于国家,则必然无利或小利于个人,这与商品经济文明的经济、政治、文化的核心"个人主义"是不相容的。

3. 孔孟儒学"仁政为本"的"以德治国"

儒家学派的义利观表现在对国家社会的管理方面则是以"仁政为本"的"以德治国"。"仁"字在《论语》中凡百余见,对"仁"的解释亦达十余种之多。在儒家看来,"仁"就是一种最完美、最完善的精神,而统治者以这种精神治理国家,国家才兴盛昌荣。如孔子说:"为政以德,譬如北辰,居其所而众星共之";又说:"道之以政,齐之以刑,民免而无耻;道之以德,齐之以礼,有耻且格";⑤还说:"上好礼,则民莫敢不敬;上好义,则民莫敢不服;上好义,则民莫敢不用情"(《论语·子路》);"是故君子先慎乎德,有德此有人,有人此有土,有土此有财,有财此有用"⑥;等等。孔子这些话的意思是,统治者用道德来治理国家,才能紧密地把人民团结在自己的周围;如采用行政和法律来管理人民,只能使他们暂时畏罪而守法,却失去廉耻之心;而用道德来诱导民众,才能使他们感化,知法守礼,知耻从善;只有统治者的好义好礼,人民才心悦诚服。孔子的如是思想,正好迎合并适应自然经济文明阶段的封建中华帝国国情,并积极地拱卫了封建专制的皇政政权。从积极意义上认识,对维护大一统的封建专制王朝是有用的;从消极意义方面认识,孔子的这些思想对注重个人利益,讲求扩张精神的商品经济文明却是一个桎梏。市场经济是法制经济——没有法制,就没有市场经济。这是最简单朴素的真理。

4. 孔孟儒学对市场经济文明发展形成桎梏的认识

由于儒学正统地位的推崇,而使其他学派思想成为歪理邪说。儒学"一花独放"的结果,在大大有利于统治者愚民政策推行的同时,也严重阻碍技术向理论的提升和社会财富向资本的转化。

同时,孔孟儒学中的"礼"学,亦是适应两大水系这一物质基础的意识形态学说。"礼"学认定的严格等级制度即"君君、臣臣、父父、子子"的社会等级与人伦种属关系,忠实且完美地塑造了华夏文明之于自然经济文明的重要特征——以宗族血缘为纽带联结人们的社会互动人际关系,并使之凝固化、学术化、神圣化。陈寅恪先生把中国孔孟儒学之最高境界定义为"三纲六纪",其"天不变,道亦不变"——永恒不变的"道",维系着永恒不变的社会制度与社会结构的认识甚是精辟。

孔孟儒学对于封建中央集权的政治干系如此重大，无怪乎几乎历朝历代所有封建帝王对孔孟儒学及孔子、孟子倍加推崇。至封建清王朝末期，对孔子的追封已臻化极境界。

如此，似乎可以得出这第一个结论：孔孟儒学与封建中央集权，是华夏自然经济文明即两大水系文明的一对孪生子。二子相辅相成，更是相得益彰。在此二子的合力作用下，一方面，促使中华民族创造了人类自然经济文明状态下辉煌的文明成果，使中国领先世界十数世纪；另一方面，则以其合力顽强地桎梏市场经济文明的扩张本性，使市场经济文明即资本文明要想在华夏大地由萌芽状态长成参天大树，成为根本不可能的事情。毛泽东所认定的，如果没有外力的猛烈敲打，中华文明内部滋生的资本幼芽也会缓慢地长成资本主义大树的论断只能是个假设。

第二节　中国封建制度的显著特征

中国封建制度，由于以两大水系作为物质基础，孔孟儒学作为意识形态主体，因而形成人类自然经济文明条件下特殊的亚文明体系，表现出自己独有的特征。

一、三权鼎立的政治局面

高度集权的封建政权，专制体制的文化权，加上宗族血缘纽带关系的族权、夫权，形成中国封建社会特有的"三权鼎立"之势，从而使中国封建社会政治结构稳定而厚重，且沉重。

1. 封建族权认识

高度集权专制的封建政权与封建文化权，其与中国封建社会的关系的功德是非之学说已成汪洋之势，笔者不必赘述之。就宗族血缘关系的族权、夫权，作为"三权鼎立"之一足作一分析认识。

马克思主义历史唯物主义观认为，自然经济文明形态下的社会人际互动关系特征，是以宗族血缘关系为纽带的联结关系与联系。在中国，由于地域地理原因，于两大水系为自然物质和社会物质基础构成的农耕文明，其宗族血缘关系为纽带的特点十分突出且独具特色。这就使得一批男性公民在不可能进入仕途为官之际，有了在宗族、祠堂、家室中一显男性权威的空间和时间。封建旧中国，族权之大之重，仅次于政权、王权。在少数地区，族权甚至凌驾于王权、政权之上。而族长、族的长老们则必然是本族本祠堂的所谓德高望重者们。在王权、政权允许的范围内，族权甚至可操对族人的生杀予夺之权。

2. 封建夫权认识

在族权之内，更有几乎普遍男性人人享有的"夫权"。家室之内，夫权几乎是至高之权。而成为一家之主的"丈夫"，几乎是所有男人的专利权。这样，封建中国的一幅"权欲满足"或"权欲宣泄"的图画也就栩栩如生了：作为社会男性成员，"上品"者可以"入仕"执掌政权，"中品"者可以"入族"执掌族权，"下品"者也能"入家室"而执掌夫权。试想，一个社会几乎能满足所有成年男性的"权欲"，那么，这个社会的相对稳定就理所当然了。一个成年男性，其成功标志是"入仕"，退一步是"入族"，最不济也能在家室中当"家长"以对妻室子女行使理所当然的权。天经地义的夫权，以实现人的"权欲"并成功发泄自己在社会经济、政治、文化生活中的情绪与情感，从而实现心理的相对平衡，这是具有何等分量的"三足"之一足！而且，君权、政权、族权、夫权相对于成年男子，已是一种"社会既得利益"。而对于未成年男性，却又是一种看得见、摸得着的未来利益。因此，一切男性均被相对的"既得利益化"——而谁又愿意去劳神费力地打破这种社会秩序呢?！至于历朝历代的农民起义，那也不过是在苛政猛于虎的条件下，为了虎口余生而铤而走险罢了。所谓改朝换代，也仅仅是在男性公民内部的"既得利益"再分割而已。因为封建制度下的农民，从来都不是先进生产力的代表！

二、土地的买卖制度

土地的买卖制度，是中国封建土地制度的一大特色。粗看起来，允许土地买卖有利于资本主义萌芽的发展。但是，细究下去，却会发现中国封建土地制度可买卖，因其特殊性而成对资本主义萌芽发展的桎梏。

1. 土地买卖的独特形式

早在战国商鞅变法时期，就开始了土地买卖即所谓"除井田，民得买卖"。在土地兼并问题随着土地私有制度长期并存的状况下，社会上经常存在着大批失去土地的无地农民。他们为争着租耕地主土地,被迫忍受着苛刻的租佃条件,形成小农业和家庭手工业紧密结合的封建经济结构。这种自给自足的自然经济结构,不但维持着低下的生产技术和狭小的生产规模,而且排斥着社会分工和商品经济的进一步发展,抵制着市场的扩大。明清时代农业生产力的发展,主要是因为人口的增加而带来的量的扩大,很少有质的变化。这种低下的生产力,不可能使农业的经营从封建地租中解放出来,不可能冲破耕织结合的封建经济结构,这就必然阻碍资本主义萌芽的发展。

2. 土地与个人地位关系的认识

同时,在封建中国,土地不仅是最根本的生产资料和财富收入的重要来源,而且是社会地位和一切权力的基础。一个人有了大量的土地,便可成为地方上的中心主宰。所谓"邑有人君之尊,里有公侯之富",就指这种状况而言。土地既是"不忧水火,不忧盗贼"的财产,又可以相对自由买卖,当然,就刺激社会购买。社会上积累起来的货币财富,就大多用来购买土地以从事封建地租的剥削,而不愿投资于包括手工业作坊在内的其他产业。即使一些成功的手工业作坊主,其人生目标也是兼作地主或完全成为地主。这种状况一直延续到新中国成立前。所谓"上自绅富,下至委巷工贾胥吏之俦,赢十百金,即莫不志在良田"[7](陶煦:《租核》《租覈申言·推原》),这样的社会意识与社会经济结构,必然使中国手工业作坊不能进行扩大再生产。

三、重农抑商政策

中国封建统治者,根据自己的切身利益,"总是要把现状作为法律加以神圣化,并且要把习惯和传统对现状造成的各种限制,用法律固定下来"[8],而制定了一整套重农抑商政策。这套政策贯穿着中国封建社会的全部历史。

1. 抑商是为了保税

抑商的目的是重农,而重农的目的是保税。不管是按人头还是按土地数量征收"农税",总比按经常波动的商业、手工业征税来得简捷、稳定得多。依赖"农税""地税"以维系君权、政权,以维护封建国家的经济基础,是中国封建社会一大特色。同时,不同王朝的改朝换代,都与农民起义相关。因此,各王朝统治者也高度重视农民农业问题,这也是"两大水系文明"的重大特点之一。因此两点,从封建社会建立始,历朝历代的封建统治均将农业作为国家之本。政治是经济的集中表现。封建专制的政治体制,是适应农村地主经济的社会需要的。土地的最终拥有者是皇帝——受命于天的天子。"溥天之下，莫非王土"是其生动写照。而大大小小的官僚，则是大大小小的地主。作为社会基础的农村经济，必须有一套与之相适应的社会政治。而被称作"四民"的"士、农、工、商"的"士"是统治阶层，农、工、商中，商排在末尾，其地位最低。经商，是属于末技。司马迁在其《史记·货殖列传》中虽然也肯定了工商的作为，认为"待农而食之，虞而出之，工而成之，商而通之"，但也明确表示，这些行业有本有末，有高有下。所以，同样是致富，"本富为上，末富次之，奸富最下"。"本"为正道，即使因商致富，最终也要回到"本"道上来，即所谓的"以末致财，用本守之"。

2. 重农抑商的政策律令

重农抑商具体到政策律令上，有如下几种。一为重农抑商为一贯国策。国家对商人有种种限制，科举制度之前，不准商人衣丝乘马，以示地位低下；科举制度建立后，不许商人参加科举考试；商人冒充斯文，要受到严厉惩处。明成祖时的名士解缙甚至还提议把道路分成四股道，让商人走最边上的一股道。二为国家垄断最赚钱的行业以攫取巨额财富供皇室或大官僚挥霍或中饱。一般商人不可能被刺激起扩大商品再生产的强烈欲望；而农民又被牢牢束缚在土地上而不可能成为手工业扩大生产所需要的自由劳动者。三为加大工商税赋进行盘剥、勒索。四为实行海禁政策，不许海外贸易交流（主要在明清时期）。五为商人积累的资金，主要被用来买土地而"用本守之"，而不可能转化为工业资本或商业资本。六为大地主的兼并活动，因为严重破坏了统治者税赋的来源而招致统治者的坚决抑制政策，从而使土地的相对大量集中成为王权打击对象，而阻断商品经济的基础。当然，如果王权对大地主大官僚疯狂兼并土地打击不力，则又必然爆发大规模的农民起义。而农民造反的目的，依然是在土地利益问题上的利益再分配，又一次回归农耕生产的自然经济怀抱。

3. 压制工商发展的直接后果

压制工商，不仅阻碍了社会进步，也严重阻碍了与工商业相关的科学技术的发展，使得我国在力学、数学、天文理论、化学、航海技术和机械技术方面不可能出现新的突破。中国农村的自然经济的极端稳定性，使中国社会的进步缓慢得就如同原地踏步。英国著名古典经济学家亚当·斯密（公元1723—1790年）在他的《国富论》中曾对中国这一现象做出这样的描述：

▶ 民营经济与中国现代化

"中国,一向是世界最富有的国家,其土地最沃,其耕作最优,其人民最繁多,且最勤勉。然而,许久以前,它就停止于静止状态了。今日旅行家关于中国耕作、勤劳及人口的报告,与五百年前客居于该国之马可·波罗的报告,殆无任何区别。若进一步推测,恐怕在马可·波罗客居中国以前好久,中国的财富就已经达到了该国法律所能允许的极限。"

四、城市功能作用

中国的城市在社会经济中的地位、功能与作用与欧洲封建时代的城市不同。中国封建社会的城市不像欧洲那样,是独立于封建统治体系之外的自治和自由的城市,是工商业集中的经济城市;正好相反,中国的城市主要是政治城市,是封建统治的神经中枢。

1. 中国城市是封建统治的神经中枢

各级不同的城市,从中央王都到州府县治,都是各级封建政府的所在地,为各级封建统治者所盘踞。在这样的城市里,虽有工商业的存在与发展,却完全没有封建中世纪欧洲城市里那种"市民";亦没有欧洲中世纪的那种行会组织,来保证各个生产者之间的生产和生活的机会均等;亦没有那样严格的行规来约束各个生产者和消费者之间的生产、销售和消费行为。因此,中国城市的同行手工业之间一直存在激烈而无明确规则的竞争,所以有"同行是冤家"这样的谚语。为此,生产者只能设法自保,把自己在生产实践中摸索出来的独到的技术诀窍、特殊生产方式、工艺流程或技能严守,以谋专利。这不仅不能被广泛维护,反倒导致"绝技""绝活"失传于世。[9]如傅筑夫所指出的那样,"在这种以家庭为单位的工业结构中,生产技术只能有个别的深化,而不是相互联合;生产力是日益陷于停滞,而不是日益趋于活跃。即使个别生产者或个别家庭,能够在产品制造上表现出惊人的技巧,但整个社会生产力都不能有所发展,也不会为后来新的更高的生产方式的产生,创造任何必要的条件"。[10]这就是说,中国城市手工业的技术成就,主要表现在生产品的质量方面而不在数量方面,而这种质量是以单位产品上消耗大量人力取得的,并不标志生产力的真正水平。因此,中国城市经济不仅没有起到促使封建经济解体如欧洲城市经济那样的作用,相反,却为巩固和强化封建经济体制起着不可低估的作用。中国城市中的行帮组织是封建国家加强对工商业者控制的组织,起到窒息竞争的作用。

2. 中国城市经济直接服务于皇权

同时,中国城市经济还为封建中央机关直至帝王的骄奢淫逸生活提供直接服务,而将这种服务质量皇权化、王权化,从而使之神秘化。如医药、膳食、布帛、家具、古玩、饰品乃至琴棋诗书画等。任何一桩、一件民间创造,只要沾惹上了"御用",即可能"绝版""绝传"。"万民"是不可与皇室同享某种欢乐的。

五、"奴化"性质的八股取士制度

从孔孟开始的"学而优则仕",到开科取士制度,是中国封建制度在其巩固与发展过程中,创造出的一条适应自身体制需要的科举之路。科举制度在其出现之初,与门阀制度相比较有其积极的进步作用。但到明初演变为"八股取士"之后,则成为束缚读书人解放思想和束缚科学技术创新发明的一条无形绳索。读书人死读"经书",专攻"八股","代孔孟立言",无须思想也不敢思想,无须创新也不敢创新——封建文化专制主义应用强化则理所当然。依靠几本儒家经典安身立命,乃至"一部《论语》治天下","非先王之法言不敢言","祖述尧舜,宪章文武",等等,成为"天理",使"存天理,灭人欲""知足常乐"终成为道统。

1. 伏尔泰对科举的批判认识

法国的启蒙思想家伏尔泰(1694—1778年)曾在探究中国停滞不前之谜时指出说:"可能有两点原因:一点是因为这些中国人异常尊重前辈留下的东西,一切古老的先人们的东西在他们眼里都是完善无缺的;另一点是因为他们语言的特征,他们把语言放在一切知识之上。"伏尔泰所说的第一点,指出了儒学的保守性。而他所说的第二点,就直指中国的八股科举制度——把一切才智之士都引入寻章摘句,"代圣人立言"的死胡同里。确实,当所有的自诩为有学问的知识分子满脑袋里都填充满了"子曰""诗云""圣人说""皇帝说""大人说"的僵死条文字眼,已经被彻底奴化、僵化时,哪里还可能有自己的思想、见解与创新呢?!同时,以科举制为枢纽的"士大夫政治"到明朝初年被制度化,也加速其走向反面。一方面,科举制度成为皇朝取士的唯一正途;另一方面,科举制度与官立学校制度实现了一体化,举人、贡生、监生和生员的身份可以终身保持。而这一体制化发展则使得明清的"士大夫政治"又有了先前所没有的重要性和复杂性。科举成名的终身化，产生出一个明确的社会阶层，"士大夫"与庶民的区别不再主要是意识性，而是清晰的制度化。这是科举制度走向反面的关键环节，再配之以"八股言文"的另一环节，科举制则彻底的逆历史潮流而动了。

2. 李大钊的"中国人应考遗传性"认识

中国历代帝王都懂得控制知识分子，禁止思想自由对于专制政治强化的必要性。开明皇帝唐太宗"天下英雄入我彀中"的名言，真是道尽了科举制度作为知识分子囚笼的性质。北宋以后，士大夫知识阶层的文化与社会创新能力每况愈下，人才一代不如一代，"科学"与"民主"成为中国传统文化中最基本贫乏的内容。李大钊尖锐地指出："中国人有一种遗传性，就是应考的遗传性。什么运动，什么文学，什么制度，什么事业，都带着些应考的性质，就是迎合主考的意旨，说些不是发自本身的话。甚至把时代思潮、文化运动、社会心理，都看作主考一样，所说的话，所作的文，都是揣摩主考的一种墨卷，与他的实生活都不生关系。是多么残酷的制度，把我们的民族性弄成这样的不自然。"⑪

充其量，读书人在文字游戏上能做点什么小花样，就很不容易了。明朝末年的宋应星总结我国古代工农业生产技术的百科全书《天工开物》，尽管记录了大量有关农业、手工业生产技术的创造发明，却不能得到封建统治者和一般热衷于"科举大业"的文人重视。宋应星在该书序言中不无感慨地写道："丐大业文人，弃掷案头！此书于功名进取毫不相干也。"⑫1584年意大利传教士利玛窦向中国皇帝呈献《万国舆图》时，一些士大夫竟然编书，撰文攻击利玛窦邪说惑众。其众口一词的理由是，中国应当在地图的中央，而利玛窦把中国画得偏西、偏北了，更是把泱泱大帝国画小多了。直到120年后的1703年，当另一位传教士把世界地图展示给中国的一些读书人看时，他们仍然找不到中国的位置，也不相信美洲的存在。到林则徐编印出《海国图志》时，在国内影响甚微，而日本国却在几年之内重印了25版。

孔孟儒学加上八股取士的结果，正如《中国科学技术》的作者英人李约瑟所说的那样：中国的"许多甚至全部发明及发现在欧洲社会都引起了震天撼地的影响，而中国社会却有异常的吸震能力，几乎不为所动"。

特别值得一提的是，李约瑟所指的国人的这种"几乎不为所动"的异常的"吸震能力"一直延续到今天。

注释：

① 彭明、程啸主编：《近代中国的思想历程》，中国人民大学出版社1999年版，第4页。

②《论语·宪问·述而》。

③《论语·太伯·里仁》。

④《孟子·梁惠王上》《孟子·离娄上》。

⑤《论语·为政》。

⑥《大学》传第十章。

⑦陶煦：《租核》《租覈申言·推原》。

⑧马克思：《资本论》第3卷，人民出版社1975年版，第894页。

⑨傅筑夫：《有关中国经济史的若干特殊问题》，《经济研究》1978年第7期，第56~59页。

⑩傅筑夫：《中国古代城市在国民经济中的地位与作用》，《南开大学学报》1978年第4、5合刊，第53页。

⑪《李大钊文集》下册，第105页。

⑫宋应星：《天工开物》，广东人民出版社1976年版，第4页。

第五章　毛泽东、邓小平新民主主义经济思想概述

中国共产党的高度团结的统一性，决定了党的领导的集中性。尤其新中国成立伊始，党和国家领导人（"领导核心"）的建国思想，及其在建国思想指导下形成的建国方针、政策和战略，对党和国家，对中华民族和中国人民，就更具有全局性和决定性意义。新中国成立前后毛泽东的新民主主义政治和经济思想，对当时中国经济和社会发展具有决定性意义，甚至对中国社会制度形态也具有决定性意义。邓小平的新民主主义社会和经济思想，对中国的改革开放格局的形成和发展具有决定性意义。研究毛泽东、邓小平新民主主义的经济思想，不仅在于实事求是地研究"历史"，更重要地在于科学地认识现在，理性地把握未来。

第一节　毛泽东新民主主义经济思想概述

一、新民主主义革命时期毛泽东新民主主义理论及其经济思想

新民主主义革命时期，毛泽东的新民主主义经济思想的基本内容主要集中在毛泽东对半殖民地半封建中国经济形态的认识，对新民主主义社会经济结构和经济体系构思，对抗日根据地经济建设的思想和政策三个方面。本节重点在毛泽东对新民主主义社会经济和经济体系的构想上。

1. 对半殖民地半封建中国经济形态的认识

毛泽东在《中国革命和中国共产党》一文中对所处社会的基本特征作了科学概括。

（1）"封建时代的自给自足的自然经济基础是被破坏了；但是，封建剥削制度的根基——地主阶级对农民的剥削——不但依旧保持着，而同买办资本和高利贷资本的剥削结合在一起，在中国的社会经济生活中，占着显然的

优势。"①

（2）"民族资本主义有了某些发展，并在中国政治的、文化的生活中起了颇大的作用；但是，它没有成为中国社会经济的主要形式。它的力量是很软弱的。"

（3）"帝国主义不但操纵了中国的财政和经济的命脉，并且操纵了中国的政治和军事力量。"

（4）"由于中国是在许多帝国主义国家的统治或半统治之下，由于中国实际上处于长期的不统一状态，又由于中国的土地广大，中国的经济、政治和文化的发展，表现出极端的不平衡。"

（5）"由于帝国主义和封建主义的双重压迫……中国人民的贫困和不自由的程度，是世界所少见的。"②

所以毛泽东认为，随着中国近代社会性质和社会经济关系的这种变化，社会矛盾也必然会发生变化，帝国主义和中华民族的矛盾，封建主义和人民大众的矛盾，便构成了"近代中国社会的主要的矛盾"，"而帝国主义和中华民族的矛盾乃是各种矛盾中的最主要的矛盾"。正因为如此，近代中国革命的历史进程才必须要分作两步走，第一步是进行反帝反封建的民主革命，第二步才是社会主义革命。毛泽东说："既然中国社会还是一个殖民地、半殖民地、半封建社会，既然中国革命的敌人主要的还是帝国主义和封建势力，既然中国革命的任务是为了推翻这两个主要敌人的民族革命和民主革命……所以现阶段中国革命的性质，不是无产阶级社会主义的，而是资产阶级民主主义的。"又说："现时中国的资产阶级民主主义革命，已经不是一般的旧式的资产阶级民主主义的革命，而是新式的特殊的资产阶级民主主义革命，即新民主主义革命。"③这便是毛泽东后来所提出的关于新民主主义社会经济形态构想的理论前提和基础。它是由半殖民地半封建的近代中国社会特殊国情所决定的。

2. 毛泽东关于新民主主义社会经济形态和经济结构的基本构想

毛泽东关于新民主主义经济形态和结构的设想，是毛泽东新民主主义经济理论的核心内容。对此毛泽东在《中国革命与中国共产党》一文中就已有过表述，后来在《新民主主义论》《论联合政府》等一系列文章和著作中，又有了更加系统、全面和具体的论述。它们构成了毛泽东新民主主义经济思想的主要内容与框架，其观点大致有以下五个方面。

▶ **民营经济与中国现代化**

(1) 在经济上提出"没收帝国主义者和汉奸反动派的大资本大企业","归这个共和国的国家所有",[④]并使之成为社会主义性质的国营经济。毛泽东认为这是新民主主义共和国的经济构成的重要内容,也是新民主主义革命在经济上的一项首要任务。关于国营经济的范围、性质和地位,毛泽东后来在《新民主主义论》等著作中,还有过进一步的说明,他把对帝国主义和官僚买办资本的没收范围扩大到大银行、大工业和大商业,即足以操纵国计民生、关系国家经济命脉的大企业和大公司均归国家所有,由国家统一经营。并说在整个国民经济中国营经济居于领导地位,它是社会主义性质的经济,从而对新民主主义国营经济做出了更加明确的说明。

(2) 提出没收地主阶级的土地,分配给无地少地农民,实行孙中山"耕者有其田"的口号。扫除农村中封建关系,把土地变为农民的私有财产,这也是新民主主义社会在经济上的一项重要任务。这是因为,封建土地关系的存在,不只是造成中国农村长期贫困落后和阻碍中国社会进步的重要原因,同时它也是帝国主义统治中国的主要社会基础。因此不帮助农民推翻地主阶级统治,消灭封建剥削关系,解决农民土地问题,就不能充分发动农民参加民主革命,解放农村生产力。更加重要的是农民还是中国民主革命的主力军,中国的新民主主义革命实际上就是农民革命,所以没有农民参加根本谈不上新民主主义革命任务的完成。因此,没收地主土地,消灭封建剥削关系,把土地分给农民不只是一般资产阶级民主革命的一项重要任务,更是中国新民主主义革命的重要任务。

(3) 在新民主主义经济中还必须保存资本主义,并使之"有一个广大的发展",同时实行"劳资兼顾"的方针,这也是新民主主义经济构成的一个重要方面。

1945年4月,在延安召开的党的七大上,毛泽东代表中央委员会作了书面政治报告——《论联合政府》。毛泽东指出:"现在中国是多了一个外国的帝国主义和一个本国的封建主义,而不是多了一个本国的资本主义,相反的,我们的资本主义是太少了。说也奇怪,有些中国资产阶级代言人不敢正面地提出发展资本主义的主张,而且是转弯抹角地来说这个问题。另外有些人则甚至一口否认中国应该让资本主义有一个广大的发展(1953年版《毛泽东选集》的编者,把'广大'两字改为'必要'),而说什么一下就可以达到社会主义社会,什么要将三民主义和社会主义'毕其功于一役'。很明显,这类现象，有些反映着中国民族资产阶级的软弱性，有些则是大地主大资产阶级对于民众的欺骗手段。我们共产党人根据自己对马克思主义的社会发展规律的认识，明确地知道，在中国的条件下，在新民主主义的国家制度下，除了国家自己的经济、劳动人民的个体经济和合作社经济之外，一定要让私人资本主义经济获得广大发展的便利（1953年版《毛泽东选集》的编者，把'获得广大发展的便利'改为'在不能操纵国民生计的范围内获得发展的便利'），才能有益于社会的向前发展。"⑤

毛泽东在大会口头报告中还明确指出："我们这样肯定要广泛地发展资本主义，是只有好处，没有坏处的。对于这个问题，在我们党内有些人相当长的时间里搞不清楚。存在一种民粹派的思想。这种思想在农民出身的党员占多数的党内是会长期存在的。"⑥毛泽东指出："所谓民粹主义，就是要直接由封建经济发展到社会主义经济，中国不经过发展资本主义阶段。俄国的民粹派就是这样，当时列宁、斯大林的党是给了他们以批评的。最后，他们变成了社会革命党。他们'左'得要命，要更快地搞社会主义，不发展资本主义。结果呢，他们变成了反革命。布尔什维克就不是这样。他们肯定俄国要发展资本主义，认为这对无产阶级是有利的。"⑦"我们的同志对消灭资本主义急得很。"⑧

七大刚闭幕，延安《解放日报》为了贯彻《论联合政府》的精神，于1945年6月21日发表社论《关于发展资本主义》，指出："在许多农业国家，包括中国在内，自由资本主义还有它发展的宽广的可能性和必要性。"

毛泽东的"节制资本"的主张，还包括了"劳资兼顾"的思想，这就是说在新民主主义社会条件下，既要允许私人资本主义企业在合理经营下的正当赢利，又要保护工人利益，防止资本主义企业对工人的过度剥削以及实行8小时工作制和社会保障等以保证工人的基本权利。使劳动双方各得其所各乐其业，共同为经济繁荣和生产发展而努力，避免使双方矛盾达到对抗的程度。

（4）在"耕者有其田"的基础上发展各种合作社经济。这也是新民主主义经济构成的一个重要方面。关于合作社的性质，毛泽东指出，现阶段的合作社经济还是新民主主义经济，它是建立在农民个体私有财产基础上的集体经济，但已是带有社会主义因素的经济。这是农民在经济上获得解放走向富裕的必由之路。

（5）在新民主主义阶段，国家与政府还"必须采取切实的步骤，在若干年内逐步地建立重工业和轻工业，使中国由农业国变为工业国"。⑨

以上便是毛泽东关于新民主主义社会经济形态理论的基本内涵。社会主义性质的国营经济、有社会主义因素的合作社经济、私人资本主义经济、劳动者个体经济以及后来毛泽东在七届二中全会报告中所提出的国家资本主义经济，便是构成新民主主义共和国的"几种主要经济成分"和主要的经济结构。它们是新民主主义经济形态组成的主要内容。关于新民主主义经济形态的性质和特征，毛泽东认为，它既不同于资本主义也不同于社会主义的经济形态，而是由中国半殖民地半封建社会向社会主义社会过渡的特殊性的经济形态。

3. 毛泽东关于抗日根据地经济建设的思想和政策

毛泽东关于抗日根据地经济建设的思想和政策，也是毛泽东新民主主义经济思想的一个重要组成部分。毛泽东认为，抗日根据地经济建设是支持战争、改善根据地群众生活和夺取抗日战争最后胜利的重要条件。毛泽东关于抗日根据地经济建设的思想和政策主要包括：关于"自己动手丰衣足食"开展抗日根据地大生产运动的思想；关于"发展经济，保障供给，是我们的经济工作和财政工作的总方针"的思想；关于精兵简政、厉行节约的方针；关于根据地经济建设的其他方针和政策；等等。

二、新中国成立前后毛泽东新民主主义经济思想

新中国成立前后，毛泽东新民主主义经济思想结合当时国情得到继续发展，特别以《中国人民政治协商会议共同纲领》的成功制定为其成熟的标志。

1. 毛泽东关于新民主主义社会的理论和实践

关于新民主主义的概念。1940年，毛泽东在《新民主主义论》中，第一次提出"新民主主义革命"的概念，他认为："现实中国的资产阶级民主主义的革命，已不是旧式的一般的资产阶级民主主义的革命，这种革命已经过时了，而是新式的特殊的资产阶级民主主义革命，这种革命正在中国和一切殖民地国家发展起来，我们称这种革命为新民主主义的革命。"⑩

关于新民主主义社会的历史地位。毛泽东在《新民主主义论》中，对新民主主义社会作了历史定位，指出中国革命"这个革命的第一步，第一阶

段，决不是也不能建立中国资产阶级专政的资本主义的社会，而是要建立以中国无产阶级为首的中国各个革命阶级联合专政的新民主主义的社会，以完结其第一阶段。然后，再使之发展到第二阶段，以建立中国社会主义的社会"⑪。

关于中国革命分两步走的思想。毛泽东提出，新民主主义革命阶段，是中国革命的现实革命阶段。中国革命必须分两步走，第一步是民主革命，第二步是社会主义革命。这是两个不同性质的革命过程。"只有完成了前一个革命过程，才有可能去完成后一个革命过程，民主主义革命是社会主义革命的必要准备，社会主义革命是民主主义革命的必然趋势。"⑫对于第一步，毛泽东认为，这是"为了终结殖民地、半殖民地、半封建社会和建立社会主义社会之间的一个过渡的阶段，是一个新民主主义的革命过程"，并指出："中国的社会必然经过这个革命，才能进一步发展到社会主义的社会去，否则是不可能的。"⑬"完成中国资产阶级民主主义的革命（新民主主义革命），并准备在一切必要条件具备的时候把它转变到社会主义革命的阶段上去，这就是中国共产党光荣的伟大的全部革命任务。"⑭

1945年，在中国共产党第七次全国代表大会通过的《中国共产党章程》中，写进中国新民主主义革命和这个革命的转变。《章程》指出，中国共产党现阶段的任务是实现新民主主义，"在将来阶段，在中国民族革命与民族革命得到彻底胜利以后，中国共产党的任务是：根据中国经济发展的需要与人民的意愿，经过必要的步骤，为在中国实现社会主义与共产主义制度而奋斗"。在这里，毛泽东对于何时转变，提出了明确的条件，一是中国经济发展的需要，二是人民的意愿。转变必须经过必要的步骤。

关于新民主主义社会的经济结构和经济成分作了概括。1947年12月25日至28日，在陕北米脂县杨家沟，中共中央召开了一次重要会议，毛泽东在《目前形势和我们的任务》的报告中，描述新民主主义经济有几种经济成分：从国民党政府手里接收和从大官僚资本家手里没收而转化成的国营经济，这是领导成分，由个体走向集体化（包括工作）的农业经济，小工商业的经济，以及小的与中等的私人资本主义经济。"新民主主义经济的指导方针，必须紧紧地追随着发展生产、繁荣经济、公私兼顾、劳资两利这个总目标。一切离开这个总目标的方针、政策、办法，都是错误的。"⑮毛泽东在报告中，对新民主主义的经济作了分析，着重分析了党对官僚资本和民族工商业的政策,并提出了新民主主义的三大经济纲领,即"没收封建阶级的土地归农民所有,没收蒋介石、宋子文、孔祥熙、陈立夫为首的垄断资本归新民主主义的国家所有,保护民族工商业。这就是新民主主义革命的三大经济纲领"[16]。毛泽东这个报告,被中共七届二中全会通过,变成全党的政策行为。会议在决定中指出:"这个报告是在整个打倒蒋介石反动统治集团,建立新民主主义中国的时期内,在政治、经济、军事各方面带纲领性的文件。"

过了一年多,1949年3月5日,毛泽东在七届二中全会的报告中,从经济类型的性质上,对新民主主义经济明确地提出了五种经济成分。他指出:"国营经济是社会主义性质的,合作社经济是半社会主义性质的,加上私人资本主义,加上个体经济,加上国家和私人合作的国家资本主义经济,这些就是人民共和国的几种主要的经济成分,这些就构成新民主主义的经济形态。"[17]毛泽东特别讲到利用私人资本主义,"中国的私人资本主义工业,占了现代工业中的第二位,它是一个不可忽视的力量……在革命胜利后一个相当长的时期内,还需要尽可能地利用城乡私人资本主义的积极性,以利于国民经济的向前发展。在这个时期内,一切不是于国民经济有害而是于国民经济有利的城乡资本主义成分,都应当容许其存在和发展。这不但是不可避免的,而且是经济上必要的"[18]。因此,"拿资本主义的某些发展去代替外国帝国主义和本国封建主义的压迫,不但是一个进步,而且是一个不可避免的过程"[19]。

关于民族资产阶级。新中国成立前夕,毛泽东指出:"民族资产阶级在现阶段上,有其很大的重要性。"[20]"为了对付帝国主义的压迫,为了使落后的经济地位提高一步,中国必须利用一切于国计民生有利而不是有害的城乡资本主义因素,团结民族资产阶级,共同奋斗。我们现在的方针是节制资本,而不是消灭资本主义。"[21]

关于新民主主义社会的中心任务。毛泽东在党的七届二中全会报告中指出,在全国胜利的形势下,党的工作重心必须由农村转移到城市。工作的中心,"从我们接管城市的第一天起,我们的眼睛就要向这个城市的生产事业的恢复和发展看。务须避免盲目地乱抓乱碰,把中心任务忘记了";城市中的其他工作,"都是围绕着生产建设这一中心工作并为这个中心工作服务的"[22]。

关于新民主主义革命向社会主义转变的时间和条件。在抗日战争时期,毛泽东就在《论联合政府》中指出,我们在革命成功后是新民主主义而不是社会主义。他说:"在中国的现阶段,中国人民的任务还是反对民族压迫和封建压迫,在中国,社会经济的必要条件还不具备时,中国人民也不可能实现社会主义的国家制度";"我们的主张是什么呢?我们主张在彻底地打败日本侵略者之后,建立一个以全国绝大多数人民为基础而在工人阶级领导之下的统一战线的民主联盟的国家制度,我们把这样的国家制度称之为新民主主义的国家制度"。[23]

2. 《共同纲领》是毛泽东新民主主义政治经济理论成熟的标志

1949年9月29日,中国人民政治协商会议通过了《中国人民政治协商会议共同纲领》,这个纲领起临时宪法的作用。《共同纲领》以代宪法的形式确认了新民主主义的理论、纲领、政策。历史证明,新民主主义论是毛泽东的思想体系中最精华的部分,它标志着中国革命者在认清国情、探寻符合本国实际情况的革命道路方面的第一次历史性的飞跃。《共同纲领》第一条规定:"中华人民共和国为新民主主义即人民民主主义的国家,实行工人阶级领导的、以工农联盟为基础的、团结各民主阶级和国内各民族的人民民主专政,反对帝国主义、封建主义和官僚资本主义,为中国的独立、民主、和平、统一和富强而奋斗。"第三条规定:"中华人民共和国必须取消帝国主义国家在中国的一切特权,没收官僚资本归人民的国家所有,有步骤地将封建、半封建的土地所有制改变为农民的土地所有制,保护国家的公共财产和合作社的财产,保护工人、农民、小资产阶级和民族资产阶级的经济利益及其私有财产,发展新民主主义的人民经济,稳步地变农业国为工业国。"

《共同纲领》规定了新民主主义的经济政策。第26条规定:"中华人民共和国经济建设的根本方针,是以公私兼顾、劳资两利、城乡互助、内外交流的政策,达到发展生产,繁荣经济之目的。国家就经营范围、原料供给、销售市场、劳动条件、技术设备、财政政策、金融政策等方面,调剂国营经济、合作社经济、农民和手工业者的个体经济、私人资本主义经济和国家资本主义经济,使各种社会经济成分在国营领导之下,分工合作,各得其所,以促进整个社会经济的发展。"

《共同纲领》,作为中华人民共和国成立之初的根本大法,确定了新民主主义经济由国营经济、合作社经济、个体经济、私人资本主义经济和国家资本主义经济五种经济成分构成及各种经济成分的性质与其在发展新民主主义经济中的相互关系。

第二节 邓小平新民主主义、经济思想概述

从新民主主义革命时期到新中国成立初期，邓小平运用马克思主义经济理论的基本原理与方法结合中国革命和建设实际，为丰富毛泽东的新民主主义经济理论作出了宝贵贡献。尤其为其作为改革开放总设计师后创建社会主义市场经济理论，制定中国经济发展战略奠定了坚实的思想和实践基础。

邓小平对新民主主义经济思想形成的贡献

毛泽东新民主主义经济思想，是以毛泽东为首的中国共产党人集体智慧的结晶，其中当然包括邓小平的突出贡献。

1. 邓小平对抗日根据地经济建设的贡献

邓小平在抗日战争时期是太行山、冀鲁豫等地主要党政军领导人。他曾领导八路军开展了太行山抗日根据地的经济建设。1943年他发表了《太行山区的经济建设》一文，对根据地经济建设的重要性、任务和方针政策都作了全面系统的论述。

（1）关于抗日根据地经济建设的重要性和任务

邓小平指出，我们的抗日根据地之所以能够获得不断发展和壮大，一个非常重要的原因就是在敌后极端困难的条件下进行了经济战线的斗争，并取得了胜利，"也正是因为有了这一经济战线的胜利，我们才有可能坚持敌后抗战六年之久，并且还能继续坚持下去"。又说，抗日根据地的经济斗争与军事战线上的斗争一样剧烈、尖锐和残酷。敌人一方面对根据地进行封锁，一方面又进行极端残酷的掠夺，同时实行"三光政策"，其目的就是要"毁灭抗战生存力"。在这样严酷的形势下，如何才能保证经济战线卓有成效的斗争，邓小平指出，我们的任务包括不可分离的两个环节："一是对敌展开经济斗争，一是在根据地展开经济建设。"

（2）关于抗日根据地经济建设的方针问题

邓小平根据太行山区经济建设的经验，认为根据地经济建设的关键和基本方针是发展生产特别是农业生产。他指出："发展生产是经济建设的基础，也是打破敌人封锁、建设自给自足经济的基础，而发展农业和手工业，则是生产的重心。"因为地处农业环境的抗日根据地，决定了它的经济发展只能

以农业为主。在粮食普遍缺乏的严酷的战争年代，谁有了粮食，谁就有了主动权。敌人虽然掌握着城市，但城市最缺的也是粮食，因此粮食生产也是我们的优势。当然，在发展农业的同时，也应注意发展手工业，农业发展可以为手工业提供原料，而手工业发展反过来也可推动农业生产的发展。手工业的发展还可以为根据地提供必需的日用品，从而抵制敌货的大量倾销，增强根据地的经济实力，实现自给自足的经济。

（3）关于根据地经济建设的主要政策

在太行山区所实行和制定的政策主要有以下四个方面的内容。

第一，实行了减租减息和交租交息的政策。它既调动了广大人民群众的抗战热情和生产积极性，也调整了各阶层、阶级的关系，促成了抗日民族的大团结和积极力量。邓小平说："这就是在限制封建剥削下促进国民经济发展的方针。"

第二，在农业生产上对农民实施一系列的积极扶植和帮助的措施，如发动群众性大生产、组织群众互助合作、改良种子、调剂劳力、发放信贷、动员军队和各行各业支援农业等。

第三，在根据地实行提倡节约、反对浪费和严惩贪污的政策。邓小平在太行山区积极提倡节约反对浪费，并实行了严格的财政纪律，对贪污500元以上的即处以死刑。这一廉政措施对人民生产的发展起到了很大的作用。

第四，实行符合根据地经济建设的财政、贸易和货币政策。邓小平指出，我们的财政政策，实行的是"钱多多出，钱少少出"的原则，即"量入为出和量出为入"相互配合的原则。

2. 解放战争时期邓小平经济思想发展

1948年4月25日，邓小平在河南鲁山召开的豫陕鄂前委和后委联席会议的报告中，针对土改中"左"的倾向，搞垮工商业行为一事，专门强调执行工商业政策这个重大的经济问题。邓小平指出了我们挺进中原时工商业政策的一些错误："在苏维埃后期，敌人的封锁很严重，盐卖到一块钱一钱。但我们的政策也有错误，把工商业搞垮了，自己给自己筑一道长城。我们进到中原时各个区都无例外地违反了政策，自食其果。"

对于工商业者关门的原因，邓小平尖锐地指出："很多同志把原因推到战争身上，说工商业者关门是被敌人抢劫了，很少有人觉得自己搞糟了。真实的原因找不出来，错误就不能纠正。"

对此,邓小平一针见血地指出其危害性:"究竟是打倒了资本家,还是打倒了老百姓?我看这不是打倒了资本家,而是打掉了人民的生计。"邓小平指出,必须把一般工商业与官僚资本区别开来:"官僚资本是指的四大家族那个集团,不是官僚加资本,不然县长开个店也得没收了。如果我们在工商业问题上搞得不好,解放区的经济无法建设,人民的生活要受影响,那时国民党不叫我们走,我们也得走,革命就要失败。""私人工商业是新民主主义经济不可缺少的一部分,我们要扶助它发展。""我大军在中原,几十万人要吃饭,要穿衣,不注意工商业,根本不能维持。""在新区,不管哪方面的工作,如果不知道利用私人工商业,就不可能解决供应问题。"

邓小平提出,要让资本家赚钱、剥削,这实际上是照顾同盟者利益的问题,是我国统一战线的一个重大原则。"资本家做生意,当然要赚钱,而且要有剥削,但是一个商号倒闭了,或者我们把它没收了,要影响到比资本家剥削所得多得多的人民生计。我们要看看自己的脚究竟站在哪里,怎样做才是更好地为群众,说不让资本家剥削,听起来是革命思想,一算账就知道不是革命思想,并可使革命遭受失败。"

邓小平揭示了对待工商业存在的若干问题"左"的根源,指出"左"的倾向,在全国范围内是主要的倾向。"工商业政策'左'。这个'左'由来已久,抗战八年,工商业政策就有'左',对中央的有关指示,六届六中全会决议未能认真研究执行,结果是打击了我们自己。现在如果不克服'左'的倾向,就不能把土改搞好,也不能把根据地的经济建设好。"

由于邓小平果断地纠正了大别山在对待工商业"左"的错误,保护了工商业者和工商业,促进了大别山工商业和整个经济的发展,在经济上站稳了脚跟。再加上,在军事上成功地击败了蒋介石对根据地的合围,在军事上也站稳了脚跟。

邓小平在1948年6月6日为中南局起草的关于《贯彻执行中共中央关于土改和整党工作的指示》中,纠正了土地改革、工商业政策方面存在的"左"倾错误,总结了十二条教训,规定了十二条对策,他特别强调贯彻执行保护工商业的政策。"必须坚决执行城市、保护工商业的政策,纠正普遍存在的放弃城市,放弃城市工作领导的错误倾向。"对于违反工商业政策的错误行为,邓小平提出了及时予以纠正的若干具体政策:一是,"过去城市乡村的工厂、商店和副业遭到了严重的破坏,党和政府要用很大力量组织各种专门机构（吸收工商业主、技师和工人参加），研究办法，使之迅速恢复生产"。二是，"凡是没收错了的私人工商业的生产资料，如果是军队和政府机关保存的，应无条件地全部退还；如果已分给群众，则应说服群众归还，或由政府用其他东西从群众手中换回发还"。三是，"凡是应该没收的生产资料，亦应或由政府或租给私人，或组织群众恢复生产，不得搁置不用，妨碍生产"。四是，"为了尽快地恢复与发展工商业，政府银行应根据实际情况，举办工商贷款，而集中力量于首先恢复发展那些对人民生计和军需有密切关系的部分"。

邓小平起草的这个指示上报中央后，毛泽东于6月28日代中央复电，完全同意这个指示，并增写了两段文字，中央还将这个文件转发给各中央局、分局、前委。

3. 坚决贯彻《共同纲领》，反对"挤垮资产阶级"

1950年6月6日，邓小平在中共重庆市委第一次代表大会的报告中，联系到《共同纲领》的贯彻执行，指出："在统一战线中保持党的领导，这是很对的，但是，共产党在自己的工作中如何体现党的领导呢？首先，要坚决地执行由我党提出的为人民政协所通过的共同纲领，和中央人民政府发布的每一项法令、文告。其次，要善于团结党外人士去实现共同纲领和执行法令……第三，共产党员除了成为执行共同纲领和遵守法纪的模范之外，还需要具有纯正的作风，就是要有不怕麻烦，谦虚朴素和实事求是的作风，要有一心一意为人民服务不计其他的工作态度。"邓小平把执行《共同纲领》与党在统一战线的领导权联系在一起了。同时，邓小平还尖锐地指出，今天，不幸的情况恰恰是有些共产党员不学习不运用《共同纲领》。党外人士把《共同纲领》背得烂熟，在讨论工作和政策时，能够引经据典，充分说理，而我们的一些共产党员往往瞠目不知所对，最后甚至拿出蛮不讲理的本事来，试问，这还说得上领导吗？

邓小平为什么把贯不贯彻《共同纲领》看得这样重要呢？这是因为，《中国人民政治协商会议共同纲领》，在新中国成立初期起宪法的作用，为国家在政治、经济、文化、外交等领域的活动提供了法律依据和政策规范。中央人民政府的各项工作是根据《共同纲领》来制定的。《共同纲领》在中华人民共和国的历史上占有重要地位。

1950年6月6日，邓小平在中共重庆市第二次代表会议上指出了党的一些不良倾向，重点是"在工商业问题上，有挤垮资产阶级的问题"。这在新中国成立初期，是一个带全局性的问题。

在此两个月前，中央统战部召开了第一次全国统战工作会议，会议从3月16日开到4月底，开了一个半月的时间。民族资产阶级问题、工商业政策问题，成为会议争论的焦点。在会上，有相当一部分人的意见表现出关门主义倾向，对民族资产阶级强调斗争和限制，要求提早消灭资本主义，实现社会主义。会议围绕在对待民族资产阶级的问题，是斗争为主还是团结为主，是节制资本还是搞垮资本展开了热烈的讨论，有一种意见认为：今天的主要斗争对象是民族资产阶级，国营经济要无限制地发展，越发展就越排斥私营。对资本家提出的"不要与民（民族资产阶级）争利，我们要反其道而行之，就是'只许州官放火，不许百姓点灯'，主张'大资本家要停工，就让他们停工'"。实质上就是当时就要消灭资产阶级。

对此，毛泽东作了重要的批示："第一，今天的斗争对象主要是帝国主义、封建主义及其代表国民党反动派的残余，而不是民族资产阶级。第二，对于民族资产阶级是有斗争的，但必须团结它，是采取既团结又斗争的政策，以达到团结它共同发展国民经济之目的，当然是以团结为主。第三，对私营工商业中应排挤的，是那些不利于国计民生的工商业，而不是正常的有利于国计民生的工商业。这些工商业困难时，应给扶助，使之发展。第四，国营经济无限制地发展是长远的事，在目前阶段不可能无限制地发展。必须同时利用私人资本，'只许州官放火，不许百姓点灯'的说法是完全错误的，'大资本家要停工，就让他停工'，也是不对的。"

注释：

①《毛泽东选集》第2卷，第630页。

②同上注，第631页。

③同上注，第647页。

④同上注，第678页。

⑤马立诚：《大突破》，中华工商联合出版社2006年版，第111页。

⑥《毛泽东文集》第3卷，人民出版社1996年版，第322～323页。

⑦同上注，第323页。

⑧同上注，第323页。

⑨《毛泽东选集》第3卷，第1081页。

⑩同上注,第2卷,第647页。

⑪同上注,第672页。

⑫同上注,第651页。

⑬同上注,第647页。

⑭同上注,第651页。

⑮同上注,第4卷,第1256页。

⑯同上注,第1253页。

⑰同上注,第1433页。

⑱同上注,第1431页。

⑲同上注,第3卷,第1060页。

⑳同上注,第4卷,第1479页。

㉑同上注,第1479页。

㉒同上注,第1428页。

㉓同上注,第3卷,第1056页。

| 中 篇 |

历 史 篇

  2004年，全国工商联发布的《中国民营经济发展报告 NO.1（2003）》，对民营经济的范围作了界定："广义的民营经济是对除国有和国有控股企业以外的多种所有制经济的统称，包括个体工商户、私营经济、集体企业、港澳台投资企业和外商投资企业。狭义的民营经济则不包括港澳台投资企业和外商投资企业。"[①]笔者为了资料引用的方便（而且相当资料要从《中国民营经济发展报告》中来），采用广义的说法。但是，在"历史篇"中，包括清末、中华民国的民营经济认定上，又采用其狭义的说法。原因在于，历史上的民营经济从来就不包括"港澳台"和"外商投资企业"。尤其，那个时期的"外商投资企业"，历史上人们总是称之为"帝国主义的经济入侵"。

  正如马克思所指出的，西方商品经济文明的崛起过程，既是对自然经济文明的敲打和瓦解过程，也是新文明对旧文明的血腥掠夺过程。而我们这个曾经作为自然经济文明代表的中华文明，在其被新文明敲打的过程中，其被掠夺的过程也就更为血腥和残酷。作为本著作的"历史篇"，笔者展示中国民营经济艰难诞生、屡经挫折的历史轨迹并给予评述，试图表明中华民族作为一只凤凰，其涅槃过程的艰难与痛苦。我们这个中华大帝国，其被世界边缘化的原因有二：一是崛起的西方列强把我们边缘化；二是被我们自己边缘化。

第六章　自然经济文明晚期的中国经济概述

所谓自然经济文明晚期，特指中国的明、清时期，这一时期，既是中国自然经济文明走向世界的顶峰，对人类文明进化与进步作出历史性巨大贡献时期；又是中国自然经济文明登峰造极之后因西方市场经济文明崛起而被其"强迫"跌落，被迅速边缘化的时期；当然也就是"丁尼生公式"形成时期。中国自然经济文明形成社会经济超稳定性能，使中国社会接受外来文明即商品经济文明的艰难程度大大加剧，这是本章研究的出发点。

第一节　自然经济的统治地位

自然经济是完全的依赖自然资源进行的生产方式，其生产力水平低下，生产的目的不是交换，而是直接满足生产者自己需要的经济形式。自然经济是一种与商品经济相对立的经济形式。中国的封建社会是一个自然经济统领的社会。明朝时期，尽管已有资本的萌芽，但自然经济仍然占据统治地位。

一、中国封建社会自然经济的特点

中国的自然经济，在人类文明史上具有典型意义。其家庭经济及由此而形成的男耕女织的特点使这种自然经济具有超强的社会稳定性。

1. 家庭是最基本的生产单位

生产是一家一户以家庭为单位进行的。以家庭为最基本的生产单位，这在人类历史上，中国最为典型。同时，家庭也是社会最简单的政治单位，即封建集权政治的基础单位。这也是世界最典型的。

2. 家庭耕织结合

小农业与家庭手工业紧密结合，在最基本的生产单位家庭中耕织不分。

这种男耕女织的生产形式，使中国自然经济的内部结构特别牢固。"吃饭"和"穿衣"这两件人们生活中的头等大事，都由农民家庭自行解决。这种耕织结合的经济结构顽强地抵制着商品经济的发展。所以，中国封建社会的自然经济延续的时间特别长，在两千多年漫长的封建社会里，这种耕织结合的自然经济一直占据着统治地位。即便是到鸦片战争的前夕，这种情况也没有改变。例如"直隶乐亭，耕稼纺绩，比屋皆然"。②江苏松江"以织助耕，女红有力焉"。这种情况直到鸦片战争后都没有多大变化。马克思曾引用过一个英国人在1852年对中国自然经济进行考察的材料："当收获完毕后，农家所有的人手，不分老少，都一齐去梳棉、纺纱和织布；他们就用这种家庭自织的料子，既粗重又结实，可以经得起两三年粗穿的布料，裁缝制自己的衣服；而将余下来的拿到附近城镇去卖……每一个富裕的农家都有织布机，世界各国中也许只有中国有这个特点。"③"福建的农民不单单是一个农民，他是庄稼汉又兼工业生产者……在他的庄稼正在生长时，在收获完毕以后，以及在无法进行户外劳动的雨天，他就使他手下的人们纺纱织布。总之，一年到头—有可利用的空余时间，这个勤于家庭劳动的人就去从事他的事业，生产一些有用的东西。"④这些描述生动地反映了当时中国自然经济的状况。

二、中国封建社会的土地所有制形式及特点

1. 三种土地所有制形式

在中国封建社会中，主要存在着三种土地所有制形式：封建国家土地所有制、封建地主土地所有制和自耕农小土地所有制。

封建国家土地所有制，是指土地归封建国家所有并由国家组织经营的土地制度。例如，历代的屯田就是由封建国家直接占有并经营的。耕种这些土地的是佃农或屯垦的士兵，他们耕种这些国有土地，除直接向封建国家缴纳地租外，不再向其他人缴纳地租，也不再向封建国家缴纳田赋。但屯田的租银较民田赋税重数倍，屯民把全部剩余劳动以租银的形式交给国家，国家的代表——皇帝，成了屯民剩余劳动的占有者。自西汉以来，中国历代封建王朝都经营屯田。明代屯田面积为89万顷，占洪武时期全国耕地面积的10%以上。清朝屯田面积有48.7万余顷，约占乾隆时期全国耕地面积的6%。⑤封建王朝经营屯田有多种形式，如利用士兵垦种荒地以解决军需给养，称为军屯；利用移民垦荒，官府收征租银，称为民屯；国家拨出土地，招民佃种，取租以赡养运漕粮的军队，称为漕屯。但不论哪种形式的屯田，实质上都是封建统治者对农民进行剥削的一种手段。

封建地主土地所有制，是指土地归封建地主所有，地主把土地租佃给农

民，收取地租，再以地租的一部分作为赋税缴纳给国家的土地制度。在封建地主土地所有制经济中，地主占有主要生产资料——土地，农民则靠租佃地主的土地从事生产。由于租佃农民自己没有土地，因而不能离开地主，而对地主有一定的人身依附关系。农民除了向地主缴纳地租外，还得忍受地主对他们的人身压迫和奴役。所以，在封建地主土地所有制经济中，地主对农民的剥削带有不少超经济强制的成分。

自耕农小土地所有制，是指一些小块土地归自耕农所有，自耕农在自己的小块土地上从事生产，除向国家缴纳赋税外，其余产品归自己所有的土地制度。在中国封建社会，由于允许土地的自由买卖，一些农民便用自己的些微积蓄，购买到小块土地，上升为自耕农。所以，自耕农在中国封建社会中是始终存在的。但是，自耕农的经济地位极不稳定。不少自耕农因天灾人祸被迫出卖土地，沦为佃农。也有少数自耕农通过长年积累，购置更多土地，并雇工耕种或出租经营，变成地主。

以上三种土地所有制形式中，占主导地位的始终是封建地主土地所有制。就清代来说，全部耕地中，国有土地约占5%，属于自耕农的土地不到10%，而属于封建地主所有的土地则占80%以上。

2. 中国封建土地制度的特点

以中国封建地主土地所有制与西欧的封建领主土地所有制比较，中国的封建土地制度有以下特点。

（1）土地可以自由买卖。早在春秋末年，土地自由买卖的现象就已存在。战国时期的商鞅变法，"除井田，民得买卖"就从法律上允许土地的自由买卖了。而在西欧的中世纪，属于封建领主所有的土地是不允许自由买卖的。土地的自由买卖，只是到资本主义生产关系已经产生的中世纪末期，才开始出现。

（2）没有严格的土地占有等级制度。在中国封建社会，地主占有土地的多少，主要决定于他本身的经济力量，而不是决定于他有没有政治特权和官爵品位的高低。封建地主一般是通过土地买卖的形式来占有土地的。因而，中国的封建地主并不都是贵族或官僚，也有不少是所谓无官无爵位的庶民地主，还有不少封建地主是由商人转化而来的，也有极个别的地主是由自耕农上升而成的。这种情况，就与西欧国家中世纪封建土地制度中严格的土地占有等级制度有很大区别。西欧各级封建领主的土地，不是随意占有或买卖得来的，而是由封建国王按照贵族的政治特权大小和爵位的高低分封的，因此，占有土地的领主都有贵族身份及爵位，而且，领主政治上的等级，与其占有的土地数量是一致的。

（3）在土地继承上一般采取多子分承制。在中国封建社会，由于土地占有的数量并不与政治特权的大小直接相关。因而，地主在他们的土地继承问题上，不受政治因素的限制。他们的土地，可由许多儿子分别继承。所以，中国封建社会的土地继承一般是实行的多子承袭制。在西欧中世纪，封建领主占有的土地是由他们的爵位决定的。领主只有一个爵位，他死后，只有一个儿子可以承袭爵位并继承土地。所以，西欧中世纪封建领主的土地继承，一般采取的是长子继承制。

比较以上特点，可以看到，在中国封建社会，地主没有严格的封建等级，小生产者可通过长期积累购得土地，一些自耕农可能上升为地主，而地主也可能破落，沦为农民。土地一方面因兼并而集中，一方面又因多子分承而被分割。因此，地主不容易保证稳定地占有一块固定的地产，也就无法使佃农稳定地使用一块份地，从而把佃农终生禁锢在这块份地上面。在西欧中世纪，封建领主占有土地的多寡决定于他的爵位的高低，土地不能自由买卖，土地的转移只有通过领主赏赐和长子继承来实现。这样，土地所有权比较固定，形成了严格的土地占有的等级结构。被束缚在领主土地上的佃农，只能终生充当农奴，并且子孙后代也必须当农奴。封建领主对于自己领地上的农奴有支配权和统治权。相比之下，中国封建社会的地主对农民的人身控制就要松一些。中国封建社会的农民比西欧中世纪的农奴是要多一些自由的。实际上，中国封建社会的农民仍然对地主有一定的人身依附关系。农民虽然可以中止对这个地主的租佃契约关系，但他必须去租种另一个地主的土地。所以，归根结底，农民终究是逃不脱整个地主阶级的剥削和控制。只不过这种人身依附关系不如西欧中世纪的农奴对于领主的人身依附关系那样紧密和稳定罢了。

3. 中国封建社会后期的土地占有特点

明末清初，由于农民大起义的打击，土地集中现象有所缓和。但是，进入清代中期，特别是乾隆、嘉庆时期，土地集中又日趋严重。

这一时期土地的高度集中主要表现在以下两个方面。

第一，清皇室入关后，圈占了大量土地。从顺治元年到康熙八年

（1644—1669年），清政府在北京附近5百里以内就进行了3次大规模的圈占土地，共圈地20万顷，并挑选最好的土地作为皇室贵族的庄田或旗地。到乾隆十八年（1753年），全国耕地面积735万顷，其中官庄、王庄、旗地、屯田等直接或间接掌握在皇帝手中的土地已达到43万顷，约占全国耕地的6%。到嘉庆十七年（1812年），全国耕地增加到788万顷，皇帝手中的土地则达83万顷，约占全国耕地的11%。皇帝成了全国最大的地主。

第二，清代中期以后，地主兼并土地日趋激烈，也加速了土地的高度集中。例如康熙年间的大官僚地主徐乾学在无锡置田1万顷。乾隆年间，直隶怀柔县的郝氏有"膏腴万顷"。乾隆宠臣和珅有地8000余顷。道光年间。直隶总督琦善占地256万余亩。至于占地千亩的大地主则各处皆有。

土地兼并的对象，主要是自耕农的小块土地。随着土地不断兼并，土地占有日趋集中，广大农民就很少或完全没有土地。占全国人口80%～90%的广大农民仅占有耕地面积10%的土地，而80%～90%的耕地则为不足人口总数10%的地主阶级所占有。这种土地集中、贫富悬殊的状况，激化了地主阶级和农民阶级的矛盾，是清代后期不断爆发农民起义的经济根源。同时，土地越集中，失去土地的农民就越多，因而地主趁农民争佃土地之机，加重地租剥削。过分沉重的封建剥削和压迫，严重影响了农民的生产积极性，使中国封建社会后期社会经济的发展处于一种停滞不前的状态。

三、租赋制度是封建剥削的主要形式

封建地主土地所有制是占有主要地位的土地制度。在这种封建地主土地所有制经济中，地主对农民剥削主要是通过租佃制度和赋役制度这两种形式进行的。

1. 租佃制度

所谓租佃制度，就是地主将土地租给农民，向农民榨取地租的剥削制度。在中国封建社会，地主虽占有大量土地，但他们自己并不直接耕种或经营，而是把土地分割为零散小块，分别出租给无地或少地的农民耕种，并以此向农民收取封建地租。

封建地租的三种形式：劳役地租、实物地租、货币地租。

实物地租一直是封建地租的主要形式。明清以来，由于商品经济的逐步发展，货币地租有所增加，有的地方还在实物地租基础上，把实物地租按市价折成货币缴纳，这种地租形式带有从实物地租向货币地租过渡的性质。中

国幅员辽阔，各地情况不一，在个别地区还存在农奴制或佃仆制的情况，劳役地租也占有一定的比重。但总的来讲，即使是在封建社会后期，实物地租仍然是占主要地位的地租形式。

中国封建地租的租率很高，一般达50%或更多。据中国科学院经济研究所整理的清朝嘉庆年间（1796—1820年）各省实物地租租率的34个案例中，地租率为50%和50%以上的共23例，占全部案例的2/3以上。⑥明清时代的地租"按半分收""各半分租""岁取其中"的情况，在当地的文献中也有不少记载。农民不仅要向地主缴纳正租，还经常被迫向地主缴纳押租、预租、附加租等，受到地主的残酷剥削。这种封建地租制度，严重地束缚着封建社会农业生产的发展，导致了生产力发展的落后。

2. 赋役制度

所谓赋役制度就是向封建国家缴纳赋税和承担徭役的制度。赋指的是田税，役指的是丁税。虽然赋役一般是按户或按人均摊，但实际上部分赋役是由农民承担的。所以赋役制度也就是地主阶级以国家出面的形式对农民阶级进行剥削的一种手段。

在中国封建社会后期，有过两次重大的赋役制度改革，即明代的一条鞭法和清代的摊丁入亩。

明初，赋和役是分开征收的。赋分夏、秋两季缴纳，以粮为主，也可缴纳丝、绢、布，或折钱缴纳。役分三种：按户服役的叫里甲；按丁（指16岁至60岁的男子）服役的叫均徭；此外临时征用的杂役叫杂泛。明代中叶以后，由于土地兼并严重，农民失去土地纷纷破产逃亡。计丁计户的差役制难以实行。加上地主豪强隐瞒土地，逃避赋税，使政府收入减少。明政府为弥补财政亏空，缓和阶级矛盾，维护封建统治，开始实行赋役制度改革。重新"量地计丁"，把田赋、徭役、杂税等项并为一条，一律折银征收。差役另由政府雇人代充。这就是所谓的一条鞭法。

清初，赋役制度沿用明法，地、丁分征，但赋役摊派不均现象仍然存在。加之，当时户丁的编审极为麻烦，弊病甚多。为了稳定丁税收入，清政府又实行摊丁入亩的赋役制度改革。清政府于康熙五十一年（1712年）规定，以康熙五十年的丁数为丁银的征收标准，以后不增减。这样，就把丁税固定化了。于是，丁银和田赋合征便成自然。从康熙五十五年起，各地先后开始把固定的丁银平均摊入田赋银中一体征收，故称摊丁入亩或地丁合一。

明、清的两次赋役制度改革,改变了以往赋和役平行征收的办法,将赋和役一律折银,一体征收,以货币代替了实物和力役,把人头税归于财产税。这就放松了政府对农民的人身控制。农民可以离开土地,为城市手工业提供了劳动力来源,这对促进商品经济的发展提供了一些有利的条件。尽管如此,明、清时代的赋役制度仍然完整地保留了封建剥削制度的本质。到鸦片战争前夕,赋役剥削仍很严重,单就田赋来说,一般要占到农作物产量的10%左右。这对土地极少的自耕农来说,是极为沉重的负担。一般无地农民虽不再交赋税,但赋出于租,地主会通过加重地租剥削的方法,把赋税负担转嫁到农民身上。同时,农民还要承担其他附加税,他们的实际负担并没有减少多少。所以,赋役制度的改革并没有从根本上改变农民的经济地位,农民仍然处于地主的经济剥削和政治压迫之下,过着悲惨的生活。

第二节 中国的资本主义萌芽

资本主义萌芽是指在封建经济内部出现的资本主义生产关系的最初形态,马克思称它为"资本主义生产的最初萌芽"。这种萌芽:一是表现为小商品生产者的两极分化,产生了资本主义作坊与雇佣工人;二是表现为以商人为代表的商业资本直接控制了生产,并转化为产业资本。因此,资本主义萌芽的产生,农副业产品的商品率增加,商业城市的兴起,"钱庄"的出现等与商品经济的发展是密切相关的。

一、资本主义萌芽状况描述

根据现有的材料,中国的资本主义萌芽大体产生于明代。当时在一些商品经济较为发达的地区和部门出现了稀疏的资本主义萌芽,主要表现在丝织业、制瓷业、井盐业和冶铁、冶铜、造纸等行业中。

1. 江南丝织业中资本主义萌芽的情况

丝织业是中国历史悠久而且商品生产比较发达的手工业行业。因此,丝织业中资本主义萌芽产生较早,表现较为明显,特别是在江南一带的丝织业中资本主义萌芽表现更加突出。如明人张瀚在《松窗梦语》一书中记载了他自己的祖辈如何从事丝织业生产而发家致富的经历:"毅奄祖家道中微……成化(1465~1487年)末年……购机一张,织诸色绫币(帛),备极精工,每下一机，人争鬻之，计获利五分之一。积两旬，复增一机，后增至二十余。商贾所货者常满户外，尚不能应，自是家业大饶。后四祖继业，各致富数万金。"他还说："三吴之以机杼致富者尤众。"可见当时江南一带因机杼致富的已不止他一家了。再如《醒世恒言》一书说：明嘉靖年间（1522—1566年），吴江县盛泽镇施复夫妇，本是镇中小户人家，以养蚕织绸为业，只有一张织机。只因"蚕种拣得好"，缫出的丝和织出的绸"光彩润泽，都增价竞买"，几年间就增加三四张织机。后以购买房屋，成了具有"三四十张织机"的"大户"。

另一方面，一些手工业者则因竞争破产，而沦为了出卖自己劳动力的"机工"。如明万历年间（1573—1619年），在苏州丝织业中，"机户出资，机工出力，相依为命久矣"。这些机工靠打工为生，"得业则生，失业则死"。⑦"匠有常主，计日受值……无主者黎明立桥以待……若机房工作减，此辈衣食无所矣。"⑧可见这些机工已完全失去了生产资料，成了无产者，只有靠出卖自己的劳动力，干一天活拿一天的工钱，以此来维持生计。

到了清代，丝织业中的资本主义萌芽有了进一步的发展。如道光年间（1821—1850年），仅在南京，就"有开五六百张机者"的大机户，可见其规模更加扩大。这些大机户除自己设工场雇机工织造外，有的还把原料发给小机户加工，然后验收成品，发给工资。有人记载南京缎业中的这种情况："开机之家（指大机户），总会计处谓之账房，机户领机，谓之代料（领原料）。织成送缎。主人校其良，谓之货（验则成品，发工资）。小机户无甚资本，往往恃账房为生。"⑨据中华民国时修撰的《吴县志》记载：清同治、光绪年间，苏州城有大"账户"57家。这些大账房控制了不少分散的小作坊和小机户，分发原料，收回成品，并"按绸匹计工资"发给机户加工费。这种账房已带有某种包买商的性质，实际上是早期的资本家了。

2. 景德镇制瓷业中的资本主义萌芽

中国的制瓷手工业一向很发达，早在宋代我国的瓷器就行销海外。明、清以来，制瓷业更为兴盛。制瓷业最集中的是江西景德镇。明代的景德镇已是人口近百万，方圆数十里，有窑约3000的一个制瓷业中心了。当时有人形容说："工匠来八方，器成走天下。"⑩不过，在明以前，景德镇的瓷窑多为官窑，民窑很少，且受到多种限制。如明代就曾禁止民窑烧造黄、紫、红、绿、青、兰、白地青花等多种瓷器，违者要处死罪。⑪明代中叶以后，由于商品经济的发展，瓷器的国内市场扩大，民窑日益增多。明万历年间（1573—1619年）景德镇镇上雇工不下数万人。⑫其中有相当数目应是民窑的雇工。

当时景德镇制瓷业的分工已十分精密。一件瓷器从炼泥到制坯、上釉，最后烧成，要在窑中经过一系列的分工协作方能完成。明代宋应星所著《天工开物》中曾有记载："一坯工力，过手七十二，方完成器，其中微细节目，尚不能尽。"这种工场内的分工已具有明显的资本主义手工工场的分工特点。

到清代，民窑继续发展。乾隆时已经有"民窑二三百区，终岁烟火相望，工匠人夫不下数十余万，靡不借瓷资生"。⑬民窑的工匠完全是雇用的，分别按年或季节发给工资。例如，"坯房发给人工，其为地下印利做坯等工，则皆四月内给值，十月找满，年终再给少许。其为画作，上工则按五月端节，七月半，及年竣分给"。⑭再如，清雍正年间（1723—1735年）有人这样叙述景德镇的情形："景德，江右一巨镇也……业陶制器，利用遍于天下。四方远近，挟其技能，以食力者，趋走如鹜……其商贾，率皆傲居逐末，锱铢必较，遇老病者，不能执业，辄摒弃之，虽平时曾资其力，亦莫之或恤。"⑮这里一方面是"锱铢必较"的窑主，另一方面是"挟其技能以食力"的雇工。雇工若年轻力壮有技能，就可得到窑主雇用，但若病老，不能执业，就被摒弃失业了，得不到丝毫救济。可见，明、清时，景德镇瓷业的民窑已具有某种资本主义剥削的关系了。这些材料说明，资本主义萌芽在景德镇制瓷业中的表现已是相当明显了。

3. 四川井盐业中的资本主义萌芽

四川的井盐生产具有悠久历史，在两千多年前，秦李冰任蜀守时期，就出现了井盐业。不过在北宋以前一直发展缓慢，多是大口浅井，且盐井多为官府和豪强经营。北宋时出现卓筒小口井以后，私盐生产逐步发展，到明清时代，官府对井盐生产控制有所放松，加以凿井技术的提高，盐产量迅速提高，在四川自贡一带的井盐生产已具有相当规模。如在清乾隆二十三年（1758年），自贡盐场的盐井已达413口，火井11口，盐锅1001口，年产盐约3600万斤。⑯到鸦片战争前夕，自贡已发展成为一个以盐业手工工场为中心的手工工场区。从事盐业人数有三四十万，当时经营盐场的多是一些富商，他们从地主那里租入土地凿井，出盐后与地主共同分享利润。盐井和盐灶多为合资经营，有的盐场主经营数井、多灶、雇工达数十人或百人以上。对招雇而来的盐工，按月付给工钱。据当时记载，自贡地区"担水之夫约有万，其力最强，担可三百斤，往复运送，日值可得千钱。盐船之夫，其数倍于担水之夫。担盐之夫又倍之，其值稍杀。盐匠、山匠、灶头，操此三艺者约有万，其值益昂"。[17]这说明，四川井盐业中的资本主义萌芽在鸦片战争前夕也是十分明显的。

4. 其他行业

除上述的三个行业外，在冶铁、冶铜、造纸、酿造等行业中的资本主义萌芽都已出现，这里不再一一叙述了。总之，从现在材料看，在明代中叶，中国的资本主义萌芽在个别商品经济发展较快的地区和行业就已出现，并有不断发展的趋势。

明、清两代封建政府，在工商业政策上对民营手工业的控制逐步放松。比如，铁矿开采和冶炼历代封建政府都是严加控制的。自明初洪武年间开始，控制逐渐放松，铁矿开采和铁制品生产遂成为较大规模的商品生产。到清代，封建政府对铁的控制更为放松，乾隆时期还鼓励商人开矿。所以，铁矿开采和冶炼得到迅速发展。全国的铁矿开采，康熙年间有17处，到乾隆十年（1745年）达70处，乾隆二十年（1755年）93处，嘉庆八年（1803年）增至112处，嘉庆二十三年（1818年）增至127处之多。[18]当时，清政府不仅鼓励各地招商开矿，还允许铁厂的产品自由买卖。故冶炼业也有较大发展，仅广东省，雍正十二年（1734年）"铁炉不下五六十座，煤山木山开空亦多，拥工者不下数万人"。[19]

二、农民家庭副业的商品率明显提高

与农业紧密结合在一起的农民家庭副业，以手工棉纺织业为代表。其目的主要是满足农民家庭的自给，只是少量自给有余的产品才出卖。

1. 家庭副业商品率提高

到了明清时代，农民家庭副业生产中的商品部分增加趋势明显。如江苏无锡"邑中女红最勤纺织，故不种棉，而出布特盛"，"乡民食于田者，推冬三月……春月则阖户纺织，以布易米而食"。[20]可见，当时无锡农家有相当部分的粮食，需买棉织布出卖后，再到市场去买回。故无锡有"布码头"之称，无锡的"米市"也很著名。松江一带的家庭纺织业也日渐发达，"农暇之时，所出布匹，日以万计"，[21]如此多的布匹，大部分要作为商品出售。"以织助耕"的副业生产日益成为农民家庭生活的重要来源。内地如四川新津亦有类似的情况:"新邑男女多纺织,故布最多,有贩至千里外者。"[22]

农民家庭手工业商品率的提高,尤其是农民家庭手工棉纺织业商品率的提高,有可能使农民家庭手工业摆脱副业的地位,促使家庭手工业和农业的分离。这对于冲击以耕织结合为特征的中国自然经济,促进商品经济进一步发展具有特殊的意义。

2. 农产品商品率的提高

明、清时代,农产品商品率的提高,主要表现为商品性经济作物的种植面积迅速扩大,如棉花。棉花在中国内陆地区的广泛种植始于元代,但自明代以来,则成为中国最主要的经济作物了。在一些宜棉地区种植更广,如松江、太仓一带,农田"种稻者不过十之二三,图利种植棉花者则有十之七八","其民独托命于木棉"。在上海,棉花"种植之广,与粳稻等",仅太仓"郊原四望,遍地皆棉"。在北方,山东兖州地区多种棉,转贩四方,其利颇盛。河北冀、赵、深、定诸州,"栽培棉花者占十之八九"。从这些材料可见当时棉花生产的商品化情况。[23]

再一种发展较快的经济作物是烟草。烟草虽明末才从菲律宾传入,但发展极为迅速,到鸦片战争前夕,烟草种植已遍及南北各地,如福建"烟草之植,耕地十之六七"。广东平南,"种烟之家,十居其半"。山东济宁,"出产以烟叶为大宗"。四川烟草种植也很普遍,乾隆《郫县志》记载:"烟草……郫县出产最多,上通蛮部,下通楚豫之民,以其利胜于谷也,遂择上则田地种之。"这些地区大面积种植烟草,其商品率应当不会低。[24]

茶是中国传统的农产品,其种植历史极为悠久。在唐代就曾出现了专事务茶农和产茶区。到了明、清时期,茶叶生产发展更为迅速。茶叶成了鸦片战争前中国最主要的出口商品之一。如安徽霍山"近县百里皆种茶,民惟赖茶以生"。福建武夷山下居民"皆以种茶为业,岁产数十万斤"。云南普洱、广东鹤山等地都成了著名的产茶区。

3. 其他经济作物如桑、甘蔗、豆类等都有不同速度的发展

明、清时代农产品商品率提高的另一个重要表现是粮食贸易规模较之前代更为发达。粮食作为商品交易在中国很早就存在,到明、清后,由于经济作物种植面积扩大和手工业的发展,一些地区成为缺粮地区,需从产粮区输入粮食。同时南方产粮区推广优良稻种,在耕作上实行双季稻,提高了粮食单产。这些都导致了明、清时期粮食商品率的进一步提高。到鸦片战争前夕,

汉口、苏州、湘潭、重庆、芜湖等地已成为规模巨大的粮食集散中心。这说明粮食已有很大一部分成了商品。

三、国内市场的扩大和城市经济的繁荣

手工业的发展和农产品商品化程度的提高，必然促进商业活动的活跃。明、清时的官商大贾就往往携万金行千里，来往于产地与销地之间，贩卖棉花、丝绸、瓷器、铁器、烟草、粮食等商品。商业的活跃，导致了国内市场的迅速扩大。如松江、上海的布，杭州的丝绸，景德镇的瓷器，佛山的铁器都拥有相当广阔的市场，产品行销全国，有的还远销国外。

1. 商业的活跃、市场的扩大导致了城市经济的繁荣

一些古老的城市，如苏州、杭州、扬州、广州等都出现了经济繁荣的新气象。一些小村镇也因商品经济的发展而成为著名的工商业城镇，如汉口、佛山、景德镇、松江、震泽、盛泽等。

2. 出现了钱庄和票号这类商业金融信贷组织

随着商品经济的发展，特别是商品流通规模和流通地域的不断扩大，为商业服务的金融信贷组织就有了产生的必要，钱庄和票号就是这类金融信贷组织。钱庄的出现，大约是在明末，据记载，在清乾隆年间，钱庄已成为有相当规模的独立行业。在东南各省均有分布，犹以上海为中心。钱庄主要业务是经营存放款项，偶尔经营地区之间的商业汇兑。其特点是规模小，一般不在外地设分支机构，放款重个人信用，不重压品担保，故主要同少数熟识的商人来往。

票号出现较钱庄为晚，据记载，清乾隆年间山西日昌升颜料行已开始办理银钱汇兑业务，嘉庆二年（1797年）日昌升颜料行改组成立日昌升票号，专门办理汇兑，以后官商大贾纷纷设立票号。因最初经营票号的多为山西帮商人，而且总号均设在山西，故又称之为山西票号。票号的业务，主要是地区之间的资金汇兑，一般不放款。其特点是规模大，分支机构多。

明、清时代的钱庄、票号的经营一般是带有浓厚的封建高利贷性质的，但其金融信贷业务对于商品经济的发展却也起到一定的促进作用。

从以上多个方面，可以看到明、清时代的资本主义萌芽确实较之以前有一定的发展。但是，这种萌芽却始终未能冲破封建制度的冻土而成苗、成树。

注释：

①黄孟复主编：《中国民营经济发展报告 NO.1（2003）》，中国工商联合出版社2004年版。

②李文治：《中国近代农业史资料》第1辑，第102页。

③《马克思恩格斯选集》第2卷，第60页。

④同上注，第2卷，第60页。

⑤李文治：《中国近代农业史资料》第1辑，第32页。

⑥同上注，第1辑，第73页。

⑦《明神宗实录》卷361，万历二十年七月丁未。

⑧《古今图书集成·织方典》卷676，《苏州府风俗考》。

⑨凌耀伦、熊甫：《中国近代经济简史》，第27页。

⑩彭泽益：《中国近代手工业史资料》第1卷，第268页。

⑪《明史·食货志》三，"烧选"。

⑫光绪《江西通志》卷49，"舆地略、物产"。

⑬彭泽益：《中国近代手工业史资料》第1卷，第273页。

⑭同上注，第2卷，第273页。

⑮同上注，第1卷，第417页。

⑯《四川盐法志》卷5，《井丁五》。

⑰凌耀伦、熊甫：《中国近代经济简史》，第31页。

⑱彭泽益：《中国近代手工业史资料》第1卷，第317～318页。

⑲同上注，第311页。

⑳同上注，第317页。

㉑同上注，第229页。

㉒同上注，第233页。

㉓同上注，第89页。

㉔同上注，第84页。

第七章　西方列强对中国的经济扩张

马克思、恩格斯在《共产党宣言》中指出：资产阶级"正像它使乡村从属于城市一样，它使未开化和半开化的国家从属于文明的国家，使农民的民族从属于资产阶级的民族，使东方从属于西方"。[①]崛起并一经确立起主体地位的市场经济文明便以它自身的优势"扫荡"世界。其初始的代表国家英国为了打开它的市场，悍然对中国发动鸦片战争，强迫清政府于1842年签订中国近代史上第一个丧权辱国的不平等条约——中英《南京条约》（又称《江宁条约》），开始了中国半殖民地半封建社会的进程。其后一百余年间，西方先后崛起的大大小小二十几个发达资本主义国家都不停地运用武力、商品与资本猛烈敲打封建旧中国，形成"物的依赖关系"即市场经济文明对"人的依赖关系"即自然经济文明典型中华帝国的挑战。在这两大文明的决战中，挨打受辱的中华帝国在困境中逐渐觉醒。

第一节　早期资本主义对中国的经济扩张

早期资本主义对中国的经济扩张除暴力性的鸦片贸易、华工贩运、武装走私和霸地占屋等掠夺外，到甲午战争前的50多年间，商品输出为主和资本输出为辅是其主要形式。而这一时期的商品和资本输出尽管数量和规模都不大，但为甲午战争后的商品和资本大规模输入奠定了基础。同时，也强烈地刺激了清王朝的有识之士们，引发了中国的洋务运动，促使中国民族资本主义的产生与发展。

一、商品倾销和原料掠夺

自鸦片战争后到甲午战争前的50多年间，商品输出是外国资本主义对中国进行经济扩张的主要形式。这一时期的对华商品输出大体可分为两个阶段：第一阶段外国对华贸易有所增长，但还未真正打开中国的商品市场；第二阶段外国对华贸易迅速增长，中国终被卷入了世界资本主义市场的旋涡。

1. 外国资本主义对华商品输出的第一阶段

第一次鸦片战争后到第二次鸦片战争前,是外国资本主义对华商品输出的第一阶段。

1842年中英《南京条约》签订后,清政府被迫开放五口通商,外国商人攫取了一系列对华贸易的特权。代表英国在《南京条约》上签字的璞鼎查,回到英国后在国会演说,说他已为英国开辟了一个做生意的新世界,就是"倾英格兰全部工厂的出产也不够供它一省的衣料"。

鸦片战争以后的相当长一段时期内,资本主义各国的对华商品输出,没有取得显著的进展。以英国为例,鸦片战争后,英国对华输出的货物总值,从1842年的96.9万英镑上升到1844年的230.5万英镑。但此后,英国对华输出的货物总值就开始下降,时起时落,徘徊在100万~200万英镑,直到1856年也未能恢复到1844年的水平。②

与此相反,这一时期中国对资本主义各国的出口额却明显增长。英国从中国输入的货物总值,在鸦片战争前的1837—1839年,平均每年为427.3万英镑;鸦片战争后的1842—1846年,平均每年上升为532.3万英镑;1854—1858年,更上升为平均每年915.7万英镑。③

上述情况,使鸦片战争后的相当长一段时期内,中国在中英正常贸易中处于出超的有利地位。英国主要是靠鸦片贸易来弥补正常贸易入超的亏空。美国同中国的贸易关系,也大体与英国相似。1852年英国驻广州的代办密切尔曾经在他的报告中这样写道:"经过和这么一个大国开放贸易10年之久,并且双方都已废除了一切独占制度,而拥有如此庞大人口的中国,其消费我们的制造品竟不及荷兰的一半,也不及我们那人口稀少的北美或澳大利亚殖民地的一半,赶不上法国或巴西,赶不上我们自己,不在西印度之上,只比欧洲大陆上某些小王国如比利时、葡萄牙或那不勒斯稍微多一点点,这好像是一个奇怪的结局。"④

为什么第一次鸦片战争打开了中国的大门,但外国商品并未能迅速占领中国的市场呢?主要原因有两点。

第一,中国的封建自然经济对外国输入的工业品进行了顽强的抵抗。自然经济的自给自足性质本身对商品经济就具有强烈的抵抗力,而中国自然经济具有小农业与手工业紧密结合的特点,这就使它对外国输入的商品具有的抵抗力更加顽强。外国侵略者虽用武力打开了中国的大门,但不能立即改变中国封建自然经济的结构。在这种情况下，一方面，中国的商品市场本身就发育不全，所能容纳的商品数量极为有限；另一方面，"因农业和手工制造业的直接结合而造成的巨大的节约和时间的节省"⑤，使中国的手工业产品在外国的大工业产品面前仍保持着相当的竞争能力。

第二，激增的鸦片贸易吸吮了中国市场原来就不大的一点购买力。鸦片战争后，在清政府的默认下，鸦片贸易量激增。由于大量鸦片的输入，中国的对外贸易由本来的出超变成了入超。以1846年为例，本来中国对英、美的出口额为3100万银元；而英（包括印度）、美对中国的出口额为1800万银元，中国出超1300万银元。但是英国通过印度向中国输入的鸦片达2300万银元。这样，除了弥补1300万元的逆差外，还从中国净输出1000多万元的白银。外国侵略者主要是靠鸦片贸易使中国的白银大量外流。中国市场上仅有的一点购买力也被鸦片吸吮而去，正如马克思指出的："鸦片贸易的增长与西方工业品的销售成反比。"⑥中国花钱购买了毒品，就无力购买外国的工业品了。

由于上述原因，第一次鸦片战争后，资本主义各国对华输出量虽有所增加，但并没有真正在中国找到市场，中国商品市场的门还没有真正被打开。西方列强急于在中国打开他们工业品的销路，他们想到的办法，仍然是战争。于是，1856年10月至1860年10月，英、法两国又发动了旨在进一步打开中国商品市场的第二次鸦片战争。

2. 外国资本主义对华商品输出的第二阶段

第二次鸦片战争后到甲午中日战争前，是外国资本主义对华商品输出的第二阶段。

第二次鸦片战争后，外国侵略者获得了更多的侵略特权。外国商人开始逐渐深入中国的内地，中国终于成了外国资本主义的商品倾销市场和原料供应基地。这主要表现在两个方面。

第一，这一时期，资本主义各国对中国的商品输出大幅度增长，中国的商品市场开始被外国商品所占领。第二次鸦片战争后的30多年，外国的商品输入净值增长了2.5倍。1864年外国商品输入净值为4621万海关两，至1894年已达到16210万海关两。从1865年开始，中国对外贸易由出超变为入超，特别是19世纪80年代中期后，入超更是扶摇直上，到90年代初期，每年入超达3000万海关两以上。⑦这意味着中外贸易已发生了质的变化，外国商品开始占领市场。

第二，中国进出口商品的结构也发生了变化。虽然鸦片进口的数量并未减少，但棉纺织品和其他日用工业消费品的进口增加更快。棉纺织品的输入量逐步上升，到1885年取代了鸦片位置而居进口商品的第一位。其他日用工业消费品的进口无论从品种或数量来看增长也很快，如从九江进口的煤油，在1881—1885年，增加了55倍，从汉口进口的煤油等三项新工业品，在1877—1895年，增加了70倍。当时熟悉中外贸易情况的郑观应在他的《盛世危言》中曾估计：中国每年进口鸦片耗银3300万两，棉纱棉布耗银5300万两，杂货耗银则为3500万两。这一估计反映了19世纪90年代初中国进口商品的大体情况。

从出口商品看，这一时期的变化也很显著。首先是茶叶，由于受到印度、锡兰和日本茶叶的竞争，出口额下降明显。1873年中国出口的茶叶占世界总出口额的92%，1883年降为88%，至1893年更下降为49%。⑧其次是丝，中国丝的出口一直居世界第一。第二次鸦片战争后，中国丝面临日本、法国、意大利等国的竞争，其出口额在世界出口额中的比重也逐年下降，到19世纪末，已被日本超过。

与此同时，原棉、豆类、糖类、烟叶、畜产品等的出口却迅速增长。其中，原棉和豆类的出口增长最快，如1871—1873年中国出口的棉花为8400多公担，豆类为57500公担，到1891—1893年，棉花增为29万多公担，豆类则增为76万多公担。棉花等农副产品和手工业品的出口额在全国出口总额中的比例由1871—1873年的12.8%，上升到1891—1893年的48.5%。⑨

总之，第二次鸦片战争后，进口货物的激增，是资本主义各国凭借攫得的特权向中国倾销商品的结果，中国进出口商品结构的变化则是外国资本主义各国经济发展的需要和世界市场变化的结果。这些都说明，第二次鸦片战争后，中国的商品市场经济逐渐被外国商品所占领，中国成了外国资本主义的商品倾销市场和原料供应市场。

二、早期的资本输出

鸦片战争后到甲午战争前的50多年里，伴随着外国资本主义的对华商品输出和原料掠夺。外国资本主义早期的对华资本输出也已经开始。不过，这一时期的资本输出数量不大，在甲午战争前，外国资本主义在中国的投资估计有2~3亿美元，主要是服务于商品输出的需要。这一时期，外国资本主义对华资本输出的情况大致如下。

1. 银行业

银行业是外国资本主义对华投资的一个主要方面。1845年,英国丽如银行进入中国,在香港和广州设立了分行,这是在中国开设的第一家外国银行。其后在中国开设的外国银行有:英国的有利银行(1845年)、麦加利银行(1857年)、汇丰银行(1864年),日本的横滨正金银行(1893年),德国的德华银行(1889年),等等。在甲午战争前,中国还没有本国的银行。

外国的银行控制了中国的进出口贸易,操纵金融,同时也是向中国输出资本的枢纽。其中,1864年8月在香港成立的英国汇丰银行实力最为雄厚,是第一家把总部设在中国的外国银行。

2. 航运业

鸦片战争后,西方国家攫得了在中国的沿海贸易权,外国船只可以任意航行于中国沿海。第二次鸦片战争后,西方国家进一步攫得在中国的内河航行权,外国船只便可沿江而上,航行于内河各口岸之间。因此,外资在华的轮船航运业就迅速发展起来。据记载,外商在中国创办的第一家专业航运公司,是1850年成立的"省港邮轮公司"。其后,外国资本在港、沪等地开办了多家轮船公司,其中最大的有三家:美国的旗昌轮船公司、英国的太古轮船公司和怡和轮船公司。

在1872年中国轮船招商局成立以前,长江航运和沿海航运几乎被外国轮船公司完全垄断。中国轮船招商局成立以后,才打破了外国轮船独霸长江航运和沿海航运的局面。但是,外资轮船公司,拥有雄厚的资本和最新轮船。所以,仍然垄断了中国的沿海和内河的航运业。1877年,中国各通商口岸进出的中外轮船总吨位中,外资轮船的吨位数占63.3%,至1892年更上升为77.8%。[⑩]

3. 工业企业

甲午战争以前,外国资本在中国设立的工厂一般是直接或间接地为其商品输出和原料掠夺服务的。这些企业大体可分为三类。

(1) 船舶修造业。这类企业主要是为外资轮船航运业服务的。1870年以前,在香港、上海、广州等地外资兴办的船厂就达39家之多。

(2) 加工工业。主要是出口农副产品的加工工业,如茶叶加工厂、缫丝厂、轧花厂、制糖厂、皮革厂，还有打包厂等。

（3）轻工业。这些企业利用中国的廉价原料和劳动力制造出商品，然后在中国就地销售，获取高额利润。如火柴、肥皂、制药、玻璃、造纸、纸烟、铁器等工厂，多设在上海、福州、广州、汉口等沿海、沿江的口岸城市。在甲午战争前，外国资本在中国设立的工厂已有近百家之多。

第二节　甲午战争后列强加强对中国的资本扩张

甲午战争前，西方列强对中国的经济侵略以商品输出为主，资本输出只占很小的部分，总额不过 2～3 亿美元，外资企业 100 余家。甲午战争以后，形势发生了根本转变。

一、西方列强对中国由以商品输出为主转变为以资本输出为主

西方列强对中国的经济扩张开始由以商品输出为主转变为以资本输出为主。其对华投资额迅速增长：1902 年，各国对华投资总额达到 15 亿美元，比甲午战争前增加 5～8 倍；1914 年达到 22 亿美元以上，比甲午战争前增加 8～11 倍。就其工厂数来说，1913 年，在中国较有规模的外国工厂已达 136 家。

1. 西方列强竞相在中国划分势力范围

甲午战争以后，帝国主义资本在中国的扩张是同帝国主义各国通过对中国的分割和"势力范围"的划分相联系的，帝国主义各国通过对中国的分割和"势力范围"的划分，创造了资本扩张的有利条件。

势力范围，又称利益范围，是帝国主义列强分割世界的一种形式。其具体做法是：各帝国主义国家经过彼此协议，对被侵略国实行分割；或者迫使被侵略国家用某种方式保证不将某些地区的权益让与其他国家。帝国主义各国在中国划分势力范围开始于甲午战争以后，德国开其先河。其后，俄、英、法、日等国相继效法，纷纷在中国划定自己的势力范围。

势力范围的划分，为列强在中国修筑铁路、开采矿藏、创办工厂提供了条件，直接促使了列强对华投资的迅速增加。

甲午战争以后，英、俄、德、法、日、美六个主要资本主义国家对华投资增长情况如下表：[⑪]

▶ 民营经济与中国现代化

时间 国别	1902 年 （单位：百万美元）	1914 年 （单位：百万美元）	1930 年 （单位：百万美元）
英 国	344.1	604.6	1047
美 国	79.4	99.1	285.7
法 国	211.6	282.5	304.8
德 国	300.7	385.7	147.6
日 本	53.6	290.9	1411.6
俄 国	450.3	440.2	
其 他	69.6	92.7	263.5
合 计	1509.3	2195.7	3460.2

从上表我们可以明显看出西方各国对华投资的力量变化和发展趋势。

2. 西方列强对华投资的力度变化

（1）英国对华投资

在甲午战争之前，英国是对华投资最多的国家，从甲午战争一直到第一次世界大战前，英国常居第一、二位。英国在这一时期对华投资名列榜首有两方面原因：第一，英国是最早的资本主义国家。19世纪末，英国向帝国主义阶段过渡最快，因而"资本过剩"的现象和资本输出的要求也产生得比较早、比较强烈。第二，英国是最早对中国进行"敲打"的国家。在甲午战争之前，也是敲打中国的最主要的国家。因而，它在中国得利最早、最多，势力最大。

由于英国在当时资本主义世界处于领先地位，在中国的势力也处于领先地位，这就决定了英国在当时的对华投资中名列前茅。

（2）俄国对华投资

俄国在甲午战争以前，对华投资极少，但在甲午战争以后，投资额却增长最快，以至在1902年压倒英国成为在华投资最多的国家。但是，俄国对华投资的增长1902年后进展不大。1917年，十月革命爆发，苏维埃政府成立，宣布放弃沙俄帝国的在华权益，从此以后也就不存在所谓对华投资了。

（3）日本对华投资

日本在进入20世纪以后，对华投资的增长速度是最快的。到了20世纪30年代初，它就压倒了其他一切帝国主义国家，跃居对华投资的首位。日本对华投资增长快，主要有以下原因：第一，日本自从明治维新以后，资本主义工业发展迅速，特别是棉纺织工业的发展很快。进入20世纪，日本的棉纺织工业已发展到很高水平，急需对外输出资本。第二，《马关条约》的签订，日本迫使中国赔偿军费银两亿两，另有"赎辽费"3000万两，获得了充足的资金来源，这些战争赔款多数转为对华投资。第三，日本是后起的资本主义国家，海外殖民地少。由于地理上靠近中国，因而对外输出的资本比较集中地输到了中国。日本利用其政治上、经济上、地理上的各种有利条件，不断扩大对华投资、跃居到对华投资榜首就成为必然。

（4）德国对华投资

德国对华投资一度增长很快，但在第一次世界大战爆发后，它的许多在华财产被协约国没收，它自身的国力也因第一次世界大战战败而被大大削弱，因而对华投资受到较大的损失，增长速度明显减缓。

（5）美国对华投资

美国在第一次世界大战以前，它的对华投资远比英、德、法各国少，但自进入20世纪20年代以后，对华投资的增长速度仅次于日本，到1930年其投资额增长了2倍多，居第4位。

（6）法国对华投资

法国的对华投资一直是缓慢增加的趋势，没有太大的起伏变化。

总括起来说，甲午战争以后，帝国主义各国对华资本扩张增长很快。由于帝国主义国家政治、经济发展不平衡规律的作用，各帝国主义国家在华投资的比重是有很大变化的。帝国主义国家在华势力的消长及对华投资趋势的变动，对中国的政治、经济产生了深刻的影响。

二、列强在华投资的主要形式

甲午战争以后，西方国家在华投资的形式有两种，一种形式是直接投资，即由帝国主义各国在中国直接投资经营各种企业和房地产，直接获取垄断利润；另一种形式是间接投资，即帝国主义投资者只向中国债务人提供贷款（主要是政治性贷款），从中获取利息并扩大商品倾销和达到控制中国财政经济的目的。

从1895—1927年，各帝国主义国家在华投资额中，增长最快、比重最大的是直接投资。

帝国主义各国在华的直接投资包括金融、运输业、工矿业、贸易业、房地产业等方面。

▶ 民营经济与中国现代化

1. 列强在华金融业投资

甲午战争以前，外国资本在中国开设的银行有8家，分支机构16处，主要任务是为资本主义各国对中国进行商品输出服务，担任工商业支付的中介。甲午战争以后，银行资本不再仅仅是替工商企业担任支付的中介，而是与工业垄断资本融合为一，成为垄断资本输出的指挥机构和执行机构。由于银行作用的加强，1895—1913年，在华创办的银行多达13家，分支机构85处。

2. 列强在华运输业投资

运输业主要包括航运业和铁路。航运业是资本主义对华投资经营最早的部门之一。早在19世纪60年代，外国资本就开始在中国设立轮船运输公司，经营中国沿海和长江的船运。1890年以前，在中国的外国资本轮船公司就有13家。甲午战争以后，随着中国通商口岸的增开及内河航运权的丧失，列强在中国的轮船公司不断增加。1892—1913年，新增14家，1914—1930年，又增设15家，使外国资本在华航运势力居于压倒性的优势地位。

在对华航运业的投资中，势力最大的是英、日两国。甲午战争以前，英国资本独霸中国航运。甲午战争以后，日本轮船航运势力急剧增长，迅速打破了英国的独霸地位，形成了英、日两家对峙的局面。

甲午战争以后，列强的在华铁路投资巨大，形成三次高潮：第一次是1897—1898年，所攫取的路权达1.4万公里；第二次是1911—1914年，攫取的路权达1.8万公里；第三次是在1935—1938年，攫取的路权达7000公里。

列强控制中国铁路权利，有三种形式：修筑权、经营权、借款权。其中前两种是直接投资，后一种是间接投资。

3. 列强在华工矿业投资

甲午战争以后，列强在华的工矿业投资迅速增加。1895—1913年，投资额达1.03亿元，设立的重要外资厂矿共约136家。这136家外资企业规模一般在10万元以上，而资金不足10万元的外资工厂，则更是多如牛毛。⑫

列强的对华工业投资，在重工业方面，主要是矿业，包括煤矿和冶铁；在轻工业方面，主要是棉纺织、食品加工、卷烟、缫丝、榨油、火柴、肥皂等部门，其中尤以棉纺织、面粉和卷烟业的地位最重要。

4. 列强在华贸易投资

甲午战争后，列强资本输出增加，同时也为商品输出创造了更有利的条件，促进了商品输出。因此，甲午战争后列强对华贸易有了迅速的增长。在中国经营贸易的外国资本商行,1892年为579家,1913年为3805家,1930年为8297家。帝国主义的在华贸易投资总额,1914年为1.42亿美元,1930年为5.55亿美元,[13]15年内增加了2.9倍。在进出口贸易投资中,资本较大的是英国、美国和日本。

5. 列强在华房地产投资

列强在华房地产投资是通过开辟租界、强行租借、租赁、建教堂、组织垦殖公司等手段实现的。

租界是房地产投资的一个重要部分。从第一次鸦片战争起,到第一次世界大战时期,英、美、法、日等强迫中国开辟租界的城市,有广州、上海、厦门、福州、天津、镇江、汉口、九江、烟台、芜湖、重庆、杭州、苏州、沙市、鼓浪屿、长沙16座城市;另有租借地九龙、澳门、旅顺大连湾、胶州湾、威海卫、广州湾、北京使馆界等7处。单是英国一个国家在中国开辟的租界就有13处之多。

外国人在中国没有土地所有权,但他们可以租赁土地。他们滥用土地租赁权,强租霸占了许多土地。各国教会也在中国占有大量房地产。

在列强全部对华投资中,房地产投资占有很大比重。1931年,各国在华房地产部分的投资为3.39亿美元,占投资总额的10.5%。加上在华企业房地产投资部分,其比重更大。

6. 列强向中国政府提供贷款

甲午战争后,列强在华投资除上述直接投资形式外,还有一种重要的投资,即间接投资。它是通过向旧中国的政府提供贷款实现的。

旧中国大规模举借外债,开始于甲午战争后。在甲午战争以前,借款数额不大,而基本上是随借随还。甲午战争后个别年份借款结欠额如下表:[14]

年份	军事财政借款 (百万美元)	铁路借款 (百万美元)	合计 (百万美元)
1902	246.8	37.6	284.4
1914	383.5	192.5	576.0
1930	540.5	356.6	897.1

甲午战争后,旧中国政府大规模举借外债不是偶然的,其主要原因如下。

第一,甲午战争后,中国战败,被迫签订《中日马关条约》,赔款2.3

亿两（包括赎辽费）。八国联军侵华，中国又被迫赔款 4.5 亿两。这两笔巨额赔款，对于当时财政年收入不足 8000 万两的中国政府来说，根本无法在规定的时间内赔付，因而不得不举借外债。甲午战争以后的连续三次大借款，主要就是为了支付日本赔款而借的。

第二，北洋军阀统治时期，革命势力迅速发展。为镇压革命，北洋军阀政府亟须筹措军费。例如，1913 年的善后大借款，就是袁世凯政府出于这一目的而借的。

第三，北洋军阀统治时期，军阀割据，派系纷争，山头林立，军队庞大，内战频繁，需要支付数额巨大的军饷、内战经费、政府活动经费等。

第四，建筑铁路，也需要巨额资金。

对于一个经济落后、资金不足的国家来说，利用借款来推动本国经济的发展，是有它的合理性的。但是，在半殖民地条件下，借款不但成了列强加强对中国实行控制的手段，而且成为维持中国反动政府的财政支柱，而借款的大部分并没有用在国家的建设事业上。

三、西方列强对华投资的特点

西方列强对中国的投资，就其性质来说完全是一种半殖民地性质的特权投资，具有明显控制中国的政治和经济的目的。具体地讲，有以下一些特点。

1. 列强对华投资的原始资本，绝大部分来自对中国本土的掠夺

列强对华投资的原始资本有以下几个来源。

（1）鸦片贸易利润。鸦片战争以前，英、美各国就在中国从事鸦片走私，鸦片贸易逐年增加，到了鸦片战争前夕，已高达每年 4 万多箱，鸦片战争后，特别是第二次鸦片战争后，鸦片贸易由走私变为合法，贸易量更是越来越大，甚至高达每年 7 万箱左右，贸易余额达白银 3000 万两上下。

据估计，从 1816 年起至 1914 年止，不到 100 百年时间内，帝国主义各国在中国进行的鸦片贸易金额总数不少于 25 亿两白银，获利润至少有 20 亿两白银，合 15 亿美元左右。1914 年，所有帝国主义各国在华投资总额也只有 22 亿美元，这个数字比鸦片贸易利润多不了多少。

当然，20 亿两白银的巨额鸦片利润并没有全部用于投资。但可以肯定，对华投资中的很大一部分是由鸦片利润转化而来的。例如，操纵中国经济命脉几十年的汇丰银行，是新旗昌、太古、老沙逊、怡和等 10 家外商全资开办的，而这 10 家外商都与鸦片贸易有直接关系。1865 年汇丰银行开办的创业

资本港币250万元，绝大部分是从鸦片资本中转化过来的。

（2）战争赔款。从1840年到1900年的60年间，列强发动了多次侵略战争，从中国掠夺了大片土地，获取了一系列特权，并勒索了大量战争赔款。这些赔款，一部分被列强运回本国，另一部分则转化为对华投资原始资本。以日本为例，20世纪20年代以前，其在中国比较大的企业几乎是利用战争赔款创办起来的。

（3）通过金融储蓄机构吸收中国人的资金。列强对华投资是以银行作为负责机构的。在旧中国的土地上，有许多外国银行，如汇丰、有利、麦加利、大通、花旗、运通、美丰、正金、兴来、东方汇理等银行。这些外国银行长期成为中国金融界的主宰，控制中国的经济命脉，但它们开始创办时并没有什么雄厚的资本。它们凭借什么来壮大自己的势力呢？主要有两种方法：一是发行钞票，二是吸收中国人的存款。

列强银行在旧中国吸收的存款巨大。1932年，在华外国银行共有30家。其中有利、麦加利、汇丰、沙逊、花旗等15家大银行所吸收的各项存款将近115亿元。据估计，1925—1927年，汇丰银行吸收的中国人存款，就差不多等于当时英国在华的全部投资。

（4）用经济压力和强盗手段直接掠夺中国企业，变中国资本为所谓"对华投资"。列强掠夺中国资本，首要的一个手段，就是通过银行贷款而加以兼并。外国银行一般不对华商企业放款，但如某一华商企业很重要，它们也会放款。不过，放款的目的不是取得一点利息，更不是扶植华商企业的发展，而是吞并这个企业。例如，汉冶萍公司，就是被日本正金银行、中国台湾银行通过贷款方式掠夺走的。

除通过放款兼并以外，列强甚至采用诈骗和强盗手段直接掠夺中国的工矿企业，其中英国资本掠夺开滦煤矿就是一个很有说服力的例子。

2. 在投资上表现出明显的投机性

列强对华投资具有很大的投机性，主要表现为：

（1）直接投资比重大，间接投资比重小。1914年，全部在华外国资本中，直接投资占66.3%，间接投资只占33.7%。到1930年，直接投资更上升到78.9%，间接投资下降为27.1%。为什么直接投资比重大而间接投资比重小呢？问题很明显，当时中国政局动荡，内战频繁，间接投资所冒风险较大，投资者害怕收不回来，因而更多地采用直接投资方式。

(2) 资金带有明显的流动性。列强在华资本中,直接投资比重较大;但直接投资中,固定的生产性投资比重很小,而不固定的非生产性投资比重却很大。外国企业中,重工业很少,轻工业也不多,金融、商业、运输业的比重却很大。从1914年到1930年列强在华金融业的投资增长了近50倍,商业资本增加了2.5倍。1930年列强对华投资在金融、贸易、运输三个部门的合计占有全部外国在华投资总额的64%。这三种企业的资金,都是最具有流动性的。

(3) 房地产投资多。房地产投资在列强全部对华投资中占有很大的比重。例如,1931年,地产部分的投资就占到全部对华投资的10.5%。房地产投资是最具有投机性的,因为列强进行地产投资,目的不是盖房组织工业生产,不是进行商业经营,也不是进行农业经营,而完全在于垄断土地,坐等地价上涨,然后非法高价出售或出租,从而攫取惊人的暴利。

3. 西方列强对华投资,具有强烈的集中垄断性

列强对华投资的集中垄断性特点主要表现在两个方面。

(1) 投资集中在几个主要发达资本主义国家手里。在中国投资的,主要是英、日、美、法、俄、德6个国家。这6个国家中,又以英、日两国的地位最重要。例如,1930年,外国在华账面投资总额中英国和日本两个国家就占了70%强。

(2) 列强的在华投资大部分垄断在几个大垄断集团手里,英国在华资本主要集中在三大垄断集团和四大国际托拉斯手里。三大垄断集团,即怡和集团、太古集团、沙逊集团;国际托拉斯在中国的四个分号,即亚细亚火油公司、中国肥皂公司、卜内门洋碱公司、颐中烟草公司,这些大垄断组织的总后台是汇丰银行和麦加利银行。日本在中国的垄断集团最大最著名的是"满铁"和"满业",1914年,"满铁"拥有的财产约占日本在华全部企业投资的55%。

4. 列强对华投资,带有超经济掠夺的性质

列强对华投资,是伴随着鸦片战争后一系列的不平等条约而来的,投资的资金来源很大一部分是鸦片贸易利润、战争赔款以及附有特权条件的借款等,这些显然不是依靠经济力量实现的,而是通过战争、武力威胁等超经济的手段实现的。列强对旧中国政府的贷款,总是使得中国的政治经济蒙受不利。首先,每一笔贷款的折扣都很大。以1913年的善后大借款为例。利息五

厘,实收入四折。第一次世界大战以前,列强对中国最重要的借款共有 10 笔。由于折扣很大,这 10 笔借款,中国就白白损失了 7000 万两银子。其次,列强给中国政府的贷款,清政府要以盐税、关税和直隶等四省的中央税作担保。而这些税一旦作了担保,列强就以控制税款为名,派员深入我国税收机关,直接干预和掌管关税、盐税的收支,并且规定税款必须存入列强的银行。另外,每一笔贷款还附带有其他许多条件。例如,善后大借款就附带规定:在借款期内,中国政府不得向五国银行团以外的任何银行借款。

除了政府借款,列强的其他许多对华投资,例如房地产投资,宗教、文化、慈善团体的投资等,也都带有超经济掠夺性质。

5. 列强对华投资在地区上很集中

列强在华资本大部分集中在上海和东北,英国资本绝大部分集中在上海、天津等沿海城市,日本势力则以东北为中心。1931 年,西方列强在华账面投资总额中上海占 34.3%,东北占 27.1%,上海和东北两地就集中了 61.4%。"九一八事变"以前,上海是列强势力的大本营。"九一八事变"以后,日本强占东北,它在东北的势力急剧增长。到 1931 年,日本在东北的账面投资额就达 15 亿美元,占所有西方列强国家在华投资总额的 43%。

第三节　西方列强对中国经济命脉的控制

一、西方列强对中国财政金融的控制

毛泽东指出:"帝国主义列强经过借款给中国政府,并在中国开设银行,垄断了中国的金融和财政。因此,它们就不但在商品竞争上压倒了中国的民族资本主义,而且在金融上、财政上扼住了中国的咽喉。"⑮

1. 列强对中国财政的控制,是通过给中国政府借款实现的

甲午战争后,因战争赔款引起的外债数额巨大,而且各种外债均附加了许多苛刻条件。如经济借款要以铁路、电信等财产作担保;政治借款要以关税、盐税及厘金作担保。辛亥革命后不久,关税是由中国银号收存的,外国银行无权过问。辛亥革命以前,关税开始由帝国主义控制的海关总税务司掌握;1913 年 10 月以后,关税收入又开始由汇丰、德华、道胜三家外国银行

收存。这样,中国的关税存储权完全落入列强手中。与此同时,1913年的《善后借款合同》规定,中国须聘外国人掌握盐税征收事务。这样,盐税的征收存储也完全被外国人控制,关税、盐税与田赋,同为旧中国的主要财政收入,列强控制了中国的关、盐两税,也就是在"财政上扼住了中国的咽喉"。

2. 列强对旧中国金融的控制,是通过在中国设立银行实现的

甲午战争以后,帝国主义在华银行资本扩张很快,形成了一个遍布中国的金融网。到1926年为止,中国已有外资银行65家,分支机构226处。这些外国银行势力雄厚,又有各种特权。因而,它们垄断中国的外汇,操纵中国的金融市场,大量发行货币,吸收存款,垄断地控制着中国的金融。

3. 甲午战争后,中国也陆续产生了一些新式银行

到1931年时,中国已有中央、中国、交通、上海、大陆等规模较大的银行29家。但是,这29家中国银行的营业情况,从实收资本、存款、公积金、纯利润等各方面来说,都无法与外国资本银行相比。29家中国银行实收资本只有1.56亿元,而4家外国资本银行(汇丰、正金、花旗、东方汇理)则有5.16亿元资本。29家中国银行吸收存款中有18.6亿元,而汇丰、正金、花旗、东方汇理4家银行却达68亿多元。可见,不必说全部在华外资银行,单是汇丰、正金、花旗、东方汇理4家银行,就足以压倒29家中国银行。这些外国银行成为行中之行,它们间接地控制着中国的一切。

二、西方列强对中国国内外贸易的控制

毛泽东同志指出:"帝国主义列强从中国的通商都市直至穷乡僻壤,造成了一个买办的和商业高利贷的剥削网,造成了为帝国主义服务的买办阶级和商业高利贷阶级,以便利其剥削广大的中国农民和其他人民大众。"⑯

1. 商贸继续扩大

甲午战争后,帝国主义对中国的经济侵略,虽然转向以资本输出为主,但同时,商品输出仍然继续扩大。因为帝国主义时代,殖民地、半殖民地不仅作为帝国主义的投资场所的意义特别重要,而且作为销售市场和原料市场的作用也大大提高了。同时,许多借款形式的资本输出又是以商品物资形式支付的,使这种资本输出又具有商品输出的意义。所以,甲午战争后,帝国主义迫使中国增辟通商口岸和商埠,从1895—1925年已达69处之多,1927

年达 103 处，直接深入内地和边远地区。同时，它们在中国的铁路投资、强占租借地、划分势力范围等，都有资本输出和商品输出的双重目的。因此，甲午战争后，帝国主义对中国的掠夺性贸易，以更快的速度增长着。1895 年到 1929 年的 30 多年间，帝国主义对中国的进出口贸易净值增长了 8 倍，即从 1895 年前的 3.86 亿元增加到 1929 年的大约 35 亿元，其中进口额增加了 8 倍，出口额增加了 7 倍。进口货物主要是机制生活用品，出口货物则主要是家产原料。这表明了帝国主义对中国贸易的掠夺性。

帝国主义为了对中国进行商品输出和原料掠夺，在中国开设了许多商行，其中不少是世界性垄断组织的分支机构。如 1902 年设立的英美烟草公司，1903 年设立的利华肥皂公司，1913 年设立的亚细亚火油公司等。这些垄断组织基本控制了中国市场的商品流通和进出口贸易。据统计，1894—1928 年，中国对外贸易额由 2.9 亿多两增加到 21.8 亿多两。[17]其中 90% 操纵在外商手里，有许多产品甚至 100% 操纵在外商手里。如占中国进口总值 6%～7% 的石油产品一直就由 "亚细亚" "美孚" 两公司垄断；烟草的贸易则为英美烟草公司所独占；占出口贸易总额 10% 以上的大豆输出由 "三井" 所独揽。这些商品的进出口贸易被外国人所独揽，中国商人很难插手。

2. 控制中国的国内贸易

帝国主义各国的垄断组织在控制了中国的对外贸易的同时，也控制了中国的国内贸易。外商垄断组织，在中国通商都市增设分支机构，并和中国商号相结合，形成了一个广阔的从城市到乡村为它们服务的商业剥削网。外商垄断组织采取贷款、赊货、津贴等方式，利用中国的商号充当它们在不同地区包销或包卖的代理商。以英美烟草公司为例，它以上海总部为中心，下设上海、香港、汉口、天津、东北五部分，五部分下设 15 个分区，分区下还设有若干段及分段。推销网的中下层都由中国商号组成。如天津的玉盛合、通县的公合生、辽阳的利顺和等，这些商号全是旧商店，有的已经开业了几十年，但这时都成为英美烟草公司的代理商和推销网。帝国主义垄断组织就是通过这些剥削网，像吸血导管一样，伸到我国的穷乡僻壤，吮吸中国人民的脂膏。

三、西方列强对中国工矿、运输业的控制

甲午战争以前，外国资本就曾用中国的廉价劳动力和原料，非法在中国设立工厂，就地从事工业生产。不过当时这些工厂主要是为了资本主义各国掠夺中国的农业原料服务的，尚不具有垄断中国工矿工业的作用。甲午战争以后，列强在中国进行大规模的工矿业投资，虽然其投资总额比对金融、商贸和交通运输业的投资数额为数略少，但由于投资集中，因此在一些重要的工矿业部门占据了垄断地位。

1. 采煤业

从采煤看，中国的新式采煤业很早就被外国资本所控制。1916年，全国煤产量为1344万吨，与外资关系密切的煤矿占51.9%；全国新法采煤产量为742万吨，与外资关系密切的煤矿占93.9%。1930年，全国煤产量为2599万吨，与外资关系密切的煤矿占56.8%；全国新法采煤产量为1993万吨，与外资关系密切的煤矿占74%。[18]

2. 电力业

从电力看，1931年，中国全部发电设备容量中，外国资本为4.46万千瓦，占60%；中国资本为2.97万千瓦，占40%。发电量外国资本占68.5%，中国资本占31.5%。在整个电力工业中外资占据垄断的地位。

3. 冶铁业

从冶铁业看，1900—1925年中国新法冶铁业全部为外资所控制，到1926年才有了中资的冶铁企业，但产量仅占全部冶铁业的5.4%。[19] 到1931年全国铁产量中，中国资本掌握的产量不过30%，而70%则为外国资本所掌握。

4. 棉纺织业

从棉纺织业看，旧中国民族资本棉纺织业虽然为最发达的一个行业，但就是在这个部门中中国资本也没有占优势。单纯从锭数看，中国资本略多一点，但在资本额、产值和利润等方面，外国资本都占有优势。而且，外国资本企业在技术水平、设备、经营管理等方面，都比中国资本企业先进。

另外，在卷烟业、公用事业、制造业、造船业等其他工业部门，帝国主义资本也都占有绝对优势，实现了高度控制。

5. 交通运输业

甲午战争后，列强除了控制中国的财政金融、贸易和工矿业外，对交通运输业的控制也十分严密。在帝国主义的对华投资中，交通运输业方面的投资所占比重是很大的。中国的铁路，几乎全部被外国资本控制。1913年，中国有铁路9744公里，帝国主义直接经营和贷款控制的为9089公里。其中，东北就有8296公里，全部由日本控制。所谓国有铁路为7987公里，但这些国有铁路也都抵押给外国债权人。到1927年,中国共修建铁路1.3万公里,其中自主铁路仅占8%,而92%的铁路为外资所控制。[20]

在轮船航运方面,早在甲午战争以前,外国资本即已居垄断地位。甲午战争以后,外国资本轮船航运势力进一步急剧增长,对中国航运的控制也更为严密。这从中国各通商口岸进出的中外轮船吨位数比例中可看出:1897年外国轮船吨位数占76.8%,中国轮船吨位数占23.2%;1916年这一比例为77.6%和22.4%;1928年则为77.7%和22.3%。[21]此外,外国资本轮船公司在码头、仓库及其他储运设备方面,也占有绝对优势。

以上事实,可以清楚地看到:甲午战争以后,列强对中国的经济扩张以资本输出为主代替了商品输出为主,同时也进一步促进了商品输出。列强一方面通过国际金融垄断组织和在中国开设的银行,采取输出借贷资本的方式,垄断了中国金融和财政,在财政金融上扼住了中国的咽喉;另一方面,又以输出生产资本的方式,直接在中国经营工矿、运输、贸易等行业,对中国人民进行直接的经济压迫和剥削,操纵了中国的经济命脉,并由此进一步控制了中国的政治和军事。

列强通过大规模的资本输出和商品输出,迅速实现了对中国国民经济命脉的控制,外国资本由于垄断了中国的基础工业,掌握了主要生产资源和能源,已成为一种强大的经济势力,因此,较之甲午战争以前的情况,中国社会经济的半殖民地化的程度大大地加深了,它成为近代中国社会深刻变化的一个突出标志。中国的半殖民地半封建的社会经济结构,只有这个时期才具有它完整的意义。

注释:

① 《马克思恩格斯选集》第1卷,人民出版社1977年版,第263页。

② 严中平:《英国资产阶级纺织利益集团与两次鸦片战争史料》,《经济研究》1955年第2期。

③ 严中平:《中国棉纺织史稿》,第62页。

④ 严中平:《英国资产阶级纺织利益集团与两次鸦片战争史料》,《经济研究》1955年第2期。

⑤ 同上注。

⑥ 马克思:《资本论》第3卷,第373页。

⑦ 《马克思恩格斯选集》第2卷,第57页。

⑧杨端六等:《六十五年来中国国际贸易统计》第1表。
⑨严中平等:《中国近代经济史统计资料选辑》,第82页。
⑩同上注,第82页。
⑪吴承明:《帝国主义在旧中国的投资》,第45页。
⑫汪敬虞:《中国近代工业史资料》第2辑,上册,第2~5页。
⑬吴承明:《帝国主义在旧中国的投资》,第41页、60页。
⑭同上注,第75页。
⑮《毛泽东选集》第2版,第2卷,第629页。
⑯同上注,第629页。
⑰杨端六等:《六十五年来中国国际贸易统计》第1表。
⑱吴承明:《帝国主义在旧中国的投资》,第95页。
⑲严中平等:《中国近代经济史统计资料选辑》,第127、190页,第221~222页。
⑳同上注。
㉑同上注。

第八章　中国民族资本主义经济和民族资本主义的产生和发展

马克思、恩格斯在《共产党宣言》中尖锐地指出：资本主义的扩张"迫使一切民族——如果它不想灭亡的话——采用资产阶级的生产方式"[①]。中国民族资本主义经济和民族资本主义的产生和发展历程充分地证明了马克思、恩格斯这一论断的正确性和科学性。中国民族资本主义经济和民族资本主义诞生于洋务运动时期，是中华民族对世界市场经济文明挑战做出庄严应战的产物。

第一节　开创中国现代化先河的洋务运动简述

洋务运动专指19世纪60年代至90年代长达30多年的中国向西方学习的现代化运动，它涉及中国经济、军事、文化、教育、政治、外交、社会生活诸多方面的现代化。这一运动是由国家政权中的有识之士发起并主持，目的在于图强御侮的爱国主义运动。洋务运动催生了中国资本主义工商业的产生，使新的生产力出现，为新的社会的产生准备着物质条件，也在一定程度上开化了中国人的思想，因而也是一场推动中国走向现代化的革命运动。对洋务运动的评价，改革开放以来，由徐泰来先生发端并力主扭转了"文化大革命"时期对洋务运动的错误评价，还其应有的历史地位。本著作在引用徐泰来先生某些评价的基础上，又进一步提升其评价，但不作系统阐述，请读者见谅。

一、洋务运动产生的历史背景特点

19世纪60年代，中国出现了几千年未有的大变局，其特点是：

1. 世界近代化、现代化的历史潮流通过两次鸦片战争和商贸战争而席卷中国。

2. 中西生产力有如天壤之别的差距使国人感觉到"商品"的威逼之势。

3. 部分先进的中国人已认识到落后必然挨打，迫切希望中国跟上世界步伐，尽快走向现代化；外国资本主义势力如潮水般涌入中国，中华帝国面临着"要不是灭亡，要不是变成资产者"的历史选择。

4. 外国资本主义为其利益所驱使而侵害中国，但也给中国的资本主义生产创造了客观的条件和可能。

5. 清王朝统治集团的先进的、开明的爱国主义分子（以奕䜣、曾国藩、李鸿章、左宗棠、张之洞等为首）在成功镇压太平天国起义中，获得已被太平天国起义削弱统治力量的清廷的认证，而有较大能量来发起并展开一场救亡运动。

6. 林则徐、魏源等提出的"师夷长技以制夷"的思想为中国的存亡和近代化指出了一条道路；等等。

洋务运动的产生，是中国顺应世界潮流的历史性产物，其产生、发展是历史的必然。

二、洋务运动的主要内容

1. 近代军事工业

从19世纪60年代开始至1890年止，清政府拨款4500万两白银的国库经费，共创办了大小不一的军用工业企业约24家。其中创办最早的是安庆军械所，规模较大的有：江南制造总局、福州船政局、天津机械局、金陵机器制造局和湖北枪炮厂等。

清政府创办的军事工业，表现出下列若干特点：第一，不是为剩余价值生产，而是为使用价值生产，即主要是为清政府军队的武装需要而生产；第二，生产所需经费由政府拨款，产品不进入市场进行交换，企业发展好坏不决定于企业经营的好坏和市场需要，而是决定于政府拨款的多少和军事的需要，企业本身并没有提供扩大再生产的资金积累；第三，从分配关系看，产品大多不计算成本与价格，不以商品形式参加市场交换，而是通过政府调拨进行产品分配，直接进入使用领域；第四，企业的经营管理由政府委派的官吏主持，封建人事关系湮没一切规章制度，企业的职员大多有军衔，使用的工人部分从军队调用，在雇佣关系上既有资本主义因素，又有封建色彩；第五，企业的机器设备、原材料、厂房等多是通过商品形式购买的，这表明工厂的固定资本和流动资本的很大部分卷入了资本主义流通范围，工厂的产品部分具有商品的特征，生产也在一定形式上受价值规律的影响和制约；第六，企业的机器设备几乎全从外国引进，原材料、零部件也依靠进口，对西方国家的依存度很大；第七，生产管理和生产技术也从西方引进，其依存度也较大；等等。

军工企业创办的作用：生产出来的大量枪炮、船舰、弹药、武装、政府军队，增强了国防力量，在反击外来侵略中发挥出一定的威力，如在中法战争中获取"镇南关——谅山大捷"，沉重打击了法国侵略军的气焰；大大降低了枪炮器械的进口数量，较大地降低了军队装备的成本；引进了西方先进生产力、生产方式、资本主义经营管理方式，大大影响与带动了民族资本主义的产生与发展，为资本主义大机器生产培养了一批产业工人和技术人才；在翻译、出版西方科技书籍和加强科技知识传播方面，在推动和促进社会进步和发展方面，起到了一定的积极作用。

2. 民用工业

洋务派兴办工矿、交通运输企业22家，主要部门有：

（1）轮船航运业。轮船招商局，创办于1872年，是洋务派兴办最早的民用企业。主要承运漕粮，兼揽商货运输。总局设在上海，广州、福州、汉口、香港、天津、烟台及国外的横滨、神户、新加坡处设立分局。

（2）采矿业。主要企业有台湾基隆煤矿、直隶开平煤矿、黑龙江漠河金矿等。基隆煤矿是第一座新式煤矿，1876年开办。开平煤矿是最早使用机器生产的大型煤矿，其经营是最成功的，到19世纪80年代末，开平的煤击败了日本的煤，使天津市场上不复有洋煤进口。漠河矿是著名金矿，1887年筹办，生产营利，1889—1895年分给股东的股息为28万两，同期向清政府报效85.5万两。1900年沙俄对该矿进行了严重破坏。

（3）炼铁业。主要是汉阳铁厂，1890年在武昌设局兴办。该厂是这一时期中规模最大、耗资最多、产品质量最低、效益最差的企业。

（4）棉纺织业。主要有上海机器织布局、湖北织布局、兰州机器织布局、华新纺织厂、湖北缫丝局等。其中以上海机器织布局、湖北织布局规模最大。上海机器织布局创办于1876年，投产后曾获利丰厚，1893年股红高达25%，拥有织布机750台、纱锭64556枚。湖北织布局有织布机1000台，纱锭30000枚，获利较丰厚。

（5）电信业。1879年，李鸿章在大沽至天津间设置电报。1880年又在天津设立电报总局，并创办电报学堂。1880年，李鸿章奏准在天津到上海、广州设电线，这是中国架设的第一条陆路电报干线，同时，在天津设立电报总局。

（6）铁路运输业。1887年，由李鸿章在天津创办铁路运输公司，1889年又成立官办北洋官铁局，与天津铁路公司"通融权用"。主要修筑了唐山至天津的铁路线，时称北洋铁路。随后修筑了唐山至山海关、台北至基隆、台北至新竹铁路。至1894年共修筑铁路400公里。

三、洋务运动中民用工业具有明显的资本主义性质

1. 明显的资本主义性质

马克思指出："资本主义生产方式一开始就有两个特征"：第一，"它生产的产品是商品"，"劳动就表现为雇佣劳动"；第二，"剩余价值的生产是生产的直接目的和决定动机"[②]。因此笔者认为，洋务派所办的民用工业具有明显的资本主义性质。

其一，企业实行雇佣劳动，企业内部的阶级关系是资本主义的雇佣关系。即一方面是积累了货币和财富、投资洋务的资产者，他们大多由封建地主、洋务官僚、洋行买办、新旧商人转化而来；另一方面是因为失去土地而一无所有，或城市一贫如洗的贫民，靠出卖劳动力为生的无产者。洋务企业中的工人都是被雇用而来，他们以劳动为生，靠微薄工资生活。

其二，企业的产品除对少数官办和官督商办的大型洋务企业有所优待和照顾外，其余产品供应市场，计价出售，并有明确的利润目的，产品符合商品属性，价值规律在生产中起着决定性作用。生产不是为了使用价值，而是为了追逐利用价值，而这正是资本主义生产的直接目的和决定动机。

2. 一定的国家垄断资本主义性质

但是，我们又必须看到，洋务派创办的企业又不是一般的资本主义企业，而是洋务派官僚控制的资本主义企业，具有国家资本主义的性质。

其一，洋务派创办的民用企业与民族资本创办的企业目的不一样，因而意义也就不同。洋务派的企业创办主要是为了应对资本主义列强对中国的敲打与挑战，为了图强御侮而为，其目的主要是民用工业来解决军事工业所需要的物资和资金等经济方面的困难，以保证军事工业的发展，达到"以富图强"的目的。

其二，企业多为官僚集团掌控。企业资本虽然主要甚至全部来自商股，但是，企业的经营管理、行政、人事、财权、分配等大权，都是由政府委派的总办、帮办、提督等大小官吏控制，商股处于无权地位，一切唯总办给定，企业更像一个个封建衙门。

其三，企业通过政府实行垄断经营。企业一方面接受官僚控制，另一方面接受国家的特殊待遇和便利条件，如政府垫款、缓息、减免税赋、专利等。洋务派官僚无不利用权势，通过由政府颁布法令的办法获取特权、在经营上采取垄断政策等。

特别指出，洋务派创办的民用企业是中国最早期的资本主义民用企业。正因为由洋务派发端，中国民族资本主义才得以开始并发展。洋务派民用工业的创办经验，为民族资产阶级如何管理资本主义企业提供了很多有益的借鉴和经验教训，为中国民营经济的发展作出了一定的贡献。

四、洋务运动是催生先进生产力的革命运动

洋务派人士大多数的主观愿望是企图通过洋务运动图强御侮，振兴中华，但在客观实践中，因为借用西方市场经济文明的因素，顺应了世界文明史的发展潮流，因此而催生了中国先进生产力生长，使之成为革命运动。

1. 新的生产力出现

研究洋务运动，更要注重效果，因此，对于洋务派主观愿望之一是出于"巩固封建统治"，也要有一个实事求是的科学分析和评价。首先要有一个标准，这个标准绝不是我们个人的好恶。恩格斯说："用一般性的词句痛骂奴隶制和其他类似的现象，对这些可耻的现象发泄高尚的义愤，这是最容易不过的做法。可惜，这样做仅仅说出了一件众所周知的事情，这就是：这种古代的制度已经不再适合我们目前的情况和由这种情况所决定的我们的感情。"[③]根据恩格斯阐述的道理，我们看晚清的封建制度，主要是看当时生产力的状况。"无论哪一种社会形态，在它们所能容纳的全部生产力发挥出来以前，是绝不会灭亡的；而新的更高的生产关系，在它存在的物质条件在旧社会的胎胞里成熟以前，是绝不会出现的。"[④]当时，中国封建制度的生产关系所能容纳的全部生产力已经发挥殆尽。但是，由于清王朝集封建主义经济、政治、文化之大成，用武力和暴力对中国实施血腥封建统治，从而苟延中国封建社会，顽固阻止新生产力长成。时代呼唤新的生产力生成，洋务运动应运而生。从世界历史发展的事实看，资产阶级革命都是在工场手工业发展阶段进行的，大工业是资产阶级夺取政权之后通过产业革命实现的。根据马克思主义的观点，进行资产阶级革命推翻封建统治，至少要有两个条件：一是要有资产阶级，二是要有工场手工业的一定程度的发展。19世纪60年代的中国，这两个条件尚未形成。工场手工业虽然在鸦片战争前已经稀疏地出现在沿江、沿海商品经济发达的地区，但到鸦片战争后的20年内，小农业和小手工业相结合的基本经济结构还没有什么显著的变化，没有出现英法资产阶级革命前那种工场手工业情况。工场手工业还没有成为突破封建生产关系的独立的力量；当然更谈不上出现了资产阶级。太平天国不代表新的生产力，没有为新的社会的产生准备物质条件。洋务派举办洋务，主观上多是为了巩固国家统治，但他们却注意发展生产力，使新的生产力出现了，从而为新的社会的产生准备着物质条件。

2. 创造了一系列前所未有的新东西

列宁说："判断历史的功绩，不是根据历史活动家没有提出现代所要求的东西，而是根据他们比他们的前辈提供了新的东西。"[⑤]洋务运动创造了一系列前所未有的新事物：在封建旧中国的冻土上，创办了第一批中国自办的近代军工业，第一批近代煤矿业，第一个近代化钢铁厂和钢铁联合企业，第一批近代纺织厂，第一个轮船制造厂和轮船航运公司，第一条铁路，第一条电报线路；又办起了第一批近代外语学校、科技学校、军事学校，第一次派遣留学生，第一次建设近代海军。此外，洋务运动在全国传播了近代科学技术，在洋务运动中产生了资产阶级，无产阶级的队伍也日益扩大、总之，洋务运动为中国近代历史提供了前所未有的标志——一个崭新时代的许多新事物。

洋务运动为新社会的诞生作了开创性的准备，从而使这一运动在客观实践中成为革命运动。

五、洋务运动的评价

（1）洋务运动是清王朝统治集团中开明的、先进的、觉悟了的爱国志士，面对市场经济新文明的敲打与挑战，不甘民族落后、国家受辱、人民受难而奋起迎接挑战，力图图强御侮的爱国主义运动。

（2）洋务派从西方引进了先进生产力和资本主义生产关系使中国跨出了近代化、现代化最关键的第一步，开始创建新的社会的物质条件，揭开了中国资本主义的历史序幕，使中国经济、政治变革运动成为不可阻遏的历史潮流。因此，该运动在客观实践中成为一场振兴中华的革命运动。

（3）洋务运动引进并传播西方先进文化，力图在有关方面破除祖宗之成法，对中国封建文化形成一定冲击，从而成为资产阶级启蒙运动的先声。

（4）洋务运动通过引进新的生产力，造成实实在在的新的物质基础，形成新的物质力量，向世界初步展示了正在觉醒过程中的中华民族的力量，不仅在对外战争中减少了损失，而且有时还能给予外国侵略者以痛击（如中法战争中取得镇南关——谅山大捷），彻底遏止了西方势力将中国完全殖民地化的企图。

（5）洋务运动阶段性的成功，阻止了西方势力任意在中国设厂、办矿，堵塞了一定的漏利，收回了某些权利，在一定程度上延缓了半殖民地化的进程。

（6）洋务运动中产生和发展起来的近代生产力与资产阶级，为戊戌变法、辛亥革命提供了不可或缺的物质基础和阶级力量，为这些历史运动开辟和铺垫了道路。洋务运动产生出的中国无产阶级，则成为无产阶级政党的"人"的准备。可以明确地认定：没有洋务运动，就不可能有戊戌变法、辛亥革命和新文化运动，也不可能有中国共产党领导的新民主主义革命运动。

洋务运动揭开了中国近代历史新的一页，为中国近代化、现代化道路作了可贵的探索，从而成为一场具有现实意义和历史意义的革命运动。

第二节　中国商业资本主义的产生

工业资本和商业资本是同一个资本的不同职能分工。资本主义工业经历简单分工、工场手工业和机器大工业的发展道路，资本主义的商业则与其工业同步发展。从世界资本主义的发展历程看，资本主义商业的"毛"是依附其自身资本主义工业之"皮"上的。但是，中国的资本主义和资产阶级的产生，则同世界资本主义不同：一是中国首先出现的是资本主义商业和商业资本家；二是中国商业资本之"毛"是附着在西方产业资本之"皮"上的，是作为外国在华商业资本的补充，从属于外国产业资本的需要。这个重要特点决定了中国资本主义发展历程的艰辛、艰难。

一、资本主义商业的兴起

伴随西方列强对华扩张的深入，中国逐渐沦为西方资本主义的工业品销售市场和农产品、原料供应地。与此同时，中国商业资本首先诞生并发展。

1. 中国商业资本的资本主义性质

中国商业资本是外国产业资本在中国扩张的产物，对外国在华商业资本起到了补充作用；是被纳入世界资本主义体系的组成部分，因而具有资本主义的性质。口岸开放、外国人进入、商品进入，外国商业资本在中国设了不少洋行之类的商业机构推销洋货，但单纯凭这些机构而没有中国本国的商业资本作为补充，整个半殖民地的中外商品流通就难以顺利进行。因此，与洋行相联系的中国商业资本应运而生。有的洋行为保证获得茶货等供应，还贷款给中国商人为洋行收购茶货等。作为债权人，洋行则对华商收购的货物拥有根据市场价格的优先取舍权。美国南北战争时期，美棉出口锐减，英国棉纺织业萧条异常，英国怡和洋行通过上海的一批中国商人到黄河流域购棉，然后转运英国。1863—1864年，怡和洋行从中国出口近200万元的农产品到利物浦市场，其中大部分是短缺商品。

2. 中国商业资本的作用

鸦片战争后，中国商业由于纳入外国资本的运行轨道而发展迅速，并与尚未纳入外国资本主义轨道的传统商业水火不容。资本新式商人的活动成为整个中外贸易和由中外贸易决定的国内贸易部分的至关重要的一环，若离开这一环，外国在华商业资本就会运转不灵。华商对洋行的作用如此重要，以至于美国旗昌洋行一个大班感叹：洋行能否顺利发展，不仅取决于资本，还取决于中国商人的联系与合作，而买办则起到了关键的纽带作用。于是洋行之间为争夺和扩大同中国商人的合作，拼命下功夫争夺在中国商人中有"大面子"的得力买办。进入19世纪70年代后，苏伊士运河开通，轮船兴起，海底电缆敷设，使得外国人在中国开设的中小洋行剧增，它们更离不开中国新式商人的协助，其结果是所有通商口岸的贸易倾向于经过中国商人的手进行。

资本商业还对外国在华商业资本予以资金融通。当时报载：常有洋商毫无本钱，只是租一房屋，挂一招牌，找一个垫钱的"糠摆渡"（买办）使之应酬逐日开销，就高车驷马，各处兜揽交易。日常开支尚需买办垫钱，交易费用当然更需华商的资金了。并非仅是小洋行需要华商的资金融通，大洋行也如此。1855年、1856年上海浩昌、各利两大洋行倒闭，亏空丝茶各商白银达3000余万两之多。琼记洋行以8%的利率吸引华商存款，华商见存款于洋行比较保险且利息优厚而踊跃存款，有的商人存款以万计。清美洋行的"天龙号"船实际的投资者是烟台和天津的中国商人。这些可能算是中国最早的"中外合资"。

3. 货币经营资本的形成

商业资本又包括商品经营资本和货币经营资本。鸦片战争后，中国封建社会的传统行业钱庄，也顺应外资打开中国市场的需要，使自己的经营方向和方式也逐渐纳入外资运行的轨道，为进出口商业提供信用，逐步完成经营重点的转移。西方人士称中国钱庄为"Native Bank"，承认其银行的功能，中国朝野各界也公认钱庄为银行事业的一种。

二、中国商业资产阶级的产生

鸦片战争以后不平等条约的扩大，中国传统经济不断分化瓦解；1869年苏伊士运河通航，加之轮船代替帆船，从伦敦到中国的航程和时间大大缩短；1871年欧洲到中国的海底电报线的完成，这些都使中国进出口市场日益受世界市场的控制。在19世纪70年代，外国资本主义初步完成对包括钱庄在内中国市场的控制，使之成为其附庸。在西方资本主义对中国的经济渗透中兴起了一个特殊的社会阶层——买办。这一阶层成为新生的中国商业资产阶级的重要构成部分。

1. 买办的产生

早在第一次鸦片战争以前，在广州、澳门等地就开始有买办在活动。其时，买办同当时的通事（翻译）、掮客、跟随一般，是服务于来华经商的人员，而地位甚低，仅相当于沙文（仆役，Servant 的音译）头目，职责在于为外商经管杂务，代雇守门、挑水等项人夫。在十三行制度下，买办须经官方许可才可充任，这就使他们在各种本职之外，还与商行一样，带上某种监察外国人的色彩，同时又受具有半官方身份的行商、通事一类人的钳制。第一次鸦片战争后，外商获得自由雇用买办的权利。随着行商制度的取消，买办迅速取代行商、通事的地位，其职能日益复杂起来，"买"与"办"的内容从替外商采买物料、食品，管理杂务而跃为替洋行经纪买卖和代理买卖，就是替外商收购土货，推销洋货，从而收取佣金、经纪费。这样，买办在外国经济势力的扩张和迅速扩大的中外贸易中充当中介人角色，在比较完全的意义上正式成为近代特产的 Comprador。

买办的来源，有的是由原来经营中外贸易的十三行行商转化而来，有的原是外商洋行中的职员、通事。由于广东人与洋商在十三行时代结下的历史渊源，最初的买办多半是广东人。随着外贸的扩大与洋行的增多，渐增其他地方的人。在当时的中国，他们是一批迅速致富的人。买办的收入，一是洋行支付的象征性的有限薪俸。二是靠买卖成交后收取的佣金，即回扣。1864年，上海洋商总会规定，付给买办的佣金率，丝、茶、鸦片为3%，其他一些商品为5%。三是真正的大宗收入在于依靠买办身份从事自己的工商经营活动所赚取的高额利润。这样，买办就具有了双重身份。著名经济史学家汪敬虞先生指出，买办不仅是洋行的雇用者，同时又是有自营生意的商人；不仅是货物的经纪人，同时又是货主；不仅赚取工资和佣金，同时又赚取远远超过工资和佣金的商业利润。

2. 商业资产阶级的产生

外国资本主义对中国进出口贸易购销网的充分控制和半殖民地社会经济形态的初步形成，标志着中国商业资产阶级的产生。进入19世纪70年代以后，随着中国市场由沿海向内地的进一步开放，洋行买办要更好地为他的主人服务，还必须网罗更多的商人，建立一个联系紧密的商品流通渠道，形成一个由口岸到内地的买办控制的商业网。在这个过程中，内地子口税单的扩大运用和包税制的建立，为买办商业网的扩大，提供了有利条件。到1872年，在华洋商总数达3673人。随之，买办阶层的人数也不断增长，1854年，买办总人数仅有250人，到1870年增至700人，到1900年已达2万人。在从洋行外商到买办，再到若干坐商、行商，直到直接生产者和消费者，形成了一个以通商口岸为据点，渗入广大内地农村的完整的洋货推销网和土产收购网。买办控制的商业网的形成和中国商业资产阶级的产生，实际上是一个硬币的两面。

3. 买办的社会属性

买办的社会属性非常复杂。买办财富的采路与传统社会里以三百六十行为生计的人全然不同，他们在经济上的枯荣以外国商业资本之损益为转移，他们中的一些人由于与西方人贴附太紧，便在不知不觉中显出了奴态。买办是当时中国最懂得资本主义知识的一部分人，他们中另一些人又投资或主办独立的近代工商企业，把他们所学到的一些资本主义经营和管理方法带进了企业，促进了一些企业的筹建和经营，同包括外国资本在内的其他企业争利于市，而这类企业不论在理论上或是实际上都是民族资本的一部分，于是，不值得尊敬的买办创办了值得尊敬的民族企业。作为买办，他们有其职业带来的买办性；作为中国人，他们又有民族性，而近代中国的多灾多难又往往成为民族意识的刺激物。著名买办郑观应把民族意识引入工商业之中，提出了"习兵战不如习商战"的名言；而唐廷枢在脱离怡和洋行进入招商局后，却运用了在外国公司任职期间积累的知识和经验去损伤这些外国公司。在相当长的时期内，对买办人物这种买办性与民族性的对立统一常使我们有意无意地用前者排挤后者。

三、商业资本向产业资本的转化

商业资本家在流通领域积累了巨额资本，买办是其重要组成部分。据郝延平先生估计，在1842—1894年，买办总收入高达53080万两。全部商人积累的资金就更多了。

1. 商业资本家的分化

商业资本家在流通领域积累了巨额资本后发生了分化：大部分人始终将其资本局限于流通领域，或投放于各种投机事业，小部分人则将其资本向生产领域转移，开始对工、矿、交通运输等产业进行投资。这种投资开始大多将其资本附股于外资企业，而后才有少数人分化出来，转而投资于本国的新式企业。中国航运业第一个新式企业其名叫清美洋行，虽名为洋行，实则是由中国商人创办，创办人叫李振玉、郭九山，投资额为8.5万元。而中国第一家民办的大型近代资本主义企业——轮船招商局起手不凡，1873年成立时实收股款47.6万两，连公款共60万两，到1882年实收资本增至100万两，一年后又增至200万两。官督商办的中国电报局成立时，官款垫拨17.8余万两，募集商股8万两。1878年开平矿务局成立投股80万两，到1880年9月资本约为83万两。据不完全统计，在矿业的投资达370多万两。

2. 商业资本向产业资本转化的局限性

除少数人外，当时中国商业资本家投资于工矿企业，并非是对企业本身的关注，而是谋求短期的利益，即期望通过股票行市的涨落来获取一种投机性的利润。股票行市在1882年夏季涨到最高峰，轮船招商局原价100两的股票涨到253两，开平煤矿原价105两的股票涨到216.5两，平泉铜矿原价105两的股票涨到256两，等等。而纳股者不是富家藏窖的闲钱，而是市面上流通的资金。"借资购股,趋之若鹜","所收股银大抵钱庄汇划之银,平时存放与人有收回之日,一入各公司股份,永无可提之日矣"。⑥

数百万的企业投资,加上股票涨价,是市面银根所无法支撑的。巨额资金从商品流通领域转入生产领域,使正常的商品流通受阻,从而直接促成了1883年的金融风潮。资金融通一旦受阻,股票求售无门,持股者悔之莫及,股市则一落千丈。到1885年7月1日,招商局新股、开平煤矿股票原价100两,股市仅至58两。有的股票甚至不能在股市上流通。

以商业资本投资于工业,是中国资本主义发展的必然趋势。但在19世纪80年代,中国商业资产阶级无论从资金上,还是从素质上看,都还不足以大量投资于产业,1883年金融风潮就标志着这种尝试的失败。由于外资对中国进出口贸易的控制,由于中国缺乏欧洲各国那样大规模的资本原始积累,由于许多新式商人把相当多数量的资金投放于土地等传统行业,或花费于奢侈豪华的生活,中国商业资产阶级在流通领域的资金积累难以适应中国产业资本产生发展的需要。

第三节 中国民族产业资本主义的产生

中国民族产业资本主义的产生来自间接和直接两个方面的原因。间接原因是世界资本主义体系的形成,加剧了西方列强对中国的商品和资本扩张,造成中华民族空前的民族存亡危机,迫使中国奋起迎接挑战,而直接原因则是洋务运动对民族产业资本主义的催化。前面谈到,洋务运动是一场旨在图强御侮的爱国主义运动,是市场经济文明对中国敲打的直接产物。而对于中国产业资本主义的产生,洋务运动则是直接原因。

一、洋务运动催生民族产业资本主义的产生

1. 洋务运动对民营资本近代工业的产生有重大影响

洋务派官办民用企业以追求利润为目的,使大机器生产的优越性以无可辩驳的事实呈现在世人面前,吸引了手中握有一定资财的富人阶层的广泛关注,促进了民风向兴办近代企业方向的转变,并为民营企业培养了第一批近代新式工业技术人才等。还有,洋务派官员将积累的资本投资于企业而成为早期工业资本家的重要代表。总之,洋务运动刺激和催化了资本近代工业的产生。

2. 中国第一家民族产业资本主义企业的诞生

1873 年，广东南海县简村诞生了中国第一家民营机器缫丝厂——继昌隆缫丝厂。该厂的创办者叫陈启沅（1825—1905 年），早年以农桑为业，后随兄陈启枢到安南经商，近 20 年中遍游南洋各埠，在暹罗看到机器缫丝，羡慕之余，就想仿效，于是就回到家乡创办了继昌隆。由兄弟二人共同投资 7000 多两，其中 3000 两用于收茧、工资、杂项开支，4000 余两用于兴建厂房设备。没有现成的机器设备，一切依陈启沅自行设计制造。他购入旧轮船的机件加以改造，在广州定制和购买铁具回厂组装，在厂内设铁工焙铸及木工等，自制机器零件。经 9 个月努力，粗具规模，于 1874 年冬建成投产。最初规模很小，丝釜不过数十部，采用锅炉热水蒸气煮茧，足踏式缫丝，雇工 300 余人，后设备改进，并使用蒸汽动力和机器传动装置，缫车 800 部，工人增至 700 多人，工效相当于手工缫丝近十倍。新丝粗细均匀，丝色洁净，弹性较大，因而售价高出手工缫丝的 1/3。产品价廉物美，行销欧美，获利甚厚。到 80 年代初，南海一带已有多家缫丝厂。

机器缫丝的出现大大影响了手工缫丝的销路，继昌隆成立不久，一些手工业工人就想拆掉缫丝厂。1881 年广东蚕茧歉收，手工缫丝业者为之停歇，于是纠合两三千人群起而攻之，捣毁一家缫丝厂，直到官兵弹压才解散。南海知县下令缫丝厂关闭。陈启沅遂将工厂迁至澳门，改称复隆和缫丝厂。三年后，得清政府许可，陈启沅又将工厂迁回南海，复名开业，继续经营。陈启沅为避众人忌恨，设计一种半机械的缫丝小机，以便小资本经营，也逐渐为手工业者所接受。这样，在广东缫丝业中，形成手工缫丝与机器缫丝并行不悖的局面。陈启沅是中国近代著名华侨资本家，也是第一位有事迹可考的民营工业资本家。

3. 中国民营资本在中国民族产业资本主义产生中的众多第一

中国民营资本在中国民族产业史上留下了许多第一，立此存照。

第一家榨油厂：1875 年张群叔在武汉创办的投资 1 万元的谦益恒榨油厂。

第一家面粉厂：1878 年朱其昂在天津创办的投资约 7 万元的贻来牟机器磨坊。

第一家印刷厂：1881 年徐润创办的投资 1.5 万元以上的上海同文书局印刷厂。

第一家造纸厂：1882年曹子为、曹子俊创办的投资15.4万元的上海机器造纸局。

第一家制革厂：1883年李松云在上海创办的投资7万元的中国制造熟皮公司。

第一家火柴厂：1879年华侨商人卫省轩在广东佛山创办的巧明火柴厂。

第一家机器轧花厂：1886年买办商人严信厚在浙江宁波创设的通久源机器轧花厂。

第一家制药厂：1888年顾松泉创办的上海中西大药房，投资5万元。

第一家电灯厂：1890年商办的广州电灯厂。

第一家纱厂：1894年道台朱鸿度在上海创办的裕源纱厂。

上海发昌机器厂是中国第一家制造蒸汽机引擎的工厂。

上海永昌是中国第一家制造缫丝机的工厂。

4. 中国民族产业资本主义的产生

在华外资企业使用先进机器设备获利甚丰的极大诱导作用，洋务派创立军工厂引进外国机器设备进行近代工业生产的先导作用，及其大办民用企业的示范作用，这些都促使拥有相当数量货币财富的买办、商人、官僚、地主和手工业者投资创办近代企业，谋求财富的更快增值。据不完全统计，到1894年甲午战争，华资私营工矿、航运企业约126家，其中包括机器缫丝厂、棉纺织厂、面粉厂，以及采矿和公共事业等，其中资本在万元以上的54家，资本总额480.4多万元，如果加上万元以下的企业的投资，资本总额约700万元。它们集中分布在广东（52家）、上海（45家），另外29家零星分布在15个省，其中西部地区只有重庆有2家火柴厂。这些民族工业，代表着中国社会新的生产力和新的生产关系。它们的设立主要是通过两种途径，一是由一些官僚、地主、买办和商人投资兴办的新厂；一是从原来的旧式手工业工场、作坊开始采用机器生产转化而来的。它们的出现，意味着一个新的阶级——民族资产阶级登上了中国的历史舞台，向呆滞的衰老的封建社会机体注进了文明进步的催化剂，导致了20世纪中国一系列的经济、政治、文化的大变革，成为近代中国社会发展的一个进步因素。

二、中国民族产业资本主义的资本来源

中国产业工业资本的原始积累不同于西方，由资本主义工场手工业转化为机器大工业的成分很少，民营资本来源主要有以下几类。

1. 买办资本

如前所述，早期中国的机器工业除了清政府直接拨款，第一批向工业投资的私人就是买办。由于他们是外资在华企业的代理人，对于资本主义企业和管理方式及其投资的丰厚回报也更熟悉，因而他们早就向外商在华企业"附股搭办"。后来洋务派官办民用企业开始招收商股时，首先投资的也是那些买办，进而买办开始独资创办民用企业。买办开了私人资金投向近代企业的先例，并成为早期私人资本投资近代工业的主体。其代表人物有唐廷枢、郑观应、徐润等。

2. 官僚地主资财

到了19世纪60年代，中国的官僚地主中的一部分人由于与洋务运动接触较多，逐渐地对资本主义新事物有所认识，一些比较开明的官僚和士绅开始在地租剥削之外，将一部分资金投向工业。如李鸿章既代表政府，也是这类官僚地主的代表，他除了在安徽合肥购有大量田产之外，更多的资本投资在几个大型民用企业里，如招商局、电报局、开平煤矿，还有上海伦章造纸厂等。其他的代表人物有张謇、盛宣怀、周学熙等。

3. 商业资本

在有买办之前，商人是中国最富有的阶层。在买办的影响下，他们通过各种方式投资于近代产业。商人资本投向工业并不像买办的投资那样果断和明显，发展缓慢而且谨慎。早期私人资本所办的近代企业，几乎一切是较为重要的企业，都是"官督商办"或"官商合办"，前面一定要加上一个"官"帽子。在1875—1894年的16家新式煤矿中，纯官办的6家，另外10家都挂着"官督商办"的招牌。

以上三类资本形成了中国民族工业中的私人资本。有人统计过，在1872—1913年，近代企业的创办人中，地主占55.9%，买办占24.8%，商人占18.3%，而投资于近代企业的地主，大都有某种官僚身份，很多是二、三流的洋务派或洋务派的幕僚，绝少是地主。民营资本的量相对外资与政府资本而言是很小的，到1894年只占8%，最高时也没有超过20%。而外资在华企业资本1894年占60%，最高时占83%，处于优势地位。同时，民营资本所创办的企业中，大部分企业的资本在10万两以下，少的只有几千两，工厂规模极为有限，技术设备简陋，许多工厂手工操作程序还占很大部分，技术人才更是缺乏，这使得私营资本的力量微弱，也就是说，中国民营企业在它诞生的初期,就碰到了比它强大得多的对手:既无法与外资工厂竞争,也难以同官办企业抗衡。顺便提一下,如前所述,外资在华企业资本中有一部分来自中国官僚、地主、买办和商人,不能全部看作外国对华的资本输出。

三、中国第一代资本家阶级的形成

1. 中国第一代资本家阶级是中国早期资本积累的产物

同中国早期资本积累的特点相呼应,早期近代企业资本家不是从工场发展起来的,而是在引进西方生产方式的情况下,由买办、官僚、地主、商人等演化而来的。因此,其时机器工业在整个工业经济中的比重虽然很小,但这类企业资方代表人物的活动却十分重要。他们身份复杂,有的是企业的投资人,有的是创办人,有的是政府资本经纪人,而大多数又具有两种或两种以上的身份,并在不断变化之中。这个资方阶层的扩大,就形成了中国第一代资本家阶级。

2. 中国第一代资本家阶级阵容分析

19世纪80年代兴起的官督商办企业的创办与经营,展示了中国早期工业资本家的阵容。最早一批新式企业的主持人,都是官方资本的经纪人而不是直接的资方,他们在经营过程中利用封建特权肥了自己,反过来再投资于企业,而演变为资方。到官督商办时代,投资者无疑是私方,而官府派的督办者大部分是以官员身份而不是以资方身份出现的,但他们中的一部分与此前的政府军火工业主办人一样,从中渔利,用权力积累了私人资本而跻身资方行列。所有这些在企业中以政府资本经纪人或官方委派督办的官员身份出现的人,还不能算作资产阶级的成员,只有当他们积累了一定的私人财富并以私人资本形式投资于企业时,才能视其为资产阶级的一员。对于这类资产者,只能说他们来自官僚,一旦其资本入股企业,便同其他资本一样,加入了企业的资本主义生产和流通过程。在资本主义的统一前提下,资本所有者是属于一个阶级的。不过,与下面两类工业资本家相比,他们的资本和权势就大得多,说他们是中国资产阶级的上层或大资产阶级应是成立的。

一类是在传统行业中由于或多或少地使用了新式机器,一部分工场主发展成为工场资本家。

还有一类是控制小生产者的包买主。包买主操纵原料,组织分散的民间工匠为之制作产品,然后统一收购和销售。这实际上是一种商业资本转化为工业资本的雏形。在包买主组织下的工匠，因为靠出卖劳动力生活而变为雇佣工人，而包买主则成了工业资本家。

上述这两类资本家应当属于当时中国资产阶级的下层或小资产阶级。他们中有部分人逐渐转为工厂老板，发展成为更富有的资本家。

四、中国民族产业资本主义的主要产业领域

中国民族产业资本主义的主要产业领域有一个很大的特点，即与中国农业的联系十分密切，或者说就是以农业资源为基础。

1. 缫丝业

缫丝业是中国民族资本主义机器工业产生最早、企业最多的部门之一。民族资本缫丝业的第一家机器工厂，是广东南海华侨商人陈启沅于1872年在家乡南海创办的利用新式蒸汽机的新式蒸汽缫丝厂，即继昌隆缫丝厂。生丝是我国传统出口商品的大宗，由于生丝出口的增加，缫丝业有了较大的发展。1874年在广州附近已有缫丝厂5家，1881年发展到11家，到90年代初增加到数十家，其中大厂雇工数百人，广州因此成为民族资本缫丝工业中心。1881年以后，上海也开设了几家缫丝厂，每厂有缫丝机200多台，工人数百人。但由于外资缫丝厂的竞争，使上海缫丝业的地位远不如广州。

2. 棉纺织业

甲午战争前，民族资本在棉纺织业发展十分有限，企业较少，1891年创办的华新纺织新局成为官商合办，后以聂缉椝（曾国藩女婿）收买，改为恒丰纱厂，成为商办企业。1894年道台朱鸿度在上海创办了裕源纱厂，有纱锭2500枚，也实系商办企业。此外，在福州、镇江、天津、重庆、扬州、广州都曾有本地绅商酝酿兴办纱厂，虽均未能成功，但已开始表现出商人投资棉纺织业的热情。

与棉纺织业相关的机器轧花也有发展。1887年由严信厚创办的宁波通久源轧花厂，资本5万两，雇工三四百人。该厂获利后，1896年又办了通久源纱厂。另外，1891年在上海建立的棉利公司、源纪公司和1893年建立的礼和永轧花厂都有相当规模。

3. 火柴制造业

火柴工业，本身比较简单，不必使用大量固定资本，可以廉价雇用童工和女工。而且火柴家家必备，有比较广阔的市场。所以，火柴工业的兴起较快，虽然每一个企业规模较小，但企业较多，分布地区也较广泛。

民族资本的火柴制造业，兴起于19世纪七八十年代。1879年，华侨卫省轩在广东佛山开办了中国的第一家火柴厂。19世纪80年代下半期，淮系官僚杨宗濂，汇丰银行买办吴懋鼎等，创办了天津自来水公司。1890年，买办商人叶澄衷在上海设立了燮昌火柴厂，四川商人卢干臣在重庆创办了森昌泰火柴厂。此外，厦门、广州、太原等地，也有民族资本火柴厂创办，在1894年前，中国民族资本的火柴厂已有12家。

4. 面粉业

1878年，官僚朱其昂在天津创办贻来牟机器磨坊。1887年，福州面粉厂设立，1893年天津商人在北通州创办机器磨坊。1894年北京也出现了一家机器磨坊。甲午战争以前，机器工业大多出现在上海、广东一带，北京近代民用工业绝无仅有，大概就这么一家机器磨坊。然而，就是这唯一的一家机器磨坊，也没有能够站住脚，第二年就被官方禁止。

5. 采煤业

这个时期，民族资本的煤矿共计有安徽池州、贵池煤矿，湖北荆门煤矿，山东峄县枣庄煤矿，广西富川贺县煤矿，直隶临城煤矿，江苏徐州利国驿煤矿，奉天金州路马山煤矿，等等。这些煤矿，大多资本较少、规模较小。为了得到官方的庇护，多采取官督商办的形式，而实属商界性质。由于资金和技术困难，官吏勒索和经营不善，大多开工不久即停闭，即或勉强维持，产量也很少。

6. 金属采矿业

民族资本在金属采矿业中的投资，最早出现于1881年，到1894年为止，中国民族资本金属采矿业，一共出现了14个企业。其中湖北长乐鹤峰铜矿、海南琼州大艳山铜矿、广西贵平天寨银矿、吉林珲春天宝山银矿、热河建平金矿、吉林山姓金矿等维持时间较长，但规模小，使用机器少。最大的一个民族资本金属采矿业，是广东巨富李宗岱等人创办的山东平度招远金矿，开采区域多达数县，前后投资白银80万两，但由于经营不善，加上当地官府不肯支持，最后完全归于失败。

7. 机器制造业

这一时期共创办了12家民族资本机器工厂，多数从手工作坊开始，并为外国船舶修造业服务，实际上是一些修配小厂。这是民族资本最早使用机器的行业。其中第一家民族资本机器工厂是发昌机器厂,它由手工作坊发展而来,1869年开始使用近代车床,19世纪70年代初使用蒸汽动力设备。由于依附外国轮船厂而创办和发展,1900年终被外资耶松船厂所吞并。1881年创办的合昌机器厂,1885年创办的建昌钢铁机器厂等也与发昌机器厂情况类似。

8. 造纸印刷业

造纸和印刷曾是中国四大发明中的两大发明,但后来技术发展不快。1882年广州商人合伙建立广州造纸厂,用机器造纸。1889年商人钟星溪创办了广州宏远堂机器造纸公司。1891年由李鸿章发起募集商股,在上海设立伦章造纸厂,该厂资本15万两,工人100多人,年产量600吨。

由于外资印刷业,特别是上海设立的点石斋石印局,影印中国旧书,石印各种图书,对中国商人起了刺激作用,他们纷纷成立各种书局。其中以买办徐润1888年在上海创办的同文书局规模较大。此外,在广州、杭州也成立了印刷局、石印局。

9. 公用事业

1890年,华侨黄秉常在广州创办一家电灯公司,勉强维持了10年。此外,广州和汉口都酝酿过创办自来水公司,因地方政府不肯支持而没有成功。

除了以上9个部门外,在制茶、制糖、制药、轧铜、玻璃、锯木、制煤饼、制汽水、碾米等方面,都相继出现了一些民族资本主义企业。

注释:

① 《马克思恩格斯选集》第1卷,第256页。
② 同上注,第2卷,第286页。
③ 同上注,第3卷,第220页。
④ 同上注,第2卷,第83页。
⑤ 《列宁全集》第2卷,第150页。
⑥ 《字林西报》,1883年11月1日。

第九章　中国民族产业资本主义的发展

洋务运动催生了中国民族资本主义的诞生。甲午战争后，中国民族产业资本主义得到了快速发展。尤其是甲午战争后至中华民国初期，其发展迅猛，原因很多，但政府大力支持的相应举措值得重视。

第一节　中国民族产业资本主义的发展

甲午战争后至1927年的30余年间，中国民族产业资本主义的发展可以分为两个阶段：甲午战争后至中华民国初期是第一阶段；民国初期至1927年为第二阶段。两阶段民族产业资本主义发展既有联系，又有不同的特点。

一、中国民族产业资本主义的初步发展

甲午战争后，西方列强开始了对中国以资本输出为主的经济渗透，而正如列宁所说："资本输出总要影响到输入资本的国家的资本主义发展，大大加速那里的资本主义发展。"①

从甲午战争后至第一次世界大战前的18年间，中国民族资本工业有了迅速的增加。据统计：这一时期新开设的资本在万元以上的工矿企业共有548家，资本总额12029.7万元，其中民族资本企业为463家，资本总额9082.1万元。民族工业资本在本国工业资本中的比重由甲午战争前的22%上升为75%，②大大超过官僚资本而成为中国资本主义工业的主体。这一时期民族工业的发展有如下特点。

1. 行业范围扩大，但集中于轻工业

这一时期产生的民族资本企业，从行业上看包括：矿冶、金属加工、水电、硅酸盐工业、纺织、食品、造纸、印刷、火柴、肥皂、制革等行业。但这一时期发展的重点主要是轻工业，它占全部投资总额的61.6%。其中，尤以棉纺织业和食品工业（主要是面粉工业）的发展最为显著。据统计，这一时期设立的549家企业中，纺织业为160家，资本总额3024.6万元；食品加

工业为 125 家，资本总额 1888.5 万元。除了纺织、食品工业之外，榨油、肥皂、造纸、印刷、制革、火柴、卷烟等轻工业都有较大的发展。其中火柴、卷烟两业的发展比较引人注目。1895—1913 年，新设火柴厂 58 家，资本总额 300 万元。从 1895—1908 年，新设卷烟厂 20 家，投资总额 137 万元，其中 1906 年设立于香港的南洋兄弟公司最为著名。③

在重工业方面，一些部门也有所发展。建立了如湖北水泥厂、山西保晋矿务公司、上海求新机器造船厂等一批重工业企业。重工业中水电工业发展较快，商办水电厂达 45 家，资本 2130 万元。全国所有的大城市和通商口岸几乎都有了水电工厂和电灯。上海内地自来水厂、汉口既济水电厂、武昌水电厂、广州电力有限公司等资本均在 150～300 万元。重庆的蜀川电灯厂、成都的启明电灯厂也是在这一时期创办的。

2. 主要集中在沿海沿江的大中型城市

这一时期的民族资本企业主要产生于上海、武汉、天津、广州、杭州、无锡、南通等沿海沿江大中城市，其中以上海为最。1895—1914 年间新开设万元以上的工矿企业，上海 83 家、武汉 28 家、天津 17 家、广州 16 家、杭州 13 家、无锡 12 家，占新开设工矿企业的近 1/3。可见，工矿企业的分布非常集中。

3. 技术、设备条件有所提高

这一时期新设的工矿企业，大多引进了先进的进口机器设备，生产技术水平有所提高。以榨油业为例，榨油业比较集中的奉天（沈阳）、营口、大连等地，大多用铁制螺旋式压榨机取代了石碾和木榨，用蒸汽动力取代了牛马等畜力。采煤业，原来是用竹筒抽水，铁镐挖煤，进入 20 世纪初期以后，竹筒大多为抽水机所代替，机器生产有很大发展，纺织工业这一时期普遍地使用了转速更高、质量更好的机器。面粉企业普遍用钢磨代替了过去的石磨。生产技术水平的提高，对这一时期民族工业的发展起到巨大推动作用。

4. 资本来源增加

这一时期产生的民族资本企业，其原始资本的来源，比甲午战争之前有了明显扩大。原始资本主要来源于五种情况。

第一，一部分官僚、士绅把前资本主义剥削得来的货币财富，转化为工商业资本。例如，张謇就是一个状元资本家，由封建绅商转化为民族资本家的著名代表。他考中状元之后辞去官职从事工商业。从 1896 年起筹建南通大生纱厂，投资白银44.5万两，成为近代著名的民族资本家。

第二，商人把商业利润积累起来，从事工矿业投资。商人投资办厂，最著名的有荣宗敬、荣德生兄弟。1896年，荣氏兄弟的父亲荣熙泰，与人合伙在上海设广生钱庄，1900年与人合办无锡保兴面粉厂。1903年，保兴改组为茂新，1905年，荣氏兄弟与人合伙创办了振新纱厂。20年间，荣家企业发展壮大，形成了面粉厂12个、纱厂4个的荣氏企业集团，1921年，成立茂新、福新、申新，总公司设于上海。

第三，买办的资本转化为民族资本。这一现象早在甲午战争之前就有发生，甲午战争之后，这种现象更加增多。例如，曾担任宝顺洋行副买办的徐润，于1902年与人合资收买了上海云章衫袜厂，改名景轮衫袜厂。曾任怡和洋行和上海电气电车有限公司买办的祝大椿，先后开办了源昌机器碾米厂、源昌机器缫丝厂、华兴机器面粉公司等企业。东方汇理银行买办朱志尧，也先后开办了上海同昌榨油厂、上海求新造船厂、上海申大面粉厂等。

第四，华侨商人携带巨款回国投资。甲午战争之后，清政府鼓励华侨商人回国投资。在这一形势下，不少华侨回国办厂。例如，著名的民族资本家张振勋和简氏兄弟，就是这一时期携带巨款回国投资办厂的。张振勋是著名南洋富商，1895年前后，他从欧美等地采购了数十万株优质葡萄秧，移植山东，以此为原料，在烟台设立了著名的张裕酿酒厂。另外，他还兴办了其他许多企业，例如：佛山机器制砖裕益公司、广州机器织布亚通公司、惠州福惠玻璃公司等。

简照南、简玉阶兄弟，早年在香港经营怡兴泰商号，经营百货。1905年他们开办了广东南洋烟草公司，厂址设在香港。1909年，简氏兄弟改组该厂，更名为广东南洋兄弟烟草公司，公司资本为13万元，此后该公司逐步发展成中国民族资本卷烟业中规模最大的企业。

第五，工人用手中积累的一部分货币投资办厂，上升为资本家。这种情况很少，在中国民族资本家中，出身工人比较有名的有夏瑞芳和鲍咸恩、鲍咸昌兄弟。夏瑞芳和鲍氏兄弟早年都是报馆排字工，1897年，他们集资3750元，在上海创设了一个小型印刷工场，名为商务印书馆。1902年，清政府颁布学堂章程，通令全国兴办学校。商务印书馆抓住时机，大量出版学校用书，由此，营业日见兴旺，后来发展成为中国出版界规模最大、名声最著的企业之一。

二、中国民族产业资本主义的进一步发展

第一次世界大战后的七八年中,中国民族产业资本主义利用第一次世界大战创造的有利时机,获得了进一步发展。

1. 厂矿单位和投资数额迅速增加

第一次世界大战前,发展最快的 1904—1909 年,平均每年注册的工厂有 50 家,而 1914—1919 年,平均每年注册的工厂有 90 家。战后的最初几年注册的工厂数仍继续以较快速度增长,这一时期被称为中国民族工业发展的"黄金时代"。

据不完全统计,1914 年全国资本较大的厂矿公司共计 146 家,资本总额 4100 万元。1922 年,厂矿公司增加了 379 家,资本总额 1.6 亿元。公司增加了 1.5 倍,资本总额增长了近 3 倍,企业平均资本由 28 万元增至 43 万元。

这一时期,民族工业的机械化程度也有较大提高。1913 年,全国工厂使用的蒸汽动力为 4.3 万匹马力,1918 年增加到 8.2 万匹马力,增加了约一倍。同期,全部机械动力也增加了一倍多。机器进口值从 1913 年的 800 万两白银增加到 1921 年的 5700 万两白银。

这些情况表明,这一时期中国民族工业的发展快于以往任何历史时期。

2. 民族资本主义工业在各部门都有所发展,特别是轻工业中的纺织业和面粉业发展很快

纺织业:第一次世界大战开始后,洋纱的进口量逐年减少。1913 年进口洋纱 263 万担,1921 年减为 110 万担。由于洋纱进口量减少,引起国内市场棉纱价格上涨,生产纱布的盈利成倍增加。高额的利润激起这一时期的建厂高潮。1913 年,属于中国资本的棉纺厂全国共 40 余家。1914—1922 年,新增的棉纺织厂达 54 家,工厂数增加了一倍以上,纱锭和织布机数都增加两倍以上。

面粉业:第一次世界大战开始后,欧洲国家的民用工业生产停减,面粉输出锐减,并且由于战争需要,反而由中国输入面粉。因此,使中国面粉进出口贸易发生极大变化,由入超变出超。中国面粉工业国外市场的扩大,使生产面粉的盈利骤增,从而促进民族资本面粉厂的迅速增加。1895—1913 年的 19 年中,全国陆续开办的面粉厂有 53 家。而 1914—1922 年的 9 年中,就迅速增加了 108 家,为 1913 前 20 多年所建面粉厂数的两倍。④这一时期面粉

厂的规模也日益扩大，1912—1915年，面粉厂平均资本近10万元，1916—1919年平均资本已增至16万元。

这一时期民族资本重工业也有所发展，包括煤矿、冶铁、水泥、航运、机器制造业等。

采煤业：第一次世界大战中对煤的需要迫切，煤价骤增，也刺激了采煤业的发展。1913年，中国资本开采的煤产量只有580万吨，1920年上升到1080万吨，8年间增长了66%。

机器制造业：中国的民族资本机器制造业虽说一直十分弱小，且多以修配业为主，但在此阶段中的发展速度还是相当快的。以上海为例，在1914—1924年间，民族资本机器厂从91家增加到284家；同时生产装修的机器也越来越多，为民族工业扩大再生产提供了较多的帮助。1915年开始，民族机器工业制造的车床，出现于市场并一度行销于东南亚。1918年，上海鸿昌机器厂仿造内燃机成功，标志着民族工业在机器制造方面的重大进步。

这一时期民族资本水泥业、航运业等都有一定发展。水泥业，第一次世界大战期间，新设厂著名的有上海水泥公司、中国水泥公司及太湖水泥公司。航运业，最典型的是虞洽卿独资创办的三北轮埠公司，由于获利丰厚，还收买了英资经营的鸿安轮船公司。

3. 民族产业资本主义在地区的分布上进一步扩张

从这一时期所建的民族资本主义工业企业的分布来看，已逐渐从沿海地区向内地和北方扩张。以纺织业为例，第一次世界大战前，民族资本纱厂主要集中于上海、武汉、无锡、南通四城市，大战期间，上述四地纱厂仍在进一步发展，同时又出现天津、青岛、济南、芜湖等新的棉纺织工业中心。

民族产业资本主义在第一次世界大战期间获得迅速发展之后，从1922年开始，从兴盛走向衰落。表现为：一是建厂数字下降，在农商部注册的新建厂矿，1920年为70家，1921年为61家，1922年则减为46家，1923年为14家，1924年则仅为11家；二是增长率降低，1922—1925年间，民族资本纺织业纱锭数仅增长了20%，而大战期间的增长率曾高达200%。据统计，从1923—1931年，新建华资纱厂共25家，但同期，改组者19家，为债权人接管者5家，停工者11家，出售者17家。民族资本企业出现停工停产，倒闭者增多。

总之，民族工业在甲午战争之后，特别是第一次世界大战期间有了很大发展。但是好景不长,一战结束后各列强国势力逐渐恢复,卷土重来。中国的民族产业资本主义便失去了发展的最佳条件。

第二节　中国民族产业资本主义获得发展的原因和特点

甲午战争之后,中国民族产业资本主义获得了较大发展,其原因主要有社会经济条件的变化、社会政治条件的变化、特殊的国际社会历史条件三个方面。其特点有发展的不平衡性,资本弱小、资本积累仍以原始积累为主,发展的不稳定性三个方面。

一、民族产业资本主义获得快速发展的原因

1. 社会经济条件的变化

资本主义经济的发展,必然以自然经济的瓦解为前提。在甲午战争之后,由于西方列强侵略程度的加深,中国的封建自然经济发生了很大变化,这为中国资本主义获得一定程度的发展创造了社会经济条件。

(1) 甲午战争后,西方列强在中国获得了更多的特权。《马关条约》的签订,使西方列强在中国获得的通商口岸迅速增加,中国从沿海到内地其大门已全部被西方列强打开,任由西方列强进行商品倾销和原料掠夺。这种形势使中国传统的自给自足的自然经济发生了很大变化,造成农业商品化程度的提高和商品经济的发展,使自然经济的瓦解深化,为资本主义工业的发展,提供了不断扩大的市场。

(2) 19世纪末,世界各主要资本主义国家都已相继完成了工业革命,大机器工业已成为这些国家占主导地位的生产方式。西方列强不仅用先进的机器设备装备它们的在华企业,并且向中国出口这些机器设备。中国的机器进口总值,1913—1921年,增长了6倍多。这使得中国资本主义工业的发展在主要的生产资料方面,具备了较好的物质基础。同时,由于国内铁路、航运、电信等事业的不断发展,改善了商品流通的条件,这就有力地促进了国内市场的开拓。

(3) 从1895年至20世纪20年代末,中国的资本原始积累和资本积累同时得到了加强。一方面,大批封建军阀、官僚把他们从人民手中掠夺的大批财富投资于工矿企业;另一方面,不少地主、买办、商人、高利贷者也投资

于工矿工业,从而把来自前资本主义剥削的货币财富转化为近代产业资本,加速了中国资本原始积累的进程。与此同时,获得高额利润的新兴民族工业,又将利润转化为资本,使企业得到飞速的发展,从而加速了资本积累的过程。中国民族资本主义工业在 20 世纪初的较快发展,资本积累的加强是重要原因。

(4) 自然经济瓦解过程中,随着农产品商品化程度的提高,大批农民因为失地,因为城市吸引而被迫走进劳动力市场,从而提供了产业发展需要的雇佣劳动力,促使产业资本主义发展。

2. 社会政治条件的变化

在半殖民地半封建社会条件下的中国,资本主义的发展虽然遭到了国内封建主义的阻力,但是,作为历史潮流的资本主义体系的世界力量总是不可阻遏地渗透到中国大地,迫使封建势力做出让步或改良,为民族资本主义发展提供一定的条件。同时,也由于在甲午战争后,资产阶级在斗争中还是逐渐争得了一定的权力,从而使资本主义经济的发展得到一定的保证。

(1) 资产阶级的斗争迫使清政府和北洋政府在较大程度上允许并保护资本主义经济的存在和发展。19 世纪末,内外交困的清政府在人民爱国运动的强大压力下,不得不改变压制资本主义工商业发展的一贯政策,做出了允许和鼓励民间设厂的姿态。1898 年,总理衙门议定《振兴工艺给奖章程》。1903 年,清政府将"戊戌变法"的相当部分举措付诸实践,诸如成立了商部并由商部陆续颁布了《商法》《公司商律》《公司登记法》《破产法》等法律、法规。在一定程度上保障了民族资本主义的发展。同时,促进一大批官僚、军阀、地主士绅从传统的"轻商""贱商"的封建意识中解脱出来,投资于近代工商业,这对资产阶级力量的加强起到了促进作用。

辛亥革命是一次资产阶级革命。革命的爆发和南京革命政府颁布的许多法令,都对资本主义工业的发展起了推动作用。尽管辛亥革命的成果很快就被北洋军阀集团篡夺了,但资本主义发展的趋势是无法阻止的。北洋军阀、官僚们为了取得资产阶级的支持并为维护他们自身在工商业投资上的利益,也先后颁布了《暂行工艺品奖励章程》《公司条例》《公司保息条例》《矿业条例》《农商部奖励规则》等法律、法令。这些法律、法令在一定程度上保障了民族资本商业的发展,刺激了民族资本家投资办厂的积极性。

(2) 甲午战争激起了举国上下掀起救国图存、挽救危亡的爱国主义运动。在人民群众的反帝爱国运动中，发生在20世纪初的"抵制美货运动"和"收回利权运动"，在不同程度上打击了帝国主义的侵略势力，夺回了一部分被帝国主义强占的权益，直接促进了中国民族资本主义的发展。如在抵制美货中产生了瑞丰面粉厂、南洋兄弟烟草公司等企业；在收回利权运动中产生了启新洋灰公司、保晋矿务公司、川江轮船股份公司等企业。

在反帝爱国、救亡图存的运动中，一批从封建士大夫阶层中分化出来的具有资产阶级意识的知识分子掀起了"维新变法"运动。他们提出的发展中国资本主义的主张，对于民族资本家兴办企业起到了号召和鼓励的作用。在这种形势下，一些封建官僚开始投资或直接创办工业企业，这也推动了20世纪初兴办民族工业的运动。

3. 特殊的国际社会历史条件

（1）第一次世界大战缓解了列强对中国的压力。

除去上述的经济、政治条件的变化外，促使中国资本主义迅速发展的另一个因素是第一次世界大战的爆发。第一次世界大战爆发及由此导致了西方列强在政治、经济两方面对中国的侵略压力有所减轻。1914—1918年第一次世界大战，有30余国参战，动员了400余万人入伍。由于战争破坏，各国生产下降，输出能力也下降，因而对中国的商品侵略明显减弱。1914—1918年，我国进口额大为减少，为本国工业品腾出了一部分市场。同时，各交战国对粮食的需求增加，价格低廉的中国面粉在国外获得了市场。这样，国内外市场的扩大，为民族资本主义工业发展提供了有利的条件和机会。同时，国际市场白银升值，引起中国银两升值，增强了中国货币购买力，并减少了对外贷的支付额。

（2）以美国为首的新兴资本主义国家要求老牌资本主义国家对中国"减压"。美国作为新兴的日渐强大的资本主义国家，出于自身利益及全球化战略的需要，"要求"列强缓解对中国的各种压力，也成为外部条件之一。

二、中国民族产业资本主义发展的特点

中国的民族资本主义与帝国主义、封建主义有矛盾，具有反帝反封建发展民族经济催生中国现代化的巨大进步性；但是它又不能不依赖帝国主义、封建主义，具有与它们不能割断联系的软弱性。正如毛泽东所指出的："民族资本主义有了某些发展，并在中国政治、文化生活中起了颇大的作用；但是，它没有成为中国社会经济的主要形式。它的力量是很软弱的，它的大部分是对于外国帝国主义和国内封建主义都有或多或少的联系的。"⑤毛泽东的认识，集中地阐明了中国民族产业资本主义的根本特点，表明中国民族产业资本主义的发展有其自身的局限性。

1. 发展的不平衡性

中国民族产业资本主义发展的不平衡主要表现在两方面。

第一，工业结构不平衡。资本主义工业发展的一般规律是从轻工业开始，特别是从对瓦解自然经济有重大作用的纺织工业开始，然后带动其他轻工业部门与行业的发展。轻工业的发展要求重工业在机器设备、动力、运输等方面提供保证，从而有力地促进重工业的发展。重工业的发展又使轻工业进一步提高了生产力水平。轻、重工业相互促进协调发展，逐步形成完整的、健全的工业体系。中国的民族资本工业虽然也是从轻工业的纺织业开始发展的，并且推动了面粉、火柴、榨油、烟草等轻工行业的发展，但是在重工业方面，民族资本的力量却十分薄弱。西方列强的在华企业几乎控制了全部重工业生产部门，20世纪20年代末外国资本在下述重工业部门中的比重分别是：铁路，92%；轮船，77%；煤矿，72.1%，其中机械采煤，78.3%；电力，66%；石油，100%；钢铁，95%；铁矿石，99%。从中可以看到，在重工业方面中国资本是何等薄弱。

在民族资本发展较快的轻工业部门中，各行业的发展也不平衡，其中纺织、面粉两业竟占全部资本及生产总值的一半以上。民族资本工业发展的严重不平衡，造成民族资本发展的畸形性与脆弱性。它使民族工业不得不在设备、动力、原材料、燃料、运输等重要生产资料和生产手段上高度依赖于西方列强。

第二，工业布局不合理，发展速度不平衡。中国民族资本工业企业主要集中在沿海和沿长江的大中型城市，其中，尤以上海、天津、广州、汉口等通商口岸最多。据统计，到1919年，全国共有375个注册工厂，其中，江苏155个，占41%；河北57个，占15.2%；浙江42个，占11%；广东33个，占9%；山东31个，占8%。江苏、河北、浙江、广东、山东五省，就占85%以上。其余20多个省加起来，还不到15%。棉纺织业是中国民族工业中最为发达的一个部门，而棉纺织企业绝大部分却集中在江苏一省。1918年，全国机器纱锭的80.3%集中在江苏，而四川、云南、贵州、陕西、西康、新疆等内地省份连一枚纱锭也没有。

另外，中国民族工业的发展速度变化剧烈。在第一次世界大战期间，中国的民族工业飞速发展，资本总额增加了两倍多。但是在20世纪20年代，这种高速度即变为停滞和萧条。这表明，在第一次世界大战时期，民族工业发展的高速度并没有牢固的基础。

2. 资本弱小，资本积累仍以原始积累为主

封建势力野蛮的统治，造成了中国民族工业资本原始积累的薄弱，其力量十分弱小。西方资本主义发展的历史，一般经过了从手工作坊到工场手工业，进而发展成机器大工业的三个过程。在工场手工业阶段，西方资本主义发展完成了资本的原始积累，这为资本主义的生产方式的最终确立积累了雄厚的物质基础。但是，中国资本主义的发展与西方国家不同，它既没有一个完整的资本原始积累阶段，而当民族资本主义工业产生后，资本的积累的主要形式又仍然属于资本的原始积累。前面已经介绍，自甲午战争之后，民族工业的资本大多来源于官僚、地主、买办、商人的投资，这种现象一直延续到20世纪20年代。在民族资本家中，几乎没有从工场手工业主转化而来的。即使是在民族工业迅速发展的时期，靠企业利润进行资本积累，从而扩大企业规模或投资新企业的现象也很少。以棉纺织业为例，1915～1922年，工业资本家的再投资仅占10.4%，而官僚、士绅的投资占总投资的75.1%。这种情况表明，中国的民族资本企业在资本形态上，具有企业资本量小、企业规模小、设备简陋、企业本身的资本积累程度低、扩大再生产能力弱的特点。

3. 发展的不稳定性

民族产业资本主义的发展，始终面对国内强大封建势力和国际资本主义势力的双重挤压，在其资本弱小、力量单薄的状态下，其发展十分艰难，其发展过程起伏波动巨大，因而呈现出发展的不稳定性。外国大资本不会因为几百、几千、几万甚至几十万元资本的中小企业众多而感到威胁，但一旦有些企业发展到具有竞争实力时，外资就会千方百计予以打击或兼并。上海求新造船厂1919年被法国资本吞并；上海裕晋纱厂1897年被英商协隆纱厂兼并；兴泰、大纯、九成三厂分别于1902年、1906年、1908年被日商兼并；等等。

三、资本集中和资本集团的产生

1. 中国民族资本的集中

中国的民族资本工业，较早地发生了资本集中的现象，并在这种资本集中

的过程中，产生了一些具有垄断性的资本集团。其中著名的资本集团有张謇的大生纺织资本集团，荣家兄弟的纺织、面粉资本集团，周学熙的水泥、纺织、玻璃资本集团，刘鸿生的火柴资本集团，简氏兄弟的烟草资本集团和范旭东的化学工业资本集团，等等。这些资本集团都集中了一两千万元以上的庞大资本。

2. 中国民族资本集团的产生

中国民族工业资本中最早出现的资本集团是张謇的大生资本集团，大生集团以棉纺织业为中心，骨干企业是1899年投产的大生纱厂，有资本44.5万两白银。为了解决纺织业原料来源、运输、产品加工、技术、机械维修等问题，陆续创办了通海垦牧公司、广生油厂、资生铁冶厂、大达外江轮步公司以及蚕桑染织、酿造、肥皂、造纸、印刷等27个企业，还创办了中国第一所纺织专科学校，创办了通海银行，并向其他金融企业投资。20世纪20年代初期，大生资本集团拥有的资本已达2400多万元，成为中国近代资金雄厚、势力庞大的资本集团。

3. 中国民族资本集中、集团与西方国家资本集中、集团产生的区别

中国的资本集团多数是利用血缘关系建立起来的，带有家族性，集团的最高领导者，往往也是家族的至尊，并在企业集团中以家长身份实行着统辖，维持着集团内部的统一。中国的资本集团产生后就开始发挥某种垄断组织的作用。其垄断形式一般表现为划分市场和规定短期价格的卡特尔形式，属于垄断的低级形态。当然也有极个别的达到较高形态的垄断，如周学熙集团迫使国内其他水泥公司接受联营协定的条件，其垄断形式近似于资本主义进入帝国主义阶段的辛迪加形式。但是应当肯定，中国资本集团的垄断具有一定的不成熟性和不稳定性，它同资本主义生产方式高度发达时期的垄断相比较，具有自己的特殊性。

在西方国家，资本积聚和集中并由此产生出垄断组织，是资本主义较高程度发展的结果。在中国，民族资本的发展，在经济上有封建自然经济的破坏与阻碍；在政治上，缺乏国家政权的有力保护。民族资本工业一诞生，就要面对势力强大的外国垄断资本的挤压，它从没获得过自由竞争的良好社会条件，形势逼使它极早地进行资本的集中，产生资本集团并具备一定的垄断功能，这种垄断的作用是防御性的，是为了在帝国主义强大的侵略面前求得生存，虽然这些资本集团也起了一些兼并本国小企业的作用，但它并没有改变自身与被兼并的企业的民族资本性质。

4. 中国民族资本集团产生的积极作用

民族资本集团的产生和它所具有的垄断性，在中国近代有其积极的历史作用，它使得中国民族资本企业在竞争中得以生存和发展，并在一定程度上能与外国资本主义的压力相抗衡，避免了被外国资本主义分化瓦解、挤垮兼并的命运。因此，对民族资本企业集团的这一积极的历史作用应当加以肯定。尤其值得一提的是，大生纱厂与洋纱的竞争被著名史学家章开沅先生称为一场对抗双方实力悬殊的"悍战"。在1913年以前的中外纺织工业竞争中，大生纱厂成为众多华资纱厂的唯一幸存者，并获得长足发展。

第三节 民族资本主义发展的政府支持举措

自甲午战争后至北洋政府结束即1927年止，中国民族资本主义得到较大发展的三大原因之一是政府的支持。较系统地阐述政府对民族资本主义经济发展的支持举措，有助于认识政府在经济发展中的作用，也有助于今天发展非公有制经济的政府作为。

一、甲午战争后清政府的支持举措

在内忧外患、统治岌岌可危的形势下，面临严重的财政困难和经济困难，清政府被迫放弃以官营企业垄断产业的政策，转而对私人资本的设厂制造由默许、承认到广为提倡和扶持。维新运动失败后，又逢八国联军占领北京的劫难，1901年1月，清政府在逃亡途中宣布"刷新政事"，实际上也就是维新党人未能实施的一部分维新变法纲领的"克隆"，因为进一步加重的民族危机已使清政府除了发展私人企业外别无选择。其主要措施如下。

1. 招商引资，鼓励创办私人企业

1895年清政府认为对于办理无大效的官办军火、造船、机器等厂"应从速变计，招商承办"，并派员到南洋各地和旧金山，号召华侨出资承办，或另建新厂，"一切仿照西例"。为提倡民间办矿，1904年3月颁行《矿务暂行章程》规定，华商办矿务，如能独出资本50万两以上者给予优奖。1905年1月又降低投资"门槛"，将领取探矿执照和开矿执照需各缴5000两和4万两的保单，改为凡资本在万两以下的矿商，按其资本四分之一与二分之一交呈保单，确可核准开工。这与原安徽省规定非资本10万元不准开办和有的省规定要开矿先缴饷银2万两的要求相比,显然要优惠多了。此外,还向民间开放了铁路修筑权,鼓励商办铁路。

2. 开设新式学堂,培养专业技术人员

废除八股(1901年),废科举(1905年),1904年和1906年先后设立高等实业学堂和艺徒学堂,后改为中等和初等实业学堂。到辛亥时,全国共设工艺局厂、传艺所或劝工场之类技术培训班1019处。

3. 设立工商管理机构

1895年,光绪皇帝采纳御史大夫王鹏运的意见,为了"官商一气,力顾利权",决定沿海各省设立商务局,主持设厂和协调商务等事。1896年又通饬督抚分别在省会设立商务局,由各商会自行推举信得过的绅商,派充局董,驻局办事。各府、州、县也在水陆通衢设立通商公所,联络协助。首先响应号召设立商务办理棉纺织工厂的是张之洞。1898年先有设立商务大臣之议,后在戊戌维新时设立农工商总局,实际上就是商部,端方为督理农工商总局大臣。江西、汉口、上海等地都办起了商务局。慈禧政变后仍然延续了这些措施。1902年2月,清廷向各地委派大臣专办商务,并责成各省督抚认真兴办农工要务,振兴工商,并命袁世凯为督办商务大臣。1903年9月7日,清政府降谕设立商部,把商部在中央行政体制中置于仅次于外务部而列于其他各部之前的地位,任命时年28岁的载振为尚书;同月又裁撤路矿总局,将其事务划归商部办理。10月,商部奏准再饬令各省分设商务局和商会;要求各地官员同商人联络一气,广为游说私人兴办企业,并随时认真保护。1906年,清政府对中央各部进行改组,将工部并入商部成立农工商部,统管全国工商事务,将原来由商部管辖的轮船、铁路、邮政事务划归新设的邮传部。

4. 制定工商法典

从法律上公开承认私营工商企业,打破了洋务派对新式工商业的垄断。甲午战争之后,政府为了振兴工商,逐渐从抑商、贱商转向保护工商,并开始考虑为工商投资及其发展提供法律保证。1898年清政府颁行《矿务铁路公共章程》。后又陆续制定了一些有利于民族资本主义发展的工商法规,如1903年清廷令载振、袁世凯、伍廷芳等负责制定《商律》。1904年1月《商律》中的《公司律》告成并立即颁布实施,给予商办公司与官办、官商合办公司同等的法律地位,同时在无限公司的形式之外又规定了有限公司的形式,使股东对公司债务的清偿仅以其出资额或所认股额为限,有利于调动商人投资工业的积极性。1906年5月颁行《破产律》，对亏蚀破产和有心倒骗规定了不同的处理方法，破产案不再牵涉破产商人的兄弟伯侄和妻子拥有的以及代人经营的财产，且在偿还各债前，要给其留下约敷二年用度的赡家之费；还规定，商人因周转不灵，不能如期偿还债务时，商会应帮助想办法避免倒闭。此外还有矿务章程、商标局法规和印花税则、试办银行章程、储蓄银行则例等。这些商法虽然在实施过程中大多流于形式，但它们以法律的形式肯定了工商业者的社会地位，为工商业者的经营管理活动和合法权利提供了某种保护，也为解决商事诉讼提供了若干法律依据，因而又多少改变了崇本轻末、重农抑商的古老传统，对转变耻言贸易、卑商贱商的社会风气也有好处。

5. 建立奖励从事实业者的爵赏制度

在传统的中国封建社会里，士农工商等级分明，工商业者的地位自两汉以来一直十分低下。为发展本国私营经济，清政府采取对从事工商者实行奖励政策，以刺激资本向工业转化，并扭转贱视工商的传统观念。1898年7月12日，在"百日维新"中，光绪皇帝签发第一份关于奖励工业投资者的命令，倡导和鼓励富有者将资金投向工业。此后，类似的对工业投资及工业技术发明创造人员的奖励不断完善，新的奖励条例先后颁布。1903年起，清政府又制定了《奖励华商公司章程》《奖给商勋章程》《华商办理农工商实业爵赏章程》等鼓励私人投资产业的政策。

6. 奖励企业发起人

1903年颁布的政府对企业发起人的奖励等级规定，集资最小数额5000万元者，其奖励是授农工商部头等顾问官加头品顶戴双龙金牌世袭头等顾问官至三代止；集资2000万元者，授头等顾问官加头品顶戴；1000万元者二等顾问官加二品顶戴；800万元者三等顾问官加三品顶戴；500万元者四等顾问官加四品顶戴；300万元者头等议员加五品衔；200万元者二等议员加五品衔；100万元者三等议员加六品衔；80万元者四等议员加六品衔；50万元者五等议员加七品顶戴。1907年修订奖励条件，上述集资最小数额分别降为2000万元、800万元、600万元、400万元、200万元、100万元、80万元、60万元、40万元和20万元。不过由于高级奖赏条件太高，当时无人能够达到。所以在此后几年的高层次奖励中并没有按照条例进行。

7. 奖励投资者

1907年8月2日批准的《实业劝商章程》对投资者的奖励等级规定，最少投资2亿元、最少雇工1000人者封一等子爵，1.8亿元者封二等子爵，以下每少2000万元而雇工人数不变者，依次封三等子爵、一等男爵、二等男爵、三等男爵，至投资8000万元、雇工500人者，授三品卿并赏花翎，以下每降1000万元而雇工人数不变者，分别授三品卿、四品卿并赏花翎、四品卿、五品卿加二品衔、五品卿，至投资2000万元者（雇工人数不限），授四品卿衔加二品顶戴，1000万元者奖四品卿衔，以下800万元、500万元、300万元和100万元者，分别授二品衔、三品衔、四品衔、五品衔。上述投资数额下限对于绝大多数私人投资者来说，是太高了。为了鼓励更多私人投资，清廷又在9月20日单独敕令，最少投资10万元者，可获7~9等大奖章。

8. 对科学技术人才的奖励

特别新设1~5等商勋，并与官阶结合：如制造轮船、火车、汽车能与外洋新式车船相埒者，造长桥在数十丈以上者，能出新法造电机者，奖一等商勋加二品顶戴；创造各种汽车及查勘矿苗者，奖二等商勋加三品顶戴；创作新式机器制造土货格外便捷者，出新法炼钢铁价廉工省者，造新式农器或农用机器，用新法栽植各项谷种，出新法制新器开垦水利，独立种树5000株以上，独立种葡萄等树能造酒约估成本1万元以上者，奖三等商勋加四品顶戴；改良中国工艺或仿造外洋工艺畅销外埠者，奖四等商勋加五品顶戴；仿制西式物品畅销内地者，奖五等商勋加六品顶戴。

9. 建立商会

"公车上书"中提出建立商会的主张，"百日维新"中把建立商会作为改革内容之一，光绪批准了在沿江沿海各城市倡立商会，并在上海建总商会的建议。"商会非商部所设，而为商部所准立。""商家办事，而其国家助之。公举董事集议，以通达商情，振兴工艺，开拓利益为要图。"1902年在上海成立的商工会议所，是中国近代最早的商会组织。1903年商部设立后，鉴于官商之间和商商之间隔阂，为克服华商"势涣力微"的弱点，按商部的要求，各地设立商会的步伐也大大加快。1904年清政府颁布《劝办商会简明章程》，后又制定《大清商会章程》。商会的职权主要是处理商务诉讼，同时还负有调查商情，处理破产和倒闭，受理设立公司，申请专利权、进行文契和债券的公证以及发行标准账簿等职责。商会按层次分为商务总会、商务分会和商务所三级，总会设立在各省省会或商业繁华地区，分会设在中小城市，公所设在村镇。在海外华侨聚居的新加坡、长崎、旧金山等商埠也成立了以华侨商人为对象的商务总会。到1908年，全国已设商务总会44处，分会135处。到1910年秋，全国除黑龙江、新疆和西藏等边远地区外，各省省会或商业繁华地区都设立了商务总会。

10. 专利和免税

专利和免税以前只给官办或官督商办企业，从"新政"开始，有的私人资本企业也获得专利和免税。

清政府的一些具体措施也体现了其政策观念的转变。清政府不仅公派留学生到西方国家学习农工矿实业，而且突破过去科举取士的传统，商部和其他政府部门还优先录用从欧美学成归来的留学生和国内高等实业学堂毕业生。在对待新式工业和传统手工业二者的关系上，清政府也较为明确地对前者采取扶持态度。

11. 政府支持举措的积极性意义认识

中国向来是抵制工商的，历代政府都颁行一系列禁令打击和限制工商业的发展。转由政府倡导保护工商活动，在中国工商发展史上是一个重大的转折和发展。清廷的这些措施规定不能不说进步、明确、具体。如奖励制度，中国统治者向来有以封官晋爵为手段调控社会行为的传统，开国过程中奖励战功，巩固政权中控制思想建立秩序优先则科举取士，财政窘拙则卖官鬻爵搜取钱财，与发展生产力直接联系相距甚远。在长期中央封建集权形成官本位格局和世风日下，清末将兴办实业的投资和成效与官爵相联系，显然对发展经济有促进作用。只是这些措施来得过晚而迫促，有一种被动、不可靠、权宜之计的意味，难以得到新兴的资产阶级的认可和信任，在推翻清政府后延续保留其某些政策也就成了顺理成章的事了。

不管怎么说，客观事实是，甲午战争之后，清政府对私人工商经济采取了倡导和鼓励的态度，对中国私人产业资本的发展起到了推动作用。

二、北洋政府的支持举措

1911年，以四川保路运动为导火线，引发辛亥革命，推翻了清朝统治的专制皇朝，终结了统治中国2000多年的封建专制制度，宣布了资产阶级民主共和国——中华民国的建立，为中国民族资本主义的发展提供了封建专制政体下所不可能有的政治和经济两方面的有利条件，使中国近代私人经济进入一个新的发展时期。

▶ 民营经济与中国现代化

1. 辛亥革命的胜利提高了中国资产阶级在社会上的地位

资产阶级社会政治地位的改变，使他们有可能利用自己掌握的权力为实业的发展提供保护和扶持。武昌起义第三天，即1911年10月12日，湖北起义军颁布的公告明确规定："虐待商人者，斩。扰乱商务者，斩。关闭店铺者，斩。繁荣商业者，奖。"以简洁明了的文字反映了革命党人的经济政策。

旧的封建专制被打倒后，中国资产阶级从封建集权的囚笼中解放出来，力图按照资本主义自由经济的发展规律来选择执政者。上海的实业界显示了较强的力量，抓住革命风暴提供的机会，在上海光复后成立的沪军都督府中，前上海自治公所总董及商团公会会长李平书，全国商团联合会会长沈漫云，前上海自治公所董事王一亭、虞洽卿、朱葆三、郁屏翰等，分别出任民政总长、财政部长、农商交通部长、洋商使等职。

中华民国成立后，《临时约法》规定"中华民国人民一律平等，无种族、阶级、宗教之区别"，资产阶级不再像封建社会时期居于士农工商"四民之末"。不少实业界人士被揽入国家政府部门和国会，如大实业家张謇、汤寿潜分别被任命为南京临时政府的实业部总长和交通部总长。南京临时政府制定和颁布了一些振兴实业的法令条例，如财政部拟定的《商业银行条例》，鼓励民间私人资本开办银行。1912年孙中山亲自筹设中华实业银行作为"振兴实业之总机关"，自任名誉总董，并兼任全国铁路督办、中华民国铁道协会会长、上海中华实业联合会会长、永年保险公司董事长。黄兴也与其他革命党人先后创办国民银行、中华汽船公司、湖南五金矿业股份公司、富国矿业股份公司等实业。实业部拟定了《商业注册章程》，准许各类商号自由注册，取消前清的种种注册费用和限制，并实际协助一些有困难的企业发展。

袁世凯取得政权后，为巩固其统治，寻求资产阶级的支持，而设法满足他们的某些需要和愿望，吸收他们中的若干上层代表人物进入政权机构，如陈其美、周学熙、张謇等担任了中央政府工商总长、财政总长的职务。在各级地方政府中，一些中等资本家代表也成了官员。资产阶级政治地位的改变，使他们不仅获得了在政治经济生活中的某些发言权，而且可以制定有利于振兴实业的政策法令，改善中国私人资本的投资环境，为中国私人经济的发展提供许多便利条件，加强产业行政管理机构与职能。中华民国初建时，1912年5月1日在南京设立工商部，下设单务厅和工务、商务、矿务三司，主管全国工商矿等行政，办理工商矿建设事宜。其时南北和议还未完成，一切工作谈不上走上正轨。南北和议之后,政府北迁,1913年12月公布"农商部官制",合并农林、工商两部,农商部随于次年元旦成立,部内设工商司(下设5科),设矿政局(下设4科,次年改矿政司)。13年后,农商部于1927年6月又改组为农工部,主管农林、工务、渔牧及水利事务,而商业矿务等事务,则另设实业部管理,因此时北京政府已近尾声而未发生什么实际作用。省设实业司,还分直属农商部的实业厅。县设劝业所、实业公所;大多为地方士绅主办,1925年5月7日批准《县实业局规程》后,才普遍设立并趋统一。农商部设劝业委员会,该会附设工业试验所、工商访问所及商品陈列所,对兴办工商业给予支持。

2. 完善鼓励民营产业的政策法规

辛亥革命后的4年中,先后颁布了一批保护私人工商资本的条例及其实施细则,为资本主义产业提供了初步的法律保障。如1914年1月颁布的《公司保息条例》,考虑到民间集股公司在3年内不能获利,政府拨出公债2000万元为公司保息基金。规定棉毛织业与制铁业,按资本额的6%呈请保息;缫丝、茶、糖等业,按资本额的5%保息。1914年1～8月农商部先后颁布了《公司条例》《商人通例》《公司条例实施细则》《商人条例施行细则》《公司注册规则》及《施行细则》《商业注册规则》及《施行细则》。《商人通例》共7章73条,比1903年颁布的《商人通例》多64条,其内容包括一切商业主体人,是中华民国成立后关于中国工商业的第一项法令。工商部颁布的《暂行工艺品奖励章程》,取消了清政府时有利于与政府关系密切的官僚士绅进行封建性垄断经营的建厂专办权,而把专利权严格限制在工艺技术的首先发明及改良者,并规定了具体年限,这为广大中小投资者提供了平等竞争的条件,使得一般中下层人士向资本家转化成为可能。

3. 成立产业社团动员振兴实业

在中华民国成立后,革命派、立宪派和工商界都认为"破坏告成,建设伊始",致力于实业,纷纷成立各种实业团体,如"中华民国工业建设会""中华实业团""民生团",以及西北、安徽、黑龙江、镇江、苏州等地方不下50种经济报刊,号召人们群策群力推进实业建设。这些实业性团体不仅广为宣传振兴实业,而且各自办了一定的实体,黑龙江省实业总会就开办了国货冠服公司、实业报馆、专通造酒公司、草帽公司、火柴公司等。

4. 制定商会法，建立商会组织

1912 年 11 月，各地商会代表发起成立中华全国商会联合会。1914 年 3 月，在上海召开了中华全国总商会第一次代表大会。同年 9 月，政府颁布《商会法》共 5 章 60 条，第一次在法律上明确商会的合法性。11 月又颁布《商会法实施细则》20 条，规定省设商会联合会，县设商会，县以下商业繁盛区设事务所，并限定 6 个月内全部改组旧商会。1915 年 11 月，《商会法》参政院通过再行公布执行，改为 9 章 46 条，明确了商会的宗旨，即"编查商号、发展商业，维持商务，补助商政，裁判商事，议定商律、商税及议结商约"。1918 年北洋政府颁布《工商同业公会规则》《工商同业规则施行办法》等。商会是包括工业、商业、金融业等各行各业的地区性商人组织，同业公会则是按行业分类的行业性商人组织，后者加入商会为会员，是商会的基层组织，其任务是贯彻商会决定，操纵本行业的价格，并代官府经征税款和包税等。1912 年，全国共有华商商会 794 个，到 1919 年 5 月已增至 1238 个。

5. 奖励兴办实业，扩大社会影响

农商部发布的《农商部奖章规则》对经营各种实业或其必需之补助事业确著成效者发给不同等级的奖章。同时积极提倡国货，对于制造某些轻工业品的工厂，在资金、技术等方面给予某些帮助。农商部 1915 年 10 月主持在北京举办国货展览会，并在 1914 年 4 月和 1915 年 1 月先后组织各省参加在日本东京举行的日本大正博览会和在美国旧金山举行的巴拿马博览会，均获奖章、奖牌。尤其在巴拿马博览会获大奖与优奖数居参赛的 25 个国家之首，扩大了中国民族工业在国际市场的影响。

6. 尝试统一铸币权与度量衡

辛亥革命之前，中国只有地方货币而没有国家的货币，在货币铸造和流通领域，形成了本国货币与外国货币并存，银两与银元并存，银币多种多样，辅币五花八门的混乱局面。一些沿海城市甚至只收外币不收本国货币。建立中华民国后，财政部专设币制委员会，1914 年 2 月颁布《国币条例》及实施细则，确定国币铸造权专属政府，并对新币作了统一规定，由天津造币厂制定祖模，发给各地造币厂开铸。新币币型、重量和成分的稳定和统一，便利了工商贸易的往来。此前，度量衡比货币更加混乱，种类各地不一，各行各法，秤有公秤、私秤、米秤、油秤之别，每斤自十二三两至二十余两相差不等；尺有海关尺、营造尺、裁衣尺、鲁班尺及京尺，海放之别，自八折至九

折相差不等；度粮食的石，一石米上海 130 斤，广东 150 斤，北京为 160 斤，这些问题严重影响了市场的发展和商品的流通。在张謇主持下，参照国外衡制，于 1914 年 3 月发布《权度条例》，对度量衡作了新的规定，并统一制造各种标准器分发各省通行。但是，这些改革由于北洋政府后期动荡不安，地方势力与中央分庭抗礼而未能坚持到底，使新旧两制度并存。

7. 采取提倡国货，减免土货税收，对部分货物实行低税政策，鼓励华侨投资等措施发展工商业

马克思主义唯物史观认为，经济基础决定上层建筑，经济的发展必然推动政治的变革，政治的革命也同样会促动经济的变迁。私人工商业长期处于列强和封建主义双重压迫的夹缝中，饱受压抑之苦的资产阶级渴望政治革命带来实业振兴，中国 2000 多年封建专制制度的结束，民主共和制的初步建立，为私人经济的发展提供了封建专制政体下不可能有的有利条件。然而，由于封建政治势力的破坏，使资产阶级一步步受到封建军阀的制约。袁世凯在扑灭"二次革命"后，由临时大总统而成为正式大总统，并终身大总统。护国战争结束了"洪宪帝制"，以武力上台的袁世凯又被另一种武力逼下了台。随着袁世凯的死亡，他一身而维系的那种专制主义统一也一朝瓦解。然而，推翻袁世凯的人们并没有足够的力量建立起新的统一，于是，随之而来的是军阀割据和混战的时期。不统一的割据混战局面，产生了不同的利益群体，有着不同的思想观念和行为方式，又对中国私人经济发生着重大影响。

注释：

①《列宁选集》第 2 卷，第 785 页。
②中国人民大学政治经济学系编：《中国近代经济史》上册，第 224 页。
③汪敬虞：《中国近代工业史资料》第 2 辑（下），第 870~910 页表列资料。
④施复亮：《中国现代经济史》，第 190~191 页。
⑤《毛泽东选集》第 2 版第 2 卷，第 630 页。

第十章　国民党执政时期的民族资本主义发展状况

1927年，蒋介石集团窃取北伐战争的胜利果实，公开叛变革命，以南京国民政府取代北洋军阀政府，对中国大陆实行了22年的统治。在此期间，经历了第二次国内革命战争、抗日战争和第三次国内革命战争。至1949年10月1日中华人民共和国诞生，国民党的统治宣告结束。整个国民党执政时期，虽然有四大家族垄断性压迫，但中国的民族资本主义经济在艰难的"夹击"中也获得一定程度的发展。同时，由于九一八事变、一二八抗战和一二九运动，特别是8年全面抗日战争，引发的持续高涨的爱国主义热潮，在抵制外货、提倡国货、救亡图存感召下，中国民族资本主义发展展示了自己的力量，为中国的现代化进程作了力所能及的努力与贡献。

第一节　第二次国内革命战争时期的民族资本主义发展状况

1927年4月，南京国民政府成立后，即开始对十分混乱的经济秩序进行整顿，并先后出台了一系列支持经济发展的相关法规与政策，促使民族资本主义经济有了一定的发展空间。至1937年七七事变时止，中国民族资本主义的发展虽然步履艰难，但总的状况可以说是在艰难中坚持前进。

一、南京国民政府与江浙财团的"蜜月"时期

1927年春季，与武汉政府东西对峙的蒋介石集团与上海商业联合会中富有财力的江浙财团结成政治联盟，以对付中国共产党领导的工农革命运动。

1. 蒋介石集团与江浙财团结成政治联盟

1927年3月26日，蒋介石从南京到上海，当晚即与江浙财团的重要人物虞洽卿密谈。两人本是旧时好友，如今为共同对付中国共产党更是一拍即合。此后经几次会晤，江浙财团答应，只要蒋介石与共产党彻底决裂，在经济方面保证蒋介石的需要。蒋介石集团与上海商业联合会达成协议，

1927年4月1日至4日，江浙财团为蒋介石垫付了第一笔为数300万元的短期借款，并答应在蒋政变成功后，再给蒋介石3000万元的经费。当时报纸报道："代表团强调了上海'立即恢复和平与秩序'的重要性，并取得了蒋介石许下的'迅即调整劳资关系'的保证。"同时，江浙财团的代表人物陈光甫、钱新之、虞洽卿等人担任了蒋介石建立的江苏兼上海财政委员会的主要职务。蒋介石集团发动四一二反革命政变后，上海商业联合会致电国民党中央执监委员会联席会议，表示"对于当局清党主张，一致表决，愿为后盾"。南京国民政府成立后江浙财团再次给予蒋介石集团以财力支持。

2. 南京国民政府回报江浙财团

正是因为江浙财团的大力支持，蒋介石才能从一个北伐军总司令变成"财大气粗"的大独裁者而登上国民政府最高位。对于江浙财团的"厚爱"，蒋介石集团回报颇为丰厚。执政后的蒋介石政府，对江浙财团给予大力支持：一是吸收财团中的重量级人物担任国民政府财经部门的职务；二是承认帮助财团偿还北洋政府时期的旧债；三是江浙财团的一些大银行从承购公债中获得优厚利润，发展迅速。至此，国民政府与江浙财团完成"联姻"并共度"蜜月"。①此后，几乎直到国民政府垮台，江浙财团与蒋介石集团的关系都比较紧密。尽管后来的四大家族崛起，不同程度地侵害了江浙财团的利益，但是，江浙财团获得的好处总比失去的多得多，因为国民政府是大财团利益的总代表。上海商业联合会在北伐战争前和战争中，对革命是支持的，是站在革命阵营里的。而现时又坚决支持蒋介石集团背叛革命，为蒋介石窃取革命果实出钱出力，摇旗呐喊，这正如毛泽东所认定的，中国民族资产阶级的两面性十分鲜明。本著作将此记录在案，实乃历史如斯，史实可鉴。

二、南京国民政府的经济政策

南京国民政府出于对巩固自身统治的需要，也力所能及地在这一时期先后颁布出台了一系列有利于经济社会发展的法律法规和政策，为民族资本主义经济的发展搭建起了一个发展的平台。

1. 对混乱经济局面的整顿

1927年4月，南京国民政府成立后，针对全国经济十分混乱的局面，开始对经济工作进行全面整顿。1928年6月在上海召开全国经济工作会议，着重咨询对整顿财政、金融和发展工商业的意见。同年7月在南京召开财政会议，着重讨论如何整理财政税收和债务等问题。8月召开国民党二届五中全会接受上述两个会议提出的建议，并通过《统一财政，确定预算，整理税收，并实行经济政策财政政策，以植财政基础而利民生建议案》，决定统一全国财政、建立国家银行、裁撤厘金、实行关税自主、废两改元、整理公债、实行国地税等，从而奠定了国民政府初期财政经济管理的总方针和基本格局。由于财力不足，国民政府不可能同时开办很多工厂，也将轻工业部分如制盐、纺纱、造纸等项让给私人资本去经营。

2. 增设与改组政府机构

在政府机构设置上，1928年成立工商部。1930年12月，由工商、农矿两部合并改组为实业部。实业部工作主要在于制定和推行奖励及救济政策，公布一些有关工业的专利、专制、保息、补助、免税、减税以及表扬等政策法规。此外，先后成立的国家经济机构还有建设委员会、经济委员会、资源委员会等。这些机构都有自己管辖的企业，它们既是国家官僚资本的重要部分，又利用政权的力量对私人企业进行渗透、改组、兼并、收买和控制。

3. 实施关税自主

中国的关税自主权是在1842年丧失的。鸦片战争失败后，中国被迫接受了许多屈辱的条款，其中就规定中国的进出口关税税率一律严格不变地固定为值百抽五。不平等的最惠国待遇，又使其他国家输华商品都援用这一税率。实际上平均税率从未达到这一水平。在1919年巴黎和会上，中国首次正式提出恢复关税自主权的官方呼吁。根据中国在1921—1922年的华盛顿会议上重提的这一要求，1925—1926年在北京召开关税特别会议进行谈判，因北伐战争爆发而休会。1928年国民政府重提关税议案，首先得到美国支持，随即其他西方国家也先后承认中国关税自主条约，于1929年2月1日正式生效。日本极力反对中国关税自主，直至1930年才签字。

1929年的新税则中最高税率为27.5%。直到1933年5月，中日特别关税协定满期，中国政府才首次有机会实施自主关税，修订并提高税率，最高可达80%，平均税率为25.4%。1934年7月再度修订税则，平均税率达34.3%。这一阶段，最高平均税率为1935年的35.3%。税率的提高，一方面为国民政府增加了财政收入；另一方面也对竞争性商品的进口有所限制，减缓其在国内市场与民族工业的竞争，为国内工业提供更大市场，有利于民族工业的发展。棉纺织品、呢绒、糖、烟叶、纸烟等国内最需关税保护的大宗消费品的税率提高较多，1929年这类商品的税率为13.0%，1931年增至28.5%，1933年又增至47.9%，1934年达53.7%，远远高于其他各小类商品的税率。与此相应，外国这类商品的进口量也大为下降，由1928年占进口总额的26.4%逐年下降到1936年的10.1%。②出口税则对国内工业生产的鼓励性质是主要的。提高进口税率的措施在一定程度上使民族工业有了保护伞，有利民族工业的发展。

4. 裁撤厘金，统一税收

由清政府为镇压太平天国起义而设置并一直延续下来的厘金（过境税），其时全国共有735处厘卡。中国资方所需承担的正税主要是厘金，就全国平均而言，是一种税率为3%左右的低水准税收。但其弊端在于没有统一的标准，执行过程中有很大的随意性和不均衡性，使得企业界怨声载道。1929年初，上海总商会暨沪埠80多个商业团体联合致电国民政府，再次强烈呼吁裁厘。作为承诺列强同意中国关税自主的附加条件，国民政府于1930年底开始实行裁撤厘金制度。在裁厘的同时实行两种新税：一种是统税，征收物类为卷烟、麦粉、水泥、火柴和棉纱五项；一种是物税，即特别消费税，征收物品范围为木料、磁器、纸类、茶叶、丝绸、茧六项，于1931年1月起在全国实施。统税对外货及外资在华工厂具有同等效力，这就废除了外国工厂产品在华一直享受的"超国民"待遇，清除了外国人过去用枪炮得来的无条件经济优惠，实行了中外企业间的平等竞争。

5. 废两改元

中国是世界上唯一的银本位国家，币制历来混乱。中华民国成立后，虽有统一币制的努力，但收效有限，交易中银元与生银并行，银元种类繁多，而银两重量、成色之乱基于银元。南京国民政府成立后，就有改革币制之议。1933年4月实行废两改元，统一规定以元为计算单位，这是中国币制改革上的创举。同年7月中央统一造币权。1934年6月美国为实行美元准备金"金三银一"的比例，实施白银法案，高价向国外收购白银36854吨；8月，又公布白银国有令，到1935年6月的一年间，共向国内外收购白银12388.6吨，其中国外收购占67%。

6. 实施法币制度

在英国政府首席经济顾问李滋罗斯的策划下，国民政府于1935年11月4日颁布紧急法令，实行法币政策。集中货币发行权；实行白银国有，法币与现银脱节；确定对外汇率。对国际的汇价是 1 元法币等于英镑 1 先令 2 便士半。美国不甘示弱，采取停购白银对策，造成世界银价大跌，南京政府不得不屈服美国的压力，将法币再与美元挂钩，也就是每百元法币等于美金 29.75 元。这样，中国货币出现一仆二主的局面。中国实行法币政策，日本非常不满。英美与日本之间在金融上的斗争，与中日民族矛盾激化以及英美与日本在亚太地区争夺加剧的总趋势是一致的。法币制度实施不到两年，日本帝国主义就大举侵入中国，发动七七事变，扩展为规模空前的中日战争。

法币改革，基本上实现了中国货币的现代化，使全国币制趋于统一，市场金融秩序逐渐稳定，对国内工农业生产，特别是对工商业的发展都产生了一定的恢复和促进作用。

三、民族资本主义经济的发展

民族资本主义在抗日战争前 10 年的南京国民政府时期获得了一定的发展，其私营企业发展大体经历了三个阶段。

1. 1927—1931 年是私营企业发展阶段

北京政府垮台后，原北洋政府的少数企业成为南京国民政府官办企业的一部分，而多数企业随着创办和经理人员政治上的失势转化为私营企业，从而给私人资本的天平上增加了一个重要筹码。南京政府在强调发展国营企业之时，也提倡私人举办实业；奖励创造发明；实行《工业奖励法》，鼓励企业改进技术设备，提高产品质量；鼓励传统产业生产向近代化方向发展；对丝织业等行业的私人企业实行一定的扶持和救济措施。同时，世界性经济恐慌，银价大跌，使中国这个世界上唯一的银本位国家反而得到好处，白银入超，国内市场繁荣，刺激了工商产业投资，新设厂矿有所增加，企业技术设备有了改进，产品数量有了增加。

2. 1932—1935 年是私营企业萧条阶段

1931 年东北沦陷，不但丧失了关外市场，还影响了关内市场。在世界经济危机中，西方国家转移危机，向中国倾销商品。1934 年美国政府实施"购银法案"，银价陡涨，白银大量外流，国内银根收紧，同时国民政府加强了垄断，这些使私人工商业步入困境，新设企业逐年减少，工厂规模逐渐缩小，原有工厂大批改组和歇业，大多数工厂停工减产，开工率下降，就连华北最大的私人纱厂——天津裕元纱厂也在1935年3月宣告停业清理。

3. 1936—1937年是私营企业发展高峰阶段

此时，世界经济普遍复苏。法币政策的实施促使物价普遍回升，刺激了生产的复苏。1936年全国登记厂矿达2441家，分布于17个省市，达到一个新高峰。工厂关闭歇业减少，棉纱产量比1935年增长45.63%，棉纱价格出现暴涨之势。长期不景气的火柴业，1936年比上年增长达3倍。1936年全国工业总产值约为102.35亿元。以1926年工业品总值为100亿元，则1931年为134.4亿元，1936年为186.1亿元，10年内增长86.1%。私人资本约为11.7亿元，占中国工业资本的85%。但好景不长，日本全面入侵打断了这一发展势头。此后十多年战祸横流，包括私人资本企业在内的中国工商业再也没能得到全面正常发展。

四、民族资本主义经济发展的特点

这一时期中国私营企业发展的一个很重要特征就是普遍的资本集中。而资本集中又分行业内集中和跨行业集中两方面。

1. 行业内集中的典型：荣氏兄弟

在资本集中过程中最为瞩目的是荣氏集团，它在1922—1931年增加的32.5万枚纱锭中，收买和租用无法维持的私人纱厂而来的所占比例高达68.4%。荣氏兄弟1915年在上海创办申新纱厂，战时纱厂的暴利和他们所经营的面粉业的丰厚利润，为他们事业的发展奠定了基础。1917年他们收买上海恒昌源纱厂，改为申新二厂；1923年收买上海德大纱厂，改为申新五厂；1924年租入常州纱厂，改为申新六厂；1927年投资于上海大隆记纱厂；1929年收买英商东方纱厂，改为申新七厂；1931年收买上海厚生纱厂和三新纱厂。在收买或租办其他纱厂的同时，他们还自设了几个厂，并在原有的纱厂内增添设备。申新系统纱锭数，1932年比1922年增长286.6%，而全国民营纱锭数的总纱锭数仅增长74.3%，申新系统的发展速度约是全国平均速度的4倍。早在1922年，荣氏兄弟经营的面粉厂就达12家，即茂新一厂至四厂和福新一厂至八厂，粉厂规模占全国关内各省面粉工业的1/3左右，占上海全市的1/2左右，被人们称为"面粉大王"，继之又赢得"棉纱大王"的殊荣。短短几年时间，荣氏兄弟夺得两项桂冠，在中国民族工业发展史上是空前的，也是绝后的。[③]

荣氏兄弟的兼并活动既增强了自己的实力，又加强了他们同外国资本的竞争性。由于企业规模扩大，以及企业管理和生产技术的不断改良，申新纱厂的劳动生产率有显著的提高。其他华商纱厂迫于日商纱厂兼并的危险和申新纱厂的压力，也纷纷做出努力，提高劳动生产率。

2. 跨行业集中的典型：孙多森兄弟

私人资本集中不仅表现在行业内部跨地区的兼并活动上，而且表现在若干跨行业的企业集团的形成，而前者往往是同后者的投资活动相辅相成的，上海孙多森及其兄弟创办的阜丰是另一个较大的面粉企业集团。于1900年正式投产，除开办的第一年有过7万余两的亏折外，以后年年盈利，1916年投资山东济宁的济丰面粉厂，1919年收买河南新乡的通丰面粉厂，1920—1937年，共获纯利407万余元，资本则由创办时的35万元增至1920年的100万元，1936年更增加到300万元，并租办了3家陷于困境的华商面粉厂，到1937年资本总额共计450万元，占上海华商面粉工业企业资本总额的39.16%。阜丰进行跨地区跨行业投资，先后创办北京通惠实业公司、天津中孚银行、烟台的通益精盐公司、哈尔滨的通森采木公司，形成了通孚资本集团。

3. 大型企业集团的典型：卢作孚

私营航运业也在同外国在华轮运业的激烈竞争中涌现了一批较大型的企业或企业集团。在私人资本向来发展程度很低的西部地区崛起的卢作孚尤为引人注目。

1926年卢作孚在重庆创办民生轮船公司，资本5万元，翌年夏增资至12.3万元，1930年公司资产总值达35万元。其后，通过大规模兼并活动，在5年内共合并了15家轮船公司，接收轮船42只，使民生公司拥有船舶总吨位增加到2.4万吨。1935年前后，民生公司"基本上战胜了帝国主义航运势力在长江上游的竞争，统一了川江航业"。到抗战初期，民生公司的资本已增至700万元。此外，卢作孚还投资金融业，任1930年成立的川康殖业银行的董事，1931年任北碚农村银行的董事长。1933年设立兴华保险公司，卢作孚又成为董事。

五、民族资本主义产业资本估计

这一时期中国私人资本有了新的发展。对这一发展的概貌，有一组数据可以证明。吴承明先生在《中国资本主义发展述略》中,对1936年中国产业资本作了如下估计。④

1. 本国产业资本（不包括东北地区，下同）

本国产业资本共17.75亿元，其中政府资本4.4亿元，私人资本13.35亿元，占本国产业资本的75.17%，是政府资本的3倍多。私人资本增长以工矿业为主，10年中年平均增长达10.2%，到1936年工矿业私人资本共11.7亿元，是政府资本2.02亿元的5.68倍。在交通运输业上，政府资本为强，私人资本1.65亿元，是政府资本的70.21%。

2. 产值

1936年中国新式工矿业产值为32.19亿元，手工业总产值为73.71亿元，两者合计为105.9亿元，占当时全国工农业总产值306.12亿元的34.6%，新式工业产值占工农业总产值的10.5%。在工业生产中，新式工业全部属资本主义经济，手工业中有40%是资本主义商品生产。在交通运输通信业方面，1936年收入为83.5亿元，属于资本主义经营的约占51%，其余为个体经营，综合工矿交通运输业的产值，1936年达189.4亿元。

3. 工业产品的自给率

从工业产品的自给率也可看出中国私营工商业的发展。据抗战前夕统计，中国民族工业中，轻工业品自给率高，棉纺织品为79.0%，面粉95%，烟草98%，酸类88.8%，碱类85.1%，火柴101.5%，而丝织品、植物油超过200%，也就是说，一半以上用于出口。重工业产品的自给率很低，石油、汽油只占0.2%，钢铁只占5%。

我们看到中国民族资本尤其是私人资本有了新的发展，同时从更广的范围考察，又不得不正视另一个现实：高比重的外国资本的重压。1936年，全国产业资本共82.1亿元，其中外资就达64.34亿元，占全国产业资本份额高达78.37%，外国资本分别是不含东北地区的中国资本和中国私人资本的3.62倍和4.82倍。工矿业，外国资本29.2亿元，分别是中国资本和中国私人资本的2.12倍和2.50倍；而在交通运输业，这种差距就更大，外资35.14亿元，分别是中国资本和中国私人资本的8.97倍和21.30倍。

六、民族资本主义企业资本"三低一高"现象

中国私营企业受国内外市场条件和外资在华工厂的影响，在自身发展过程中具有明显的不协调性，企业资本呈现"三低一高"现象。

1. 股票成分低

股票市场是资本主义自由经济发展的主要基础。民间闲散资本通过股票市场投向工业企业，调节和促进企业的发展。但在中国这种机制没能建立起来。到 20 世纪 30 年代，仅上海设有股票市场，但所经营的证券多是伦敦和纽约的公司债券，绝少国内工矿界发行的公司证券。因而大多数私营企业的资本来源为独资和合伙投资，即使有少数几家股份公司，其资本股份持有者一般比较固定，很少流通。没有畅通的闲散资本向工业流通的渠道，企业就不可能扩大资本、增加实力，只能依靠各种借贷来维持或发展生产。

2. 平均资本低

与上述特征相关的是中国私营企业设立和经营规模的小型化，表现为投资少、企业平均资本低。1933 年民族工业企业平均资本为 9.6 万元，其中水电业最高，也只有 50.25 万元，特别是机器业，平均仅为 1.08 万元。这么小的投资，是不可能进行基本建设的。

3. 可变资本低

1936 年民族工业的平均资本有机构成是：生产工具和原料等不变资本占 98.4%，而可变资本只占 1.6%，非常小，完全是由于工资过低造成的。在生产成本中，83.4% 是原料、燃料、杂费等支出，机器使用程度很低，生产工具折旧占 4%，工资支出只占 9%。可变资本过低，导致剩余价值特别的高，1933 年剩余价值率是 200%，1936 年高达 280%，普遍高于外资企业，这也是中国私人企业在外资的优势下还能生存并有发展的重要原因。只求成本低，不求质量好，也成为一个通病。

4. 负债率高

上述"三低"又形成中国私营企业有钱建厂，无钱生产，依靠借款发展，负债经营的通常模式，负债率一般在 40%~50%。企业主要以抵押方式向银行钱庄借钱，高负债率经营，稍不景气，就会被债权方随时拍卖以还贷款，就是一些有实力的企业集团也难逃厄运。如前述荣氏兄弟 1929 年以 500 万元收买英商东方纱厂后改为申新七厂，买下后又作为抵押品向汇丰银行抵借 200 万元，后因债务问题在 1935 年被汇丰银行拍卖还债，且引起中外债权人争执。

七、金融资本与产业资本的组合

在中国民族资本主义发展历史中，金融资本与产业资本的组合相对世界资本主义晚了半个世纪，但在20世纪初期能有这种组合出现在中国，也是巨大进步。

1. 中国金融业的资本集中

在发展和危机的双重因素作用下，中国金融业也走上了资本集中的道路。一是银行合并。1937年太平银行合并于国华银行，川康殖业银行、重庆平民银行、四川商业银行合并，各取两字称为川康平民商业银行。通过合并，增加了资本，壮大了实力，也提高了对付危机和适应经济发展的能力。二是银行加强了对保险业的投资和控制。如商办的金城银行1929年投资开办太平保险公司，实收资本50万元，到1933年又邀多家商办银行加入，将保险公司资本扩充至500万元，实收300万元。此类情况不少。三是金融业内部相互投资。甲银行或其董事长投资于乙银行，并在后者的董事会、监事会中占有席位，乙银行或其经理投资于甲银行，亦在后者的董事会、监事会中占有席位，从而促进金融业向联合、联位及合并的道路发展，为银行资本的集中奠定了基础。从上海钱庄数量减少而资本不变中可以看出金融资本集中的趋势。1927年上海85家钱庄的资本总额是1900余万元，到1937年钱庄减至46家，而资本总额仍为1900多万元，这意味着每家钱庄的资本额大大增加了。在竞争中，一些金融企业被淘汰，而有实力的更快地发展起来了。

2. 产业资本与金融资本互相渗透

在实业家投资于金融业的同时，金融家也向产业进行直接投资。投资的重点则是规模较大的纺织业和某些新兴的重化工业。

银行界人士早在第一次世界大战后期至20世纪20年代初期，即棉纺织业发展的鼎盛时期就开始对棉纺织业投资了。中国银行总经理兼交通银行董事长胡笔江、金城银行总经理周作民投资天津元裕纱厂，浙江实业银行总经理李馥荪、徐州国民银行董事长兼总经理陈光甫投资于上海维大纱厂，中南银行董事长黄奕住投资于上海民生纱厂，等等。但那时的投资活动多以个人身份进行，投资额既分散也不大。而1927年之后，银行对企业开始作大笔投资，或收买、代管。金城银行1919年对棉纺织业的放款为40余万元，1923年增加到207余万元，1927年又增加到322余万元，1937年6月更达1282

余万元。金城银行对工矿等企业的抵押放款也从1927年的965万元猛增到1937年的5880万元。上海商业储蓄银行1936年的放款额就比1935年增加了460万元。1936年天津北洋纱厂因亏欠累累,与上海日商订立租用草约,引起债权纠纷。金城、中南两行乘机斡旋,阻止了日商的兼并,以60万元买下价值200万元的北洋纱厂,然后两行合组诚孚信托公司管理,经营大见起色。

金融业对重化工业的支持以范旭东创办硫酸亚厂为代表。当初,中国当局本是准备同外商合办硫酸亚厂,因条件过于苛刻而搁浅。范旭东接手后,也因资金难筹而准备向外商借款。由于金城、中南、上海等银行大力支持,才使硫酸亚厂的筹建排除了外国势力的进入,在永利制碱公司的基础上组建永利化学工业公司,多家银行先承购200万元新股,以后又两次订立抵押透支借款合同共660万元,而永利实际透支借款额更大。

私人金融业与工商各业的联系亦逐步加强。金城银行对工商各业的投资,1927年为164.7万元,到1937年6月,已增加到1000余万元,涉及纺织、化工、面粉、采煤、造船等多种行业。

1932年11月间,北平的中国、大陆、金城、保商等银行,发现他们各自所持有的东交民巷英商电气公司股票,总合起来已占该公司股额总数的90%,于是他们便把这些股票全部转让与北平华商电灯股份有限公司,使后者得以收回外商电气公司所有权。这表明,在一定条件下,华商对外资企业的投资有可能收回一些利权,尽管这种利权是非常有限的。

第二节　抗日战争时期的民族资本主义经济状况

1931年九一八事变后,中华民族处于危难之际,中国共产党高举民族解放的旗帜,建立抗日民族统一战线,得到全国人民和国内外各界人士的拥护和支持。1936年12月西安事变的和平解决,推动了国民党和共产党的第二次合作。1937年七七事变爆发,揭开了中国人民全面抗战的序幕。8年抗战中,中国民族资本主义经济展示了自己忍辱负重,为民族解放敢于奉献、敢于牺牲的爱国主义精神,写下了壮丽诗篇。

一、民族资本主义工业大迁徙

七七事变后,国民政府军事委员会所属资源委员会组织了一个技术合作委员会，要求上海"在野人士自动组织起来，准备内迁"。7月22日，在全国人民高昂的抗战呼声中，国民政府设立了国家总动员设计委员会，全面筹划战争动员事宜，决定在全国范围内准备实施粮食统制、资源统制、金融财政筹划等。其中，资源统制指定由资源委员会、实业部、军政部、财政部、全国经济委员会、交通部、铁道部负责筹办，并由资源委员会负责召集，筹划实施办法。

1. 内迁民族资本主义工业

内迁工厂的提议首先得到了胡厥文、吴蕴初、薛福基、支秉渊、颜耀秋等上海工业界爱国人士的响应。他们愿将工厂拆运内迁，共赴国难，并协商修订了内迁条件，在此基础上制定了内迁上海民营厂的提案。8月11日，由资源委员会、财政部、军政部、实业部等部门成立了"上海工厂迁移监督委员会"（以下简称"迁监会"），由林继庸任主任委员，实际上负责全国各地工矿企业的迁建工作。12日，迁监会举行第一次会议，并立即召集有关厂方代表开会讨论迁厂办法，当即决定了组建以机器五金制造业为主的上海工厂联合迁移委员会。公举颜耀秋、胡厥文、支秉渊为正副主任委员，叶友才、严裕棠、余名钰、吕时新、王佐才、赵孝林、项康原、钱祥标等为委员，组织和推动工厂内迁工作。

2. 爱国大内迁

8月13日，日军进攻上海闸北揭开历时3个月的淞沪会战战幕，国民政府对抗日由七七事变后的犹豫不决被迫转变为实行抗战。15日，国民政府下达国家总动员令，划全国为五个战区，建立战时体制。由于国民政府缺乏必要的准备，而工厂最为集中的闸北、虹口、杨树浦等地又陷入战火，使工厂内迁工作困难重重。

在政府官员对走哪条道路内迁还举棋未定之时，顺昌机器厂就冒险用民船划出，取道苏州进而转至镇江，再转船拖至武汉，成为内迁工厂第一家。起航时间是8月22日。25日，上海机器厂70余人乘5艘内迁船只，装载50余部机床和一批原料出发。27日，新民机器厂和合作五金厂的11艘船只装载150余部机床和80余名工人起航。30日，大鑫钢铁厂等更多的内迁厂出发了……

从迁移委员会成立到11月12日上海失陷的3个月中，共迁出私营工厂150家，占上海原有工厂的10%，运出机器物资13800多吨，技术工人2500

余名。其中机器修造厂67家，占迁出厂家的44.7%；电机、电器厂20家，化工厂26家，文化印刷厂11家，纺织厂12家，其他工厂14家。在这些工厂中，有121家迁到武汉，其余迁往苏州、镇江、常州、九江和香港等地。

此外，没有经过迁移委员会的协助而自行内迁的，或在上海沦陷后从海上经香港、海防、昆明等地迁入西南的私营企业也为数不少。如上海棉料纺织染实验馆的机器设备以外商名义迁出上海，经香港、广州运到广西梧州，对发展后方的棉纺织业起了较大作用。章华毛纺织厂用贿赂手法把机件从日军控制的浦东厂内迁出，经香港、仰光、腊戍运到重庆。

从沿海地区迁达武汉的私营企业共135家，除上海的121家外，其他14家是从济南、无锡、郑州、常州、焦作、枣庄、萍乡、九江、海州、南京等地迁出的。

在武汉的大多数内迁工厂因去向不明而发愁时，正值兵工署有一批急用军需订货，一些厂家马上利用空余的仓库或租借民房权充当厂房，架起一些简易的机器设备匆匆开工。由于设备不齐，各厂几乎无法独立制造，于是就联合起来，各自发挥特长，以一较大之厂为中心，十余小厂辅之，在武汉形成四个生产集团，每月生产手榴弹7万枚，迫击炮弹2万枚，圆锹、十字镐15万把及大批机枪零件、飞机炸弹引信与弹尾等军火，还生产了一批军用食品罐头、马达等。

由于丢城失地过于迅速，致使战区内的民族工业除上海、武汉各迁出100多家外，其他沿海城市民族工业迁出很少，有的甚至一家也没有迁出。据统计，从1937年8月到1940年底，经工矿调整处协助内迁的民营工厂总共448家，机件物资70991吨，技工1.2万余人。其中迁入四川的245家，机件物资约4.5万吨；迁入湖南的116家，机件物资约1万余吨；迁入陕西的41家，机件物资1万余吨；迁入广西的23家，机件物资3000余吨；迁入其他省的23家，机件物资2000余吨。

在内迁的民营工厂中，机器业181家，约占40%；纺织业97家，约占21.65%；化工业56家，约占12.51%；文教业37家，电器业21家，食品业22家，矿冶业9家，其他17家。由于在战争环境中长期辗转迁移，各内迁的民营工厂都损失严重，到1940年底为止，内迁厂能在后方复工的只有2/3。

3. 四川省政府极力动员企业迁川

四川省政府对内迁厂甚为欢迎。早在上海工厂刚开始内迁时，四川《国民日报》就发表了一篇名为《欢迎国货厂商入川》的文章。南京失守后，正在武汉养病的四川省主席刘湘命令建设厅厅长从渝抵汉，向各内迁厂多方游说，极力动员他们迁川，并答应在运输、厂地、电力、劳工、原料、市场、捐税、金融等方面为内迁厂提供优惠，并召集四川各河流的船帮提供 640 条船只供内迁厂运送物资，为入川物资提供保险费 120 多万元。为避免出现在四川征地困难的问题，刘湘还电令省政府秘书长，要他务必协助迁川工厂购地，万勿任由地主刁难。四川省政府以重庆市市长、公安局局长、商会会长、省建设厅驻渝代表、有关县长及建筑、工业专家等人组成迁川工厂用地评价委员会，拟订征地实施办法，规定：凡迁川工厂厂址用地税契一律减少契税附加三成（后减少五成），以示优待。四川当局的这些积极态度，增强了四川地区对内迁厂的吸引力，为内迁厂驻足四川，早日复工生产提供了必要条件。

4. 内迁企业大大推进了四川经济发展

沿海地区大批民营企业内迁，为西南地区特别是四川的开发与进步，为战时工业体系的建设，为抗日战争的最后胜利作出了不可磨灭的贡献。私营企业内迁四川的最多，对四川的影响也最大，特别是一批全国第一流的私营企业的入川，迅速改变了四川工业的落后状况。当时有人撰文说，这些内迁工厂的生产刺激了四川经济的繁荣。旧有生产方式的改进，开发了四川的地力和物力，虽然没有把整个四川经济变化过来，但至少也把四川经济的发展提早了几十年。

二、战时统制经济政策

近代战争是参战国双方国力财力的较量，是国家间经济发展竞争的特殊形式。抗战爆发后，国民政府被迫开始实施战时紧急调整措施，建立由国民政府全面控制国民经济运转的战时体制。

1. 战时经济方针政策的调整

1938 年 3 月在武汉召开的国民党临时全国代表大会上，通过的国民政府战时施政根本方针《抗战建国纲领》，对工商经济问题有如下指导思想。

经济建设以军事为中心，同时注意改善人民生活。本次目的，以实行计划经济，奖励海内外人民投资，扩大战时生产；开发矿产，树立重工业的基础，鼓励轻工业的经营，并发展各地之手工业；推行战时税制，彻底改革税务行政；统制银行业务，从而调整工商业之活动；巩固法币，统制外汇，管理进出口货，以安定金融；整理交通系统，举办水陆空联运，增筑铁路公路，加辟航线；严禁奸商垄断居奇，投机操纵，实施物品平价制度。

《纲领》还明确宣布经济建设的指导方针："政府必当根据民生主义之信条，实行计划经济，凡事业之宜于国营者，由国家筹资本，以事兴办，务使趋于生产的合理化，且必节制谨度，树立楷模，其宜于私人企业者，由私人出资举办，于国家的整个计划之下，受政府的指导及奖励，以为有利的发展。"

2. 实施"统制经济"

所谓"统制经济"就是国家政权为服从战争需要，依靠行政的法律的手段，直接干预或管制生产、流通、分配等社会再生产和各个环节和国民经济各个部门。在第一次世界大战和第二次世界大战的各主要交战国中，无一例外地在不同程度上采取了统制经济政策措施，以满足战争需要。

随着抗战进入相持阶段，1939年1月，国民党在重庆召开五届五中全会，正式确定了"实行统制经济"的基本方针。此后颁布了大量统制法令。1941年3月国民党五届八中全会提出了确立以实行统制经济，动员人力，调整机构，厉行对敌经济斗争为主要内容的战时经济体系的方针。太平洋战争爆发后，国民党立即按此方针制定并于1942年3月正式公布了《国家总动员法》，宣布对"全国任何一人一物，悉加以严密组织与合理运用，使成为一坚强之战斗体系"。6月又公布了《国家总动员实施纲要》作详细规定。这种对全国人力、物力的彻底管理的方针和法令的颁布实施，标志着战时经济方针政策战略调整完成和战时经济体制完全确立。这些政策突出了国家干预经济的原则。

3. 调整战时经济机构

抗战前国民政府的经济行政与事业机构甚多，叠床架屋，政出多门。1938年1月，为了战时需要，全面调整战时经济机构，将实业部、全国经济委员会、建设委员会，以及军事委员会的第三部、第四部合并改组为经济部。经济部下设工业司、商业司、矿业司、水利司和农林司等，工矿调整处专门处理协调民营工矿业事务。

4. 调整工业结构和布局

中国新式工业的发生地在沿海城市，在其数十年的发展过程中，形成了主要集中在沿海城市特别是上海等大城市中的工业布局。1937年，全国雇工30人以上并使用机器的近代工厂，共有3935家，资本额37793.8万元，江浙沪地区有2436家，占全国工厂总数的61.91%，上海一地就有1235家，占全国的31.39%，资本额占了全国的39.73%。后方地区新式工厂326个，资本3367万元，分别是全国工厂总数的8.3%和8.9%。这些工厂多属轻工业，重工业在这些地区是空白的。如此微薄的工业基础，是不能承担抗战重任的。于是，调整工业生产布局成为国民政府抗战初期最为重要的任务之一，并确定了以重工业为轴心，开发西南，建立以四川为中心的后方工业基地的重要决策。

5. 对私营工商业采取扶持政策

国民政府从战争开始接连颁布了一系列战时工商业法规，把工商业纳入战时高度集中的统制经济轨道，提出发展工业以国防军事建设为中心，鼓励民间资本投向后方工业。主要有以下措施。

（1）颁布奖励工业发展的法规。对民间资本投资创办企业，放宽对经营门类的某些限制，扩大奖励范围，降低请奖资本额，增加奖励项目，简化申请审批程序和手续。奖励项目包括保息，补助现金，减免出口税、原料税、转口税及其他地方税，减低国营交通运输费，减免租用公有土地租金，协助向银行借用低息贷款，协助原料产品的运输等。

（2）协助私营商业解决生产中的困难。如给予资金协助，到1941年6月底为止，国民政府对内迁私营厂矿的各种放款总计达2003万元；帮助各厂矿采购材料设备；帮助招募技术员工；重点投资基础工业，解决私营企业所需的电力、煤炭等物资。

6. 战时统制政策对民族资本主义经济的重大影响

国民政府战时统制政策对私营厂矿发展产生了重大影响。主要表现在赋税、专卖和统购统销政策三方面。

（1）战时赋税对私营企业的影响。抗战时期，政府对工业生产的赋税分关税、盐税和货物税三大税种。关盐两税专门性强，战时进出口贸易以军事需求为轴心，盐业生产纳入统制专卖，它的影响领域较为单一。

战时赋税可分为前后两个阶段。前一阶段实行从量征税，就是以产品数量计算统税。战时物价上涨，通货膨胀，使税收实际水平随币值跌落而下降。这些都成为战争早期国统区私营工商业迅速发展的重要条件。后一阶段以1941年征税改为从价征收开始，工业税有所上升，实际收入指数仍以1936年为10，则1941年上升到16.3，1942年为28.97，1943年为24.4，1944年又降到18.2，1945年再降到16.66。这一阶段税率本身仍有利于工业的发展。

（2）专卖政策对私营工商业的影响。专卖政策是中国传统的工业政策之一，早在汉代即已形成完备的运营体系，其后时废时继。历代专卖产品以盐、酒为主。1941年春，重庆国民政府决定对盐、糖、烟类、火柴等消费品实行专卖，寓税于价，既使流通环节的利益归于国家，以增加财政收入，又可平抑物价，稳定后方生活秩序。

（3）统购统销对私营工商业的影响。统购统销和限价既是战时物资管制的方式之一，也是战时财政措施之一。其统购统销物资分外销产品、工业器材和棉花、棉纱、煤焦、粮食、纸张等主要的日用必需品等。统制政策成了1942年之后棉纺织业不景气的重要原因。1945年，全国统区统购统销花纱布总盈利为932亿元，与当时全部税入999亿元相差无几，其间盈利为收购总值的9倍，政府统制价低于市场价，收购成品价还不够买原料之用，生产厂家无利可图，使得小型工厂及土布织户无法扩大生产，甚至停工停产。云南个旧锡矿几乎全部倒闭的主要原因，也是收购价格太低。

国民政府的上述调整与导向在战争的初、中期获得了成功。其原因是当时的政府被对外抗战气氛所笼罩，官员们从南京迁至武汉，又从武汉迁至重庆，国难当头，或多或少受到民族存亡责任感的驱动，使统制经济执行机构保持了正常运行，在后方迅速建立起战时工业生产体系，为全面抗战提供了必要的物质保证。

三、国统区民族资本主义经济的兴衰

在国统区内，战前那种工业发展环境和经济秩序不复存在，来自外国的资本和商品的竞争不复存在，形成了独立生产、独立市场的民族工业生产环境。

1. 民族工业大发展

战时工业生产要为前方提供大批辎重器材，军工订货与民间市场的急需刺激了国统区工业生产的迅速发展，以内迁厂为骨干的一批工业企业在短期内复工生产。这时较高的工业利润又吸引大量游资投向工业，新建工厂不断

增加，形成了工业投资与增加生产的良性循环，使国统区私营企业得到了前所未有的发展。各年新建企业数分别为：1937 年 60 家，1938 年 182 家，1939 年 346 家，1940 年 406 家，1941 年 738 家，1942 年 1077 家，达到最高值；1943 年 977 家，1944 年降至 533 家，私营厂矿从 60 家增加到 4319 家。在 1942 年之前的前 5 年中，私营资本的年增长率在 40% 以上，其发展速度远远超过以往任何时期。

据 1940 年统计，当时后方所有民营工厂每月可制手榴弹 30 万枚，迫击炮弹 7 万枚，各式炸弹、炮弹引信 7 万个，飞机炸弹 6000 余枚，机枪零件 1000 套，大小军用圆锹 30 万把，大小军用十字镐 20 余万把，地雷引信千余个，军用纽扣 500 万个，及陆军测量仪器、军用炮表、子弹机等项。胡厥文后来回忆说，他经营的新民、合作与大中三厂生产的军火，占了后方民营工厂军火产量的 1/3。

抗战爆发后，为了建立为战争服务的军火工业生产体系，国民政府利用政府在金融和政治上的权力，强力促进国统区重工业优先发展，其措施除了直接投资办重工业外，就是组织上海、武汉内迁的民营企业发展重工业生产。1937 年，机器制造业工厂的平均资本在战前只有 1.08 万元，到 1942 年则增加到 49.5 万元。战前的机器厂实际大多只能说是机器修理厂，只有少量的可以制造纺织机、缫丝机等产品。战时由于全面封锁，国外的动力机器进不来，后方军火生产及日用品生产都需要大量动力机器和工作母机，从而使以内迁民营工厂为主的机器制造生产增长最快。如以 1938 年的生产指数为 100，则 1939 年为 2177.5，1941 年为 5938，1942 年为 3143.2，1943 年为 3515.6，1944 年为 2490.3，1945 年（1~6 月）为 2823.6。动力机有大鑫、恒顺、上海、新中、新民各厂的蒸汽机、煤气发动机、柴油机，华成电器厂的电动机、发电机，作业机有顺昌厂的鼓风机、球磨机、打包机，大鑫厂的洗煤机、卷扬机，新民厂的抽水机，恒顺厂的压路机、清花机、弹花机，六河沟厂的绞车，等等。

2. 以内迁厂为骨干带动了大批中小企业的开设

到 1945 年，大后方 5998 家工厂中，绝大部分是中小企业，其生产量约占该业总产量的 80%。它们在生产技术上，由于外货断绝进口，一切生产用原料、机器设备等，均系自行解决，如仿造轮带革的成功，使后方机器动力免于停滞；细孔钢丝网的制成，使钞票纸得以生产。在生产成品方面，大后方的渝、川、康、滇、黔等省市生产了动力机 2721 部,工具机 7115 部,造纸机 59 部,大型纺纱机 106960 锭,面粉机 594 部,电灯泡 272.4 万个,硝酸 12.36 万箱,硫酸 16.73 万箱,盐酸 19.32 万箱,烧碱 7.261 万箱,酒精 2180 万加仑,纸张 33.6 万令,重革 375.7 万公斤,轻革 856.7 万方尺,面粉 306.3 万袋。仅在重庆,织布业动员近 6 万台铁木织机,织成近 3 亿匹大小布匹,供应了大部分军服民布。制革业 403 家工厂,每年生产轻重革 10 万张以上,承制军用皮件 80 万件以上。炼油业 30 余家,月产柴油 600 吨,机油三四万加仑。这些企业尽管规模不大,设备简陋,技术落后,但"蚂蚁撼大树",为抗战的军工民用做出了不小的贡献,成为后方物资的重要来源。

对于私营企业在抗战中的作用,中国共产党给予了充分的肯定。1939 年 11 月间,周恩来、董必武、邓颖超与 50 余位国民参议会参政员就内地新兴工业情况参观了 13 家以内迁民营厂为主的企业后,董必武以"在极艰难的条件下奠定了新中国工业的基础"的题词给予很高的评价。

1942 年元旦,由内迁工厂组成的迁川工厂联合会在重庆生生花园举办了为期两周的"迁川工厂产品展览会",参加的工厂有 97 家,共展出了产品 49 类,展品千余件。参观人数高达 12 万人次。苏联和美国大使馆派代表参观。社会各界人士交口称赞,有的称之为"大后方工业生产之洪流",有的称之为"抗战时期厂长与职工为迁移工厂而流洒的血汗所培养出来的花蕾"。

3. 战争后期私营企业滑坡,商业发展畸形

通货膨胀是造成国统区私营企业在战争后期衰退的最重要的原因,通货膨胀又促成国统区投机性商业的空前发展。由于银行利息高于产业利润,商业利润高于银行利息,投机商业利润更大大高于正常商业利润,于是各种社会资金纷纷涌向商业投机,包括游资(据统计,国统区 1940 年有 40 亿元,1945 年西南后方至少有 1000 亿元)、银行资本和产业资本都向商业资本转化,使商业投机空前畸形发展。

四、沦陷区民族资本主义企业遭受空前劫难

抗战爆发后,沦陷区的民族工业遭到空前的浩劫。主要表现为被摧毁、被占领、被强迫"合作"等方式。

1. 东北成为日本新基地

1931 年九一八事变后,东北沦为日本殖民地。日本帝国主义扶植傀儡政

权"满洲国政府"作为其统治中国的工具，并在东北沦陷区实行经济统制政策，疯狂掠夺中国财富，私人资本工矿业几乎全为日伪所强夺，私营企业毫无存在和发展的余地，陷入倒闭和破产的境地。1942年东北的中国私营工业在工业总资本中仅占4.2%，矿业占0.4%，生活资料工业占14.5%。而到1945年6月，在东北的全部工业投资中，中国私人资本下降为仅占0.5%，矿业则为零！

2. 民族资本主义工业遭受极大毁坏

1937年七七事变后，日本帝国主义的狂轰滥炸，使包括中国私人企业在内的民族工业遭受极大的破坏。上海在"八一三"抗战中，被毁的工厂达两三千家，估计损失达七八亿元。还有的估计上海一地的损失在30亿元法币以上，再加上沿江沿海以及京沪、沪杭各铁道沿线之工厂损失，计在80亿元左右。当时上海工业最集中的地区也是战火最烈的地带，闸北区的损失为100%，虹口和杨树浦的损失为70%，"但见两旁街道尽为废墟，往往延长几里，三方里以上的面积内，往往片瓦无存，不足为奇"。

3. 战火中幸存的民族企业成为日军的战利品

山东潍县的华丰机器厂是华北最大的机器厂，以制造织布机闻名，当时潍县及其邻县号称10万大机，其中7万部以上为华丰生产，盛极一时，全厂有工作母机180余部，工人600多人，产品销路遍及山东全省和华北、西北、江苏等地，并计划制造300马力4缸的立式柴油发动机。日军1938年1月9日占领潍县，第二天就派兵看守华丰厂，不久即强迫该厂"中日合作"，第二年又用9列火车将该厂全部机器，连同瓦木料一并运往济南，按照华丰原厂建筑式样和机器装置，改为历山铁工厂。

像华丰厂一样，在战火中幸存下来的许多民族工厂落入日本侵略者手里，成了日军的战利品。日军占领了中国的发达地区，虽然沦陷区的面积只占全国面积的32.4%，但在战争初期，这片土地上的纺纱锭数占全国的92.8%，面粉工厂占94%，国内贸易占82.4%，国际贸易占93.9%，新式工矿综合生产能力占90%以上，并有丰富的原料和燃料来源。

4. 日本实施统制事业与自由事业对沦陷区经济实行掠夺

日本政府对沦陷区的经济事业，划定了统制事业与自由事业两种。前者包括日本本国所缺乏的国际资源与军事活动直接有关的交通通讯事业、公用事业及与日本经济有"发生摩擦之虞"的蚕丝水产等业。后者则为满足日本

▶ 民营经济与中国现代化

工商业发展所要求的一般工业和商业。

统制事业则由华北开发公司和华中振兴公司这两大日本在华国策会社的子公司经营。除个别子公司外，国策会社的资本几乎全部是以掠夺中国原有事业作为基础的。并且中国原有事业的折资在国策会社的资本构成上还占有极其重要的地位，如华中振兴会社方面，经由伪组织以原有设备扩充的"现物资本"，各子公司所掠夺的中国原有事业，折资结果约占各子公司资本总额的66%。

自由事业是指可由日本工商界经营的企业，并不包括中国私营企业业主。日本人对中国企业的掠夺并不比在统制事业方面逊色，在战火中幸存的重要工厂被日本占有，占有的方式依企业重要性分为五种。

一是"军管理"，就是所谓日军依"战时法规"没收"敌人官产"，以及对私人产业"暂时保管"。军管理一般工业共达82个，其中面粉厂30个，纺织厂15个，毛织、火药、制酸、火柴、水泥、冶炼各3个，机器翻砂厂8个，其他还有造纸、精盐、制糖、印刷、烟草等厂11个。

二是"委任经营"，是指日本私人工商业者自行在华强占的工厂。这类厂多数在华中地区，仅资本较大的厂数即达137家之多（还包括列入统制事业的20家缫丝厂），其中纺织厂达39家，面粉厂18家，造船厂11家，造纸厂和橡胶厂各9家。

三是"中日合办"。战时"中日合办"已非原先的合资共办，而是一种掠夺形式。其形式又可分为两类：一类是沦陷区一切电灯电力厂、电报电话局、铁路、机车厂、轮船公司、码头仓库、公路、汽车公司、煤矿、铁矿、冶炼厂、盐场，以及水产公司和缫丝厂，均被迫与日本人"合办"成一个独立经营公司，隶属于国策会社；另一类是除上述企业之外的其他一般工业，被迫"合办"，这类共达70余家，其中化学工业约27家，金属机械10家。

四是租赁。名为租赁，其实是所付租金很少，实为强租，仅华中沦陷区可考的就有31家。

五是收买。日本人以极廉价收买华厂约20多家，其中华中地区有16家。

日本人以各种方式掠夺中国民族企业，粗略统计，除沦陷区全部煤铁矿业、炼铁炼焦、电力、电灯以及盐场、水产、机器缫丝等业被掠一空外，棉纺织业被掠者共有纱锭153.5万枚，线锭6.7万枚，布机1.6万架，分别占战前中国民族资本纱锭的57%、线锭的45%和布机的65%。造纸厂被掠占

13家，共有资本339万元，分别占战前全国厂数和资本总数的34.2%和71.2%。

战争头两年，沦陷区企业遭到重大损失和破坏，上海及周围有52%的华资工厂遭到破坏，南京、无锡等地工厂被破坏程度高达64%~80%，华厂损失总额按1936年法币值在7.5亿元以上。一部分华厂不是损坏就是厂主逃走，留下来的又被日方以各种方式掠夺，仅在上海一地就强行掠夺工厂203家，设在租界外的稍大一点的企业几乎全被日军强行霸占。1941年珍珠港事件后，上海租界内的中国私营企业也全部落入敌人手中，其中有纺织厂18家，毛织厂12家，机械厂7家，木材厂、印刷厂各2家，等等。由于美国封锁，原料进不来，产品出不去，使沦陷区工业出现衰退。中国私人资本家对侵略者采取不合作态度，在1945年上半年，华资工厂实际上已经停顿。

五、官僚资本对私人资本的掠夺

抗战时期，国民政府失去了沿海工业城市，掌握的工业生产能力大大降低。开战头两年，政府丧失的工业生产能力达80%。在后方工业基地生产能力形成后，投资和产量才迅速增长。这种增长最明显的结果是，以中央政府资本为主干、以地方政府为辅助的公营企业或称国家资本主义企业（时称"公营企业"）有迅速发展，而私营企业的下降则与之形成鲜明对比。这种状况暴露出一个事实，在一个相当大的程度上，当时公营资本的发展是建立在对私人资本的控制和掠夺上的。

1. 发展速度

在战前的1936年，不含兵工厂的官营工矿业资本在全国（不含东北）是2.06亿元，到1945年发展到8.67亿元（1936年币值），是战前的4.2倍，年平均增长率为17.3%；是战前后方官营工矿业资本0.185亿元的46.86倍。而同期后方民营工矿业资本则由11.7亿元降到7.16亿元，只及战前的61.2%，为战前后方民营资本的6.82倍，增长速度大大低于官营资本。

2. 全国工矿业总资本中官营资本与民营资本的比重

1936年公营占15%，民营占85%。到1945年，官营资本超过民营资本，占总资本的54.77%。民营降到只占45.23%的份额。民营资本的下跌是显而易见的。官营资本工厂一般规模也比较大，平均资本在200万元以上，是民营厂的10倍，动力也是民营厂的3.3倍。

3. 活动范围

国家资本垄断了水电、冶炼、电器、机械等一些重工业生产部门，其产值在有些部门中的比重在90%以上，石油、汞、铜、铅锌、汽油、炼油、柴油、润滑油等全部由官营资本垄断。纺织业向来是民营资本根深蒂固、占绝对优势也最为成功的工业部门，但在此时也难敌官营资本的进逼，官营资本在机纱和织布两种主要产品的产值，由1938年的1828.8万元增加到5007.7万元，增长了1.7倍，而私营企业同期产值由1581.3万元增加到2663.7万元，仅增长0.68倍；私营企业产值的比重，则由1938年的86.47%降到1942年的53.19%，再降到1945年的48.32%。

4. 国家资本比重不断增加的多方面原因

最直接的客观因素是反侵略战争的需要。在四周封闭的环境中，战时军队和政府对各种器物的需求，迫使政府当局对工矿业大量投资，直接开办各类工厂，为军火生产服务的大批企业迅速建立起来；同时，战争的需要，也促使政府对一些稀缺物资的生产进行垄断，使国民政府有机会来实施孙中山的"发达资本"，即国家资本主义思想，从而形成国家资本在经济中的急剧膨胀。但是，还有一个不可否认的原因，就是统治者为了壮大统治实力，建立个人独裁的强权政治，而借国家资本之名，行赚取私利之实。因为在专制国家中"朕即国家"，扩大国家的权力，也就是扩大最高统治集团的权力。权力的欲望是无止境的，哪怕在关系民族存亡的危急时期，国民政府从中央到地方许多官员也在抗日战争的堂皇名义下掠夺民营企业以中饱私囊。与其说这些打着国家或政府的旗号，而实则谋求私利私权的资本为"公营资本""国家资本""政府资本"，不如称其为"官僚资本""官营资本"更为妥帖。

在战时"国家至上""军事第一""力量集中"的口号下，由国家统制一切经济事业，制定了一系列法令，加强对民营企业的控制。根据1937年颁布的《非常时期农矿工商管理条例》，民营企业除属于国防军需与锁钥性工矿业范围者应让政府收去经营或投资合营外，凡属有关日用必需品生产者、无力经营者、应迁移而无力迁移者、经营未能改善者、技术上有发明或专利者，均可由政府没收、接办、合并、代管、收买、投资合办、增资改组，再加上财贸部门的统购统销、专卖，官营资本得天独厚，就可到处伸手，无孔不入了。

经济部抗战期间对工矿投资总额达1689万元（战前币值，下同），其中对民营企业投资共 696 万元，占经济部工矿业投资总额的 41%。同时，还对民营企业贷款和担保贷款达 3304.3 万元。这些投资、贷款和担保贷款，既有导向性，把民营工矿纳入战时工业生产轨道，有为抗战提供必要物资的积极作用，同时也有趁民营企业之危，使官营资本渗入民营企业，用国家权力掠夺民营资本的消极影响。事实上，国民政府从中央到地方官员都在一些重要的私营企业中强行加入官股，占用董事、监事名额，安插亲信，以便逐步控制与吞并民营企业。

第三节　第三次国内革命战争时期的中国民族资本主义经济

1945 年 8 月 15 日，日本政府宣布无条件投降。蒋介石集团的国民政府无视中国共产党和中国人民要求建立联合政府的要求，悍然发动内战，力图消灭共产党和人民军队。蒋介石企图以消灭共产党实现自己的专制独裁，其下属、党魁们则抠住蒋介石的这一"命门"大搞腐败而迫使蒋"就范"于腐败狂潮中，最终使整个执政党和其政府陷于腐败泥淖中而被灭顶。因此，其经济政策也以内战为基础，这就必然导致经济的大滑坡，乃至最终使中国经济全面崩溃。而民族资本主义经济在此间遭受了空前劫难。

一、经济"劫收"与"五子登科"

早在日本正式投降之前，蒋介石就打好了他利用日军、伪军打击八路军、新四军，绝不让中共部队受降的如意算盘。因此，日本投降后，在决定上海、广州、武汉、北平、南京等大城市接收人选时，将坚持选派自己最信任的得力干将主持，这就为将"接收"变成"劫收"准备了"首要条件"。

1. "五子登科"将"接收"变为"劫收"

国民政府在陆军总部之下，设立党政接收委员会，由何应钦任主任委员，各战区、各省市设立相应机构。1945 年 10 月，又成立行政院收复区全国性事业接收委员会，由翁文灏主持，各省市设立相应机构。同时还把全国划分为七个接收区：苏浙皖、湘鄂赣、粤桂闽、冀察热、鲁豫晋、东北和台湾。

接收开始不久，国民党的接收大员变为"劫收"大员，成了当时争相抢购的"肥缺"。沦陷区的人们给这些国民党的大人先生们三句话：第一句叫作"五子登科"；第二句叫作"有条有理"；第三句叫作"无法无天"。

所谓"五子登科",就是说国民党接收大员到达后,房子、婊子、金子、车子、票子样样都要,抢封人家住宅仓库的条子满天飞,所以叫作"五子登科"。

所谓"有条有理",就是说,不管你是汉奸、日本人,只要有金条送给接收大员及其爪牙,无论有多大罪孽,还是有理可讲,网开一面。宁沪等地公然为汉奸定下公价,小汉奸每名自法币30万元起,大汉奸则为黄金万两,弹性很大。上海流行着一句话,叫作:不怕犯天大的罪,只要有等身的黄金。

所谓"无法无天",就是接收大员到后什么都要钱,任何事情都难不住法币,如果一个人没有法币,没有金条,那就无法无天了,没法活了。

国民党当局对敌伪物资的接收,给收复区人民带来了无穷的灾难。老百姓失望地说:"盼中央,望中央,中央来了更遭殃。"负责经济接收的重要人物邵毓麟,向蒋介石当面进言:"像这样下去,我们虽已收复了国土,但我们将丧失人心!"他认为,"在一片胜利声中,早已埋下了一颗失败的定时炸弹"。就连一向与政府持合作态度的《大公报》也相继发出关于"劫收"的评论。在《莫失尽人心》中评论道:"这是二十几天的时间,几乎把京沪一带的人心丢光了。有早已伏在那里的,也有由后方去的,人人有来头,就人人捷手先抢。一部汽车有几十人抢,一所房子就有许多机关争;而长长的铁路,大大的矿场,却很少人过问……八年长夜,一旦天亮,国旗飘扬,爆竹声喧,这些人也被欢迎在内吗……由后方去的人,满箱满笼的关金券法币,成了武器,成了法宝。伪币与法币的比价无定,物价一日三迁,大大地苦了收复区同胞,大大地发了后方去的人。可怜收复区同胞,他们盼到天亮,望见了祖国的旌旗,他们欣喜如狂,但睡了几夜觉后,发觉他们多已倾家荡产,卖房子吧,卖财产吧,累世的财富转眼间就转移到手里握有关金券的人……现在我们要呼吁莫失尽人心了!"

2. "胜利的灾难","呼吁"无法阻止政府要员如痴如醉的"劫收"狂潮

《大公报》在另一篇社论中斥之为"胜利的灾难":"有极大部分的人受到了胜利的灾难。这真是匪夷所思,胜利就是胜利,怎么倒会成了灾难?请在重庆的人们站在朝天门沿长江东望,一直看到长江尽头的大江南北。这是中国亘古迄今的一条大动脉,而今正是我们胜利凯旋的路。这汹涌多情的长江之水呵!它不舍昼夜地流着,它汹涌不已地流着,它把国家的胜利光荣流

到那头，我们循着这股光荣热情的江流看到那头的大江南北，却看到了胜利的灾难！"

这篇评论告诉我们，手持关金券法币的国民党要员们在上海吃阳澄湖大闸蟹，在南京夫子庙征歌逐色，在崇楼阁狎妓醉舞。

连蒋介石也不得不承认："我们在军事力量上本来就大过'共匪'几十倍，制空权、制海权完全掌握在政府手里，论形势较过去江西'围剿'时还要有利。但由于在接收时许多高级军官大发接收财，奢侈荒淫，沉溺于酒色之中，弄得将骄兵逸，纪律败坏，军无斗志，可以说，我们失败就失败在接收！""失败在接收"之议，有扯皮和推诿之嫌，说"失败从接收起"可能要准确些。不管怎么说，承认"接收"与失败有必然关系，也算是一种进步。不过，这种承认已是在三年之后的1948年夏季了，也就是说国民党统治已临崩溃，大势已去，无回天之力了。

3. 敲诈盘剥民营企业

接收大员贪得无厌，大发国难之财，甚至捕风捉影，无中生有，任意把收复区的民营企业指为敌产，然后加以没收，占为私有，不少私营企业被贴上封条。

荣氏企业在日伪时期受到严重劫掠，许多机器设备被拆迁至日商厂内或移作他用。日本投降后，荣家理所当然有权收回。但政府接收大员在接收日伪产业时，不问来龙去脉，把这些设备统统划归官办的"中国纺织建设公司"所有。申新多次要求中纺公司发还其留用的原申新的100只马达，以使生产早日恢复，但遭到中纺公司的有意刁难，借口"各厂纺织机械不乏雷同"，要申新"提出确切证件"后"再凭核办"，并拒绝申新派员前往认领。荣家又先后向"处理敌后伪产业审议委员会""中央信托局苏浙皖区敌伪产业清理处"提出同样要求，也毫无结果。政府接收沦陷期间被日军占领的荣氏面粉厂后，虽于1945年11月间宣布发还，实际只还了两厂厂房，其余粉麦各栈仍被粮食征特派员办公处使用。荣家再三具文请求从速发还，得到的只是"踢皮球"。荣德生起初对接收属厂兴致勃勃，多次周折被拖得精疲力竭后，十分感慨地说："接收手续之烦过于创建。层层推诿，官说官话，不顾民瘼，比之日人，不相伯仲。数年之间，变质至此，大可慨叹！"

4. 接收"成果"

国民政府接受的敌伪资产数额，无正式统计。有专家估计：工矿业资产

1945年单位，折合战前法币11.46亿元。其中约90%为国民党国家垄断资本所占有。除资源委员会以及中国纺织建设公司等几个大垄断集团外，一些省（如广东、台湾等）的省营企业也明显扩张。⑤因此，在这官营资本急剧膨胀的同时，形成对民营资本的拼命挤压，而使民营产业举步维艰。抗战时期被日军占领的沦陷区，本是中国最富庶的地区，集中了全国90%以上的工业资本，在沦陷时期日伪野蛮掠夺积累了大量物资财富。至1947年9月，中国政府共接收日伪工矿企业3097家，原投资总额21.2亿美元，折合1936年法币值70.74亿元，从而使中国民族工矿资本从28.6亿元增加到99.34亿元，加上美英等外资在华工业资本，全国106.61亿元（1936年法币值，下同）。新式工矿资本中，官营资本为78.26亿元，占73.4%；外资7.27亿元，占6.8%；民间私人资本21.08亿元，不足20%。

在接收大量日伪企业的基础上，战后官营资本急剧膨胀起来，并在很短时间内形成了对工矿业的垄断。接收后的工厂主要有两种处理方法：一种是由接收单位主办，直接经营。资源委员会和中纺公司就接收了98.3%的日伪企业资产；另一种是标价出售，标价出售的工厂只占全部接收工厂的1.7%，大都是无关宏旨的杂类小厂。1946—1947年，官营资本工业的产品价值按美元计算，与1945年相比增加达20倍。⑥与此同时，官僚资本在商业方面的垄断也大为加强。除打着国营招牌的各种官僚工商垄断组织外，还有四大家族以私人名义设立的公司，这些公司同样依靠政治权势获取高额利润中饱私囊。或明或暗的官僚资本的膨胀和对工商业的垄断加给民间私人经济的是短暂复苏后的破产。

二、民营中小企业举步维艰

抗日战争后期，中国私营企业的生产严重下滑。接近胜利时，这些企业大多已停工歇业。抗战胜利后，私营工商业在消费品生产方面的生产能力很快得到恢复。以棉纱、棉布、糖、纸等8项主要产品的不变值估计，全国私营企业在1946年的生产总值为1.6亿美元，1947年增至1.92亿美元，增长了20%。

1. 战后初期的复苏

抗战胜利后，国民政府接收了全部日资纺织企业，共接收纺锭175.8万枚，线锭3.3万枚，织机3.86万台，资产总额8.77亿元（1936年法币值），由新组建的国营中国纺织建设公司负责这些工厂的复工。抗战前的1936年，全国中外纱厂共有纱锭510.2万枚，1947年纱锭拥有量为442万枚，比1936年增加60%。这是一个令人乐观的记录：中国纺织工业中民族资本占了99%。到1948年全国纱厂开工率为86.9%，线锭开工率为75.6%。1947年，全国民营纱厂约有纱锭260万枚，到1948年发展到309.4万枚，约占全国纱锭总数492.2万枚的62.9%。上海纺织业成为战后中国私人经济复苏的主要标志。几经周折，恢复生产，在上海纺织业中形成了荣（申新）、郭（永安）、刘（安达）三足鼎立的局面。上海、江苏的民营纱厂复工最多，开工率达90%，已基本接近正常水平，实际开工纱锭达191万枚，约占全国的42.56%，而东北的开工率不足一半。

2. 私营工商业战后初期复苏的原因

第一，抗战胜利后，日伪和德、意的企业与资产全部被国民政府没收，英、法和其他帝国主义国家在华投资也由于战争中遭到破坏而极度削弱，只有美国对华投资大大增加，取得独占地位。而美国对华投资的主要方式是贷款和"援助"，直接投资中国经济生产事业的减少，这就为中国民族工业相对独立发展提供了有利时机。第二，战争期间，残酷的战乱使生产连续下跌，投放市场的产品严重不足，人们的消费欲望被压抑，胜利后，这种被压抑的消费欲望释放出来，产生对以消费品为主的商品的强烈需求，市场完全处于供不应求的局面，后来甚至发展到抢购风。同时，原来由日本独占的东南亚市场因日本的投降退出而完全成为中国的市场，如联合国救济总署还规定，中国要用援助原棉生产品的一部分输往东南亚，再用所得款项向美国购买棉花。第三，抗战胜利后，国共两党通过重庆谈判，达成"合作建国"的协议，国内出现了一定程度的和平气氛，也为民族工业的发展提供了有利的社会条件。第四，国民政府为了维护自己的统治，也采取了一些措施，如举办复工贷款、统筹燃料供应、增加电力供应、代筹工业原料等，以促进各地工业生产的恢复和发展。这些都为战后一些企业的复苏提供了有利条件。棉纺织业各纱厂所获得利润比1920年还高，1947年全国纱厂纯收益约1.2亿元，成为战后复工较快的一个部门。

在私营工商业发展中，上海发展速度在全国首屈一指。1945年8月抗战胜利时，上海共有工厂4111家，到1947年上半年，全市工厂达到五六千家，到年底时，增加到10877家，行业71行；到1948年，增至12570家，行业88行。另据南京政府经济部1947年发表的对全国20个主要城市的调查材料，全国共有民族资本工厂14078家，工人682399人，而上海共有民族资本工厂7738家，工人367433人，分别占工厂和工人总数的55%和54%。[⑦]

3. 民营企业陷入困境并迅速走向破产

好景不长。随着美化倾销，内战爆发，币制改革，外汇紧张，通货膨胀，物价飞涨，民营企业陷入更大困境，特别是中小企业首当其冲，最早走向破产。私人资本势单力薄，多为中小型企业。抗战时期，海口封锁，外援断绝，沿海工业区域沦陷，不少工厂内迁，加上后方原有的以及新设的工厂，到1945年底，大后方共有5998家工厂，其中重庆有1649家，四川有1158家，绝大部分是中小工厂，其生产量约占该业总产量的80%。尽管这些厂规模不大，设备简陋，技术落后，但它们就地担负起自力更生、支援抗战的艰辛任务，不仅成为后方物资供应的重要来源，为战时的军工、民用做出了不小的贡献，支持抗战赢得最后胜利，而且为此后民族工业的发展奠定了必要基础。抗战胜利，中小企业主欢欣鼓舞，满以为中小企业在战争中尚可生存，在战后重建中将更加发展壮大。但国民政府实行国家垄断资本主义政策，使这些中小私营企业主的希望像肥皂泡般很快破灭。在战时饱受管制、限价、征购、验收、运输、贪污敲诈等摧残，早被压得焦头烂额、遍体鳞伤的中小企业，又被逼得走投无路，奄奄一息。如织布业，抗战胜利后，军需署于1945年12月18日发令停收军布，到30日即刻停收，前后不到半月，措手不及，使许多织布厂垮掉。1944年开办的川江布厂被迫停工后，80台木机全成废物，卖既无人买，开工又无销路，只有拆毁布机，木料作柴烧，铁当废品出售，厂房既卖不掉，也租不了，惨状毕露，生活陷入绝境。其他行业命运大体相似。中小工厂资金短绌，绝大部分朝不保夕。

4. 中小企业奋起自救

为谋自救图存，许多中小企业主不得不奋起开展中小工厂自救运动，组织起来，奔走呼吁。1945年9月，田钟灵、李学民等9人商讨筹组成立中国中小工厂联合会。次年1月10日，土布、军布、煤矿、酒精、造纸、毛巾、织染、化工、制药等工业的工厂或同业公会共17个单位在迁川大厦正式召开筹备大会，讨论成立中小工联事项，并推选筹备委。3月7日，中小工联正式成立，选出理事23人，监事9人，徐崇林为理事长。后又组织设计委员会，选出徐崇林、王道衡、彭友今、徐守真4人为召集人。中小工联成立后发展迅速，到当年6月，先后在成都、兰州、上海等地成立分会，并积极筹建南京、北平、天津组织，到9月底，会员工厂已发展到1186家。除上面已说的外，还包括机器、纺织、制革、印刷、面粉、炼油、冶金、卷烟、针织、陶瓷、碾米、搪瓷、砖瓦、被服、榨油等33种工业，成为当时国内最大的一个由中小民族资本家和手工业主组成的工业团体。⑧

在《成立中小工厂联合会之意义》宣言中，阐述了中小企业主的迫切愿望与要求。

"中小工厂在今天落后的中国经济基础上有其独特的意义，要建设近代化的中国经济，绝非单由外国搬进若干新式工厂来就能使中国近代化起来的；也绝非先丢掉旧的中国，向外国搬进一个进步的经济组织来，而是要在落后的基础上助其发展、扩大，才是走入近代化的正当途径，绝不能让目前的经济基础崩溃之后，然后再靠着外国资本设备与技术立刻便能近代化。这就是我们认为目前中小工厂不能听其灭亡，甚至以人为的灾害助其灭亡的理由。正相反，我们是希望而且必须扶助发展中国目前的中小工厂，然后才能从这个比较进步的经济基础上建立起一个新的中国来。

"这也是我们与目前主持经济行政当局的观点不同的地方，也就是我们中小工厂不能不起来力争生存的理由，我们认为扶助与发展今日之中小工厂是中国近代化必经之路。

"我们认定中小工厂无论在过去、现在与将来，都有其重要性。在抗战期的贡献人尽知之，且不多说，须知中国将来近代化仍然要中小工厂的繁荣与发展，才能更快地建设起来。不仅如此，即使将来工业发达以后，必须很多中小工厂配合着大工厂生产。即如现在的美国，中小工厂仍占90%以上的数量，即其一例。

"其次，我们中小工厂为了自身的生存与发展，为了推动中国经济的进步，不能不有一个共同的联合。我们中小工厂自身的利益，只有我们自己了解得深，我们自己愿意联合起来解决与我们自己利益相关的问题。

"我们希望经济行政与主持经济事业的官员们，能切实懂得解决经济发展的困难，并努力协助取消经济发展的障碍，使我国经济能迅速发展与进步，使中小工厂得有充分发展的机会，奠定中国工业化的基础。"⑨

为争取自身的生存和民族工业的前途，中小工联极力争取贷款，反对国民政府轻工业国营政策及官僚独占性和各种措施。1946年1月3日，田钟灵、王智仁等五人到国民政府向蒋介石请愿，蒋介石派文官长吴鼎昌接见，

▶ 民营经济与中国现代化

双方争论达两个小时，无果而还。之后又向行政院请愿，宋子文则大谈美国货种类甚多，价廉物美，而中国货质差价贵，中小工厂根本没有存在的价值。中小企业主代表听了十分气愤，当面驳斥。宋子文见势不妙，便推给经济部解决。6日，代表们又向经济部长翁文灏提出救济要求，翁文灏竟说：现在已经胜利了，你们的厂既有困难，能做就做，不能做就关门。代表们据理反驳，翁文灏又借口待考虑之后再请你们来谈，从此就拒不见面了。19日和2月1日，中小企业联合会又向正在召开的政治协商会议和国民政府主席蒋介石递交内容相同的《意见书》，全面申诉中小工厂的悲惨处境，提出紧急救济的具体办法，要求拨款500亿元，以济燃眉。[⑩]中小工厂联合会一再向政府和社会呼吁，提出：中小工厂从未得到过政府分文贷款，要求政府在分期救济中小工业办法中，将已经批准的紧急工业贷款50亿元与收购成品的40亿元中尚未发放部分共约五六十亿元，首先拨给所属中小工矿业。[⑪]现在中小工厂全部陷于倒闭或近于倒闭状态，如再不救济，必将全部崩溃，而严重的社会问题也将随之产生。

在一再呼吁和社会舆论的压力下，财政部对请求拨给中小工厂生产复员费500亿元一事，饬由四联总处核议办理。四联总处对此一直不作答复，贷款要求也就烟消云散没有下文了。中小企业联合会还向经济部申请贷款100亿元。经力争，经济部表示原则同意，交四川省政府酌办，而省政府又推给建设厅。建设厅长何北衡一面虚与委蛇，假装表示同意，开出今后应优先照顾中小工联厂家的空头支票。再后来，建设厅、省银行都采取上推下卸的办法，贷款毫未兑现。

32年后，徐崇林回忆道："我们闹了将近一年的请求贷款，尽管终成泡影，但却具体有力地揭露了国民党反动当局摧残民族工业的狰狞面目，深刻而实际地教育了广大中小厂家，倘若不争取政治民主，反对独裁政治，断难争取中小工业的生存和发展。"因而中小工联的活动，政治色彩越来越浓厚，反动派视之为眼中钉，必欲去之而后快。最后，在1946年10月，这个"拥有会员1200家以上，为大后方民族工业家们在新的民族危机面前的一个团结自救的组织"被国民党当局下令解散了。[⑫]

中小工厂联合会的被解散，并不能掩饰中小企业大批倒闭的现实。1946年12月16日《联合晚报》重庆航讯报道，四川中小联合会原有会员1200家，已关闭80%；工业协会渝分会的470余家会员厂，停工了2/3；迁川工联会尚在川的 100 家工厂，开工者仅 20 家；制革业原有 432 家，停工达 200 家；机器业原有 372 家，仅存 182 家，且均系半生产状态。从 1946 年下半年到 1947 年，上海、天津、重庆、汉口、广州等 20 多个城市，工厂商店倒闭者达 2.7 万多家。据国民党社会局统计，自 1945 年 10 月至 1946 年 9 月，一年间北平各种商号请求歇业者达 1632 家。⑬

三、空前绝后的"金圆券危机"

抗日战争结束后的 1946 年初，国民党政府有黄金 600 万两，外汇 9 亿美元，还有 8 亿美元的美国剩余物资和 2.3 亿美元的联合国善后物资。如果蒋介石改弦易辙，实行和平建国的方针，那么国家的政治经济情况就大不一样了。然而蒋介石一意孤行，逆历史发展的潮流，使自抗战胜利后的通货膨胀迅速恶化，最终导致了国民党财政金融和整个国民经济的崩溃。

1948 年 8 月 19 日，蒋介石以"总统"身份，颁布《财政紧急处分法》，正式实行金圆券币制，一场"币改"运动在全国推行了起来。

1. 宋子文两项举措掀起"黄金潮"而引咎辞职

1946 年 3 月，"行政院长"宋子文建议：开放外汇市场，将美元汇率由战后的 1∶500 元，调整为比法币 2020 元；抛售黄金。

宋子文的两项举措不但没有使物价平抑下来，反而使国民党政府的外汇、黄金储备消耗殆尽。

于是，1947 年 2 月 10 日，一场"黄金潮"终于在国民党统治区爆发了。

10 日这一天，黄金黑市由 8 日的 560 万元 10 两，猛涨到 960 万元 10 两。黄金、美钞、物价轮番飞涨，互相推动，加上人民解放军节节胜利，人们纷纷抛出法币，金、银、外币计价流通起来。至此，法币失去了代替金、银贵金属作为流通手段的职能。进入 1948 年后，法币发行超过 700 万亿，超出战前水平 320 万倍空前绝后的涨价速度，宣告了国民经济的崩溃。别无选择的宋子文提出辞职。

蒋介石对宋子文说的一席话石破天惊，一语道破了天机："因为时局紧张，前方百万大军的饷给重要，职是不准辞，办法由你想，黄金能用到哪一天用完再说。"

2. 《财政紧急处分法》抛出"金圆券"

蒋介石任命担任过清华大学校长的翁文灏博士为"行政院长"，任命商务印书馆总经理王云五为"财政部长",希冀二人为他挽救已经崩溃的经济。翁、王一上台,即提出《财政紧急处分法》,这个法令抛出"金圆券"。

按照币改的规定,金圆券发行办法是这样的:金圆券每元含纯金量为0.22217盎司,由中央银行发行。分1元、5元、10元、50元、100元5种。辅币为1分、5分、1角、2角、5角5种,分别以铜、镍、银铸造。金圆券1元合法币300万元,东北流通券以30万元合金圆券1元。自本年11月20日以前无限制兑换。兑换期间,法币和东北流通券,按以上比率使用。8月19日起,公私记账,以金圆券为单位。此次发行金圆券以40%之黄金、金银和外汇,另有价证券和国有事业资产为"十足准备"或"根据"。发行量是20亿元,按月发行,当金、银、外汇等不足时,不得继续发行。黄金按纯含量,每市两兑给金圆券200元,白银按其纯含量,每市两兑给金圆券3元。银币,每元兑给金圆券2元,美钞每元兑给金圆券4元;其他各国货币按中央银行外汇率兑给金圆券。规定于8月30日(后改为31日前开始收兑)。

这是又一次对民营企业和全体人民肆无忌惮的公开掠夺。

蒋介石对这次"币改"十分关心,他每天晚上与中央银行总裁俞鸿钧通长途电话一次,俞鸿钧在上海将收兑情况详细地告诉蒋介石。总计在上海收兑黄金约110多万两,美钞3400多万元,还有大量港币、银元、白银等。

然而,蒋介石的国库空虚,内战耗损太大,赤字有增无减,囤积居奇之风又不能抑制,金圆券只得又走法币道路,通货膨胀又继续恶化,物价继续飞涨。1949年1月19日,《中央日报》社论这样说:"八一九"到现在不过5个月,社会经济与人民生活遭受极大幅度之波动,好像隔了一个时代。5个月以前,以法币论值的日用品,如上熟米每市石1800万元,合金圆券6元,岗炭每挑240万元,合金圆券8角。现在呢?上熟米每石400金元,岗炭每挑80金元。差不多涨了70倍到100倍。其他百货价格变动的幅度更大得惊人。

金圆券改革危机四伏,物价猛涨,连总统府的卫兵,也活不下去。一个卫兵的月薪,还不够买一双草鞋。

于是,有人说,蒋介石败于军事的不过十分之一,而败于经济的则为十分之九。

四、蒋经国上海打虎

财经紧急处分令下达的第2天,"总统"蒋介石、"行政院长"翁文灏联合会见民意代表和京沪地区的财经界人士，宣布为保证币制改革的顺利进行，决定设立由王云五、俞鸿钧、张厉生、严淞及蒋经国等人组成的经济管制委员会。21日南京当局又宣布，在全国重要的经济中心上海、广州、天津设立经济督导区，分别由俞鸿钧、宋子文、张厉生担任督导员，以督促三中心实施经济处分令。

1. 蒋经国临危受命"专打老虎"，重点是上海

蒋介石让大儿子蒋经国出面，以"经济管制委员和助理督导"的身份前往金融、工业、商业中心上海市，协助俞鸿钧。蒋经国干劲十足，决心再次开辟一个属于自己的时代。这位助理督导员情绪激昂地说："在过去真正守法的，多是那些穷苦的老百姓，而一般有钱有势的人，则往往逍遥法外，为所欲为。"是故，蒋经国明确宣布，这次到上海是"专打老虎，不打苍蝇，专打祸国的败类"。

蒋经国到上海的任务，是贯彻执行财政经济管制条例。限制物价保持在紧急处分令颁布时的水准，不能突破"八一九"防线。他把上海中央银行作为总指挥部，把戡建六大队改组为"大上海青年服务部队"，由王升任总队长。总队设11个"人民服务站"，主要职责是负责收集各界人士和平民百姓的举报线索，查究违反处分令囤积物资、扰乱市场、哄抬物价行为和犯法分子。

蒋经国的具体做法是仿效苏联经验、照搬赣南方式。一是广泛宣传，争取社会舆论。特别是他本人每星期二、四下午，在中央银行公开接见市民，答复市民来信。他的"宁使（违法分子）一家哭，不可（广大百姓）一路哭"的专打老虎的誓言、不打败奸商绝不收兵的决心、雷厉风行和言出法随的行动，更是成为各报争相报道的主要新闻，起到相当大的社会效果。

二是使用铁腕。他要求所有的商人、厂主和任何人，不得套购金银外币，不得操纵股票市场，不能因坚守"八一九"物价防线而拒绝供货和售货，切实保证金圆券的发行最低线不被突破。为此他组织对全市各经济活动的场所，运输、储存和销售点的突击大搜查，对有违法行为的人严惩不贷。先后逮捕上海滩的大商人荣鸿元、詹沛霖、吴锡龄、黄以聪、杜维屏等。不几日，又宣布枪毙扰乱金融市场和对抗经济管制的大商人王春哲、泄露经济情报的财政部秘书陶启民、敲诈勒索的警备司令部稽查大队长戚再玉和经济科长张亚民。此"五虎将"一抓和一开杀戒，全上海震动："蒋经国真是打老虎了！"

外国记者称蒋经国为"中国的经济沙皇"。

在抓人和杀人的同时,助理督导还宣布:"仓库里囤积达3个月的纱布的,不管其所有者的背景,一律宣布没收;不论谁抬价,查实了就拘办。"奸商、暴发户与官商,纷纷落网,依法惩处。蒋经国的高压政策,一时间果真使得以兴风作浪为家常便饭、拿手戏的上海奸商,接受了经济管制的事实。蒋经国自己也无不得意地说:"政治力量是解决经济混乱的主要条件。"

三是经济新政。蒋经国在对付奸商的同时,也采取了一些经济措施,维持经济管制。他曾利用特殊身份,要求一些富庶地区,向上海调运物资,以在不突破"八一九"物价防线的前提下,保障市场供应。

自8月19日的一个月过后,上海物价稳定,中央银行在上海收兑的黄金、白银和外币,已约值37300万美元。

上海一地虽然物价稳定,但全国物价上升。流入上海的物资大大减少,上海出现物资缺乏的紧张局面,市面供应萧条,上海的生产萎缩。上海的市民叫苦不迭,急得当时的上海市市长吴国桢跑到南京向蒋介石提出辞呈。吴国桢是一个聪明人,他明白蒋经国的一番作为有一点成就的话,上海市长的宝座会让给蒋经国了。他冷冷地站在一边,看蒋经国的笑话,让蒋经国唱独角戏。

2. 打老虎反被老虎咬

蒋经国打"大老虎"。9月初,"打老虎大队"把一个叫作暹罗(泰国)的做米生意的英国犹太人和一个做面粉进口生意的法国人抓了起来,移交上海特种刑事法庭惩办。英法两国驻上海领事跟蒋经国交涉无效后,便通过驻南京的大使向中国外交部提出抗议。王世杰外长不敢做主,请求翁文灏和蒋介石。蒋介石这时正需要英美等西方国家支持,他急忙下令放人,一场外交风波才算结束。

9月底,蒋经国又"大义灭亲",把蒋介石世交、上海流氓头子杜月笙的儿子杜维屏、女婿荣鸿元,亲戚黄以聪、詹沛霖、吴锡龄抓起来。杜月笙攀比道:"打老虎是件好事,阿拉(我)可以帮侬(你)找到更大的老虎,找出以后,侬(你)把大老虎杀死了,阿拉妮(儿)子和女婿即使拉去陪斩,也是千该万该的。阿拉如果皱一下眉头,就不姓杜。"

于是杜月笙就派出大批人马,帮助带领"打老虎大队"、警察和记者去

"扬子公司"作物产检查。他们发现公司有巨量藏匿的物资,而且比杜维屏的要多好几倍。其中包括利用经济情报先于"封关"前进口的百余辆汽车、500多箱英美呢绒、200多箱西药等。尤其该公司老板孔令侃还公然抬出宋美龄压蒋经国,蒋不胜恼怒,下令"打老虎大队"把"扬子公司"老板、孔祥熙的儿子孔令侃抓了起来。

10月1日,宋美龄飞沪,从中干预,提出要约见孔令侃。见到孔令侃,宋美龄说:"老先生(指蒋介石)要召见。"恰好这时蒋经国又在另一个地点开会,宋美龄把孔令侃带走了。

蒋经国本想"大义灭亲",把这场涉及他表弟的事情搞清楚,把这场硬仗打下去。等到他闻讯赶来时,宋美龄已带孔令侃离开了。人去楼空,只剩下"打虎队"队员,蒋经国与队员抱头痛哭。

蒋经国理想的经济秩序,只维持了40余天。10月2日,南京政府决定对卷烟、洋牌酒、国产酒等7种商品增收超过原来几十倍的税额,并准许这增收部分加入零售价之中,转嫁到老百姓头上。这一"合法的大幅度提价"使得蒋经国在上海的努力毁于一旦,全上海立即掀起抢购狂潮,物价再次扶摇直上,直到国民党退出大陆,物价再也没有下来过;金圆券贬值一泻千里,币值再也没有上升过,经济管制名存实亡。

3. 蒋经国"打虎失败"的原因

蒋经国在上海"打老虎"的失败,并非他个人原因所造成。南京政府的财政紧急处分令和币改本身的性质,就决定了这一措施必然要失败。

首先,蒋经国的"打老虎",原是使上海成为全国财经改革的楷模,以控制上海达到稳定全国财经形势的目的,保持金圆券的地位;实则以"打老虎"行动,换取民间、工商界的信任,顺利进行币制改革的要务。搜括人民手中本来不多,对南京方面极为有用的黄金、白银和外币,这一目的已经达到,仅上海一地就用不值钱的金圆券兑换到价值10.7亿美元的硬通货,占全国总数七成以上。

其次,金圆券无任何有价值的保证金,币值根本无法保证,很快20亿的总发行量被突破,币值一贬再贬,受害最深的当然是人民大众,无数百姓和中产阶级因币改成为赤贫,这种性质的币改当然得不到人民的支持,因此当然也就要失败。

再次,国民党的财政危机已积重难返,政治黑暗、腐败已病入膏肓,非

民营经济与中国现代化

一时一举就能解决。即使币制改革能够奏效，也解决不了国民党不发展生产、不重视经济建设、热心于反共反人民坚持内战的这一根本性的财经决策上的反动。所以蒋经国在上海采取的种种紧缩措施，不仅得不到南京和上海市政府方面的支持，反而被认为是他好大喜功、不知天高地厚所为，并且采取明的暗的手段破坏蒋经国经济管制，他腹背受压，当然无胜利的希望。最后也是南京方面在蒋经国不赞成的情况下，率先提价，致使整个币改和经济管制全线溃败。

最后，蒋经国的"打老虎"，打的只是无强硬后台的"纸老虎、钱老虎"，"真老虎、官老虎"他也是想打可打不败的。蒋经国在上海采取的最大的行动、影响最大的就是收拾扬子公司，最后他也败在这一案中，这一事实也说明，他当时还没有也不可能有扭转国民党和四大家族腐败的能力。蒋经国"打老虎"打到中国首富、四大家族之一的孔府头上，不管是不是他之本意，却是民间所希望看到的结果。孔令侃的扬子建业公司案，已被上海各种舆论炒得火热，如果蒋经国能坚持到底，法办孔令侃，那无疑能大大提高在上海的威信；如果蒋经国输，则将把其"打老虎"的誓言变成空话，他的经济管制不可能再继续进行。身为国民党决策中心人物的宋美龄应该以党为重，抛卒保车，或者在幕后给予孔令侃补偿。但是，刚愎自用、一直看不上蒋经国的宋美龄不顾大局，公开从监狱中接走孔令侃。这样在全上海人民面前，等于宣布蒋经国的"打老虎"失败。

上海的经济管制，除有孔令侃这样的硬顶之外，还有更厉害的破坏，此人不是别人，而是四大家族另一成员——宋氏家族的代表宋子文。宋子文作为广州地区的经济督导员，可他并不配合上海方面的经济管制行动，让金圆券随行就市，币值一贬再贬，物价一涨再涨，南方的高物价导致上海急需的物资、商品和奖金大量流向广州等地，动摇太子的经济管制根基。所以说上海如果没有"扬子案"发生，蒋经国的经济政策也会在广州方面的挤压下破产。

10月31日南京政府正式发布关于币制改革的《补充办法》，承认此次币改的失败和放弃经济管制。11月2日，助理督导蒋经国在上海发表《告上海人民书》，承认"七十天来的努力，已一笔勾销"。"我将向政府自请处分，并对上海市民表示歉意。"

五、民营企业生存状况

1945年抗日战争胜利后,中国的政治和经济形势有了大的改观,使原来内地后方和沿海沦陷区的民族资本工业的生产条件、行业结构和生产力布局再次发生了重大的变化。

1. 后方民营工业衰退

自1942年,后方民营工业已开始衰退,市场混乱,盛行囤积居奇。抗战胜利后,战时加工订货停止,囤积者急于脱手,物价猛跌,工厂企业和政府机构、团体急于"复员",资金大量东流,市场银根奇紧,工厂大批停工和回迁。到1946年底,迁川工厂委员会的390家会员厂中,仅存100家,而继续开工的只有20家。中国工业协会重庆分会所属的470余家工厂中,停工的占2/3。四川中小工厂联合会所属的1200家工厂,停工的达80%。[14]工业生产大幅度下降,1945年第四季度比第二季度下降20.9%。以机器、钢铁等重工业产品的下降幅度最大,机器、钢铁分别下降56%和45.1%;水泥和酸碱分别下降了44.7%和41.1%。日用工业品和燃料下降幅度较小,也分别达18.6%和14.5%。[15]1946年后下降幅度更大。

2. 沿海民营工业艰难发展

沿海地区情况不同,机构和工厂"复员",人口和资金纷纷集中,敌占产业陆续发还,商人更期望标购日资厂矿,中央又低价供应外汇,进口便宜原料和器材。在这种情况下,一时间旧厂复业,新厂开设,工厂数量迅速增加。1945年下半年开业登记的有273家,1946年增至1992家,1947年更达9285家,两年半共计11550家,平均每年4620家。又据国民党政府经济部1947年6月的工厂登记,共11682家,其中民营厂11401家。[16]1948年后,解放区迅速扩大,国民党统治区工业全面衰退,但上海一地因北方资金南流,工厂数仍在增长,1947年底为10877家,次年底增至12570家,但1949年迅速萧条。另据统计资料推算,1949年全国10人以上的私营工厂为14780家,资产净值和总产值折合战前法币,分别为56244万元和186541万元。[17]

3. 行业结构和地区分布状况

同战前比较,民族资本工业的行业结构和地区分布都发生了重大变化。行业结构方面,战前民族工业的两个最大行业棉纺和面粉均明显衰退,1947年的产量分别只有1936年的66.2%和49.2%。酒精在战前无足轻重,抗战

民营经济与中国现代化

时期迅速发展，战后产值竟超过了棉纺织，居各业之首。酸、棉、布、纸、电力等都有较大幅度的增加。毛纺织因战时和战后上海有大量毛纺织厂设立，产量增幅更大，达11倍。根据煤、铁、电力、棉纱、棉布、面粉、火柴、纸等14种可比产品计算，1947年的产值比战前增加了6.5%。[18]

在地区分布上，进一步向上海等沿海城市集中。据统计，1933年全国（不包括东北）华商工厂共有职工789670人，其中上海为245948人，占31.1%，加上天津、青岛、广州3市，合计占40.8%，1947年，上海职工所占比重上升到53.8%，加上天津、青岛、广州3市，合计达70.2%。从职工人数看，2/3以上的工业集中分布在上海等四个沿海城市。

各主要行业的设备利用和生产变化情况不完全相同。棉织、火柴、造纸、卷烟等少数行业，有较明显发展，产量增长；棉纺、面粉两业，一度大量设厂，但设备利用率低，产量并无提高，甚至逐年下降；缫丝、水泥等企业则全面衰退。

棉纺织业中的专业织布厂，自20世纪30年代起一直不断发展。抗战胜利后的一段时间内，这种发展势头仍然持续。在上海，1947年底有机器织布厂441家，织机24790台，分别相当于沦陷期间的107%和110%。据1949年解放后的调查，上海有布厂409家，织机2.6万台。[19]1947年天津有布厂1100余家，电力织机4100台，但开工率很低。后方重庆，布厂由1942年的576家增至1947年的1124家，电力织机由34台增至4496台。就全国而言，电力织机和布厂产量均有增长。据估计，电力织机从1936年的11208台增至1947年的48716台；布厂产量从3048万匹增至4763万匹，[20]分别增长了3.3倍和0.6倍。不过这种产量增长是以农家手织布的减少为前提的。

机器造纸业，厂数、职工数和年生产能力均有增长。1946—1948年同1932—1936年相比，厂数从32家增至63家，职工从4577人增至9952人，年生产能力从65447吨增至100920吨。不过厂数的增加标志主要是购敌厂所致。1947年后，由于纸浆依赖进口，而外汇配额难觅，加上美、德洋纸大量进口形成的压力，生产形势日趋严峻。

卷烟业主要集中在上海。抗战胜利后，各地遍设小型卷烟厂，上海尤多。1949年解放前夕，上海有卷烟厂113家，卷烟机从1945年的不足500部增至1947年的919部，职工达4.2万余人。卷烟产量，1947年月均12万箱，1948年尚有10.6万箱。

棉纺业和面粉业在抗战胜利后的一段时间里,都曾出现过旧厂复业、新厂增设的发展景象。纱布、面粉均成为囤购的对象,形成虚假繁荣。民营纱厂大增,从1936年的90家(不包括东北、台湾)增至1947年的222家,但是纱锭数尚未完全恢复到战前水平,而且开工率很低,大多只有70%左右,棉纱产量更只有1936年的66.2%。资金较雄厚的申新、永安、裕大华三大棉纺集团的产量也只达到78.7%。[21]面粉厂也略有增加。1936年有华商面粉厂152家,1947年增至173家,同时兴起一大批小型厂。但就大厂而言,生产能力提高的幅度不大,1948年的日生产能力为48万余包,只比1936年增长6.6%。至于实际产量,1946年更只有1936的70.7%,并逐年下降,到1948年,只有1936年的1/3了。[22]

缫丝、水泥、煤矿三业,则全面衰退。抗日战争时期,主要产丝区沦陷,日本采取限制华丝的政策,使丝业元气大伤。尤其是桑园遭受严重破坏,桑园面积从1936年的796万亩减少到1946年的435万亩,下降了45.4%,短时间难以恢复。日本投降后,国民党政府又对蚕丝业采取了一整套管制措施。在产品销售方面,国内外市场都明显缩小。这就导致了从桑蚕到缫丝的全面衰退。1947年的生丝产量仅46600公担,只有1936年的39.9%。而且大部分是土丝,厂丝只有14766公担,相当于战前的21%。[23]可见机器缫丝业衰落的严重程度。

民营水泥业,战后也开始全面衰退。水泥厂因美国水泥大量进口,加上交通运输受阻,开工不足,产量急剧下降。最大的启新洋灰公司,年生产能力30万吨,1947年的水泥产量仅15.9万余吨,只相当于生产能力的一半,次年更降至13万吨。启新、上海华商、江苏等中国9家水泥公司合计,1947年的产量只相当于生产能力的43.6%。[24]

注释:

① 任杰、梁凌:《中国政府与私人经济》,中华工商联合出版社2000年版,第68页。
② 同上注,第70页。
③ 同上注,第76页。
④ 同上注,第79页。
⑤ 刘克群:《简明中国经济史》,经济科学出版社2001年版,第355页。
⑥ 任杰、梁凌:《中国政府与私人经济》,中华工商联合出版社2000年版,第156页。

⑦同上注,第 114 页。
⑧同上注,第 145 页。
⑨同上注,第 146 页。
⑩同上注,第 144 页。
⑪同上注,第 144 页。
⑫徐崇林:《中国中小企业联合会在重庆》,《四川文史资料选辑》第 19 辑。
⑬王相钦:《中国民族工商业发展史》,第 627 页。
⑭张锡昌:《民族工业崩溃的一年》,《经济周报》第 14 卷第 1 期,1947 年 1 月。
⑮李紫翔:《胜利后的中国工业》,《中央银行日报》第 1 卷第 9 期,1946 年 9 月。
⑯许涤新、吴承明:《中国资本主义发展史》第 3 卷,人民出版社 1993 年版,第 644 页。
⑰同上注,第 645 页。
⑱同上注,第 646~647 页(不包括东北和台湾)。
⑲陈真:《中国近代工业史资料》第 4 辑,生活·读书·新知三联书店 1961 年版,第 324~329 页。
⑳许涤新、吴承明:《中国资本主义发展史》第 3 卷,人民出版社 1993 年版,第 657 页。
㉑同上注,第 651~652 页。
㉒上海粮食局等:《中国近代面粉工业史》,中华书局 1987 年版,第 82、464~468、502~513 页。
㉓上海社会科学院经济研究所:《中国近代缫丝工业史》,上海人民出版社 1990 年版,第 422、661 页。
㉔许涤新、吴承明:《中国资本主义发展史》第 3 卷,人民出版社 1993 年版,第 666 页。

第十一章　建立新民主主义经济秩序，建设新民主主义国家

1949年10月1日，中华人民共和国诞生。新中国是中国社会发展规律性的产物。正如笔者在《谁主沉浮》一书中指出的那样："近代中国社会历史发展的规律性东西是什么呢？是停留在自然经济文明层次的旧中国，借助传统的爱国主义这一文明之核心，在遭受西方列强欺凌并付出巨大牺牲的过程中，成功地遏制住西方列强企图将中国完全殖民地化图谋的同时，奋起迎接商品经济文明的挑战，为大踏步地走向现代化而进行的探索、抗争与奋斗"。①新中国成立后的第一个任务，也是根本性的任务，就是迅速建立起新民主主义经济秩序，恢复和发展国民经济。

第一节　建立新民主主义经济秩序的指导思想和纲领

"革命是解放生产力。"②中国共产党领导新民主主义革命的近期目的，就是通过建立起新的社会制度，解放和发展被旧制度束缚的生产力。按照中国社会发展的历史逻辑，新民主主义革命成功建立起来的国家是新民主主义的中国。因此，迅速建立起新民主主义经济秩序是当务之急。中国共产党领导集体于此，在当时是十分清醒的。其指导思想和制定的相关纲领即《新民主主义经济纲领》和《中国人民政治协商会议共同纲领》是正确的，是符合中国国情的马克思主义结晶。

一、新民主主义国家制度的确立

中国共产党领导的新民主主义革命的目标可以具体化为三个，即直接的近期目标，建立起新民主主义的新中国；中期目标，建设强大的社会主义国家；远期目标，建设并实现共产主义社会。

1. 新民主主义国家是中国共产党领导革命的直接目标

中国共产党领导新民主主义革命的直接目标即近期目标是推翻"三座大

山",创建新中国。新中国是什么制度形态的新中国呢?是新民主主义制度的新中国。这对党的领导集体、对全体党员、对全国各族人民,是十分明确的。

如前第五章所述新民主主义革命的理论,是毛泽东思想最重要、最光辉的内容和组成部分之一。这一理论是以毛泽东为首的中国共产党人在20世纪30年代,根据马克思主义、列宁主义关于民族殖民地问题的理论与无产阶级在民主革命中的领导权思想,从中国历史状况、社会实际和中国革命所处的时代特点出发而提出来的。这一思想理论,对认识和确定中国革命的性质、任务和应采取的方针政策起了决定性的至关重要的作用。它是把中国革命引向不断胜利的旗帜。同时,毛泽东的新民主主义理论,还为建立新中国描绘出光明的蓝图。

2. 新民主主义国家制度的确立

1949年9月21日至9月30日,中国人民政治协商会议在北平举行。会议于9月29日一致通过《中国人民政治协商会议共同纲领》(以下简称《共同纲领》)。《共同纲领》作为中国人民革命建国的基本纲领,是全中国人民的意志和利益的集中体现,是一百多年来特别是近20多年以来中国人民革命斗争经验的总结。也是中华人民共和国在相当长一个时期内的施政准则。《共同纲领》对新国家的国体、政体和大政方针等作了明确的规定。

中华人民共和国为新民主主义即人民民主主义的国家,实行工人阶级领导的,以工农联盟为基础的人民民主专政,反对帝国主义、封建主义和官僚资本主义,为中国的独立、民主、和平、统一和富强而奋斗。

中华人民共和国的国家政权属于人民。国家最高政权机关为全国人民代表大会。人民依法有选举权和被选举权;有思想、言论、出版、集会、结社、通讯、人身、居住、迁徙、宗教信仰及示威游行的自由权;并均有保卫祖国、遵守法律、遵守劳动纪律、爱护公共财产、应征兵役、缴纳赋税的义务。

中华人民共和国经济建设的根本方针,是以公私兼顾、劳资两利、城乡互助、内外交流的政策,达到发展生产、繁荣经济的目的。国家应在各个方面调剂国营经济、合作社经济、农民和手工业者的个体经济、私人资本主义经济和国家资本主义经济,使各种社会经济成分在国营经济领导下,分工合作,各得其所,以促进整个社会经济的发展。

《共同纲领》还规定:国家的军事制度是建立统一的军队,受中央人民政府人民革命军事委员会统率，实行统一的指挥，统一的制度，统一的编制，统一的纪律。国家实行民主主义的，即民族的、科学的、大众的文化教育政策。国家的民族政策是：中华人民共和国境内各民族一律平等，实行团结互助，反对帝国主义和各民族内部的人民公敌，并在各少数民族聚居的地区实行民族的区域自治。国家外交政策的总原则为：保障本国独立、自由和领土主权的完整，拥护国际的持久和平和各国人民间的友好合作，反对帝国主义的侵略政策和战争政策。

这部建国纲领的创制，凝聚了共和国缔造者们的心血和智慧。在纲领拟定的过程中，以毛泽东为代表的中国共产党人从基本国情出发，提出了完整可行、稳健务实的立国方案，又虚怀若谷，认真听取其他民主党派和无党派民主人士的意见，反复讨论、修改。各民主党派和无党派人士亦本着共同负责的精神，竭智尽虑，积极贡献意见，使建国纲领进一步臻于完备。这突出体现了中国共产党领导下的党派协商精神，成为新中国政治生活的重要象征。

中国民主同盟主任委员张澜在政协会议上赞许道：共同纲领是新中国的一个人民大宪章。它确定了新中国的政治理论和政治制度，它有了"革命到底"的大方针，它有了稳步建设的大原则。它的内容丰富，它的文字质朴。中国今天应做的，要做的和能够做的，这个纲领都一一标举出来了。中国将来应做的，要做的，但今日事实上还不能够做的，这个纲领就暂时保留不说。它没有高调，它更没有空想。这真是切合实际，切合人民今天需要的共同纲领。《共同纲领》的制定和通过表明，中国共产党的最低纲领即新民主主义纲领，已被集中代表各民主党派、各人民团体、各民主阶级、各少数民族、海外华侨及其他爱国民主分子意志的中国人民政治协商会议所一致接受，成为新中国的建设蓝图。由于它切合实际而又坚定明确，清楚地指出了哪些事是应该做而且必须做的，哪些事是不应该做而且不允许做的。所以成为全国各民族人民共同遵守的大宪章，实际是临时宪法的性质。在整个新民主主义建设时期，它是规范和衡量全国一切党派、团体、个人的行动纲领和共同准则。尤其，刘少奇代表中国共产党在会上郑重宣布：中国共产党当完全遵守《共同纲领》的一切规定。刘少奇的这一承诺，获得大会最长时间、最热烈的掌声。

二、新民主主义国家的经济建设总方针的确立

《共同纲领》明确规定，新中国经济建设的根本方针，是以公私兼顾、

▶ 民营经济与中国现代化

劳资两利、城乡互助、内外交流的政策,达到发展生产、繁荣经济的目的;国家应在各个方面调剂国营经济、合作社经济、农民和手工业者的个体经济、私人资本主义经济和国家资本主义经济,使各种社会经济成分在国营经济领导下,分工合作,各得其所,以促进整个社会经济的发展。

1. 毛泽东关于新民主主义国家经济建设的思想

1949年3月,毛泽东在中共七届二中全会上指出:"党的工作重心从现在起开始了由城市到乡村、并由城市领导方针的时期。""党和军队的工作重心必须在城市,必须用极大的努力学会管理城市和建设城市。"③如何实现这一转移?毛泽东进一步指出:"如果我们在生产工作上无知,不能很快地学会生产工作,不能使生产事业尽可能迅速地恢复和获得确实的成绩,首先使工人生活有所改善,并使一般人民的生活有所改善,那我们就不能维持政权,我们就会站不住脚,我们就会失败。""我们必须学会自己不懂的东西,我们必须向一切内行的人(不管什么人)学经济工作。拜他们做老师,恭恭敬敬地学,老老实实地学。""中国人民愿意同世界各国人民实行友好合作,恢复和发展国际间的通商事业,以利发展生产和繁荣经济。"④

对于资本主义经济在新中国的命运,毛泽东认为:"由于中国经济的落后性,广大的上层小资产阶级和中等资产阶级所代表的资本主义经济,即使革命在全国胜利以后,在一个长时期内,还是必须允许它们存在,并且按照国民经济的分工,还需要它们中一切有益于国民经济的部分有一个发展,它们在整个国民经济中,还是不可缺少的一部分。""而新民主主义国民经济的指导方针,必须紧紧地追随着发展生产、繁荣经济、公私兼顾、劳资两利这个总目标。一切离开这个总目标的方针政策、办法都是错误的。"⑤

2. 刘少奇关于新民主主义国家经济建设的思想

在解放战争胜利前夕,如何对待资本主义经济,中共中央提出了对私人资本主义经济应采取限制、利用和发展的基本思想。刘少奇在此原则上,作了进一步的发展。尤其,1949年4月至5月期间,刘少奇在天津视察,代表中共中央在强调党对私营工商业的政策时说:"天津的工商业将近有四万家……他们是社会上的一个很大的生产力,这个生产力是很重要的,今天没有他们还不行。"刘少奇在同资本家座谈时,针对当时社会普遍流行"剥削有罪"的这一根本而论的看法,提出了独到的见解。他说:"今天资本主义的剥削不但没有罪,而且有功劳","封建剥削除去以后,资本主义的剥削是有进步性的。今天不是工厂开得太多,剥削的工人太多,而是太少了。你们有本事多开工厂,多剥削一切工人,对全国人民都有利,大家赞成,你们当前与工人有很多共同利益。资产阶级在历史上是有功劳的。马克思、恩格斯在《共产党宣言》中就说过,近一百多年中,资本主义将生产力空前提高,比有史以来几千年创造的全部生产力还要多。今天中国资本主义是在年轻时代,正是发挥它的历史作用,积极作用和建立功劳的时候,应赶紧努力,不要错过。今天资本主义剥削是合法的,越多越好。股息应该提高,如果工人工资过高,你们自己可以提出来"。⑥

刘少奇认为,国家资本主义就是"无产阶级领导的国家,在适当条件下监督资本家,使资本家为国家服务的一种制度"。针对天津一家因人为原因而倒闭的外企,刘少奇指出,资本家"工厂开工了,工人可以做工,农民可以卖蛋,税收也可以增加,这实在是一笔好生意"。⑦

刘少奇的上述讲话,是根据当时中国的实际情况,运用马克思主义的基本原则,以非常通俗但很有深刻含义的语言,阐述了中国共产党对待资本主义,对待资产阶级,对待诸如剥削之类重大问题的方针政策与理念。其作用十分巨大,其贡献也十分巨大:一是代表即将取得全国政权的中国共产党明确了新中国的经济建设总方针,表明了党对资本主义、民族资产阶级乃至对待剥削的态度,从根本上稳住了民族资产阶级的阵脚,使蒋介石政权妄图将资本家和民族资本悉数"劫持"出海外的企图落空。二是在增加民族资产阶级留下来建设新中国信念的同时,有力地支持了中国人民解放战争的加速胜利。试想,如果刘少奇代表中共宣布的是,"革命胜利后马上要搞社会主义,要消灭资产阶级,要消灭资本家,要消灭剥削"的话,其后果将是什么?笔者认为,其后果不只是资本家阶级会连带其资本、人才、技术、资料悉数流亡海外,使新中国的建设成为无根之木。更重要的,是中国共产党领导的新民主主义革命的胜利将被无限期的延迟。因为刘少奇的天津讲话迅速传遍大江南北后,在根本上稳住整个民族资产阶级阵脚的同时,也从根本上瓦解了国民党妄图立足长江以南,占据半壁河山以对抗新政权的经济基础。笔者甚至认为,刘少奇的天津讲话,与中国人民解放军的渡江作战构成中共"一武一文"两大武器,是共同发挥其功能作用的最辉煌的也最深刻的战略举措。

针对革命与建设二者的关系,刘少奇深刻指出:"只有做好了第一件事情,才有可能做好第二件事情。当我们去做第一件事情的时候,我们的目的就是为了做好第二件事情……如果我们在做好第一件事情之后,不能接着把第二件事情做好,那我们的革命就没有什么大的意义了。我们的革命就不能说是已经胜利了,相反,我们还要遭受可耻的失败","经济建设现已成为我们国家和人民的中心任务……我们的基本点是:民主化与工业化,在我们这里,民主化与工业化是不能分离的"。⑧能够在新中国诞生前夕,就把新中国以经济建设为中心的思想表述得如此明确,如此深刻,这已经是十分难能可贵了。尤其,又能把新中国民主化与工业化二者的关系如此深刻地理解,就更是难能可贵了。

十分遗憾的是,连同刘少奇新民主主义国家制度构建在内的精辟见解与建设性意见,不仅没有形成真正的社会现实,甚至连社会现象也没有形成就几乎消逝得无影无踪了。

新中国诞生初期,刘少奇对新中国经济建设即新民主主义经济秩序建设提出了卓越见解与建设性意见。遗憾的是,他同周恩来、朱德、陈云、邓小平等新中国第一代领导集体成员一道,致力于新民主主义国家建设,新民主主义经济秩序建设的伟大抱负并没有得到施展。

3. 周恩来新民主主义国家经济建设的思想

周恩来新民主主义国家经济建设思想主要体现在由他主持起草的《共同纲领》中。后面要对此有专门阐述,在此不赘述。

4. 邓小平新民主主义国家经济建设的思想

邓小平对新民主主义国家经济建设有卓越的见解,在后面有专节阐述。笔者于此特别要提到的,是建国前夕邓小平对解放区土改工作中"左"的倾向的批评一事。对如何进行解放区的土改,他明确地指出:"今天,从全国范围来说,主要的倾向是'左',也有右的倾向,但不是主要的……'左'的倾向,表现在土改中划阶级'左',把地主富农同样对待,侵犯中农,对中农采取拒绝态度……现在不克服'左'的偏向,就不能把土改搞好,也不能把根据地的经济建设好。"⑨建国初,针对私营工商业,邓小平指出:"我们要扶助有益于国计民生的私营工商业,鼓励私人生产的积极性。""共产党就是为发展社会生产力的,否则就违背了马克思主义理论。"⑩

三、《共同纲领》反映的经济思想

1. 确定了党的新民主主义国家建设的经济纲领

取消帝国主义在中国的一切特权，没收官僚资本，进行土地改革，保护国有和合作资产，保护工人、农民、小资产阶级和民族资产阶级的经济利益和其私有财产，发展新民主主义经济，稳步地变农业国为工业国。

2. 新中国经济政策的基本精神

照顾四面八方，即实行公私兼顾、劳资两利、城乡互助、内外交流的政策，以达到解放生产力、发展生产、繁荣经济的目的。

3. 新民主主义中国的国家经济职能

应在经营范围、原料供应、销售市场、劳动条件、技术设备、财政政策、金融政策等方面，调剂国营经济、合作经济、农民和手工业者的个体经济、私人资本主义经济和国家资本主义经济，使各种经济在国营经济领导下，分工合作，各得其所，以促进整个社会经济的发展。

4. 经济发展的其他方面

《共同纲领》还就劳动、农、林、牧、副、渔业、工业、交通、商业、金融、财政等方面的建设与发展制定了国家基本政策。

四、《共同纲领》为什么没有把社会主义作为前途写进去的理性认识

1. 周恩来的解释

作为中华人民共和国"临时宪法"的《共同纲领》，没有将新民主主义的中国向更高级的社会主义和共产主义的发展前途写进去，是有其重要原因的。周恩来在政协大会上指出：之所以没有写进去，原因是，"应该经过解释、宣传特别是以实践来证明给全国人民看。只有全国人民在自己的实践中认识到这是唯一的最好的前途，才会真正承认它，并愿意全心全意为它奋斗"。⑪1952年6月，周恩来就此问题再次做出几乎相同的解释。⑫

2. 笔者的认识

作为新民主主义中国必然前进的社会主义在当时没有被写进具有"临时宪法"意义的《共同纲领》中，这明确表明，包括执政党在内的中国当时各政党、各派别、各团体、各界人士等，确实是为建立并建设一个富强、民主、自由的新民主主义中国而走到了一起，在紧密团结起来的基础上就国家制度形态为新民主主义社会达成了共识。就此而言，第一届全国政治协商会议在

▶ 民营经济与中国现代化

当时是不可能就社会主义,特别是"尽快过渡到社会主义"达成共识的。一种社会形态的萌芽、诞生、成长和成熟,是需要一个相当长的历史过程,也就是说,必然地是一个"社会历史的逻辑过程",而这个过程的实现,一是要有时间的积累,二是更要有过程的"量"的积累。离开这两个积累,就不可能成为"历史逻辑"。就当时的中国社会形态而言。半殖民地半封建社会形态的中国,经过新民主主义革命,进入新民主主义社会形态,已经是一次巨大的历史性飞跃。实现这次飞跃,即是以毛泽东为首的中国共产党的划时代的伟大历史性胜利,也是以毛泽东为首的中国共产党划时代的伟大历史性贡献。这两个伟大,于当时的毛泽东和中国共产党是当之无愧的。革命胜利后,建立起的新民主主义制度的中华人民共和国,肯定得应该有一个巩固和发展这个制度的过程。而这个过程的时间积累和"量"的积累是不可或缺、不可跨越的。量变到质变规律认定,量的积累没有达到"质变"的临界点就实现质变是不现实的。自然界、物理化学现象如此,社会历史现象也如此,否则就不叫规律。新民主主义的中国刚诞生,还根本谈不上建设,更谈不上巩固。

恩格斯尖锐地指出:"能不能一下子就把私有制废除呢?不,不能,正像不能一下子就把现有的生产力扩大到为建立公有经济所必要的程度一样。因此,象征显著即将来临的无产阶级革命,只能逐步改造现有社会,并且只有在废除私有制所必需的大量生产资料创造出来之后才废除私有制。"列宁也指出,"在资本主义和共产主义之间隔有一个过渡时期,这在理论上是毫无疑义的。这个过渡时期不能不兼有这两种社会经济结构的特点或特征。这个过渡时期不能不是衰亡着的资本主义与生长着的共产主义彼此斗争的时期,换句话说,就是已被打败但还未被消灭的资本主义和已经诞生但还非常脆弱的共产主义彼此斗争的时期"。⑬

无产阶级政治革命的成功并不等于社会主义经济建设的成功,从旧社会到社会主义或共产主义的第一阶段,需要有一个特殊的社会历史过渡阶段——在中国,这个过渡阶段就是新民主主义社会。而且,这个过渡阶段的"两个积累"绝不是人为的一个简单界定。

在刚诞生的新中国,《共同纲领》认定,新生的中国是新民主主义的国家。《共同纲领》不将社会主义写进去,自然是顺理成章的事情了。

第二节 建立新民主主义经济秩序的举措

一、没收官僚资本

《新民主主义三大经济纲领》和《共同纲领》明确规定：新中国首先废除帝国主义在中国的特权，并没收官僚资本，以摧毁国民党统治的经济基础，建立起社会主义国营经济。

1. 没收官僚资本

1949年4月，《中国人民解放军布告》具体规定："凡属国民党反动政府和大官僚分子所经营的工厂、商店、银行、仓库、船舶、码头、铁路、邮政、电报、电灯、电话、自来水和农场、牧场等，均由人民政府接管。"

到1949年底，国家没收的官僚资本企业（其中包括抗日战争胜利后由国民党政府接收的日本、美国、意大利各国在中国的企业）共有2858家，拥有生产工人75万多人，约占旧中国工矿交通运输业固定资产的80%。此后，政务院又颁布了《关于没收战犯、汉奸、官僚资本家及反革命分子财产的指示》和《企业中公股公产清理办法》。

2. 对西方列强在华企业的处理

对于西方列强在我国的1000多家企业在当时并没有立即进行没收，仍然允许其暂时存在，由人民政府加以监督和管制。当然，由于这些企业的帝国主义特权被废除，特别是在美国对中国实行封锁禁运以后，这些依靠进口商品和原料的列强在华企业就相继陷入瘫痪状态。于是，它们中的部分企业申请歇业，部分企业自动放弃经营，部分企业则由我国政府作价收购。至抗美援朝开始后，针对帝国主义对我国日益加剧的敌视行为，中国政府于1950年12月分别采取了管制、征购、征用、代管等措施，逐步接收了列强在华的财产。

二、对官僚资本企业进行改革

改造官僚资本企业成为国有企业，不单独是其所有制变化，还必须根据实际情况进行民主改革和生产改革，使之成为社会主义的国营企业。

1. 区别官僚资本经济机构和国民党政权机构

1949年中共中央关于接受官僚资本的指示中，明确指出，对国民党政权机构应彻底予以打碎,不能加以利用,而对官僚资本企业的经济机构,则不是打碎它。"不要打烂旧机构",应实行"三原"政策,即原职、原薪、原制度。也就是说,原来的厂矿长、工程师及其他职员,只要不是破坏分子,愿意继续服务的,可以继续担任原职务;旧的工资标准和等级,暂时仍然保持,不打乱原来的技术组织和生产管理制度。这样做,可以避免发生混乱和资产损失,有利于没收工作的顺利进行,有利于生产的恢复和发展。

2. 进行民主改革

即清除那些压在工人头上的封建把头和反革命分子,建立职工代表会,组织工人参加管理,废除那些压迫和奴役工人的制度,以改变工人在企业中的地位。接管企业的军代表,不直接参加经营管理,主要是监督企业的一切活动,以保证上级命令的执行和生产的恢复。

3. 进行生产革命

即健全企业管理机构,逐步以科学的、合理的生产管理、技术管理和财务管理代替官僚资本企业过去遗留下来的腐败、混乱的制度;逐步实行经济核算制和计划管理,并在此基础上开展劳动竞赛,使生产迅速恢复和发展。

由于采取了这些正确的政策、措施,我国在没收官僚资本企业的过程中,基本上没有发生生产停顿和损坏企业设备的现象。而且,原来企业中的工程技术人员和管理人员也基本上保留下来,继续为新中国建设服务。这样,建国初期,社会主义国营企业在全国大型工业的总产值中所占的比重就达到了41.3%,国营经济拥有全国电力产量的58%、原煤产量的68%、生铁产量的92%、钢产量的97%、水泥产量的68%、棉纱产量的53%,此外,国营经济还掌握了全国的铁路和大部分现代交通运输。这就不仅消灭了中国资产阶级中最反动、最集中、最主要的部分,摧毁了国民党反动统治的主要经济基础,而且为组织和恢复国民经济奠定了重要的物质基础。

三、打击投机资本,稳定市场物价

没收官僚资本归人民共和国所有,使社会主义国营经济掌握了国家的经济命脉,人民政府即利用国营经济所提供的物质基础,着手解决建国初期国民经济的严重困难和混乱状况。

1. 打击投机势力稳定市场物价

旧中国的物价上涨创造了世界纪录。

从 1937 年 7 月到 1949 年 5 月，国民党政府的纸币增发了 1400 多亿倍，物价上涨了 8500 多亿倍。1949 年，全国农业受灾面积达 12000 万亩，灾民 4000 万人，城市失业者达 400 万人。1949 年 4 月、7 月、11 月到 1950 年 2 月，又出现四次大规模的物价上涨。东北、北京和天津等地的物价，若以 1948 年 12 月为 100，到 1950 年 3 月物价指数升至 4200，1950 年 3 月的物价为 1948 年 12 月的 42 倍；上海市从 1949 年 6 月到 1950 年 2 月，批发物价上涨了约 20 倍。物价的剧烈上涨，造成了经济生活的极大混乱，严重影响人民生活安定和恢复国民经济。因此，在建国初期，只有先稳定物价，才能扭转经济的混乱局面，才能进一步恢复国民经济。而要稳定物价，就必须打击投机势力，从投机资本家手中夺取市场的领导权。为此，中央政府采取了一系列有力的经济措施和必要的行政手段。

第一，加强金融管理，打击金银、外币投机。在国民党长期恶性通货膨胀下，金银、外币的投机，是市场物价波动的先导。因此，一方面在每解放一个城市后，人民政府就立即限期收兑国民党政府发行的金圆券，使人民币迅速占领市场；另一方面人民政府又颁发金银和外币管理办法，宣布禁止金银、外币自由流通，并由中国人民银行负责挂牌收兑。对非法的金银投机活动和机构，则严格取缔，并发动广大群众，揭露金银投机活动，开展反对金钞、银元投机的斗争。1949 年 6 月，上海市军管会查封了金融投机的大本营"证券大楼"，将操纵市场、破坏金融的首要分子 230 余人逮捕法办。此外，还加强了对私营金融机构的管理和监督。这样，就基本上制止了金银外币的投机活动，并把私营银行、钱庄的业务基本上纳入了国家银行的控制之下。

第二，加强市场管理。人民政府制定与颁发了工商业登记办法，对工商业进行普遍登记，凡未经核准的，不得开业；严格管理市场交易，建立交易所，主要物资集中交易；运用行政力量管理市场价格，保护国营牌价不受私营破坏，使之成为市场领导价格；管理采购，把大宗的物资采购置于政府的监督之下；取缔投机活动，对投机分子按情节轻重予以处理，而对正当的私营工商业则予以保护。

第三，控制主要商品，通过集中抛售，打击投机资本。为了稳定市场和物价，国家除运用行政手段外，还采取了强有力的经济措施。这就是依靠国营贸易部门控制主要商品，通过集中抛售、以打击投机资本。1949 年 8 月，中央在上海召开了有五个大区的财政、金融、贸易部门领导干部参加的财经会议。会议研究确定了财经工作方针,即全力支持解放战争的彻底胜利和维持新解放区。首先是大城市人民的生活。根据这一方针,统筹安排了1949年下半年和1950年全国财政收支概算,并初步研究和部署了统一全国财政经济、控制市场物价的措施和步骤。陈云指出:国家掌握足够量的粮食和纱布,是稳定市场,控制物价的主要手段;掌握粮食以稳住城市,掌握纱布以稳住农村,从而遏制投机资本趁机兴风作浪。为此,国家加强了对主要工农业产品,特别是粮食、棉花的收购和调运工作。国家不仅通过征购公粮,掌握了大量粮食,而且国营商业还控制了煤炭供应量的70%、棉纱的30%、棉布的10%、食盐的66%,从而聚集了大量的商品物资,这就为打击投机、稳定物价提供了物质基础。由于具备了上述物质条件,便选择在投机资本最活跃的春节以后,以上海为中心,突然发起对投机资本的反击。办法就是在市场上按固定价格抛售粮食和其他商品。在抛售开始时,投机资本以为有机可乘,纷纷搜集游资进行抢购。但是由于国家手中掌握的粮食和商品十分充足,市场上游资也不多,只经过三天抛售,投机资本家就已经用完他们所有的资金,再也无力继续抢购。又过几天后,他们为了归还短期高利贷,只得被迫从抢购转为抛售,于是物价纷纷下跌。在这场较量中,投机资本家受到了毁灭性的打击,许多工商业资本家也因为囤积的商品卖不出去,不但无钱购买原料,而且无法发放工资,陷入了严重的困境,不得不乞求国营经济的援助。

通过以上措施,国家迅速掌握了市场的主动权,抵住了投机资本的冲击,刹住了物价的猛涨风,初步稳定了物价。

2. 统一财经工作

反对投机资本的胜利,使市场物价得到了暂时稳定。但是,由于当时物价上涨的根本原因是财政收支不平衡,庞大的财政赤字造成过多的货币发行。因此,争取财政收支平衡对稳定当时的物价具有决定性的作用。

建国后,全国在地域、交通、物资交流和币制等方面均已统一。但是,国家支出的大部分由中央人民政府负责和依靠增发货币,而公粮和税收则大多由各大区、省、市、县人民政府管理。这种财政收支脱节和不平衡的现象,如不很快克服,势必引起金融、物价的波动,严重地影响国家的财政状况和人民生活。为了解决这一问题,1949年冬,党中央确定了对全国财政经济实行统一管理的方针。1950年2月,中央又召开了全国财经会议,研究统一财经问题。当时的情况是:财政收入没有完成计划,支出超过概算,货币大量发行，财政经济状况存在很多困难。造成这种状况的原因，除了军费和行政费用负担沉重外，在很大程度上是由于国家的财经不统一，制度不健全。财政预算制度和收支系统不统一，各地自收自用的现象普遍存在，现金管理、物资管理制度还未建立，使得本来有限的财力、物力得不到有效的使用。为了迅速克服这些困难，会议主要讨论了统一财经、紧缩编制、现金管理和物资平衡四个重大经济问题。3月间，政务院先后通过和颁布了以十个方面为主要内容的《关于统一国家财政经济工作的决定》和其他一系列决定和条例，对全国财经工作实行了统一管理。

全国人民积极响应党和政府的号召，认真执行各项规定，踊跃缴纳公粮、税款，积极购买公债，军政公教职工继续过着供给制和低薪制生活，节约了国家开支，从而使统一财经工作很快取得了巨大成绩。从1950年3月以后，财政收入迅速增加，财政支出相对减少。1950年全年财政收支接近平衡。物价也开始出现下降的趋势并趋于稳定。如以1950年3月的全国批发总指数为100，4月降到75.1，5月再降到69.2，使我国长期以来存在的货币贬值、物价飞涨的局面得以基本扭转，国家的财政经济状况也开始好转。

统一财经、稳定物价工作，是建国以后在财经工作上采取的第一个重大措施。它的成功是在党和人民继军事战线和政治战线取得巨大胜利之后，在经济战线上取得的又一重大胜利。

第三节 促使财政经济的根本好转，建立新民主主义经济秩序

促进财政经济的根本好转，是建立新民主主义经济秩序的重要组成部分。其重大举措包括制定恢复国民经济的战略策略，合理调整工商业，在全国范围内完成土地改革，等等。

一、恢复国民经济的战略和策略

统一财经、稳定物价工作的胜利，使国家的财政经济状况开始好转，但还不是根本的好转。经济不仅仍然存在许多严重的困难，而且在新的形势下，又出现了一些新的问题。

1. 经济困难和问题的主要表现

这主要表现在：第一，由于通货和物价稳定，暴露了同时又停止了过去

社会上的虚假购买力。这就是说，人们在过去十余年的通货膨胀时期，为了避免钞票跌价的损失，不愿存放钞票，宁愿竞购和囤积并不是为了消费的货物。现在这种情况已经起了变化。人们不但不再囤积货物，而且将过去囤积的货物吐到市场上来，这样就形成市场上若干物资一时供过于求，生意不好，许多工商业者发生困难的现象。第二，过去适合于殖民地半殖民地经济中发展的若干工商业，由于帝国主义制度、封建制度和官僚资本制度在中国的消灭，许多货物失去根本市场，另有许多货物也不合人民需求的规格。这种情况引起了一部分工商业的倒闭。第三，许多私营企业机构庞大，企业经营方法不合理，成本高，利润少，或者还要亏本，这也引起许多工商业发生缩小营业甚至停工歇店的现象。第四，经济上的盲目性，同一行业内部盲目竞争，地方与地方之间供求不协调，这也引起许多企业的减产、停工、倒闭。1950年第二季度，上海、北京、天津、武汉、广州、重庆、西安、济南、无锡、张家口10个大中城市，私人工商业开业5903家，歇业12750家，开业者少、歇业者多。全国私营工业5月份主要产品产量同1月份比较，棉布减少38%，绸缎减少47%，呢绒减少20%，卷烟减少59%，烧碱减少41%，普通纸减少31%。由于停业、歇业，失业人数大量增加，全国29个城市的失业、半失业人数达166万，仅上海一地，失业工人就有15万人左右。这一切不仅对经济的恢复造成很大困难，而且引起部分人民的不满，特别是民族资产阶级中的一些人更是惶惶不可终日，他们和政府以及工人的关系都日益紧张起来。

2. 制定恢复国民经济的战略策略

为了争取国家财政经济状况的根本好转，制定恢复国民经济的战略和策略，1950年6月在北京召开了中共七届三中全会。会上，毛泽东作了《为争取国家财政经济状况的基本好转而斗争》的书面报告，刘少奇作了《关于土地改革问题》的报告，陈云作了《关于财政经济工作》的报告。根据当时国内的情况，毛泽东在报告中向全党和全国人民提出建国后头三年的中心任务是：争取国家财政经济状况的根本好转，恢复国民经济。经过国民经济的恢复，为大规模的社会主义改造和社会主义建设创造条件。同时指出要获得财政经济状况的根本好转，需要三个条件，即（1）土地改革的完成；（2）现有工商业的合理调整；（3）国家机构所需经费的大量节减。实现这三个条件，大约需要三年的时间。为了创造这三个条件，必须做好：有步骤有秩序地进行土地改革工作；在巩固财政经济工作的统一、财政收支平衡和物价稳定的方针下，调整税收，酌情减轻民负；在统筹兼顾的方针下，合理地调整现有工商业，改善公私关系和劳资关系；在提高国家行政效率条件下，精简行政机构；认真地进行对失业工人、失业知识分子和灾民的救济工作，有步骤地帮助失业者就业等八项工作。毛泽东还提出了"不要四面出击"的战略思想。七届三中全会所确立的路线、方针，指导了三年经济恢复工作的顺利进行。

二、合理调整工商业

调整工商业所涉及的范围甚广，它包括调整公营与私营之间、公营与公营之间、私营与私营之间的关系，也包括调整工业与商业之间、金融与工商业之间、城乡之间、地区之间和企业内部的关系，以及进出口贸易关系。但最主要的是调整公私关系、劳资关系、产销关系三个基本环节。

1. 调整公私关系，就是调整公私工商业关系和调整负担

在对私营工业方面，采取的主要措施是扩大对私营工业的加工订货和产品的收购，把私营工业逐步纳入国家计划的轨道上来，使其按照国民经济的需要进行生产，并通过缴费和货价使之取得正当的利润，在对商业方面，调整公私商业的经营范围和价格：在经营范围上适当地扩大私营商业经营的商品品种，在保证价格稳定的原则下，国营零售商业紧缩了一部分机构，经营的商品由过去的几十种减为主要经营粮食、煤炭、纱布、食油、食盐、石油六种日用必需品，其他的零售业务由私营商业和小商贩经营；在价格政策上，在照顾产、运、销三个方面的利益和原则下，适当地调整零售与批发之间、产区与销区之间、季节与季节之间、原料与成品之间的价格比例，使私营商业有利可图，以鼓励其经营的积极性。调整负担就是在保证国家财政需要的前提下，适当地减轻民负。在工商税方面，货物税由原来的1136种减为358种，工商营业税都改为依率计征，盐税税率减半征收，农业税税率由原来的17%减为13%。

2. 调整劳资关系，就是正确处理在当时条件下工人和资本家之间的关系

当时遵循的原则是：（1）在私营企业中必须确认工人的民主权利。（2）必须首先从有利于发展生产出发。（3）劳资间的问题，由劳资双方协商解决，然后过渡到更固定的合同关系；协商不成，由政府仲裁。根据这些原

则,在各地工会的推动下,私营企业纷纷建立了劳资协商会议来调解劳资争议,协调克服企业的困难。这些措施对提高工人的生产积极性,克服私营工商业的暂时困难,改进经营方式,发展生产都起了很大作用。

3. 调整产销关系,就是逐步克服生产中的无政府状态,使产销趋于平衡

1950年6月到9月,先后召开了由公私代表一起参加的企业运输、粮食加工、百货产销、煤炭产销、火柴工业、橡胶工业、毛麻纺织、复制印染、卷烟工业、进出口贸易、金融业等全国性专业会议,除解决公私关系中存在的一些问题外,还具体拟定了各行各业公私分工合作的原则及产销(或业务)计划。如纺织、橡胶等原料不足的行业,根据原料供应情况,分配生产任务;对卷烟、火柴等产品滞销行业,则确定以销定产;有的还划分了销售范围。1950年7月中财委还颁布了关于适当限制某些已经过剩或已达饱和状态的生产的公告。

经过全国范围的工商业的调整,国家的财政经济状况迅速好转。工业生产很快发展起来,城乡市场出现了淡季不淡、旺季更旺的繁荣景象。私营工商业在党的"公私兼顾、劳资两利"的方针指导下,渡过了困难局面,有了相当的恢复和发展。据统计,北京、上海、天津、武汉、广州、重庆、西安、济南、无锡、张家口10个大中城市,1950年第三、四季度,开业的有32674家,歇业的只有7451家。1951年同1950年相比,全国私营工业户数增长了11%,职工人数增长了11.4%,总产值增长了39%,私营商业户数增长了11.9%,从业人员增长了11.8%,批发额增长了35.9%,零售额增长了36.6%。

调整工商业是对旧的经济结构进行重新改组的一个组成部分。当时,私营工商业是一个重要的经济成分,通过对私营工商业的调整,利用其有利于国计民生的一面,限制其消极作用的一面,使其在国营经济的领导下生产和销售。

三、全国土地改革完成

解放后的土地改革运动是我国历史上规模最大的一次社会改革运动。毛泽东认为,完成土地改革,也是获得国家财政根本好转的一个条件。

1. 为全国土地改革准备充分必要的条件

全国解放之初,党和政府领导人民在新解放区首先开展了清匪反霸和减

租减息的斗争。经过半年多的时间，基本上肃清了匪患，安定了社会秩序；废除了国民党反动统治的保甲制度，建立了农村基层政权，打击了地主阶级的当权派；初步把农民组织起来，提高了农民的政治觉悟并培养了一批农民的骨干分子，这就为新解放区的土地改革准备了必要的条件。

1950年6月14日至23日，中国人民政治协商会议第一届全国委员会举行第二次会议，这次会议的中心议题是讨论改革封建土地制度问题。在这次会议上，中共中央提出了《中华人民共和国土地改革法草案》，请会议审查和讨论。刘少奇代表中共中央作了《关于土地改革问题的报告》，对土地改革法作了说明，提出了土地改革的总路线和一系列的方针政策。会议讨论和同意了中共中央建议的土地改革法草案和刘少奇的报告，并对土地改革法草案作了若干修改和补充。6月28日，中央人民政府委员会第八次会议讨论并通过了《中华人民共和国土地改革法》，6月30日由毛泽东发布命令公布施行。7、8月间，中央人民政府又先后颁布了《农民协会组织通则》《人民法庭组织通则》《关于划分农村阶级成分的决定》和《关于土地改革中一些问题的决定》，以保证土地改革的顺利进行。

在新解放区的土地改革运动中，党中央明确规定了土改的总路线：依靠贫农、雇农，团结中农，中立富农，有步骤地分别消灭封建剥削制度，发展农业生产。土地改革所要依靠的基本力量，必须也只能是贫雇农，土地改革的主要的直接的任务，就是满足贫雇农群众对土地的要求。

2. 修改《中国土地法大纲》，保存富农经济

在土地改革过程中，采取了保护民族工商业的政策，并改变了1947年10月通过的《中国土地法大纲》上关于征收富农多余的土地和财产的规定，改为保护富农所有的自耕和雇人耕种的土地及其他财产，保存了富农经济。在这时，党对待富农的政策与过去相比，有了重大的改变。"即由征收富农多余土地财产的政策改变为保存富农经济的政策。"这是因为，战争已经在大陆上基本结束，阶级力量的对比与解放战争时完全不同了。在解放战争时期，人民解放战争主要是依靠广大农民的人力、物力和财力的支援，为了满足占农村人口70%左右的贫、雇农的土地要求，对富农采取征收其多余的土地财产的政策是必要的。现在，国家可以用贷款等方法去帮助贫、雇农解决困难，以弥补他们少分得一部分土地的缺陷。同时，富农约占农村人口的5%左右，他们主要是雇工剥削，有的还出租部分土地，兼放高利贷，是农村

的资产阶级。他们拥有较多的资金、畜力和农具，经营规模较大，生产效率较高，在一定时期内对发展农业生产是有益的，并且在反对地主的革命斗争中有可能保持中立。因此，保存富农经济有利于早日恢复和发展被长期战乱破坏了的农业生产，有利于孤立地主，也有利于保护中农。此外，在这次土改中，对小土地出租者也采取了保护的政策，不征收其出租的土地。

3. 分三批次进行的土地改革取得预期成效

为了有计划有步骤地进行土地改革运动，党根据各地区的不同情况和条件，确定在全国分期分批进行，并争取在两年半或三年内基本上完成全国的土地改革。第一批次从1950年冬季至1951年春季，在华北、华东、中南、西北等约1.2亿农业人口的地区进行；第二批次从1951年冬季至1952年春季在华南、西南等约1.1亿农业人口的地区进行；第三批次从1952年冬季至1953年春季，主要在少数民族地区约3000多万农业人口的地区进行。同时，还规定在普遍开展土改之前，县级以上领导机关都要选择少数区乡进行典型试验，以便在取得经验的基础上分批展开。经过充分准备，从1950年冬季开始，轰轰烈烈的土地改革运动开展起来了。

到1952年底，除部分少数民族聚居的地区外，全国普遍实行了土地改革，完成土地改革地区的农业人口已占全国农业人口总数的90%以上。

4. 对土地改革的认识

土地改革是新民主主义革命的主要内容，是中国共产党战胜国民党的制胜法宝之一，是毛泽东创造性地发展马克思主义的极其重要的成果之一。正是因为毛泽东的"打土豪，分田地"才把中国农民发动起来，组织起来，武装起来；也正是武装起来的中国农民成为中国革命的主力，把毛泽东"农村武装割据，农村包围城市，最后夺取城市，建立新中国"的新民主主义革命战略变成现实。1949年底，蒋介石在逃离大陆前，接受美联社记者采访，回答问题时说："我从年初以来在溪口、台湾、重庆等地久久地思索的一个问题，这就是为什么国民党会弄到今天这个离心离德的地步，共产党为什么会得到人民，特别是农民的拥护，重要在于共产党靠的是搞土地革命才赢得了占全国人口绝大多数农民的支持，而这一点本来就是国民党创始人孙中山早就提出的'平均地权'的中心内容，只是共产党反将这一纲领的落实抢在了国民党的前头。"⑬失败了的蒋介石这一认识是正确的，也是深刻的。也正是针对于此，到台湾后的蒋介石治台的一招也是在台湾地区进行土地改革。后来的实践证明，国民党在台湾进行的土地改革是成功的。

新中国的土地改革兑现了中国共产党领导新民主主义革命时的最重要承诺。实践证明，土地改革在极大地解放了中国农村生产力的同时，更取得了全国人民，特别是民族资产阶级，广大个体工商业者的认同。当然，土地改革中也存在过激的行动。

注释：

①李济琛、陈志英：《谁主沉浮》，改革出版社 1997 年 4 月版，第 4 页。

②《邓小平文选》第 3 卷，第 256 页。

③《毛泽东选集》第 4 卷，第 1427 页。

④同上注，第 1481 页。

⑤同上注，第 1256 页。

⑥《刘少奇论新中国经济建设》，中央文献出版社 1993 年版，第 107 页。

⑦同上注，第 53 页。

⑧《刘少奇选集》下卷，人民出版社 1985 年版，第 61 页。

⑨《刘少奇文选》第 1 卷，人民出版社 1994 年版，第 103～104 页。

⑩同上注，第 1 卷，第 148 页。

⑪《周恩来选集》下卷，人民出版社 1980 年版，第 101 页。

⑫同上注，第 101 页。

⑬《列宁选集》第 4 卷，人民出版社 1992 年版，第 85 页。

⑭李济琛、陈志英：《谁主沉浮》，改革出版社 1997 年 4 月版，第 731 页。

第十二章　毛泽东的社会主义过渡理论与过渡时期总路线

经过建国初三年时间的艰苦奋斗，新中国在中国共产党领导下，取得了两项举世瞩目的巨大成就：一是极度混乱的经济秩序被新民主主义经济秩序基本取代；二是朝鲜战争停火协议基本达成。在此二者的成就基础上，毛泽东提出了社会主义过渡理论并予以果断地实践。同时，还明确提出了过渡时期总路线予以指导。

第一节　毛泽东的社会主义过渡理论

中国革命要走社会主义道路，这是中国共产党自建党伊始就已经十分明确的奋斗目标和努力方向。但是，由于旧中国不仅是一个生产力十分落后的仍处于自然经济文明阶段的国家，而且是一个半殖民地的国家，在这样的基础上，社会主义不可能一步到位。在长期的革命斗争中，以毛泽东为首的中国共产党人将马克思主义的基本原理创造性地结合中国革命的实际，创立了毛泽东思想，提出了中国革命两步走的理论：第一步是新民主主义革命，第二步再进行社会主义革命。并在"第一步"成功的基础上迈向"第二步"即"向社会主义过渡"。

一、毛泽东关于"过渡"理论

1940年3月，毛泽东在边区党政联席大会的讲话中就已明确指出：新民主主义是暂时的、过渡的，是一个楼梯，将来还要上楼，和苏联一样。毛泽东创立新民主主义理论，是将这一理论与社会主义联系在一起，并将这一理论作为"向社会主义过渡"的阶梯使用的。

1. 新民主主义社会存在着两大对立阶级

毛泽东在《中国革命和中国共产党》《新民主主义论》和《论联合政

府》等一系列著述中，创造性地提出新民主主义理论，并将该理论系统化为毛泽东思想的核心部分之一。毛泽东认为，新民主主义社会是中国革命过程中的一个必然的结果，但这个结果又只能是一个阶段性的结果，即这个社会形态只是社会主义革命的必要准备，社会主义是它发展的必然趋势："中国资产阶级民主革命的最后结果是避免资本主义的前途，实现社会主义的前途。"① "中国也只有进入到社会主义时代才是真正幸福的时代。"② 因此，毛泽东主张在新民主主义社会必须允许资本主义发展，并指出在这个社会形态里就消灭资本主义，便违背了新民主主义的本质要求。但是，也正因为新民主主义社会"要让私人资本主义经济获得广大发展的便利"，由此，这个社会必然存在着两大对立阶级：无产阶级和资产阶级。毛泽东在创立新民主主义理论之时就已明确指出："革命亦有新旧之分，在某一历史时期是新的东西，在另一时期就变为旧的了。"③ 对于新民主主义革命，他自己也明确认定："中国的革命实质上是农民革命，现在的抗日，实质上是农民的抗日，新民主主义的政治，实质上就是授权给农民。"④ 革命就必须分清"谁是我们的敌人，谁是我们的朋友"这样一个"革命的首要问题"，⑤ 新民主主义社会制度下的敌人，当然就是与"无产阶级"相对立的资产阶级了。

2. 社会主义是新民主主义发展的必然结果

其实，如本著作前文所述，新民主主义革命成功，建立起中华人民共和国的那一刻开始，中国共产党继续作为"中国无产阶级"的政党的说法就已经不科学了——因为受全中国各族人民委托，执政于国家的中国共产党，已经通过执政而掌握了中国的几乎所有资产、资本、资源，特别是，连中国人民都属于党的人民，因为"中国共产党始终是全中国广大人民的最根本利益的代表"。立据于此，作为人民当家做主的中国社会，就已经消灭了"无产阶级"。执掌国家政权，即执掌国家所有资本、资产、资源的国家领导阶级，如果还是"无产阶级"即"无产者"的阶级，这于理论上和实践上，实际上都是讲不过去的，也讲不通的。怎样才正确？"中国共产党是中国工人阶级的先锋队，同时也是中国人民和中华民族的先锋队"，这样就完全科学，完全正确了。

二、新民主主义社会是向社会主义社会过渡的历史时期

在新中国历史上，从中华人民共和国成立到社会主义改造基本完成，即1949年10月至1956年8月，被称作一个"过渡时期"。1949年3月毛泽东在中共七届二中全会上指出:"将使中国稳步地由农业国转变为工业国,由新民主主义国家转变为社会主义国家。"⑥也正是在这次会议上,毛泽东指出:"因为胜利,人民感谢我们,资产阶级也会出来捧场";而且,"资产阶级的捧场则可能征服我们队伍中的意志薄弱者。可能有这样一些共产党人,他们是不曾被拿枪的敌人征服过的,他们在这些敌人面前不愧英雄的称号;但是经不起人们用糖衣裹着的炮弹的攻击,他们在糖弹面前要打败仗"。⑦在新中国诞生前夕,毛泽东虽然一方面明确即将诞生的新中国肯定是新民主主义制度的国家,但另一方面,他也已经肯定,资产阶级将是"不拿枪的敌人",而强化了新民主主义国家制度仅仅是一个向社会主义"过渡"的阶段。这也正如毛泽东指出的:"夺取全国胜利,这只是万里长征走完了第一步。如果这一步也值得骄傲,那是比较渺小的,更值得骄傲的还在后头。"⑧这"还在后头"的则是"向社会主义过渡"。毛泽东于1949年6月30日撰写的《论人民民主专政》一文中明确指出:"积40年和28年的经验,中国人民不是倒向帝国主义一边,就是倒向社会主义一边,绝无例外。骑墙是不行的,第三条道路也是幻想。"⑨坚定地倒向社会主义,这是既定方针。1948年9月的中央政治局会议上,毛泽东提问:"到底何时开始社会主义的全线进攻?"他自己回答说:"也许要15年。"1949年7月在中央团校毕业生典礼上,毛泽东讲话说,20年后我们工业发展到一定程度就转入社会主义。1949年9月召开的中国人民政治协商会议期间,毛泽东回答何时向社会主义过渡问题时说,大概二三十年吧!于此之前,毛泽东虽然明确指出,社会主义是新民主主义革命的必然结果,但是,新民主主义社会也是中国一个必然的历史阶段(或必然的历史时期)。即使1950年6月23日,毛泽东在政协一届二次会议闭幕词中也明确指出:社会主义改造"还是很远的将来"。⑩

1952年9月,毛泽东在中央书记处讨论"一五"计划会议上讲道:"我们现在就要开始用10年到15年的时间基本上完成到社会主义的过渡,而不是10年或15年以后才开始过渡。"⑪1953年2月,毛泽东在中央书记处会议上再次讲道:"什么叫过渡时期?过渡时期的步骤是走向社会主义。类似过桥,走一步算是过渡一年,两步两年,三步三年,10年到15年走完。我让他们把这话传到县委书记、县长。在10年到15年或更多一点时间内,基本上完成国家工业化及对农业、手工业、资本主义工商业的社会主义改造。"⑫

1956年6月15日,毛泽东在中央政治局会议上正式提出:"从中华人民共和国成立，到社会主义改造基本完成，这是一个过渡时期。党在过渡时期的总路线和总任务，是要在 10 年到 15 年或者更多一些时间内，基本上完成国家工业化和对农业、手工业、资本主义工商业的社会主义改造"；而且，毛泽东针对性很强地强调说："这条总路线是照耀我们各项工作的灯塔。不要脱离这条总路线，脱离了就要发生'左'倾或右倾的错误。"[13]

第二节 对过渡时期总路线的认识

过渡时期总路线的提出与制定，表明中国社会形态的巨大变革开始并有力推进。

一、社会主义革命的复杂、艰巨程度远远超过新民主主义革命

毛泽东希望通过对农业、手工业和工商业迅速实行并实现社会主义改造，以推进社会主义工业化建设，并在此基础上建设一个强大的社会主义国家，在极大增强社会主义阵营力量的同时，既能有效抗衡西方发达国家，又能为广大发展中国家塑造一个榜样，这无疑是值得肯定的。比新民主主义革命更复杂、更艰巨得不知多多少倍的社会主义革命是人类历史、更是中国历史上更艰巨，也更伟大的事业，是将马克思列宁主义基本原理结合中国实际的即马列主义中国化的重要尝试。为这重要的尝试、毛泽东付出了中晚年的全部心血。

二、新民主主义理论是毛泽东思想的伟大创新

如前所述，新民主主义理论是毛泽东思想体系中最精华的部分之一，是对马克思社会形态理论的重大创新。按照历史唯物主义的观点，社会形态可分为"三形态"和"五阶段"之说（本著作第一章即阐述之）。按"五阶段"说，社会的发展由原始共产主义社会、奴隶社会、封建社会、资本主义社会到社会主义社会，再到共产主义社会。中国共产党领导的民主主义革命，叫新民主主义革命，用毛泽东的话说："按其社会性质，基本上依然还是资产阶级民主主义的，它的客观要求，是为资本主义的发展扫清道路。"但是，这一革命又不同于资产阶级领导的民主主义的革命。之所以不同，在于领导这个革命的领导阶级不再是资产阶级，而是无产阶级，通过其政治组织中国共产党，其革命的依靠力量已经是工农联盟，其革命对象是帝国主义、封建

主义和官僚资产阶级。正是基于此，中国革命必须经过"两步走"。第一步是民主革命，第二步是社会主义革命，这是两个不同性质的革命。毛泽东这一理论自他于1940年以《新民主主义论》提出，并在其后结合中国革命的具体进程加以不断完善，到1945年5月《论联合政府》的发表而日臻完善。到1949年9月，中国人民政治协商会议以此理论为指导制定《共同纲领》而完全成熟。

尤其，新民主主义新中国的三年，成就十分巨大。

三、毛泽东确立过渡时期总路线

按照毛泽东原来的设想，新民主主义社会制度需要实行一个较长的历史时期。1949年9月，在中国人民政治协商会议上讨论制定《共同纲领》时，有的代表提出，把社会主义的前途写进去，当时中央不同意，认为这是相当长久的将来的事情。1951年12月18日，毛泽东在中央政治局会议上指出："三年准备，十年经济建设。"1952年9月，毛泽东给中国民主建国会主席黄炎培写信说："要求资产阶级接受工人阶级的基本思想，如消灭剥削，消灭阶级，消灭个人主义，接受马克思主义的宇宙观……至少在第一个五年计划时期不宜如此宣传"，因为"当作一个阶级，在现阶段，我们只应当责成他们接受工人阶级的领导，亦即接受《共同纲领》，而不宜过此限度"。[14]其实，毛泽东在此谈到接受《共同纲领》时，已经与两年前有显著区别了。因为在他的建国构想中，中国已经开始了向社会主义过渡。也就是在1952年9月，毛泽东就讲到过渡时期的总路线。毛泽东强调指出的，过渡时期至少也是10年到15年，不宜过快。

过渡时期总路线是党在新中国成立到生产资料私有制的社会主义改造基本完成这一阶段中的总路线。中共七届二中全会就正式提出了由新民主主义向社会主义过渡的问题。到1952年底，在国民经济恢复任务基本完成的基础上，中共中央提出了过渡时期总路线，作为过渡时期各项工作的指南。

1953年9月25日，《人民日报》发表的庆祝国庆四周年的口号中正式公布了这条总路线，即"从中华人民共和国的成立，到社会主义改造基本完成，这是一个过渡时期。这条总路线是照耀我们各项工作的灯塔，各项工作离开它，就要犯右倾或'左'倾的错误"。

总路线的内容：要在一个相当长的历史时期内，基本上实现国家企业化和对农业、手工业、资本主义工商业的社会主义改造。这是国民经济发展的基本要术，又是实现三大改造的物质基础；而实现对农业、手工业和资本主义工商业社会主义改造，又是实现社会主义工业化的必要条件。社会主义建设和生产资料所有制的社会主义改造同时并举，保证了新民主主义向社会主义的顺利过渡。

过渡时期总路线的实质是解决所有制问题。一方面是社会主义公有制的扩大，即国营企业的新建、扩建；另一方面，是把个体小私有制改造成社会主义集体所有制，把资本主义私有制改造成为社会主义全民所有制。

1953年12月，中共中央批准并转发了《为动员一切力量把中国建设成为一个伟大的社会主义国家而斗争——关于共产党在过渡时期总路线的学习和宣传提纲》，标志着总路线的最终形成。

1954年2月中共七届四中全会通过决议，正式批准了过渡时期总路线。并于同年9月载入第一部《中华人民共和国宪法》。

可见，对社会主义过渡时期的认识，毛泽东这时已有了重大变化：过去讲从新民主主义到社会主义之间有一段过渡时期，这一时期的时间是10年至15年，这10年至15年是新民主主义社会，其经济仍需要继续搞新民主主义经济；而现在讲过渡时期，实际上就是开始搞社会主义，用10年至15年的时间基本完成社会主义改造，而这时的10年至15年社会就不再是新民主主义社会，而是"过渡时期社会，即既不是新民主主义社会，也不是社会主义社会，其经济实质上是开始搞社会主义经济"。相应的，我们党所要采取的经济建设路线、方针和政策也必然发生根本性变化。这一系列的变化，都对新中国经济发展的历史产生了巨大的影响。

对于毛泽东对过渡时期认识的变化和新论点，中央其他领导同志没有提出异议。1952年10月，刘少奇率领中共中央代表团出席苏共第十九次代表大会。会议期间，刘少奇给斯大林写了一封信，专门谈了中国如何向社会主义过渡的问题。刘少奇在信中提到工业化与社会主义改造同步进行的设想，但是他却认为对资本家企业的没收归国有和对富农的改造还应是10年以后的事情，中国农业集体化需用15年时间。[15]甚至到了1953年7月，在党的过渡时期总路线、总任务是要在一个相当长的时间内逐步地实现国家的社会主义工业化和社会主义改造，逐步地过渡到社会主义社会去。[16]

与刘少奇的观点一样，即使在过渡时期总路线公开提出后，周恩来也仍然坚持认为过渡时期需要相当长的时间。1953年9月8日在《过渡时期的总路线》一文中,他讲道:"要把私营工商业引上国家资本主义轨道,至少要3年到5年,才能基本上纳入国家资本主义轨道。这并不是完成社会主义改造,完成社会主义改造还要几个五年计划,两者不可混同。一方面,我们反对把社会主义改造看成遥遥无期、停止不前。现在不动将来就要痛,现在向前将来就会愉快。另一方面,急躁冒进,想一步登天,也是错误的。"[17]

1953年6月15日,毛泽东在中央政治局会议上说:"有人在民主革命成功以后,仍然停留在原来的地方。他们没有懂得革命性质的转变,还在继续搞他们的'新民主主义',不去搞社会主义改造。这就要犯右倾的错误。"毛泽东针对不同意见明确地指责说:"右倾的表现有三句话:'确立新民主主义社会秩序。'这种提法是有害的。""'由新民主主义走向社会主义'提法不明确,年年走向,一直到15年还叫走向?……'确保私有财产'是不对的。"[18]

1955年10月,毛泽东在《农村合作社的一场辩论和当前的阶级斗争》一文中指出:现在的任务"就是要使资本主义绝种,小生产也绝种","要在农村这个最广阔的土地上根绝资本主义的来源"。

四、毛泽东提出"可以消灭了资本主义,又搞资本主义"的论断

毛泽东在理论和实践方面力求走出符合中国实际的社会主义建设道路,并为此奋斗了他的整个后半生。

关于国内主要矛盾的论断。1956年,毛泽东在中国共产党第八次全国代表大会上,提出对生产资料私有制的社会主义改造完成以后,国内主要矛盾已经不再是工人阶级和资产阶级的矛盾,而是人民对经济文化迅速发展的要求同当前经济文化不能满足人民需要的状况之间的矛盾。

关于中国共产党和人民主要任务的论断。党的"八大"指出,党和全国人民的主要任务是集中力量发展社会主义生产力,实现国家的工业化,逐步满足人民日益增长的物质和文化的需要。

关于十大关系的论述。1956年,毛泽东写出了《论十大关系》,这是对50年代刚刚进行的社会主义建设经验的初步总结,提出要按照农、轻、重顺序安排国民经济计划等一系列重要思想。

关于正确处理人民内部矛盾问题的论述。1957年,毛泽东在《关于正确处理人民内部矛盾的问题》中,提出"正确处理人民内部矛盾,是我国政治生活的主题"的论断。

关于"可以发展多种经济","可以搞一点资本主义"的论述。毛泽东提

出,在保持公有制经济占主体的前提下,可以发展多种经济。华侨可以投资,私人可以办厂,开夫妻店,可以搞一点资本主义,作为社会主义经济的补充。

关于"价值规律是一个伟大的学校"的论述。毛泽东提出,要尊重价值规律,有计划地发展社会主义的商品生产。

关于"可以消灭了资本主义,又搞资本主义"[19]的论断。这是毛泽东1956年12月同民建和工商联负责人谈话时,提出的一个重要思想。毛泽东说:自由市场基本性质仍然是资本主义的,虽然已经没有资本家。当时上海有地下工厂,应该让它发展起来,因为社会需要。并提出"要使它成为地上,合法化,可以雇工"。[20] "最好开私营工厂,同地上的作对,还可以开夫妻店,请工也可以"[21],"只要社会需要,地下工厂还可以增加。可以开私营大厂,订个协议,10年20年不没收。华侨投资的,20年、100年不要没收。可以开投资公司,还本付息。可以搞国营,也可以搞私营。"[22]在这里,毛泽东提出"可以消灭了资本主义,又搞资本主义"的论断。

毛泽东把请雇工、开地下工厂、开私营大厂、开夫妻店、华侨开投资公司等措施,称为新经济政策,并把这个新经济政策同列宁的新经济政策作了比较。他认为俄国搞得太短了,保留私营工商业职工太少了。"我怀疑俄国新经济政策结束得早了,只搞了两年退却就转为进攻,到现在社会物资还不充足。"[23]中国保留了私营工商业职工250万人,其中工业160万,商业90万,而俄国只保留了八九万人。

五、"中国要几十年才能将穷鬼送走"

毛泽东当时的设想是通过新经济政策,"又搞资本主义",发展经济,繁荣市场,告别贫穷与落后。毛泽东说:"韩愈有一篇文章叫《送穷文》,我们要写送穷文。中国要几十年才能将穷鬼送走。"[24]

必须发展商品生产来为社会主义服务,这是毛泽东1958年提出的一个重要思想。斯大林在他的《苏联社会主义经济问题》一书中提出,苏联的生产资料不是商品。毛泽东不同意斯大林的提法,认为生产资料是商品,我国要大力发展商品生产,来为社会主义服务。在社会主义时期,商品生产和商品交换还有积极作用,要使用"还有积极意义的资本主义范畴——商品生产、商品流通、价值法则等来为社会主义服务"。[25]讲到商品生产与资本主义的关系,毛泽东指出:"商品生产不能与资本主义混为一谈。为什么怕商品生产?无非是怕资本主义。现在国家同人民公社做生意,早已排除资本主义,怕商品生产做什么？不要怕，我看要大力发展商品生产。"㉖ "商品生产，要看它同什么制度相联系，同资本主义相联系就是资本主义的商品生产，同社会主义制度相联系就是社会主义的商品生产。"㉗商品生产自古有之，商品的"商"字，就是表示当时有了商品生产的意思。"不要怕，不会引导到资本主义，因为已经没有了资本主义的经济基础。商品生产可以乖乖地为之服务，把5亿农民引到全民所有制。商品生产是不是有利的工具？应当肯定地说：是。为了5亿农民，应当充分利用这个工具发展社会主义生产。要把这个问题提到干部中进行讨论。"㉘毛泽东这一系列重要观点和论断，对于探索建设有中国特色社会主义道路无疑是可贵的。尤其，他关于我们"消灭了资本主义，又搞资本主义"的论断更是十分宝贵的探索——已经建立起社会主义制度的中国在共产党领导下，借鉴资本主义的文明成果来建设、巩固和发展社会主义制度，强大社会主义中国，这是后来的邓小平理论的基础。可惜，毛泽东后来背离了他当初的观点，以"阶级斗争为纲"。无休无止的政治运动，把这些可贵的探索给耽误了。从20世纪50年代后期直至"文化大革命"10年间，中国几乎扼杀了所有民营个体经济，在长达20多年中，这种极左的影响有复杂的国际、国内环境的因素，也有毛泽东个人的主观主导因素。党的十一届三中全会以后，在邓小平理论指引下，我国实行改革开放，这如同春雨的滋润，中国的民营经济开始获得了新的生机。

注释：

① 《毛泽东选集》第3卷，人民出版社1991年版，第1060~1061页。
② 同上注，第2卷，第650页。
③ 同上注，第2卷，第696页。
④ 同上注，第2卷，第692页。
⑤ 同上注，第1卷，第1页。
⑥ 同上注，第4卷，第1437页。
⑦ 同上注，第4卷，第1438页。
⑧ 同上注，第4卷，第1438页。
⑨ 同上注，第4卷，第1473页。
⑩ 同上注，第5卷，人民出版社1977年版，第27页。
⑪ 顾龙生主编：《中国共产党经济思想发展史》，山西经济出版社1996年版，第368页。

⑫同上注，第369页。

⑬《毛泽东著作选读》下册，人民出版社1986年版，第704页。

⑭《毛泽东文集》第6卷，人民出版社1999年版，第236页。

⑮杨胜群、田松年主编：《共和国重大决策的来龙去脉》，江苏人民出版社1996年版，第121页。

⑯《刘少奇选集》下卷，人民出版社1985年版，第119页。

⑰《周恩来选集》下卷，人民出版社1984年版，第116页。

⑱《毛泽东著作专题摘录》上册，人民出版社1994年版，第528页。

⑲《毛泽东文集》第7卷，人民出版社1999年版，第170页。

⑳同上注，第170页。

㉑同上注，第170页。

㉒同上注，第170页。

㉓同上注，第170页。

㉔同上注，第171~172页。

㉕同上注，第437页。

㉖同上注，第439页。

㉗同上注，第439页。

㉘同上注，第440页。

第十三章　三大社会主义改造

由毛泽东主持制定了社会主义过渡时期总路线后,在全国范围内迅速地掀起了对农业、手工业和资本主义工商业的三大社会主义改造运动高潮。自1953年始,到1956年止,仅仅三年时间,就在新中国的大陆国土上完成了三大改造。1956年,毛泽东向世界宣布,社会主义制度在中国建立起来了。

1954年2月10日,中共七届四中全会通过决议,正式批准了毛泽东提出的过渡时期总路线。同年9月,在中华人民共和国第一届全国人民代表大会上,这条总路线写入了中华人民共和国第一部宪法。

1. 过渡时期总路线的表述

过渡时期总路线的内容为:从中华人民共和国成立,到社会主义改造基本完成,这是一个过渡时期。党在过渡时期的总路线和总任务,是要在10年到15年或者更多一些时间内,基本上完成国家工业化和对农业、手工业、资本主义工商业的社会主义改造。

2. 过渡时期总路线内容的分析

1953年12月,中宣部并经毛泽东亲自审阅修改了《为动员一切力量把我国建设成为一个伟大的社会主义国家而斗争——关于党在过渡时期总路线的学习和宣传提纲》。该提纲对总路线作了更为详细具体的表述。胡希宁和张锦铨先生主编的《20世纪中国经济思想简史》对此作了阐释。笔者认定这些阐释,照录于后。

从《宣传提纲》所阐述的观点来看,党在过渡时期总路线主要有以下几方面的经济思想和理论的内容。

(1) 重新解释了民主革命与社会主义革命之间的关系,提出新民主主义革命的结束就是社会主义革命开始的理念观点。在毛泽东最初提出的总路线的思想中,是没有过渡时期这一概念的。后来增加了"从中华人民共和国成立,到社会主义改造基本完成,这是一个过渡时期"的提法。这一修改的最重要内容在于:此时的毛泽东认为,从1949年10月1日起,新民主主义革命结束了，而社会主义革命开始了。毛泽东仍然承认过渡时期，但改变了过渡时期的社会内涵，即以前讲过渡时期，是坚持《共同纲领》的思想，赋予新民主主义的内容；而此时讲的过渡时期，则是社会主义性质的。

（2）全面吸收了苏联共产党关于过渡时期的理论思想，特别是列宁1921年以前的思想和斯大林的思想及主张。毛泽东在1955年3月曾说过："中央委员会是根据列宁关于过渡时期的学说，总结了中华人民共和国成立以来的经验，提出了党在过渡时期的总路线。"①我们还可以从当时中央政治局会议所使用的学习材料看到这种影响。1953年6月至7月，中央印发了李立三整理的《列宁论国家资本主义》、按毛泽东指示摘编的《列宁、斯大林论国家资本主义和新经济政策》《斯大林论苏联工业发展的基本路线》《联共党史关于农业集体化政策》。毛泽东非常赞同斯大林的一个观点，即"苏维埃政权的特殊作用，是由下列两种情况造成的：第一，苏维埃政权不能像以往的革命那样，以另一种剥削形式去代替一种剥削形式，而必须消灭任何剥削；第二，由于国内没有任何现成的社会主义经济的萌芽，苏维埃政权必须在所谓'空地上'创造新的社会主义的经济形式"。②显然，按照斯大林的观点，结合中国的国情，人民政权要消灭一切剥削，而新民主主义经济政策是允许私人工商业存在，允许一定的剥削。因此，再进一步发展，人民政权就是要"凭空"创造出社会主义经济，而不应是等待新民主主义经济发展到条件成熟后再转变。正是斯大林的理论观点，为毛泽东的认识改变提供了理论依据，从而成为党的过渡时期总路线的思想核心。

（3）按照前两点的逻辑发展，必然提出过渡时期总路线的实质是实现生产资料的社会改造，"就是使生产资料的社会主义所有制成为我国国家和社会的唯一的经济基础"。为此必须立刻着手进行对农业、手工业及资本主义工商业的社会主义改造。总路线由以新民主主义经济思想为基础改为以社会主义经济思想为基础。落脚点就是进行社会主义改造，在全国进行全面、彻底的社会生产关系变革，并以此建立起社会主义的经济基础。

（4）为社会主义工业化而斗争。在总路线提出以前，毛泽东和其他中央领导在阐述中国经济发展目标时，都是用"工业化"这个词，而《宣传提纲》首次明确提出了"社会主义工业化"，③并对其含义作了解释。其内容是：实现国家的社会主义工业化的中心环节是发展国家的重工业，以建立国家工业化和国防现代化为基础。可以认为，这种改变不仅使我国社会经济发展目标有了重大改变，而且将原来抽象的工业化改变为加进特定含义的社会主义工业化。这种改变当时主要集中于两点：其一是将发展重工业作为工业化的中心环节；其二是优先发展国营经济并全面进行对其他经济成分的改造，以保证社会主义公有经济在国民经济中的比重不断增长，直至达到符合社会主义工业化的要求。

总之，党在过渡时期总路线的主要内容就是"一化三改"，而实质就是使我党在过渡时期的经济思想和路线政策从新民主主义改变为社会主义。④

第一节 对农业的社会主义改造

农业、农村和农民，即"三农"问题，迄今为止，几千年以来都是中国社会的主流问题。毛泽东思想的创立过程，是以毛泽东为首的中国共产党人，将马克思主义的普遍原理结合中国革命具体实践创造性运用和发展的结果，其实质中的决定性意义就是同中国农村实际相结合并创造运用和发展的结果。蒋介石逃离大陆前最后回答美国合众国际社记者自己失败的原因的第一条，就是毛泽东抢在自己的前面将平均地权落到了实处，蒋介石的这个总结性结论是正确的。毛泽东新民主主义革命的胜利是最好地解决了中国农民的需求而发动组织，并武装起了中国农民。毛泽东的社会主义革命，也首先从农民、农业入手。

一、毛泽东对中国农民和农业的认识

中国共产党建党不久，毛泽东作为党的创建人之一，就把自己领导中国共产党和领导中国革命的战略思考和战略目光锁定在中国农村、农业和农民身上。实践证明，毛泽东是正确的、伟大的。

1. 毛泽东"农村包围城市，最后夺取全国政权"的思想和实践概述

本小节概述毛泽东的这一伟大战略思想和实践，是根据本章研究对农业的社会主义改造需要，是一种逻辑需要，因此，既不深入也不细致。

毛泽东出身农民，对中国"三农"问题有切身的深刻感受和强烈认识。中国社会的进步与发展，中国革命的立足点和根据地，必须以农村为基础，仅此一点，作为中共创始人和领导人之一的毛泽东，就显然地区别于如陈独秀、李立三、瞿秋白，乃至王明、周恩来、张闻天等人。毛泽东在其代表毛

泽东思想诞生的开篇之作《中国社会各阶级的分析》和《湖南农民运动考察报告》中,就已经鲜明地将被其党内外革命者有意无意忽视的中国农民问题提高到关于中国革命成功与否的根本性问题认识上来。明确认定,开辟并建立井冈山革命根据地,创立农村包围城市的战略理念和战略规则,并顶着第三国际及党内各种巨大指责和压力,坚韧不拔地将这一理念和规划变为现实,并最终夺取全国政权。

1940年1月9日,毛泽东在《新民主主义论》中指出:"斯大林说:'所谓民族问题,实质上就是农民问题。'⑤这就是说,中国革命实质上是农民革命,现在的抗日实质上是农民的抗日。新民主主义的政治,实质上就是授权给农民。新三民主义,真三民主义,实质上就是农民革命主义";"因此农民问题,就成了中国革命的基本问题,农民的力量,是中国革命的主要力量"。⑥毛泽东于此时此处,将过去受攻击,受指责而一直隐忍不发的所谓"农民主义"作了一个坚决雄辩的说明。而且,就在此处,毛泽东认定,"农民之外,中国人口中第二个部分就是工人"。⑦

1945年4月24日,毛泽东在中共七大政治报告中就中国农民问题更进一步指出:"两党(指共产党与国民党)的争论,就其社会性质来说,实质上是在农村的关系问题上";"我们究竟是在哪一点触怒了国民党反人民集团呢?难道不正是在这个问题上面吗?""难道不正是因为中国共产党在这个问题上做了真正符合民族利益的认真的事业吗?"⑧也正是在这篇政治报告中,毛泽东就中国农民与中国抗日战争、就中国农民与中国新民主主义革命的关系作了进一步深刻论述和阐述,他深刻地指出:"农民——这是中国工人的前身";"农民——这是中国工业市场的主体";"农民——这是中国军队的来源";"农民——这是现阶段中国民主政治的主要力量";"农民——这是现阶段中国文化运动的主要对象"。于此,毛泽东还尖锐地指出:"中国的民主主义者如不依靠三亿六千万农民群众的援助,他们就将一事无成。"⑨

2. 毛泽东对中国农民的辩证认识

毛泽东在充分认识中国农民作为新民主主义革命主力军的根本力量和主体作用的同时,也深刻认识到中国农民的不足甚至劣根性弱点,通过思想政治教育,让普通的中国农民个体成为能主动、能动地为中国革命奋斗甚至献身,既"思想上入党"和"行动上入党",这是毛泽东的伟大之处。毛泽东在1939年撰写的《中国革命和中国共产党》一文中分析中国历史上数百次农民起义没能获取胜利的原因时指出："只是由于当时还没有新的生产力和新的生产关系，没有新的阶级力量，没有先进的政党，因而这种农民起义和农民战争得不到如同现在所有的无产阶级和共产党的正确领导，这样，就使当时的农民革命总是陷于失败，总是在革命中和革命后被地主和贵族利用了去，当作改朝换代的工具。"⑩因此，无产阶级政党的正确领导和觉悟了的中国农民的自觉参与，是中国革命胜利的根本保证。也正是基于此，毛泽东认定，中国农民的马克思主义理论武装和先进政党的领导，是彻底改造中国农民这支基础性力量的最佳选择。那么，既然中国新民主主义革命时期的历史实践如此，那么，中国的社会主义革命和建设也必然如此。

1949年6月30日，毛泽东在《论人民民主专政》这篇文献中，明确指出："严重的问题是教育农民"，这是因为"农民的经济是分散的"，因此，"根据苏联的经验，需要很长的时间和细心的工作，才能做到农业社会化"。毛泽东据此指出："没有农业社会化，就没有全部巩固的社会主义。农业社会化的步骤，必须和以国有企业为主体的强大的发展相适应。"⑪于此，毛泽东确定了在未来新民主主义国家内，要首先改造中国农业，改造中国农民，使之适应中国工业化的需要的思想和思路。

二、农业社会主义改造的概述

在农业的社会主义改造过程中，由于毛泽东在1953年7月31日召开的省市自治区书记会议上作了《关于农业合作化问题》的报告，全国迅速地掀起了农业社会主义改造的高潮。

1. 中共中央通过并下发《关于发展农业生产合作社的决议》

1953年12月，中共中央通过了《关于发展农业生产合作社的决议》。决议指出，孤立的、分散的、守旧的、落后的个体经济限制着农业生产力的发展，与社会主义工业化的矛盾日益突出。党在农村中最根本的任务，就是教育和促进农民逐步联合、组织起来，实行农业社会主义改造，变农业个体经济为合作经济。我国农业合作化的道路是，由互助组到初级的半社会主义的合作社，再到完全社会主义的高级形式的合作社。决议还强调：发展农业合作社，必须坚持自愿互利、典型示范和国家帮助的原则。同时，农业合作化运动应以初级社为主。

2. 全国兴起办合作社的高潮

1954年开始，全国兴起办初级社的高潮。3月为9.5万个，夏季到了

11.3万个，年末高达49.7万多个，比1953年增长33倍，同时，全国已建成高级社201个。

1955年7月，在毛泽东作《关于农业合作化问题》报告后，全国掀起了农业合作化的高潮。毛泽东的报告以批判农业合作化运动中右倾思想为中心并成为农业合作化运动发生突变的转折点。从此，大办合作社，大办高级社的势头如同获得了高效加速力，极其迅猛地冲向全国，一发而不可收拾。仅仅半年时间，全国初级社增加了2倍，入社户数增加了近3.5倍。1955年，农业合作化运动的高潮开始转为向高级社形式发展。

从1955年下半年到1956年底，仅仅一年半的时间，全国参加农业合作社的农户就从1955年6月的1692万户发展到11783万户，占全国农户总量的比重从14.2%提高到96.3%，其中加入高级社的农户为87.8%。至此，全国农村基本上实现了农业合作化，而且是以高级社为主。农业集体公有制从此产生，我国对农业私有制的社会主义改造基本完成。中国农业经济开始踏上了复杂和曲折的进程。

3. 农业社会主义改造的认识

历史证明，在我国社会主义改造中，最大的缺点和偏差，就是农业合作化搞得过快、过急、过"左"。这种不顾当时农业生产物质技术极为薄弱、生产力非常低下的客观实际，盲目简单地一味作生产关系的大幅度调整和变革，实际上严重地违背了经济发展的客观规律。再加上太快的工作进程，势必造成强迫命令、简单粗暴、长官意志和行政干涉。其后果严重挫伤了农民的生产积极性，"平均主义"盛行，严重影响和束缚了农业生产力的解放与发展。尤其恶劣的后果是，这种靠官本位、主观主义和"左"倾思潮综合作用而人造出来的社会主义农业经济体制，只能靠政治手段、行政方法来维持，缺少必要的经济运行机制和发展动因。从而，为以后的"大跃进"和"人民公社"乃至"文化大革命"等人祸灾难埋下了隐患。

第二节 对手工业和资本主义工商业的社会主义改造

马克思、恩格斯在《共产党宣言》中指出，无产阶级在取得国家政权后，应当"利用自己的政治统治。一步一步地夺取资产阶级全部资本，把一切生产工具集中在国家，即组织成为统治阶级的无产阶级手里，并且尽可能快地增加生产力的总量"⑫。新中国全面开始社会主义过渡的基础上，在对农业进行社会主义改造的同时，决定展开对中国手工业和资本主义工商业的社会主义改造。

一、对手工业的社会主义改造

手工业，在中国几乎与农业有同等的悠久历史。毛泽东指出，"手工业的各行各业都是做好事的。吃的、穿的、用的都有"⑬。社会发展中，手工业经济具有两重性，它的行为主体既是私有者，又是劳动者。对其进行社会主义改造，如果仅仅从所有制上来讲，其实际意义不大。如果从整合资源、提升技术含量、加大经济和社会服务功能与力度来讲，有其必要性。

1. 手工业合作化发展

在新民主主义经济秩序建立时期，个体手工业的合作化还只是进行试点。国家主要是在同国计民生关系较大的棉纺织、粮食加工、铁木农具等行业试办合作社，数量甚少。

1953年11月召开了第三次全国手工业生产合作会议。会议总结了建国以来手工业合作化的基本经验，提出了对手工业逐步进行社会主义改造的计划。会议指出，对手工业进行社会主义改造，在方针上，应当是积极领导，稳步前进，既反对过高过急，贪大贪多，盲目发展，也要反对放任自流，停步不前；在方法步骤上，应当是从供销入手，由小到大，由低级到高级，逐步实行生产改造；在组织形式上，应当是由手工业生产合作小组、手工业供销合作社到手工业生产合作社。

手工业生产合作小组是通过向国营企业或供销合作社接洽和安排原材料采购、产品推销、加工订货等业务的方式组织起来的，是对手工业进行社会主义改造的初级形式。这种形式使手工业者避免受到商业资本的控制和剥削，又便于进一步对手工业者进行社会主义改造，是广大手工业者容易接受的一种形式。它并不改变个体手工业者的生产资料私有制，每个成员各自保持其原来的独立生产、分散经营的特点，自负盈亏。不过，由于它已经同社会主义经济发生了联系，因而带有某些社会主义的因素。

手工业供销合作社，是手工业合作化从供销合作到生产合作的过渡性的、半社会主义性质下的经济组织形式。在手工业供销合作社中，各社员户的供销、加工订货等由合作社统一领导和经营，生产工具仍然归社员私有，生产活动一般仍是各自分散独立进行。但是，手工业供销合作社终究只是在流通领域中活动,个体手工业者的小私有制仍然阻碍着生产技术的运用和生产规模的扩大。因此,手工业供销合作社最终必将进一步发展成为手工业生产合作社。

手工业生产合作社,是手工业合作化的高级形式,也是社会主义性质的手工业集体经济组织。在手工业生产合作社中,社员的主要生产工具、设备等生产资料全部折价归合作社集体所有。合作社实行统一经营、统一计算盈亏,社员直接参加集体生产劳动。合作社的收入除向国家纳税和企业内部提取一部分公积金、公益金外,采取工资或劳动分红的形式,在社员中间实行按劳分配。

1953~1955年,手工业合作化发展进程比较正常、稳妥。1953年底,全国共有手工业生产合作社4629个,从业人员27.1万人,占全国手工业从业人员的3.5%;产值4.85亿元,占全国手工业总产值的5.3%。到1955年底,全国手工业合作社发展到20928个,从业人员97.6万人,占全国手工业从业人员的11.9%;产值13.01亿元,占全国手工业总产值的12.9%。

2. 手工业合作化发展高潮

1955年下半年,农业合作化高潮的出现,推动了手工业合作化高潮的迅速到来。1956年春,手工业合作化高潮在全国范围内出现。1月,北京、天津、南京、武汉、上海等大城市先后实现了手工业基本合作化;2月,全国有143个大中城市(占城市总数的88%),和691个县实现了手工业基本合作化,参加手工业合作化的从业人员达300万人。

1956年3月,毛泽东在听取国务院有关部门汇报手工业情况时,作了加快手工业的社会主义改造的指示,他认为,手工业的社会主义改造,1956年基本上可以搞完。他还对手工业合作社的规模和生产发展方向等问题作了指示,指出手工业中的好东西不要搞掉,"王麻子、张小泉的刀剪,一万年也不要搞掉"。

3. 手工业社会主义改造的认识

尤其,在这次汇报会上,毛泽东明确指示:"手工业产值占全国工业总产值的1/4,它的产、供、销为什么没有纳入国家计划?手工业这样大,应当纳入国家计划。"[14]

1956年手工业合作化发展进程迅速。到年底,全国手工业合作社组已达到10万多个,其中手工业生产合作社达到7.4万个;合作化手工业从业人员发展到603万多人,占全部手工业人员的91.7%;其中手工业生产合作社从业人员 484 万多人，占手工业从业人员的 73.6%；合作化手工业产值 108 亿多元，占手工业总产值的 92.9%。基本实现了对手工业的社会主义改造。对此，从正面效应看，对手工业的改造扩大了社会主义公有经济的力量，为城市手工业有序发展确立了必要条件。从负面效应上，则表现为由于过快过急，使有些生产过于集中，造成产量成本加大，质量下降，经营点减少，给城乡人民生活带来了不便，并在手工业领域同样形成了"大锅饭"，削弱了手工业原本具有的很强的商品性，严重制约了价值规律应有的作用，而实际上并没有从生产技术和经营管理等方面改变和提高手工业水平。

二、对资本主义工业的社会主义改造

对资本主义工业实现社会主义改造，是 20 世纪 50 年代中国社会转型时期最重要的社会实践之一。

1. 对资本主义工业进行社会主义改造的具体任务

党在过渡时期的总路线规定了国家对资本主义工商业采取社会主义改造的方针。第一个五年计划规定了对资本主义工商业进行改造的具体任务。计划要求：五年内，"基本上把资本主义工商业分别纳入各种形式的国家资本主义的轨道，建立对私营工商业的社会主义改造的基础"[15]。"国家对资本主义工业的改造，第一步是把资本主义转变为各种不同形式的国家资本主义，第二步是把国家资本主义转变为社会主义。"[16]对私营资本主义商业也要"逐步地改造成为各种形式的国家资本主义"[17]。

2. 中国民族资产阶级特点的认识

第一，民族资本主义经济基本上是与国家政权、外国资本没有联系或联系较少的由民间投资经营的中小规模的自由资本主义经济。在历史上，它是作为西方列强资本扩张的对立物，是中华民族图强御侮的产物，在发展中国民族经济，推动社会生产力发展方面起了重要的进步作用。

第二，民族资本主义经济资本较少，规模不大，经济力量薄弱。在旧中国近代企业资本中，民族资本仅占 20%。在民族资本中，较大的资本家族或集团以及资本在数百万元以上，工人在千人以上的企业，为数甚少；大量的是资本在几万或几十万元之间，只有几十个工人的企业。与此相联系的是，民族资本一般技术比较落后，轻工业比重较大，主要是纺织工业和食品工业，而经营生产资料的企业较少，大都是规模狭小，技术落后。中国民族资本的经济状况,决定了它们不可能在国民经济中占据主导地位。在其发展中,它们处处受到外国资本和官僚资本的压迫和排挤,因此,民族资本与外国资本及官僚资本之间存在着较大的矛盾。

第三,民族资本的工业比重小,商业和金融业比重较大。这是由于在国民党统治时期混乱的经济状况下,民族资本为了摆脱生产条件困难,在与外国资本、官僚资本的激烈竞争中寻求出路而形成的一种畸形发展。据估计,在抗战前,商业在民族资本的资产总额中约占一半,金融业约占30%。在工业没有相当的发展时,商业资本过于膨胀,势必造成民族资本对外国资本的依赖。

第四,民族资本主义的进步性和局限性,表现为民族资产阶级在政治上的进步与妥协的二重性。一方面,中国民族资本先天的弱点是资本力量弱小,无力与外国资本、官僚资本相抗衡,反而受到它们的压迫和排挤。所以,它始终未能成为中国社会经济的主要形式。但它毕竟在一定时期程度上促进了社会生产力的发展。另一方面,在旧中国半殖民地半封建经济条件下,民族资本为了寻求生存和发展,又在不同程度上依赖于外国资本和官僚资本,并与封建地主经济保持着千丝万缕的联系。同时,民族资本作为资产阶级,其追求最大限度利润和对无产阶级的剥削,与其他资本并无完全的区别。民族资本在经济上的这种二重性决定了民族资产阶级在政治上的二重性。在社会主义革命时期,它们既有被迫接受社会主义改造的一面,同时更有强烈要求发展资本主义经济的一面。

3. 对民族资本主义经济采取利用、限制和改造的政策

根据民族资产阶级的上述特点,国家对民族资本主义经济采取了与对待官僚资本主义经济截然不同的政策,即采取利用、限制和改造的政策。就是利用资本主义工商业有利于国计民生的积极作用,同时从活动范围、税收政策、市场价格和劳动条件等方面,限制其不利于国计民生的消极作用,并逐步通过各种形式的国家资本主义,有区别、有步骤地把资本主义工商业改造成为社会主义经济,逐步以全民所有制代替资本家所有制。中国共产党对资本主义工商业的利用、限制和改造的政策,实质上就是一种赎买政策,即在一定时期内允许资本主义所有制存在,并有利可图,通过赎买逐步地把资本主义经济改造成为社会主义经济。对资本家则是采取团结、教育的方法把他们改造成为社会主义劳动者。

4. 对资本主义工业改造的过程

国家对资本主义工业的社会主义改造,采取了金融业比一般工业先走一

步的方针。这是因为 1952 年"五反"运动后,私营金融业信用低落、机构臃肿、入不敷出、"坐吃山空"的现象严重。首先进行了对私营金融业的改造工作。国家规定:私营银行、钱庄必须增加自有资本,只准经营一般银行业务,不准签发本票和空头支票,并须按规定向人民银行缴纳存款保证准备金,等等。接着,人民银行也开展了对私营工商业的存放款业务,存放款利率由国家银行统一规定,并连续两次降低利率。与此同时,实行了私营金融银行业的联营,人民银行参加联营并派员领导联营业务,这就使私营金融业转化为国家资本主义的初级形式。到 1952 年底,对全部私营银行、钱庄实行了公私合营,基本上完成了对私营金融业的改造。

"一五"计划期间,国家对资本主义工业的改造,经历了初级形式和高级形式两个阶段。建国初期,国家主要通过收购、加工、定货、统购、包销等初级形式,把资本主义工业纳入国家资本主义轨道。收购是国营商业按一定的规格、质量,以合理价格收购私营工厂的产品;加工、定货是国有企业按照所需产品的规格、质量、数量和交货期限,委托私营工厂加工或向他们定货;统购是对一些重要产品由指定的商业部门统一收购,不准许私营工厂在市场自行销售;包销是对私营工厂按规定生产的某些产品,由国有企业包下来销售,不准在市场上自行销售。

1953 年,为了加强对资本主义工业的改造,各地都有计划地扩展了加工定货,加强了对加工定货的行政监督与统一管理,统一掌握有关加工定货的任务分配、合同审查和督促检查等工作。到 1955 年,加工定货已在全国普遍发展起来。实行加工定货的工厂职工达到 34.2 万人,占私营工业职工的 87%,产值占全部私营工业总产值的 81.7%。

1955 年 8 月以后,毛泽东在党内严厉地批判了"右倾保守思想",社会主义改造高潮开始,私营工商业首当其冲。1955 年 10 月 27 日,毛泽东邀请全国工商界代表陈叔通、章乃器、李烛尘、黄长水、胡子昂、荣毅仁等人在中南海颐年堂开座谈会。毛泽东对大家说:"大家要掌握自己的命运。在旧社会连蒋委员长也不能掌握自己的命运,'十五个吊桶打水,七上八下'。现在大家要逐渐减少吊桶,改用抽水机,不要吊桶。" 10 月 29 日,毛泽东又在中南海怀仁堂召集了一个有在京的中央委员、候补中委、全国工商联执委、各人民团体负责人约 300 人参加的大型座谈会。毛泽东明确讲私有制是不好的,是妨碍国家富强,是无政府性质的,跟计划经济抵触的。改变私有制,这个问题要说开，对共产这个问题要讲开，要说穿，共产这个事情是好事情，没有什么可怕的。毛泽东再次劝告私营企业家们安下心来，认清社会发展规律，走社会主义道路，自己掌握自己的命运。[18] 同年11月，根据毛泽东的提议，中央召开对资本主义工商业改造的工作会议，会议认为：建国以来，社会主义经济成分已取得决定性优势。同时，资本主义企业的生产力和生产关系矛盾已特别突出，如不改造，就会破坏生产力。因此，现在有条件和有必要把对私营工商业改造工作推进一个新阶段，其方式是"和平赎买"。

1956年1月15日，有着300年历史的同仁堂药业老板乐松生（时任北京市副市长）在天安门城楼上向毛泽东递上特大号的喜报信封。就在此刻，北京市宣布：全市35个工业行业的3990家工厂和42个商业行业的13973户坐商，共1763户全部被批准施行公私合营。天安门庆祝大会的第二天，《人民日报》发表题为"在高潮的最前面"的社论，赞扬北京市的公私合营对全国起了"积极的带头作用"，赞颂北京市的社会主义改造工作是"空前的速度"。

按照毛泽东的精神和要求，全国形成对私营工业改造的高潮。到1956年底，已实现公私合营的企业，占原有私营企业数的99%，职工数占98.8%，产值占99.6%。

资本主义工商业的社会主义改造进入全行业公私合营后，对民族资本的赎买就由"四马分肥"的分配利润制度改为定息制度。企业主把生产资料交给工人阶级领导的国家，国家对私营企业进行清产核资，核定私股股金，并据此付给企业主定息。据当时估算，截止到1956年底，全国公私合营企业的私股共为24亿元人民币，其中工业17亿元，商业6亿元，交通运输业1亿元。按照有关方面共同商定的意见，定息年息为5%，自1956年1月1日起计算，国家全年为定息付出的资金约1.2亿元。

全行业公私合营和定息制度实行后，企业的生产关系发生了根本的变化。同个别企业的公私合营相比，企业的生产资料已由原来的公私共有转变为由国家统一使用、管理和支配。企业主虽有私股，但已有起资本的作用，它与生产资料已经分离，只在一定时期内起领取定息凭证的作用。企业主除了领取定息之外，对企业的生产资料已无权过问，企业主虽然在企业中安排了工作，但只是作为管理人员或技术人员进行工作。工人完全摆脱了企业主雇用的雇用劳动者的地位，成为企业的主人。所以，实行全行业合营的企业，实际上已经是社会主义性质的了。

关于国家对资本主义工业进行社会主义改造，各种经济成分在工业总产值中所占比重变化的全部情况，可见表13-1。

表13-1　　　　　　　　　　　　　　　　　　单位:%

年　份	社会主义工业	国家资本主义工业	其　　中		资本主义工业（自产自销部分）
			公私合营	加工订货	
1949	34.7	9.5	2.0	7.5	55.8
1950	45.3	17.8	2.9	14.9	36.9
1951	45.9	25.4	4.0	21.4	28.7
1952	46.0	26.9	5.0	21.9	17.1
1953	57.5	28.5	5.7	22.8	14.0
1954	62.8	31.9	12.3	19.6	5.3
1955	67.7	29.3	16.1	13.2	3.0
1956	67.5	32.5	32.5	—	—
1957	68.2	31.7	31.7	—	—

三、对资本主义商业的社会主义改造

在改造资本主义工业的同时，国家还有计划、有步骤地对资本主义商业进行社会主义改造。资本主义商业的社会主义改造较为复杂。一方面，在成分上小业主同个体商贩、民族资本的界限不易划清；另一方面，在经营形式上既有批发、零售，又有进出口贸易。

1. 对批发商业的改造

批发商业，是联系生产和市场的中间业。它掌握着商品流通的主要环节，对市场价格和供求关系有重要影响。解放初期的几次投机活动、物价涨风，主要是资本主义批发商业与社会主义商业竞争而掀起的。到1952年，私商批发额仍占全部商业批发额的36.3%。

从1953年下半年起，国家采取了一系列措施限制私营批发商的活动，同时实行代替私营批发商的政策。11月，国家对粮食和食油实行了统购统销。1954年9月又实行了对棉花统购和对棉布的统购统销。统购统销实际上是由国家控制这些商品的各个批发环节，排除私商经营，实现了批发商业国有化。1954年，国家还逐步扩大了对农副产品的统购、派购范围。在城市，对煤、

铁、钢材、橡胶等重要工业原料实行计划供应。同时，在外贸方面也规定私商不得自营一般商品的进出口业务。这样，原来经营这些物资的大批发商，不得不被国营商业或合作社商业所代替。

私营大批发商被代替后，余下的多是经营次要商品的较小的批发商。当时，根据不同情况，对他们分别采取了"留、转、包"等不同形式加以改造。"留"，是对允许继续经营的批发商，由国营或合作社商业委托他们代营批发；"转"，是对有转业条件的批发商，引导他们把资金和人员转入其他行业；"包"是指包人员，即对无法继续经营的私商，由国家把资本家和从业人员包下来，逐步安排工作。经过上述改造，余下的批发商户数虽然不少，但都是些经营零星商品的小户。据1955年8月全国私营商业普查资料，其情况见表13-2。

表 13-2

	户数（户）	从业人员（人）	资本额（万元）
批发坐商	41898	139354	14988
外商和批发摊贩	83332	96106	2690

上述这些余下来的私营批发商的营业额在1955年仅占有全部市场批发交易额的4.4%。1956年，在全行业公私合营的高潮中，这些批发商也与零售商一起实行了公私合营。

2. 对零售商业的改造

零售商业是商品流转中的最终环节，一般同生产者没有直接联系，但同广大消费者的生活密切相关。私营零售商户数众多，遍布城乡，很难予以代替。改造零售商的工作十分复杂，政策性很强，既要改造分散的零售商，限制他们的投机活动，又要适当维持其正当经营，充分利用他们在商品流转中的积极作用。所以，党和国家对于私营零售商是采取安排与改造相结合的政策，在步骤上采取逐行逐业进行改造的办法。改造的形式有：批购、经销、代销。1953年下半年，发展最多的是批购形式。从1953年11月开始，国家先后对粮食、食油、棉花、棉布等实行统购统销，因而经营这些商品的私商就全部纳入经销和代销形式。随后，在猪肉、茶叶、煤、盐、烟、酒等行业也陆续推行全行业改造。据1955年8月统计，全国私营零售商连同公私合营

> 民营经济与中国现代化

商业共计 2954144 户,其中实行经销、代销和批购的 701322 户,占总户数的 23.7%。1955 年,私营商业零售额在全部商业零售额中仅占 17.8%,而由国家、合作社和国家资本主义经营的零售业已占到 80% 以上。在零售业改造中,对个体劳动性质的小商小贩一般是采取合作小组、合作商店的形式进行改造,使他们成为国营商业和合作社商业的重要补充。1956 年第一季度,私营商业在社会主义改造的高潮中实现了全行业合营。

表 13-3 1956 年资本主义商业社会主义改造的综合情况

项目	户数 绝对数(千户)	户数 比重(%)	从业人员 绝对数(千人)	从业人员 比重(%)	资本额 绝对数(百万元)	资本额 比重(%)
原有私营商业	2423	100	3318	100	841	100
已改造的私营商业	1991	82.2	2824	85.1	785	93.3
其中:						
1. 转入国有商业或供销合作社	146	6.0	224	6.8	—	—
2. 实行公私合营	401	16.6	877	26.4	601	71.5
3. 成为合作化商业	1444	59.6	1723	51.9	184	21.8
尚未改造的私营商业	432	17.8	494	14.9	6	6.7

表 13-4 关于批发商业与零售商业中各种经济类型比重的变化   单位:%

	1950 年	1951 年	1952 年	1953 年	1954 年	1955 年	1956 年	1957 年
一、商业企业商品批发额								
国营商业	23.2	33.4	60.5	66.3	83.8	82.2	82.0	71.5
供销合作社	0.6	1.0	2.7	2.9	5.5	12.6	15.2	23.8
国家资本主义及合作化商业	0.1	0.2	0.5	0.5	0.5	0.8	2.7	4.6
私营商业	76.1	65.4	36.3	30.3	10.2	4.4	0.1	0.1
二、商业企业商品零售额								
国营商业及供销合作社	14.9	24.4	42.6	49.7	69.0	67.6	68.3	65.7
国家资本主义及合作化商业	0.1	0.1	0.2	0.4	5.4	14.6	27.5	31.6
私营商业	85.0	75.5	57.2	49.9	25.6	17.8	4.2	2.7

四、生产资料私有制的社会主义被改造完成

我国生产资料私有制的社会主义改造到 1956 年已经基本完成,社会主义公有制占绝对优势的生产资料所有制结构业已确立。由此,我国的国民经济结构发生了根本性的变化。

1. 国民收入

1956 年同 1952 年的国民收入相比,全民所有制经济的比重由 19.1% 上升到 32.2%;集体所有制经济由 1.5% 上升到 53.4%;公私合营经济由 0.7% 上升到 7.3%;私营经济则由 6.9% 下降到 0.1% 以下;个体经济由 71.8% 下降到 7.1%。前三种社会主义公有制经济已达 92.9%。

2. 工业总产值

1956 年同 1952 年相比,全民所有制工业的比重由 41.5% 上升到 54.5%;集体所有制工业由 3.2% 上升到 17.1%;公私合营工业由 4% 上升到 27.2%;私营工业则由 30.7% 下降到 0.04%;个体手工业由 20.6% 下降到 1.2%。前三种社会主义公有制工业已达到 98.8%。

3. 社会商品零售总额

1956 年同 1952 年相比,国营经济由 16.2% 上升到 34%;合作社经济由 18.2% 上升到 30.1%;国家资本主义及合作化经济由 0.4% 上升到 28.3%;私营经济则由 65.2% 下降到 7.6%。前三种社会主义公有制经济已达到 92.4%。

4. 铁路、公路和水运货物周转量

1956 年同 1952 年相比,国营经济由 95.8% 上升到 99.3%,公私合营经济仍是 0.7%,私营经济原来占 3.5%,到 1956 年已经不复存在了。

以上数字表明,在我国存在了几千年的生产资料私有制经济基本被消灭,社会主义公有制经济已经取代了私有制经济占据了绝对的统治地位,成为国民经济发展的几乎全部力量。我国已从过渡时期的多种经济成分构成的新民主主义经济制度转变成为公有制经济占绝对优势的社会主义经济制度,从所有制上实现了社会主义的制度要求。

注释:

① 《毛泽东著作专题摘录》上册,人民出版社 1964 年版,第 528 页、704 页。

② 《斯大林选集》下卷，人民出版社 1979 年版，第 542 页。

③ 《毛泽东选集》第 3 卷，人民出版社 1991 年版，第 1060 页。

④ 胡希宁、张锦铨主编：《二十世纪中国经济思想简史》，中共中央党校出版社 1999 年版，第 185~187 页。

⑤ 《斯大林全集》第 7 卷，人民出版社 1958 年版，第 61 页。

⑥ 《毛泽东选集》第 2 卷，人民出版社 1991 年版，第 692 页。

⑦ 同上注，第 692 页。

⑧ 同上注，第 3 卷，第 1077 页。

⑨ 同上注，第 1078 页。

⑩ 同上注，第 2 卷，第 625 页。

⑪ 同上注，第 4 卷，第 1476 页。

⑫ 《马克思恩格斯选集》第 1 卷，人民出版社 1977 年第 1 版，第 277 页。

⑬ 《毛泽东选集》第 5 卷，人民出版社 1977 年版，第 265 页。

⑭ 同上卷，第 265 页。

⑮ 《中华人民共和国发展国民经济的第一个五年计划》，第 19 页。

⑯ 同上注，第 74 页。

⑰ 同上注，第 113 页。

⑱ 马立诚：《大突破》，中华工商联合出版社 2006 年版，第 61 页。

下 篇
现 实 篇

　　1978年12月，中共十一届三中全会胜利举行。作为伟大的历史里程碑，十一届三中全会结束了新中国长达二十多年的"左"倾历程。中国的社会主义现代化建设事业端正了自己前进的航向，其标志之一就是中国民营经济诞生并迅猛发展。笔者认定十一届三中全会后，中国民营经济为诞生，而不是如其他学者所言是复苏，这是因为，这时开始的中国民营经济已经不是新中国成立之初新民主主义制度下的民营经济，当然更不同于旧中国的民营经济，而是社会主义的民营经济：二者虽然有形式上的相似处，但在实质上已有根本区别。中国民营经济犹如一只涅槃后的凤凰，已经是在"普照的阳光"下的社会主义的民营经济。如同毛泽东对社会主义制度奠定的认识决定于所有制一样，有中国特色社会主义现代化建设事业的改革也从所有制即中国所有制市场化入手，也即从发展"普照的阳光"下的社会主义民营经济入手。社会主义的民营经济从无到有、从小到大、从弱到强的过程，是社会主义初级阶段中国改革开放的过程，是社会主义生产力不断解放和发展的过程，是社会主义的GDP不断攀升的过程，是社会主义优越性不断显现的过程，是社会主义综合国力不断增强的过程，是人民生活水平告别贫穷不断提高的过程，是中国经济主动融入世界、在经济全球化历史潮流中有所作为的过程，是中华人民共和国国际地位和国际能力不断提升和不断强化的过程，是社会主义的中华人民共和国在邓小平理论指引下"冲出百慕大"奋力打造"中国公式"的过程。

第十四章　中国所有制结构市场化基础奠定历程

20世纪70年代中后期，以粉碎"四人帮"和"关于真理标准讨论"为契机，中国开始了正本清源、拨乱反正的历程。中共十一届三中全会的召开，重新确立了马克思主义思想、政治、组织路线。全党工作中心转移到现代化建设轨道的战略决策，拉开了中国经济制度改革的序幕。中国所有制结构市场化基础奠定，是决定改革大局及最终成败的关键性问题之一。而这一解决历程，是一艰巨斗争的历程，是一翻天覆地的历程，是充分展示以改革开放总设计师邓小平为首的中国共产党人的智慧和胆识的历程。这一历程的始点发生自中国农村和中国农民，如同中国新民主主义革命的发端一样。毛泽东的新民主主义革命从农村开始。邓小平的改革开放也从农村开始。

第一节　家庭联产承包责任制和人民公社寿终正寝

从所有制结构变革实现社会形态变革，是毛泽东建设社会主义强大国家的建设思路，实践证明，这种思路违背了生产力决定生产关系，经济基础决定上层建筑的马克思主义基本原理。对这种思路的纠正，则又必须从所有制结构变革入手。20世纪70年代末，这一变政由中国农民发端——因"小岗革命"和废除"人民公社制"而引发的中国农村"家庭联产承包责任制"的体制创新，被誉为中国农民的伟大创举。中国农民求生存、谋发展的创举引发了中国所有制结构市场化改革。

一、家庭联产承包责任制

家庭联产承包责任制是适合中国农村现实情况，解放被人民公社制度束缚了20余年的生产力的制度创新。这种责任制是在没有根本触及农村集体所有制体制前提下的责任到户的一种生产制度，是由"小岗革命"引发的。

1. "小岗革命"

1978年11月24日，正当中共十一届三中全会举行前夕，安徽省凤阳县梨园公社小岗大队（现小岗村）的 18 户农民，神情凝重地聚在一个农民严立华家里召开一次秘密"黑会"，会议经过激烈讨论，决定将全队集体耕地包产到户。18 位农民认为，对人民公社已经完全绝望，在"已经活不下去"的现实状况下，违法包产到户只能是唯一的出路。"求生存"的本能动机决定，大家通过契约方式，承担由包产到户可能引发的领头人被打成"反革命"的后果，将其子女抚养到 18 岁。

这份对天盟誓，签有 18 位汉子的名字，盖有 18 位汉子手印的"保证书"值得"立此存照"——中国工农红军长征途中抢渡大渡河的也是 18 位中国农民汉子。

保证书

一、"包产到户"要严守私密，任何人不准对外说。

二、收了粮食，该完成国家的就完成国家的，该完成集体的就完成集体的，粮食多了，要向国家多作贡献，谁也不要犯罪。

三、如果因"包产到户"倒霉，我们甘愿把村干部的孩子抚养到 18 岁。

严宏昌　严俊昌　严立学　关友申　严立华　严立坤
严立富　严学昌　严付昌　严家琪　严金昌　严国品
严家芝　严美昌　关友江　关庭珠　关友章　韩国云

这一 18 个指印、三方图章的契约，作为中国当代的珍贵文物，以藏名号为 GB-54563 收藏在中国国家博物馆。

这一在当时的惊天之举，成为引发中国所有制结构市场化改革的开路先锋，后来被誉为中国农民的"小岗革命"。但在当时，明显是法律和政策不允许的。也正因为如此，18 位农民汉子才义无反顾地承担将其坐牢的头儿的子女抚养到 18 岁。同时，从这份"保证书"里，我们还能强烈地感受到中国农民即使是干"违法"的事，也时刻想到"要向国家多作贡献"的伟大情怀。18 户农民的所谓"分田到户"的"分田"，也不是中国历史上一般意义的"平均地权"，实际上只是分配土地的使用权利，好种什么和怎么种的权利，而无出租、出让或转卖土地之权。一出手竟触及当时中国农村制度的关键。人民公社的寿命也因此岌岌可危。

小岗村实行"大包干"后，1979年全队生产粮食6.16万公斤，相当于1966~1970年粮食产量的总和，向国家交售粮食1.49万公斤，是征购任务的80倍；人均收入也由1978年的22元上升到200多元。农村的改革在很大程度上是自发地进行的，此时中央的开明政策和领导人的支持起到了重要作用。时任安徽省委第一书记的万里顶着巨大的压力，甚至与时任中共中央主要负责人当面力争，对"小岗革命"表示坚决支持。

1979年，凤阳县农民卖给政府粮食4450万公斤。这个数字相当于过去26年凤阳县卖给国家粮食的总和；尤其，过去的20多年里，政府拨给凤阳的救济粮，比凤阳卖给国家的粮食还要多。

1979年9月28日，中国共产党第十一届中央委员会第四次会议通过了《中共中央关于加快农业发展若干问题的决定》（以下简称《决定》）。《决定》未改变原有的公社制度，发生变化的是按劳分配采取了联产计酬的具体形式；并且在十一届三中全会的基础上明确将社员自留地、自留畜、家庭副业和农村集市贸易，认定为社会主义经济的附属和补充，而不是以前当作批判对象的"资本主义尾巴"。

中国农民的伟大创举也引起了邓小平的高度重视，得到了他的肯定和支持。1980年5月31日，邓小平在中央发表了《关于农村政策问题》的重要讲话，指出："农村政策放宽以后，一些适宜搞包产到户的地方搞了包产到户，增产幅度很大。凤阳花鼓中唱的那个凤阳县，绝大多数生产队搞了'大包干'，也是一年翻身，改变面貌。有的同志担心，这样搞会不会影响到集体经济。我看这种担心是不必要的。"同时，邓小平强调指出："总的来说，现在农村工作中的主要问题还是思想不够解放。"[1]邓小平同志的讲话精神，使得"大包干"迅速在全国范围内得到了推广。

2. 家庭联产承包责任制诞生

1980年9月，中共中央印发了各省市区党委第一书记座谈会纪要（题为《关于进一步加强和完善农业生产责任制的几个问题》）（以下简称《纪要》）。《纪要》指出：集体经济是我国农业向现代化前进的不可动摇的基础。当然，我们还要看到，由于集体化运动中的缺陷，由于极左路线的干扰，由于很长时期党的工作重点没有转移到经济建设上来，目前集体经济的物质技术基础还是比较薄弱的，人民公社的体制、结构方面也存在需要改革和完善的问题，经营管理工作更是一个突出的薄弱环节。特别是在贯彻按劳分配原则和建立健全生产责任制方面,长期没有重大的改进和突破。这就使得农民的社会主义积极性受压抑,集体化的优越性未能充分发挥。《纪要》将十一届三中全会以来各地出现的多种形式的生产责任制归纳为两类:一类是小段包工,定额计酬;一类是包工包产,联产计酬。并且认为,实行结果,多数增产,并且摸索到一些新的经验。特别是出现了专业承包联产计酬责任制(就是在生产队统一经营的条件下,分工协作,擅长农业的劳动力,按能力大小分包耕地;擅长林牧副渔工商各业的劳动力,按能力大小分包各业。各业包产,根据方便生产、有利经营的原则,分别到组、到劳力、到户;生产过程的各项作业,生产队宜统则统,宜分则分;包产部分统一分配,超产或减产分别奖罚;以合同形式确定下来当年或几年不变),更为社员所欢迎。这是一个很好的开端。要求各级领导,应当和广大群众一道总结正反两个方面的经验,帮助社队把生产责任制加以完善和提高,把集体经济的管理工作大大推进一步。在不同的地方、不同的社队,以至在同一个生产队,都应从实际需要和实际情况出发,允许有多种经营形式、多种劳动组织、多种计酬办法同时存在。

《纪要》从政策上对可否实行包产到户(包括包干到户)的问题做出了相应规定,《纪要》虽然仍然保留了公社制度,且对包产到户(包括包干到户)的作用已有充分的认识,但没有明确地大力推广,只是在"边远山区和贫困落后的地区"作为"解决温饱问题的一种必要的措施"而加以应用的。但《纪要》较之1979年的《决定》仍然有其进步之处,不仅允许在特殊情况下集体土地可以个体经营,而且在集体经济内部,在非农产业中允许少数个体经营者的存在,尽管采取了非常谨慎的态度。至此,虽然个体经营者在名义上仍然是公社社员,却是原有"一大二公三纯"的所有制格局下的农村个体经济的萌芽形式。

"家庭联产承包责任制"的确立,尽管没有从产权上确认土地的农民归属,但是其实践基础为中国民营经济的"复兴"揭开了序幕,其现实意义和历史意义十分重大。

二、"人民公社"寿终正寝

1. 四川省广汉县卸下人民公社大牌子与家庭承包责任制诞生同期进行,使人民公社寿终正寝

1980年4月21日四川省传出了一个令中国乃至全世界震惊的爆炸性新

闻：四川省广汉县向阳人民公社被"一分为三",成立了乡党委、乡政府和乡农工商总公司。挂了 20 多年的"人民公社"大牌子被卸下,此举无情地宣告了"三级所有,队为基础"的农村"大锅饭"体制寿终正寝。

2. 中共中央 1 号文件

1982 年 1 月 1 日,中共中央第一次以中央 1 号文件颁布关于农村的新的文件《全国农村工作会议纪要》,这是当代中国历史上很值得注意的一页,共计 5600 多字,11 条,内容既广泛又现实,甚至还能列举出若干方法解决农民卖农产品难的问题。这个文件的关键所在,是承认目前实行的各种责任制"都是社会主义集体经济的生产责任制"。"各种形式的责任制"包括:小段包工定额记酬;专业承包联产记酬;联产到劳;包产到户;包产到组;包干到户;包干到组。其真正的触目之处,却是在"包产到户"和"包干到户"。新中国成立 30 余年,第一次在正式文件中承认"包产到户""包产到干"是"社会主义"。现在有了这个文件,"包产到户"和"包干到户"的地位终于上升至历史的最高点。此起彼伏,人民公社的历史地位一落千丈。这种认可是在 1982 年 1 月 1 日,上距浙江省永嘉县李银河发动的第一次"包产到户"约为 26 年,距安徽省凤阳县小岗生产队发动的第一次"包干到户"为 3 年。

中共中央终于承认把"包干到户"看作分田单干"完全是一种误解",由此令整个农村天地大开。到了这一年冬季,粮食再度丰收,总产增长 9%,达到 35450 万吨;棉花 359 万吨,增产更加惊人,达 21%。

3. 人民公社寿终正寝

自四川省广汉县向阳人民公社牌子被卸下始,各地卸下"人民公社"牌子成为时尚。

1983 年 12702 个公社在这一年里宣布解体。"包干到户"的生产队已有 576 万个,为总数的 98%。粮食总产 38728 万吨,增产 9%。棉花 463 万吨,增产 29%。

1984 年 39838 个人民公社宣布解体。粮食总产 40731 万吨,增产 5%。棉花 625 万吨,增产 34%。

1985 年所余 249 个人民公社全部解体。至此,在我们的国家中,人民公社和它下属的生产队不复存在,取而代之的是 61766 个乡镇政府和 847894 个村民委员会。

4. 人民公社的历史思考

中共中央于1958年8月下旬在北戴河的中央扩大会议上通过了《中共中央关于在农村建立人民公社问题的决议》，认为"人民公社是形势发展的必然趋势"，"在目前形势下，建立农村人民公社，是指导农民加速社会主义建设，提前建成社会主义，并逐步过渡到共产主义所必须采取的基本方针"。

人民公社的特点是："一大二公。""大"是指组织规模和经营范围。一个人民公社一般在4000户以上，它不仅是农业生产组织，而且是农、林、牧、副、渔各业俱全，工、农、商、学、兵五位一体的社会基层组织。这样的人民公社，把原来的经济条件、贫富水平不同的社队强制性合并一起，对内实行统一核算，对外则又"一平二调"，实际上是"均贫富"的空想社会主义模式。所谓"公"一是把基层政权组织和经济组织，合而为一，把农村中原属全民所有制的一些企业下放给公社管理，使人民公社集体所有制经济中增加了若干全民所有制成分；二是实行组织军事化、行动战斗化、生活集体化，大搞公共食堂、幼儿园、托儿所、幸福院等公共事业，实行工资制和粮食供给制相结合的分配制度，大力推行吃饭不要钱，试行把全部或大部分人的生活包下来的供给制或后来的"工分制"。这样在分配上过早地否定了"按劳分配"，不但超越了生产力发展状况和经济负担的可能，难以长久维持下去，而且大大助长了"干多干少一个样、干好干坏一个样、干与不干一个样"的恶劣社会风气，不仅不利于调动劳动者的积极性，反而破坏劳动者的积极性，大大降低了生产力水平。同时，在大大超越广大农民觉悟程度的基础上，由于"共产风"、浮夸风、瞎指挥风的盛行，也严重败坏了党群关系，严重损害了执政党的形象。

《中共中央关于建国以来党的若干历史问题的决议》指出："一九五八年……轻率地发动了'大跃进'运动和农村人民公社运动，使得以高指标、瞎指挥、浮夸风和'共产风'为主要标志的'左'倾错误严重地泛滥开来。"

三、中共中央终止"农业学大寨运动"

"农业学大寨"运动初起于山西省昔阳县大寨大队，该大队曾是依靠集体力量改造穷乡僻壤的先进集体。其被发现，被打成"割资本主义尾巴，堵资本主义道路"的典型。尤其经"四人帮"经营后，更是成为政治运动的产物，致使这面曾经先进的旗帜变成"四人帮"打人整人的幌子。

1980年11月23日，中共中央转发了山西省委关于学大寨运动的初步总结，并加了很长一段批语（［1980］83号文件）。批语指出：山西省委总结了大寨大队从农业战线的先进典型变为执行"左"倾路线的典型的经验教训，批判了省委过去在这个问题上的错误。中央认为，这个检查报告的基本精神是好的。"文化大革命"以来，在山西省内推行大寨经验的错误以及主要的责任，在当时的党中央。应当指出，全国各地学大寨的农业先进典型绝大多数在生产上、建设上都是有成绩的，有贡献的。同样，大寨和昔阳的绝大多数干部和群众，在农业战线上做出过贡献。"文化大革命"以前，大寨的确是农业战线上的先进典型。周恩来总结的大寨的基本经验以及这些经验在全国的推广，也曾经起过积极的作用。"文化大革命"以来，在大寨和昔阳推行"左"倾路线以及由此造成的严重后果，主要应由陈永贵负责。中央希望大寨和昔阳县的干部和群众，在实事求是地批评陈永贵的错误，认真地总结经验教训之后，恢复过去自力更生、艰苦创业的好作风、好传统，结合自己的实际，切实贯彻执行党在三中全会以来制定的各项政策。只要振奋精神，和农业战线的其他先进典型取长补短、互相促进，大寨和昔阳就不但能够恢复过去应有的荣誉，而且一定可以取得新的进步，同其他先进典型并驾齐驱，为祖国社会主义建设作出新的贡献。

批语还总结了对待先进人物和先进典型的经验教训，强调要实事求是，因地、因事、因时制宜，分类指导，反对"一刀切"和生搬硬套。任何先进技术经验或经营管理经验，都必须同当地农民的经济利益联系起来，重视经济效果，在农民自愿接受的基础上，经过试验逐步推广。切不可以一阵风的运动方式和一哄而起，更不得乱扣政治帽子，采取行政压制手段。

劳动模范不仅是从群众中产生的优秀分子，也是先进生产力的代表。他们理应得到党、群众和社会的尊敬。但是，一成为劳动模范，就一定要当从下到上的各级党代表、人民代表或其他代表，一定要担任从下到上的几级党政机关或群众团体的领导职务，事实证明，不仅会使一些劳动模范自己骄傲自满、脱离群众，而且会使他们陷入自己的能力和精力无法应付的会、报告和各种政治运动中去，无法再起劳动模范的作用。这种做法，害了一批劳动模范，也给党的工作带来不应有的损失。

中共中央的这个批语，正式宣告了农业学大寨运动的终结。批语对"文化大革命"以来农业学大寨问题的科学总结，是十一届三中全会以来实现伟大转折的一个重要体现。此后，以包产到户为主要形式的生产责任制便在全国广大农村迅猛地推广开来，农村改革之火遂成燎原之势，从而极大地解放和发展了农业生产力，极大地调动了亿万农民群众勤劳致富的积极性。

第二节　中国民营经济再生与发展

在社会主义初级阶段的当今中国，民营经济的存在、发展与壮大不仅仅是社会发展规律性的反映，而且是建设中国特色社会主义强大国家不可或缺的主力军之一。这在今天已是共识。但是，这一共识的形成过程，却是一个艰巨、复杂的斗争过程。当民营经济（含农村"包产到户"）被作为资本主义给清除之后，其再生与发展过程实质就是中国所有制结构市场化基础性奠定过程。

一、落实原工商业的政策

在"文化大革命"中，原工商业者被作为专政对象，银行存款（主要是定息）被冻结，财产被查抄，企业行政职务被撤销，工资被削减。粉碎"四人帮"后，中央开始拨乱反正。

1. 落实原工商业者的政策

1977年7月15日，中共上海市委向中共中央报送《关于对上海民族资产阶级分子被查抄财物处理意见的请示报告》，提出对上海市3000元以上、1万元以下的7800多户资本家的被查抄财物予以退还。10月4日，中共中央批复并转发了这一报告，同意发还。并指出，受"四人帮"干扰破坏的其他有关民族资产阶级分子的政策，要按照中央过去的规定，继续调查研究，逐步加以解决。次年4、5月间，中央统战部副部长童小鹏率调查组到上海调查研究落实原工商业者政策问题。调查中涉及"文革"中被查抄财物4.8万余户，存款（定息）3.8亿余元，连同公债、金银和其他用品折价共4.8亿元，被查抄万元以下存款已基本发还，但万元以上的存款还有7200户、4亿余元仍被冻结；"文革"初期被扣减的薪金在1971年后多数人恢复了原来薪金，但被扣减的薪金没有补发，还有相当一部分人没有恢复原来的高薪，估计需补发2.8亿元；"文革"中被占用私房58万多平方米中仍有40余万平方米被占用等方面的问题。在调查中，相左的看法和意见突出表现在以下两方面。一是对被扣减的工资（包括高薪）是否如数恢复、补发。一些人主张按"文革"中的办法,要"砍一刀",但每月砍掉的工资最高不得超过 200~300 元。有的则认为,"砍一刀"不符合赎买政策,而且被砍的大多数是原工商业者中的头面人物和有专长的工程技术人员,政治影响不好,应如数恢复或补发。二是原工商业者被发还的巨款子女能不能继承。5 月中旬,中央统战部约请北京、天津、上海、江苏、广东、浙江、四川、湖北、黑龙江、江西 10 省市统战部主管工商经济统战工作的负责人座谈,意见渐趋一致。8 月 24 日,上海市委向中共中央报送了《关于落实对民族资产阶级政策的若干问题的请示报告》。中央考虑一次发还巨额存款,恢复补发工资,全国约 10 亿元,一锤子下去,广大职工群众反应会怎样?于是责成中央统战部再听取一下职工的意见。

1978 年关于真理标准的大讨论,中共十一届三中全会确定的把工作重点从"阶级斗争为纲"转移到社会主义现代化建设上来的决策,为全面落实对原工商业者的政策铺平了道路。经过多次座谈讨论。12 月 4 日,中央统战部再次报告中央,认为各项赎买政策应予尽快落实。12 月 26 日,也就是在中共十一届三中全会召开后的第 4 天,中共中央就向全国转发了上海市委的上述《请示报告》,决定对民族资产阶级分子被查抄的巨额存款予以解冻,一次发还,并按银行规定付给利息;被扣减的高薪予以恢复,并补发被扣减的部分;被占用的房屋予以归还等;按国家政策,定息到 1966 年 9 月结束,在此之前凡应领而未领的定息可以领取。在资金十分困难的情况下,国家坚决落实原工商业者政策,到 1984 年,"文革"中被查抄的原工商业者(包括其他方面人士)约 300 万两黄金、700 万两白银、15 万件金银制品和 800 万枚银元已基本按上交银行时的牌价作价退还;被侵占、没收的私房约 1000 万平方米,房主被迫出售的约 100 万平方米,共 1100 万平方米,采取腾退归还原主,或用其他协商同意的办法,解决了约 55%。

1979 年 6 月,全国人大五届二次会议宣布,作为阶级的资本家阶级已经不再存在,这个阶级中有劳动能力的绝大多数人已经改造成为社会主义社会中的自食其力的劳动者。12 月,中共中央决定,从这一年的 7 月份起,原工商业者改变资本家成分,按其职业,担任干部的就是干部,和工人一样能参加生产劳动的就是工人;今后不再叫他们"资本家""资产阶级工商业者"或"私方人员"等;对在"四清"及其他运动中被错划为"资本家"成分的,其历史档案应予以改正。对于在职的原工商业者,政治上应与干部、工人一视同仁,合理安排使用。

2. 原工商业者中小商、小贩、小手工业者等劳动者地位的确认

1956年对私营工商业实行按行业公私合营的时候，有一大批小商、小贩、小手工业者以及其他劳动者被带进公私合营企业，把他们统称为私方人员，按资产阶级工商业者对待，混淆了阶级界限。长时间中，他们本人及其家属都要求将他们的成分同原来的资本家区别开来，企业领导和职工也认为有此必要，但没有得到解决。毛泽东、中共中央1969年5月指示转发的《北京市北郊木材厂认真落实党对民族资产阶级和小资产阶级的各项政策》中又提出区别资本家、小业主和独立劳动者问题。此后，在一些大中城市进行了区别工作试点，取得一定成绩和工作经验，但在"左"的大潮中这种工作是难以普遍进行的。粉碎"四人帮"后，在落实政策中再次提出区别问题。经过大量调查研究，1979年11月12日，中共中央批准中央统战部、国家计委党组、国家经委党组、商业部党组、轻工业部党组、全国总工会党组等6个部门《关于把原工商业者中的劳动者区别出来问题的请示报告》（以下简称《报告》）。该《报告》提出，要根据实事求是的精神，将错划为资产阶级工商业者的一部分劳动者区别出来，明确他们本来的劳动者成分。按照"实事求是，从宽了结，办法简便易行，对可区别可不区别为劳动者的作为劳动者区别出来"的原则，经过一年多艰苦细致的工作，全国从参加公私合营、国营的原资产阶级工商业者86万人中，区别出原来属于劳动者范畴的小商、小贩、小手工业者共约70万人，占80%；属于资本家、资本家代理人的约16万人，占19%。大面积地区别"三小"，承认其劳动者身份，实际上否定了长期以来加于个体经济的"资本主义尾巴"的紧箍咒。

3. 邓小平说"钱要用起来"

1979年隆冬，邓小平在人民大会堂以火锅宴邀胡厥文、胡子昂、荣毅仁、周叔弢、古耕虞5位工商界老前辈座谈。在听取了他们就经济建设和改革开放及给原工商业者"摘帽子"等问题提出的意见和建议后，邓小平向大家阐述了改革开放和社会主义现代化建设的方针，他说：现在搞建设，门路要多一些，可以利用外国的资金和技术，华侨、华裔也可以回来办工厂。落实政策后，工商界还有钱，有的人可以搞一两个工厂，也可以投资到旅游业赚取外汇，手里的钱闲起来不好。"总之，钱要用起来，人要用起来。""要用经济方法管理经济，从商业角度考虑签订合同，有利润、能创汇的就签，否则就不签。应该排除行政干扰。所谓全权负责，包括用人权。只要是把社

会主义建设事业搞好，就不要犹豫。"这是十一届三中全会后第一次提出要吸引外资，第一次提出希望原工商业者办企业，也是关于私营经济要存在和发展，要赚取利润的最早的一次讲话，从而为私营企业的建立亮起了绿灯。

二、民营经济再生

邓小平的谈话对工商界人士是极大的鼓舞和激励，至此，已经停止活动十多年的工商联组织开始恢复活动。上海市民主建国会和工商联领导人反复酝酿，形成了筹建上海市工商界爱国建设公司的设想，即通过认款的办法吸纳工商界落实政策发还的资金，创办一个旨在以"爱国"为动机，以"建设"为目的的经济实体。

1. 第一家最早最大的民营公司：上海爱建公司成立

1980年5月19日，年近80的刘靖基正式向工商界发出倡议并带头认款，迅速得到积极响应。

爱建公司在9月22日正式成立，刘靖基任董事长兼总经理，杨延修、吴志超任副董事长，唐君远任监事长。据同年12月统计，认款人达946人，认款总额5535.7万元。这可能是新时期中国最早最大的私人经济实体。经过多年探索，爱建公司逐步壮大成为集房地产、金融信托、实业投资、对外经贸等四大主营业务为一体的外向型、综合型企业。1992年该公司改制为股份有限公司，成为股票上市企业之一。据统计，截至1982年底，全国各地民建、地商联6000多名成员自办集体企业208个，合办133个，协办3003个，合计3344个，共安置待业青年9万人。②

落实原工商业者政策，区别"三小"，鼓励原工商业者钱要用起来、人要用起来，极大地调动了大大小小的原工商业者及其所联系的群众投身经济建设的积极性，也给传统的高度行政计划经济以冲击，使人们在公开场合对私人财富的凝固认识缓慢地解冻。

2. 国家对民营经济采取从默认到鼓励、扶植的政策

1978年12月22日通过的中共十一届三中全会公报指出："社员自留地、家庭副业和集市贸易是社会主义经济的必要补充部分，任何人不得乱加干涉。"十一届三中全会之后，随着农村家庭联产承包责任制的逐步推行，农村的能工巧匠、承包大户和个体运输户逐步发展起来，成为农村个体工商户。与此同时，当年大批"上山下乡"的知识青年返回城市，为安置他们的工

作，国家工商行政管理局提出，各地可以组织返城知青从事修理、服务和手工艺等个体劳动。各地城市的个体经济也如雨后春笋般地发展起来。这样，出现了以公有制为主体、多种所有制形式和多种经营方式并存，以按劳分配为主体、多种分配方式并存的萌芽。

针对长期以来对个体经济批判形成的疑虑，这一时期党和政府反复为个体经济正名。1979年9月29日，叶剑英在庆祝中华人民共和国成立30周年大会上的讲话肯定："目前在有限范围内继续存在的城乡劳动者个体经济，是社会主义公有制经济的附属和补充。"1980年8月17日，中央在关于转发全国劳动就业会议文件的通知中明确指出："鼓励和扶植城镇个体经济的发展。"

1981年7月，国务院颁发了《关于城镇非农业个体经济若干政策的规定》，出台了指导个体经济发展，解决劳动就业的具体政策措施。同年10月17日，中共中央、国务院制定《关于广开门路，搞活经济，解决城镇就业问题的若干决定》（以下简称《决定》），提出：在社会主义公有制经济占优势的根本前提下，实行多种经济形式和多种经营方式长期并存，是我党的一项战略决策，绝不是一种权宜之计。《决定》进一步提出：对个体工商户，应当允许经营者请两个以内的帮手；有特殊技艺的可以带5个以内的学徒。对于个体劳动者的税收要规定合理的税率，只要不从事违法活动，就不要在收入水平上卡住他们。对于他们的社会和政治地位，应与国营、集体企业职工一视同仁。《决定》还批评了长期以来在所有制方面"打击、取缔个体"的错误，要求各个有关部门要采取积极态度，坚决地迅速地改变那些歧视、限制、打击、吞并集体经济和个体经济的政策措施，代之以引导、鼓励、促进、扶持的政策措施。要对过去的有关规定限期进行认真的清理，并提出改革的具体办法。要求有关部门为发展城镇集体经济和个体经济切实负起应尽的责任。

3. 个体经济获得法律认可

1982年9月，中共十二大报告指出："农村和城市，都要鼓励劳动者和个体经济在国家规定和工商行政管理下，适当发展，作为公有制经济必要的、有益的补充。"总之，一系列改革开放政策使古老的民营经济绽出新芽。

国家及时以法律的形式肯定了这种变化，1982年12月，全国人大五届五次会议修改宪法，其中第11条规定："在法律规定范围内的城乡劳动者个体经济，是社会主义公有制经济的补充。国家保护个体经济的合法的权利和利益。国家通过行政管理，指导、帮助和监督个体经济。"至此，作为民营经济之一的个体经济终于获得法律的认可。

1980年，全国城乡个体工商户为141万人，1981年发展到227.4万人。全国登记的个体工商业的户数、从业人员、注册资金，1982年比1981年分别增长42.6%、41.0%、60.0%，分别达到261万户、320万人、8亿元。到1986年，个体工商业户达1211万户，注册资金达180亿元（参见表14-1）。

表14-1 1978~1986年个体工商户及其从业人员情况

年份	户数情况		从业人员		注册资金		产值		消费品零售额	
	户数（万户）	比上年增长（%）	人数（万人）	比上年增长（%）	金额（亿元）	比上年增长（%）	金额（亿元）	比上年增长（%）	金额（亿元）	比上年增长（%）
1978			14							
1979			31	121.4						
1980			81	160.0						
1981	183		227	181.6	5					
1982	261	42.6	320	41.0	8	60.0				
1983	590	126.1	746	133.1	31	287.5				
1984	933	58.1	1304	74.8	100	222.6				
1985	1171	25.5	1766	35.4	169	69.0				
1986	1211	3.4	1846	4.5	180	6.5				

注：1978~1986年产值和消费品零售额无统计数据。
资料来源：全国工商联网站 http://www.acfic.org.cn/。

三、民营企业发展

1983—1988年，国家根本大法确认个体经济合法之后，中共中央、国务院先后制定了一系列有利于个体经济发展的政策，个体经济得到高速发展，进而对雇工的政策开始松动，民营企业逐步发展，其结果是修改宪法确立了民营企业的合法地位。

1. 个体经济发展的民营取向

全国经济体制改革的重点从农村转向城市。1983年国务院颁发《城镇非农业个体工商业若干规定》，指出个体工商户可以有少量帮手、学徒，从而

民营经济与中国现代化

为个体工商户向私营企业发展提供了政策环境。1983年城乡个体工商户增长速度很快,户数和从业人员分别达到590万户和746.4万人,年增长率分别达到126.1%和133.1%,创该项年增长速度的纪录,并将这一纪录保持到现在。从1984年开始,这种高增长率逐年下降,1986年进入低谷,个体工商户数和从业人员年增长率仅为3.4%和4.5%。但个体工商户绝对数却稳步发展,1984年为933万户,1985年为1171万户,1986年为1211万户,1988年达1453万户。户均注册资金增长更快,273.2元(1981)、306.5元(1982)、525.4元(1983)、1071.8元(1984)、1443.2元(1985)、1486.4元(1986)、1718.9元(1987)、2147.3元(1988),从一个方面记下了这一时期个体工商户资本增值的印痕。

在个体经济发展过程中,一些善于经营的个体户积累了较多的资金,于是进一步扩大经营规模,出现了一批雇工超过7人的个体大户。最初的民营企业就是以个体工商大户、合作经营组织、集体企业的牌子从事生产经营活动。它们由于国家对个体经济的宽松政策,对集体经济的优惠政策而发展壮大起来,并且逐渐形成一个新的社会群体雏形。这一现象很快引起一些理论工作者和实际工作部门的关注,与上一时期对个体工商户的比较一致的看法不同,这一时期对民营经济的认识是有分歧和争论的。社会不同阶层对民营经济表现出复杂的心理状态,有褒之者,有贬之者,有避之者,有怨之者,还有怕之者。有人认为民营经济的发展有利于国民经济的发展和实现就业,但另有人则认为民营经济的发展会削弱公有制经济,发展民营经济是高压线上带电作业,怕搞出资本主义。有人认为民营业主大多是经济上的能人,他们不可能成为新的资产阶级,但另有人则认为民营业主大多是经营上的违法者,是新生的资产阶级。争论的中心,集中到一点,就是现阶段的民营经济是姓"资"还是姓"社"问题。1981年5月29日至9月19日及12月8日,《人民日报》还两次就农村雇工承包鱼塘、荒山问题组织专题讨论并进行了报道。

2. 邓小平对民营企业取向采取"不争论"的办法

对这种在民营经济问题认识上的分歧和争论,邓小平采取了"不争论"的办法。经邓小平提出,1982年中央政治局讨论并通过了对民营企业采取"看一看"的方针。据此1983年初,中共中央在《当前农村经济政策的若干问题》中指出:我国是社会主义国家,不能允许剥削制度存在。但是,我们又是一个发展中的国家,尤其在农村,生产力还比较低,商品生产不发达,允许资金、技术、劳力一定程度的流动和多种方式的结合，对发展社会主义经济是有利的，对雇请较多帮工（当时指雇工超过 8 人者）的，采取"不宜提倡，不要公开宣传，也不要急于取缔，而应因势利导使之向不同形式的合作经济发展"的方针。在"看一看"几年之后，1987 年 1 月 22 日，中共中央政治局通过了《关于把农村改革引向深入的决定》（以下简称《决定》），《决定》指出：私营经济作为社会主义经济结构的一种补充形式，对于多方面提供就业的机会，促进经营人才的成长，都是必要的。在一个较长的时期内，私人企业的存在是不可避免的，并确定对私人企业采取"允许存在，加强管理，兴利抑弊，逐步引导的方针"。这是中共中央在新的历史时期第一次明确地提出，在社会主义制度下，允许有雇佣劳动关系的私人企业存在和发展的文件。这次文件规定的"逐步引导"和 1983 年规定的"引向"，内涵显然不同，前者是使之向"不同形式的合作经济发展"，而后者是在"允许存在"的前提下，引导其向健康道路上发展。但此时文件仍然规定允许"少量"存在和发展。

民营经济的生命力极为顽强，只要不压制不取缔，就会发展，一个典型的例子就是"傻子瓜子"。

"傻子瓜子"的主人年广久，安徽省芜湖市人。自幼随父做商贩，后来做小工、卖水果，1972 年改营炒卖瓜子。在多年加工、经营中，他博采众长，在 1981 年创制了以自己绰号命名的"傻子瓜子"。为鼓励个体经济发展，市政府选择了制作盐水鸭、烧饼和瓜子三位个体大户进行宣传，使已经小有名气的"傻子瓜子"日趋火爆。从 1981 年到 1984 年短短几年间，年产量由几万公斤发展到几十万公斤、几百万公斤，年广久由雇工 3 人的个体户发展成雇工 103 人的私营企业主，其自有财产由几千元增加到几百万元。1983 年"傻子瓜子"在北京进行商标注册。1984 年年氏父子三人的瓜子产量近 1000 万斤，缴纳税金 30 多万元。对于这种雇工较多的大户是否肯定其合法地位，各方面议论甚多。争论传到邓小平耳中，邓小平说："我的意见放两年再看，那个能影响我们的大局吗？如果你一动，群众就说政策变了，人心就不安了。你解决了一个'傻子瓜子'，会牵动人心不安，没有益处。让'傻子瓜子'经营一段，怕什么？伤害了社会主义吗？"邓小平正是从改革的大局，从基本政策的稳定性、连续性的高度，来对待和处理问题，使刚刚起步的私营经济得以生存和发展。1992 年初，邓小平南方谈话中再次提及这个事时说:"农村改革初期,安徽出了一个'傻子瓜子'问题。当时许多人不舒服,说他赚了100万,主张动他,我说不能动,一动人们就会说政策变了,得不偿失。像这一类的问题还有不少,如果处理不当,就很容易动摇我们的方针,影响改革的全局。"③在"傻子瓜子"的推动下,芜湖瓜子行业大发展,全市瓜子产量由原来不到100万斤猛增到1984年的3000多万斤,产值达5600多万元,税收400多万元,一时间占领了全国大部分市场。

许多民营企业主并非都如"傻子瓜子"那样幸运。在改革中得风气之先的温州似乎无时无刻不处在经济改革的风口浪尖,20世纪80年代初柳市镇五金电器市场8位靠劳动致富的私营业主,就在姓"资"姓"社"的大争论中,被扣上"八大王"的帽子,作为重大经济犯罪分子受到严厉打击,或被关押,或潜逃在外。他们被打击的原因就在于不合法:如"电机大王"胡金林,1981年营业额达到120万元,工作组一到,光税就补了6万元。因他雇了9个人而被批判为"雇工剥削",于是收起摊子躲起来,1982年9月被全国通缉。直到1984年底打听到当地改变了政策回家后,想不到公安局还没有结案,把他逮捕归案关押了66天。"八大王"1984年奇迹般地被宣告无罪,恢复名誉,全部归还被没收的财产。④

1984年,国家进一步提出对民营企业的引导方向,指出,目前雇请工人超过规定人数的企业,有的实行了一些有别于私人企业的制度,例如,从税后利润中留一定比例的积累,作为集体公共财产;规定股金分红和业主收入的限额;从利润中给工人以一定比例的劳动返还;等等。这就在不同程度上具有了合作经济的因素,应当帮助他们继续完善提高,可以不按资本主义的雇工经营看待。

第三节　外资经济落户中国

1979年11月26日,邓小平会见美国《不列颠百科全书》副主编弗·吉布尼时指出:中国现在按照国际合作的精神,采取了一个向世界开放的政策。这是第一次将中国对外经济合作的方针和政策用"开放"的概念进行表述和概括。与此同时,全国人大五届二次会议通过并公布了相关法律,开始了外资企业落户中国的历程。随后中央政府通过创办经济特区,使外资经济的发展获得广阔的空间。

一、外资经济起步

1. 《中华人民共和国中外合资经营企业法》

1979年10月，第五届全国人民代表大会第二次会议通过并公布了《中华人民共和国中外合资经营企业法》，以立法的形式确立了中外合资企业的合法性。该部法律没有规定外商（指外国和境外投资者）在一个中外合资项目中的投资比例的最高限额，但规定了不得低于25%的最低限额。并在随后的税法中规定，中外合资企业所得税率为30%，另加地方所得税3%，合计33%，低于中国国有、集体企业。这些规定体现了中国政府鼓励外商投资的宗旨，体现了中央政府改革开放的决心。中国政府通过"引进来"而强大国家的战略得以实施。

2. 第一家中外合资企业诞生

1980年5月1日，中国首家中外合资企业北京航空食品有限公司在国家工商行政管理局登记注册，由此揭开了中国发展外资企业的序幕。至此，外资企业这一当时中国人还不了解的新生事物开始在中国土地上发展。

二、创办经济特区

1979年4月，由邓小平提议，中央决定创办深圳、珠海、汕头、厦门4个经济特区。1980年8月，全国人大常委会完成了有关举办经济特区的立法程序，随后国务院批准了4个特区的地理位置和区域范围，特区建设正式进行。

1. 考察港澳地区及西欧各国

20多年间，香港创下了令人瞩目的经济奇迹。到1978年，与香港紧邻的深圳罗芳村人均年收入人民币513元，而几百米之外的香港效寮村，人均年收入7.8万港币，二者相差高达150多倍。

1978年新春伊始，国务院副总理谷牧根据中央的意图，委派国家计委和外经贸部，组织了港澳经济贸易考察组，赴香港、澳门进行实地考察，要求写出有根据、有开拓性见识的考察报告来。4月初，这个考察组抵达港澳，投入了紧张的调研工作。这是中国改革开放前夕，对资本主义阵地作的具有探索性的最早考察。

香港同胞告诉考察组的官员：香港一没有耕地，二没有原料资源，就是靠引进先进国家的设备和技术，很快获得了发展。大陆为什么不学香港？

5月初，由谷牧副总理率领的中国对外经济考察团飞往西欧。这个考察团的成员有轻工部的杨波、水电部的钱正英、农业部的张根生、计委的王全国、北京市的叶林等十余人。派出这样阵容庞大的经济考察团到西欧国家考察,这在新中国的对外经济发展史上并不多见。向世界走来的中国,自然引起了西方世界的关注。联邦德国、英国、法国、瑞士、丹麦、比利时等国家都以相当高的规格和礼仪,接待了中国政府高级官员组成的经济考察团。

考察团在西欧各国考察期间的所见所闻,给每个团员留下了极为深刻的印象,尤其是现代科学技术与现代经营管理方式带来的高效率和高速度,令考察团成员感触最深。

受谷牧委派的港澳经济考察团,在谷牧一行从西欧返回的前几天回到北京,并提交了《港澳经济考察报告》(以下简称《报告》)。《报告》反映了与西欧经济考察团同样的感受,字里行间溢满了改革开放的呼声,提出把靠近港澳的广东宝安、珠海划成出口基地,力争经过三五年的努力,把宝安等地建设成具有相当水平的对外生产基地、加工基地和吸引港澳游客的游览区。

6月3日,中共中央、国务院的主要领导人听取了考察组的汇报,并且作了指示:"总的同意",要求"说干就干,把它办起来"。

2. "杀出一条血路来"

1979年4月,在中共中央召开的各省、市、自治区党委第一书记及主管经济工作的负责人和中央党政军机关负责人参加的工作会议期间,邓小平对广东省第一书记、省长习仲勋,省委副书记、副省长杨尚昆说:"过去陕甘宁就是特区嘛。中央没有钱,你们自己去搞,杀出一条血路来!"

"杀出一条血路",措辞竟是如此冷峻雄浑!当苏联东欧国家出现严重危机,社会主义面临严重挑战之际,中国能否战胜暴风袭击,走出一条成功的路子?这需要探索,需要经验。改革开放需要一个排头兵。这个试验点和排头兵幸运地选中了与资本主义对峙前沿的深圳。

广东省只是提出对外开放、发挥广东优势的设想,而邓小平却高瞻远瞩,第一个提出了建立特区的思想。在这次中央工作会议期间,福建省也提出要搞对外开放,中央同意了两省的意见。

1979年7月15日,中共中央、国务院批转了广东、福建两省关于对外经济活动实行特殊政策和灵活措施的报告。后来又成立了国务院特区办公室。从最高决策层到具体运作的特区人都在为同一个目标而积极进取。

一场"杀出血路"的战斗,迅速在深圳打响。

3. 由点到线的开放格局

1983年4月，中共中央、国务院决定比照经济特区的某些政策实施于海南岛。1984年2月，邓小平视察了深圳、珠海、厦门3个经济特区。他说，经济特区是我倡议举办的，现在要来看看办得怎么样了。他指出："深圳特区的发展和经验作用，我们建立经济特区的政策是正确的。"回到北京后他又说："我们建立经济特区，实行开放政策，有个指导思想要明确，就是不是收，而是放。""除现在的特区之外，可以考虑再开放几个港口城市。"邓小平这些重要讲话，为中国对外开放迈出新的大步指明了方向。在此后4年中，中央、国务院又采取了新的开放的重要举措。1984年4月，决定开放沿海的天津、上海、大连、秦皇岛、烟台、青岛、连云港、南通、宁波、温州、福州、广州、湛江、北海14个港口城市，给予这些城市政策上的扶持。1985年2月，中央、国务院又决定将珠江三角洲、长江三角洲、闽南厦（门）漳（州）三角地区的61个市、县开辟为沿海开放城市的政策；在农业上为发展出口引进的优良种苗、生产机具免征进口关税和增值税；选择一些海岛和江心沙地开辟农业隔离试验区，引进良种、良畜进行试种试养项目，从获利年度起5年内豁免一切税收。1986年初，国务院进一步提出，特区的发展目标是建立以工业为主、工贸结合的外向型经济，要求特区从搞建设以工业为主打基础，转向抓住生产、上水平、求效益。并且根据经济特区发展的需要，在此之前已扩大珠海、汕头特区的面积，把厦门特区扩大到全岛（包括鼓浪屿）。1986年5月，国务院成立外国投资工作领导小组，作为统筹协调外商直接投资事务的机构，由国务委员谷牧任组长；同年10月公布了《国务院关于鼓励外商投资的规定》（共22条，简称"二十二条"）。这些新开放的地区，在不断出台的将吸收外资纳入法制化轨道的政策的激励下，成了中国外资经济发展的沃土。经济特区和开放城市较多的广东、福建两省面貌大变，经济增长速度超过了全国的平均水平。4个经济特区，1987年的工业产值比1983年增长3.79倍，达到107.68亿元；外贸出口增长8.89倍，达到21.26亿美元，出口大于进口，外汇平衡有余。14个沿海开放城市，1987年合计出口额比1983年增长78%。

中国利用外商直接投资的方式具有多样性，主要有中外合资、中外合作、外商独资、合作开放等4种，此外，还有补偿贸易、国际租赁、加工装配以及BOT等方式。

▶ 民营经济与中国现代化

中国这一时期利用外商直接投资逐年增加（其中1986年、1987年协议外资额有所下降，但实际利用外资额一直呈上升趋势）（参见表14-2），1984—1987年4年实际利用外资总额是1979—1983年实际利用外资总额的近4倍；外商投资企业的类型中，中外合资企业逐渐增长为所占比重最大的形式，同时外商独资企业所占的比重呈逐年上升趋势。其构成情况参见表14-3。

表14-2 1979—1987年中国利用外商直接投资情况

年 份	项目数	协议外资额（亿美元）	实际利用额（亿美元）
1979—1983	1392	77.42	18.02
1984	1856	26.51	12.58
1985	3073	59.32	16.61
1986	1498	28.34	18.74
1987	2233	37.09	23.14

资料来源：《中国统计年鉴（1996）》。

表14-3 中国1979—1987年外商投资企业构成情况　　　　单位：%

年 份	中外合资企业	中外合作企业	外商独资企业
1979—1983	1.72	7.59	0.83
1984	2.585	4.65	0.15
1985	5.82	5.85	0.13
1986	8.04	7.94	0.16
1987	14.86	6.20	0.25

资料来源：王克忠主编《非公有制经济论》，上海人民出版社2003年版，第60页。

注释：

① 《纪念党的十一届三中全会二十周年理论研讨会文集》第1册，学习出版社1999年版，第399页。

② 任杰、梁凌著：《中国政府与私人经济》，中华工商联合出版社2000年1月版，第309页。

③ 《邓小平文选》第3卷，第371页。

④ 任杰、梁凌著：《中国政府与私人经济》，中华工商联合出版社2000年1月版，第314页。

第十五章　中国所有制结构市场化改革成形过程

以1987年中共十三大政治报告和1988年全国人大七届一次会议通过的《中华人民共和国宪法修正案》为标志，中国所有制结构市场化基础基本奠定。又以此为开端，中国所有制结构市场化成型过程开始。中共十三大社会主义初级阶段理论的提出和中国处于社会主义初级阶段的确认，为从所有制结构上调整中国经济社会发展战略，大力发展民营经济，促成所有制结构市场化成型提供了理论和实践支持。中国所有制结构市场化成型过程至1997年中共十五大召开，确立"公有制为主体，多种经济成分共同发展是我国的基本经济制度"止，其间，邓小平1992年初的南方谈话和同年中共十四大提出的"社会主义市场经济体制建设是我国经济体制改革目标"具有制度创新的里程碑意义。

第一节　私营企业补充地位的确立与政治风波引起的私营经济大滑坡

1987年10月，中共十三大举行。以此为标志，中国所有制结构市场化成型过程开始。十三大提出的改革原则和模式，一个最大的特点，是认为"社会主义有计划商品经济的体制，应该是计划与市场内在统一的体制"，"计划和市场的作用范围都是覆盖全社会的"。

一、公有制为主体

中共十三大政治报告首次正式提出"公有制为主体"的原则，从"公有制为基本制度"，到"公有制为主体"，是中国共产党对所有制方面问题的认识取得的质的飞跃。

1. 十三大政治报告关于所有制的主要内容

1987年10月，中国共产党第十三次代表大会报告指出以下几点。第一，社会主义初级阶段的所有制结构应当以公有制为主体。公有制经济本身也有多种形式。除了全民所有制、集体所有制以外，还应当发展全民所有制和集体所有制联合建立的公有制企业，以及各地区、部门、企业相互参股等形式的公有制企业。第二，目前全民所有制以外的其他经济成分，不是发展得太多，而是还很不够。对于城乡合作经济、个体经济和私营经济，都要继续鼓励它们发展。私营经济是存在雇佣劳动关系的经济成分，但在社会主义条件下，它必然同占优势的公有制经济相联系，并受公有制经济的巨大影响。实践证明，私营经济一定程度的发展，有利于促进生产，活跃市场，扩大就业，更好地满足人民多方面的生活需求，是公有制经济必要的和有益的补充。必须尽快制定有关私营经济的政策和法律，保护它们的合法利益，加强对它们的引导、监督和管理。中外合资企业、合作经营企业和外商独资企业，也是中国社会主义经济必要的和有益的补充。应当切实保护国外投资者的合法利益，进一步改善投资环境。第三，在不同的经济领域、不同的地区，各种所有制经济所占的比重应当允许有所不同。第四，改革中出现的股份制形式，包括国家控股和部门、地区、企业间参股以及个人入股，是社会主义企业财产的一种组织形式，可以继续试行。一些小型全民所有制企业的产权，可以有偿转让给集团或个人。

2. "公有制为主体"的认识

由此，中国共产党第十三次代表大会正式提出了"公有制为主体"的原则，从"公有制为基本制度"到"公有制为主体"，是对所有制方面问题的认识取得的质的飞跃。"公有制为主体"的提出既是反对单一的公有制，又反对全面私有化。结合当时的历史背景我们就会发现，这次大会正式提出"公有制为主体"的原则时，还没有实行市场经济，因而有很强的针对性和鲜明的政治倾向。"公有制为主体"是作为"一大二公"的对立面提出的，其目的是纠正在所有制方面的错误认识，肯定当时已经蓬勃发展的私有制经济的地位和作用。"公有制为主体"的提出也奠定了以后中国共产党第十五次代表大会提出的"公有制为主体、多种所有制经济共同发展"的所有制结构的基础。[①]这次党的代表大会还确定私营经济是公有制经济必要的和有益的补充，自此，已经出现并发展的私营经济有了被承认的地位。同时确认公有制的多种存在形式，允许发展混合型企业，允许小型国有企业产权转让给私人，允许所有制结构在领域上和地区上的差别。

二、"私营经济是社会主义公有制经济的补充"

1988年4月12日,第七届全国人民代表大会第一次会议通过了中华人民共和国宪法修正案,在第一条中指出,宪法第十一条增加规定:"国家允许私营经济在法律规定的范围内存在和发展。私营经济是社会主义公有制经济的补充。国家保护私营经济的合法的权利和利益,对私营经济实行引导、监督和管理。"至此,以法律的形式确定了私营经济的合法地位。从法律上承认个体经济到法律上承认私营经济经历了7年多的历程,其间,充满探索与斗争。

1. 以宪法为依据,国务院相继颁布相应法规

1988年6月25日,国务院发布《中华人民共和国私营企业暂行条例》《中华人民共和国私营企业所得税暂行条例》和《国务院关于征收私营企业投资者个人收入所得税的规定》三项法规。从此,私营经济在我国社会主义所有制结构中有了自己明确的合法的地位,私营企业的发展和管理被纳入法制轨道,在国家法律保护和规定的范围内活动。

2. 首批私营企业取得营业执照

在沈阳,首批23户私营企业被确认合法地位领取了营业执照;在福州,30名私营企业业主组织了自己的组织——福州市私营企业家协会;在北京,"经济改革人才奖"颁奖,涂胜华等作为私营企业家的代表榜上有名,一时间引起社会各界轰动。

从此,私营企业开始登记注册,一批私营企业从个体大户、合作经营组织和集体企业中分离出来,从而有了有关私营企业的较为完整的数据资料。据1988年不完全统计,当年登记为私营企业的40601户,从业人员(包括投资者和雇工,下同)723782人。不过,对这类统计数字需要注意,它主要是从发展趋势上反映变化,而并不是事实的全部本身,如同冰山与冰峰的关系。比如,1987年温州全市大约有1万家私营企业,但领有私营企业执照的仅5家。河北省工商局统计,1987年全省私营企业有17294户,而邯郸地委的同志调查,该地区1985年的私营企业就有21930家。

三、私营经济大滑坡

1989年,中国发生政治风波。受此风波的影响,私营经济的发展出现大滑坡现象。资料统计,1990年仅仅几个月时间,全中国的个体户一下子就少

了300万家。②

1. 个体工商户和私营企业户数急剧下降

1989年，个体工商户和私营企业户数和从业人员急剧下降，到年底，全国登记的私营企业为9.06万户，投资者（私营企业业主）21万人，雇工142.6万人（户均15.74人）。1990年6月底，私营企业户数下降到8.8万户，是年底又回升到9.8万户，投资者22.4万人，雇工147.8万人（户均雇工15.08人），分别比上年增长8.3%、6.7%和3.7%。1991年底，私营企业为10.8万户，投资者24.14万人，雇工159.8万人（户均14.8人），分别比上年增长9.9%、7.8%和8.1%。

与私营经济紧密相连的个体经济出现更大幅度的摇摆。全国个体工商户总数和从业人员从1988年的1453万户和2305万人下降为1989年的1247万户和1941万人，个体工商户减少200多万户，减少360多万人，一年间下降幅度分别达到14.2%和15.8%。此后两年又缓慢回升，1990年又分别上升6.5%和7.8%，达到1328万户和2093万人；1991年又分别上升6.7%和7.9%，增加到1417万户和2258万人。一些地方减幅更大。湖南省1989年个体工商户总数和从业人员总数比上年分别减少29.6%和27.1%。

2. 个体、私营经济户数和从业人员减少的原因

一是政治原因。由于国际大气候的影响，1989年中国出现政治风波，西方资本主义国家借机对我国实行"经济制裁"，更加重我国困难。总结经验教训，我国正确地强调了全面贯彻党的基本路线，要坚持"两手抓"，反对资产阶级自由化。另一方面，极少数持"左"的观点的人借反对资产阶级自由化而大肆攻击改革开放，企图恢复"左"的路线。一时间内，在一些大报上，甚至出现了很有影响的论点：私营经济是"资产阶级自由化的经济基础""发展私营经济是搞私有化""私营企业主是制造动乱的中产阶级"，个体私营经济是西方对中国实行"和平演变"的土壤和温床，③等等，形成了很大的政治压力。种种排斥、打击私营业主的行动，也在全国各地层出不穷。

二是经济原因。从1984年下半年开始出现的经济过热问题未能有效控制，通货膨胀加剧，进而引发1988年下半年全国性抢购风潮。在严峻的经济形势下，同年9月十三届三中全会决定把1989年、1990年两年改革和建设的重点突出地放到治理经济环境和整顿经济秩序上来。此后这种整顿实际上用了三年。治理经济环境，主要是压缩社会总需求，抑制通货膨胀；整顿经

济生活中特别是流通领域中出现的混乱现象。这样银根紧缩,部分国有和集体企业处于停产半停产状态。私营企业对国有和集体企业有很大依附性,个体工商户和私营企业大多涉足流通领域,私营企业发展也遇到资金不足、原材料紧张、"三角债"等问题,从而发展受到很大影响,只有经济实力较强的才能站稳脚跟。

三是社会原因。苏联东欧的剧变,给干部群众带来很大震动。在宣传舆论方面,讲私营经济之弊的多了,讲私营经济之利的少了。一些地方和部门的领导担心发展私营经济会偏离社会主义方向,动摇公有制经济,因而搞土政策。在全国范围内开展的税收大检查中,一些地方出现对个体工商业、私营企业惩罚过重的现象,有的地区还抓错了一些人。有的地方"三乱"(乱收费、乱罚款、乱摊派)盛行,使个体工商户和私营企业主经济负担加重。另一方面,这一阶段"姓资姓社"的争论使一大批企业主迷惑彷徨,还有少数不法分子非法生产和经营假冒伪劣产品,使私营企业产品声名狼藉,迫使许多民营经济放慢发展步伐,有的不堪苛捐杂税,或停产停业,或转为个体户,或异地经营,或戴上"红帽子"。

种种因素使私营企业主对党的改革开放的政策产生新的疑虑,有的停产停业;有的变卖设备,减少雇工,缩小规模;有的则注销"私营企业",转为个体户,或挂靠集体等;有的关门卷款而逃。凡此等等,不一而足。这使1989年全国私人经济出现负增长。其结果是市场上的东西卖不出去,出现第一次"疲软",工厂也相继"疲软"。整个中国工业出现负增长。沈阳市有30%的工人无事可做。

值得注意的是,在此阶段,私营企业和个体工商户数量在下降、徘徊的同时,注册资本金却稳步上升,始终保持增长势头,只是增幅比此前要缓慢一些。全国私营企业1989年注册资金总额844776万元(户均注册资本金9.33万元),1990年注册资金总额951552万元(户均注册资本金9.7万元),1991年注册资金总额1231689万元(户均注册资本金11.4万元),三年间私营企业资本金总额的增幅分别为12.6%和29.4%,比户数、投资人数、雇工人数的增幅明显要大,同时,与户均雇工人数逐年下降相反,户均注册资本金增幅由1990年的4.0%增加到1991年的17.5%,增幅是上年的4倍。个体工商户同样如此:1989年、1990年、1991年三年,注册资金总额较上年的增幅分别为11.2%、14.4%和22.9%,由1988年的312亿元增加到1991

年的488亿元;同期产值增幅分别为8.3%、14.8%和21.8%,由1988年的516亿元增加到1991年的782亿元;同期消费品零售额增幅分别为12%、10.7%和20.2%,由1988年的1024亿元增加到1991年的1526亿元。与之相应,户均注册资本金由1988年的2147.3元增加到1989年的2782.7元,再到1990年的2989.5元,到1991年增加到3443.9元;户均产值和消费品零售额也都相应增大。这些充分表明总体上私营经济经受风浪的实力的增强。④

与此同时,这一阶段全国各地个体、私营经济户数下降徘徊并非等幅同步,有的下降幅度较大,有的下降幅度较小,有的徘徊时间较长,有的则为时短暂,还有地方则逆势而行,稳步增长。湖南省私营企业的户数和从业人数,在1988~1991年三年间降幅分别达16%和19.9%。同时,杭州市私营企业户数则由625户发展到1671户,升幅达167.7%。

还有一个不容忽视的事实是,打着集体企业招牌的私营企业仍然大量存在。据国家工商行政管理局1994年测算,全国乡镇企业中83%是私营企业,注册为集体所有制的私营企业比实际注册的私营企业多2倍以上。⑤

第二节 邓小平南方谈话和中共十四大

民营经济继续大滑坡的1992年初,邓小平发表了南方谈话。邓小平的南方谈话既是《邓小平文选》的压卷之作,又是邓小平理论的辉煌顶点。同年10月,中共第十四次全国代表大会做出了中国经济体制改革的目标是建立社会主义市场经济体制的决定。邓小平的南方谈话和中共十四大,在中国改革开放的历史进程中,具有里程碑式的重大意义。对于中国民营经济的大发展,具有决定性意义。即是"邓小平建设有中国特色社会主义理论走向成熟的集大成之作"。⑥

一、邓小平南方谈话与中国民营经济大发展

邓小平南方谈话,是围绕"什么是社会主义,怎样建设社会主义"这个根本问题进行并做出了石破天惊的新结论。邓小平关于市场经济和计划经济的论述;关于中国要警惕右,但主要是防止"左"的论述;关于社会主义本质的论述;关于三个"有利于"标准的论述,等等,冲破姓"资"姓"社"

的阴霾,澄清了长期围绕人们在计划与市场上的模糊认识,开启了新一轮思想大解放,为中国民营经济大发展开辟了道路。

1. "要警惕右,但主要是防止'左'"

对于当时中国的政治气候到底是右还是"左",邓小平尖锐地指出:"现在,有右的东西影响我们,也有'左'的东西影响我们。根深蒂固的还是'左'的东西。有些理论家、政治家,拿大帽子吓唬人的,不是右,而是'左'。'左'带有革命的色彩,好像越'左'越革命。'左'的东西在我们党的历史上可怕呀!一个好好的东西,一下子被它搞掉了。右可以葬送社会主义,'左'也可以葬送社会主义。中国要警惕右,但主要是防止'左'。右的东西有,动乱就是右的!'左'的东西也有,把改革开放说成是引进和发展资本主义,认为和平演变的主要危险来自经济领域,这些就是'左'。"⑦

邓小平特别强调的"认为和平演变的主要危险来自经济领域,这些就是'左'"的评判,对中国发展民营经济,无疑是一次思想大解放。

2. 社会主义本质理论

什么是社会主义,怎样建设社会主义?邓小平对此做出了科学探索与论断。1979年邓小平就指出,贫穷不是社会主义。1985年邓小平在会见外宾时指出:"社会主义究竟是个什么样子,苏联搞了很多年,也没有完全搞清楚。可能列宁的思路比较好,搞了个新经济政策,但是后来苏联的模式僵化了。"⑧沿着这个思路,邓小平在社会主义本质上进行了积极的探索和总结,将经济建设的思路引向了发展生产力上来。1984年,他在《建设有中国特色的社会主义》一文中指出:"我们讲社会主义是共产主义的初级阶段,共产主义的高级阶段要实行各尽所能、按需分配,这就要求社会主义生产力高度发展,社会物质财富极大丰富,所以社会主义初级阶段的最根本任务就是发展生产力。"⑨解放和发展生产力是邓小平经济思想的基本原则。依据中国当时生产力落后的状况,邓小平提出了三个"有利于"标准。1987年,他提出社会主义经济发展的收益人不是某部分人,它的最终成果是属于人民的,提出发展生产力的最终目的是达到共同富裕。

邓小平在这次南方谈话中高度概括了社会主义本质论:"社会主义本质,是解放生产力,发展生产力,消灭剥削,消除两极分化。最终达到共同富裕。"⑩邓小平认为坚持社会主义的根本原则是坚持两个方面,一是公有制占主体,一是共同富裕,点明了社会主义经济建设的所有制基础和发展的最终目标。

3. 计划与市场的理论

计划经济与市场经济的"姓氏"问题，自斯大林时期开始以来，就已经形成了铁的定论：计划经济等于社会主义，市场经济等于资本主义。而且，几十年来的世界社会主义运动中，在其经济体制方面，也从来都是按照苏联模式：各社会主义国家都把计划经济作为自己的经济体制。邓小平以马克思主义者的胆识和气魄对此作了革命性大突破——邓小平在南方谈话中指出："计划多一点还是市场多一点，不是社会主义与资本主义的本质区别。计划经济不等于社会主义，资本主义也有计划；市场经济不等于资本主义，社会主义也有市场。计划与市场都是经济手段。"⑪

邓小平的讲话，从根本上廓清了计划与市场的所谓"姓氏"问题。这在国际共运史上，是一次重大的理论突破。这为中共十四大做出中国经济体制改革的目标是建立社会主义市场经济体制的决定奠定了坚实的理论基础，为中国民营经济的大发展起到了决定性的根本作用。

4. 三个"有利于"标准的提出

邓小平在南方谈话中指出："改革开放迈不开步子，不敢闯"，"要害是姓'资'还是姓'社'的问题。判断的标准，应该主要看是否有利于社会主义的生产力，是否有利于增强社会主义国家的综合国力，是否有利于提高人民的生活水平。"⑫

"三个有利于"标准的提出，极大地解放了人们的思想，也极大地解放了生产力。一批百万富翁呼啦啦冒了出来。浙江省诸暨市店口镇9223户居民中，百万富翁上百家。广东阳江市2131户私营企业中，资产上百万的有28户，千万元的23户，亿元的1户。"官员下海潮"汹涌澎湃，全国"下海"经商的干部职工达22万人，其中有些投资开办私营企业。是年底，全国个体工商户突破了4年来徘徊局面，发展到1533.9万户，从业人员达2467.7万人，分别比上年增长8.3%和9.3%，绝对数超过了改革开放以来发展总量最高水平的1988年。私营企业发展更为迅速，全国登记注册的私营企业达13.96万户，从业人员达231.8万人，分别比上年增长29.5%和26.1%。个体与私营企业从业人员共2708.8万人，占社会劳动人数的4.5%；从事工业、建筑业、交通运输业的创产值1174.3亿元，占全国工业总产值的4.1%；商品零售额的18.1%；上缴国家税收203亿元，占全国工商税收的7.8%（《经济日报》，1993年2月25日）。同时，1992年底出口创汇型私营企业有 2230 家，出口创汇额达 95722 万元，分别比上年增长了 78.3% 和 77%（《中国民私营经济的发展》，第 139 页）。中国政府对私人经济的强大作用得到新的印证。

5. 扩大开放

邓小平明确指出："改革开放胆子要大一些……就是要用创造性。"⑬ 在邓小平南方谈话之后，1992 年 5 月 16 日，中共中央政治局会议通过了《中共中央关于加快改革，扩大开放，力争经济更好更快地上一个新台阶的意见》。这是中共中央为贯彻落实邓小平重要谈话精神而制定的第一个专题方案，作为当年中央第四号文件下发。关于进一步扩大对外开放，文件提出了一些具体措施：（1）开放长江中下游的芜湖、九江、黄石、武汉、岳阳、重庆 6 个沿江港口城市，执行沿海开放城市的有关政策。（2）开放吉林的珲春，黑龙江的绥芬河、黑河，内蒙古的满洲里、二连浩特，新疆的伊宁、塔城、博乐，云南的瑞丽、畹町、河口，广西的凭祥、东兴共 13 个陆地边境城市。（3）批准合肥、南昌、南宁、长沙、郑州、石家庄、太原、呼和浩特、长春、哈尔滨、西安、兰州、银川、西宁、乌鲁木齐、成都、昆明、贵阳等省会（自治区首府）为开放城市，执行沿海开放城市的政策。（4）批准大连、广州、青岛、张家港、宁波、福州、厦门、汕头、海口市举办保税区；批准营口、威海、温州、昆山、融侨、东山、哈尔滨、长春、沈阳、武汉、重庆、芜湖、杭州、番禺、南沙、萧山市举办经济技术开发区；批准 63 家外资（或中外合资）银行（或金融机构）在 5 个经济特区和上海、天津、大连、广州、宁波、青岛、南京 7 个城市经营外币业务；扩大外商投资领域，包括零售商业、交通运输、房地产、旅游业等。这些不断开放的城市成为外资发展的热土。

二、中共十四大与民营经济大发展

1992 年 10 月 12 日，中共十四次全国代表大会举行。其政治报告对中国经济建设做出了以"社会主义市场经济体制建设为中国经济体制改革目标"为主体的至少六个方面的重要决定。

第一，经济体制改革的目标，是在坚持公有制和按劳分配为主体、其他经济成分和分配方式为补充的基础上，建立和完善社会主义市场经济体制。

第二，社会主义要赢得同资本主义相比较的优势，必须大胆吸收和借鉴世界各国包括资本主义发达国家的一切反映现代社会化生产和商品经济一般规律的先进经营方式和管理方法。国外的资金、资源、技术、人才以及作为有益的补充的私营经济，都应当而且能够为社会主义所利用。

第三，社会主义市场经济体制是同社会主义基本制度结合在一起的。在所有制结构上，以公有制包括全民所有制和集体所有制经济为主体，个体经济、私营经济、外资经济为补充，多种经济成分长期共同发展，不同经济成分还可以自愿实行多种形式的联合经营。国有企业、集体企业和其他企业都进入市场，通过平等竞争发挥国有企业的主导作用。

第四，转变国有企业特别是大型企业的经营机构，把企业推向市场，增强它们的活力，提高它们的素质。这是建立社会主义市场经济体制的中心环节，是巩固社会主义制度和发挥社会主义优越性的关键所在。通过理顺产权关系，实行政企分开，落实企业自主权，使企业真正成为自主经营、自负盈亏、自我发展、自我约束的法人实体和市场竞争的主体，并承担国有资产保值增值的责任。当前实行的经营承包制应当进一步完善。股份制有利于促进政企分开、转换企业经营机制和积聚社会资金，要积极试点，总结经验，抓紧制定和落实有关法规，使之有秩序地健康发展。鼓励有条件的企业联合、兼并，合理组建企业集团。国有小型企业，有些可以出租或出售给集体或个人经营。

第五，利用外资的领域要拓宽。采取更加灵活的方式，继续完善投资环境，为外商投资经营提供更方便的条件和更充分的法律保障。按照产业政策，积极吸引外商投资，引导外资主要投向基础设施、基础产业和企业的技术改造，投向资金、技术密集型产业，适当投向金融、商业、旅游、房地产等领域。经济技术开发区和高新技术产业开发区的建设，要合理布局，认真办好。

第六，在分配制度上，以按劳分配为主体，其他分配方式为补充，兼顾效率与公平。

社会主义市场经济体制改革目标的确立，使我国改革开放和现代化建设进入加快发展的新阶段，为私人经济发展创造了更为宽松的环境，消除了许多人为的障碍，私营经济取得同国有、集体经济平等竞争、共同发展的地位。从此，中国私人经济进入高速发展的新阶段。[14]

第三节　中国所有制结构市场化成形速度加快

邓小平南方谈话和中共十四大关于社会主义市场经济体制改革目标的确立，在中国经济发展史上，具有划时代的里程碑意义。其最直接、最显著的作用，则是大大加快了中国所有制结构市场化成型过程的速度。中共十四大之后到中共十五大之间，中央政府又陆续出台了一系列有利于中国所有制结构加快市场化进程的政策。而这一时期，中国的民营经济则获得了较快较好的发展。

一、公有制为主体的多种经济成分共同发展格局的形成

中共十四大至中共十五大前夕的五年间，中共中央和中央政府一系列政策出台，在加快推进中国所有制结构市场化进程的同时，逐渐形成了公有制为主体的多种经济成分共同发展的所有制格局。

1. 宪法修正案确认"全民所有制经济是国民经济中的主导力量"

1993年3月29日，第八届全国人民代表大会第一次会议通过了《中华人民共和国宪法修正案》，在第五条中指出，宪法第七条："国营经济是社会主义全民所有制经济，是国民经济中的主导力量。国家保障国营经济的巩固发展。"修改为："国有经济，即社会主义全民所有制经济，是国民经济中的主导力量。国家保障国有经济的巩固和发展。"在第六条中指出，宪法第八条第一款："农村人民公社、农业生产合作社和其他生产、供销、信用、消费等各种形式的合作经济，是社会主义劳动群众集体所有制经济。参加农村集体经济组织的劳动者，有权在法律规定的范围内经营自留地、自留山、家庭副业和饲养自留畜。"修改为"农村中的家庭联产承包为主的责任制和生产、供销、信用、消费等各种形式的合作经济，是社会主义劳动群众集体所有制的经济。参加农村集体经济组织的劳动者，有权在法律规定的范围内经营自留地、自留山、家庭副业和饲养自留畜"。

2. 允许土地的使用权依法有偿转让

1993年11月5日，《中共中央、国务院关于当前农业和农村经济发展的若干政策措施》指出：以家庭联产承包为主的责任制和统分结合的双层经营

体制，是中国农村经济的一项基本制度，要长期稳定，并不断完善。为了稳定土地承包关系，鼓励农民增加投入，提高土地的生产率，在原定的耕地承包期到期之后，再延长30年不变。开垦荒地、营造林地、治沙改土等从事开发性生产的，承包期可以更长。为避免承包耕地的频繁变动，防止耕地经营规模不断被细分，提倡在承包期内实行"增人不增地、减人不减地"的办法。在坚持土地集体所有和不改变土地用途的前提下，经发包方同意，允许土地的使用权依法有偿转让。少数第二、第三产业比较发达，大部分劳动力转向非农产业并有稳定收入的地方，可以从实际出发，尊重农民的意愿，对承包土地做必要的调整，实行适度的规模经营。乡镇企业是农村经济的重要支柱和国民经济的重要力量，对于今后转移农村剩余劳动力、保障农业稳定发展、增加农民收入、繁荣农村经济和加速农村现代化，将发挥越来越大的作用。要通过发展股份制，优化结构，提高效益。要围绕乡镇企业的技术进步，继续组织实施"星火计划"，大力开发应用先进实用技术和高新技术成果，不断提高企业素质。积极支持外向型企业发展，比照对国有企业的有关规定，让更多的乡镇企业享有自带进出口权，直接参与国际市场竞争。

3.《中共中央关于建设社会主义市场经济体制若干问题的决定》

1993年11月14日，中国共产党第十四届中央委员会第三次全体会议通过了《中共中央关于建立社会主义市场经济体制若干问题的决定》（以下简称《决定》）。《决定》指出以下几点。第一，中国经济体制发生了巨大变化。以公有制为主体的多种经济成分共同发展的格局初步形成。坚持以公有制为主体、多种经济成分共同发展的方针。在积极促进国有经济和集体经济发展的同时，鼓励个体、私营、外资经济发展，并依法加强管理。随着产权的流动和重组，财产混合所有的经济单位越来越多，将会形成新的财产所有结构。第二，就全国来说，公有制在国民经济中应占主体地位，有的地方、有的产业可以有所差别。公有制的主体地位主要体现在国家和集体所有的资产在社会总资产中占优势，国有经济控制国民经济命脉及其对经济发展的主导作用等方面。公有制经济特别是国有经济，要积极参与市场竞争，在市场竞争中壮大和发展。第三，国家要为各种所有制经济平等参与市场竞争创造条件，对各种企业一视同仁。现有城镇集体企业，也要理顺产权关系，区别不同情况可改组为股份合作制企业或合伙企业。有条件的也可以组建为有限责任公司。少数规模大、效益好的，也可以组建为股份有限公司或企业集团。

4. 要积极扶持股份合作制经济

1994年4月10日，《中共中央、国务院关于1994年农业和农村工作的意见》指出：股份合作制目前在农村已相当普遍，正在引起农村经济组织形式和经营方式的创新，应给予高度重视。要积极扶持，正确引导，总结经验，逐步规范。有些将农村的股份合作制经济肯定下来，也是认识上的一大前进。至此，城乡"集体经济"或"合作经济"中有了两种不同的情况，一种是集体所有制的集体经济，一种是以私人产权为基础的集体经济。

二、民营经济快速发展

1. 个体经济

1979年城镇个体工商业者恢复到31.1万人，1980年发展到80.6万人，从1981年开始，城乡个体经济迅速增长，从业人员上升到227.4万人，1984年达1303.1万人，1988年达2304.9万人，1994年为3775.9万人，1997年猛增至5441.85万人。详见表15-1。

表15-1　1993—1997年中国个体工商户发展情况

年份	户数情况		从业人员		注册资金		产值		消费品零售额	
	户数（万户）	比上年增长（%）	人数（万人）	比上年增长（%）	金额（亿元）	比上年增长（%）	金额（亿元）	比上年增长（%）	金额（亿元）	比上年增长（%）
1993	1767	15.2	2939	19.1	855	42.3	1387	49.8	2710	45.6
1994	2187	23.8	3776	28.5	1319	54.3	1638	18.1	4211	55.4
1995	2528	15.6	4614	22.2	1813	37.5	2791	70.4	5355	27.2
1996	2704	7.0	5017	8.7	2165	19.4	3539	26.8	6706	25.2
1997	2581	5.4	5442	8.5	2573	18.8	4553	28.7	8047	20.4

资料来源：全国工商联网站 http://www.acfic.org.cn/。

2. 私营企业

私营企业的户数由1993年的23.8万户增长到1997年的96.1万户；从业人员由1993年的373万人增长到1997年的1349万人；注册资本总额由1993年的681.0亿元增长到1997年的5140.1亿元。详见表15-2。

表 15-2　1993—1997 年私营经济发展状况（注册登记）

年度	户数		从业人员		注册资本金额（亿元）		总产值（亿元）	
	绝对数（户）	比去年增长（％）	绝对数（万人）	比去年增长（％）	绝对数	比去年增长（％）	绝对数	比去年增长（％）
1993	237919	70.39	373	60.8	681.0	208.1	421.7	105.9
1994	432240	81.66	648	73.7	1447.8	112.6	1154	170.1
1995	654531	51.42	956	47.5	2621.7	81.1	2295.2	101.3
1996	819252	25.2	1171	22.5	3752.4	43.1	3226.6	40.6
1997	960726	17.3	1349	15.2	5140.1	37	3922.5	21.6

资料来源：国家工商行政管理局统计资料。

3. 外商及港澳台投资经济迅猛发展

在对外开放基本国策的推动下，外商及港澳台投资经济获得了迅猛的发展，到 1997 年中国已成为世界上仅次于美国的第二大外资利用国。外商投资包括三种形式：间接投资（主要通过外国政府、国际金融机构及外国商业银行的贷款与对外发行债券等方式）、直接投资（主要通过建立中外合资、中外合作、外商独资或股份制企业等方式）、外商其他投资（主要通过对外发行股票、国际租赁、"三来一补"贸易等方式）。我们这里所讲的主要是指外商直接投资。1992—1997 年为高速增长阶段。利用外商直接投资额 1992 年即达到 110.07 亿美元，1993 年又猛增至 275.15 亿美元，1994 年达 337.67 亿美元，1996 年再创新高，达 417.25 亿美元，1997 年，中国境内的外商直接投资企业达 23.57 万户，注册资本 4598.14 亿美元。外商投资经济固定资产投资占全社会固定资产投资的比重为 10.5％，其工业总产值占全部国有及规模以上非国有工业企业总产值的 24.7％，其工业增加值占总额的 20.9％，其进出口商品总额占全国进出口总额的 48.7％。详见表 15-3。

表 15-3　1993—1997 年中国利用外商直接投资情况

年份	项目数	协议外资额（亿美元）	实际利用外资额（亿美元）
1993	83437	1114.36	275.15
1994	47548	826.80	337.67
1995	37011	912.82	375.21
1996	24529	732.13	417.25
1997	21001	510.03	452.57

资料来源：《中国统计年鉴（1998）》。

在外商投资企业类型方面，合资经营企业、合作经营企业、外商独资企业3种类型都保持增长趋势，合资经营企业增速较慢，在3种类型企业中所占比重呈下降趋势；合作经营企业和外商独资企业增速较快，在3种类型企业中所占比重呈上升趋势；其中外商独资企业增速最快，由1993年的65.06亿美元，增长到1997年的161.88亿美元，增长了2倍左右，在3种类型企业中所占比重不断提高。参见表15-4。

表15-4 1993—1997年中国外商投资企业构成情况

单位：亿美元

年　份	合资经营企业	合作经营企业	外商独资企业
1993	153.48	52.37	65.06
1994	179.33	71.20	80.36
1995	190.78	75.36	103.17
1996	207.55	81.09	126.06
1997	194.95	89.30	161.88

资料来源：王克忠主编《非公有制经济论》，上海人民出版社2003年版，第61页。

4. 乡镇企业拉动集体经济异军突起

1978年中共十一届三中全会提出："社队企业要有个大发展。"从此以后，农村家庭分散经营与集体统一经营相结合的双重经营体制，逐渐代替了人民公社体制；农民办企业的情况发生了很大的变化，原来单一的社队集体企业变成了多种经济成分的乡镇企业。一方面，人民公社撤销后，社队企业改成乡（镇）办和村办集体企业；另一方面，家庭联产承包责任制推广后劳动力剩余问题凸显出来，部分农民从种养业中游离出来兴办个体企业、"联户企业"与私营雇工企业。在农村中，原来集体所有制经济一统天下的局面被打破。根据这种情况，从1984年开始，中央同意农牧渔业部的意见，将农民所办的企业统称为乡镇企业。同"社队企业"不同，社队企业只包括社办和队办集体企业，而乡镇企业则成为农民兴办的多种经济成分的企业的总称。20世纪80年代，特别是1984—1988年间，中国乡镇企业异军突起。1983年，社队企业户数为134.6万个，从业人员3234.6万人；1984—1988年这5年间，全国乡镇企业的从业人数平均增长24.2%，到1988年达到9545万人，其产值年均增长47.4%，到1988直达7000多亿元，占农村社会总产值的56%；到1995年，全国乡镇企业总数达到651.8万户，比1985年增加了190.9万户，增长41.42%，从业人员达7300.5万人，比1985年增加3512.5

万人，占同期工业从业人员增长总量的66.4%，总产值达3.89万亿元，比1985年增长12.5倍，平均每年以30%的速度递增。由于乡镇集体经济的高速增长，尽管城镇集体经济所占的比重有所下降，但城市和乡镇集体经济之和的比重却有大幅度的提高，其工业产值在全国工业总产值中所占的比重，从1985年的32.1%上升到1995年的36.6%，超过了同期国有经济34%的比重。至1999年，乡镇企业从业人员达到12704万人，城镇集体经济从业人员1712万人，共计14416万人，占同期全社会从业总人数的20.42%，其工业产值达44607亿元，占全国工业总产值的35.4%。

三、中国所有制结构市场化成形速度加快

因为民营经济的快速发展，中国所有制结构市场化成型速度大大加快，并呈现出具有中国特色的显著特点。

1. 各具特色的地区所有制结构

由于中国各个地区的社会经济发展水平存在着很大的差异，也由于在20世纪80年代中国实行的是向东南沿海地区倾斜的非均衡发展战略，中国形成了各具特色的地区所有制结构，主要体现为东部、中部与西部地区所有制的差异。这可以通过三个指标加以反映：一是国有经济在不同地区工业总产值中所占的比重。这一比重，东南沿海地区（10省市）1985年为59.63%，1990年降为44.81%，1999年再降为33.94%；中部地区（9个省市）1985年为68.51%，1990年为61.73%，1999年为68.47%；西部地区（8个省市）1985年为73.08%，1990年为78.09%，1999年为63.61%。当东部地区国有经济在当地工业总产值中的比重下降近26个百分点时，中部地区的这一比重基本上维持不变，西部地区的这一比重下降了近10个百分点，但国有经济在数量上仍占绝对的优势。二是个体经济与私营经济的发展速度与规模。至1997年底，东部地区的个体工商户为1265.14万户，从业人员2398.22万人，注册资金1300.51亿元。中部地区为1102.17万户，从业人员2246.21万人，注册资金952.45亿元。西部地区仅有483.55万户，从业人员797.42万人，注册资金321.03亿元。私营企业的地区分布也极不平衡。参见表15-5与表15-6。

表 15-5　1997 年东、中、西部地区个体工商户、人、资比较

	户数（万户）	从业人员数（万人）	注册资金（亿元）
东部地区	1265.14	2398.22	1300.51
中部地区	1102.17	2246.21	952.45
西部地区	483.55	797.42	321.03

资料来源：《工商行政管理》，1998 年第 7 期。

表 15-6　1997 年东、中、西部地区的私营企业分布

	企业户数（万户）	比上年增长（%）	占总户数（%）
东部地区	62.11	15.03	64.65
中部地区	22.49	19.78	23.41
西部地区	11.47	25.33	11.94

资料来源：根据国家工商行政管理局统计资料整理。

2. 国有经济在各地区所有制结构中所占地位呈现显著差异

反映不同区域所有制结构最重要的指标是国有经济在其社会经济中所占的地位。如果将国有经济比重超过 50% 看作占绝对优势的话，那么，西部地区国有经济占有绝对优势，中部地区以国有经济为主，东部地区则以集体经济为主。按 1997 年的统计数据，国有经济占绝对优势的省份有：吉林、黑龙江、贵州、云南、西藏、陕西、甘肃、青海、宁夏、新疆；以国有经济为主的省份有：北京、内蒙古、江西、重庆。这些省市基本上属于中西部地区。以集体经济为主的省份有：山西、河北、江苏、安徽、山东、河南、湖北、湖南、天津。这些省市都属于东部沿海地区与中部地区，其中江苏省集体经济所占比重高达 54.07%；以其他经济类型为主的省份有：上海、福建、广东、浙江、海南，全部属于东部沿海地区。这些地区经济的一个明显特点就是外资企业占有很大的份额。以乡及乡以上工业为例，上海、福建、广东、海南的外商投资及港澳台投资经营的比重分别为 39.3%、54.4%、56.1% 和 24.7%。浙江省国有经济的比重仅为 9.41%，个体经济和其他经济所占比重则高达 49.87%。[15] 详见表 15-7。

表 15-7　1997 年我国各所有制工业与占各地区工业总产值比重（%）

地　区	国有经济	非国有经济	集体经济	个体经济	其他经济
北　京	49.41	50.59	18.75	1.36	30.38
天　津	22.44	77.56	38.98	8.64	29.93
河　北	23.20	76.80	44.80	22.82	9.07

续表

地 区	国有经济	非国有经济	集体经济	个体经济	其他经济
山 西	31.99	68.01	37.12	26.77	4.12
内蒙古	43.22	56.78	21.86	25.52	9.40
辽 宁	31.15	68.85	21.86	25.52	9.41
吉 林	59.49	40.51	19.12	9.34	12.04
黑龙江	54.31	45.69	25.95	11.48	8.26
上 海	29.17	70.83	23.51	3.50	43.81
江 苏	17.65	82.35	54.07	10.20	18.08
浙 江	9.41	90.59	40.71	38.27	11.60
安 徽	19.83	80.17	45.66	18.03	16.47
福 建	11.24	88.76	37.92	16.23	34.59
江 西	40.98	59.02	35.60	16.64	6.73
山 东	25.17	74.83	48.77	12.31	13.75
河 南	27.61	72.39	47.02	15.72	9.64
湖 北	24.13	75.87	46.05	19.74	10.07
湖 南	24.78	75.22	33.36	36.91	4.93
广 东	12.65	87.35	32.69	11.94	42.72
广 西	27.91	72.09	30.32	32.58	9.18
海 南	35.27	64.73	8.29	15.86	40.59
重 庆	40.89	59.11	24.84	19.61	14.66
四 川	33.42	66.58	31.52	21.25	13.81
贵 州	55.96	44.04	19.08	16.30	8.64
云 南	54.49	45.51	23.91	13.35	8.25
西 藏	66.32	33.68	16.92	4.76	11.99
陕 西	51.21	48.79	27.67	8.01	13.11
甘 肃	54.13	45.87	25.22	12.59	8.06
青 海	72.82	27.18	14.70	6.05	6.42
宁 夏	59.17	40.83	13.47	8.95	18.41
新 疆	75.27	24.73	12.90	5.98	5.85
全 国	25.52	74.48	38.11	17.91	18.45

资料来源：根据《中国统计年鉴（1998）》第434、435页的相关数据计算，转引自沈坤荣《改革二十年我国所有制结构变动对产业结构变动的影响分析》，载《管理世界》1999年第2期。

3. 出现各具特色的经济发展模式

此外，各个地区根据自己的实际情况，因地制宜，选择自己的经济发展道路，从而形成了各具特色的经济发展模式，如农村新型合作经济发展过程中出现了安徽模式、山东模式、河南模式等。农村乡镇企业发展过程中则涌现了苏南模式、温州模式、东莞模式。中小型国有企业改革过程中出现了山东潍坊模式、山东诸城模式、河南商丘模式、四川射洪模式等。

4. 出现了不同产权相结合的混合所有制结构

社会宏观所有制结构的变化也引起了企业内部微观所有权结构的变化。由于市场调节的范围不断扩大，投资渠道、投资方式、投资领域不断放开，由单一经济成分经营的企业或经营组织由不同的经济成分合资或合作组成，如各种形式的联营企业，中外合资、合作经营企业、股份制企业等。这类企业的共同特征是，各方投入及其经营管理融为一体，根据投入的比例分配权益和分担风险。因此，从企业的财产关系来看，资产的所有权已由单一变为多元，形成混合所有制的格局。混合所有制经济的发展主要表现在以下四个方面。一是在农村经济发展中，产生了大量的公有财产和农户私有财产共同使用、共同受益的合作经济。合作经济的形式又多种多样，如乡（镇）村全民或集体企业吸收农户入股，乡（镇）村集体和农户集资，乡（镇）村集体企业与农户私营企业合资或合作经营，乡村与国有企业联营等。二是随着对外开放，中外合资、合作经营企业迅速发展，并且，在沿海地区乡镇企业与外商合资、合作联办企业的发展势头很快。三是股份制企业迅速发展。股份制作为一种企业组织形式，能够较好地兼容和保障不同投资主体的权益。因此，由不同经济成分集资入股组建，或由国有企业吸收其他经济成分法人入股以及向社会发行股票改组设立有限责任公司、股份有限公司，就成为比较规范的混合所有制形式。特别是大量的国有企业、乡镇企业与私营企业或者被改制为股份有限公司，或者转为股份合作制，为混合所有制经济的发展提供了广阔的空间。四是在实行促进企业横向联合，鼓励跨地区、跨部门、跨所有制的经济协作，发展企业集团等一系列政策的过程中，出现了大量全民所有制与集体、全民与私营、集体与私营的联合企业，以及以国有企业为核心层，紧密层中包括集体企业的企业集团，或以集体企业为核心层，紧密层中包括全民企业的企业集团。各种联营企业的组织形式也不尽相同，有的采取合资公司体制，有的采取合作合伙体制。虽然中国目前尚缺乏反映混合所有制情况的专门统计，但据有关部门测算，在工业经济统计资料中"其他经济类型"一栏下计入的工业产值，有90%以上是混合所有制经济创造的。按此口径计算，1980年混合所有制经济的工业总产值仅占全部工业总产值的0.47%，1990年为942.8亿元，占全部工业产值的3.94%，1995年为

13707.9亿元，占14.0%，1999年达29665.8亿元，占23.5%。此外，在统计中，城乡合作经济的工业产值被计入集体经济，但其中有一部分实际上是属于混合经济的。

综上所述，1979—1999年间，中国所有制结构发生了根本性的变化，公有制的比重有所下降，非公有制从无到有，快速增长，其比重不断上升；在公有制内部，国有制比重有所下降，以乡镇为代表的集体经济的比重迅速上升，形成了多种所有制形式同时并存、共同发展的局面；各种所有制内部经营方式趋向多元化，出现了不同产权相结合的混合所有制形式；各个地区因地制宜，实施制度创新，形成了各具特色的区域所有制结构，从而使多元化立体复合型的所有制结构得以基本形成。我们可以从各种所有制形式在国内生产总值、工业总产值、全社会固定资产投资额、从业总人数中所占的比重，进一步考察所有制结构变动的轨迹。详见表15-8、表15-9、表15-10、表15-11。[16]

表15-8 不同所有制经济形式在国内生产总值中所占比重（%）

年 份	国有经济	集体经济	非公有制经济
1978	56	43	1
1991	46	46	8
1993	42.9	44.8	12.3
1994	40.8	35.2	24

资料来源：根据国家工商行政管理局有关统计资料整理得出。

表15-9 不同所有制经济形式的工业产值及其指数

年 份	工业总产值	国有及国有控股企业	集体企业	个体企业	其他经济类型企业
一、绝对值（亿元）					
1978	4237	3289	948		
1980	5154	3916	1213	1	24
1985	9716	6302	3117	180	117
1990	23924	13064	8523	1290	1047
1995	91895	31220	33623	11821	15231
二、指数（上年=100）					
1978	113.55	114.44	110.58		
1979	108.81	108.88	108.57		
1980	109.27	105.61	119.24		

续表

年　份	工业总产值	国有及国有控股企业	集体企业	个体企业	其他经济类型企业
1981	104.29	102.53	109.01	234.57	131.61
1982	107.82	107.05	109.54	178.95	127.73
1983	111.19	109.39	115.53	220.59	133.90
1984	116.28	108.92	134.85	197.47	156.81
1985	121.39	112.94	132.69	189.60	139.54
1986	111.67	106.18	117.97	167.57	134.16
1987	117.69	111.30	123.24	156.59	166.39
1988	120.79	112.61	128.16	147.34	161.53
1989	108.54	103.86	110.48	123.77	142.68
1990	107.76	102.96	109.02	121.11	139.33
1991	114.77	108.62	118.40	125.29	150.11
1992	124.70	112.40	133.30	147.00	164.80
1993	127.30	105.70	135.00	166.20	192.50
1994	124.20	106.50	124.90	156.30	174.30
1995	120.30	108.20	115.20	151.50	137.20
1996	116.59	105.13	120.88	120.00	123.77
1997	113.10	101.03	110.21	115.38	130.18

资料来源：根据《中国统计年鉴（1986）》《中国统计年鉴（1996）》与《中国统计年鉴（2000）》的相关数据整理得出。

表15-10　不同所有制经济形式从业人数的对比

单位：万人

年　份	国有经济	集体经济	个体与私营经济	外商及港澳台投资经济	混合所有制经济	其他经济
1978	7451	4875	15			
1980	8019	5425	81			
1985	8990	10303	450	6	38	
1990	10346	12814	2275	66	96	2
1995	11261	16009	5570	513	370	11
1999	8572	14416	8262	612	1213	

注：集体经济*包括城镇集体经济与乡镇集体企业，混合所有制经济*包括联营经济、股份制经济与股份合作经济。

表 15-11 不同所有制经济形式的固定资产投资额及其在
全社会固定资产投资总额中所占的比重

年份	总计	国有经济	集体经济	个体经济	其他经济
一、投资额（亿元）					
1980	910.9	745.9	46.0	119.0	
1985	2543.2	1680.2	327.5	535.2	
1990	4517.0	2986.3	529.5	1001.2	
1995	20019.3	10898.2	3289.4	2560.2	3271.5
1999	29854.7	15947.8	4338.6	4195.7	5372.7
二、比重（%）					
1980	100	81.9	5.0	13.1	
1985	100	66.1	12.9	21.0	
1990	100	66.1	11.7	22.2	
1995	100	54.4	16.4	12.8	16.4
1999	100	53.4	14.5	14.1	18

资料来源：根据《中国统计年鉴（1986）》《中国统计年鉴（1996）》与《中国统计年鉴（2000）》的相关数据整理得出。

注释：

① 苏东斌主编：《制度人假设》，社会科学文献出版社 2007 年版，第 352 页。

② 凌志军、马立诚著：《呼喊》，广州出版社 1999 年版，第 156 页。

③ 同上注，第 321 页。

④ 任杰、梁凌著：《中国政府与私人经济》，中华工商联合出版社 2000 年版，第 323 页。

⑤ 同上注，第 324 页。

⑥ 凌志军、马立诚著：《呼喊》，广州出版社 1999 年版，第 167 页。

⑦ 《邓小平文选》第三卷，第 375 页。

⑧ 同上注，第 139 页。

⑨ 同上注，第 63 页。

⑩ 同上注，第 373 页。

⑪ 同上注，第 373 页。

⑫ 同上注，第 372 页。

⑬同上注，第372页。

⑭根据国家工商行政管理局相关年份的统计资料整理。

⑮沈坤荣著：《改革二十年我国所有制结构变动对产业结构变动的影响分析》，载《管理世界》1999年第2期。

⑯张亚斌著：《中国所有制结构与产业结构的耦合研究》，人民出版社2001年版，第118页。

第十六章　中国所有制结构市场化改革基本成形

1997年9月，中共十五大明确确认：公有制为主体，多种所有制经济共同发展，是中国社会主义初级阶段的一项基本经济制度。同时确认非公有制经济是中国经济的"重要组成部分"。以此为标志，中国所有制结构市场化改革经历其基础奠定阶段和成型过程阶段的艰巨拼搏，到此已基本成形。中国所有制结构市场化改革基本成型既是中国经济体制改革，又是中国政治体制改革和社会改革的重要组成部分。其基本成型，反过来又将有力推动中国经济建设、政治建设、文化建设与社会建设。

第一节　中国基本经济制度的确立

中共十五大将中国经济制度确认为，"公有制为主体，多种所有制经济共同发展，是中国社会主义初级阶段的一项基本经济制度"，并明确指出："继续调整和完善所有制结构，进一步解放和发展生产力，是经济体制改革的重大任务"，既是对党的十一届三中全会以来我国进行经济体制改革的充分肯定，又是对进一步深化经济体制改革，调整和完善所有制结构的战略性部署，意义十分重大。

一、中共十五大政治报告关于经济体制改革的主要内容

1. 伟大的制度创新

中国社会主义初级阶段基本经济制度的提出和确认，是一项伟大的制度创新。公有制为主体，多种所有制经济共同发展，是中国社会主义初级阶段的一项基本经济制度的确认，是将此前"公有制为主体、多种所有制共同发展"的方针，升华为我国的一项基本经济制度，是对中国所有制结构市场化改革历史和现状的充分肯定。十五大报告在全面论述中国社会主义初级阶段的基本路线和基本纲领时指出：社会主义初级阶段的经济基础是由不同层次、不同形式的公有制和公有制以外的多种所有制构成的，是一种混合的经济结

构。这种所有制结构不是人们臆想和人为打造的，而是中国处于社会主义初级阶段的基本国情所决定的；也是由中国经济社会发展顺应世界经济全球化的历史潮流所决定的；同时也是由中国经济社会发展战略所决定的。这三个方面的"决定"表明，这种所有制结构将在一个相当长的历史时期内保持稳定。中国的社会主义初级阶段有多长，这个历史时期就有多长（十五大政治报告所指出的，社会主义初级阶段有"几代人、十几代人，甚至几十代人"也就是说至少有一百年这么长）。至于社会主义在中国建成，也仍有个需要继续巩固和发展社会主义制度的时间，还需几代人、十几代人，甚至几十代中国人民坚持不懈的努力奋斗。基本经济制度的确认，也全面贯彻了"三个有利于"标准。政治报告指出，一切符合"三个有利于"的所有制形式，都可以而且应该用来为社会主义服务。

基本经济制度的确认，同时还表明：经党的全国代表大会确认的这一基本经济制度，是一件十分严肃、慎重的重大确认。基本经济制度的提法，在我国制度建设上还是第一次。这也是结合中国经济社会发展实际，"面向世界，面向现代化，面向未来"的制度创新。是马克思主义中国化的具体表现，是对马克思主义的发展，同时，也是对理论界极个别理论家攻击、诋毁非公有制经济的最权威、最严肃的批评与批判，是对"左"派的当头棒喝。

2. 理性把握与充分肯定

"非公有制经济是我国社会主义市场经济的重要组成部分"的提出与确认，是对中国非公有制经济与社会主义现代化建设关系地位和作用的理性把握和充分肯定。这表明，非公有制经济不再是可有可无、可多可少的"补充"和"陪衬"。其"主要组成部分"说明，对于建设强大的社会主义国家，实现中国特色的社会主义强国不可能没有非公有制经济——改革开放以来，非公有制经济的发展和辉煌业绩已经无可辩驳地证明了这一点。我国当前社会的主要矛盾是广大人民群众日益增长的物质文化需要同落后的社会生产之间的矛盾。这个主要矛盾贯穿于社会主义初级阶段的整个过程和社会生活的各个方面。这就决定了我们的根本任务是解放和发展生产力。而非公有制经济在我国产生和发展的历程已经充分说明，它有利于社会主义生产力的解放与发展，有利于社会主义中国综合国力的提高，有利于广大中国人民生活水平和生活质量的提高。非公有制经济的生命力在于市场，而市场经济体制内又不可能没有非公有制经济。因此，二者相得益彰，互相支撑。确定非公有制经济在我国社会主义经济的重要地位和作用,就更有利于建设和发展社会主义市场经济体制,更有利于解放和发展社会主义生产力。

3. 坚持和完善社会主义市场经济体制

必须坚持和完善社会主义市场经济体制,使市场在国家宏观调控下对资源配置起基础性作用。建立社会主义市场经济体制是一项开创性的伟大事业,是一项艰巨而又复杂的社会系统工程。十五大提出,要建立完善的社会主义市场经济体制,以加快和加深中国生产力的解放和发展。这是因为,实践证明,社会主义市场经济体制适应现代商品经济的发展,有利于资源的优化配置;社会主义市场经济体制是我国经济和世界经济接轨的需要,是我国经济主动加入经济全球化的必然选择;社会主义市场经济体制是实现跨世纪发展战略的需要;社会主义市场经济体制是已经被中国经济和社会大发展下进步的事实所证明了的具有生机和活力的经济体制。

十五大指出,社会主义市场经济体制的基本框架是:坚持公有制为主体,多种所有制经济共同发展,进一步转换国有企业经营机制,建立产权明晰、权责明确、政企分开、管理科学的现代企业制度;建立全国统一开放的市场体系,实现城乡市场紧密结合,国内市场与国际市场相互衔接,促进资源的优化配置;转变政府管理经济的可能,建立以间接手段为主的完善的宏观调控体系,保证国民经济的健康运行;建立以按劳分配为主体,多种分配方式并存的收入分配制度,效率优先、兼顾公平,鼓励一部分地区和一部分人通过合法经营和诚实劳动先富起来,走共同富裕的道路;建立健全多层次的社会保障制度,为城乡居民提供同我国国情相适应的社会保障,促进经济发展和社会稳定。

十五大报告特别指出,社会主义市场经济体制建设要把按劳分配和按生产要素分配结合起来,坚持效率优先、兼顾公平,有利于资源配置,更好更快地解放和发展社会主义经济,既促进经济发展,又保持社会稳定。生产要素中的资本参与分配,对马克思主义政治经济学是一大创新,是发展社会主义初级阶段分配制度的重大举措。

4. "继续调整和完善所有制结构"任务的提出

十五大政治报告在确认中国所有制结构市场化改革基本成形的基础上,提出了"继续调整和完善所有制结构"的重大任务,以"进一步解放和发展生产力"。这对我国传统的公有制理论做出了重大修正,主要表现在以下几个方面：

第一，我国现有的所有制结构仍然不尽合理，需要继续调整和完善；

第二，提出了混合所有制概念；

第三，公有制应当包括更大的范围，还包括混合所有制当中的国有成分和集体成分；

第四，公有制的主体地位是针对全国而言，不同地区和不同产业可以不同；

第五，国有经济的比重适当减少，不会影响社会主义性质；

第六，把公有制和公有制的实现形式分开；

第七，选择什么样的公有制实现形式，标准是"三个有利于"；

第八，股份制有利于生产力的解放和发展，资本主义可以用，社会主义也可以用；

第九，不分姓"公"姓"私"，依法对各类企业予以保护、监督和管理；

第十，鼓励各类企业在同一平台上开展竞争与合作，鼓励创新。

二、《中华人民共和国宪法》部分内容的修改

从建设法治国家的要求讲，党的政策需要法律化，为此中共中央加快了推进政策法律化的进程，这为非公有制经济大发展提供了法律保护。

1. 中共中央和全国工商联提出修改宪法部分内容的建议

1998年3月，在全国政协九届一次会议上，中国工商联提出修改宪法部分内容的建议，其中包括将邓小平理论的指导地位和非公有制经济作为社会主义市场经济重要组成部分的地位写入宪法。1999年1月22日，中共中央又一次提出修改宪法部分内容的建议。同年3月15日，全国人大九届二次会议通过这一建议。

2. 修改宪法部分内容

1998年3月30日，《中华人民共和国宪法》修改并颁布。经修改的《中华人民共和国宪法》第十一条明确规定："在法律规定范围内的个体经济、私营经济等非公有制经济，是社会主义市场经济的重要组成部分。""国家保护个体经济、私营经济的合法权利和利益。国家对个体经济、私营经济实行引导、监督和管理。"

这样，以根本大法的形式，确立了我国社会主义初级阶段的基本经济制

度和分配形式,肯定了个体经济、私营经济等非公有制经济是社会主义市场经济的重要组成部分。从此,中国民营经济被正式纳入我国基本经济制度之内,成为社会主义市场经济重要组成部分;公有制经济、多种所有制经济共同发展的基本经济制度,也决定了必须实行按劳分配为主体的多种分配方式。中国民营经济由法律承认其存在的合法性到法律将其纳入社会主义市场经济体制内,又经历了长达11年的风风雨雨。连同包括按劳分配在内的多种分配方式获得宪法承认,都为民营经济的发展提供了法律保障,预示着中国民营经济将在依法治国中进入一个崭新的发展时期。

三、相关法律和政策的陆续制定

1.《中华人民共和国个人独资企业法》

1999年8月30日,《中华人民共和国个人独资企业法》颁布。该法打破了按雇工人数划分个体工商户和私营企业的做法,规定:有必要的从业人员及出资,有合法的企业名称,有固定的生产经营场所等,就可以申请注册为个人独资企业。这样,私营经济就有了3种组织形式:个人独资企业、合伙企业、有限责任公司。个人独资企业法的颁布,更有利于私营企业的申办与发展。

2.《中共中央关于国有企业改革和发展若干重大问题的决定》

1999年9月22日,中共十五届四中全会通过了《中共中央关于国有企业改革和发展若干重大问题的决定》。《决定》指出:国有企业改革是整个经济体制改革的中心环节。建立和完善社会主义市场经济体制,实现公有制与市场经济的有效结合,最重要的是使国有企业形成适应市场经济要求的管理体制和经营机制。推进国有企业改革和发展,必须坚持以下指导方针:以公有制为主体,多种所有制经济共同发展。调整和完善所有制结构,积极探索公有制多种实现形式,增强国有经济在国民经济中的控制力,促进各种所有制经济公平竞争和共同发展。要从战略上调整国有经济的布局,国有经济要"有进有退,有所为有所不为",国有经济在整个国民经济中的比重将有所减少。需要由国有经济控制的行业和领域主要包括:涉及国家安全的行业、自然垄断的行业、提供重要公共产品和服务的行业,以及支柱产业和高新技术产业中的重要骨干企业。其他行业和领域,可以通过资产重组和结构调整,集中力量,加强重点,提高国有经济的整体素质。在坚持国有、集体等公有制经济为主体的前提下，鼓励和引导个体、私营等非公有制经济的发展。

3．"十五计划"鼓励突破体制障碍

2000年10月11日，中国共产党第十五届中央委员会第五次会议通过了《中共中央关于制定国民经济和社会发展第十个五年计划的建议》。《建议》指出：要大胆探索，勇于创新，突破影响生产力发展的体制障碍，逐步完善社会主义市场经济体制。公有制为主体、多种所有制经济共同发展是中国的基本经济制度，非公有制经济是社会主义市场经济的重要组成部分。此时经济制度不再限于"初级阶段"，同时没有再次强调国有经济一定要发挥"控制力"。《建议》还指出：在以与外商合资经营方式对国有企业进行改组时，对外资的份额将进一步放宽，除关系国家安全的经济命脉的重要企业必须由中方控股外，其他企业不必都要控股。

第二节　从制度安排上强化中国所有制结构市场化体系

从制度安排上强化中国所有制结构市场化体系，是中国改革阻碍生产力发展旧体制、旧机制的强有力举措。社会主义市场经济的显著个性特点是党的领导，这就决定执政党的制度安排的权威性和重要性。中共十六大对此作了进一步强化性安排，有力地巩固和发展了中国所有制结构市场化体系。

一、中共十六大的相关制度举措

2002年11月8日，中共十六大举行。十六大报告对中国所有制结构市场化改革提出了进一步的市场化要求。十六大在十五大的基础上，进一步肯定了民营经济在发展中国经济、建设现代化的社会主义中国上起的重要作用，确认了民营企业家作为社会主义建设事业的政治地位，进一步放宽了限制，澄清了相关疑虑，并且提出了依法保护私人财产这一重大且紧迫的课题。

1．坚持和完善基本经济制度

根据解放和发展生产力的要求，坚持和完善公有制为主体、多种所有制经济共同发展的基本经济制度。在这里，"解放和发展生产力"是坚持和完善基本经济制度的出发点和落脚点。必须毫不动摇地巩固和发展公有制经济。发挥国有经济的"关键性作用"和集体经济的"重要作用"。必须毫不动摇地鼓励、支持和引导非公有制经济的发展，个体、私营等各种形式的非公有制经济是社会主义市场经济的重要组成部分,对充分调动社会各方面的积极性、加快生产力发展具有重要作用。坚持公有制为主体,促进非公有制经济发展,统一于社会主义现代化建设的进程中,不能把这两者对立起来。各种所有制经济完全可以在市场竞争中发挥各自优势,相互促进,共同发展。十六大报告指出:"发展必须坚持和深化改革,一切妨碍发展的思想观念都要坚决冲破,一切束缚发展的做法和规定都要坚决改变,一切影响发展的体制弊端都要坚决革除。"《报告》中的两个"毫不动摇"凸显非公有制经济的比重。

2. 继续调整国有经济的布局和结构

继续调整国有经济的布局和结构,改革国有资产管理体制,是深化经济体制改革的重大任务。在坚持国家所有的前提下,充分发挥中央和地方两个积极性。国家要制定法律、法规,建立中央政府和地方政府分别代表国家履行出资人职责,享有所有者权益,权利、义务和责任相统一,管资产和管人、管事相结合的国有资产管理体制。关系国民经济命脉和国家安全的大型国有企业、基础设施和重要自然资源等,由中央政府代表国家履行出资人职责;其他国有资产由地方政府代表国家履行出资人职责,中央政府和省、市(地)两级地方政府设立国有资产管理机构。继续探索有效的国有资产经营体制和方式。各级政府要严格执行国有资产管理法律、法规,坚持政企分开,实行所有权和经营权分离,使企业自主经营、自负盈亏,实现国有资产保值增值。

3. 对非公有制企业从业人员的身份认同,确立新社会阶层建设者地位

报告还指出:在社会变革中出现的民营科技企业的创业人员和技术人员、受聘于外资企业的管理技术人员、个体户、私营企业主、中介组织的从业人员、自由职业人员等社会阶层,都是中国特色社会主义事业的建设者。对为祖国富强贡献力量的社会各阶层人士都要团结,对他们的创业精神都要鼓励,对他们的合法权益都要保护,对他们中的优秀分子都要表彰,努力形成全体人民各尽其能、各得其所而又和谐相处的局面。由此对非公有制企业从业人员进行了身份认同,确立了他们"中国特色社会主义事业的建设者"的地位,从身份上消除了对非公有制企业从业人员的歧视。

4. 明确提出了"完善保护私人财产的法律制度"

这是国内长期以来争论不休的重大问题之一,也是有关中国经济发展,

社会主义现代化建设上的一个迫切问题。十六大冲破重重阻力，实现了重大突破，为修改宪法，推动《物权法》的出台作了制度安排。

5. 确立分配制度

"确立劳动资本技术管理等生产要素按贡献参与分配的原则，完善按劳分配为主体、多种分配方式并存的分配制度。"其中，"按贡献"是首次提出的新概念，这是分配理论上的一个突破。

二、《经济体制若干问题的决定》

2003年10月14日，中国共产党第十六届中央委员会第三次全体会议通过了《经济体制若干问题的决定》。《决定》的制度安排举措主要有以下几点。

1. 坚持公有制的主体地位，发挥国有经济的主导作用

积极推行公有制的多种有效实现形式，加快调整国有经济布局和结构。要适应经济市场化不断发展的趋势，进一步增强公有制经济的活力，大力发展国有资本、集体资本和非公有资本等参股的混合所有制经济，实现投资主体多元化，使股份制成为公有制的主要实现形式。需要由国有资本控股的企业，应区别不同情况实行绝对控股或相对控股。完善国有资本有进有退、合理流动的机制，进一步推动国有资本更多地投向关系国家安全和国民经济命脉的重要行业和关键领域，增强国有经济的控制力。其他行业和领域的国有企业，通过资产重组和结构调整，在市场公平竞争中优胜劣汰。发展具有国际竞争力的大公司、大企业集团。继续开放搞活国有中小企业。以明晰产权为重点深化集体企业改革，发展多种形式的集体经济。

2. 大力发展和积极引导非公有制经济

个体、私营等非公有制经济是促进中国社会生产力发展的重要力量。清理和修订限制非公有制经济发展的法律、法规和政策，消除体制性障碍。放宽市场准入，允许非公有制资本进入法律、法规未禁入的基础设施、公用事业及其他行业和领域。非公有制企业在投融资、税收、土地使用和对外贸易等方面，与其他企业享受同等待遇。运行非公有制中小企业的发展，鼓励有条件的企业做强做大。非公有制企业要依法经营，照章纳税，保障职工合法权益。改进对非公有制企业的服务和监管。

3. 建立健全现代产权制度

《决定》中一个亮点就是"建立健全现代产权制度"的提出，明确提出

"有利于保护私有产权",这也是执政党在所有制问题认识方面的重大突破。产权是所有制的核心和主要内容,包括物权、债权、股权和知识产权等各类财产权。建立归属清晰、权责明确、保护严格、流转顺畅的现代产权制度,有利于维护公有财产权,巩固公有制经济的主体地位;有利于保护私有财产权,促进非公有制经济发展;有利于各类资本的流动和重组,推动混合所有制经济发展;有利于增强企业和公众创业创新的动力,形成良好的信用基础和市场秩序。这是完善基本经济制度的内在要求,是构建现代企业制度的重要基础。要依法保护各类产权,健全产权交易规则和监管制度,推动产权有序流转,保障所有市场主体的平等法律地位和发展权利。

4. 扩大非公有制经济的市场准入领域

《决定》中较以前在促进非公有制经济发展方面的突破就是明确"允许非公有资本进入法律、法规未禁入的基础设施、公用事业及其他行业和领域。非公有制企业在投融资、税收、土地使用和对外贸易等方面,与其他企业享受同等待遇"。虽然非公有制经济的发展很快,已经逐步形成了大气候,但这种发展仍然主要是在公有制以外进行的,而且在发展中大都没得到完全的国民待遇和经济自由,没有得到应有的市场准入、市场融资、银行贷款等方面的公平待遇。自此,非公有制在市场准入方面迎来了新的发展契机。

三、通过《中华人民共和国宪法修正案》

2004年3月14日,第十届全国人民代表大会第二次会议通过了《中华人民共和国宪法修正案》,将在产权方面认识的突破以法律的形式确定了下来。《修正案》在第二十一条指出,宪法第十一条第二款:"国家保护个体经济、私营经济的合法的权利和利益。国家对个体经济、私营经济实行引导、监督和管理。"修改为:"国家保护个体经济、私营经济等非公有制经济的合法的权利和利益。国家鼓励、支持和引导非公有制经济的发展,并对非公有制经济依法实行监督和管理。"以及第二十二条指出,宪法第三十条:"国家保护公民的合法的收入、储蓄、房屋和其他合法财产的所有权。""国家依照法律规定保护公民私有财产的继承权。"修改为:"公民的合法的私有财产不受侵犯。""国家依照法律规定保护公民的私有财产权和继承权。""国家为了公共利益的需要,可以依照法律规定对公民的私有财产实行征收或者征用并给予补偿。"在此,"私有财产权"的"财产权"的确认有其重大意义。因为"财产权"是一切其他关系自由的防火墙。

四、国务院颁布《关于鼓励支持和引导个体私营等非公有制经济发展的若干意见》

2004年初,国务院责成国家发改委和国务院研究室牵头起草《关于鼓励支持和引导个体私营等非公有制经济发展的若干意见》(以下简称《若干意见》),一共有二十多个部委参加。该文件于2005年2月19日颁布。《若干意见》是全面指导民营经济发展的政策性文件。充分反映了中共十五大,十六大,十六届三中、四中全会和《宪法修正案》精神。《若干意见》指出,公有制为主体、多种所有制经济共同发展是中国社会主义初级阶段的基本经济制度。毫不动摇地巩固和发展公有制经济,毫不动摇地鼓励、支持和引导非公有制经济发展,使两者在社会主义现代化进程中相互促进,共同发展,是必须长期坚持的基本方针,是完善社会主义市场经济体制、建设中国特色社会主义的必然要求。积极发展个体、私营等非公有制经济,有利于繁荣城乡经济、增加财政收入,有利于扩大社会就业、改善人民生活,有利于优化经济结构、促进经济发展,对全面建设小康社会和加快社会主义现代化进程具有重大的战略意义。《若干意见》提出了如下促进非公有制经济持续发展的意见。

1. 放宽非公有制经济市场准入

(1)贯彻平等准入、公平待遇原则。(2)允许非公有制资本进入垄断行业和领域。(3)允许非公有制资本进入公用事业和基础设施领域。(4)允许非公有制资本进入社会事业领域。(5)允许非公有制资本进入金融服务业。(6)允许非公有制资本进入国防科技工业建设领域。(7)鼓励非公有制经济参与国有经济结构调整和国有企业重组。(8)鼓励、支持非公有制经济参与西部大开发、东北地区等老工业基地振兴和中部地区崛起。

2. 加大对非公有制经济的财税金融支持

(1)加大财税支持力度。(2)加大信贷支持力度。(3)拓宽直接融资渠道。(4)鼓励金融服务创新。(5)建立健全信用担保体系。

3. 完善对非公有制经济的社会服务

(1)大力发展社会中介服务。(2)积极开展创业服务。(3)支持开展企业经营者和员工培训。(4)加强科技创新服务。(5)支持企业开拓国内外市场。(6)推进企业信用制度建设。

4. 维护非公有制企业和职工的合法权益

（1）完善私有财产保护制度。（2）维护企业合法权益。（3）保障职工合法权益。（4）推进社会保障制度建设。（5）建立健全企业工会组织。

5. 引导非公有制企业提高自身素质

（1）贯彻执行国家法律、法规和政策规定。（2）规范企业经营管理行为。（3）完善企业组织制度。（4）提高企业经营管理者素质。（5）鼓励有条件的企业做强做大。（6）推进专业化协作和产业集群发展。

6. 改进政府对非公有制企业的监管

（1）改进监管方式。（2）加强劳动监察和劳动关系协调。（3）规范国家行政机关和事业单位收费行为。

7. 加强对发展非公有制经济的指导和政策协调

（1）加强对非公有制经济发展的指导。（2）营造良好的舆论氛围。（3）认真做好贯彻落实工作。

这是建国50多年来首部以促进非公有制经济发展为主题的中央政府文件，它的颁布标志着中国从制度安排上强化中国所有制结构市场化改革成果的正式形成，从而推动非公有制经济的快速发展。

第三节　十七大对中国所有制结构市场化的肯定和进一步的制度强化

2007年10月15日，中共十七次全国代表大会在北京举行。胡锦涛向大会所作的报告对中国所有制结构市场化改革作了充分肯定，并对未来的进一步巩固和发展做出了新的要求与安排。改革开放29年来，中国所有制结构市场化改革既是经济体制改革的主体，又是经济体制改革的难点。十七大对改革开放的充分肯定意义特别重大。同时，十七大又对中国所有制结构市场化作了进一步的制度强化安排。

一、对改革开放充分肯定

党的十七大报告通篇蕴含着一个重要的内在逻辑，这就是：要在新的实践中坚持和发展中国特色社会主义，就必须坚持改革开放；只有坚持改革开放，才能不断开创中国特色社会主义事业新局面。

1. 改革开放符合党心民心

报告在回顾总结我们党领导的改革开放这场新的伟大革命的历程、经验以及阐述如何继续深化改革开放的问题时，有两句斩钉截铁的话，给人们留下了深刻的印象。一句是：改革开放符合党心民心，顺应时代潮流，方向和道路是完全正确的，成效和功绩不容否定，停顿和倒退没有出路。另一句是：要毫不动摇地坚持改革方向，提高改革决策的科学性，增强改革措施的协调性，使改革始终得到人民的拥护和支持。党的十七大报告在我国改革发展关键阶段所阐明的这样一篇全面的、发展的"改革论"，把坚持改革开放同完善改革开放结合起来，是有利于进一步凝聚改革力量，有助于齐心协力完成改革攻坚的。

2. 伟大觉醒和伟大创造

在这个问题上，我国改革开放总设计师邓小平说过三句振聋发聩的话。第一句是："一个党，一个国家，一个民族，如果一切从本本出发，思想僵化，迷信盛行，那它就不能前进，它的生机就停止了，就要亡党亡国。"第二句是："如果现在再不实行改革，我们的现代化事业和社会主义事业就会被葬送。"第三句是："不坚持社会主义，不改革开放，不发展经济，不改善人民生活，只能是死路一条。"这表明，我们党从"文化大革命"的严重曲折中深刻认识到，要摆脱我们当时所处的严重困境，要加快改变中国的面貌和改善中国人民的生活，必须果断结束"以阶级斗争为纲"，把党的工作重点转到以经济建设为中心上来；必须通过改革解放和发展社会生产力、完善社会主义制度；必须通过开放在独立自主的前提下勇敢参与国际经济合作和竞争。这是中国共产党人在新的时代条件下一个了不起的伟大觉醒。这个伟大觉醒孕育了从理论到实践的伟大创造。

3. 改革是中国的第二次革命

邓小平同志说："改革是中国的第二次革命。""我们要赶上时代，这是改革要达到的目的。"这两句话，把改革开放的性质和目的说得很透彻、很深刻。联系当时的国内状况和国际大势，我们可以看到，改革开放这场新的伟大革命实际上是被当时的困境和压力逼出来的。

4. 新时期最鲜明的特点是改革开放

正是这场历史上从未有过的大改革、大开放，使一个面向现代化、面向世界、面向未来的社会主义中国巍然屹立在世界东方。正是在改革开放的推动下，我们这样一个人口众多的发展中大国，以世界上少有的速度持续快速发展起来，经济实力、综合国力不断增强，基础设施和城乡面貌发生了巨大变化，人民生活总体上达到小康水平。1978—2006年，我国国内生产总值从2165亿美元增长到26269亿美元，年均增长9.7%，远远高于同时期世界经济平均3%左右的增长速度，经济总量跃升至世界第四；粮食、棉花、肉类、钢铁、煤炭、化肥、水泥等主要农产品和工业品产量居世界首位；进出口总额从206亿美元提高到17607亿美元，上升为世界第三；城乡居民收入大幅度增长，扣除物价因素，城镇居民人均可支配收入和农村居民人均纯收入均增长了5.7倍；农村贫困人口从2.5亿减少到2000多万；政治建设、文化建设、社会建设取得举世瞩目的成就。中国的发展，不仅使中国人民稳定地走上了富裕安康的广阔道路，而且为世界经济发展和人类文明进步作出了重大贡献。前不久世界银行公布的数据表明，过去25年来，全球脱贫事业所取得的成就中，有67%归功于中国。

5. 新时期最突出的标志是与时俱进

正是在与时俱进地探索和回答什么是社会主义、怎样建设社会主义，建设什么样的党、怎样建设党，实现什么样的发展、怎样发展等重大理论和实际问题的过程中，我们党不断推进了马克思主义中国化，在开创中国特色社会主义事业新局面的同时，拓展了当代中国马克思主义新境界。

十七大报告指出：事实雄辩地证明，"改革开放是决定当代中国的命运的关键抉择，是发展中国特色社会主义、实现中华民族伟大复兴的必由之路；只有社会主义才能救中国，只有改革开放才能发展中国，发展社会主义、发展马克思主义"。

二、完善社会主义市场经济体制是实现国民经济又好又快发展的重要保障

坚定不移地推进改革开放，加快完善社会主义市场经济体制，是十七大报告突出强调的重要内容。加快转变经济发展方式，关键是深化经济体制改革，在国家宏观调控下充分发挥市场配置资源的基础性作用，激发社会主义市场经济强大的生机活力，建立健全有利于自主创新和全面协调可持续发展的体制机制，为科学发展提供制度基础。十七大报告针对影响又好又快发展存在的突出矛盾和问题，对完善社会主义市场经济体制做出了重点部署。

1. 深化财税、金融等体制改革，完善宏观调控体系

20世纪90年代以来，我国财税改革不断推进，有力地支持了经济社会发展。实行分税制改革后，中国政府的收入比重有了提高，但原有的支出结构尚未调整到位，还不能满足实现基本公共服务均等化的需要。实践表明，现行以增值税为主体的财税体制，很难避免一些地方不顾资源和环境条件、盲目发展财政增收效应大的加工业尤其是重化工业。不深化现行财税体制改革，不进一步界定好中央和地方的事权和财权，不按主体功能区的要求采取有区别的经济政策，不消除行政力量干预经济发展的利益动因，国民经济就难以实现又好又快发展。

金融是现代经济的核心。我国金融改革的逐步深化，促进了现代化建设。但在国内外金融市场联系和相互影响日益密切的新形势下，金融体制和结构不适应经济社会发展的问题日益显现，保障金融安全的任务相当繁重。要按照《报告》的要求，加快金融体制改革步伐，着力建设多种所有制和多种经营形式、结构合理、功能完善、高效安全的现代金融体系。要扩大资本市场规模，优化资本市场结构，多渠道提高直接融资比重。

在我国社会主义市场经济运行中，国家计划对维护宏观经济稳定具有不可替代的综合协调作用。要抓紧改革和完善规划体制，健全编制程序，完善国家中长期规划和年度计划的管理和实施机制，形成以经济社会发展规划为统领，各类规划定位清晰、功能互补、有效衔接的规划体系。发挥国家发展规划、计划、产业政策在宏观调控中的导向作用，综合运用财政政策、货币政策，提高宏观调控水平。

2. 加快形成统一开放、竞争有序的现代市场体系

门类齐全、功能完善、统一开放、竞争有序的现代市场体系，是社会主义市场经济体制的重要组成部分，我国市场体系建设取得明显成效，但与建设现代市场体系的要求相比还有差距。十七大报告要求，要发展各类生产要素市场。主要有：加强资本市场的基础性制度建设，解决资本市场不适应经济发展的矛盾。改革和完善政府管理土地市场的方式，经营性土地使用权一律通过招标拍卖挂牌出让，提高土地使用效率。积极发展人力资源市场，建立健全市场化的用工机制和服务体系，引导劳动力合理流动。健全和完善技术市场，保护知识产权，促进技术成果转化。

市场中介组织发展和规范水平是市场体系发育成熟程度和现代化水平的

标志。要积极发展独立公正、规范动作、市场认可的行业协会和专业化中介服务机构，在行业内发挥应有作用。

3. 进一步完善社会主义基本经济制度

十七大报告在坚持"两个毫不动摇"的基础上，进一步提出要坚持平等保护物权，形成各种所有制经济平等竞争、相互促进新格局，这是我们对社会主义基本经济制度认识的进一步深化。平等保护物权，从根本上确认和保障了公平竞争这一社会主义市场经济基本原则。坚持基本经济制度和各种所有制经济平等竞争、相互促进，是有机统一的。只有公有制经济始终居于主体地位，才能从根本上维护我国的社会主义性质；只有各种所有制的市场主体平等竞争、相互促进，才能永远保持并不断增强我国基本经济制度的优势和活力。

完善基本经济制度，要深化国有企业和国有资产管理体制改革。以增强国有经济活力、控制力、影响力为着眼点，深化国有企业公司制股份制改革，加快建设国有资本经营预算制，进一步推动国有经济布局和战略性结构调整。对已经引入竞争机制的电力、电信、民航等行业，进一步分离垄断性业务与竞争性业务。对其他有关行业和城市公用事业等，加快推进政企分开、政资分开、政事分开。对竞争性业务要放宽准入，对垄断性业务要实行国有法人为主的多元化持股。

完善基本经济制度，要鼓励、支持、引导非公有制经济发展。关键是切实落实国家对非公有制经济发展的方针政策，进一步消除非公有制经济发展的体制障碍，重点解决非公有制经济发展面临的行业准入难、融资难等突出问题，改进对非公有制企业的服务，依法保护企业合法权益。同时，加强引导和管理，促进企业依法经营。

4. 坚持实施互利共赢的开放战略

近些年来，我们抓住了经济全球化发展的机遇，形成了全方位、多层次、宽领域的对外开放格局。目前，随着我国对外贸易和吸收外资不断增加，对外开放进入了商品和要素全面双向流动的新阶段，国内外经济联系日益紧密，相互影响不断加深，经济利益互相交织，我国对外经济关系正在发生重大变化。必须统筹国内、国际两个大局，树立国际眼光，加强战略思维，把握发展机遇，应对风险挑战，营造良好环境，更好利用国际、国内两个市场、两种资源，完善开放型经济体系，促进经济发展方式转变和国民经济又好又快发展。

十七大报告强调,坚持对外开放的基本国策,把"引进来"和"走出去"更好地结合起来。要加快转变外贸增长方式,立足以质取胜,调整进出口结构,促进加工贸易转型升级。大力发展服务贸易,扩大机电产品和高新技术产品出口,扩大服务外包,提高对外贸易的质量和效益;优化出口结构,重视发挥进口对国民经济的积极作用,合理进口国内短缺的技术、设备、资源等产品。

要进一步提高吸引外资的质量和水平,更好地吸收国外先进技术、管理经验、高素质人才和资金。鼓励有条件的企业"走出去",积极开展国际化经营,完善支持企业对外投资合作的财税、信贷、外汇、保险等政策。对外投资企业要遵守当地法律,参与公益事业,维护企业声誉和国家形象。

三、拓展对外开放广度和深度,提高开放型经济水平

实践充分表明,在经济全球化条件下,只有坚持对外开放的基本国策,在开放的环境中不断提高竞争能力,才能够实现中国经济的长治久安。坚持对外开放的基本国策,在更大范围、更广领域、更高层次上参与国际经济技术合作和竞争,更好地促进国内发展与改革,防范国际经济风险。

1. 坚持对外开放的基本国策

把"引进来"和"走出去"更好地结合起来,扩大开放领域,优化开放结构,提高开放质量。

对外开放是我国的基本国策。要在优化结构、注重质量和效益的基础上,把对外开放提高到新的水平上来,保持外资稳定增长。要在积极"引进来"的同时,引导和鼓励我国企业"走出去",利用好国外市场和资源。

扩大开放领域。鼓励外商投资城市公共设施建设和交通运输业。扩大外商投资物流企业试点范围。鼓励外资银行在东北和中西部地区提供金融服务,积极引进有助于扩大国内消费、为中小企业和"三农"等提供特色金融服务的外资金融机构。

优化开放结构。改善利用外资的产业结构,鼓励引入技术辐射能力强、吸收就业能力强、资源节约型的外资企业,鼓励外资投向高技术产业、基础设施、环境保护和服务业等产业。

提高开放质量。地方政府要淡化对引资规模的考核,围绕引入技术含量、国内配套比例、资源消耗、环境保护、新增就业等综合指标,建立符合科学发展观要求的吸收外资考核评价体系。

2. 完善内外联动、互利共赢、安全高效的开放型经济体系，形成经济全球化条件下参与国际经济合作和竞争的优势

实现开放型经济的内外联动。服务于国内发展战略是对外开放的立足点和根本出发点，要把引进外国资金、技术、管理经验等真正落实到为我所用上来。在新形势下，特别要千方百计把对外开放同促进国内经济发展方式转变结合起来。

在经济全球化条件下，要形成参与国际经济合作和竞争的新优势。完善我国市场开放法律体系，实现政府管理行为的法制化，增加政府行为透明度，是形成新优势的根本保证。

3. 深化沿海开放，加快内地开放，提升沿边开放，实现对内对外开放相互促进

继续深化沿海开放。推动沿海地区对外开放的转型升级，提升参与全球分工和竞争的层次，促进沿海地区从国际加工装配基地向自主性先进制造基地转变，从制造中心向制造研发中心、服务贸易中心、物流中心转变，大力提高自主创新能力，努力增强发展后劲，实现开放型经济的新跨越。

着力加快内地开放。进一步改善和优化投资环境，拓展招商引资渠道，规范市场秩序，发挥中西部地区资源、产业、劳动力等优势，提高中西部地区承接国内外产业转移的能力。

注重提升沿边开放。沿边地区要加强与周边国家的贸易、对外投资和资源开发，扩大在基础设施、物流、信息资源和技术等领域的合作。

4. 加快转变外贸增长方式，立足以质取胜，调整进出口结构，促进加工贸易转型升级，大力发展服务贸易

在继续保持外贸适度增长的基础上，着力提高我国对外贸易的竞争力和综合效益，加快从贸易大国向贸易强国转变。在增长目标上，要从规模速度型增长向质量效益型增长转变。在竞争方式上，要从规模速度型增长向质量效益型增长转变。在竞争策略上，要从低成本、低价格优势向综合竞争力、核心竞争力优势转变。在结构导向上，要从重视出口创汇向进出口均衡发展、努力实现贸易基本平衡转变。

5. 创新利用外资方式，优化利用外资结构，发挥利用外资在推动自主创新、产业升级、区域协调发展等方面的积极作用

6. 创新对外投资和合作方式，支持企业在研发、生产、销售等方面开展国际化经营，加快培育我国的跨国公司和国际知名品牌

7. 积极开展国际能源资源互利合作。实施自由贸易区战略，加强双边多边经贸合作

推进境外资源开发，应以市场为导向、以企业为主体、以效益为前提，充分发挥政府的服务、监管和引导作用，促进中介组织为企业"走出去"提供完善的服务。

8. 采取综合措施促进国际收支基本平衡，注重防范国际经济风险

在扩大对外开放的过程中要注重防范国际经济风险。国际经济风险涉及对外贸易、资本流动、资源开发、汇率变动、信息安全等多种风险，但最重要的是要保证国家金融安全和资源供给安全。

为维护国家金融安全，要从全球视野制定我国金融业发展战略。继续坚持扩大开放的基本原则，在不断开放的环境中实现金融长治久安。

第十七章　民营经济强力推进中国现代化建设事业

近30年来，中国改革和经济增长在转轨过程中的杰出表现，举世瞩目。一个重要原因，正如《中国改革与发展报告》指出："几乎所有的历史数据和实证研究都表明，过去20多年我国经济的高速增长主要取决于非国有经济的发展。"[①]实践是检验真理的唯一标准——中国民营经济创造的辉煌业绩，从事实和实践层面雄辩地证明，民营经济是建设中国特色社会主义现代化事业的主力军之一。

第一节　民营经济对中国特色社会主义"四大建设"的贡献

胡锦涛总书记在十七大报告中指出："我国经济从一度濒于崩溃的边缘发展到总量跃至世界第四，进出口总额位居世界第三，人民生活从温饱不足发展到总体小康，农村贫困人口从五亿五千多万减少到两千多万，政治建设、文化建设、社会建设取得瞩目的成就。"这些成就中有民营经济的卓越贡献。

一、民营经济对经济增长和经济发展的贡献

改革开放30年来，民营经济经历了恢复期、发展期到壮大期的过程，其对社会主义中国现代化建设的基础性贡献就在于推动中国经济的增长和发展。

1. 国民经济增长的最大动力源

效率，特别是生产效率，是社会经济增长的重要条件。真正的效率是全要素效率，是各类生产要素的总效率，其中包括个人资本、企业家经营这一重要生产要素的效率。改革开放以来，民营资本的效率显现了、展示了，在许多方面明显地高于其他资本的效率。正是民营资本的出现和民营资本的效率，有力地推动了全社会资本和全社会生产要素效率的提高，这是中国经济得以迅速发展、彻底告别短缺经济和贫困落后的一个基本原因。

近30年来，民营经济的产出总体呈高速增长态势。例如，民营经济中的私营工业增加值到2005年已超过1万亿元，仅近5年增长7倍多，年均增长

50%；私营工业的利润从 2000 年的 190 亿元增长到 2005 年的 1237 亿元，5 年增长 7.2 倍，年均增长超过 50%；远高于同期全国工业增加值平均增长 21% 和工业利润平均增长 25% 的速度。②

从私营经济来看，私营企业实现的产值从 1992 年的 422 亿元增加到 2003 年的 20083 亿元，增长了 48 倍，平均每年增长 49.51%。③民营经济的高速发展是全社会经济总量快速增长的主要原因之一。

民营经济在国民经济中的份额迅速扩大。根据《民营经济发展报告 NO.3（2005—2006）》的分析和匡算，2006 年内资民营经济（即民营经济中扣除港澳台和外商）在中国 GDP 中所占比重为 50.5%，外商和港澳台投资企业对国民经济总的贡献度为 14%～15%，两者相加，全部民营经济对国民经济的贡献度为 65% 左右。④民营经济在主要经济指标上的比重如图 17-1 所示。

民营经济高速增长和其在国民经济中的份额迅速扩大，有效地弥补了国有经济在国民经济中份额的下降，支撑着我国 20 多年来国民经济的增长。中国经济发展中的增量部分，70%～80% 来源于民营经济。⑤从今后我国国民经济的增长来看，无论国有企业无效率的问题多么严重，尽管它仍用着 70% 左右的银行信贷资源，但在工业总产值中它的贡献率已不足 30%，对 GDP 的贡献不到 40%，对经济增长的贡献不到 20%。也就是说，国有部门问题再严重，它从统计上说只关系到 20%～30% 的经济收入与经济增长。只要 70%～80% 的民营经济仍能增长并越来越发展，占有越来越大的比重，中国经济就仍然能够增长。

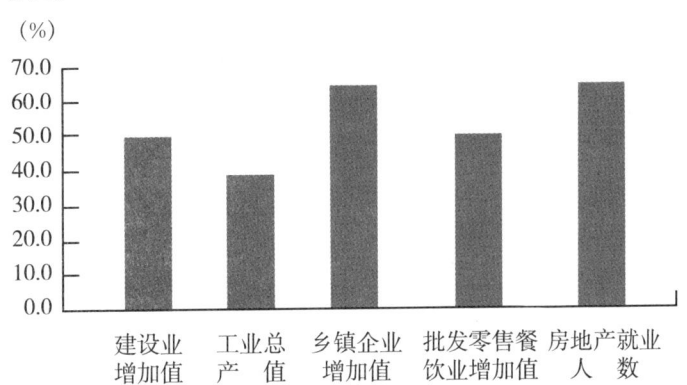

图 17-1　民营经济在主要经济指标上的比重

转引自李国荣《民营之路》，上海财经大学出版社 2006 年版，第 104 页。

2. 对社会投资的贡献

在传统的计划经济下，我国国民经济的发展完全由公有制经济一架马车来拉动，经济增长主要靠国家投资。我国是一个发展中大国，现代化建设需要投入大量资金，光靠国家投资，受到很大限制，资金供给十分短缺。改革开放以来，伴随着多种所有制经济共同发展，投资领域发生了深刻的变化，主要表现为民营经济发展促进了民间投资大量增长，成为拉动国民经济增长的重要动力之一。

民营经济中的个体私营经济，不要或基本不要国家投资，筹集了巨额资本投入生产经营。如民营企业的注册资本大幅增加，从1992年至2006年，民营企业的注册资金由221亿元增加到67938亿元，增长了307倍，年平均增长速度为61.30%；据国家工商行政管理总局提供的最新数据，截至2006年底，私营企业注册资金达到7.6万亿元。从2001年至2006年，5年平均增长速度为32.6%。

据国家统计局统计，2006年全国固定资产投资总额为109870亿元，其中国有经济32041亿元，占29.2%，外资企业投资9891亿元，占9.0%；民营企业投资67938亿元，占61.8%，提高4.7个百分点。其中，城镇中的除国有及国有控股经济之外的全部民营经济的固定投资总额达到61431亿元，同比增长25.7%，高于全国增长率8个多百分点，占全国城镇固定资产投资总额的比重由2005年的60.5%提高到65.7%。⑥见表17-1、表17-2。

表17-1 分经济类型全社会固定资产投资

单位：亿元,%

年份 项目	2000	2005	2006
全国投资总额	32918	88773.6	109869.8
国有经济	16504	29667	32041
外资企业	2606	8424	9891
内资民营企业	13807	50682	67938
占全国比重	100.0	100.0	100.0
国有经济	50.1	33.4	29.2
外资企业	7.9	9.5	9.0
内资民营企业	41.9	57.1	61.8

资料来源：国家统计局。

转引自黄孟复《中国民营经济发展报告 NO.4（2006—2007）》，社会科学文献出版社2007年版，第13页。

表17-2 分经济类型城镇固定资产投资

单位：亿元，%

年份/项目 分类型	2005年城镇固定资产投资	2006年城镇固定资产投资	2006年增长率	2005年房地产投资	2006年房地产投资	2006年增长率
全国	75095.1	93472.4	24.5	15909.2	19382.5	21.8
国有经济	27214.2	32041.4	17.7	932.7	1084.4	16.3
外资企业	8424.4	9890.8	17.4	1945.8	2490	28.0
私营企业	9772.9	13864.5	41.9	4742.6	5864.0	23.6
占全国比重	100.0	100.0		100.0	100.0	
国有经济	39.5	34.3		5.9	5.6	
外资企业	11.2	10.6		12.2	12.8	
私营企业	13.0	14.8		29.8	30.3	

资料来源：国家统计局《中国统计的摘要——2007》。
转引自黄孟复《中国民营经济发展报告 NO.4（2006—2007）》，社会科学文献出版社2007年版，第14页。

3. 对财政收入的贡献

在主要依靠自身积累的发展过程中，民营经济为国家提供了大量税收，并且税收增长速度较快。1995年末，民营经济上缴税收的增长速度一直高于社会总税收的增长速度，也高于国有经济的税收增长率。并且从2001年开始，民营经济税收占社会总税收的比重开始超过国有经济，其中私营经济税收更是快速增长，税收增长率连续6年在40%以上，尤其最近5年，更是高达45.3%。

据国家税务总局统计，2006年私营企业税收总额3495.2亿元，比2005年增长28.6%，高于全国6.7个百分点；占全国企业总税收总额的比重为9.3%，比2005年提高了0.5个百分点。个体户税收总额为1194.7亿元。见表17-3、表17-4。

表17-3 各种经济成分税收总额及增长率

单位：亿元，%

年份 指标	2000	2005	5年年均	2006
全国 增长率	12665.8 —	30865.8 20.0	— 19.5	37636.3 21.9

续表

指标\年份	2000	2005	5年年均	2006
国有企业 增长率	5399.9 —	7487.9 9.3	6.8 —	8061.7 7.7
民营企业 增长率	7265.9 —	23377.9 27.5	26.3 —	29574.6 26.5
内资民营企业 增长率	5049.1 —	17029.4 31.2	27.5 —	21624.2 27.0
私营企业 增长率	419.7 —	2715.9 36.1	45.3 —	3495.2 28.6
个体 增长率	762.7 —	1385.7 14.3	12.7 —	1194.7 —
外资企业 增长率	2216.7 —	6348.5 18.5	23.4 —	7950.4 25.2

说明：2006年个体经营税中不含利息所得税，统计口径与前期不同，因此无法与前期数据进行比较。资料来源：国家税务局和笔者的计算。

转引自黄孟复《中国民营经济发展报告NO.4（2006—2007）》，社会科学文献出版社2007年版，第19页。

表17-4　不同经济成分的税收占全部税收的比重

单位：%

指标\年份	2000	2001	2002	2003	2004	2005	2006
国有企业	42.6	35.4	31.5	28.8	26.6	24.3	21.4
民营经济	57.4	62.9	66.3	68.9	71.3	75.7	78.6
内资民营企业	39.9	43.9	45.8	48.0	50.5	55.2	57.5
私营企业	3.3	4.4	5.6	6.8	7.8	8.8	9.3
个体	6.0	6.1	5.9	5.1	4.7	4.5	3.2

说明：2006年个体经营税中不含利息所得税，统计口径与前期不同，因此比重下降明显。资料来源：国家税务总局和笔者的计算。

转引自黄孟复《中国民营经济发展报告NO.4（2006—2007）》，社会科学文献出版社2007年版，第20页。

4. 对市场繁荣的贡献

传统计划经济的一个典型特征是"卖方市场"或"短缺经济"，产品供不应求的矛盾非常突出。国家在经济发展中碰到的最头痛的问题之一，是人民群众长期面临的吃饭难、做衣难、出行难等,许多产品靠排队或发票证来解决供求矛盾。改革开放以来,民营经济特别是个体、私营等非公有制经济生产了大量物质产品和服务产品,繁荣了市场,满足了人民群众多方面的需要。在多种所有制经济的共同努力下,1997年前后我国告别"短缺经济",由卖方市场转化为买方市场。

个体、私营经济实现的社会消费品零售额大幅增长。2003年私营经济的社会消费品零售额达10603亿元,是1989年190亿元的56倍,年均增长47.15%。[7]2002年个体经济的社会消费品零售额达12223亿元,是1992年1861亿元的6倍多,10年年均增长20.17%。[8]从1990年到2002年,个体、私营经济实现社会消费品零售总额年均增长25.6%,同期全社会消费品零售总额的增长率为14.2%。从1999年以来,个体、私营经济实现的社会消费品零售总额已经基本占到全社会消费品零售总额的50%左右。见表17-5。

表17-5 个体、私营经济的社会消费品零售额的增长率及比重

单位:亿元,%

年 份	全社会		个体、私营经济		
	总额	增长率	总额	增长率	比重
1990	8300	—	1313	11.2	15.8
1991	9416	11.8	1583	20.6	16.8
1992	10994	14.4	1952	23.3	17.8
1993	12462	11.8	2900	48.6	23.3
1994	16265	23.4	4970	71.4	30.6
1995	20620	21.1	6361	28.0	30.8
1996	24774	16.8	8165	28.4	33.0
1997	27299	9.2	9929	21.6	36.4
1998	29153	6.4	12839	29.3	44.0
1999	31135	6.4	16206	26.2	52.1
2000	34153	8.8	17162	5.9	50.3
2001	37595	9.2	17744	3.4	47.2
2002	40911	8.1	20152	13.6	49.3
年均增长		14.2		25.6	

资料来源:国家统计局。

转引自黄孟复《中国民营经济发展报告 NO.1(2003)》,社会科学文献出版社2004年版,第12页。

二、对和谐社会建设的贡献

和谐社会建设是社会主义现代化建设的一个重要组成部分。而和谐社会建设是在经济增长基础上实现的经济发展。在社会主义初级阶段的当今中国，解决就业，解决社会人口保障体系建设，消灭贫穷是和谐社会建设的主要内容。

1. 对吸纳就业的贡献

中国是世界上人口最多的国家，目前占世界人口的21%，人口多，解决就业任务十分繁重。首先，我国正处于体制转轨过程之中，国有企业改制，必然要求把大量冗员分离出去，市场竞争又使一些企业减产、转产、停产甚至破产而引发大量下岗或失业人员；其次，我国正处在新中国建立以来集中性的经济结构大调整时期，随着产业结构升级，资本密集型产业和技术密集型产业比重提高，必然引发劳动力结构的大调整，国有经济的劳动力吸纳率相对甚至在一定时期会绝对下降；再次，伴随农业现代化和农村经济结构调整，有1.5亿~2.2亿农村剩余劳动力需要转移；复次，中国当前正处于人口高峰期，净增人口仍然呈上升趋势，每年均有1000多万就业适龄青年需要安置，这已经是当前社会建设的重大任务与难点；最后，每年约新增数百万较高素质的大学、高职、中专、中学毕业生作为新生动力。因此，就业矛盾十分突出，如果解决不当，不仅影响改革开放的大局，而且将影响社会的稳定。据此，有专家提出我国应实行就业增长优先的发展战略，把创造就业作为政策目标。

近30年来，民营经济在快速发展的过程中形成了巨大的劳动力需求，为缓解转型时期的就业压力提供了巨大的空间，是吸纳下岗人员、农村过剩劳动力和城镇新增劳动力的一个主渠道，成功解决中国就业问题的绝对主体。民营经济就业量占全社会就业量的比重不断提高，如1990年的比重为24.6%，到2002年就上升为41.9%，到2006年民营经济就业量（不包含农业劳动力）为37409万人，其中城镇内资民营企业就业人数达21880万人，城乡个体私营经济就业人数为11746万人，增长14.9%。民营经济在第二、第三产业的就业比重达到85.3%，在城镇中的就业比重达到77.3%，见表17-6、表17-7。

表17-6 民营经济就业占全社会第二、第三产业就业比重

单位：万人，%

项 目	年 份	2000	2005	5年年均增长率	2006
全社会第二、第三产业就业	人 数	36043	41855		43839
	增长率	2.3	3.9	2.9	5.6
国有单位	人 数	8102	6488		6430
	增长率	-5.5	-3.3	-4.3	-0.9
民营经济第二、第三产业就业	人 数	27940	35367		37409
	增长率	4.8	5.1	4.5	5.77
城镇内资民营企业经济就业	人 数	15049	20700		21880
	增长率	21.0	4.7	6.6	5.7
城乡个体私营经济就业	人 数	7477	10220		11746
	增长率	–	6.4	6.4	14.9
民营经济占第二、第三产业就业比重		77.5	84.1		85.3
个体私营经济占第二、第三产业就业比重		20.7	24.6		26.8

说明：城镇民营经济就业人数＝城镇就业总数－国有及其控股单位从业人数－外资及港澳台企业从业人数。

资料来源：根据国家统计局资料进行的测算。

转引自黄孟复《中国民营经济发展报告 NO.4（2006—2007）》，社会科学文献出版社2007年版，第10页。

表17-7 城镇民营经济就业情况

单位：万人，%

项 目	年 份	2000	2005	5年年均增长率	2006
全社会第二、第三产业就业	人 数	36043	41855		43839
	增长率	2.3	3.9	2.9	5.6
城镇就业总数	绝对数	23151	27331		28310
	增长率	10.2	3.1	3.4	3.58
国有单位就业人数	绝对数	8102	6488		6430
	增长率	-5.5	-1.6	-4.3	-0.9

续表

项目 \ 年份		2000	2005	5年年均增长率	2006
城镇内资民营经济就业	绝对数	15049	20700		21880
	增长率	21.0	4.7	6.6	5.7
城镇个体私营就业	绝对数	3404	6326		6967
	增长率	-1.8	14.7	13.2	10.2
民营经济占城镇就业人数比重		65.0	75.8		77.3
个体私营占城镇就业人数比重		14.7	22.0		24.6

资料来源：根据国家统计局提供的资料进行的测算。
转引自黄孟复《中国民营经济发展报告NO.4（2006—2007）》，社会科学文献出版社2007年版，第10页。

根据国家工商总局的统计，2006年全国私营企业从业人员总数为6586.3万人，增长13.1%。其中增速超过20%的地区为安徽（38.9%）、山西（27.6%）、青海（26.1%）、河南（25.7%）、广东（24.0%）、宁夏（21.3%）、福建（21.0%）；增速低于5%的地区为重庆（3.6%）、贵州（3.6%）、河北（3.0%）、上海（1.5%）、陕西（1.4%）、云南（0.8%）。私营企业从业人数前五位的地区是江苏（917.9万人）、广东（652.6万人）、浙江（601.3万人）、山东（507.6万人）和上海（472.9万人）；后五位的地区是贵州（52.5万人）、海南（39.7万人）、青海（35.2万人）、宁夏（28.4万人）和西藏（5.9万人）。见表17-8。

表17-8 2000~2006年全国各省区私营企业从业人员情况

单位：人，%

地区 \ 年份	2000	2005	2005年增速	5年平均增速	2006	2006年增速
全 国	24064955	58240656	16.1	19.3	65862963	13.1
北 京	-	2945165	8.0	-	3286468	11.6
天 津	379551	887081	15.7	18.5	969675	9.3
河 北	2014943	2417100	7.9	3.7	2489874	3.0
山 西	386433	822913	-13.7	16.3	1050173	27.6
内蒙古	414173	682137	11.4	10.5	736420	8.0
辽 宁	1248946	2521363	11.7	15.1	2777862	10.2
吉 林	285483	879919	-11.3	25.2	771360	-12.3

续表

年份 地区	2000	2005	2005年增速	5年平均增速	2006	2006年增速
黑龙江	536665	952034	13.3	12.1	1028021	8.0
上 海	1509218	4658145	15.1	25.3	4729150	1.5
江 苏	2343429	7971607	41.8	27.7	9179197	15.1
浙 江	3004728	5348221	3.4	12.2	6012507	12.4
安 徽	651992	1656948	17.2	20.5	2301402	38.9
福 建	679542	1346968	21.0	14.7	1629624	21.0
江 西	471810	1342365	17.6	23.3	1606206	19.7
山 东	2140586	4441338	13.8	15.7	5076042	14.3
河 南	569730	1385905	16.0	19.5	1742619	25.7
湖 北	796050	1226040	11.1	9.0	1434935	17.0
湖 南	461960	2004275	15.2	34.1	2136363	6.6
广 东	2175354	5261279	21.1	19.3	6525586	24.0
广 西	305732	835563	25.9	22.3	947778	13.4
海 南	186259	360918	24.4	14.1	397103	10.0
重 庆	486395	1054403	6.0	16.7	1091962	3.6
四 川	814732	2379789	26.3	23.9	2767195	16.3
贵 州	256143	506512	37.7	14.6	524812	3.6
云 南	347304	1092394	42.3	25.8	1101145	0.8
西 藏	7949	49831	14.9	44.4	59101	18.6
陕 西	833998	1545472	1.6	13.1	1567480	1.4
甘 肃	223803	481427	13.5	16.6	535124	11.2
青 海	111564	278852	13.7	20.1	351693	26.1
宁 夏	105969	233752	9.6	17.1	283636	21.3
新 疆	223729	670940	17.2	24.6	752450	12.1

资料来源：国家工商总局。

转引自黄孟复《中国民营经济发展报告 NO.4（2006—2007）》，社会科学文献出版社 2007 年版，第 11 页。

民营经济吸纳就业能力强的主要原因有：（1）民营经济的发展速度很快，是国民经济中最具活力的部分，民营经济发展促进经济增长，从而带动劳动就业增加；（2）民营经济的主体产业是第三产业，而第三产业的就业弹性明显大于第二产业，第三产业已成为我国近年来扩大就业的主力军；（3）民营经济经营机制灵活，就业形式多样化，就业渠道多元化，有利于吸引劳动者就业。

2. 对强化社会保障事业的贡献

从全国工商联与统战部、国家工商总局等部门进行的全国第七次私营企业抽样调查数据上看，目前，私营企业主已经更加注重协调劳资关系，注意改善劳动条件和加强企业文化建设，尊重员工，同时也能根据企业效益适时增加员工的收入，劳资关系总体得到进一步改善。

第一是企业员工劳动合同签订率有所提高。在所调查的 3420 户企业中，劳动合同平均签订率为 72.8%，比 2003 年全国第六次私营企业抽样调查 64% 的劳动合同平均签订率提高了 8.8 个百分点。[9]

第二是私营企业工会组建率有所上升。在有效的 3240 户企业中，组建了工会的企业为 1726 户，占 53.3%，比 2003 年 48.8% 的私营企业的工会组建率提高了 4.5 个百分点。

第三是企业员工工资提升幅度较大，与国有单位职工平均工资水平的差距正在缩小。调查数据显示，企业的工资、奖金支付总额为 201.7 万元，员工的年均工资为 13480 元，比 2003 年人均 8033 元的私营企业员工工资增长了 67.8%。此 1.8 倍，到 2005 年，这一差距缩小为不到 1.2 倍[10]。抽样调查的私营企业员工工资奖金水平与全国职工平均工资水平的差距正在缩小。

第四是劳保福利支出显著增长，劳动条件正在改善。2242 家企业支付劳保费用，占全部企业的 58.4%，户均支出 14.5 万元，员工人均 1235.3 元，这比 2003 年的人均 439 元增加了 2.8 倍多；有 2050 家企业投资改善劳动条件，占全部企业的 53.4%，户均支出 37.3 万元，为员工人均支出 10877.8 元。[11]

第五是员工的社会保险水平提高。主要是建立员工保险的企业比率有所上升，从本次调查结果看，建立医疗保险的企业占 36.9%，比 2003 年上升 3.5 个百分点；建立养老保险的企业占 43.9%，比 2003 年上升 5.2 个百分点；建立失业保险的企业占 22.2%，比 2003 年上升 5.6 个百分点；建立工伤保险的企业占 24.4%。2005 年，养老保险覆盖率为 29.2%，人均养老保费支出 2921.4 元；医疗保险覆盖率为 26.3%，人均医保支出 2434.5 元；失业保险覆盖率为 18.2%，人均失业保费支出 1136.7 元；工伤保险覆盖率为 10.7%，人均保费支出 837.8 元。[12]就前三种保险来看，与 2003 年的调查结果相比，覆盖率和人均保费支出都大幅上升。见表 17-9、表 17-10。

表 17-9 2006 年抽样调查私营企业劳资关系主要数据

指标	2003 年	2005 年	增长率（%）
劳动合同签订（户）	64	72.8	8.8
工会组建（户）	48.8	53.3	4.5
员工年均工资（元）	8033	13480	67.8
人均劳保费用支出（元）	439	1235.3	181.4

资料来源：全国工商联等部门联合进行全国第六次、第七次私营企业抽样调查。

转引自黄孟复《中国民营经济发展报告 NO.4（2006—2007）》，社会科学文献出版社 2007 年版，第 25 页。

表 17-10 2006 年抽样调查私营企业社会保险情况

单位:%，元

指标		2003 年	2005 年	增长
养老保险	企业投保率	38.7	43.9	5.2
	职工覆盖率	22.7	29.2	6.5
	人均保费支出	1273	2921.4	129.5
医疗保险	企业投保率	33.4	36.9	3.5
	职工覆盖率	14.5	26.3	11.8
	人均保费支出	858	2434.5	183.7
失业保险	企业投保率	16.6	22.2	5.6
	职工覆盖率	6	18.2	12.2
	人均保费支出	382	1136.7	197.6
工伤保险	企业投保率		24.4	
	职工覆盖率		10.7	
	人均保费支出		837.8	

资料来源：全国工商联等部门联合进行全国第六次、第七次私营企业抽样调查。

转引自黄孟复《中国民营经济发展报告 NO.4（2006—2007）》，社会科学文献出版社 2007 年版，第 26 页。

3. 对社会公益事业的贡献

仅以中国光彩事业为例，据统计，到 2006 年 6 月，由民营企业参加的光彩事业累计投资项目达 15429 个，比 2005 年同期增加 1885 个；累计到位资金 1247 亿元，比 2005 年同期增长 178 亿元；累计安置就业人员 479.8 万人，比 2005 年同期增加 179 万人；累计帮助脱贫 769.8 万人，比 2005 年同期增加 221.5 万人；累计捐赠财物金额为 170.2 亿元，比 2005 年同期增加近 40 亿元。见表 17-11。

表 17－11　2000—2006 年光彩事业成果统计

年份 项目	2000	2001	2002	2003	2004	2005	2006
累计投资项目（个）	3160	5744	7377	9765	11849	13544	15429
累计到位资金（亿元）	141.2	229.2	314.6	523.7	813.4	1069	1247
累计参与企业（家）	3207	8846	10994	14407	16504	18723	19982
累计就业（万人）	90.7	104.9	134.5	210.2	276.9	300.8	479.8
累计脱贫（万人）	231.9	259.1	350.7	459.5	538.4	548.3	769.8
累计捐赠金额（亿元）	25.1	44.1	47.6	85.0	96.9	130.8	170.2

资料来源：中国光彩事业促进会。各年数据为当年 6 月底数。
转引自黄孟复《中国民营经济发展报告 NO.4（2006—2007）》，社会科学文献出版社 2007 年版，第 20 页。

4. 对增大民众财富壮大社会实力的贡献

家庭财产普遍增加是社会和谐的重要标志。改革开放以来，我国居民家庭财产普遍大幅度增加，其中的一个主要原因是民营经济的快速发展。到 2006 年底，全国有 2595 万家个体工商户，户均资金约 2.5 万元，而实际资产可能远大于此；这些个体户涉及家庭人口达 7500 多万人，其中多数人基本上过上了小康生活。全国有 498 万家私营企业，户均注册资金 152 万元，实际资产也可能大于此；私营企业投资者人数近 1271 万人，涉及家庭人口近 4000 万人[13]，私营企业中的高层管理人员比投资者人数更多，涉及的家庭人口更多。这些投资者和高管人员的家庭多数是比较富裕的家庭，真正的富豪是极少数的。有"恒产"就有"恒心"，有"恒心"就生活安心，生活安心就社会和谐。民营经济使这么多的人家庭财产得以日益增加与积累，可以安居乐业，过上富裕和比较富裕的生活，这为社会和谐提供了重要保证。

三、对体制改革的贡献

体制改革是中国改革的主体内容。通过改革将阻碍社会主义生产力解放和发展的旧体制、旧机制清除，建立解放和发展生产力的新体制、新机制是创新社会主义初级阶段中国的伟大举措。

1. 对推动国有企业改革的贡献

民营经济的发展，不仅支持着经济的增长，而且使改革由体制外向体制内推进，推动着国有经济改革。这种推动作用首先表现为"压力效应"。民营经济的发展逐步形成了对国有企业的竞争压力,国有企业原有的垄断被打破,垄断利润消失,一些国有企业财务状况恶化,亏损加剧,使得国有企业体制上的弱点进一步充分暴露出来。市场竞争压力的加大、国营体制"难以为继"的危机感的形成,是迫使国有企业深化改革的重要外部条件。其次是"示范效应"。民营经济由于其明晰的产权关系和灵活的经营机制,在改革中率先进入了市场,成为"自主经营、自负盈亏、自我发展、自我约束"的独立法人实体和市场竞争主体,显示了民营经济的体制和机制优势,这就为国有企业的改革提供了示范作用,使国有企业逐渐走向市场化和进行民营方式改革。再次是"补偿效应"。民营经济的发展做大了国民经济这块"蛋糕",提供了较大的收入增长和"经济剩余",使得政府有可能利用这部分收入增量来对国有经济改革中受到损失的利益集团进行一定的补偿,从而减少改革可能带来的痛苦,使改革的阻力减少。复次是"接盘效应"。民营企业接受了国有企业改革中转移出来的大量冗员或富余人员,为下岗工人再就业立下了汗马功劳,极大地缓解了因下岗而产生的社会矛盾。在国有经济战略性调整,实施"抓大放小"和退出一些竞争性行业和领域过程中,民营经济成了国有经济存量退出的最重要的接盘力量,填补了国有经济退出后的产业空间,避免了国有经济退出后产生的产业"真空"和产业发展脱节现象。最后是"互补效应"。近年来,许多民营企业积极参与国有企业的改制重组,民营企业的机制优势与国有企业的资金、设备、人才、技术优势相结合,产生了互补效应,优化了国有企业的产权结构,促进了混合所有制经济的形成,有利于国有企业探索公有制的多种有效实现形式。

2. 对产业结构优化的贡献

我国产业结构长期严重失调,集中表现为偏重于工业特别是重工业,而第三产业发展严重滞后。1978年第一、二、三产业增加值之间的比例为28.1%、48.2%、23.7%,劳动力之间的比例为70.5%、17.4%、12.1%。[14]第三产业不仅大大低于发达国家占国民生产总值的60%以上的水平,而且低于发展中国家的平均水平。这是我国经济发展缓慢和经济效益低下的一个深层次原因。发展民营经济则有利于迅速改变不合理的产业结构,因为第三产业是民营经济的主体产业,民营经济是发展第三产业的主导力量。从民营经济中的私营企业来看,其户数在第三产业中的比重不断提高。见表17-12。

民营经济与中国现代化

表17-12　以用户数衡量的私营企业产业结构状况

单位：万户,%

年　份	第一产业		第二产业		第三产业	
	户数	比重	户数	比重	户数	比重
1996	1.10	1.32	39.10	47.74	41.70	50.84
1997	1.65	1.72	43.03	44.82	51.32	53.46
1998	2.50	2.05	50.69	42.32	66.95	55.63
1999	3.38	2.24	61.50	40.76	86.00	57.00
2002	4.29	1.76	88.75	34.56	150.49	61.80
2003	5.39	1.79	106.70	35.50	188.47	62.71

资料来源：《中国私营经济年鉴（2000年）》，华文出版社2000年版。
《中华人民共和国年鉴（2004年）》，转引自李国荣《民营之路》，上海财经大学出版社2006年版，第110页。

民营经济的产业结构促进了我国产业结构的调整和优化，再加上国家采取的其他许多重要措施，我国产业结构开始向好的方向变化。见表17-13、表17-14。

表17-13　第一、二、三产业增加值结构变化情况

单位：%

年　份	1978	1980	1990	1996	1998	2000	2003	1978—2003（升降百分比）
第一产业	28.1	30.1	27.1	20.4	18.6	15.9	14.6	-13.5
第二产业	48.2	48.5	41.6	49.5	49.3	50.9	52.3	4.1
第三产业	23.7	21.4	31.3	30.1	33.04	33.2	33.1	9.4

资料来源：《中华人民共和国年鉴（2004年）》，中华人民共和国年鉴社2004年版。
转引自李国荣《民营之路》，上海财经大学出版社2006年版，第110页。

表17-14　第一、二、三产业就业结构变化情况

单位：%

年　份	1978	1980	1990	1996	1998	2000	2001	2002	1978—2002（升降百分比）
第一产业	70.5	68.7	60.1	50.5	50.1	49.8	50.0	52.0	-18.5
第二产业	17.4	18.3	21.4	23.5	23.0	13.5	22.3	21.4	4
第三产业	12.1	13.0	18.5	26.0	26.9	26.7	26.9	28.6	16.5

资料来源：《中华人民共和国年鉴（2003年）》，中华人民共和国年鉴社2003年版；
转引自李国荣《民营之路》，上海财经大学出版社2006年版，第111页。

从上述表中的数据可见，我国产业结构已经发生了有利于国民经济持续稳定增长的明显变化，标志着我国经济已完成初期工业化任务而进入中期工业化的过程。随着民营经济自身实力的增强和国家对民营经济市场准入的放宽，一些大型民营企业开始积极投资重工业和与进入公用事业、基础设施，如钢铁工业、化学工业、电力工业以及城市的供水、供气等领域。同时，民营企业开始进入金融服务业、教育文化产业、新闻出版业。民营企业中的信息服务业、计算机应用服务等高新技术产业发展迅速，2002年全国新增信息咨询服务业和计算机应用服务私营企业达43340户，比上年增长31.70%，是所有行业中增长速度最快的。⑮可见，民营经济的产业结构不断趋于合理化，将促进我国产业结构的进一步调整和优化。

3. 对强化创新活力的贡献

自由地创业、创造和创新，是社会充满活力的最重要标志，也是社会和谐的一个主要标志。几千万家个体工商户的产生，几百万家私营企业的崛起，还有上千万自由职业者的出现，是改革开放以来中国人追求创业自由的一个重要体现，也是国家政策不断推进创业自由的一个主要结果。这几百万、几千万个人和家庭，通过创业，为个人创造了价值，为社会创造了财富，为国家创造了实力。不仅如此，民营经济还是技术创新的重要力量，为构建新型国家作出了重大贡献。我国大多数的新技术、新发明、新专利、新产品来自民营企业和中小企业。正是民营经济的创业、创造和创新，大大提高了中国社会的整体活力。

据有关机构统计，我国民营科技企业目前已有约15万家，在53个国家级高新技术开发区企业中，民营科技企业占70%以上。据科技部资料，改革开放以来，我国技术创新的70%、国内发明专利的65%和新产品的80%均来自中小企业，而中小企业的95%以上为非公有制企业。最典型的是深圳市，该市已经形成了以企业为主体的技术创新体系，其标志是"五个"90%，即90%以上的研发机构在企业，90%以上的研发人员在企业，90%以上的研发经费来自企业，90%以上的专利由企业申请，企业中90%以上是民营企业。据国家知识产权局2006年对全国43383家企业及其申请的310554件专利的大型调查，其中私人企业专利申请占41%，明显高于国有企业（23%）、集体企业（13.9%）、外商及港澳台企业（11.9%）。全国有7个省市私营企业申请专利量比例超过50%，其中重庆和浙江达73.1%和71.1%；19个地区私营企业专利申请占比高于其他类型企业；有6个省市的私营企业发明专利申请量超过50%，贵州、西藏、海南超过70%，浙江为59.7%；有13个省市区私营企业发明专利申请占比高于其他类型企业。⑯

四、对中国企业"走出去"的贡献

据商务部的统计，民营企业已经成为我国对外直接投资的生力军。按企业数计算，2005年，我国对外直接投资的母体民营企业2573家，比2002年增加了1573家，年均增长17.8%；占对外直接投资国内主体的比重从2002年的50%提高到64%，其中有限责任公司以32%的比重首次超过国有企业29%的比重。从地域看，七成以上的私营企业投资主体来自浙江和福建两省。从行业看，以加工制造业为主。据调查分析，68%的企业选择制造业，6%的企业选择第一产业，5.4%的企业选择批发和零售业。2005年，我国在境外建立生产加工基地的投资近30亿美元，其中一半以上是以民营企业为主的轻工、机械、纺织服装、建材、电子等劳动密集型行业。民营企业海外投资形式主要包括：建立营销网络、建立加工制造基地、开展资源合作开发和农业综合开发、建立境外研发中心等。投资方式也多种多样，既有独资经营、参股经营，也有合作开发、跨国并购。在投资地域分布上，我国民营企业已在全球五大洲100多个国家和地区进行了经营和投资，其中在亚洲国家和地区的投资占近一半。⑰

第二节　民营经济当事人是社会主义国家的主人翁和建设者

民营经济对中国现代化建设事业中的"四大建设"的卓越贡献有目共睹，已经是一个不容置疑的和不容争议的基本事实。基于这个基本事实，我们才有可能进一步分析和认识民营经济当事人与社会主义国家和社会主义建设事业的共生关系，进而得出民营经济当事人是社会主义国家的主人翁和社会主义建设事业的建设者这样一个科学结论。

一、民营经济当事人是社会主义国家的主人翁

"民营经济当事人"这一概念借用法学术语，指的是民营经济的所有参与者：一是民营企业家；二是个体工商业的业主；三是民营企业中的高、中层管理人员或技术人员；四是相关中介机构的从业人员；五是民营经济中的广大工人；六是外资、外企中的中国职工；等等。

1. 宪法确认民营经济的当事人都是社会主义中国的主人翁

这是一个国家宪法确认的不争的结论。但是，这还不是一个从理性层面上得到社会广泛确认的结论。为什么不是？因为社会对民营企业家、个体工商业业主、私营经济实体老板存在一种"天生"的"戒备"心理或"排斥"情绪。尤其在"个别理论家"心目中，这些企业家们更是"另类"。在"以阶级斗争为纲"年代，人们习惯于用"阶级"来划分社会成员的类别和社会成员的属性。民营企业家是资本家、个体工商户业主是商人。而资本家是社会主义的敌人，商人是投机取巧的剥削者，他们都是阶级敌人，是无产阶级革命的对象，这种"以阶级斗争为纲"的意识和理念并没有得到彻底的正本清源。这仍然是一个需要加大思想解放力度给予继续拨乱反正的大问题。这个问题破解的切入口就是依据《中华人民共和国宪法》。《宪法》第二条明确规定："人民共和国的一切权力属于人民。"民营经济的当事人是中华人民共和国的人民之一部分，因此，他们理所当然的是拥有国家权力的主人。

2. 作为执政党的中国共产党的性质决定民营经济当事人的社会主义主人翁地位

中共十五大通过《中国共产党章程》对党的性质作了新的明确规定："中国共产党是中国工人阶级的先锋队。同时也是中国人民和中华民族的先锋队。"这个性质认定是中国共产党成熟的一个至关重要的标志。这个性质规定，对马克思主义无产阶级政党学说是一个伟大的继承与创新，其理由有以下几点。

第一，对"无产阶级先锋队"性质的"无产阶级"认识的创新。

马克思主义中的无产阶级政党，其性质是无产阶级先锋队组织，这个时期的"无产阶级"是特指资本主义制度国家中的"无产阶级"，即受雇于资本家阶级，依靠出卖自身劳动力谋生的企业工人，也即马克思主义认定的"资产阶级和资本主义制度的掘墓人"。这个时期的无产阶级除了作为劳动力而存在的"个体力量"之外，确实是一无所有。而由这个阶级的先进分子按马克思主义理论武装起来，以马克思主义作为自己的指导思想，以人类无产阶级解放和全人类解放为己任，按照严格的组织纪律组织起来的无产阶级政党（如共产党、工人党、劳动党等），除了自身的阶级力量（由政党的全体成员为中坚，并借助整个国家乃至世界无产阶级为基础）之外，也是一无所有。这个时期的无产阶级及其政党即先锋队组织的性质，是地地道道的"无产"。其之所以革命，其最直接最现实的目标就是彻底改变"无产"状况，变"无产"为"有产"。当然，其中长期目标是建立社会主义和共产主义制度，实现人类共产主义社会。

马克思主义创始人生活的时代，是资本主义体系形成和发展的时代，各国无产阶级及其政党尚未成为执政党。因此，尚未成为执政党的无产阶级政党的性质用"无产阶级先锋队"来界定，既是完全正确的，也是十分科学的。

中国共产党建立新中国的那一刻，就明确宣布已经通过新政权力量实施的"没收帝国主义者和汉奸反动派的大资本企业"[18]，"归这个共和国的国家所有"[19]，"没收蒋介石、宋子文、孔祥熙、陈立夫为首的垄断资本"即官僚买办资本为"国家所有"[20]；没收地主阶级土地，分配给无地少地农民，实行孙中山"耕者有其田"的口号[21]。尤其重要的是，中华人民共和国的执政党是中国共产党——这个时期的中国无产阶级不仅是人民共和国的主人，更是国家的领导力量（通过共产党来实现）。

第二，所有社会成员的富裕是中国共产党近期的既定目标。

建国以后我党一度陷入了一个"误区"：共产党革命的目的是解放和发展被旧制度束缚的生产力，而解放和发展生产力的直接目的就是让广大劳动人民过上幸福生活，而幸福生活的基础就是物质财富的丰富，共产主义是社会财富极大丰富、人们各取所需的美好社会。这样的奋斗目标，正是共产党的伟大、光荣、正确所在。可是，包括苏联、东欧在内的几乎所有共产党执政的社会主义国家，都无一例外地严重受挫。邓小平领导中国共产党通过"实践是检验真理的唯一标准"大讨论，解放党和人民的思想，拨乱反正、正本清源不就是拨"穷社会主义"的乱，反"贫穷不是社会主义"之正，正富裕人民、强大国家之本，清实事求是之源吗！邓小平尖锐地指出："贫穷不是社会主义。"中共十七大报告指出："中国的发展，不仅使中国人民稳定地走上了富裕安康的广阔道路，而且为世界经济和人类文明进步作出了重大贡献。"

社会的富裕道路必须是"让少部分人先富起来"。先富起来的带动后来的，然后实现共同富裕。实践已经证明，全社会成员同步富裕是根本不可能的。"先富起来的少部分人"当然包括民营企业家和业主。这部分人富裕起来后，其带动作用已是不争的事实。中国的强大、民族的腾飞、人民的幸福与他们直接相关。没有他们，"效率优先"无法实现。没有他们的奉献，"兼顾公平"也就没有基础。作为人民共和国的主人，他们不仅当得上，而且理直气壮。同样作为一个公民，他们是通过勤奋工作和艰苦拼搏，每年给国家上缴大把税费，为社会创造了大量财富，带动了社会成员共同富裕，有力地促进了社会进步发展。

3. 优秀民营企业家和业主可以加入中国共产党是成熟的重要标志之一

根据江泽民"七一"讲话精神，不仅民营企业家、业主们是中国特色社会主义事业的建设者，而且他们中的优势分子还可以被吸收加入中国共产党。这是私营企业社会地位进一步提升的重要标志，即私营企业主不仅可以通过进入各级工商联、政协、人大参政议政，而且符合党员条件的优秀分子可以加入中国共产党，成为执政党的一员。江泽民同志在"七一"讲话中指出："伟大而艰巨的建设有中国特色社会主义事业，需要全社会各个方面忠诚于祖国和社会主义的优秀分子，以自己的实际行动带领群众共同加以推进。能否自觉地为实现党的路线和纲领而奋斗，是否符合党员条件，是吸收新党员的主要标准。来自工人、农民、知识分子、军人、干部的党员是党的队伍最基本的组成部分和骨干力量，同时也应该把承认党的纲领和章程、自觉为党的路线和纲领奋斗、经过长期考验、符合党员条件的社会其他方面的优秀分子吸收到党内来，并通过党这个大熔炉不断提高广大党员的思想政治觉悟，从而不断增强我们党在全社会的影响力和凝聚力。"很明显，"社会其他方面的优秀分子"包括私营企业主阶层中的优秀分子。2002 年 11 月 14 日，中共十六大通过了《关于〈中国共产党章程〉（修正案）的决议》。修正后的党章中明确规定："年满十八岁的中国工人、农民、军人、知识分子和其他社会阶层的先进分子，承认党的纲领和章程，愿意参加党的一个组织并在其中积极工作、执行党的决议和按期交纳党费的，可以申请加入中国共产党。"

吸收优秀私营企业主入党是对党的历史的总结，有利于扩大和增强党的群众基础，巩固党的执政地位。中国共产党是中国工人阶级的先锋队，但坚持党的工人阶级先锋队性质，并不是在组织上限制和排斥非工人阶级成分的人进入工人阶级政党，而是正确处理阶级与群众的关系，通过工人阶级的先进性带动广大群众向着先进标准和目标前进。民主革命时期，由于当时中国社会的特点，我们党的绝大多数党员来自农民和其他劳动者，也有不少来自知识分子、职员、小业主，还有来自非劳动者阶层的革命分子，如部分民族资本家、开明地主。我党向来重视在思想上建党，吸收党员主要不是看他的出身如何和财产多少，而是看他是否能够自觉地为实现党的路线和纲领而奋斗。在改革开放新时期，随着经济的发展，广大人民群众的生活水平不断提高，个人的财产也逐渐增加。江泽民同志指出，在这种情况下，不能简单地把有没有财产、有多少财产当作判断人们政治上先进与落后的标准，而主要应该看他们的思想政治状况和现实表现，看他们的财产是怎么得来的以及对财产怎么支配和使用，看他们以自己的劳动对建设中国特色社会主义事业所作的贡献。这个"三看"为我们党将全社会各个方面的优秀分子吸收起来，不断扩大和增强党的群众基础提供了理论依据。

　　一个执政党要巩固自己的执政地位，必须有坚实的阶级基础和广泛的群众基础。作为执政党的中国共产党，必须适应变化了的形势，巩固和壮大党的队伍，提高党的社会影响力。我们党领导的建设中国特色社会主义事业，要在复杂变幻的国际环境中进一步发展，必须团结一切可能团结的人，调动一切积极因素，化消极因素为积极因素。对于在社会经济生活的深刻变动中形成的新的社会阶层，如果不能把他们及时吸引和凝聚在党的周围，而是把他们视作异己力量推到党的对立面，将很不利于党的执政地位的巩固。相反，将他们中间的优秀分子吸收到党内来，而不是把他们关在党的大门之外，将大大增强党的群众基础，促进党的发展，扩大党的社会影响力。优秀私营企业主被吸收入党，实际上是在广大私营企业主中树立了一面旗帜、一个榜样，能起到良好的示范作用，有利于我们党团结和引导广大私营企业主，更好地发挥他们作为中国特色社会主义事业建设者的作用。

　　当然，吸收优秀私营企业主入党必须坚持标准，严格程序，确保质量。要在"三看"的基础上，把承认党的纲领和章程、自觉为党的路线和纲领奋斗，经过长期考验、符合党员条件的优秀私营企业业主吸收入党。

　　全国各地一批优秀民营企业家入党，是党建工作的历史性突破，是党成熟的重要标志之一。出席中共十六大、十七大的代表中，已经有了一定比例这样的党员。

二、民营经济当事人是社会主义事业的建设者

　　2000年11月，中共十六大报告指出："在社会变革中出现的民营科技企业的创业人员和技术人员，受聘于外资企业的管理技术人员、个体户、私营

企业主、中介组织的从业人员、自由职业人员等社会阶层，都是中国特色社会主义事业的建设者。对为祖国富强贡献力量的社会各阶层人们都要团结，对他们的创业精神都要鼓励，对他们的合法权益都要保护，对他们中的优秀分子都要表彰，努力形成全体人民各尽所能、各得其所而又和谐的局面。"

1. 民营经济是社会主义市场经济体制建设的催生和催化剂

民营经济是天然的市场经济基础。近30年来，民营经济从一开始就是循着市场经济的基本规律发展的，它的这种特性使它成为市场经济的先导，使它无时无刻不经受优胜劣汰炼狱的煎熬，这迫使今天的中国民营企业家和业主最早最切实最具体地获得社会主义市场经济的知识。而这种知识是既未见于任何教科书，也大大有别于外国的不管是东方还是西方的经济理论或实践，更不同于旧中国新生的民族资本在夹缝里的挣扎和呻吟。每个个体的这种知识尽管是一鳞半爪，沧海一粟，但因为是一种亲身历练后的成功，使不少学历甚低的民营企业家昔日可望而不可得入的高等学府的神圣讲坛，并大受莘莘学子欢迎。②

中国共产党和中央政府在推进经济体制市场化改革中，首先是通过构造体制外的自由流动资源和自由活动空间，然后是在体制内放松控制，下放权力，再逐步将体制内和体制外通过市场衔接起来。体制外空间的形成，体制内独立权和自主权的扩大，市场的形成和发展，为社会成员提供了新的生活方式，而这种生活方式甚至还有原来难以想象的发财致富，提高社会地位和声望的大量机会。当市场经济体制已成为不可逆转的趋势，社会发展由这种源于经济生活而形成的规律导引，新的社会经济秩序就成为必然。中国民营经济的发展，从19世纪60年代初开始至今，一个半世纪以来，其间几个大起大落，尽管历经沧桑，但是，它总是在抗争、在发展、在壮大、在循着社会历史发展的规律前进，今天，社会主义市场经济体制的基本形成，民营经济的贡献与作用是功不可没的。

2. 民营经济是社会主义市场经济的生力军

民营经济是社会主义市场经济的生力军作用是由民营经济对中国特色社会主义现代化"四大建设"的卓越贡献实现的，这在前一节中已阐述。此处，数据性的提供事实依据作进一步结论性阐述。

第一，民营经济资产规模巨大扩张。20世纪80年代，民营经济开始出现的时候，注册资金平均每户5万元左右；到1993年则达到户均30万元左右；而 2006 年，户均达到 152.6 万元。资料显示：1998 年以来，民营企业户数和从业人员数都以平均 20% 左右的速度增长，注册资本金额更是达到 35% 左右的增速，总产值的增速波动较大，但也达到了平均 28% 左右。[23] 2004 年全国第一次经济普查资料显示，全国登记注册的法人单位共有 516.8 万个，民营企业占到了 39.2%；全国登记注册的企业法人单位有 324.9 万个，民营企业有 198 万家，比重达到了 61%，远远高于其他类型企业；全国就业人员约 2.1 亿人，民营法人单位占了 25.3%；但从就业的分组情况来看，绝大部分民营企业就业人数在百人规模以下，比例高达 95.5%，100～500 人规模的占 4.1%，500 人以上规模的只有 0.4%。国有停关破产企业占其自身的比重为 15.1%，而民营企业只有 6.9%，不仅低于全国平均水平，且远低于国有企业。从行业分类看，民营企业数量占一半以上的行业分别是：信息传输、计算机服务和软件业 74.2%，采矿业 67.6%，制造业 66%，批发和零售业 63.1%，居民服务和其他服务业 62.6%，租赁和商务服务业 57.9%，科学研究、技术服务和地质勘查业 52.5%，建筑业 52.2%，教育业 51.6% 以及住宿和餐饮业 50.7%。从行业分类中的营业收入来看，全年各业营业收入总计 440976 亿元，私营企业 99159 亿元，占了 22.5%。从民营工业企业的地区分组情况来看，位居规模以上民营工业企业数量前 5 位的地区为：浙江，24036 个；江苏，23137 个；广东，11635 个；山东，11499 个；上海，5623 个。工业总产值方面，位居规模以上民营工业企业工业总产值前 5 位的地区为：江苏，6488.87 亿元；浙江，6464.53 亿元；山东，4317.72 亿元；广东，3414.05 亿元；河北，2053.27 亿元。[24]

第二，民营经济的税收成为国家税收的主力之一。从广义民营经济的税收收入口径看，由 2001 年的 9543.26 亿元，上升到 2005 年的 22779.79 亿元，增加 13236.53 亿元；占全部税收收入的比重不断上升，由 2001 年的 64.1%，上升到 2005 年的 75.1%；内资民营经济的税收收入，由 2001 年的 6660.52 亿元，增加到 2005 年的 16388.45 亿元，增加 9727.93 亿元。[25]

第三，民营经济在科技领域成了主力军。2004 年全国第一次经济普查资料的以下指标显示了这一特点：2004 年科技企业的国有及国有控股企业、私营企业、港澳台商投资企业、外商投资企业的企业数量分别为：35705 个、119358 个、283999 个、28766 个；科技工业企业数所占比重分别为 16.8%、56.2%、13.4%、13.6%，其中，私营企业数量和所占比重增长较快。工业企业中国有及国有控股企业、私营企业、外商投资企业科技活动人员数分别为：993730人、204607人、192272人，所占比重分别为：62.3%、12.8%、12.1%。工业企业国有及国有控股企业、私营企业、港澳台商投资企业、外商投资企业研究与试验发展（R&D）活动人数分别为：445283人、79683人、55007人、92443人，所占比重分别为：59.2%、10.6%、7.3%、12.3%；其中，R&D项目数国有及国有控股企业28319项、私营企业7299项、港澳台商投资企业3619项、外商投资企业5381项，所占比重分别为：54.6%、14.1%、7.0%、10.4%。R&D经费内部支出方面：国有及国有控股企业5413275万元，私营企业845384万元，港澳台商投资企业889852万元，外商投资企业2105189万元，所占比重分别为：53.06%、8.4%、8.8%、20.9%。在工业企业发明专利数方面：国有及国有控股企业4012件、私营企业3627件，港澳台商投资企业1689件，外商投资企业5189件，所占比重分别为：22.1%、20.0%、9.3%、28.6%。拥有发明专利数方面：国有及国有控股企业9244件，私营企业6486件，港澳台商投资企业2700件，外商投资企业3881件，所占比重分别为：32.1%、22.5%、9.4%、13.5%。[26]

第四，民营经济的总体发展状况良好。截至2005年底，全国私营企业已达430万户，1998年到2005年的年均增速27.2%；从业人员5824万人，1998年到2005年的年均增速25%，其中投资者人数1109.9万人；注册资金61331.1亿元，1998年到2005年的年均增速51%；产值27434.1亿元，1998年到2005年的年均增速42.3%；社会消费品零售额15489亿元，1998年到2005年的年均增速46.6%。2005年全国规模以上工业增加值66425.21亿元，私营工业增加值11807.17亿元，占全国比重的17.8%；2006年全国规模以上工业增加值79752亿元，比2005年增长了24.4%，增速高于全国平均水平。在税收方面，2005年全国税收总额3086.5亿元，私营企业贡献了8.8%，为271.82亿元；2006年全国税收总额37636.27亿元，比2005年增长21.9%，私营企业贡献了9.3%，达3495.2亿元，较2005年增长28.6%，增速高于全国平均水平。见表17-15。

民营经济与中国现代化

表17-15 1998—2005年私营企业发展状况

年度	户数		从业人员		注册资本金额（亿元）		总产值（亿元）	
	户数（万户）	比去年增长%	人数（万人）	比去年增长%	金额（亿元）	比去年增长%	金额（亿元）	比去年增长%
1998	120.1	25.0	1709	26.7	7189	39.9	5853	49.2
1999	150.89	25.6	2021.6	18.3	10287.3	43.1	7686.1	31.3
2000	176.18	16.8	2392.7	18.4	13307.7	29.4	10739.8	39.7
2001	202.85	15.1	2713.9	13.4	18212.2	36.9	12558.3	16.9
2002	244	20.3	3247.5	19.7	24756.2	35.9	15338	22.1
2003	301	23.4	4299.0	32.4	35305	42.6	20083	30.9
2004	365	21.3	5017.2	16.7	47936	35.8	22950.4	14.3
2005	430	17.8	5824	16.1	61331.1	27.9	27434.1	19.5

资料来源：全国工商联网站http://www.acfic.org.cn/。

第五，外资经济继续保持良好的增长势头。中国协议外资额和实际利用外资额都逐年增长（1999年除外），由1998年协议外资额521.02亿美元，实际利用外资额454.63亿美元，增长到2005年协议外资额1890.65亿美元，实际利用外资额603.25亿美元，8年间协议外资额增长了2倍多。详情见表17-16。1998年中国依然是利用外资最多的发展中国家，在世界上仅次于美国居第二位。到1999年虽然退居世界第三，在发展中国家仍列第一位。截至2005年，1979—2005年，中国累计批准外商直接投资项目数552942个，协议外资额为12856.74亿美元，实际利用外资额达6224.29亿美元。2005年全国规模以上工业增加值66425.61亿元，其中三资企业工业增加值18976.72亿元，占全国比重的28.6%。2006年全国规模以上工业增加值79752亿元，比2005年增长了16.6%，其中三资企业工业增加值22502亿元，占全国比重的28.2%，比2005年增长了16.9%，增速略高于全国平均水平。在税收方面，2005年全国税收总额30865.8亿元，三资企业贡献了20.6%，为6348.5亿元；2006年全国税收总额37636.27亿元，比2005年增长了21.9%，三资企业贡献了21.1%，为7950.4亿元，比2005年增长25.2%，增速高于全国平均水平。

表 17-16　1998—2005 年中国利用外商直接投资情况

年　份	项目数	协议外资额（亿美元）	实际利用外资额（亿美元）
1998	19799	521.02	454.63
1999	16918	412.23	403.19
2000	22347	623.80	407.15
2001	26140	691.95	468.78
2002	34171	827.68	527.43
2003	41081	1150.69	535.05
2004	43664	1534.79	606.30
2005	44001	1890.65	603.25
1979~2005	552942	12856.74	6224.29

资料来源：《中国统计年鉴（2006）》。

这一时期，在外商投资企业类型方面表现出以下特点：合资经营企业呈下降趋势，由 1998 年的 183.5 亿美元下降为 2005 年的 146.14 亿美元；在 3 种类型企业中所占比重不断下降，由 1998 年的 41.2% 下降到 2005 年的 24.6%。合作经营企业也呈下降趋势，由 1998 年的 97.2 亿美元下降为 2005 年的 18.31 亿美元；其在 3 种类型企业中所占比重下降迅速，由 1998 年的 21.8% 下降到 2005 的 3.1%。外商独资企业则呈上升趋势，由 1998 年的 164.7 亿美元增长为 2005 年的 429.61 亿美元；其在 3 种类型企业中所占比重迅速上升，由 1998 年的 37% 上升到 2005 年的 72.3%，占 3 种类型企业的 2/3 以上。见表 17-17。

表 17-17　中国 1998—2005 年外商投资企业构成情况

单位：亿美元

年　份	合资经营企业	合作经营企业	外商独资企业
1998	183.5	97.2	164.7
1999	158.2	82.3	155.4
2000	143.4	65.9	192.6
2001	157.4	62.1	238.7
2002	149.92	50.58	317.25
2003	153.92	38.36	333.84
2004	163.86	31.12	402.22
2005	146.14	18.31	429.61

资料来源：《中国统计年鉴（2000—2006）》。

三、所有制结构市场化改革见成效

所有制结构市场化改革是经济体制改革的核心。以公有制为主体,多种经济成分并存的社会主义中国特色所有制结构,能更好地调动、组合、整合中国各个方面的优势资源,并使之实现市场化的最佳配置,在发挥公有制经济主体主导作用基础上,实现经济社会,社会发展最优化。民营经济在此建设中,发挥了巨大作用。

总体看来,这一时期所有制结构方面的变化仍然是国有经济的比重继续下降,非国有经济比重继续上升。2004年全国第一次经济普查资料显示,全国登记注册的法人单位共有516.8万个,其中国企法人单位占20.8%;全国登记注册的企业法人单位有324.9万个,其中国有企业只有不到17.9万个,占5.5%;就业人员约2.1亿人,其中国企法人单位占28.5%,从而国有经济在数量上早已不占优势,但国有经济的利润和资产总额则不断上升。统计资料显示:从1998年到2003年,中国的国有及国有控股企业户数从23.8万户减少到15万户,减少了37%;实现利润从213.7亿元提高到4951.2亿元,增长了22.2倍;国有企业资产总额从14.9万亿元增加到19.7万亿元,净资产从5.21万亿元增加到8.36万亿元。从2004年到2005年,国有及国有控股企业户数又继续从3.56万户减少到2.75万户,减少了22.8%。从1998年到2003年,中国进入世界500强的企业从3家增加到15家,其中内地的14家企业全部是国有企业。[27]

国有及国有控股企业的总产值占全部国有及规模以上非国有工业总产值的比重从1998年的49.6%一直下降到2005年的33.3%,规模以上非国有工业的总产值占全部国有及规模以上非国有工业总产值的比重从1998年的50.4%一直增长到2005年的66.7%。见表17-18。2006年,截至11月,工业增加值累计达77890.99亿元,其中国有及国有控股企业工业增加值为27813.99亿元,占全部工业增加值的35.7%,集体企业工业增加值为2543.15亿元,占全部工业增加值的3.3%,其他经济成分工业增加值占全部工业增加值的61%。[28]

表 17-18　1998—2005 年中国国有经济、非国有经济比重简表

单位：亿元，%

年份	全部国有及规模以上非国有工业总产值					社会消费品零售总额				
	合计	国有及国有控股企业		规模以上非国有工业		合计	国有商业		非国有商业	
	金额	金额	比重	金额	比重	金额	金额	比重	金额	比重
1998	67737.14	33621.04	49.6	34116.10	50.4					
1999	72407.04	35571.18	48.9	37135.86	51.1	3942.40	1566.86	39.7	2375.54	60.3
2000	85673.66	40554.37	47.3	45119.29	52.7	4407.73	1603.12	36.4	2804.61	63.6
2001	95448.98	42408.49	44.4	53040.49	55.6	5169.70	1413.96	27.4	3755.74	72.6
2002	110776.48	45178.96	40.8	65597.52	59.2	6460.64	1299.07	20.1	5161.57	79.9
2003	142271.22	53407.90	37.5	88863.32	62.5	8199.40	1239.50	15.1	6959.9	84.9
2004	201722.19	70228.99	34.8	131493.20	65.2					
2005	251619.50	83749.92	33.3	167869.58	66.7					

资料来源：《中国统计年鉴（1999—2006）》。

注：国有及国有控股企业指国有企业加上国有控股企业。国有企业（原全民所有制工业或国营工业）指企业全部资产归国家所有，并按《中华人民共和国企业法人登记管理条例》规定登记注册的非公司制的经济组织。包括国有企业、国有独资公司和国有联营企业。1957 年以前的公私合营和私营工业，后均改造为国营工业，1992 年改为国有工业。这部分工业的资料不单独分列时，均包括在国有企业内。国有控股企业是对混合所有制经济的企业进行的"国有控股"分类。它是指这些企业的全部资产中国有资产（股份）相对其他所有者中的任何一个所有者占资（股）最多的企业。该分组反映了国有经济控股情况。

规模以上非国有工业指年产品销售收入在人民币 500 万元以上的非国有工业。

商品零售总额按限额以上（年末从业人员 60 人以上，年销售额在人民币 500 万元以上）零售贸易企业统计。

第三节　民营经济是民生建设的主体内容

在社会主义初级阶段的中国，民营经济的建设与发展，既是国家经济建设的一个重要方面，又是国家社会建设的一个重要组成部分，也是国家民生建设的一个主体内容。胡锦涛总书记在十七大报告"加快推进以改善民生为重点的社会建设"一节中指出："必须在经济发展的基础上，更加注重社会建设，着力保障和改善民生。"

一、民营与国有——一枚硬币的两个方面

公有制为主体、多种所有制经济共同发展，是我国社会主义初级阶段的基本经济制度。十七大报告指出："坚持和完善这一基本经济制度，毫不动摇地巩固和发展公有制经济，毫不动摇地鼓励、支持、引导非公有制经济发展。"

▶ 民营经济与中国现代化

1. 公有制经济为主体，既是执政党的政治性社会诉求，又是经济性社会诉求

中国所有制结构的定位主要是公有制经济尤其是国有经济的定位。国有经济是公有制的典型形态，国有经济是公有制经济的核心。张亚斌先生在《中国所有制结构与产业结构的耦合研究》一书中提到：各国引入公有制或国有经济，既存在普遍的规律，又有各自特殊的选择。中国所有制结构的定位是普遍规律与特殊选择的统一。同时，张亚斌先生就普遍规律表现的六个方面，即第一，解决"市场失灵"；第二，解决"市场不足"；第三，实现资源配置微观效率的最大化；第四，调控国民经济的运行；第五，调整国民经济结构；第六，实现国家战略利益作了分析论述并在此基础上得出社会主义中国以公有制为主体的基本经济制度选择是出于将实现国家战略利益、弥补市场不足摆在首位思考的结论。㉙笔者原则同意这个结论，但同时还应强调指出，我国将公有制作为主体构建中国基本经济制度，确实更有执政党政治性社会诉求的意义，而且这一社会诉求被摆在首要位置。公有制为主体，体现的是社会主义制度下"人民当家做主"的意义，这作为社会主义制度的表现特征。自马克思以来的所有马克思主义经典作家，无一不是执此态度，笔者也完全肯定这一基本点。当然，以国有经济为核心的公有制经济为基本经济制度的主体，就能充分体现并实现"人民当家做主"这一政治性社会诉求，即国有经济的资本、资产权力、资本增值、资产扩张的价值权力和权益能直接为全体公民所有并享有，这是社会主义制度优越于资本主义制度的根本所在，这是天经地义的。关键在于如何实现国有经济的资本增值和资产扩张。改革开放以来，国有经济的改革在历经较大挫折后终于取得了历史性巨大突破。这里，笔者强调的是更进一层意义：在公有制为主体，充分体现人民当家做主的政治性社会诉求的基础上，在惠及全体公民、国民的基础上，更给民营经济实体的所有者、经营者即老板一个"双重所有权意义"的更大优惠与实惠。

2. 国有经济做优做大做强

我国国有企业经过长达30年的改革拼搏与制度创新探索，不但走出了困境，而且成为具有较高劳动生产率、较强盈利能力和竞争力的市场主体。国有经济也不断向能发挥自己优势的重要行业和关键领域集中，向大企业集中，成为我国社会主义市场经济的一支骨干力量，主导着国民经济的发展。1998

年，全国国有工商企业共有23.8万家，到2006年底，这一数字成为11.9万家，数字减少一半，但利润却由1997年的800亿元增加到2006年的12000亿元，足足增长了14倍。2000年，全国国有工商企业共有净资产57554.4亿元，其中中央企业净资产30690亿元，而到2006年，中央企业净资产增长到53900亿元，实现利润7681.5亿元，上缴税金6822.5亿元。2006年，中央企业销售收入超过千亿元的有21家，利润超过百亿元的有13家。2007年，美国《财富》杂志公布全球500强中，中国有30家，其中内地企业有22家，这些企业全部为国有控股企业。2007年1—5月，全国规模以上工业企业中，国有及国有控股企业实现利润4193亿元，比2006年同期增长42.3%，超过1—5月全国工业企业利润增长42.1%的增幅（见《十七大报告辅导读本》，人民出版社2007年版，第166~168页）。国有经济的做优做大做强，从根本上决定着中国经济的前进方向和发展道路。马克思在《〈政治经济学批判〉导言》中指出："在一切社会形式中都有一种一定的生产决定其他一切生产的地位与影响，因而它的关系也决定其他一切关系的地位和影响。这是一种普照的光，它掩盖了一切其他色彩，改变着他们的特点。这是一种特殊的以太，它决定着它里面显露出来的一切存在的比重。"[30]国有经济这种社会主义的"普照的光"和"特殊以太"的地位和影响，不仅能主导中国社会前进的方向与道路，同时还能"再生产出并且必然会再生产出现存制度的一切缺点"[31]，从而为这些缺点的弥补、修正和改革创造出必要的条件和措施，而这些条件和措施中当然包括民营经济这样一种经济成分。

3. 多种所有制经济共同发展既是执政党的经济性社会诉求，又是政治性社会诉求

如同我党将公有制界定为我国基本经济制度的主体，既是中国政治性社会诉求，又是中国经济性社会诉求一样，将多种所有制界定为基本经济制度"共同发展"，同样也既是中国执政党的经济性社会诉求，又是政治性社会诉求。

在我国民营经济即除开外资经济之外的非公有制经济。所谓民营的民，即社会公民也即老百姓。从社会学意义上，是与组织相对应的概念。从政治学意义上，在我国更具有社会政治主体和社会政治基础的本体意义，因为我国是人民当家做主的国家。当家做主的主人翁经办自己的经济，这是社会主义政治与经济关系的科学体现。社会主义中国的"民"，不简单的是资本主

▶ 民营经济与中国现代化

义政治制度下被统治的民。在我国，因为社会主义制度的性质决定，我国的民是统治阶级，是执政的中国共产党的社会基础和社会主体，在其根本利益上，与执政党是完全一致的。因此，在我国作为社会主体的"民"，创办和经营属于自己的经济事业和活动，这与资本主义制度下的私有制经济，具有本质意义的区别。他们既是社会主体又是本体的民，从事自己的当家做主的经济活动，解决自己的生存与发展问题，即自己动手解决自己的民生问题，这正是社会主义制度优越性体现的结果。我国还处于社会主义初级阶段，还不是发达的或成熟的社会主义，还远远达不到马克思所指出的："各尽所能，按需分配"那样的成熟的社会主义形态要求。因此，作为社会主体的民，通过自己积极、主动地创办、经营属于自己的经济实体活动，在为社会作贡献的同时，能动地解决自己的民生，这是民的伟大之处。同时，在我国，民与国（政府）既有对应性（而不是如资本主义制度下那样的对立性），更有统一性。这表现在民营经济与国家宏观调控的目标一致的意义上。恩格斯指出："政治统治到处都是以执行某种社会职能为基本时才能继续下去。"[②]在世界范围内，自20世纪中期开始（实际是从罗斯福的"新政"开始），国家对社会经济生活进行管理调控的职能已大大增加并强化。在我国，建国以后一直奉行的计划经济，也具有这种意义。中国共产党通过计划经济体制管理国家的经济活动，其政治的社会诉求是以消灭私有制，进而消灭剥削为目标，其手段是以公有制为基础，即以所有制为社会形态判断的根本标准；其经济的社会诉求则是以满足国家强大和人民幸福为其出发点和目标。但是，正因为政治社会诉求的社会形态判断根本标准的错误，从而导致经济的社会诉求目标的偏离和出发点的虚置。执政党（通过政府）对经济、社会的管理和调控不仅没有能获得预期的成就，甚至还两度使中国经济濒临崩溃的边缘，进一步拉大了与发达国家的差距。邓小平的改革开放从拨乱反正、正本清源开始。拨"左"之乱，正马克思主义基本原理之源，其首要即恢复将生产力标准作为社会形态衡量的根本标准，并运用这个根本标准，衡量并得出中国现阶段是处于社会主义初级阶段的科学结论——这是对于马克思社会形态理论的革命性巨大发展。正是基于此，解放生产力和发展生产力，在正"本"基础上"还原"——老百姓即"民"作为社会主体，作为社会主义国家的主人翁，当然也是社会主义生产力的主体——解放和发展"民"，让人民中蕴藏的巨大的生产力能量充分释放出来，并创造性地发挥作用，民营经济应运而生、迅猛发展也就成为历史必然。邓小平深刻指出的"革命是解放生产力，改革也是解放生产力"[③]，是邓小平对社会主义初级阶段中国国情、国体、政体、执政党、政府、人民、生产力等一系列关系的唯物史观把握和科学运用的结果，其大智大慧无论怎样肯定也不为过。

自改革开放伊始的近30年来，中国民营经济的萌生与发展，历经艰难险阻，历练大风大浪，终于在执政党（通过政府）的细心呵护下，与国有经济共同成为社会主义经济的有机组成部分，成为中国基本经济制度的重要组成成分，成为一枚硬币的一个方面。也正是通过改革开放，我党（通过政府）将自己的政治性社会诉求（社会主义道路与方向）与经济性社会诉求（不断满足人民群众日益增长的物质文化需要）的目标、出发点、途径、手段、措施与方法等有机地整合为一个系统，并在其实践中不断地修改、修正这个系统，使自己的宏观调控不断地再上新的台阶，从而表现出不断成熟的执政能力。

4. 民营经济成为社会主义经济的生力军

经过近30年的努力，具有中国特色的民营经济从无到有，从小到大，已经成为社会主义中国经济的生力军，主要表现在10个方面（这在上一节已述及）。

二、民营与民生——社会和谐发展的两个方面

在中国，民营与民生是经济建设、社会建设、社会和谐发展的两个方面。因为民营经济发展而促进民生向更高层次发展，因为民生的更高层次需求而又促进民营经济不断上台阶。二者相互提携，有力地促进着具有中国特色的社会主义和谐的建设。

1. 民营经济的双重所有权意义的认识

民营经济是老百姓自己当家做主的经济。这种当家做主，是直接的当家做主，是完全意义上的自主经营、自负盈亏。从所有制的角度讲，业主是企业的主人，对自己的财产具有不可争议的自主权与处置权。从市场运行角度讲，现阶段中国大多数民营经济实体，还是实行的业主经营体制（因为大多数民营经济实体还达不到所有权与经营权相分离的资产程度）。与资本主义制度相比较，中国的民营经济业主，具有双重的所有权意义：一是作为国家的主人，无条件地享有人民共和国的主人翁权利和利益（这种权利和利益部

▶ 民营经济与中国现代化

分是通过行使权益而获取，这与所有公民一样，如宪法规定的公民权益等；部分是作为民营经济实体的业主或法人代表，享受到国家对民营经济发展的保护、支持和帮助的法律的政策措施的权利和利益）。二是作为民营经济实体的业主或法人代表，则在个人合法财产（包括生活资料和生产资料上）则享有完全的受法律保护的权利，《物权法》的颁布是其标志。相对于非业主的其他中国公民，民营经济实体的业主们的这种双重所有权意义，对于解放和发展生产力的意义和作用十分巨大。马克思明确指出：无产阶级解放所必需的物质条件是在资本主义生产发展过程中自发的产生的。[34]他认为，民营经济的运行，更主要的是依赖于资本，借助资本的进步功能。而资本的文明面之一，是它获取剩余劳动的方式和条件，同它以前的奴婢制、农奴制即自然经济文明形态相比较，都更有利于生产力的解放与发展，更有利于社会关系的发展，更有利于更高级的新形态的各种要素的创造。因此，资本一方面会导致社会上一部分人靠牺牲另一部分人来强制和垄断社会发展的这样一个阶段；另一方面，这个阶段又会为这样一些关系创造出物质手段或萌芽，这些关系在一个更高级的社会形态内，使这种剩余劳动能够同一般物质劳动所占用的时间较为显著的缩短结合在一起。[35]所以，资本主义在它不到一个世纪的统治时间内所创造出来的财富比过去所有世纪创造出来的财富总和还要多得多。正是基于此，马克思认定资本是人类社会进步的杠杆。也正是基于此，马克思对资本家依靠资本对无产阶级的剩余劳动的无情榨取采取了彻底的批判态度，尖锐地指出资本从来到人世间的第一天起，每个毛孔都流着血和肮脏的东西，进而指出资本主义制度并不是人类最美好的制度它必将被没有阶级、没有私有制、没有剥削的社会主义所取代。那么，社会主义初级阶段的中国，一方面要充分利用资本的社会进步杠杆功能去撬动社会大发展，另一方面则必须有效控制和衰减资本的血腥性和残酷性。民营经济的社会进步价值享受者体现在国家分配制度上，即"各尽所能，按劳分配，效率优先，兼顾公平"上，没有效率优先就无法实现兼顾公平。民营经济能较好地体现效率优先，但在兼顾公平上，就当前中国的实际考察，包括民营企业在内的民营经济实体，与社会主义本质要求还有一定的差距，这主要体现在业主对员工的剥削程度上。这就必须充分利用社会主义制度的优越性去实现这一任务：将剥削放在阳光之下，即实现"阳光下的剥削"。笔者于1998年在《四川统一战线》第七期撰文提出了"阳光下的资本"和"阳光下的剥削"概念。所谓"阳光"就是法律制度体系。健全的法律制度体系既能有力地保障和保护民营经济业主的双重所有权，促使民营经济健康发展，实现效率优先，又能有力地保护民营经济实体的广大员工的合法权利和利益，从而使兼顾公平有实实在在的社会基础。

2. 民营与民富

马克思主义认为，生产力的巨大增长和高速发展是社会主义新制度"绝对必需的实际前提"。如果没有生产力的高速发展，就会有贫穷的普遍化；在极端贫困的情况下，就必然会重新开始争取生存必需品的斗争，全部陈腐的东西又会死灰复燃。邓小平尖锐地指出："贫穷不是社会主义。"㊱"社会主义要消灭贫穷。"并以此界定社会主义的根本任务是解放和发展生产力，以解决广大人民群众日益增长的物质文化需要和社会生产落后的矛盾。民营经济通过对"民"，不断的解放和发展而实现对社会主义生产力的不断解放与发展，从而不断增加社会财富的总量积累。民营经济社会财富总量的积累与国有经济较大的区别在于，民营经济更多地体现在富民上，而国有经济则更多地体现在强国方面。"让一部分人通过诚实劳动和合法经营先富起来"是邓小平理论的一个重要观点。改革开放近30年来的实践充分证明邓小平的这一观点的正确性与科学性。

社会要和谐，首先要发展。经济发展是建设社会和谐的基础。到目前为止，民营经济已成为中国经济增长的最大动力来源。到2006年底为止，中国GDP总量中的65%左右已为广大的非公有制经济所贡献，其中，个体私营经济已经占到40%左右；中国经济发展中的增量部分，70%～80%来源于民营经济。民营经济促进中国经济发展的同时，富民是其重大贡献。改革开放以来，我国居民家庭财富普遍大幅度增加。到2006年底，全国有2595万家个体工商户，户均资金约2.5万元，而实际资产则大大超过此数；这些个体工商户涉及家庭人口达7500多万人，其中大多数人基本上过上了小康生活。全国有495万家私营企业，户均注册资金152万元，实际资产也大大高于此数；私营投资者人数近1271万人，涉及家庭人口近4000万人，私营企业中的高层管理人员比投资者人数更多，涉及的家庭人口更多。这些投资者和高管人员的家庭多数是比较富裕的家庭。有"恒产"就有"恒心"，有"恒心"就生活安心，生活安心就社会和谐。民营经济使这么多家庭，这么多人口的个人财产得以与日增加和积累，可以安居乐业，过上富裕和比较富裕的生活，这为社会和谐提供了可靠保障。[57]

3. 民营与民强

首先民强体现在奋斗、争取、拼搏、创新、敢于与国际资本较量上。改革开放以来，以百姓创业、民众投资、企业家经营为主要特征的民营经济的发展过程，既是国家在政策、法律和制度上逐步给予民营经济以公平待遇的过程，也是民营经济不断争取政策、法律和制度公平待遇的过程。这个过程既锻炼了民营经济，也提升了民营经济的增长势头。现代社会实践的无数事实证明，新生事物可以自发产生，但很难自发持续发展，必须有执政党（通过政府）的大力支持。毫无疑问，中国的改革有其自身的历史必然性，但改革中的具体内容则必须是自上而下地推动的，大如经济体制这样的内容，小到具体体制机制。执政党（通过政府）在推进经济体制市场化改革进程中，首先是构造体制外的自由流动资源和自由活动空间，然后是体制内放松控制，下放权力，再逐步将体制内和体制外通过市场衔接起来。体制外空间的形成，体制内独立性和自主权的放大，市场的形成与发展，为社会成员提供了致富致强的机遇与空间。民营经济的萌生（不是再生，因为今天中国的民营经济在本质上已不同于建国前的旧中国的民营经济）、发展和壮大，既是民营经济自身发展壮大的过程，也是中国共产党执政社会主义中国日益成熟的过程。

民强的第二个重要体现是效率。效率，特别是生产效率，是社会生存发展的重要条件。真正的效率是全要素效率，是各类生产要素的总效率，其中包括个人资本、企业家经营这一重要生产要素的效率。而民营资本在效率方面明显地高于其他资本的效率。而且，也正是民营资本的出现和民营资本效率的提升，则有力地推动了全社会资本和全社会生产效率的持续提升，这是中国经济得以迅速发展、彻底告别短缺经济和贫穷落后的一个基本原因。

民强的第三个重要体现是创新，创新是一个民族生存和发展的灵魂。自主地创业、创造和创新，是社会充满活力的最重要标志，也是社会和谐的一个主要标志。几千万个个体工商户的产生和发展，几百万家私营企业的崛起和拼搏，还有几千万自由职业者的出现，是改革开放以来中国人追求创业自由的一个重要体现，也是国家政策不断推进创业自由的一个主要结果。这几百万、几千万个人和家庭，通过自主创业，通过创新，为个人创造了价值，骄傲地实现了人生价值；为社会创造了财富，不断地创造和积累了社会财富总量，不断地增强社会主义中国的综合国力，大大提升了中国的国际地位。

而且，民营经济还是中国技术创新的重要力量，为构建创新型国家作出了自己的重大贡献。数据反映，我国大多数的新技术、新发明、新专利、新产品均来自民营企业和中小企业。正是民营经济的创业、创造和创新，大大提高了中国社会的整体活力，在体现民强的过程中不断地提升"民"的整体素质而向更强的台阶迈进。

民强的第四个重要体现是敢于与国际资本较量。经济全球化是当今世界的时代潮流，科技进步日新月异，国际竞争日趋激烈，发达国家在经济科技上占优势的压力长期存在。我国民营经济在参与国际合作，推进经济全球化进程中，已经开始显现出自己的生力军作用。据商务部的统计，按企业数计算，2005年，我国对外直接投资的母体民营企业已达2573家，比2002年增加了1573家，年均增长17.8%；占对外投资国内主体的比重从2002年的50%提高到64%，其中有限责任公司以32%的比重首次超过国有企业29%的比重。从地域看，七成以上的私营企业投资主体来自浙江和福建两省。从行业看，以加工制造业为主。2005年，我国在境外建立生产加工基地的投资近30亿美元，其中一半以上是以民营企业为主的劳动力密集型行业。民营企业海外投资的主要形式包括：建立营销网络、建立加工基地、开展资源合作开发和农业综合开发、建立境外开发中心等。投资方式也是多种多样。在地域分布上，我国民营企业已经在全球五大洲100多个国家和地区进行了经营和投资，其中在亚洲国家和地区的投资占将近一半。

4. 民营与国强

前文谈到执政党在构建社会主义基本经济制度时，将国强的侧重点倾向于公有制经济特别是国有经济上，而民营经济的重点社会诉求在于富民方面。这一方面充分体现了社会主义制度优越性，另一方面表现出执政党关于民生为主题的社会建设意识强化，这是十分值得肯定的。在实践上，民营经济在富民强民智民的基础上，也显著地反映出强国的意义与其巨大的力度。因为民富、民智、民生，其自然历史结果则必然是强国。纵观近代以来的世界历史，当今处于强国地位的西方发达国家，可以说各自在除开众多其他原因（诸如对外扩张，商品、资本输出，乃至对外掠夺等）之外，有一规律性的原因则是通过民营而民富而民强而国强。近代中国的落后，皆因民营不兴、民富不能、民智不开、民强不利。落后就要挨打，这是人类自然历史过程中的自然历史结论。自第一次鸦片战争以来，中国人苦苦寻求的图强御侮之路、

▶ **民营经济与中国现代化**

民族复兴之路，只有在今天才开始成为现实，而这在开始成为现实的伟大贡献之中，民营经济功不可没。2007年，中国GDP总量中，民营经济贡献达65%左右。

注释：

①李国荣：《民营之路》，上海财经大学出版社2006年版，第103页。

②黄孟复：《中国民营经济发展报告NO.3（2005—2006）》，社会科学文献出版社2006年版，第3页。

③同上注，第1~2页。

④同上注，第3页。

⑤黄孟复：《中国民营经济发展报告NO.4（2006—2007）》，社会科学文献出版社2007年版，第33页。

⑥同上注，第12页。

⑦《2005年中国私营企业调查报告》，《中华工商时报》2005年2月3日。

⑧张厚义：《中国私营企业发展报告N0.5（2003）》，社会科学文献出版社会2004年版，第24页。

⑨黄孟复：《中国民营经济发展报告NO.4（2006—2007）》，社会科学文献出版社2007年版，第24页。

⑩同上注，第24页。

⑪同上注，第25页。

⑫同上注，第25页。

⑬同上注，第25页。

⑭同上注，第34页。

⑮李国荣：《民营之路》，上海财经大学出版社2006年版，第110页。

⑯黄孟复：《中国民营经济发展报告NO.4（2006—2007）》，社会科学文献出版社2007年版，第26页。

⑰同上注，第28页。

⑱《毛泽东选集》第2卷，第647页。

⑲同上注，第678页。

⑳同上注，第4卷，第1253页。

㉑同上注，第3卷，第1074页。

㉒任杰、梁凌：《中国政府与私人经济》，中华工商出版社2001年版，第356页。

㉓黄孟复：《中国民营经济发展报告NO.4（2006—2007）》，社会科学文献出版社

2007年版,第156页。

㉔苏东斌主编:《制度人假设》,社会科学文献出版社2007年版,第373页。

㉕黄孟复:《中国民营经济发展报告 NO.4 (2006—2007)》,社会科学文献出版社2007年版,第150页。

㉖苏东斌主编:《制度人假设》,社会科学文献出版社2007年版,第378页。

㉗同上注,第381页。

㉘同上注,第381页。

㉙张亚斌:《中国所有制结构与产业结构的耦合研究》,人民出版社2001年版,第41~50页。

㉚《马克思恩格斯选集》第2卷,人民出版社1995年版,第24页。

㉛同上注,第520页。

㉜《马克思恩格斯全集》第20卷,人民出版社1982年版,第195页。

㉝《邓小平文选》第3卷,人民出版社1993年版,第372页。

㉞《马克思恩格斯全集》第34卷,人民出版社1972年版,第358页。

㉟同上注,第25卷,第925~926页。

㊱《邓小平文选》第3卷,人民出版社1993年版,第186页。

㊲黄孟复:《中国民营经济发展报告 NO.4 (2006—2007)》,社会科学文献出版社2007年版,第33页。

第十八章　完善基本经济制度，健全现代市场体系

胡锦涛在中共十七大报告中指出："坚持和完善公有制为主体、多种所有制经济共同发展的基本经济制度，毫不动摇地巩固和发展公有制经济，毫不动摇地鼓励、支持、引导非公有制经济发展"；"加快形成统一开放竞争有序的现代市场体系，发展各类生产要素市场"。两个"毫不动摇"构成的基本经济制度具有鲜明的中国初级阶段社会主义特色。现代市场体系建设有一个如何与国际接轨的关系处理。

第一节　坚持和完善基本经济制度

以公有制为主体，多种所有制经济共同发展的基本经济制度是中国经济体制改革重大的制度创新成果，是建立社会主义市场经济体制的核心。"以公有制为主体"是社会主义所有制结构中最本质、最内在的质的规定性；同时也在量的层面上表明其占有优势比重。"多种所有制经济共同发展"体现了不同产权结合的内在要求。其根源在于两种所有制的产权结构各有特色，各自适应不同生产力发展的要求。

一、以公有制为主体

对为什么我国要"以公有制为主体，多种所有制经济共同发展"的探索认识、研究成果众多，在众多的研究成果中，张亚斌在《中国所有制结构与产业结构的耦合研究》一书中的观点和结论值得注意。今将张亚斌的观点与结论摘录于后，以奉献给广大读者。张亚斌认为："尽管政治制度与意识形态对一国的所有制结构定位会产生重大影响，但上层建筑的差异是植根于经济制度的差异，而经济制度的差异又是植根于社会经济结构与社会生产力水平差异的，而不是相反的"[①]；"中国所有制结构的定位是普遍规律与特殊选择的统一"。[②]于此，张亚斌在较细致阐述公有制经济和国有制经济的具体功能与作用，即第一，解决"市场失灵"；第二，解决"市场不足"；第三，

"实现资源配置微观效率的最大化";第四,"调控国民经济的运行";第五,"调整国民经济结构";第六,"实现国家战略利益"六个方面功能和作用后,就中国为什么必须坚持和完善"以公有制为主体,多种所有制经济共同发展"得出了自己的结论性认识。

1. 为何要以公有制经济为主体

公有制经济包括国有经济与集体经济。与之相适应,公有制经济的主体地位是由两个点支撑的:一是国有经济在整个国民经济中起主导作用,二是集体经济在国民经济中大量地存在。

首先,国有经济在整个国民经济中起主导作用是"以公有制经济为主体"的核心。公有制经济系统由国有经济与集体经济构成,但起支配作用的是国有经济。中国的国有经济主要分布于:为整个国民经济发展与产业结构优化提供平台支撑的基础设施建设与基础性产业;引导产业结构升级、控制国民经济制高点、决定国民经济发展方向的主导产业或潜在性主导产业;对整个国计民生及国有经济发展产生决定性影响的战略产业或支柱产业;能够优化资源配置效率、提升国际竞争力、规模经济效应显著的高新技术产业;等等。上述国有经济的产业定位足以在质的层面上保证公有制在整个国民经济中的基础地位。

其次,集体经济在国民经济体系中大量地存在是"以公有制为主体"的内容。公有制经济为主体作为整个国民经济的基础,不仅要有一定质的规定性,还要有一定量的规定性。集体经济在国民经济体系中大量地存在,使"以公有制为主体"具有了数量上的保证。那么集体经济为何会大量地存在呢?这是一个长期以来被人们所忽视的问题。集体所有制与国有制共属公有制。因此,其产权都具有公有产权的一般特征,即具有非排他性或外部性。但集体所有制的产权毕竟不同于国有制的产权,这主要表现在两个方面:一是集体所有制产权的非排他性是相对的,在产权主体集合体内部是非排他的与难以界定的,但对外其产权是排他的,边界也是明确的;二是其产权主体(现实或潜在的具有从某种经济资源中获得收益并参与其运行的权利的人)集合中的元素要远少于国有制。因而,其内部交易费用可能要大大小于国有制经济的内部交易费用。由此而决定,集体所有制经济具有独特的优越性,一方面它像国有经济那样具有公有产权的特点,因而,能解决部分的市场失灵与市场不足的问题;另一方面,其产权安排的非排他性是相对的,这就决定了集体经济比国有经济更易于走向市场，更易于与市场机制融合。同时，由于其产权主体集合体中的元素较少，交易费用也较低。如果两种制度的收益是一定的，集体经济就可能比国有经济更经济或更有效率。总之，集体经济兼具国有经济与私人经济的产权特征，从而国有经济与私人经济之间形成一中间形式，具有很强的灵活性和生命力，这正是集体经济能广泛地存在并能获得迅速发展的原因。③

2. 为何要以国有经济为主导

各种类型的国家在引入公有制与建立国有经济方面存在着许多的共性，其中最一致的是为了解决市场失灵。发展中资本主义国家与发达资本主义国家在公有制或国有经济的功能定位方面是比较接近的，都将解决市场失灵视为首要目标。只不过发展中的资本主义国家更强调解决市场不足，因而，其产业定位略有差异，产业的分布也更广一些。社会主义中国与发展中国家的共性是，都十分注重国有经济解决市场不足的功能，但中国更强调国有经济在实现国家战略利益与调节国民经济结构目标方面的作用。因此，中国的国有企业更广泛地进入竞争性与营利性产业。因为中国的国有经济大量地分布于基础性产业、支柱产业、主导性产业或潜在性主导产业。国有经济在整个国民经济系统中起着实现产业结构合理化，促进产业结构高度化，稳定国民经济运行，控制国民经济的制高点，决定国民经济发展方向的重要作用。由此而决定，在中国所有制结构定位中，国有经济是整个国民经济的主导。

相比之下，在西方资本主义国家，在质的层面上，公有制或国有经济在整个国民经济中始终处于一种"从属"的地位，只是对资本主义私有制的"补充"；在量的层面上，公有制经济或国有经济只在整个国民经济中占有较小的比例。20世纪70年代中期，在77个非社会主义制度的国家或地区（包括美国）中，国有经济资本积累占总资本积累的比重仅为13.5%，国有经济产值仅占其国内生产总值的9.4%，其比重、功能及作用是不可与中国的公有制或国有经济等量齐观的。对中国国有经济合理规模的判断，我们只能从中国国有经济的功能定位及由此而决定的产业定位出发，而不能简单照搬国外的模式，或者进行简单的类比。④详见表18-1。⑤

表 18-1　不同类型国家国有经济功能排序
（按其功能的优先选择顺序）

	一	二	三
发达资本主义国家	解决市场失灵、调节国民经济运行	弥补市场不足、促进资源配置微观效率的最大化	调整经济结构、实现国家战略利益
发展中资本主义国家	弥补市场不足、解决市场失灵	调整国民经济结构、实现国家战略利益	提高资源配置效率、调节国民经济运行
社会主义国家	实现国家战略利益、弥补市场不足	调整国民经济结构、解决市场失灵	提高资源配置效率、调节国民经济运行

3. "毫不动摇地巩固和发展公有制经济"

中共十五届四中全会强调指出"积极探索公有制多种实现形式，增强国有经济在国民经济中的控制力，促进各种所有制经济公平竞争和共同发展"，又重点提出"从战略上调整国有经济布局，要同产业结构的优化升级和所有制结构的调整完善结合起来，坚持有进有退，有所为有所不为"的战略理念以来，中国在巩固和发展公有制经济上进一步取得了举世瞩目的成绩。在国有企业改革经历"抓大放小"战略改革后，轻装后的国企通过国家在政策、资金、技术方面的大力扶持（如对国企实施财政优惠、直接投资、股市融资、债转股、免去债务、资源倾斜、准入制度、安排冗员下岗并再就业等诸多举措，总计花去社会成本在 15 万亿元左右⑥），一大批国有企业实力大大增强，资产规模有增无减，资源更加集中，企业越做越大，越做越强，越做越优。到中共十六大召开时，国有企业终于从 20 世纪 90 年代中后期的历史性低潮中走了出来。

面广和过于分散的状况开始改变。1998 年，全国国有工商企业共有 23.8 万家，而到 2006 年，国有工商企业户数减少至 11.9 万家，正好减少了一半。1997 年，全国国有工商企业实现利润 800 亿元；而 2006 年，全国国有工商企业实现利润达 12000 亿元，增长了 15 倍。2000 年，全国国有工商企业共有净资产 57554.4 亿元，其中中央企业净资产 30690 亿元。2006 年，中央企业净资产增长到 53900 亿元，实现利润 7681.5 亿元，上缴税金 6822.5 亿元。2006 年，中央企业销售收入超过千亿元的有 21 家，利润超过百亿元的有 13 家。2007 年，美国《财富》杂志公布的全球 500 强中，中国有 30 家，其中

▶ 民营经济与中国现代化

内地企业22家（比上年增加了3家），这些企业全部为国有控股企业。2007年，有16家中央企业进入世界500强。分析1998—2006年中国国有工商企业若干经济指标，可以明确地看到，国有经济做强做优取得了历史性巨大成效。见表18-2。

表18-2　1998—2006年中国国有工商企业改革发展的若干经济指标

年份 指标	1998	1999	2000	2001	2002	2003	2004	2005	2006
国有企业数（万家）	23.8	21.7	19.1	17.4	15.9	14.6	13.6	12.6	11.9
资产总额（亿元）	134780	145288	160068	179245	180219	199971	215602	242560	290000
净资产（亿元）	50371	53813	57976	61436	66543	70991	76763	87387	
销售收入（亿元）	64685	69137	75082	76356	85326	100161	120722	140727	162000
利润总额（亿元）	800（1997）					4852	7364	9190	12000
销售利润率（%）	0.3	1.7	3.8	3.7	4.4	4.5	6.1	6.5	7.4
上缴税金（亿元）						8140		10075	14000
职工人数（万人）	6394	5998	5564	5017	4446	3067	3660	3209	
中央企业数（家）						196			157
中央企业资产总额（亿元）						83280			122000
中央企业净资产（亿元）						36000			53900
中央企业利润总额（亿元）						3006			7681.5
中央企业上缴税金（亿元）						3563			6822.5

转引自《十七大报告辅导读本》，人民出版社2007年版，第168页。

2005年,全国国有及国有控股工业企业在全国工业企业中的比重,户数仅占11%,但销售收入占35%,实现利润占45%,上缴税金占57%。2007年1—5月,全国规模以上工业企业中,国有及国有控股企业实现利润4193亿元,比上年同期增长42.3%,超过1—5月全国工业企业利润增长42.1%的增幅。2007年中国企业500强排行榜名单中,国有及国有控股企业共349家,占69.8%;实现年营业收入14.9万亿元,占500强企业营业收入的85.2%。

2005年中央企业销售收入6.6万亿元,实现利润6000亿元。国有企业尽管在数量上和从业人员上减少了,但在其规模、实力上却走向了辉煌,尤其在国际竞争上,更是初露锋芒。在最近几年公布的中国企业500强中,领衔的都是国有企业。在当今世界500强中,跻身其中的中国企业都是国有企业。甚至就是西方媒体,也为中国国有企业改革的成功而叫好称奇!

二、多种所有制经济共同发展

"多种所有制经济共同发展"体现了不同产权结构的内在要求。其根源在于两种所有制的产权结构各有特色,各自适应不同生产力发展的要求。

1. "以公有制为主体"反映了社会主义经济制度的本质要求

"以公有制为主体"有两个方面的内涵:一是在质的层面上,公有制处于基础地位,以公有制为基础是社会主义所有制结构中最本质、最内在的规定性;二是在量的层面上,公有制处于主体地位,在整个所有制结构中应占有优势比重。可以说,公有制的主体地位与其基础地位是联系在一起的。公有制基础地位与主体地位的实现,一是靠国有经济的主导地位,二是靠集体经济以及混合经济中的公有经济成分在数量方面的优势。在所有制结构中,国有经济处于主导地位,这主要反映在国有经济的结构与控制力上,而不是在它的数量优势上。

2. "多种所有制经济共同发展"体现了不同产权结构的内在要求

其根源在于两种所有制的产权结构各有特色,各自适应不同生产力发展的要求。公有制经济与非公有制经济、公有制经济中的国有经济与集体经济,作为市场主体在法律上是完全平等的,区别只在于各自具有不同的特点、优势和分工。它们之间是相互补充、相互依存的关系。正因为两种所有制的产权结构具有互补性,因此,中国发展非公有制经济绝非一种权宜之计,非公有制经济将与公有制经济长期并存。

"多种所有制经济成分共同发展"是社会主义市场经济的本质要求。社会主义市场经济是以公有制为主体的市场经济。"公平竞争,优胜劣汰"是市场经济最基本的法则,违反这一法则是一种似是而非的假市场经济。要坚持社会主义,就要坚持以公有制为主体;要建立市场经济,就必须坚持多种所有制经济成分的公平竞争、共同发展。

"多种所有制经济共同发展"是对"补充论"的重大突破,是我党在所有制结构改革市场化体系建设中与时俱进的最好体现。其表现如下。

第一,如果视非公有制经济仅为公有制经济的补充,那么,需要补充的时候就容忍它有生存的空间,不需要补充时则随时可能将它当作"资本主义尾巴"割掉。这种观念是仍然将发展非公有制经济当作权宜之计。它反映在法律、政策及行政管理方面,就是给非公有制经济的发展设置诸多限制,这在理论与实践方面都容易引起极大的混乱。

第二,视非公有制经济仅为公有制经济的补充形式,是斯大林"社会主义不成熟论"的延续,认为非公有制经济之所以存在,是因为社会主义尚处于初级阶段,尚不成熟。但是,社会主义是将会不断趋向成熟,由低级阶段向高级阶段发展的。按照"补充论"的逻辑,非公有制经济的存在与发展的空间将会越来越小。"补充论"本想为非公有制经济的存在与发展寻找根据,但深入分析后却会得出相反的结论,这是其自相矛盾之处。

第三,"补充论"是与社会主义市场经济观念相悖的。公平竞争、优胜劣汰是市场经济的基本法则。如果非公有制经济仅仅作为一种补充形式,是无法与公有制经济平等竞争的。这在银行信贷方面表现得最为突出。许多早该破产的国有企业能源源不断地得到银行贷款,而许多大有发展潜力的私营企业却得不到银行的资金支持。诸如此类的不平等条件是与社会主义市场经济的基本法则不相吻合的。[⑦]

三、毫不动摇地鼓励、支持、引导非公有制经济发展

非公有制经济的存在并与公有制经济长期共同发展,不是人们的主观意志的产物,而是具有历史和现实的客观必然性。党和国家制定的一系列方针政策对非公有制经济的产生和发展起了根本性作用,从时代性、规律性上看就是反映了这种历史和现实的客观必然性。

1. 它是多元所有制结构存在的必然结果

生产力决定生产关系，生产关系一定要适合生产力的性质和水平，这是人类社会发展的普遍规律。但是，过去由于"左"的思想影响，按照某种与生产力发展状况无关的标准来评价和对待社会主义所有制结构，追求纯而又纯的社会主义，于是超前消灭私有经济，盲目搞"升级过渡"，大肆"割资本主义尾巴"。结果，所有制结构不存在了，公有制是纯而又纯了，但生产力发展却严重受阻，中国国民经济几度濒临崩溃边缘，教训十分深刻。实践证明，在社会主义初级阶段的生产力状况下，只能选择以公有制为主体、多种经济成分并存的所有制结构。

我国社会主义脱胎于半殖民地半封建的旧中国。从整体上看，生产力发展水平本来很低，经过社会主义建设，我国生产力水平有了很大的提高，但是仍然低于发达国家，特别是各地区、部门、行业之间以及同一地区、部门、行业内部生产力发展水平很不平衡，呈现出多层次的状况。生产力的这种状况造成了双重结果：一方面，成熟的社会主义所需要的物质基础尚未成形，生产社会化程度不足，以致不能实现全社会公有化来容纳全社会的生产力；另一方面，在达到建立成熟的社会主义所需要的高度物质生产力之前，非公有制生产关系还具有容纳生产力发展的生命力，其历史使命没有完结。因为按马克思主义唯物史观的观点，任何一种生产关系在它所能容纳的生产力完全发挥出来之前，是不会消亡的。只有在"生产力扩大到建立公有制经济所必要的程度"，"在废除私有制所必要的大量生产资料创造出来之后才能废除私有制"。因此，在我国社会主义的现实生产力水平下，不能建立单一的公有制结构，只能建立以公有制为主体的包括私营经济在内的多种经济成分并存的所有制结构，以适应生产力水平总体还落后以及不平衡、多层次情况，从而促进生产力的发展。可见，非公有制经济存在并与公有制经济的长期共同发展，首先是多层次生产力状况决定的多元所有制结构存在的必然结果。

2. 实现社会主义根本任务的客观需要

按照人类社会发展的一般规律，社会主义社会是建立在资本主义高度发达的生产力基础之上的。由于中国近代社会政治、经济发展的特殊规律，使得中国超越资本主义的充分发展阶段而进入了社会主义。但是，资本主义充分发展的阶段可以超越，并不意味着我国可以不经过生产力的巨大发展，就可以实现现代化而立即进入成熟的社会主义。这一历史矛盾的存在，决定了中国社会主义必然经历一个很长的初级阶段。这个阶段的根本任务是使生产力充分发展起来，从而为建立成熟的社会主义创造物质基础。

完成社会主义初级阶段发展生产力的根本任务，固然主要靠公有制经济这支主力军，但也应该充分发挥包括私营经济在内的非公有制经济的生力军作用。实践证明，我国民营经济产生20多年来，在发展生产力方面的积极作用，充分表明了其存在和发展的价值。在社会主义相当长一个时期内，公有制经济这支主力军需要私营经济这支生力军与其共同发展，来完成社会主义初级阶段发展生产力的根本任务。

3. 建立和完善社会主义市场经济体制的现实要求

社会主义市场经济体制是包括公有制经济和非公有制经济在内的完整的经济体系。没有公有制经济为主体，市场经济不可能是社会主义的。但只有单一的公有制经济，没有非公有制经济，也建不成市场经济。其一，市场经济的本性要求包括民营经济在内的非公有制经济作为社会主义市场经济的重要组成部分；其二，民营经济是一种天生的市场经济，能够成为社会主义市场经济的微观基础之一；其三，民营经济的发展有利于社会主义市场经济的成长。我国改革开放以来的实践证明，公有制经济和非公有制经济都有各自大显身手的领域，完全可以在市场竞争中发挥各自的优势，相互促进，共同发展。

四、非公有制经济发展的可控性认识

我国现阶段非公有制经济的存在和发展的必然性产生于建设中国特色社会主义的历史起点和根本任务，同时它也运行于建设中国特色社会主义的宏观环境中，这决定了非公有制经济的可控性特点。

1. 制度层面的可控性

社会主义初级阶段的基本经济制度不仅包括公有制经济，而且包括非公有制经济。这就将非公有制经济的发展由"制度外"纳入"制度内"。这是社会主义基本经济制度作为社会主义经济基础的重要构成部分与公有制经济一起共同建设社会主义"大厦"，即非公有制经济不再是传统观念中那种社会主义的"异己力量"或破坏力量，而是社会主义的建设力量。由此，我党和政府也把非公有制经济人士当作了"社会主义建设者"。同时，在基本经济制度中，公有制经济和非公有制经济不是等量齐观的。社会主义性质决定公有制经济是主体经济，非公有制经济是非主体经济，这个主次地位是非常明确的。坚持公有制经济的主体地位，非公有制经济只能在非主体地位上发展，这是非公有制经济发展在制度层面的可控性，也是党和政府发展私营经济的一条基本原则。这一条原则从改革开放以来始终没有动摇过。公有制主体地位表现在公有资产在社会总资产中占优势，国有经济控制国民经济命脉，对经济发展起主导作用。换言之，在社会主义"大厦"的基础和框架结构中，公有制经济特别是国有经济起着"基础桩"和"支柱"的作用。因此，只要公有经济质量高、能量大，对国民经济发展起决定作用，多发挥私营经济等非公有制经济的作用，就有利于社会主义"大厦"的建设。只要坚持公有制经济的主体地位，非公有制经济在非主体地位上发展，不会危及社会主义经济，也不会改变社会主义经济的性质，不会导致私有化。总之，把非公有制经济纳入社会主义基本经济制度内，并规定非公有制经济在非主体地位上发展，这是非公有制经济发展在制度层面的可控性。中共十六大和十七大都明确提出了"两个毫不动摇"。很明显，发展非公有制经济的根本目的是发展生产力，符合"三个有利于"标准。

2. 运行层面的可控性

从我国现阶段非公有制经济所处的环境看，它受到社会主义国家的宏观调控、管理和监督，因而其运行具有可控性。在社会主义条件下，我们可以对非公有制经济"兴利抑弊"，使其在为发展社会主义经济服务的轨道上健康运行。在经济方面，国家运用税收、价格、信贷、利率、工资等经济杠杆，能够对非公有制经济的生产经营、市场行为、收入分配进行管理和调节。在行政方面，工商行政管理部门、税务部门可以定期对其账户往来和经营活动进行检查和监督。在法律方面，国家制定了有关法规，规定了非公有制经济行为的规范。对非公有制经济的违法违章行为，国家完全要依法进行处理。在政治方面，在非公有制企业党的建设中，党组织可以贯彻党的方针政策，引导和监督企业遵守国有的法律法规，领导工会和共青团等群众组织，团结凝聚职工群众，维护各方的合法权益，促进企业健康发展。目前非公有制经济表现出来的一些消极作用，很大程度上与体制转轨过程中管理体制没有理顺，管理没有到位，存在一些管理"真空"和政策"漏洞"有很大关系。随着社会主义市场经济体制的完善，国家加强对非公有制经济的宏观调控、管理和监督，其弊端和消极作用可以得到最大限度的限制。

3. 非公有制经济在社会主义条件下具有可塑性

只要积极加以引导,非公有制经济会产生社会主义因素的生长点,这也是非公有制经济可控性的重要表现。马克思曾经指出:"在一切社会形式中都有一种一定的生产支配其他一切生产的地位和影响,因而它的关系也支配着其他一切关系的地位和影响。这是一种普照的光,一切其他色彩都隐没其中,它使它们的特点变了样。"⑧在中国特色社会主义经济中,公有制经济占了主体地位,它是一种"普照的光",非公有制经济必然要受其照射。作为一种建立在雇工劳动基础上的非公有制经济,不可避免地带有资本主义因素,这是不容置疑的。但它运行在社会主义环境中不可避免地会渗透进某些社会主义的因素。事实上,一些私营企业已实行某些有别于私人企业的方法,如从税后利润中留一定比例的积累,作为集体财产;规定按股份分红和业主收入的限额;从利润中给工人一定比例的劳动返还;实行劳动保险制度,注重发挥职工积极性等,在不同程度上具有了合作经济的因素。在社会主义的影响下,非公有制经济的内部经济关系也会发生某种"变异",产生社会主义因素的生长点。只要我们引导得好,非公有制经济的发展不会越来越背离社会主义,而是越来越趋近社会主义。⑨

第二节 健全现代市场体系,发展生产要素市场

发挥市场在资源配置中的基础性作用,必然有一个完善的市场体系。对于民营经济发展来讲,更是如此。国内外的事实证明,市场作用的有效性与其完善程度成正比。而市场作用的有效性又直接决定和影响着全社会的生产效率,决定着一个国家的整体竞争力。因此,中共十七大报告强调要加快形成统一开放竞争有序的现代市场体系,积极发展生产要素市场。

一、现代市场体系构成

现代市场体系由统一市场、开放型市场、公平竞争优胜劣汰机制和规范有序的市场秩序几个方面构成。

1. 完善全国市场

市场的统一是商品和生产要素自由流动的重要条件。国内市场的统一是市场经济体制建设的基础。特别在中国加入"WTO"后,更是如此。统一市

场的覆盖范围有多大，先进的生产力就可以在多大的范围内取代落后的生产力。欧盟十几个国家分散的市场能够形成一个统一的大市场，正是各成员国看到了统一的大市场所带来的好处。在统一的大市场内，先进的技术和资本流向发达地区，这是不断缩小地区之间发展差距的根本途径。近几年，我国中部地区投资和经济增长速度明显快于东部和西部地区。其重要原因在于中部地区特别是迅速崛起的民营经济吸纳了东部地区的投资，积极承接了沿海地区的产业转移。中西部农村劳动力大批到沿海地区打工，沿海地区的资金、技术大量进入中西部，对中西部地区的工业化起到了重要的催化作用。

2. 提高开放型市场程度

2006年，我国经济的外贸依存度即进出口总额占国内生产总值的比重已达67%。据国际货币基金组织统计，2007年上半年，我国经济增长对全球经济增长的贡献已达25%[⑩]，超过美国成为对全球经济增长贡献最大的国家。真正称得上中国的发展离不开世界，世界的发展离不开中国。在当前我国市场对外开放程度已达到相当高水平的基础上，下一步工作的着力点应当是提高开放型经济水平。要通过优化进出口结构，提高对外贸易的经济效益，支持经济的持续增长。要提高利用外资水平，重点吸引技术、知识密集型产业投资，鼓励外商投资科技研发、服务外包等领域和中西部地区。要重视开放条件下的经济安全问题，防范国际经济波动特别是短期投机资本对我国经济的冲击。同时，强化国内市场的需求强度，建设内需拉动型，防止对外依存度过高的趋势，也是建设开放型市场的重要举措。

3. 健全公平竞争、优胜劣汰的机制

这是经济发展活力的源泉。要按照中共十七大报告的要求，抓紧"完善反映市场供求关系、资源稀缺程度、环境损害成本的生产要素和资源价格形成机制"，努力形成公开、公平、公正的竞争环境。长期以来，我国资源性产品价格偏低，原因在于其价格构成中没有全部反映资源稀缺性和环境损害成本，助长了资源的浪费和对环境的污染，影响了资源的可持续作用。要深化垄断行业改革，引入竞争机制。在财税、信贷、项目审批等各项政策上，解决非公有制经济发展面临的准入难、融资难等问题。在工程建设、政府采购中，要认真推行招标投票制。鼓励先进企业兼并落后企业，通过市场竞争淘汰落后生产能力，使先进企业得到充分发展。

4. 建立规范有序的市场秩序

市场是联系生产和消费的纽带。企业生产的产品只有通过市场才能实现其价值，企业的个别劳动才能转变为被消费者承认的社会劳动。有没有良好的市场秩序，决定着市场的选择作用能否得到有效发挥，决定着生产质优价廉产品的企业能否得到应有的回报，决定着消费者的利益能否得到保障。多年来，我们不断整顿市场秩序，打击假冒伪劣产品，打击不正当竞争行为，取得了明显成效。但是市场秩序仍不能令广大群众满意，必须继续努力。当前应把整顿市场秩序的重点放在确保食品、药品质量安全上，通过建立农产品标识制度、原产地可追溯制度、质量检验制度，把不合格产品逐出市场。要切实保护知识产权。加大执法力度，发挥市场中介组织在维护市场秩序中的作用。

5. 积极发展生产要素市场

在发展全要素市场上，重点推进劳动力、技术、土地和矿产资源市场化进程。劳动力由国家统一分配调动改变为通过劳动力市场实行供需双方直接见面、双向选择；技术成果的商品化使技术市场迅速扩大规模；彻底解决长期存在的技术与经济两张皮的问题；土地的无偿供给改变必须通过市场的招拍挂以实现优化配置，提高土地利用效益；强化矿产资源的有偿开发利用，以增强地质勘探能力，促进资源的可持续利用。

在价格形成机制上，由国家定价的商品种类进一步减少，以至最终取消国家定价。只对少数关系国计民生的重要产品实行指导价，对主要粮食品种的国家收购实行保护价。通过吞吐调节，平抑市场价格。使市场价格成为反映供求关系的信号，生产经营者依据价格信号自主决策，从而既满足市场供应，又增加花色品种，形成各类商品丰富多彩、琳琅满目的局面。

二、强化劳动力市场建设

改革开放以来，我国劳动力市场从无到有，不断发展和逐步完善，配置劳动力生产要素的作用日益发挥。但我国劳动力市场从概念的确立到市场的初步形成和发展，比之于商品市场要滞后得多。再加上传统就业制度及其惯性等非市场因素的影响，我国劳动力市场的运行机制还很不健全，市场发展存在很大的制度性缺陷。劳动力市场的主要缺陷是体制内外劳动力市场的分割运行，这首先就表现在户籍制度、用工制度、工资制度和保障制度等方面的差异。

1. 劳动力市场现状与存在问题

（1）统包统配的就业制度已不占主体地位、就业无绪是大问题。

单纯依靠国家安置就业的"大一统"格局已被打破。在外资企业和私营经济中的劳动用工已基本实现了全部由市场调节，劳动力的供求主体已经确立，初步形成了企业和劳动者之间相互选择的市场机制。各用人单位大多实行了面向社会、公开招聘、全面考核、择优录用的办法。但是就业无绪，渠道不畅仍是大问题。

（2）工资已经成为劳动力市场的重要调节信号，农民工工资太低。

工资是劳动力商品的价格，工资水平的高低理应反映劳动力商品的供求状况。

在外资企业和私营企业内部，工资水平的确定基本遵循了市场供求规律，比如，大学扩招之后，大学生找工作难。而由于中国的制造业迅猛发展，技工反而"吃香"。这个现象很好地反映了现在劳动力的供求现状，工资水平当然是随需求的旺盛而上涨。但是，农民工的工资待遇很低，福利几乎没有，社会保障在很大程度上还是个空白等。这在当今国际市场上是罕见的。

（3）劳动力市场保护机制正在建立。

过去由企业办保险办福利的机制已经改变，由社会统筹养老、医疗、伤残等方面的保险，社会、企业、个人各出一部分保险基金。但是，社会保险的接续和医疗保险方面还存在不少问题。医疗保险还没有社会化，下岗职工包括进城务工的农民工的医疗没有保障；有的民营企业多年来就没有缴纳过社会保险费，造成职工没有缴费年限，社会保险关系不能转移。

（4）就业服务体系初步形成，但不太完善。

职业介绍、就业咨询、劳动仲裁等劳动力市场的中介服务组织得到了迅速的发展。但现实中仍存在诸多问题，比如，人才市场或称之为职业介绍所的业务需要政府进一步规范。对于城市下岗职工尤其是进城务工的农民工的职业技能培训不足，在适当的方面需要政府介入。再者，基于劳动纠纷仲裁的成本高昂，作为相对弱势的劳动者一方，往往在劳动纠纷中处于被动局面。

（5）动力自由流动与公平竞争的障碍。

我们就业体制中公平竞争的障碍主要体现为农村劳动力流动及地区间劳动力流动方面的障碍。

农民工的工资低，福利水平很多谈不上，相对于城镇劳动者，雇用农民工所需的人工成本极低，从而，非国有企业本着利益最大化原则，会将就业岗位提供给农民工，这是市场价格调节人力资源配置的体现。但是，许多城市迫于目前城市新增人口与下岗员工增多带来的就业压力，不是积极地促进城乡劳动力市场统一就业，而是设置许多"关卡"阻碍农民工的流动与公平就业，如采取清退农民工、规定不准进入的行业和岗位等。

2. 劳动力市场的治理

中国具有庞大的人口基数，在一定程度上形成了劳动力无限供给的局面，然而中国的劳动力市场现代化却处于起步阶段，现有的劳动力市场不能为腾飞的中国经济提供源源不断的合格的、高素质的劳动力。劳动力的市场治理要从以下几个方面着眼。

（1）继续深化产权制度改革。

通过产权制度改革，真正放开企业的用人自主权。使企业在通过劳动合同取得劳动力的使用权以后，能作为生产的组织者享有包括指挥和安排劳动者从事劳动合同范围内工作的绝大多数管理权力和决策权力，企业中的冗员能够离开企业，进入市场就业，使体制内外劳动力市场接轨。

（2）加快劳动力市场的法制建设。

劳动力市场客观上需要逐步完善有关市场立法，依靠法律手段规范劳动关系，消除市场障碍，反对不正当竞争，维护劳动力市场秩序。一方面要在贯彻《劳动法》的基础上，加快促进就业，劳动合同、安全卫生、社会保障、劳动监察等方面法规的制定。另一方面要加强劳动监察机构和队伍的建设，完善劳动监察制度和劳动争议处理制度。对敢于利用招聘制度欺诈劳动力的企业老板或中介机构要依法严惩。

在劳动力供给方面，国家应颁布一定行业的就业准入标准，规定相应的就业年龄和技术标准，反对非法雇工，确保员工的生产安全；发展就业前职业教育、实行严格的岗位资格证书制度，迟滞新成长劳动力加入劳动力供给行列的时间，提高就业人员的从业素质。

在劳动力流动方面，应规范用工制度，反对不合理的随意解雇。同时对劳动者"跳槽"流动做出相应的规定，包括对"竞业限制"作为必要的补偿等；保障公平的就业机会和劳动者自由流动的合法权利，反对就业歧视和职业的垄断，规范就业中介组织的动作标准和程序，为公平就业提供一定的组织前提。

(3) 加快社会保障制度改革的步伐。

目前,中国社会保障制度体系不完善、覆盖面窄、制度不健全,其原因既有制度上的缺陷也有市场动作中的疏漏。首先,扩大社会保障的资金来源,遵循个人、企业和政府三方面结合的原则尽量扩大社保资金规模。其次,扩大社会保障的覆盖范围,把各种所有制企业、各个行业以及各种就业形式的劳动者都吸纳到社会保障体系之中,以利于他们的相互流动。再次,合理确定保障水平,尤其是失业保障方面,既要保障失业者在一定时期内的基本生活,又必须促进他们开拓创新、努力寻找新的工作。最后,扩大社会保障的商业化动作,通过保险公司的经营竞争等经济手段加强对社保基金的管理和经营,努力使其保值增值。

(4) 建立劳动力市场工资指导价位制度。

调节劳动力市场价格。劳动保障行政部门要按照国家统一规范和制度要求,根据劳动力市场的供求关系,打破所有制界限和身份界限,定期对各类企业中的不同职业(工种)的工资水平进行调查、分析、汇总、加工,形成各类职工(工种)的工资价位,向社会发布,用以指导企业合理确定职工工资水平,调节劳动力市场价格,发挥劳动力市场价格信号在优化配置劳动力资源中的基础作用。

(5) 大力促进社会服务体系的建设。

劳动力市场的运行需要有相应的市场服务机构。建立城乡统一、覆盖面广、信息灵敏、服务完善、流动规范的市场服务体系,才能使劳动力市场更好地发挥作用。就业服务机构主要发挥对劳动者就业的引导和服务功能,包括:收集存储劳动力市场信息、人才资料等,形成一个跨行业、跨地区、有效运转的信息交流体系;预测劳动力的供求趋势,为劳动者提供就业咨询和指导;组织劳务洽谈,并提供必要的交易服务;对劳动者的职业培训、指导,以及对劳动者进行各种能力和心理测评等。劳动部门创办的就业服务机构是就业服务的主体,是政府服务的延伸,应发挥主导作用。

(6) 发挥劳动者就业主动性和自主创新性。

劳动者就业的价值取向应多样化。应该对各种就业方式进行分析比较,做出最佳的就业计划和决策。而不是拘泥于某种或某几种就业形式。形成自主创新的就业创新意识和氛围,拓宽人们的就业思路,使劳动者主动地去更广阔的天地寻找机会。对于劳动者来说,再就业虽然存在很大的风险,但也为就业者提供了成功的可能性。比如,社会上有一群成功的个体户、乡镇企业家、科技创业者,都是这方面的典型和榜样。作为政府,对于劳动者自主创业,要有相应的支持机制,在市场准入和信贷方面有所倾斜。

三、改革户籍管理制度

现行的户籍管理制度是适应计划经济体制的需要建立起来的。这个制度到现在是非改不可了。

1. 中国农民是伟大的农民

新中国成立后的户籍管理制度(现行的身份证制度除外),是一个造成中国"典型二元化结构体系"的最落后也最不合理的制度。这个制度给中国生产力的解放和发展形成桎梏:仅仅一个"农"与"非农"就把同是国家主人的农村人口和城市人口人为地分成"对立等级"。几十年来,这个"农业人口"使中国农民成为另类。但是,也正是这个另类,对中国革命作出过极其巨大的牺牲与贡献——甚至可以这么说,中国的新民主主义革命的胜利是中国农民用鲜血和生命换来的。而且可以说,新中国成立后中国独立工业体系的基本形成,改革开放巨大成就的取得,都离不开中国农民的无私奉献。中国民营经济构成人员的主体也是中国农民。

由于户籍制度的存在,城市的劳动力市场已经被分割。通过户籍制度的识别,农村劳动力要么被排斥在正规部门以外就业,要么在相同的岗位上接受低于城市本地人的工资水平。甚至有的城市干脆设立各种制度禁止农民工进城务工,以免影响本市下岗职工的再就业。这种基于户籍差异而形成的工作、工资差异被称为户籍歧视。户籍歧视的第一个表现就是就业歧视,包括拒绝农村劳动力进入某一行业或部门就业、雇用以后工作岗位的安置等,另一个表现是工资歧视,主要表现为同一工作岗位,农民工与城市劳动力在工资及其他现金和非现金收入方面的差异。

农村迁移劳动力在就业岗位、工资水平等方面,与城市本地劳动力相比有较大差异,所享受的福利状况的差异更大。即使农村迁移劳动力与城市本地劳动力占据的岗位相同,得到的工资也不一样,即农民工获得的现金收入、住房补助、工作餐、儿童健康保健、交通、娱乐等方面的待遇远远低于相同就业中的城市居民。造成农村迁移劳动力和城市本地劳动力在这些方面差距的原因有两个:一是人力资本水平存在的差距;二是农村迁移劳动力在城市受到歧视。

除此之外,农村迁移劳动力来到城市后,通常会因为没有城市本地户口而在获得就业岗位、收入待遇和获得公共服务等方面受到歧视，不能享受与城市本地劳动力同等的待遇。与户籍制度相应的一系列城市福利体制，也会使农村迁移劳动力不能得到与城市本地劳动力同等的待遇。

这种歧视性政策的长期存在，已经形成一种扭曲的激励机制。当农村迁移劳动力在城市感受到的相对贫困达到一定程度时，他们就会重新迁移或被迫回迁。而解决"三农"问题，中国的经济腾飞、城市化，将有一半的农民要转移到城市里来，成为城市劳动力的一员。农民工被迫回迁，将加大现在中国"二元"劳动力市场、"二元"经济结构的压力，会影响社会的和谐稳定和经济的发展。

2. 强化户籍管理制度已成必然

消除城市劳动力市场对于农民迁移劳动力的制度性歧视，消除城市劳动力市场的扭曲，改革户籍制度势在必行。使农村迁移劳动力融入城市经济社会生活，对于一个健康的城市化过程和经济发展是非常必要的。政府在这个过程中必须有所作为，应主要从制度方面入手，消除造成现有劳动力市场分割的因素，加快培育完善的劳动力市场。

2006年，国务院14个部门组成6个调研组，分赴全国12个省市，就户籍改革工作进行了综合调研。近期公布的调研结论显示，进一步深化户籍改革的时机基本成熟。

国务院调研组认为，户籍改革本身并不复杂，但附加在户籍制度之上的相关社会经济政策以及由此形成的社会利益分配格局却是错综复杂的。不研究解决好相关的社会经济政策问题，户籍管理制度改革将难以稳步推进。因此，建议国务院责成有关部门对计划生育、最低生活保障、社会保险、义务教育，特别是农村土地承包和集体经济收益分配等与户籍改革相关的现行法律法规政策进行一次全面清理，并制定出相应的修改和过渡性措施。改革户籍管理制度，不只是一个简单的"人权"本位回归问题，更是一次对中国农民的"再解放"问题。

第三节 强化民营经济"基础工程"的资本市场健康发展

起龙头作用的资本市场作为金融市场的组成部分，其对中国民营经济的发展有着极其重要的作用。其原因为民营经济的做强做大不可能依赖于中央财政的计划拨款。在银行贷款困难的情况下，通过资本市场解决资金短缺是最佳选择。因此，中国资本市场的发展壮大，是民营经济做强做大的"基础工程"。中共十七大报告强调"推进公平准入，改善融资条件，破除体制障碍，促进个体、私营经济和中小企业发展"，就是题中应有之义了。

一、中国资本市场概况

在现代市场体系中，作为要素市场的资本市场一般发挥着筹集资本、资源配置及公司治理这三方面的功能。而且三个方面是相互联系的有机整体，在中国"转轨"体制背景下，资本市场对于启动民间投资的作用是不可忽视的。通过20多年的努力，中国的资本市场有了很大的发展。但是，中国现阶段的经济、金融运行机制还是政府主导型的，对于民间资本的启动仍然存在体制上的障碍，效果也不太理想。这就需要一个积极、有效的资本市场，如果没有一个这样的资本市场，将很难启动民间投资，企业的资产负债状况也较难改善。

1. 银行体系基本完善

目前，中国的银行体系由中央银行、政策性银行、国有独资商业银行、股份制商业银行、合作银行和外资银行共同组成。

自1986年开始，中国开始了建立金融市场的试点工作，到1993年上半年，中国的金融市场得到了长足的发展。至今，正向有序市场完善。

（1）货币市场得到了快速发展，金融机构普遍开展了同业拆借业务，促进了资金的横向流通，一些城市形成了一定规模的融资中心；银行普遍开展了票据承兑、贴现和再贴现业务，促进了商业信用的票据化。

（2）外汇调剂市场满足了外汇供需双方的需要。

（3）证券市场发展迅速，股份制改造由试点到全面推开，上市公司通过证券发行市场募集了大量资金，直接融资逐渐形成规模；证券交易所的建立将分散的柜台交易转为交易所集中交易，有价证券的转让市场与发行市场互相促进，共同发展。

2. 货币市场的基本形成

全国银行间同业拆借市场的建立和运行，促进了金融机构资产负债比例的管理，成为商业银行有效高度集中资金、进行流动性管理的重要市场；"全国银行间同业拆借市场利率"的形成，为利率体制改革的深化创造了条件。

3. 票据市场的初步形成

经过 20 多年的发展,中国票据市场已初步形成。但是,还不够成熟,仍有不少问题需要逐步予以妥善解决。比如,中国票据市场工具单一,主要是银行承兑汇票,商业承兑汇票的使用有待发展。至今还没有形成全国统一的票据市场,二级市场也有待进一步扩大。

4. 外汇市场初见端倪

按照中国人民银行要求和市场需求,中国外汇交易中心正在利用自己的现代化系统资源,积极着手建立票据市场服务体系,争取尽快建成面向全国的票据报价、统计、查询系统,为票据贴现、转贴现和中央银行再贴现、票据市场监管提供统一的电子交易和信息平台。

5. 债券市场的培育加大力度

长期以来,中国企业债券不能公平公开上市流通和转化,投资者只能持有,到期满后由代理发行机构还本付息。1998 年 4 月,中国人民银行发布了《企业债券发行与转让管理办法》,新《办法》对企业债券发行、承销人及承销方式、担保、登记及托管、转让过户、信息披露、处罚等都做出了较为详尽的规定。

6. 股票市场的形成与发展

1980 年,人民银行抚顺市支行代理企业发行了 211 万元的股票,这时的股份制企业和其所发行的股票实际上是不规范的。1984 年 9 月,在北京诞生了第一家由全民所有制企业改造的股份制企业——北京天桥百货股份有限公司。随后,上海、广州、沈阳等地也开始了股份制的试点工作。20 多年来,中国股票市场发展迅猛,真有汹涌澎湃之势。其成效、业绩和问题都十分突出,在后面将较细阐述。

7. 证券投资基金市场的建立与发展

投资基金是将社会分散的小额资金汇总起来,委托专门机构(投资基金公司)经营管理,以分散投资风险、分离投资利润的投资方式。其操作方式主要是投资者发行股份或受益凭证募集资金,由投资基金公司根据投资最佳收益目标和最小风险,以组合方式把集中的基金再适度分散投资于股票、债券、货币市场上的多样化金融资产或投资于实业,取得盈利后按章程规定再分配给投资者或部分用于公司积累与分配。至今,投资基金规模迅速扩大;在基金产品创新方面进行了有益尝试;基金业绩良好;为中小投资者拓宽了投资渠道，扩大了证券市场资金供给，壮大了投资者队伍；等等。

二、中国资本市场的基本特点

中国资本市场经历了从无到有、从无序到基本有序的发展过程。但就目前状况而言，存在的问题还较多，总结起来，有以下10点。

1. 市场整体发育不全

资本市场发展的前提是要有众多发育成熟的市场主体。在以美国为代表的发达市场经济国家，机构投资者成为资本市场的重要主体，主要形式有年金基金、商业银行信托部、共同基金、保险公司等。作为专业性金融中介机构，其投资活动相对于个人来说具有投资量大、交易费用低、交易风险小、注重长期投资效应、投资行为更为理性等优点。从理论上讲，机构投资者是减少股市投机成分，增加投资成分，从而起到稳定股市作用的一支重要力量。在中国，个人投资者是资本市场的投资主体，这为中国股市注入了极大的不稳定因素。中国资本市场仅仅依靠若干家有限的大机构的数千万小股民散户所支撑，暴涨暴跌也就在所难免了。例如，2007年5月30日之前，2007年8月至10月的中国股市的疯狂，就是最好的说明。

2. 股票的市场功能偏差

中国股票市场开始于企业的筹集资金的需要，然而在股票市场"圈钱"的意识却较强。从股东的角度来说，要千方百计地把公司上市，不惜牺牲公司的长远经营发展而粉饰公司的财务报表；从审计机构来说，受市场经营压力，屈从客户的要求提供虚假的报表以欺骗投资者；投资者将股市当作"赌市"，抱着赚一把走人的态度，寄望于有人接盘，而不注重公司的经营业绩和盈利能力。

3. 特殊的股权结构阻碍公司治理结构的有效性和合理性

不能上市流通的国有股和法人股，使市场上对于此类股票的吸引力降低，因为投资者不可能通过股票投资来获取对公司的有效控制权。从而，股票市场的资源配置功能大打折扣，企业的管理水平远远落后于期望，或者说作为一个上市的公众公司应该有的水平。

4. 市场交易工具单一

资本市场的发达是与市场工具的创新及多样化分不开的。以香港资本市场为例，目前，国际市场上的金融衍生工具中80%以上被香港资本市场所采用。在股票市场上不仅出现了期指、期权、认股权证等投资品种，而且这类衍生工具的交投大有超过现货市场的趋势。香港上市公司在债券市场上的集资形式更为多样化，在债券、票据和存款证三种形式的基础上，先后出现了浮息工具、变息工具，与各种指数、商品及货币挂钩的挂钩式、步升式定息债券以及各种可换股债券、信用卡应收债券等多种形式。随着发行债券品种的增加，在联交所挂牌买卖的债务工具种类也不断涌现。相比之下，中国资本市场除股票外，5年以上的交易工具很少，而 1~5 年的交易工具品种也不多，且受到限制较多。

5. 资本市场分割严重

现代资本市场必然是开放型的市场，但中国的资本市场存在着严重的分割现象。一级市场的发行存在着严重的地区性分割。二级市场的分割现象则更为明显。债券市场的整体性得益于全国电子报价系统的发展，STAQ 和 NETS 系统都非常有效地减少了地区性的价格差异。但由于存在多个独立的存托机构，而且各个中心互不承认对方的债券凭证，从而阻碍了全国债券市场的整体性的形成。

6. 资本市场流动性不足

流动性是指市场中存在大量的流通性强的金融工具的同时又有大量参加流动的市场主体。检验市场流动性通常可以从交易量和成交价的关系入手，二者的关系越密切，流动性就越差。美国股市中二者变化的关系指数为 0.01，说明该市场有较强的流动性。而中国深、沪 A 股市场的关系指数分别为 0.52 和 0.40，说明中国股市整体的流动性是比较差的。

7. 行政对市场存在的严重干预

这主要表现在对上市公司的额度进行控制，然后以行政方式按地区分配额度。债券的地区性发行也是以行政手段按地区分派额度。如企业债券发行和按银行分支机构分派额度如政府债券发行。政府管制着债券的票面利率，控制着存款利率与贷款利率，并根据政府债券利率来对企业债券的票面利率设定差幅。政府对上市公司额度的行政分配，一方面助长了"设租"与"寻租"活动。另一方面又使大量"过度包装"的公司得以上市。这些公司缺乏业绩的支撑，从一上市开始就缺乏投资的价值，投资者只好转向投机。并且，在这种以行政手段进行额度分配的过程中，存在着严重的所有制歧视，非国有企业难以获得上市指标。

8. 法律体系不健全

尽管中国的《证券法》已经于1997年7月1日颁布实行，但是作为阶段性证券法已经滞后于中国股票市场的发展。中国证券市场有法不依、执法不严，大股东侵占小股民，机构投资者违规操作等情况时有发生。这不仅干扰了市场的正常秩序，而且会挫伤投资者的信心。建立健全法制体制，是解决股票市场及其他资本市场的根本出路。

9. 中介机构不健全削弱公众的投资积极性

中国中介机构不健全主要表现为：一是中国大多数证券经营机构普遍存在的内部管理不健全、风险控制不严、证券从业人员素质不高等问题，违规操作现象频繁；二是投资咨询机构、会计师事务所、审计师事务所、律师事务所、资产评估机构和资信评估机构等缺乏行业约束法制管理，致使一些中介机构与上市公司或机构大户勾结，提供虚假信息，欺骗投资者。

10. 中国外汇市场存在的问题与政策建议

中国银行间外汇市场运行平稳，总体上呈现外汇供大于求的格局，人民币兑美元的汇率稳中有升。2007年12月12日，银行间外汇市场人民币汇率中间价为：1美元兑人民币7.3713元，再次创出"汇改"以来的新高。

尽管中国外汇市场运行平稳，但是，它的潜在缺陷也开始表现出来。

（1）汇价不能准确地反映市场供求。

在外汇市场上，中国人民银行作为一个特殊的会员参与交易，发挥了稳定外汇行市的作用，这相当于实际上置央行于"被动托底"的地位。它买卖吞吐外汇，以实现人为的外汇供求平衡，并根据当天市场加权平均汇率作为第二天对外公布的中间价。各外汇指定银行在此基础上，在规定的范围内制定零售市场上的挂牌价。人民币汇率的变动幅度很小，不能准确地反映外汇市场供求，也阻碍了外汇资源的合理配置。

（2）不利于央行灵活地调节货币供给。

因为中央承担着平衡外汇市场供求缺口的责任，这就难免会迫使央行被动地增减基础货币供给。人民币升值过快，迫使央行不得不放出更多基础货币，使得货币供给增长过快，有通货膨胀的危险。在当前，人民币未能实现资本账户下的可兑换。基本可以认为，人民币的对外流动被设置了一道"防火墙"。而一旦突破这个"防火墙"，可以预想，人民币的汇率变动将非常无序，增强了央行调节货币供给以适应经济发展的难度。

中国股市总的来说是投机性太强,表现出较严重的无序状况,从而使资本市场对资源的配置功能难已完全实现。股市的投机性可以用换手率这个指标来反映。1996年,美国纽约股票市场的换手率为52%,东京为27%,韩国为91%,伦敦为58%,中国香港为54%,泰国为30%,新加坡为40%,中国台湾地区为243%,上海为591%,深圳为902%。

三、强化中国资本市场规范发展

中国资本市场如何有序地健康发展是近来中国中央政府和经济学界所热衷的一个话题。进一步规范、完善与发展中国的资本市场已是当务之急,尤其针对民营经济发展更是十分迫切。我们认为主要可以从以下几个方面努力。

1. 扩大资本市场规模

资本市场是经济发展的孵化器。国民经济的发展必须有资本市场的支撑。由于上市公司的总体盈利水平很低,其股票不能作为投资对象。因此,大家都进行短期炒买以赚取价差,并不关心企业的经营状况。结果,上市公司的经营比传统国有企业的经营者约束机制更加软化,使股市的发展偏离了建立股市的初衷。我们可以通过增加上市公司总量,扩大一级市场的总供给,彻底改变一级市场严重供不应求的局面。将一级市场由卖方市场变为买方市场。这样,多数人可以进行长期投资。现在,银行的存款年利率为2.25%,还要交利息税。而按规定,企业的年回报率在10%以上才能上市或配股,这样长线投资的人就会多起来,才会对企业形成一种强有力的约束机制。

2. 完善基本市场主体

一是实现企业制度与经营机制的转变,增加其参与资本市场运作的内在动力,同时强化企业对银行负债的硬约束,为资本市场主体的发育增加外部的压力;二是大力发展投资基金。发展投资基金,增加机构投资者,是改善中国当前投资主体结构,提高市场活动水平,使资本市场逐步趋于规范的重要措施。通过建立国家投资基金,政府可以将应该注入国有企业的资金变成债权,以基金的形式投向企业,这既可以补充国有企业的资本金,又可以通过投资基金的交叉控股避免用行政手段重组国有资产。此外,创业板市场的发展也迫切需要大批机构投资者的介入。投资者投资于主板市场的企业,是"看过去,买业绩",即是否投资于某一种股票,一是看它过去的表现,二是看它现在的业绩。投资者投资于创业板市场的企业,则是"看未来,买概念",因此,对高技术创业板企业的投资是高风险投资。由中小投资者对高技术企业投资,是很难具有抗风险能力的。培养一批机构投资者,如成立网络股投资基金、新材料股投资基金、生物工程股投资基金等各种专业化的高科技投资基金。由这些投资基金作为战略投资者对新上市的高科技企业进行投资,这样既有利于降低广大中小投资者的投资风险,又有利于从根本上促进创业板市场的发展。

3. 增加市场交易品种

随着中国市场经济的发展,应根据居民、政府、金融机构、企业之间不同的投资与筹集需求,在考虑流动性与盈利性不同组合的投资与筹集需求,在考虑流动性、安全性与盈利性不同组合的基础上,发展并完善门类齐全的资本市场交易工具。特别是可以通过发行可转换债券,增加证券品种,拓宽融资渠道,完善资本市场结构方式。可转换债券的双重性质决定了它对活跃证券市场的特殊作用与独特地位是其他证券品种如基金、股票、债券等无法替代的。它既可以丰富证券品种,又有助于扼制过度投机行为。此外,在中国上市公司中,不仅包装上市的问题,包装配股的问题更加严重。管理部门规定企业的回报率在10%以上才能配股,于是,许多企业就千方百计地将回报率做到10%。不少企业已陷入了做假账骗配股—用配股的钱弥补亏损—亏损之后再骗配股的恶性循环。要打破这种恶性循环,上市公司以债券方式继续融资为宜,甚至可以给上市公司发行企业债券的优先权,即在企业债券的发行上,上市公司优先于未上市公司。这样,比让那些尚未真正转制的亏损公司没完没了地骗配股为好。对已经上市的公司,新的融资活动主要采取债券方式,而不是"配股"方式。这样能通过债权的硬约束,来弥补股权的软约束。

4. 建立资本市场秩序

只有一个健康有序的资本市场,才能实施资源的有效配置,保持自身持续稳定的运行。"公开、公平、公正"原则是资本市场有序运行的关键,而这"三公"原则要有健全的法律、法规作保证。中国的《证券法》已经颁布实施,《开放式基金管理条例》也已出台。目前,规范资本市场秩序,法制建设只是问题的一个方面,可以说中国许多证券法规的细则基本上是与国际通用的原则相一致的。问题的主要方面在于政府的监控,包括机构设置及其职能界定上。从管理涉及面来看,对证券商和机构投资者缺乏监管,存在一个事实上的管理灰色区域。同时证监会被赋予了一个不恰当的角色：一方面，证监会的监督权力非常小。在中国香港，证监会可以发传票、进行银行查账。目前，中国大陆的证监会没有这样的权力；另一方面，中国证监会的审批权又很大，把在其他国家要用律师事务所、会计师事务所、投资银行的信誉承担的风险全部承接下来。这种权责错位的现象有待纠正。

5. 打破资本市场分割

从2001年开始，国内居民将可以投资于B股市场，这为打破A股与B股市场的分割迈出了坚实的一步，但要建立统一开放的资本市场还有很长的路要走。目前，最为突出的问题是国有股、法人股与社会股仍然维持分割状态，上市公司2/3的资金不流通。平新乔博士曾打了一个比喻说，西方的股市有如"奥林匹克运动会"，中国的股市不完善，则有如"残奥运动会"。中国股市要走向规范，就必须打破市场分割。同时，随着中国加入WTO，中国资本市场不仅要实现A股市场的统一，A股市场与B股市场、H股市场的统一，而且要逐步向外国投资者开放A股市场，最终与国际资本市场接轨，实现中国资本市场的国际化。

6. 消除资本市场歧视

中国资本市场上存在着某种意义的所有制歧视。将稀缺的上市指标以行政的手段分配给了一些本不应该上市的国有企业。由于这些企业管理不规范、经济收益差，再加上其他的诸多原因，上市所募得的数以亿计的资金，不到几年就花光了，成为ST，最后只有靠买壳过日子。而那些效益很好，本应该优先上市的民营企业，因得不到上市指标，只得花几千万甚至几个亿去买所谓的壳资源。中国民营企业在国民财富的创造中已占有1/2，在有的地方则已占到半壁江山。这些民营企业产权明晰、市场广、效益好，但亟须得到资金支持，而这类企业既难以进入主板市场，也因不属于高科技企业而难以进入二板市场。因此，中国亟须发展一些区域性的小证券市场，为民营企业提供融资场所，这可以称之为第三板市场。要解决资本市场分割，削除资本市场歧视，关键在于让行政手段退出资本市场，政府只能通过法律手段监控资本市场。

7. 优化国债市场

全面推行国债发行市场的招标竞争机制。

采用招标竞争收益率和价格等发行条件，保证信息的充分、公开和招标的公平。进一步发展国债专用账户,方便个人投资者和机构投资者购买,不断改进凭证式国债的发行方式,提高发行效率。

增加国债的发行品种,丰富国债的期限和利率结构。

逐步放开对国债利率的限制,为国债价格的随行就市创造条件。

培育国债的批发和零售市场,建立两者之间的有机协调机制。扩大国债的发行对象,增加对机构投资者的国债发行的规模,同时,扩大机构投资者与个人债券持有者的交易规模。

规范国债市场,加强风险管理。

第四节 国务院促进中小企业发展小组召开第一次会议

国务院促进中小企业发展小组第一次会议于2018年8月在北京举行。

这是中国历史上第一次召开关于中小企业发展的专题会议。

这是自2018年3月中旬该领导小组人员调整之后的首次亮相。从此次会议内容看,不仅明确肯定中小企业对国民经济的贡献,更着重强调要对国有和民营经济一视同仁,并对中小企业的高质量发展提出明确要求。

一、面临挑战,着力解决民营经济中小企业面临的突出问题

在经济运行稳中有变,面临一些新问题新挑战,外部环境发生明显变化的当下,着力解决民营经济中小企业面临的突出问题,具有十分重要的意义。

1. 要看到中小企业在国民经济建设中发挥的重要作用

中小企业贡献了50%以上的税收,60%以上的GDP,70%以上的技术创新,80%以上的城镇劳动就业,90%以上的企业数量。这些数据清晰地表明,中小企业是国民经济和社会发展的生力军,是建设现代化经济体系、推动经济实现高质量发展的重要基础,是扩大就业、改善民生的重要支撑,是企业家精神的重要发源地。做好中小企业工作对于落实中央要求,乃至增强我国经济的长期竞争力意义重大。

2. 要看到中央对解决民营经济中小企业面临问题的高度重视

在谈到民营经济中小企业的地位问题时,会议特别强调"要坚持基本经济制度,对国有和民营经济一视同仁,对大中小企业平等对待"。本次会议对"一视同仁"的强调,根本目的是着眼于为企业发展创造良好环境"清障去碍"。会议还以较大篇幅强调：解决中小企业融资难、融资贵的问题，同时强调提升服务质量和水平，保护中小企业创新研发成果等，无不是以发展的眼光来审视中小企业遇到的困难，具有很强的针对性和前瞻性。

二、会议对中小企业的高质量发展提出了明确要求

1. 走"专精特新"发展之路

"中小企业要坚持聚焦主业、打造优势、以质取胜、规范经营、勇于创新，走'专精特新'发展之路。"这些要求，既是中小企业提质增效的必由之路，同时也是对中小企业重点的支持方向。

2. 加强组织、保障和监督问责

各地各部门更应藉此机会加强组织保障和监督问责，切实抓好政策落实，满腔热忱地支持中小企业健康发展，为我国经济社会持续健康发展作出新的更大贡献。

一系列对民营经济极具含金量的政策支持正在出台过程中。

三、身家性命押注给企业的中小企业家

当今社会，谁是最给力、最可爱的人？谁又是最辛苦、最可怜的人？

中小企业家。

说他们最给力、最可爱，因为中小企业家对中国经济的发展，出力甚巨，说他们是国民经济和社会发展的生力军，也毫不为过。

要知道，中小企业可是占了中国经济大半壁的江山：它贡献了国家50%以上的税收，60%以上的GDP，70%以上的技术创新，80%以上的城镇劳动就业，90%以上的企业数量。

没有中小企业的兴旺发达，什么稳就业、稳金融、稳投资、稳外资、稳外贸、稳预期等，都可能成为一句空话。

有人说："民营企业小老板在愁、中老板在挺、大老板咬着牙难眠。这就是我们的2018！"

每天一睁眼便是各种成本开支，每个月面对山一样的薪资税费，现在都是刚性约束，哪里的支出缓了晚了，马上就能要你的命。

而收入呢，捉襟见肘，入不敷出是常态，殚精竭虑焦头烂额常常得到的却是一堆应收账款。

低调沉默，忍耐坚守，不眠不休，在某种程度上，目前中国制造业的许多老板就是在修行。80%的老板都有胃炎、神经紧张、失眠、压抑、焦虑。

对于这些以生命搏事业的人,在他们遇到暂时难关时,国家多给送送温暖,多帮忙解决问题,多放水养鱼,让他们振奋精神,挺起胸膛走下去,既应该也必要!

四、中国不能没有中小企业

请牢牢记住:中国不能没有中小企业。

只有充分激活中小企业,让它们能够健康滋润地活下去,它们才有能力上供养政府财政,下供养员工家庭,全社会才会真正生动活泼地良性运转。

注释:

①张亚斌:《中国所有制结构与产业结构的耦合研究》,人民出版社2001年版,第42页。

②同上注,第42页。

③同上注,第42~48页。

④同上注,第52~54页。

⑤同上注,第51~52页。

⑥同上注,第50页。

⑦同上注,第17~18页。

⑧《马克思恩格斯选集》。

⑨李国荣:《民营之路》,上海财经大学出版社2006年版,第87页。

⑩《十七大报告辅导读本》,人民出版社2007年版,第107页。

第十九章 习近平新时代中国特色社会主义经济思想认识

中共十八大以来,以习近平同志为核心的党中央观大势,谋大局,强调"坚持和完善社会主义基本经济制度";提出"把握重要战略机遇新内涵";"经济体制改革必须以完善产权制度和要素市场化配置为重点";"民营经济要走向更加广阔的舞台";推动中国经济结构不断优化、发展质量和效益不断提高的经济理论,是构成新时代中国特色社会主义思想的重要组成部分。

第一节 抓住百年未有大变局机遇,紧扣重要战略机遇新内涵

习近平同志在2018年12月19日召开的中央经济工作会议上指出:"世界面临百年未有之大变局,变局中危和机同生并存,这给中华民族伟大复兴带来重大机遇。要善于化危为机、转危为安,紧扣重要战略机遇新内涵。"[①]

一、百年未有之大变局

认识和把握百年未有之大变局的现状、原因、本质和核心,对于深入学习和把握百年未遇大变局机遇,紧扣重要战略机遇新内涵十分重要。

1. 百年未有之大变局的现状

百年未有大变局的现状表现在科技革命、产业革命、权力多中心化、全球治理体制变革、诉求多元化、发展中国家发展速度加速和第四次经济全球化浪潮等多个方面,笔者不作赘述,仅就21世纪是人类社会伴随第四次经济全球化浪潮进入又一个前所未有的创新活跃期而简述之。

科技革命在人类近代,也就是资本主义时代以来已进行过第三次。第四次科技革命方兴未艾,而相应引发的人类产业革命即工业革命也已经实现了三次,第四次产业革命正汹涌澎湃。于此,笔者以"丁尼生公式"即"欧洲

公式","美国公式"即"美洲公式","东亚公式"和正在形成的"中国公式"作出了简洁明快的表述与说明。

第一次产业革命以英国为先导、主导与主角。第二次产业革命以欧洲为主导与主角。第三次工业革命以美国为主导与主角。第四次工业革命目前仍以美国为主导、主角。但是，成功利用"后发优势"发展战略发展起来的国家和地区（金砖五国等）目前已形成"蜂涌"之势。其中，中国正以大踏步改革开放的姿态奋勇跟进。

进入 21 世纪以来，新一轮科技革命和产业革命方兴未艾。其主要特点表现为以新一代信息技术、生物技术、新能源技术、新材料技术、智能研发与制造技术、量子技术为代表的多种重大颠覆性科学技术不仅不断涌现，更是以迅雷不及掩耳之势不断向更高、更尖锐领域攀升；同时，科技成果转化速度的代级取代几乎是转瞬即失；物联网、机器人与自动化系统、智能手机与云计算、智能城市、量子计算、数据分析、混合现实、网络安全、社交网络、先进数码设计、合成生物科技、淡水科技、对抗全球气候变化；其产业组织形式分布广阔与产业链条垄断性同时呈现出强势姿态，等等。这些特点所形成的产业革命较之此前的三次产业革命具有几乎完全不同的形式与态势，并且对全球创新版图的重构和全球经济结构的重塑作用既带来无限发展的潜力与空间的同时，也必将带来前所未有的不确定性。

尤其，"马太效应"似乎仍将更完备地呈现其"常态"——与之相对应的应该有一个"新常态"出手吧！

于此，中国经济必须并正在以"深化改革、扩大开放"的质量效益型对应。

2. 百年未有之大变局的原因

人类社会发展之规律的践行是其根本原因。

科技革命引发产业革命，产业革命引发社会变革——是近代社会变革迅猛的轨迹。尤其该轨迹鲜明揭示出人类社会发展规律。深刻地认识这一轨迹即规律表现之根本原因，是作为生产力与生产关系的主体、价值核心的人的不断解放与发展使之然——于此，必然以马克思主义为指导才能寻求到并把握住这一根本。

2018 年，是马克思主义创始人马克思 200 周年诞辰纪念日，也是马克思主义创立之标志性著作《共产党宣言》发表 170 周年纪念日。以中国共产党为倡导，世界政党隆重举行了马克思200周年诞辰纪念活动。

马克思主义是科学。

马克思主义是关于人的解放即人类解放的科学。

人类进入近代，之所以发生巨大的变革乃至飞跃式的演进，正是在于人和人类的不断解放与发展！而致力于人和人类的不断解放与发展的是人类卓越的精英群体。

当然，这精英群体远远不只是马克思、恩格斯。但是，不可否定的是，马克思、恩格斯是这个群体中的佼佼者、伟大者。黑格尔老人说：伟人是致力于为他人、为人类谋取利益并披荆斩棘奋勇开拓前进的人。

马克思主义的历史唯物主义和辩证唯物主义，为解决人和人类不断解放和发展提供了认识论和方法论武器；马克思主义的科学社会主义（当然不是已经被抛弃了的"百慕大三角"式的空想社会主义），为人和人类不断解放和发展指引了路径；马克思主义揭示出的人类发展规律提供了人和人类不断解放和发展的方向。

人类社会自20世纪，尤其是第二次世界大战以来，政治、经济、文化和社会发展取得的历史性巨大进步，是马克思主义的科学实践的成果——相对于这个历史时期之前，劳资尖锐对立矛盾的大大缓解是众多政治、经济、文化与社会理论硕果中最为辉煌的成果！尤其，这一辉煌成果已经载入史册！当代世界杰出的社会科学成果无一不是紧扣"劳"与"资"这一对尖锐矛盾的有效缓解而进行的。

3. 百年未有之大变局的本质

百年未有之大变局的本质是世界经济、政治、文化秩序与格局的重塑。

以英国为引导、主导的人类第一次工业革命，迎来资本主义的经济、政治、文化和社会的诞生及其雏形是对人类封建中世纪革命的宣战。以欧洲（法国为代表）为引导、主导的第二次工业革命，宣示了人类对野蛮封建世纪革命的伟大成功。以美国为引导、主导的人类第三次工业命，迎来了资本主义经济、政治、文化社会的成熟，其对人类资本主义制度体系的完整形成，取得了历史性的胜利。

这一系列人类近代历史巨大的跳跃性的飞跃发展，是社会生产力、生产关系大发展推进的结果，归根为人和人类不断解放和发展的阶段性历史性成果。

社会主义的因素在这一阶段性历史性成果中诞生与生长起来。

具有中国鲜明特色的社会主义改革开放事业的巨大胜利，也于此作出了客观的说明与实践的证明。

也于此，中国特色社会主义改革开放的巨大胜利当然地引起个别大国抵制——一点儿也不必大惊小怪——博弈是必然的。

美国著名教授格雷厄姆·艾利森提出的"修昔底德陷阱"远远说明不了这一"博弈"。

这场"博弈"只是出现的时间早迟而已。

同时，就笔者个人而言，我倒是"天真"地认为这场前所未有的博弈是对邓小平同志"韬光养晦"国策的又一种诠释或说明而已。

我甚至相信：卓越的政治家们的这一场博弈会推进当代世界的"和平与发展"这一主题更上一个台阶！

4. 百年未有之大变局的核心

百年未有之大变局的核心是利益。

作为具有中国特色的社会主义中国，止于目前，虽然已经取得经济总量世界第二的业绩地位，但还谈不上已经具备主导整个世界经济、政治、文化、社会的实力与能力。中国在当今世界格局下，必须在巩固已有成就的基础上，在强力推动经济全球化的同时，通过深化改革开放，再付出巨大且艰苦努力，获取更大的实实在在的经济利益，以进一步顽强实现建设中国特色社会主义强国的百年目标。

2017年1月17日，习近平同志在世界经济论坛2017年年会开幕式的主旨演讲中深刻指出："中国仍然是世界上最大的发展中国家，中国有13亿多人口，人民生活水平还不高，但这也意味着巨大的发展潜力与空间"。[②]也在这次讲话中，习近平同志明确提出："我们要坚定不移发展开放型世界经济，在开放中分享机会和利益、实现互利共赢。"[③]

早在2016年9月4日的二十国领导人杭州峰会的开幕辞《构建创新、活力、联动、包容的世界经济》致辞中，习近平同志尖锐指出："我们虽然国情不同、发展阶段不同、面临的现实挑战不同，但推动经济增长的愿望相同，应对危机挑战的利益相同，实现共同发展的憧憬相同。只要我们坚持同舟共济的伙伴精神，就能够克服世界经济的惊涛骇浪，开辟未来增长的崭新航程"。[④]

二、紧扣重要战略机遇的新内涵

1. 经济全球化是新内涵的主体

当今世界经济发展态势,正处于马克思指出的生产社会化、资本社会化、人的社会化三大社会化之生产社会化向资本社会化演进的重要节点上。其表现形式则是第四次经济全球化浪潮。

马克思、恩格斯的《共产党宣言》从经济学角度认识,就是一篇经济全球化的划时代的伟大宣言。

经济全球化是人类社会发展规律经济活动之必然表现形式与形态。

习近平同志于2015年9月28日在联合国总部举行的第七十届联合国大会一般性辩论所作的《携手构建合作共赢新伙伴,同心打造人类命运共同体》的发言中强调指出:"世界格局正处在一个加快演变的历史性进程之中。和平、发展、进步的阳光足以穿透战争、贫穷、落后的阴霾。世界多极化进一步发展,新兴市场国家和发展中国家崛起已经成为不可阻挡的历史潮流。经济全球化、社会信息化极大解放和发展了社会生产力,既创造了前所未有的发展机遇,也带来了需要认真对待的新威胁新挑战。"⑤

逆全球化对国际贸易、投资和平等竞争带来了较大的负面影响,加大了全球经济风险,加剧了全球资本、产品和商品的恶性竞争,这是不争的事实。但是,这股逆流不会逆转经济全球化的历史潮流。第四次全球化浪潮正在排除逆流所带来的负面影响和作用,以新兴经济体促成全球化浪潮突破困局,形成具有国际战略格局和意义的第四次全新的全球化浪潮。

中国,正在把严峻挑战转化成历史性大机遇。

2. 新科技革命是新内涵的灵魂

决定当今世界经济周期最主要的变量是新科技革命。

新一轮科技革命成果通过生产力的更高质量、更大范围、更强力度的解放和发展,促进和形成诸多关键生产要素变革、叠加或纠缠,在加快生产关系的急剧革命的同时,促成国际经济格局的变革。例如,面对数字化、物联网、大数据、人工智能和制造业深度融合发展的新契机,中国政府适时制定了与之相适应的国家发展战略,即转变经济发展方式、优化产业结构、转换增长动力等战略布局与战略举措。具体地讲,以华为等企业为代表的创新企业群体正在形成并展示其能力与能量。

3. 40余年改革开放构筑的国家实力，是新内涵的坚实基础

基础不牢，地动山摇。

新中国成立70年，尤其是改革开放40余年，今天的中国是世界第二大经济体、制造业第一大国、外汇储备第一大国、货物贸易第一大国。一个第二、三个第一构筑起新内涵坚实基础的同时，强化了把握新内涵的历史性契机。

崛起的大国到强国的转化，不仅仅是抓住机遇，把握机遇，尤其在于通过抓住机遇、把握机遇而创造机遇。

在近代历史演化中已经过去的第一、第二次经济全球化潮流中，被边缘化了的中国几乎就是一个看客，甚至还是垫背的看客。

第三次经济全球化，中国抓住了些许机会。

第四次经济全球化，中国勇敢地站在了潮头，表现出创造机遇的大国眼光、大国勇气，乃至大国担当。当然，要不可讳言地明确，这"三大"表明，已站到经济全球化潮头的中国，只能通过创造机遇、奋勇向前，不进则退，退是绝不可能的。

当今中国，一个第二、三个第一使人均国内生产总值按汇率折算已经达到了9000多美元，按世界银行的划分标准，已经进入了中等收入阶段。也就是说，约占总人口30%的4亿多人，已形成中等收入阶层——这形成为世界第一大内需消费市场。

这个第一，无可辩驳地表明，中国经济的韧性即抗风险能力正在基本具备的过程中……为什么强调这个基本具备的过程中？笔者将在下文阐述。

作为中国经济持续稳定发展战略诉求，即国内市场消费潜力的进一步挖掘，当前已经形成为中央政府刻不容缓的机遇节点。如果这个机遇节点再被错过，中国经济的韧性即抗风险能力的形成过程必然会被中断。中国不能被虚假繁荣所误导。

据此，习近平同志2016年5月16日在中央财经领导小组第十三次会议上讲话指出："扩大中等收入群体、关系全面建成小康社会目标的实现，是转方式调结构的必然要求，是维护社会和谐稳定、国家长治久安的必然要求"；"扩大中等收入群体，必须坚持有质量有效益的发展，保持宏观经济稳定，为人民群众生活改善打下更为雄厚的基础；必须弘扬勤劳致富精神，激励人们通过劳动创造美好生活；必须完善收入分配制度，坚持按劳分配为主

体、多种分配方式并存的制度,把按劳分配和按要素分配结合起来,处理好政府、企业、居民三者的分配关系;必须强化人力资本,加大人力资本投入力度,着力把教育质量搞上去,建设现代职业教育体系;必须发扬好企业家作用,帮助企业解决困难、化解困惑,保障各种要素投入获得回报;必须加强产权保护,健全现代产业制度,加强对国有资产所有权、经营权、企业法人财产保护,加强对非公有制经济产权保护,加强知识产权保护,增强人民群众财产安全感"。⑥

同时,2020年的全面建成小康社会目标的实现,2021年党的100周年诞辰纪念即第一个100年目标实现,中国经济的韧性即抗风险能力全面强化将成为全球瞩目且为之心动不已的与中国经济名实相符的中国能量。

今天的中国,消费品由数量短缺向供给充裕转变已成态势。具体表现在消费总量不断扩大,消费结构不断优化,消费质量不断提升。宏观地看,消费已成为促进中国经济稳定增长的主要动力。反映消费品市场发展水平与规模即社会消费品零售总额,由1978年的1559亿元增加到2018年的38万亿元,年均增长率为15%;最终消费支出对国内生产总值增长的贡献率由1978年的38.3%提升到2018年前三季度的76.2%。消费已成为拉动经济增长的第一驱动力。2018年在宏观经济下行压力下,我国经济能够保持6.6%的平稳增长,国内消费也保持了平稳增长,充分发挥了经济稳定器的突出作用。

国内市场潜力的进一步奋力挖掘,已经形成经济持续稳定发展的战略诉求。消费需求是最终性消费性需求,在再生产过程中起决定性作用;投资需求是生产性需求,生产性需求是中间性需求,是从属于再生产过程终点的消费性需求。处理好消费需求与投资需求两者间的关系,是中国政府把握住新内涵坚实基础的当务之急。

第二节 "经济体制改革必须以完善产权制度和要素市场化配置为重点"⑦

"经济体制改革必须以完善产权制度和要素市场化配置为重点",既是中共十九大报告关于进一步全面深化经济体制改革的重点布署,又是继2018年3月的《政府工作报告》提出"完善产权制度和要素市场化配置机制"的再次特别强调。

一、完善产权制度是政治体制改革的经济学诉求

笔者在本著作及其他相关文章中反复强调，对于处于社会主义初级阶段的中国，经济体制改革是政治体制改革的重要组成部分。同时，也必须强调指出：产权不同于所有权，产权制度完善是经济体制改革的灵魂。

我国经济体制改革从"家庭联产责任制"即"大包干"开始，就已经涉及经济学意义上的产权制度改革。经过40余年，到党的十九大，明确了产权制度完善是经济体制改革的重点。其间，经历了众多的博弈。其间，民营经济的诞生、发展到形成中国基本经济制度重要组成部分的过程，也就是中国特色产权制度的演变史。

经济体制改革，说到底是产权改革。

中共十九大为什么特别地强调指出"经济体制改革必须以完善产权制度和要素市场化配置为重点"？是因为产权制度的完全确立在改革实践中受到了来自三个方面的阻力。其一是改革的既得利益者的障碍。其二是保守思想的障碍。其三是传统计划经济思想的障碍。并且，这三个方面的障碍相互产生作用而形成了"产权改革陷阱"。

破除"产权改革陷阱"，关键在于相关法律制度体系的健全和完善。针对进一步解放思想、破除陈腐观念、特别是消除既得利益个人或群体的阻力，也只能依靠法律。

二、完善保障产权是产权制度有效的基础[①]

产权包含着一系列复杂的权利安排，界定着人与人之间在市场中的行为边界。产权的清晰界定是市场运行的前提，但产权的稳定性决定着市场效率。中央将完善产权制度作为经济体制改革的重点之一，不仅仅是要强调进一步清晰界定之前模糊的产权安排，也突出了强调合法产权的稳定性和"非法不能被剥夺"之权威。

产权的完整性和清晰界定，是完善产权制度的前提。

完善产权制度意味着要形成包括所有权及其派生的使用权、承包权、经营权、收益权等在内的权能完整的产权制度，这是实现产权激励的有效前提。许多领域中，市场主体所拥有的产权存在残缺，要么是边界不清晰，要么是权能不完善。比如，在农村基本经营制度基础上，清晰界定各类土地的产权及其权能，允许市场对这些财产权利进行"出价"，由市场主体竞争性地评

估资产价值，才能真正让农村的资源变成资产。农村承包地"三权"分置制度，就是把原来的经营权从那个模糊的承包权中进一步分离出来，让农民在不失去承包权的基础上推进经营权的流转。当下正在推行的农村集体产权制度，就是以确权和赋权为主要政策工具的体制性变革。

保障产权蕴含的权利安排，有助于产权有效激励。清晰界定的产权是否能够得到法律保障，直接影响市场主体对未来的预期。对市场中的企业来说，合法财产权和公平经营权至关重要。党的十八届三中会指出："公有制经济财产权不可侵犯，非公有制经济财产权同样不可侵犯。"[⑩]党的十八届四中全会提出，要"健全以公平为核心原则的产权保护制度，加强对各种所有制经济组织和自然人财产权的保护，清理有违公平的法律法规条款"。[⑪]

在 2018 年 11 月 1 日召开的民营企业座谈会上，习近平同志还特别强调了上述两个方面。

各地在保护公平竞争方面，已经开展了实质性行动。按照 2017 年 12 月出台的《2017—2018 年清理现行排除限制竞争政策措施的工作方案》，各地全面清理了有违平等保护各种所有制经济主体财产所有权、使用权、经营权、收益权等各类产权的规定，全面清理了不当限制企业生产经营、企业和居民不动产交易等民事主体财产权利行使的规定，全面清理了在市场准入、生产要素使用、财税金融投资价格等政策方面区别性、歧视性对待不同所有制经济主体的规定，不断完善产权保护，优化营商环境。

2019 年 3 月，李克强总理在《政府工作报告》中提出：保护产权必须坚定不移，对侵权行为要依法惩处，对错案冤案要有错必纠。

这些有助于稳定和保护产权的政策，创造了一个更加有竞争力的营商环境。世界银行发布的《2019 年营商环境报告》显示，中国企业的全球排名从上期的第 78 位跃升至第 46 位，已经进入全球经济体排名前 50 名。[⑫]其中，"保护少数投资者"分项排名，已由 2016 年的第 134 位上升至第 64 位。

三、混合所有制改革是完善产权制度的契机

1. 混合所有制改革是完善产权制度改革的契机

至 2019 年底，国务院国资委监管的中央企业及各级子企业中，混合所有制户数占比达到 69%，接近 2/3；省级国有企业混合所有制个数占比达到 56%。2017 年底，中央企业所有者权益总额达 17.62 万亿元，其中引入社会

资本形成的少数股东权益 5.87 万亿元，占比达 33%。⑬

国企改革通过以治理结构改革为主的实践，现向探索混合所有制的改革，可以说是抓住了国企、民企改革的契机。

2013 年，党的十八届三中全会明确提出积极发展混合所有制经济，为广大国企注入了深化改革和加快发展的强大动力。2015 年 9 月以来，随着"1+N"文件⑭分批次发布，包括混合所有制改革在内的国企改革的政策框架已经基本形成。2016 年底中央经济工作会议上明确提出：混合所有制改革是国企改革的突破口，强调其重要性。2017 年党的十九大提出：深化国企改革，发展混合所有制经济，培育具有全球竞争力的世界一流企业，则是进一步明确了国企改革的命题、路径和目标。

新时代的国企改革应具有运营国有资本的性质。

混合所有制企业以股东市场化，股权结构制衡化为方向，始于国有资本和具有完整市场化特征的外部资本（非国有资本，尤其是民企资本、民间资本等）的有机混合，并着力在国企层面"引资本、健体制、转机制"的混合所有制改革，就成为新时代国企改革主题、突破口即契机。

2. 新时代的国企改革应具有"三个解放"的激励功能

习近平同志于 2016 年 10 月 11 日在中央全面深化改革领导小组第二十八次会议讲话中强调指出："中央和国家机关有关部门是改革的责任主体，是推进改革的重要力量。各部门要坚决贯彻落实党中央决策部署，坚持以解放思想、解放和发展生产力、解放和增强社会活力为基本取向，强化责任担当，以自我革命的精神推进改革，坚决端正思想认识，坚持从改革大局出发，坚定抓好改革落实。"⑮

习近平以"三个解放"为基本取向，即强调解放思想、解放和发展生产力、解放和增强社会活力与党在十八大政治报告中提出的"三个进一步解放"呼应，强化混合所有制强大的激励功能。

实事求是说，不管是机制、体制的改革与创新，国有企业有能力，但缺乏动力；而民营企业有动力，但缺乏能力。或许，混合所有制的完善，能使动力与能力有机融合，从而产生出巨大的能量。笔者拭目以待。

第三节 毫不动摇坚持和完善社会主义基本经济制度

习近平同志于2016年3月4日参加全国政协十二届四次会议民建、工商联界委员联组会的讲话中坚定指出:"实行公有制为主体,多种所有制经济共同发展的基本经济制度,是中国共产党确立的一项大政方针,是中国特色社会主义制度的重要组成部分,也是完善社会主义市场经济体制的必然要求。"⑯

一、"是中国共产党确立的一项大政方针"

大政方针指重大的政策与措施,引导事业前进的方向与方针。

我们党提出的治国理政的大政方针都是从实际出发,从中国国情出发,从中国最广大人民群众的根本利益出发,符合社会发展规律,始终坚持人民利益高于一切合乎实际、合乎情理,凝结着中国共产党人的科学精神和务实作风。

"我国非公有制经济,是改革开放以来在中国共产党的方针政策指引下发展起来的,是中国共产党领导下开辟出来的一条道路"⑰。把非公有制经济认定为是"中国共产党领导下开辟出来的一条道路",这在非公有制经济的发展历程中尚属首次。习近平同志的这个认定可以从两个方面理解:一是,中国非公有制经济是党的领导的政治体制改革的卓越成果,体现在坚决地突破旧有的教条主义框框,站到了时代的高度,凸现了中国共产党人的解放思想、实事求是的马克思主义科学精神。二是,中国非公有制经济具有鲜明的中国特色,是中国共产党领导下的非公有制经济。这种经济体制是在尽可能吸纳人类历史和世界优秀文明成果的同时创新发展中国特色的政治经济制度的优势,也因此而表现出与当代资本主义经济制度质的区别。

习近平同志的中国非公有制经济是中国共产党领导下开辟出来的一条道路的认可,鲜明地实现了中国非公有制经济"是中国共产党确立的一项大政方针"的理论指导意义与实践践行意义。

二、"是中国特色社会主义制度的重要组成部分"

"中国特色社会主义制度"是科学社会主义基本原则和鲜明中国特色的

统一。包括中国特色社会主义道路、理论、制度、文化等。而中国共产党的领导是贯穿其中最本质的特征。也就是说，没有中国共产党，就没有中国特色社会主义。

邓小平明确界定了中国特色社会主义本质："社会主义的本质，是解放生产力，发展生产力，消灭剥削，消除两极分化，最终达到共同富裕"。笔者于专著《继承与发展——邓小平理论研究》一书中第六章社会主义的本质理论系统论述过。

社会主义本质是对社会主义社会普遍规律的揭示，中国特色社会主义是社会主义而不是其他什么主义。因此，对社会主义的本质界定，对中国特色社会主义基本上是适用的。社会主义本质论是对什么是社会主义、怎样建设社会主义这一根本问题的回答。在我国，就是围绕在一个经济文化比较落后的国家如何建设社会主义、如何巩固和发展社会主义这一系列基本问题的理论构建。中国特色社会主义作为马克思科学社会主义在中国的现实版本，因其不断展现更加强大、更有说服力的真理力量而成为振兴世界社会主义的中流砥柱。

习近平同志深刻指出："中国共产党的领导是中国特色社会主义的最本质的特征。"[⑱]科学社会主义在中国的成功，对马克思主义、科学社会主义的意义，对世界社会主义的意义，是十分重大的。中国共产党人既是中国特色社会主义的开创者、实践者、领导者、推动者，也是社会主义本质的揭示者和执行者。中国共产党领导中国人民建设有中国特色社会主义，是实现中国特色社会主义的根本保证。中国共产党既不走封闭僵化的老路，也不走改旗易帜的邪路，要坚定不移地走中国特色社会主义道路。中国特色社会主义要赢得同资本主义的比较优势，就不仅要创造出比资本主义国家更高的社会生产力，还要在创造出比资本主义国家更小的贫富差距、更科学的民主政治和更高的精神文明程度，最终实现共同富裕的基础上，实现人的彻底解放即全面发展。

经过改革开放40余年的艰苦探索和顽强的社会实践，经过中共十五大基本确立，到中共十九大不断完善的中国基本经济制度，作为中国特色社会主义制度的重要组成部分，是中国共产党坚持马克思列宁主义基本原理具体结合中国社会主义实际，将马列主义中国化成功探索、成功创造的伟大胜利。

三、"也是完善社会主义市场经济体制的必然要求"

习近平同志指出:"中共十五大把'公有制为主体,多种所有制经济共同发展'确立为我国的基本经济体制,明确提出'非公有制经济是我国社会主义市场经济的重要组成部分'。中共十六大提出'毫不动摇地巩固和发展公有制经济','毫不动摇地鼓励、支持和引导非公有制经济'。中共十八大进一步提出'毫不动摇鼓励、支持和引导非公有制经济发展,保证各种所有制经济依法平等使用生产要素、公平参与市场竞争、同等受到法律保护'。中共十八届三中全会提出,公有制经济和非公有制经济都是社会主义市场经济的重要组成部分,都是我国经济社会发展的重要基础;公有制经济财产不可侵犯,非公制经济财产同样不可侵犯;国家保护各种所有制经济产权和合法权利益,坚持权利平等、机会平等、规则平等,废除对非公有制经济各种形式的不合理规定,消除各种隐性壁垒,激发非公有制经济活力和创造力。中共十八届四中全会提出要'健全以公平为核心原则的产权保护制度,加强对各种所有制经济组织和自然人财产权的保护,清理有违公平的法律法规条款'。中共十八届五中全会强调要'鼓励民营企业依法进入更多领域,引入非国有资本参与国有企业改革,更好激发非公有制经济活力和创造力。'"[19]

习近平同志在系统阐述改革开放历程中党的几次代表大会对非公有制经济的认定和界定的基础上,进一步代表党中央明确认定:"我在这里重申,非公有制经济在我国经济社会发展中的地位和作用没有变,我们毫不动摇鼓励、支持、引导非公有制经济发展的方针政策没有变,我们致力于为非公有制经济发展营造良好环境和提供更多机会的方针政策没有变。"[20]

"三个没有变"是坚持和完善社会主义市场经济体制的基本保障。

第四节 "民营经济要走向更加广阔的舞台"

自2017年到2018年,对于中国民营经济来说,是相当艰难困危的两年。民营经济在贸易保护主义下遭遇市场的冰山;融资难融资贵依然是民营企业融资的高山;大部分民营企业创新能力不足面临转型的火山。众多民营企业的生产经营活动举步维艰,民营企业家的合法财产遭到侵害,法制化制度环境亟待改善,特别小微企业陷入生存危机,普遍停工停产,更加上诸如

▶ 民营经济与中国现代化

"民营经济是催生社会不公""民营经济导致贫富差距""民营经济是腐败的源头",必须消灭,或者"民营经济的贡献已经到头,成为历史"等等的汹涌舆情,民营经济呈现出前所未有的困危局面。

2019年11月公布的第四次全国经济普查数据,短短的5年时间里,从事工业制造业的人数已经少了2000万;对我国曾经引以为傲的汽车行业,2018年也是一个大分水岭:行业整体销量出现28年来首次下滑,且降幅为22.8%;不只是汽车的产销量在下降,智能手机的出货量也在下降,比起2016年,2019年智能手机出货量下降了一半。国内市场消费疲软的恶性继续,仍在扩张。

2018年11月1日,习近平同志主持民营企业座谈会并发表了立场坚定、态度鲜明的振聋发聩重要讲话。

一、就支持民营企业发展提出六个方面(减轻企业税负,解决民企融资难、融资贵,营造公平竞争环境,完善政策执行方式,构建亲清新型政商关系,保护企业家人身和财产安全)的政策举措(本节重点阐述"减轻企业税费"和"解决民企融资难、融资贵"两个方面。其余四个方面在相关章节中已涉及)。

1. 减轻企业税费负担

谈到减税,人们很容易想到美国总统里根的减税政策和特朗普的减税政策。20世纪80年代,里根的减税政策使得美国经济从1982年的负增长迅速上升到1983年的全年增长4.6%,其中1983年第4季度经济增长水平高达7.83%。特朗普的减税政策也极大地改善了企业盈利状况,2018年第2季度GDP增长率达4.1%,创2014年第3季度以来新高。可见,减税确实有利于经济的短期恢复。当然,减税是有弊端的,比如短期性特点、财政收入的恶化以及影响政府提供公共产品和转移支付能力等。

合理的税负水平是保证政府正常运转、确保国家安全和稳定、提供民生基础设施的必要手段。

为尽可能解决好合理的税负水平,中央政府及相关职能部门进行了深入的调研,并整理相关文件、资料上报。

当厂商税收成本小于"临界税率t0"时,有效供给随着税收成本的增加而减少;当厂商的税收成本增加到高于"临界税率t0"时,则有效供给断崖式下滑，降为零。

对于厂商而言，即使在税率不变的情况下，如果其他因素导致"临界税率 t0"向左移动，超过企业的承受范围内，厂商就不愿意增加投资或者生产。在开放的条件下，厂商会选择向税率较低的其他国家或地区搬迁。

对于当前中国经济而言，经济增速下行压力增大、原材料成本大幅上升、外部环境发生明显变化等"三重因素共振"导致最优税率降低。从而出现企业经营困难，亏损，乃至出现福耀玻璃等民营企业为了规避税收而将工厂迁往美国的现象，已能说明中国的税负已经接近企业所能承受的"临界税率"水平，而必须采取减轻企业税负的调控政策。

中国正处于新旧动能转换的关键时期，下决心更大力度、更快进度地减税，使得税率尽快地恢复到均衡水平，改善企业家对于未来投资预期，推动供给结构升级，为中国经济注入持久的增长活力，已是当务之急。

2. 解决民营企业融资难、融资贵

融资问题一直是悬在民营经济头上的一把达摩克利斯之剑。

2018 年，在去杠杆的背景下，融资问题进一步激发成流动性问题，甚至蔓延到经营层面。很多民营经济正响应时代的大趋势，不惜投入多年积累下的所有资金，更通过融资手段融集大量资金，大刀阔斧地进行产业转型。他们预期到了创新失败的风险、产业更新迭代的风险、人才流失的风险等等各种产业转型的风险因素，但是却倒在金融去杠杆的断崖之下。而且，不少转型已初具成效的企业，由于短期资金链断裂而功亏一篑。有的甚至不得不割舍掉一手创办，经营了多年的企业的控制权。

据 Wind 统计数据显示，截至 2018 年上半年，A 股 3531 家上市公司中，有 3510 家上市公司进行股票质押，占比高达 99.41%。其中 138 股质押比例超 50%，全市场有 837 家公司存在平仓风险，涉及股票市值 5319 亿元。截至 2018 年 5 月末，公司信用类债券违约后尚未兑付的金额为 663 亿元，超过 2017 年全年规模。2017 年上市公司总资产回报率为 5.9%，创造了近四年以来的最低水平。同时，金融机构人民币贷款加权平均利率从 2016 年底的 5.44%，上升到了 2017 年的 5.8%，上升了 0.36 个百分点。成本与资本回报率的结构扭曲，已为当前和下期投资带来一定的压力。

众多的企业家亲身经历了上游国有企业与下游民营企业财富的再分配过

程，在中美贸易战中，强烈地感受到了全球供应链的脆弱性；在一些管制措施中，嗅到了计划经济的味道，且在各种成本压力下负重前行。

具体解决融资难、融资贵的问题，习近平同志指出：一是健全完善金融体系；二是着力放开市场准入；三是着力加快公共服务体系建设；四是要着力引导民营企业利用产权市场组合民间资本；五是进一步清理、精简涉及民间投资管理的行政审批事项和涉企收费，规范中间环节、中介组织行为，减轻企业负担，降低企业成本，等等。

以服务实体经济为导向，改革优化金融体系结构，深化金融体制改革的重点，在于金融体系结构的调整优化，让金融真正服务于实体经济的方方面面，坚决扭转脱实向虚的非正常状态。

针对金融机构对民营企业惜贷、不敢贷，甚至直接抽贷断贷诸多现象，在习近平同志坚定号召下，金融部门做出了相应制度性的调整，如将金融机构的业绩考核与支持民营经济挂钩，货币政策实施尤其是降低存款准备金率过程中，有针对性地疏通货币流向民营企业的传导机制，实施差异化的信贷政策，等等。相关的政策举措，在本著作相关章节中均有涉及，本节就不再赘述。

二、新常态既是挑战，也是机遇，民营经济大有可为

1. "十三五"时期，中国经济发展的显著特征就是进入新常态

2014年12月9日，习近平同志在中央经济工作会议讲话中明确提出"今年年中，在中央政治局会议上，我对'三期叠加'进一步作了分析，强调经济工作要适应经济发展新常态"。[21]

习近平同志进一步向民营企业家明确："新常态既是挑战，也是机遇，关键看怎样认识和把握，认识到位、把握得好、工作得力，就能把挑战变成机遇"；"民营企业应该发挥主观能动性和创新精神，正确认识、积极适应新常态，争取新常态下的新作为、新提升、新发展。比如，实施'一带一路'建设、京津冀协同发展、长江经济带发展三大战略，带来了许多难得的重大机遇，民营企业可以深度参与其中，推动装备、技术、标准、服务的联合重组，实现产业优化升级。还比如，'十三五'规划建议提出了50项重大举措和300多项具体措施，这些都为非公有制经济发展提供了重大机遇"。[22]

2. 推动广大非公有制经济人士做合格的中国特色社会主义事业建设者

非公有制经济人士基本就是民营企业家。

在当今的中国，无论是企业家，还是经济学家，或者相关的经济工作者，他们对政策的关心其实和每一个中国百姓基本没有大的区别，只是他们更敏感更需要也更能提前预知并判断政策给现时和未来带来的变化。

企业家不是简单的改革政策、措施的被指引者、被动的跟随者，而是积极的参与者、推动者乃至所谓"始作俑者"，如任正非、柳传志、李书福等。

40余年的改革开放，中国巨大的成就、辉煌的业绩、宏大的叙事……从来都是无数的个体的坚持、奋斗与拼搏，而我们目睹了一个又一个财富故事和一代又一代的商业、产业传奇，这是人类社会的又一次伟大变迁，正如习近平同志所指出的那样："百年未有之大变局"；尤其"变局中危和机同生并存"，"这给中华民族伟大复兴带来重大机遇"；"要善于化危为机、转危为安，紧扣重要战略机遇新内涵"。[23]

在我们中国，而能"紧扣重要战略机遇新内涵"的只能是两类人：公务员和企业家。

笔者亦在数次演讲中反复提到，在中国，有两大精英群体，一是公务人员队伍；二是企业家群体。庞大的公务人员队伍，不管其具体成分多么复杂（甚至贪腐公务人员不是个别），但其主体是由国人的精英们构成的。上到最高层级的党中央、中央政府，下至最低层级的村支部、村民委员会。哪怕是偏远的老少边穷县，该县的公务人员队伍肯定是由该县的精英分子们构成。其中有贪官、有腐败分子（客观地说，贪官腐败分子在变贪、变腐的之前与过程中，大都是人精），但其主体是纯洁的工人阶级的先锋队则是不争的事实。至于企业家队伍，几乎无一不是精英分子。习近平同志的"要善于化危为机、转危为安，紧扣重要战略机遇新内涵"的领头人在中国特色的体制下只能是公务人员和企业家们这两大国人之中的精英们。他们不抓或抓而不住乃至抓而不紧，不仅"重要战略机遇"流失，尤其"重要战略机遇新内涵"的科学认识也可能贻笑大方了。

党中央、中央政府如何整治公务人员这一最大精英群体中极少数成员的"贪""腐""懒""不作为"的老毛病；如何激励整个企业家精英群体的使命感、责任感和献身精神，使这两大群体成为中华民族实实在在的精英群体，

民营经济与中国现代化

已是治国理政的首选课题和要义。

毛泽东同志教导我们：正确的政治路线确定之后，干部是决定的因素。客观地讲，一个自 150 年前洋务运动起就开始苦苦探索图强御侮道路的中华民族，在饱尝艰难困苦的过程中，终于选定社会主义改革开放，选定社会主义市场经济发展道路，经过 70 年，尤其是改革开放 40 余年，取得了可喜的成绩，实实在在是伟大中华民族的理性觉醒。正如塞缪尔·亨廷顿所言："革命是罕见的，改革则可能更加罕见。"[24]

40 余年来，社会主义改革开放最大成果之一就是社会主义非公有制经济的诞生、发展和壮大。1978 至 2017 年，中国创造的人类经济发展史上的奇迹具体数据如下：国内生产总值（GDP）由 1978 年的 3679 亿元跃升至 2017 年为 82 万亿元，经济规模扩大了 225 倍；从 2016 年开始，经济总量以每两年 10 万亿元的增量持续上升；经济总量增加了 35 倍；年均增长约 9.5%；对贸易额年均增长 14.5%；人均 GDP 由 1978 年 381 元跃升至 2017 年的近 6 万元；2016 年中国对世界经济增长的贡献率达到 33.2%，居世界第一位。[25]

到 2018 年底，我国实有个体经济工商户 6962.5 万户，私营企业 3200.2 万户，合计占全部市场主体的 94.8%。党的十八大以来，私营企业数量和注册资本对企业总量增长的贡献率分别达到 98.9%、68.8%，是企业发展的主要推动。据国家税务总局数据显示，2017 年全国税务部门组织税收收入（已扣除出口退税）12.6 万亿元，同比增长 8.7%，在全国不少地方，民营经济税收已经占到地方财政收入的 70%~80%，甚至更高。[26]

2018 年 10 月 19 日，刘鹤副总理在答记者问时强调："民营经济在整个国民经济体系中具有重要贡献。贡献了 50% 以上的税收，60% 以上的 GDP，70% 以上的技术创新，80% 以上的城镇劳动力就业，90% 以上的新增就业和企业数量。如果没有民营企业的发展，就没有整个经济的稳定发展；如果没有高质量的民营企业体系，就没有现代产业体系。支持民营企业发展就是支持整个国民经济的发展。"

2018 年 10 月 22 日，李克强总理主持的国务院常务会议决定设立民营企业债券融资支持工具。

2018 年 11 月 1 日，习近平同志召开民营企业座谈会，强调民营经济只能壮大、不能弱化；不仅不能离场，而且要走向更加广阔的舞台。

注释：

①习近平：《在中央经济工作会议上的重要讲话》，《人民日报》2018年12月22日第1版。

②习近平：《共担时代责任，共促全球发展》，《习近平谈治国理政》第二卷，第485页，外文出版社2017年11月第1版。

③同上注，第481页。

④同上注，第474页。

⑤习近平：《携手构建合作共赢新伙伴，同心打造人类命运共同体》，《习近平谈治国理政》第二卷，第522页。

⑥习近平：《不断扩大中等收入群体》，《习近平谈治国理政》第二卷，第367页。

⑦习近平：《决胜全面建成小康社会，夺取新时代中国特色社会主义伟大胜利——在中国共产党第十九次全国代表大会上的报告》，《人民日报》2017年10月28日。

⑧宁高宁：《混改的核心是效率问题》，《混改：资本视角的观察与思考》，中信出版集团，2019年1月第1版。

⑨温源、姚亚奇：《让不同所有制经济活力竞相迸发》，《光明日报》2018年12月29日第3版。

⑩曹立主编：《推动中国经济高质量发展》，人民出版社2019年6月第66页。

⑪习近平：《中共中央关于全面深化改革若干重大问题的决定》，新华社北京2013年11月15日电。

⑫习近平：《中共中央关于全面推进依法治国若干重大问题的决定》，新华社北京2014年10月28日电。

⑬世界银行：《2019年营商环境报告：强化培训，促进改革》，2018年11月。

⑭王悦：《混改——资本视角的观察与思考》第8页，中信出版集团2019年1月第1版。

⑮习近平：《习近平谈治国理政》第二卷，第105～106页。外文出版社2017年11月第1版。

⑯同上注，第258页。

⑰同上注，第258页。

⑱同上注，第18页。

⑲同上注，第259页。

⑳同上注，第259页。

㉑同上注，第262页。

㉒同上注，第 229 页。

㉓同上注，第 263 页。

㉔塞缪尔·亨廷顿：《变化社会中的政治秩序》，第 287 页，上海人民出版社 2008 年版。

㉕庄聪生：《中国民营经济四十年》，第 2 页，民主与建设出版社 2018 年 9 月第 1 版。

㉖同上注：第 2 页。

第二十章　创新是企业的灵魂

2006年1月9日，中共十六届五中全会提出建设创新型国家的战略，"要把增强自主创新能力作为国家战略，致力于建设创新型国家，要大力开发具有自主知识产权的关键技术和核心技术，努力提高原始创新、集成创新和引进吸收消化再创新的能力"。作为国家战略的创新型战略，当然是中国民营经济成长与发展壮大的战略。创新的精神、创新的能力更是民营经济的灵魂。这个灵魂，在与文化、环境、体制的众多约束中拼命挣扎，在挣扎中成长、发展。

习近平同志在党的十九大报告中强调指出："创新是引领发展的第一动力，是建设现代化经济体系的战略支撑。"并且在中央政治局第三十六次集体学习时亦强调："世界经济加速向以网络信息技术产业为重要内容的经济活动转变。我们要把握这一历史契机，以信息化培育新动能，用新动能推动新发展。"

第一节　第四次工业革命的灵魂是创新

《创客·新工业革命》是《长尾理论》和《免费》作者克里斯安德森先生关于创新与第三次工业革命关系论述的又一部力作。作者认定，实现全民创造的"创客运动"是一种具有划时代意义的新浪潮。正是这浪潮，在全方位推动和推进人类的第四次工业革命。

一、这是一个创客的时代

1. 创客时代不可逆转

这是一个怎么样的时代？

这是一个创新的时代。更准确地讲，这是一个创客的时代。

从第一台计算机诞生到互联网发明不过44年；

从门户网站到电子商务的崛起，不过5年；

从智能手机普及到微商遍地，不过一年；

这几年，时代正在发生的划时代变革：

网店正在革实体店的命；

滴滴正在革出租车的命；

自媒体正在革报纸的命；

直播正在革电视的命；

微信正在革移动的命；

支付宝还要革银行的命；

同时发生的还有：

外地人正在入侵本地人；

新城区正在取代老城区；

"90后"开始碾压"70后"；

平台化正在代替公司化；等等

这就是互联网不断吞噬传统行业，也是"新世界"对"旧世界"的猛烈撞击。

科技革命、互联网浪潮、经济危机、地区冲突等不断加剧，它们争先恐后地给世界洗牌。

柯达、诺基亚可以一夜之间倒下去；

索尼、松下可以瞬间在市场上消失；

家乐福、沃尔玛可以说走就走；

就连阿里巴巴、百度、腾讯、京东也随时可能沦为传统企业。

人类第四次全球化的浪潮正在扑面而来。尤其，这次浪潮以高新科技创新为核心而使该浪潮不可逆转。

2. 信息化时代

20世纪50年代是信息化时代展现曙光的年代。70年代末至80年代初，个人电脑大普及。90年代开始了网络时代。21世纪初信息化时代迈开了坚定的步伐。今天的世界已经明确认识到信息化才是现代化——信息化是创新的产物，是人类进步发展过程中又一个阶梯。

信息化时代最重要的改变就是人们有了可以在线分享的新工具——这使大众的准入门槛极大降低，使全民创新的速度、力度和频率极大地改变——当电脑与网络最终与网中之网的互联网结合，资本价值文化正式闪亮登场。

马克思在世时的"资本终将登上世界统治宝座"的教导才真正变成最伟大的历史性预言和名言。只有第四次工业革命才真正让世界几乎所有的成员,在成为资本的创造者的同时,成为资本价值的实现者。

二、第四次工业革命正在到来

同前三次工业革命相同的是:大显神通的领域相同——产品制造。而同前三次工业革命不同的则是:数以千万计的创新人物都是弄潮儿——四次工业革命的主体内容是,任何能够改变产品制造进程的事物都能在经济全球化的全球经济发展中起到举足轻重的作用。

四次工业革命的核心是产品制造即生产的方式和技术即今天广为人知并作为口头禅的核心竞争力。而这个核心竞争力可以无视比特经济规模的庞大和强大——信息贸易的非物质化世界也始终只能是制造业经济的一小部分。

根据花旗银行和牛津经济项目的研究数据,2012年全球广义定义的数字经济的收益约为20万亿美元,而网络之外的经济总量约为130万亿美元——原子世界的规模至少是比特世界的5倍。是的,今天的人类到底还是生活在原子的物质的现实世界中:吃的食物、喝的饮料、住的房子、行的汽车、穿的衣服、用的器物,等等。

从这个角度认证:马克思所说的权力掌握在控制生产资料的人手中是至理名言——但是,今天的生产资料正在演变,从传统意义上的厂房、机器、设备等成本昂贵的资本系统演变仅仅是一台电脑或桌面系统。21世纪今天的人类,只要拥有一台电脑就拥有了生产资料并成为权力掌控者,这就是了不起的历史性伟大革命!而这台电脑和自由并自如掌控这台电脑的人,就是信息化时代的催生者和推动者。

360正是从免费安装起步,以此积累数亿用户,并在此基础上构建了颠覆传统的商业模式。

不断升级换代的苹果品牌设计,完全由众多个人设计者在家中自己的电脑里完成——这些众多能够在屏幕终端完成的操作者蕴藏着由普通人完成的可能性——众多个人制造联合推动全民创造创新!使革命趋势加快其快速发展的步伐而形成第四次工业革命,苹果现象因此形成——归根结底是数字革命颠覆传统制造业。曾几何时,苹果在不分享生产工具,仅仅依靠自动化时,不仅创造的就业少,自己也差点破产。现时的世界,华为现象正显露端倪。

而仅仅在分享了"商品"或"店铺"及其开发工具这些最重要的器具后,不仅创造了高达 70 万之众"大众就业者"就业,更是使自己赚的钱竟然超过美国政府的现金总和,相当于几个国家的国民生产总值之和。

为数众多的实体物品和制造工艺由数字化浪潮纷纷涌上了屏幕端,以各种设计图、可视化的操作步骤图谱显现,再经由网络分享给大众,桌面 3D 打印、桌面数控机器、桌面激光切割、桌面数控绣花……这些无一不是将实体世界数字化——桌面制造业为"大家一齐动手创造的运动"的兴起奠定了坚实的基础。全民创造正在涌现出层出不穷的创意!而这些创意又通过在线分享再次、再再次传播进入一种正向循环。这种正向循环正在颠覆传统制造业而形成新工业革命:由于专业系统、特制设备以及大规模生产成本、繁复管理和精细分工而使大众受到严重约束的制造业桎梏完全被打破或者被颠覆,但绝不是制造业的被淘汰!

三、第四次工业革命的特征

第四次工业革命并不改变我们所做的事情,它改变的是我们自己,即改变人。1998 年,柯达有 17 万名员工,在全球销售了所有相纸的 85%。在短短几年里,他们的商业模式消失了,并破了产。

而 1975 年才发明的数码相机。第一批相机只有 1 万像素,但产品按摩尔定律在发展。因此,像所有的指数式技术,有很长一段时间令人失望,但只要短短几年,它成了卓越和主流。

现时的世界这样的事情每天都在发生:人工智能、健康、自驾车及电动车、教育、3D 打印、农业和就业。

1. 人工智能

计算机对世界的了解指数般提升。近年以来,计算机击败世界上最好的棋手,比预期提前了 10 年。

在美国,由于有了 IBM 沃森,你几秒钟内就可以得到法律咨询,虽然到目前为止,多少还只是基本的法律服务,但精确率达 90%,比较起来人工做的正确率只有 70%。尤其,这样的律师还有效预防和排除了"非法律交易手段"对司法的污染(注:IBM 沃森是能用自然语言回答问题的人工智能系统)。

很快约 90% 的人是通才律师,社会只需要专家。

"沃森"已经帮助护士诊断癌症,比医生的准确率高 4 倍。脸书 Facebook

可识别人脸，此识别软件比人类的识别模式更好。到 2030 年，计算机将变得比人类更智能。

2. 汽车

不久的将来，整个行业开始被打乱。你那时就不想拥有自己的汽车了。你会用手机要一辆车，它会出现在您所在的位置，并自动送你到目的地。

你不需要停放车辆，只需支付路程费，就可以一边坐车一边赚钱。我们的孩子永远不需考驾照，也不需拥有自己的车。它将改变每座城市，因为我们未来只需要现在 5%～10% 的汽车。现在的停车场可改造成公园。目前全世界每年死于车祸的人 120 万，每 10 万公里就有一次事故。

随着自主驾驶，这将改进到 1000 万公里一次事故。每年将拯救 100 多万人的生命。2020 年前后新能源车将成为主流，城市将更清洁和更少嘈杂，且更便宜。大多数传统的汽车公司试图通过改进及建造更好的车，可能会导致破产；而高科技公司如特斯拉、苹果、谷歌则以革命性方法，把电脑建在车轮上成为交通工具。

3. 水的供应

有了廉价的电力，水也就便宜和丰富了。每立方米海水淡化现在只需要 2 千瓦小时。

我们在大多数地方水资源并不稀缺，我们只是稀缺饮用水。如果每个人都可拥有尽可能多的干净水且几乎没有成本，想象一下，可能会发生什么吧！

4. 健康

Tricorder - X 是与手机配合一起工作的医用设备，记录你的视网膜扫描、你的血液样本和你的呼吸。

它能分析你 54 项生物标志物，可以找出你几乎所有的疾病，也很便宜。

所以在未来几年内，这个星球上的大部分人将会获得世界一流、成本极低的医疗和药物。

5. 3D 打印

最廉价的三维打印机的价格 10 年之内将从 1.8 万美元降到 400 美元。同时打印速度加快 100 倍。

所有主要的制鞋企业开始用 3D 打印鞋类产品。备用飞机部件在偏远机场已经由 3D 打印出来。空间站现在有了一台打印机，不再需要大量过去需要飞船运去的零部件。

2019年年底，新的智能手机可能将拥有3D扫描。然后，你可以三维扫描你的脚，在家打印一双属于你的完美的鞋子。

到2027年，一切产品里面有10%会由3D打印制作。

6. 商业机会

如果你认为有一个适当的职位想进入，先问自己："在未来，你认为我们会有吗？"

如果答案是肯定的，那么你该做点什么使它快点发生？

7. 工作内容

在未来20年内，70%~80%的工作职位将消失，但将会有很多新的就业机会，但目前尚不清楚在这么短的时间内会不会有足够的新的就业机会。

8. 农业

未来会有一个100美元的农业机器人。那时第三世界国家的农民可以成为各自农产品领域里的管理者，他们不需整天工作。

Aeroponics（气耕或雾耕蔬菜种植法）需要的水少得多，在培养皿中生产出第一块小牛肉现在已有了。这将比2018年奶牛所产的小牛肉便宜。眼下，所有地表产的农产品30%被用于饲养牲畜。

有几个初创企业，不久将带来一个昆虫蛋白市场。它比肉类含更多的蛋白质。它将被标记为"替代蛋白源"（因为大多数人仍会有拒绝吃昆虫的想法）。

9. 应用程序

已经有一个叫作"Moodies"的应用程序可以告诉你，你现在的心情怎么样。到2020年，有些应用程序可以通过你的面部表情，判断你是否在撒谎。

10. 货币

许多货币将被抛弃。数字货币将成为主流，甚至可能成为未来默认的储备货币。

11. 寿命

现在的人均寿命每年增加3个月。四年前是79岁，现在是80岁。寿命自身不断增加，到2036年，每年将增长一岁或一岁以上。所以，我们都可以活得更长，可能远超 100 岁。

12. 教育

最便宜的智能手机在非洲和亚洲已经 10 美元单价销售了。到 2020 年，人类的 70% 将拥有智能手机。

这意味着每个人都有许多相同的手段获得世界级教育。每个孩子都可以利用可汗学院，从第一世界国家的学校学习到他需要学的任何东西。

更远的地方，该软件已经在印尼启动，它会在 2019 年夏天发布阿拉伯语、斯瓦希里语和中文。将提供免费的英语应用程序，让在非洲和中国的孩子在半年内讲流利的英语。

四、小微企业如何才能活下来

8 个战略里，你至少要完整把握 3 个。否则，你的企业撑不了多久。

1. "快"

所谓快，就是速度化战略。抓住机会，快速冲击，从而获得市场有利位置。商战如用兵，兵贵神速，唯快不破。

腾讯当时有三个团队同时开发微信。谁先做出来，谁就上马。结果，张小龙成了"微信之父"。另两个团队无人知晓。其中一个团队，仅仅晚了 1 个月……

小公司体量小就不要染上"大企业病"，不要整天加强内部管理、强化组织架构。你的战略应该是生存第一，发展第二。

2. "准"

所谓准，就是看得准。看得准有三层含义：一是看得准市场的前景，二是看得准对手的弱点，三是看得准自己的优势。三者缺一不可。

王安电脑曾经风靡一时，后来没落倒闭时体量已不小，实力也不算弱了。失败则在于没有看准市场。当个人电脑初露萌芽时，他还抱着文字处理机不放，错过了大好转型时机。

小公司基础差底子薄，禁不起折腾，交不起学费。所以，任何重大决策都要看得清、看得准。看准了再投资，叫冒险；看不准就投资，叫冒傻。

3. "借"

借，也就是借力。冯仑说过一句话：企业要想发展壮大，一定要学先进、傍大款、走正路。傍大款就是要借力借势，整合资源。

马云说:"做企业要学会借力,借助人的力量、资本的力量和知识的力量。其实借力就是学习能力,反思自己的能力,改变自己的能力和坚持的时间,就这四个要素。"

范蠡想把北方的马贩运到吴越,但是沿途强盗很多。得知布贩姜子盾熟悉路况,于是,写了一张榜文:新建马队,吴越运货免费。姜子盾主动找到范蠡,求运麻布。双赢!

4. "巧"

巧,就是别出心裁,以四两拨千斤。面对强大的竞争对手,小公司没有实力硬碰硬,只有在巧字上下功夫。巧,可以是设计巧妙、沟通灵巧或营销技巧。

田忌和齐威王赛马,用自己上等马对齐威王的中等马,用自己的中等马对齐威王的下等马,用自己的下等马对齐威王的上等马,结果以2:1的比分取胜。

巧的核心是"不对称竞争",如果你资源少、实力差,和别人对称竞争,你能赢吗?只有使用巧力,用自己的优势PK对方的弱点,才能巧妙胜出。

5. "奇"

所谓奇,就是出奇制胜,也就是不走寻常路。孙子兵法说:"凡战者,以正合,以奇胜。"只有攻其不备,出其不意,才能取得奇效。

手机市场群雄割据,争得你死我活的时候,小米作为一个市场后进者却能异军突起,靠的就是网上销售、"饥饿营销"这个奇招。

小企业的领导者,必有具有"前无古人,后无来者"的奇思异想,只有如此,才能在竞争的夹缝中发现曙光。

6. "偏"

所谓"偏",就是剑走偏锋,指的是碎片化战略。即把别人看不上的、过于分散的碎片东西集中起来,变成自己的生意。

管理学中有一个韦特莱法则:所谓成功者,其与他人的唯一区别就在于,别人不愿意去做的事,他去做了,而且全身心地去做。

小宅门公司专门从事二手房装修出售业务。把市中心的老破小收购以后重新精装修,然后快速出售。成立三年,收益已经达3800万元。

7. "新"

新,就是创新。创新是企业的灵魂,对小企业来说更是如此。任正非说:

"创新虽然很难,但它是唯一的生存之路,是成功的必经之路。"

创新不仅仅是产品,还包括管理思想和经营模式。海底捞为什么能够成功?因为张勇在管理思想上的创新——把人当人看。

海尔张瑞敏有一句经典名言:"不要把烂摊子留给客户。"于是,海尔倾心打造服务品牌,实现了快速崛起。这就是服务创新。

8. "逆"

逆是什么?就是逆向思维,也就是反其道而行之。作为一个企业领导者,一定要跳出传统思维的框架。别人都走的路,不见得是光明大路,很可能是死路绝路。

耶稣说:"你们要走窄门。因为引到灭亡的门是宽的,路是大的,去的人也多。引到永生的门是窄的,路是小的,找着的人也少。"

所以,企业家要有逆向思维。[①]

五、"再工业化"

1. "美国优先"

美国的特朗普总统针对"美国衰落",高声呐喊出"美国优先",如何"优先"?"再工业化"。

作为对全球性金融危机的反省,"再工业化"被严肃地摆在了人类面前。

"再工业化"不是转移出去了的工业化再招回来即不是倒退回到曾经的工业化时代,也不是重回传统制造业,而是发展出人人可以参与的虚拟化制造业:在互联网上制造出所需的重资产(专业知识、设备、厂房以及大规模生产的成本消耗等),可以低成本复制分享。制造业则可以实现生产工具这种重资产与创造性劳动这种轻资产的分离。

任何国家(特别是大国)想要真正强大,就必须拥有坚实的制造业基础——这是今天世界经济的基础产业,这与前三次工业革命完全相同。即使今天的美国,其1/4的经济仍然是实体的制造业。如果将产品分销和零售都计算在内,则制造业占整个经济的比重仍有近3/4。

于此,这也是美国这个经济巨人之所以能在其引发世界金融危机之后的短短几年间,又在自己制造的、祸及全球的危机中再次站立起来的一个原因。我们也因此而能体会到这个巨人在过去历次危机中总能站立起来的感受。

"创客运动"即"全民创造运动"在金融危机中形成消解危机的原因之一：制造业实体产品的过程越来越像制造数字产品。智慧超群的人凭借小小的互联网接口和创意改写了世界，也正在影响着实体制造业。一批中型制造公司可以使用数字制造技术，将过去需要大量人力或极其昂贵的设备与制造工具的流程自动化的第二次工业革命的生产过程与技术变革并以此增加针对低成本劳动力的竞争力。

今天，任何人都可以把自己的发明或产品设计上传给某一制造商，将想法变成现实——潜在创造者和发明家不再需要仰仗大公司而实现自己的梦想。

鉴于"全民创造运动"的巨大魅力，目光锐利的奥巴马政府在2012年年初开展了一个新项目：将在未来四年内有1000所美国学校引入"创客空间"——配备齐3D打印机和激光切割机等数字制造工具——这是学校活动课程在网络时代的升级版回归，不再是培训技能型蓝领工人的课程，而是由政府资助的高端制造业项目，旨在培养新一代设计师和生产创新者即培养引领新潮流的数以千万计的弄潮儿。

2. 创新号召鼓舞中国年轻创业者

在政府支持创新经济的鼓励下，中国的年轻创业者正利用蓬勃发展的互联网技术优势开创自己的企业。

中国经济放缓和股市暴跌已令大型国企受到重创，许多传统行业制造商也因劳动力成本上升和订单减少而亏损。未受低迷经济影响的是运转资金较少的互联网创业公司。

在这些创业者中，有一部分是被中国政府充分发挥互联网对创业创新的支撑作用的号召所鼓舞的。

30岁的崔恳（音）就是其中之一。在听到李克强总理在国务院有关先进制造与3D打印专题讲座上的讲话后，崔恳（音）辞去了一家驻沪外资银行的职员工作，并创办了一家3D打印公司。

"辞去在银行的稳定工作并不是一个容易的决定，"崔恳说，"但是3D打印技术巨大的市场潜力和政府的支持态度决定了我的信心，这是做出改变的正确时机"。

由于曾在银行工作过，崔恳目前负责这个资本达1000万元人民币的企业的融资和营销，而他的商业伙伴负责提供工作场所和技术。

过去，内地私营企业创业者需要与地方政府的人脉关系以确保获得订单和优惠待遇，但是通过互联网吸引客户令这一切发生了巨变。

复旦大学的李若山教授表示，中国正处于全新商业时代的开端。他表示，企业必须尊重市场，而不是只关注与政府官员拉关系。

安永会计师事务所的何兆烽表示，现在评估一家公司的市值比几年前要"复杂得多"。他说，一家公司即使没有大量的收入，但如果它的线上交易量很大，也可以被视为明日之星。

何兆烽表示，现在不必纠结于一家创业公司的资本实力，"随着内地在寻求发展的新动力时强调创新的作用，大众市场将成为一家公司发展前景的最终裁判。因此线上交易量可以成为评估一家创业公司市值的重要标准"。

然而，拥有技术优势的年轻创业者也会遇到困难和阻碍。政府尚未引进强劲的税务激励政策以减轻小企业的负担。僵硬的体制也是一个绊脚石，许多年轻创业者表示如果中央政府进一步放开市场，年轻人大扩张正在形成。

第二节　创新弄潮儿

创新弄潮儿，首选的当然是华为。

一、"华为现象"

笔者综合众多研究成果认为，"华为现象"由其十几个支撑点组成。

1. 不断强化自己在核心领域的领先能力

信息产业不同于传统产业，昨天的优势，今天可能全报废，天天都在发生技术革命。在新问题面前，小公司不明白，大公司也不明白，大家是平等的。华为知道自己的实力不足，不是全方位的追赶，而是紧紧围绕核心网络技术的进步，投注全部力量。又紧紧抓住核心网络中软件与硬件的关键中的关键，形成自己的核心技术。1999年，世界权威电信咨询机构 Dittberner 公司在其年度报告中指出，"华为的 C&C08 交换机在全球网上运行量在业界排名第九位"，华为因最新推出 iNET 综合网络平台，被 Dittberner 公司称为"世界少数几家能提供下一代交换系统的厂家"。

华为2017年年报，其营业收入6036亿元人民币，同比增长15.7%，净利润475亿元人民币，同比增长28.1%，在全球168个国家或地区有分公司或代表处，海外业务的销售收入占比超过49%。

2. 强有力且人数众多的研发队伍

公司17万员工中，从事研发的近8万人。而且众多市场人员，又是研发的先导与检验人员。其研发人员总数中国第一。

3. 加快对市场的响应速度

从客户需求、产品设计到售后服务，公司建立了一整套集成产品开发的流程及组织体系，加快了对市场的响应速度，缩短了产品开发时间，产品的质量控制体系进一步加强。在硬件设计中，采用先进的设计及仿真工具，加强系统设计、芯片设计、模块重用、器件替代等方面的研发力度。尤其是代表硬件进步水平的芯片方面，华为进行了巨大的投入。目前，公司已经设计出40多种数字芯片，几种模拟芯片，年产500万片。设计水平也从0.5微米，提升到0.18微米。拥有自主知识产权的芯片，极大地提升了硬件水平，降低了系统成本。

4. 更开放的政策

华为的成功秘密之一是制定和执行更开放的政策，以吸引和招引更高级、更前沿的更多人才：700多名数学家、800多名物理学家、120多名化学家、7000多名基础研究专家、6万多名各类工程师，等等。

5. 强化研发经费与研发梯队

华为持续每年提取大于销售收入的15%用于研究开发，继续把最优秀的人才派往市场与服务前线，通过技术领先获得机会窗的利润，又将利润用于研发，带动更多的突破，未来十年一定是华为大发展的十年。华为的员工平均年龄30岁左右，十年后才40余岁左右，正当年华，他们前赴后继，继往开来，一定会在未来十年内推动华为的发展与进步。

6. 实施全球异步研发战略

华为在瑞典斯德哥尔摩、美国达拉斯及硅谷、印度班加罗尔、俄罗斯莫斯科，以及中国的深圳、上海、北京、南京、西安、杭州、成都和武汉等地设立了研发机构，通过跨文化团队合作，实施全球异步研发战略。印度所、南京所、中央软件部和上海研究所等通过CMM5级国际认证，表明华为的软件过程管理与质量控制已达到业界先进水平。

7. 强化行业标准制定参与力度和专利投入

创新增强了企业甚至整个行业的生命力。华为持之以恒对标准和专利进行投入，为行业积极作出贡献。华为的榜样力量开始引导众多企业跟进投入研发。《经理人》对2009年度入榜企业中研发投入最高的20家中国企业和跨国公司的情况进行了对比研究发现，中国企业越来越重视研发的投入，研发投入占销售收入的比例开始赶上甚至超过跨国公司。截至2009年12月底，华为加入123个标准组织，如ITU、3GPP、3GPP2、ETSI、IETF、OMA和IEEE等，并在这些标准组织中担任148个职位。华为积极参与国际标准制定，截至目前，华为向标准组织共提交文稿1.8万多篇。截至2009年12月底，华为累计申请专利42543件。华为持之以恒对标准和专利进行投入，掌握未来技术的制高点。在3GPP基础专利中，华为占7%，居全球第五。2008年2月21日，据世界知识产权组织（WIPO）报道，华为2007年PCT国际专利申请数达到1365件，位居世界第4，较前一年上升9位。前三名的企业分别是松下、飞利浦和西门子。据世界知识产权组织（WIPO）报道，2008年PCT（Patent Cooperation Treaty，专利合作条约）的国际专利申请数中国公司首次占据榜首：华为去年共递交了1737件申请，从上一年的第四位跃升为全球递交申请最多的公司。华为入选中国世界纪录协会2009年世界申请专利最多的公司，华为还创造和打破了中国世界纪录协会多项世界之最、中国之最。2010年华为首次杀入《财富》世界500强企业榜单，在IT企业中列第29位（全球第397位），华为也是财富500强IT企业中唯一一家没有上市的公司。

8. 摆脱低层次市场角逐的被动局面

创新就是华为的支点。华为中短期经营方向集中在通信产品的技术与质量上，重点突破、系统领先，摆脱在低层次市场上角逐的被动局面，同时发展相关信息产品。公司优先选择资源共享的项目，产品或实业领域多元化紧紧围绕资源共享展开，不进行其他有诱惑力的项目，避免分散有限的力量及资金。华为过去的成功说明，只有大市场才能孵化大企业。选择大市场仍然是今后产业选择的基本原则。但是，成功并不总是一位引导华为走向未来的可靠向导。华为严格控制进入新的领域。对规划外的小项目，华为鼓励员工的内部创业活动，并将划出一定的资源，支持员工把出色的创意转化为顾客需要的产品。企业的创新必须是以增强盈利能力为终极目的的系统性创新，否则，创新投入就是一种"沉没成本"。

9. 始终站在巨人的肩膀上

华为的技术创新大都是站立在"巨人的肩膀"之上的。华为认为，过多的"自主"创新情结，会影响到企业的竞争力的形成。在华为看来，专利并不是一种目的，而是获得市场进入许可，同时获得产品以及成本竞争力的商业手段。华为的主张，一方面是，"通过合理付费的交叉许可，创造和谐的商业环境"；另一方面，则要积极地积累自己的专利池，获得越来越多的筹码，并持之以恒地每年以超过销售额10%的比例进行研发投入。任正非特别强调："新开发量高于30%不叫创新，叫浪费"，他号召研发人员研发一个新产品应该尽量减少自己的发明创造，而应着眼于继承以往产品的技术成果，以及对外进行合作或者购买，华为的"技术拿来主义"还表现在与合作伙伴的合作上面，不管是和大学科研机构还是同行业"友商"。华为独特的矩阵管理和企业文化，慢慢将合作伙伴同化为华为的一部分，比如早期和清华大学合作，清华大学的博士生郑宝用就不知不觉地进入了华为研发团队，到后来的华为3COM，现在的华赛，华为都是采用相同的技术合作策略。

10. 强有力拥抱世界

开放式创新正在取代封闭式创新。科学无国界，创新有产权。华为自跨世纪以来，高度理性地认识到创新是世界性、全球性的。只能张开双臂强有力地拥抱世界，才能有未来。

11. 实体经济最要害的杀手锏：质量

离开质量，就没有商品，当然就没有交易、没有市场。市场经济不讲哥们义气。救济等行为是"第三次分配"。

12. 不被西方国家认同，是因为自己做的还不够标准

不能把竞争圈陷于"民粹主义"陷阱中。世界是个大市场，只有商品交易，货币交流。"民粹主义"害己又害国。

13. 把知识产权当物权

任正非强调，知识产权是物权的一部分，侵犯知识产权就是侵犯物权，这样的环境有利于原创发明。知识产权保护是有利于国家长远发展的，这也是西方国家发展快捷的当红武器。

14. 让听得见炮声的人来决策

相对于国企，甚至相对于跨国公司的外企，华为的高速的科学决策是其突出的创新战略。

中国国企的决策周期长是一个"科技现代化"的顽疾。其原因众多，有一点可以肯定：官僚主义作祟是肯定的，掌权的怕负责，多一事不如少一事。

无独有偶，现代西方跨国公司也在滋生着这一毛病，因其战线长，上下班时间相对固定，过去决策快捷的长处已被华为等中国民企超越而表现"顽疾"滋生。

任正非于此认识的话说得很科学且形象："让听得见炮声的人来决策。"

15. "职工持股计划"的激励策略

"职工持股计划"发端于20世纪80年代的美国，并且获得很大的成功，并全美推行。确切地说，职工持股计划是地地道道的马克思历史唯物学说的经典产物，西方针对马克思资本主义社会基本矛盾学说所做出的最重要的理性改革：让劳动者获得实实在在的利益，甚至包括生产资料的"所有权"，即产权。既相对解决"生产资料的私人占有"，软化弱化劳资矛盾，且又形象地体现"资本社会化"这一马克思"三大社会化"是人类到达社会主义的基础前提的学说。笔者认为，战后资本主义的经济发展的飞跃式发展，从根本上源于马克思主义学说的世界普及。与此相联系，倒是部分自称是马克思主义信徒的人士根本就不懂得马克思主义的精髓。

任正非是个马克思主义者。

马克思说过，在科学的入口处正像地狱的入口处。创新虽然艰难，但它是唯一的生存之路，是成功的必经之路。

二、任正非的开放思想与危机思维

1. 开放思想

对于智能手机来说，最主要的技术，说到底就是一软一硬：硬的，是芯片！软的，是操作系统！在硬件方面，华为有了麒麟980、昇腾910和昇腾310等最尖端的芯片；软件方面，华为也有了自己的麒麟OS系统。

华为再也不会遭遇类似中兴事件一样的困境。

有人也许会问：那么，华为手机什么时候将装上麒麟OS操作系统？

华为发言人说："我们全力支持合作伙伴的操作系统，我们也喜欢这些系统，客户同样很喜欢。"

麒麟OS操作系统只是华为手机的"B计划"，即既要继续使用Android和Windows系统，同时又要研发出一个麒麟OS操作系统作为备用系统，这其中贯穿的，就是任正非的开放思想和危机意识。

所谓的开放思想：就是说，华为绝不封闭自我，将优先使用供应商的系统和芯片，努力与供应商合作。

为什么这样呢？任正非早在2012年"诺亚方舟实验室"讲话中，就说得很清楚：因为无论是人才还是技术系统，都不能做封闭系统。

封闭系统必然要能量耗尽，要死亡的。

2. 危机意识

所谓的危机意识，就是说，华为必须有底线思维：当别人断了我们粮食的时候，备份系统要能用得上。

也恰恰因为有了这个备份系统，别人才会允许华为用，因为知道就算断了华为的粮食，华为也照样能够好好活下去。

这个考虑，任正非早在2012年"诺亚方舟实验室"讲话中，同样讲过。今天，这个掩藏了7年的秘密，终于揭开！

回想2018年中兴吃的大亏，我们更能够体会到任正非的战略远见和胸怀：人有时候就得做一些吃力不讨好的事情，不为别的，只为不时之需，为危机时候能够自救。

否则，就可能应了马化腾说过的那句话："巨人稍微没跟上形势，就可能倒下。巨人倒下时，体温还是暖的。"

3. 黑天鹅启示

《黑天鹅》里面有个故事，让人印象深刻：

有一只火鸡，被农夫养在美国的农场。在过去的120天里，它都很幸福，因为农夫每天都给它吃的，它还以为这种幸福将天长地久。但很不幸，在121天，复活节到了，火鸡的幸福指数戛然而止，因为复活节人们要烤火鸡吃。

这个故事讲的，或许也正是华为自研操作系统给我们最大的启示：尽可能做到比别人看得远一点，能够在晴天里修屋顶，而避免成为那只可怜的火鸡。

任正非就曾多次说：华为离死亡可能只有一步之遥！在捷报频传的日子里，他反而在内部讲话中反复提醒道：泰坦尼克号也是在一片欢呼声中出的海。

不仅如此，华为还花了很大的价钱，从国外引进了八只黑天鹅，放在公司园区的湖里。任正非就是用这种方式以警示大家：在一个不确定性的世界，黑天鹅时刻可能飞出。只有时刻保持敏锐和危机意识才能生存下来。

作为创始人，任正非赋予华为的这种开放思想和危机意识，其实正是华为真正的力量所在。

任正非说："一个时代最好的防御就是进攻。而最好的进攻，是进攻自己。"

2019年5月19日，新闻联播"国际锐评"——《华为绝地反击，中国居安思危》指出，面对超级大国挥出的封杀大棒，华为公司迅速启用花费10余年投入研发的备用方案，从而确保了华为大部分产品的战略安全与连续供应，充分显示出居安思危的战略远见、未雨绸缪的底线思维，以及坚韧不拔、攻坚克难的奋斗豪情。

中国企业与中国企业家的这种精神，正是中国不断攀登科技高峰的动力所在。

三、"芝麻开门"

1. "芝麻开门"

马云创立的阿里巴巴，有其值得认真总结的推广的经验。但也存在相当尖锐的社会问题。处理不好，将引发尖锐的社会矛盾。其实这个矛盾已经有苗头或曰正在量变过程中了。

阿里巴巴网上不仅有很多可以以出厂价向消费者出售电动机的制造商，而且还能以按照消费者的要求提供定制生产——仅仅几封电子邮件即时信息联络，一家公司指导消费者完成了各项设计选样后，消费者只需要用信用卡进行支付费用就可以了。几天后，消费者收到的电动机不仅完全符合要求，尤其是价格十分低廉，甚至可以只有市场零售价产品的十分之一。

阿里巴巴成为又一个模式——全球供应链已经进入网络时代。这个时代不仅面向公司，也面向所有消费者敞开大门。

仔细研究的结果，阿里巴巴的成功有赖于三大基础性因素：一是中国的互联网已经进入企业管理层；二是数控机器等数字驱动工具越来越多地应用于自动化生产；三是小批量订单是低利润商品生产死螺旋的解决之道——公司现有8000多万用户和1000多店家；每天有数百万员工在办公桌前向工厂下制造定单。也就是说，阿里巴巴网站协助打开了中国制造业新的大门——这就是"芝麻开门"。

2. "阿里巴巴"的思考

"阿里巴巴"或者说马云的阿里巴巴也有值得深刻反思的几点。

一是中国大规模的实体店被挤跨。导致一个尖锐的社会问题：民生问题。

对于这一问题，不能简单地说成是市场选择问题。由此，笔者提出，民生是社会管理的第一要务。离开民生，一个社会就什么都不存在了。阿里把千万个实体店的民生独揽也就是"垄断"，而又不可能将巨额到无量级的利润交给社会第二次分配，这怎么体现效率与公平呢？中国处于初级阶段的社会主义这个基本国情是一切市场交易的基础。一个店铺的后面是一个小康乃至中产阶级的家。

二是市场繁荣问题。规模化的实体店被消灭，市场的繁荣也因此被消灭。

市场和市场繁荣是经济学理论与实践的一个极其重要的部分，甚至可以说是基础部分。笔者于此提出这一问题，不进行阐释。另外以专著论述。

三是假冒伪劣充斥网购。为假冒伪劣大开方便之门，也就是促成假冒伪劣泛滥成灾。2018年3月7日，马云通过微博呼吁"像打击酒驾那样打击假货"以来，全国"两会"的代表也持续对该呼吁展开讨论。假货的泛滥不仅仅对消费者、品牌权利人和各类中商平台带来灾害，同时也对中国制造的形象带来损害，"对制假售假者加重刑罚"的呼吁一经发出，不少法学家都给予了积极反馈，有的更是给予了具体建议。浙江大学刑法研究所所长高艳东表示，定罪标准应当从销售金额一元化向多元化转变；在司法解释层面，应该修改传统证据认定标准，让制售假者"倾家荡产"。②马云自己也清醒意识到这一尖锐问题，而且也在阿里巴巴组织了庞大的打假团队，并亲自命名其为灭绝师太团队，2015年底马云授予该团队首席平台治理官，对假货"出狠手、杀无赦、斩立决"。而在之后一年里，灭绝师太就交出了一份看起来很不错的成绩单：2016年，阿里巴巴平台处理部门共认定和处理制假售假线索4495条，共撤下3.8亿个商品页面，关闭18万间违规店铺和675家运营机构——面对这样的打假结果，灭绝师太郑俊芳坐不住了，"截至目前，通过公开信息能够确认已经有刑事判决结果的仅33例。制假售假受到处罚的比例还不足1%。这意味着我们再打两年，再打五年，可能都无法从根本上解决制假售假的问题"。但成功打假的概率甚低。为什么？因为企业没有打假功能与职能。就以具有打假职能的警察"叔叔"而言，从警近20年的李涛（化名）接受记者采访时有感而发说："目前国内对制假售假的惩罚力度太低，其证据规则还参照以前普通线下打假那一套，给售假犯罪的认定以及定量带来极大的困难，以至于无法通过有效的打击形成有效震慑。"造假一直以来就是与贪婪人性的战争。在郑俊芳看来，线上的假货其实只是线下造假生态的缩影，一切线下的问题都会在线上复现。

刑法学鼻祖贝卡利亚曾说："刑罚的必定性和不可避免性，才是对犯罪最强有力的约束力量。"笔者感慨：我们的社会管理，如果连对制售假都束手无策，还怎么能谈得上引领世界！假——为了利益，资本是会铤而走险的。消费者有此质疑是必然的。上述问题商家可以理直气壮地说，"市场选择，对不起，你作为消费者不选择我就行了"。阿里呵，你这可是"垄断"！市场都被你消灭了，消费者还能有选择吗！

第三节　民营企业创新的困惑与困境

创新作为企业的灵魂，已经被更多的民企认识与重视。但是，在创新的道路上，民企遭遇的困境多多，艰难的磨炼多多，也因此困惑多多。

一、文化的困惑

1. 中华民族创造了博大精深的农耕文化

中华传统文化博大精深，这是不争的事实。但其博大精深是指其在"农耕文化"层面的博大精深。笔者在本著述的"理论篇"中专设一章"马克思关于人类社会发展三阶段（三文明形态）理论"即第一章，就是专题针对现在要探讨的中华文化的博大精深只是处于自然经济文明对应的农耕文化的阶段性或阶梯性问题。中华民族在几千年的自然经济文明形态发展中，创造了这个文明阶段上极其辉煌的文明与博大精深的农耕文化，这是我们民族对人类的伟大贡献，确实值得充分肯定与自豪。但是，这个辉煌的文明形态是人类初始阶段的文明，这个博大精深的文化是初始阶段的文化。不说这个文化与人类进入商品经济文明后所对应的工业文化即价值文化的阶段性巨大差异，仅就我们传统文化自身而言，在其博大精深的总体下，其文化缺陷、文化弱点、文化偏向等也是相当突出与严重的。几千年历史文化发展中，尤其是近现代，对我们中华民族的文化缺点、弱点和偏向的批评者甚多。针对中华传统文化尖锐的批评、批判认识也是相当深刻的。有的批评尖锐地指出：某些植入每个中国人文化层面的劣根性包括三种：浮躁、投机取巧和思想僵化，而这些劣根性导致了中国企业的盲目做大做强，其手法就是投机取巧的收购兼并。但是由于思想僵化的结果，对这些被文化诅咒的劣根性百年来还是没有太大改善的认识，对于中国企业（当然包括民营企业）即是一针见血。

2. 浮躁的文化现实

当前中国，实在是一个浮躁情绪的中国！浮躁文化的企业现实就是投机取巧。而企业的技术创新则又必须是踏踏实实的科学研究行为，来不得半点虚假与急躁！就我们的国家而言，其经济建设、政治建设、文化建设、社会建设等全方位建设是现代化建设事业，而这个现代化建设事业的文化基础是农耕文化，这个农耕文化对于以工业文化即价值文化为基础的市场经济文明，当然得有个学习、借鉴、创新的问题。后发的优势是个可能性，但不是现实性。能否将后发的优势变成现实性，确实是要一步一个脚印地去努力拼搏和顽强拼搏。后发的中华民族可以踩到先发的国家肩头上去，但是，这个踩上去的过程则必然是认真学习基础的创新过程。而创新是容不得浮躁急躁和投机取巧的。如以联想为例，以联想的战略与IBM的战略作简单对比研究，则能充分说明两大公司（企业）因文化的差异形成不同的结果一事是很有帮助的。从这个层面上去理解与认识中国企业创新所面对的文化困惑甚有意义。

3. 文化的错觉

笔者受众多企业邀请去作企业文化类专题讲座，发现一个关于企业文化的尖锐的现实错觉：把诸多文化现象作为企业文化来建设。如企业组织唱歌、跳舞或打球、拔河等文化体育活动被视为文化建设，甚至包括组织专业文化队伍如文工团、乐团等并大加宣示等。其实，这些只是文化活动或曰文化表象。企业文化是企业的价值和价值取向即"企业灵魂"！纵观中外成功的大型企业或认真研究世界五百强就会发现，其企业文化只能是价值文化——企业生存于世体现的是企业与社会生存与发展的关系维度。即企业提供的产品、服务或交易与现实社会存在与发展的关系系数。如华为提供给社会的产品之一是手机，而手机的质量则是企业与社会发展的关系系数的价值实现。5G的价值则大于4G！

更深层次的认识，企业价值则是企业所有员工的价值。企业立于不败之地则是企业员工价值被社会认识与认定——人的价值的社会实现。行文至此，笔者不得不慨然，中国要引领世界还得要刻苦拼搏若干年——仅文化错觉的拨乱反正也非一朝一夕。

党中央坚定地提出"文化自信"是很具战略性的。准确把握"文化自信"，尤其在实践中实践和实现"文化自信"则是一个艰巨的、智慧的实践过程。

某种意义上，社会就是文化。

二、体制的困境

中国的现行体制，对民营企业的创新，是一个较大的困境。

民营企业姓"私"不姓"公"，这是体制性症结。这个症结是姓"资"还是姓"社"的意识理念的障碍性延伸。也就是说，尽管民营企业已合法了，而且占据中国经济半壁江山了，甚至在就业、社会贡献方面已具突出表现了。但是，不管是从社会意识形态，还是社会体制上，对民营经济的另眼看待、另类对待，还是广泛存在的事实。从意识形态角度讲，民企不是社会主义经济或充其量是"补充成分"几乎还是定论；从体制上讲，民营经济（民企）是"私"生子；从政策对待上讲，其"国民待遇"几乎是个概念。近些年，中央政府从文件上加大了对民企的扶持，但因为配套不全，加上上述诸多原因，使文件上的政策条款在具体实践中成为"玻璃门""弹簧门""旋转门""朝天门"等花样繁多的"门"，总起来可以叫作"叹息门"。

"长江鲟"和"中华鲟"的呼叫

长江鲟是中国特有的鱼种。因为葛洲坝、三峡水库工程切断其洄游到宜宾水域繁殖的通道而成为灭绝鱼种。为此，国家通过中科院建立其专门研究机构、组织强大力量试图人工繁殖以保护该鱼种，但多年无果。但是，以共产党员、转业军人周世武先生为首的几位有识之士，于1993年自费创立四川省宜宾珍稀水陆野生动物研究所，克服千难万阻，于2007年全人工繁殖长江鲟成功。早在2004年10月30日，成功地人工授精，于同年11月4日~5日孵化出中华鲟子一代亲鱼近万尾。同时，研究所成功地开发出江团、大口鲶、岩原鲤、圆口铜鱼、铜鱼内塘驯养人工繁殖，为长江上游著名特有经济鱼类的保护和产业开发作出重大贡献。尤其，该研究所自成立以来，共向长江无偿放养长江鲟2.06万尾（30~80cm）、中华鲟30万尾（70cm）、胭脂鱼20.54万尾（5~12cm）、岩原鲟20.5万尾（8~15cm）。研究所的上述突出贡献先后被《人民日报》《人民日报·海外版》，中央电视台一套"人与自然"、二套"劳动与就业"、三套"真情无限"，香港《大公报》，凤凰卫视"长江——永远的母亲河"等30多家媒体广泛报道。2001年至今共获得国家环保总局、中国环境新闻工作者协会"地球奖"，联合国教科文组织授予的全球五百佳提名奖,民政部"全国先进民间组织"等数十项奖项与各种基地称号。

但是,十分遗憾的是,该研究所20余年来在多次"弹尽粮绝"的绝境中向上级机构直至农业部的申请支持,至今没有得到分文经费。笔者作为四川大学非公有制经济研究所负责人,曾与陈荣德博士(清华大学博士,已早年英逝)为其经费支持多次到农业部找领导、找省长、找农业厅、找宜宾市等,农业部与四川省也先后派出专职干部到该研究所考察,均认定其重大成就与贡献,但最终仍以"中央没有对民营研究所经费扶持的政策"而作结论。倒是国家的类似研究机构,经费充足、人力强劲,但数十年一无所获。周世武先生等最困难时将汽车、房子卖掉以继续其创新研究工作。周世武先生得到的最大肯定是四川省政协委员,能从政治上如此肯定他也很不简单了。

周世武先生与四川省宜宾珍稀水陆生动物研究所经历的"政策歧视"当然不是个案。于此笔者虽然已经竭尽全力希望改变政策歧视现状,但似乎无能为力的我只能仰天长叹息:长江鲟、中华鲟,但愿你们的呼喊能改变你们正在灭绝的现状!

三、创新体制之己见

高新科技项目研发、开发即创新的瓶颈约束在于体制,具体表现为资金、人才约束。经多年思考,笔者提出自己的建议方案,就教于广大读者。

该方案为《消费返还资金转化为高新科技创新资本方案》。

将消费者有限甚至微不足道的消费返利资金,转化为科技创新支持的资本,是本方案的核心。

利用国家集中力量办大事的独有中国特色亦是本方案的最大特色。

国家与消费者联手,即国家与全国人民(都是消费者)利用"资本"这一"社会进步的杠杆"团结起来,共同打造具有典型中国特色的支持、支撑高新科技创新,奋力抢占21世纪经济社会发展制高点,是本方案的灵魂。

具体化为:

(一)中央政府以发改委、科技部或相应的职能部门,建立"消费返利资金高新科技创新投资资本管理委员会或投资资本管理中心"。其职责为消费返利资金资本吸纳、专项高新科技项目研发、开发投资管理。

(二)消费者消费返利投资资金转化为资本的可能性、现实性及操作性。

1. 消费返利已是现代市场营销的重要手段和策略。

2. 消费者将其消费返利的微薄资金投资到中央政府"投资资本管理中心"的自愿性原则。投资者可自主选择到自己瞩目的相关科技项目或无选择性投资包括自主性原则。

3. 消费者每次消费的返利资金从现象上看，数量极其有限，但其消费行为是始终的，现实上是不可计量的，对于国家创新而言，其资金转化为资本的数量显然巨大到真实的不可估量，其资本能量积聚与能量释放同样都是不可估量的——借一句现代量子物理示的概念：量子纠缠与量子叠加式能量是空前的。

（三）本方案的优势

消费者的消费返利资金现象上看不是消费者的"本金"即"吃饭钱"，其转化为资本是消费性投资，该投资为其提供了成为"资本家"的便捷通道即"无本投资"——于此，本方案于投资者既是人性的，又是人道的。本方案于国家而言，既是"资本主义"的，又是人民大众的，即是不折不扣的"社会主义"的。

（四）本方案的技术保障与投资者利益保障

1. 技术保障：互联网＋、物联网、大数据，等等。

2. 投资者利益保障，全国人大出台相关法律。包含投资者的股份、股权、分红、高新科技产品的权属利益等。

第二十一章　家族企业与"富不过三代"

企业是家庭、家族生产方式产生并发展起来的。家族手工作坊是企业的先驱。至今,家族企业全球性存在。家族企业占全球企业总数的2/3还强;乃至大型现代化企业500强上有40%左右的家族企业。尤其美国,家族企业高达90%左右。亚洲除中国大陆之外的经济发达体,家族企业都在数量和规模上占据主导地位。现时中国大陆90%的私营企业都采用了家族企业组织或家族式管理。尤其温州地区,大大小小的十多万家家族企业占比高达企业总数的99%。[①]

马克思在其《资本论》中尖锐地指出,由于生产力的发展,生产方式根本发生变化。生产方式变了,与生产方式相适应的生产关系和交换关系才发生变化。而当今世界包括当今中国大量的家族企业的存在并发展壮大,正是马克思关于生产方式与生产力关系变革的表现形式和需要的反映,是市场经济体系中的必需的资源配置形式。

家族企业对中国经济社会发展的贡献是巨大的。但其存在的问题不少,有的甚至很尖锐,其中最为典型的问题和危机之一是"富不过三代"。历史地讲,这一概念是近代民族资本家、火柴大王刘鸿生老先生提出来的:"我还没有在中国看见有过了三代仍然兴旺的资本家。"[②]

第一节　家族企业概述

一、什么是家族企业

关于家族企业认定的说法众多,笔者不做介绍。仅谈谈个人的看法。
以血缘关系为纽带,构建成的企业即家族企业。
1. 血缘是人的自然属性的核心
笔者在《社会学》[③]中专题论述过人的自然属性、社会属性和思维属性三大属性问题。在人的自然属性认识中谈到血缘是人的自然属性核心的观点。

人是自然的产物即人是自然之子。

作为自然的产物，人与动物、植物共性。血缘则是生物共性之核。

认识血缘是生物共性之核，有必要简单介绍一下基因。

带有遗传信息的DNA片段被称为基因。

基因（遗传因子）是产生一条多肽链或功能RNA所需的全部核苷酸序列。基因支持着生命的基本构造和性能。储存着生命的种族、血型、孕育、生长、凋亡等过程的全部信息。环境和遗传的互相依赖，演绎着生命的繁衍、细胞分裂和蛋白质合成等重要生理过程。生物体的生、长、衰、病、老、死等一切生命现象都与基因有关。它也是决定生命健康的内在因素。因此，基因具有双重属性：物质性（存在方式）和信息性（根本属性）。

血缘则是基因在人类学、社会学、教育学、心理学学科的通俗性概念。

2. 血缘是人类的存续纽带

对个体的人而言，既是生命的遗传存在形式，又是生命价值实现的表现形式。

作为生命的遗传存在形式，其承上启下则是自然的历史使命。因此，生命于个人而言，其意义重大；于人类而言，其价值巨大。

从这个意义上讲，生命伟大，生命至高无尚。珍视生命即人类人性。

简单地说，对于现实存在的每个生命个体而言，你的现实存在，是继承你这个个体的父系、母系的从没有中断的"遗传"而存在的。不是简单的上溯十代、百代而存在，而是从老老老祖宗即"女娲造人"而存在的那个"人"的存在——于此，你这个现实的个体，来到这个世界上，是多么多么的不容易，是多么多么的伟大啊！上溯到你的血缘遗传数千万年中，有任何一个血缘环节的一个点中段，就绝对不会有你这样一个现实的人的个体存在。于此，在你感受、认识到这种伟大的同时，你不也应深刻认识到你对你若干千万年血缘祖宗的历史性责任吗——血缘遗传的存在和血缘遗传的启下责任，你必须对你的血缘宗亲负责，而将血缘遗传承继下去！

我们现时的每一个社会成员，其责任何其重大。

以血缘为生命的存续纽带，是自然历史的必然选择。

以血缘关系为纽带而构成的家庭企业、家族企业成为历史必然。

全人类如此。中华民族则更上一层楼即更具特色。

3. 血缘的中华特色——血缘传承

中华文明是人类曾经的众多文明形态中从来没有中断过传承的唯一的文明。其根本原因是血缘传承。其表现形式为政治上的家国情怀与理论上的"天人合一"。

人类文明演化进程中涌现出众多璀璨的文明形态：古希腊文明、古罗马文明、玛雅文明、两河文明等。而唯有中华文明从来没有中断过。究其原因，血缘传承是根本原因。

中华民族对于自己的血缘传承特别注重，表现在独具特色的"家"和家族传承上。尤其，在家的基础上建立起国的根深蒂固的理念与强烈的爱国主义情怀，几千年的中华文明史，是家国共进退、家国共繁荣的演化史。

2017 年，笔者受托为特级战斗英雄杨根思创作《杨公根思赋》④。在这篇赋中，笔者提出了"家国互根"这个理念。

"家国互根"既是一个政治学理念，也是一个经济学理念。

"国破家亡""国强家旺""家富国强""家国共进退"等概念既是政治学概念，也是经济学概念。

当今中华，以近 14 亿中国人依赖血缘关系构建起数亿个家庭。

当今中华，数亿家庭以血缘为纽带组建成 56 个民族。

当今中华，56 个民族以血缘为纽带组建成中华民族。

当今中华，以中华民族的精英群体中国共产党为领导核心，建立起中华人民共和国。

也就是说，中华人民共和国是数亿个以血缘为纽带组建的家庭建立起来的。

也就可以结论为：以血缘为纽带构建的若干个家庭企业理所当然地是中华人民共和国的经济主体和经济实体。

因此，笔者在本著作中强调指出：以家族企业为主的民营经济是社会主义中华人民共和国当然的不可或缺的经济实体。

二、家族企业的特点

改革开放过程形成的家族企业，有世界家族普遍性的特点，这些普遍性的特点的论述已经很多很多，笔者就不啰唆了。笔者就其自己的研究与认识简要介绍更有中国特色的个性特点。

1. 以血缘为核心是第一个特点

笔者以"血缘关系为纽带"来界定家族企业，当然充分认定血缘为家族企业的第一个特点。

传统的中国是一个人治社会。数千年人治的结果，形成以家庭为社会基本单元的社会体系。笔者认定，自秦至辛亥革命的两千余年间的中国社会，绝不是什么封建社会，而是典型的专制社会。

笔者认为，中国社会几千年形成的基本稳定的专制社会结构中，男权的社会强化作用"功不可没"。

男权强化可以分为下面三个层次：

从政治形态结构上，中国几千年，不管国名如何更替，但其政治结构基本稳定，即专制的政治体制的皇权结构是基本稳定的。天下是皇帝的，皇帝是男性的宗姓嫡传（武则天女皇是一个例外——尽管例外，最后还是还权于李姓宗室）。男性皇帝、男性朝廷、男性官僚体系。有学识，有才华，加上有机会的男性构成男权社会当然地给了男性以必然的权力。男性官僚在皇权面前是奴才，但在社会形态上却自然的处于权力顶峰，从中央到地方概莫能外，这是男权强化的第一层次。

男权强化的第二层次是宗族、宗亲、宗祠。

比较而言，相对第一个层次的男性境遇上弱势一点的男性，退而求其次的是可以在宗族、宗室、宗祠里谋求一个职位或职务。

专制体制中国的宗族、宗室、宗祠系列是皇权高度专制的重要支撑体系。

几千年来，中国是一个农业社会。而且，中国这个农业社会是属于典型的自然经济体系。自给自足基本满足社会成员的丰衣足食。除了少数年份的暴政与巨大的自然灾害侵袭之外，社会的形态是基本稳定的。而这基本社会结构与社会形态的稳定，有利于以血缘为纽带的宗族、宗室、宗祠存在与发展。反过来，宗族、宗室、宗祠的存在与发展又强有力地维系专制政治体制的存在与巩固。

男权在独具特色的专制宗族、宗室、宗祠中较理想地实现了自己的男权角色。

第三层次则是家庭。

没有可能进入第一、第二层次的中国男性能理所当然地在家庭这个最基本的社会细胞中实现自己的男权角色即家长。中国的婚姻是男性的婚姻。男子当家天经地义。

女子的"三从四德"是当然的绳索。

男权社会成就了男性即当然的家长地位与权力。

完全50%的社会成员即男性都有男权角色成长与实现的空间,中国专制政治体制的相对稳定与稳固也就理所当然了。

从这个角度分析和认识中国当前的家族企业第一个特点为"以血缘为中心"就顺理成章了。

"以血缘为中心"现实对家族企业的兴旺有积极意义的一面,但我们又必须清醒地认识到,其消极的一面也正在威胁着家族企业的生存与发展。而这消极面也正在构成"中国特色"。这在本章第三节解析。

2. 中国特色的自组织是第二个特点

自组织理论是20世纪60年代末期开始建立并发展起来的一种系统理论。

一般来说,组织是指系统内的有序结构或这种有序结构的形成过程。德国理论物理学家 H. Haken 认为,从组织的进化形式来看,可以把它分为两类:他组织和自组织。如果一个系统靠外部指令而形成组织,就是他组织;如果不存在外部指令,系统按照相互默契的某种规则,各尽其责而又协调地自动地形成有序结构,就是自组织。

自组织现象无论在自然界还是在人类社会中都普遍存在。

一个系统自组织功能愈强,其保持和产生新功能的能力也就愈强。

改革开放进程中所产生、形成并发展的家族型企业,就是不折不扣的自组织。并且这个自组织带有浓重的"家文化"特色。

家族企业的初生,多数是家庭企业或20世纪80年代中后期"异军突起"的乡镇企业转型(乡镇企业就其产生而言是他组织,但企业转型则是自组织)。

自组织的家族企业形成的基础是"家文化"。

家文化从政治学角度认识,也是"血缘纽带"的沉积物。

中国几千年的专制政治、专制经济与专制文化发展到清王朝,更是集专制之大成。

大到国家的"家天下",小到社会最小细胞即数千万家庭的家文化,无不渗透着专制的文化侵蚀。

专制政治文化的家文化凝固,充分地表现在男性的"头发存与留"上。

清入关初期，为了从文化上彻底瓦解和征服汉族男性，其"留辫则留头"，让多少汉族铁血男性惨死在清刽子手的屠刀下，而近300年后的辛亥革命，暴政与专制文化长期洗脑的结果是汉族男性上演无数"留发不留头"的悲剧。

仅此文化是暴政的暴虐可见一斑。

中国古代四大文学作品之首的《红楼梦》更是独具中国特色"家文化"衰落的典型描写与揭示。

于此，"家文化"作为现实中国家族企业的文化基础表现出积极和消极两个方面的意义。

其积极意义主要表现为：建立在家庭血缘、亲缘基础上的企业合作更为紧密，更加可靠。

其消极意义则是，在家族企业包括现代企业制度建立的文化导向上形成严重的障碍；在家族企业的传承上的"富不过三代"似乎成为铁律，起到了顽固的堡垒性作用。

3. 家族企业的家国情怀尤其强烈是第三个特点

家族企业几乎由家庭企业发展而成。

家庭企业产生的初衷是解决生存、解决饭碗问题。这个初衷随着改革开放过程的不断深化也不断升华而为家国情怀日益强烈。

这一过程可以简略地表现"家好国好！""国好家更好！"

当家庭企业演化成家族企业时，昔日的解决生存、饭碗问题的初衷已经经过"家好国好！""国好家更好！"的升华，而再升华为"家国情怀"的至高境界即"家国互根"情怀了。

没有家，就不可能有家族企业。

没有家族企业的兴旺，就不可能有国家的强大和稳固，没有国家的更强大和稳固，也不可能有家族企业的更加兴旺！

因此，形成家族企业、民营经济在其近40年发展壮大，风风雨雨、可歌可泣历程中形成的"家国互根情怀"！

这是民营企业家们和民营企业全体员工伟大的情怀！

行文到此，笔者必须严肃提出：正在形成的"家国互根情怀"现实还是脆弱的，还必须细心呵护与保护。

相对于中华文明中的爱国主义，当今中国家族企业、民营经济成员们的

"家国互根情怀"是辉煌的历史性升华！这升华是历史性的质的飞跃！是伟大的、史无前例的！

于此，我们务必要且行且珍惜！

第二节 家族企业治理

家族企业是家庭或家族全方位社会融入，其融入与秩序运转则是治理表现。

家族企业治理与家庭或家族的治理既相关联而又有显著区别。

一、家族企业的治理机制

家族企业主要在国家法律法规笼罩下（"阳光"照耀下）依靠家长专制、亲情管束、利己与利他融合、差序层次格局、嗣子传承等制度安排来建立与实现企业秩序。

1. 改革开放初始时期家族企业治理

这一时期的家庭、家族治理是家庭管理模式的企业翻版。其原因为企业规模小，现代化程度低，生产、运营、管理单一，社会贡献小，几乎清一色的亲族成员等。

上述特色对管理者的素质要求不高，在关键的契约约束方面更多地体现为家长信用与威权上。表现形式更主要地用心理契约替代文本契约。

2. 改革开放深化过程中家族企业治理

随着改革开放的深入，尤其是邓小平南方谈话的公开发表，党的十四大确立社会主义初级阶段的经济制度以来，家族企业以爆发式、跨越式方式大发展。这是包括中外政治家、经济学家、社会学家、管理学家、企业家们无不目瞪口呆的现时场景——蕴藏于中华民族内部的社会活力、人性动力被改革开放的锣鼓声极大地焕发出来。市场经济体制建设成为中国经济社会改革方向与目标，威力巨大。

这是一次中华民族历史上第二次生产力大解放、社会活力大爆发。笔者在《跨世纪中国经济理论问题研究》[5]中作了研究与介绍。

第一次是中华人民共和国的成立初期——可惜好景不长。

"政治是经济的集中表现"是至理名言。

家族企业雨后春笋般的爆发式增长，体现在家族企业规模、企业质量、企业价值、企业现代化水平、企业生产、企业经营、企业管理、企业外向型发展、企业资本市场进入等方面——显然，传统的家庭、家族式管理模式和治理结构已大大不适应家族企业迅猛发展的现状。

家族企业面临现代化管理与治理结构的全方位挑战。

就以契约关系而言，家庭式心理契约必须退出历史舞台。家庭契约曾经的核心理念"连续性公平"也不可能兑现："竞争性公平"正在取而代之。

按劳动分配为主，多种分配方式并存，成为"以公有制为主体、多种所有制共同发展"的新的分配制度。

"第一次分配讲效率，第二次分配讲公平"成为家族企业时尚概念与理念。

概括地讲：企业的分配制度是企业的管理制度的灵魂。

当今资本主义世界在充分保障资本与产权的基础上，已经进入社会分配制度的重构时代，员工持股计划、股份制改造、经理制度、中产阶级的爆发与稳定性增长等——这是战后资本主义社会巨大进步的根本性原因。

于此，可以毫不含糊、旗帜鲜明地指出：这是马克思主义的伟大胜利，是马克思《资本论》的历史性胜利。

马克思主义是人的解放的学说，是全人类解放的伟大学说。

笔者于2009年在《企业文明杂志》发表的《智慧人生礼赞》文章中明确指出：政治是利益的创造、实现、分割、保障与再创造、再实现的始终过程。

也因此，政治是阳光的，是人的解放和发展的催化剂与护身符。

笔者给博士讲马克思主义与当代经济学思潮时，博士提出，李老，能否就讲经济学，去掉政治这个概念，就如西方只有西方"经济学"，而没有政治经济学一样！我回应：你错！西方经济学是典型的政治经济学。比如，西方经济学的几大假设中的"人是自私的，必须用法律制度约束"是否是政治？"其资源总是稀缺的，必须立法建立市场分配机制"是否是政治？"马克思主义的政治经济学讲的是大实话，他老人家的大实话，最关键的就是只有彻底解决资本主义生产资料的私人占有，才能彻底地解放和发展生产力，从根本上激活人的活力，是世界上最美的光明磊落的政治经济学，而风行全世界的资本主义劳资对立矛盾的系统化改革不也正是深刻的政治改革吗?!"

作为利益创造、实现、分割、保卫、再创造的"利益"过程就是政治过程。政治与人须臾不可分离。

通过数十年的家族企业治理改革,中国的家族企业治理结构有了现实的雏形。

3. 家族企业的内部治理

家族企业的主体的变动。家族成员、家族企业创业成员、家族参与的管理成员、研发成员等基本保持。但是,因为股份制或员工持股制度、经理人制度的引进,其非家族成员股东、董事会、监事会与管理层成员规模化引进,其内部治理结构正在发生大的变化乃至革命性变革。

内部管理结构的扁平化:宝塔式的金字塔结构被扁平化结构取代。

内部管理结构的模型化:松散的家族式随意型被模型化取代。

内部管理结构的契约化:心理契约被纸质契约取代,完整的契约型即制度化体系正在建立并逐渐完善。

"按规矩办!""按规章制度执行"已是企业管理人员的口头禅。

4. 家族企业的外部治理

家族企业的外部治理基于外部环境的复杂性,不可预测与此关联度甚大的不可控性。简洁地说,企业良好的营商环境建设是一个艰难的过程。

初级阶段社会主义中国市场经济建设的建设进程中的不可控性,严重制约着企业的外部治理。从社会主义民营经济诞生以来,对民营经济存在和发展的必要性和重要性一直都存在着相应的质疑乃至反对的声音。特别地,2016年至2018年9月,这种声音甚嚣尘上,大有"黑云压城城欲摧"之势。因此,民营企业家选择用脚投票几乎形成潮流。

2018年10月3日,习近平同志考察辽宁省忧力安机电设备有限公司时强调指出:"坚持两个毫不动摇,为民营企业发展营造良好的法治环境和营商环境。"

民营企业的法治环境和营商环境建设是包括家族企业在内的外部治理的关键治理。

2018年11月1日,习近平同志主持了民营企业座谈会,发表了关于强化民营经济大发展的重要讲话。

该讲话吹响了民营经济再崛起的嘹亮号角。

二、"家训文化"⑥

对于我国流行的"富不过三代",笔者再从现在越来越多的事实来证明,富不但可以传三代,甚至还可以永久地传承下去。大量的数据证明,维系一个家族兴旺的或许不是财富,而是历久弥新的文化,而最最重要的是家教文化即"家训"。世界十大顶级家族的家训完全可以窥视传承财富的秘诀!

黑格尔说:"个性像白练,一经污染,便永不能再如以前的洁白。"

杜威说:"一切教育的最终目的是形成人格。"

1. 天下第一世家:孔子世家教育子女的十训

(1) 虽然生活贫困,但绝不抱怨自己所生存的环境;

(2) 即使生活在困境中,母亲依然倾注所有的热情教育子女;

(3) 越是伟人,越要自我学习与自我感悟;

(4) 失败也绝不气馁,用顽强的挑战精神武装自己;

(5) 通过长途旅行考验和锻炼自己;

(6) 凡是精明的人都可以成为自己的老师;

(7) 结交与自己志同道合的人;

(8) 不亲自教授子女,只监督和考察其学习情况;

(9) 人性的弱点有时反而会成就一代伟人;

(10) 培养勤学好问的学习习惯。

2. 政治世家:肯尼迪家族教育子女的十训

(1) 亲手制作孩子的育儿日记与读书记录,然后对此进行彻底检查;

(2) 帮助孩子培养遵守时间的好习惯;

(3) 父母要经常向孩子讲述他在事业上所发生的故事;

(4) 吃饭时要形成一种自然和谐的讨论氛围;

(5) 教授孩子"取得第一名成绩的人不会被人无视"的世界法则;

(6) 当孩子遇到困难时,家长要站在孩子的角度上帮助他们解决问题;

(7) 让孩子进入名牌大学进行学习,使之获得最好的人脉关系;

(8) 让孩子明白,起初的笨拙与不适应,将会通过反复努力而变得熟能生巧的道理;

(9) 告诉孩子要树立远大的目标,但切勿急躁,必须循序渐进才能取得成功的道理;

(10) 父母与兄弟姐妹之间，要形成一种和睦相处、互相帮助的良好家庭氛围。

3. 瑞典首富：瓦伦堡家族教育子女的十训

(1) 在海军服兵役，培养坚韧不拔的精神；

(2) 通过在世界知名大学学习与在跨国企业里就职开阔眼界；

(3) 构筑国际性人脉关系；

(4) 遵守并重视世代相传的原则；

(5) 取之于社会，用之于社会；

(6) 每周日早晨与孩子们一起散步；

(7) 弟弟接着穿哥哥穿过的衣服，从而养成俭朴的生活作风；

(8) 做事不能鲁莽，避免锋芒毕露的行为；

(9) 爷爷作为孙子的人生导师，传授智慧和经验（隔代教育）；

(10) 如果想要成为继承人，必须首先具备一颗爱国心。

4. 西雅图的银行名门世家：盖茨家族教育子女的十训

(1) 留给孩子巨额资产，势必阻碍他成为创意性人才；

(2) 父母帮助孩子开创人脉网络；

(3) 保留缺点，结交志同道合的朋友；

(4) 年少时多读科幻小说（电影）；

(5) 母亲的礼物可能会转换孩子的命运；

(6) 通过阅读报纸拓宽视野；

(7) 富家子弟也不可娇生惯养；

(8) 机会来临时毫不犹豫地迎接挑战；

(9) 经年累积的经验将成为日后创业基础；

(10) 孩子们以言传身教的父母为学习榜样。

5. 犹太人的至尊家族：罗斯柴尔德家族教育子女的十训

(1) 重视兄弟间和睦与家族间团结的传统；

(2) 不追求金钱，追求良好的人际关系；

(3) 教育子女拥有正确的金钱观；

(4) 信息就等于金钱，从小开始重视信息的重要性；

(5) 世代相传收集情报信息的传统；

(6) 警惕过于追求物质利益的思想倾向；

（7）坚持"不是儿子就不参与经营"的原则；

（8）不忘促使五兄弟和解的"五支弓箭"的教训；

（9）世代保持捐赠的慈善传统；

（10）犹太人之间互帮互助，共同发展事业。

6. 学术世家：居里世家教育子女的十训

（1）即使不在学校里学习，也可能成为优秀的人才；

（2）实践夫妻平等的原则也是优秀的子女教育；

（3）在大自然中培育子女探求真理的心；

（4）父亲既是家庭教师，又是领导人；

（5）通过爷爷教育孙女，实现"隔代教育"；

（6）即使夫妻二人都是上班族，也应该重视与孩子建立互相依赖的关系；

（7）母亲的"启蒙教育"至关重要；

（8）绝不为继承和发扬家族的荣誉而强迫子女成为科学家；

（9）让子女自觉培养自立意识；

（10）在探求学问中寻找互相有默契的配偶。

7. 科学名门世家：达尔文世家教育子女的十训

（1）父母作为子女的人生导师，一定要起到领导作用；

（2）时刻营造充满音乐的欢快的家庭气氛；

（3）通过旅行制造人生的转折点；

（4）无论是哪一方面，如果与子女的性格不适合，则不要强求；

（5）一旦发现子女具有学者的潜质，就要全力支持；

（6）如果反对的人占多数，就采用长期说服的方法；

（7）举行聚会，建立珍贵的人际关系；

（8）创建可以世代相传的家业或家学；

（9）制定每天的计划表，并努力完成；

（10）结交可以为子女开创崭新人生的良师益友。

8. 印度教育世家：泰戈尔世家教育子女的十训

（1）营造书香气息浓厚的家庭氛围；

（2）通过阅读，弥补在学校无法学到的知识；

（3）当孩子无法适应学校生活时，寻找积极的对策；

（4）通过聘请家庭教师培养孩子的多种才能；

（5）将钱包交给孩子，对他进行经济教育；

（6）消除对其他宗教的偏见；

（7）成为富翁后积极支持文化艺术；

（8）通过与子女一同漫游大自然，从而培养子女的想象力；

（9）制订周密的计划，使子女从旅行中学到更多的道理；

（10）引导子女从小接触音乐与美术。

9. 俄罗斯延续了六百年的名门世家：托尔斯泰家族教育子女的十训

（1）让孩子每天通过写日记反省一天的行为；

（2）拟定彻底的计划表，并且付诸行动；

（3）使整个家族的成员都养成写日记的好习惯；

（4）从小开始大声地朗读课文；

（5）有意识地开发子女在音乐与美术方面的才能；

（6）发现孩子的才能后聘请家庭教师为其辅导；

（7）向当地的家庭教师学习外语；

（8）经常陪伴在年幼的孩子身边，并为他讲述童话故事；

（9）讲述家族的发展历史，让孩子对家族产生自豪感；

（10）努力帮助贫困的邻居。

10. 英国延续了六百年的名门世家：拉塞尔家族教育子女的十训

（1）过分严格和禁欲主义教育不可取；

（2）有效管理时间；

（3）不强求特种教育；

（4）世代相传自由进步主义精神；

（5）享受自由的同时，履行应尽的义务和责任；

（6）为吸引自己的目标倾注所有精力并不断进取；

（7）认为是真理，那么就不要计较得失；

（8）不可孤立自己，要在人群中寻找幸福；

（9）尽可能地养成写信的习惯；

（10）一流父母培育出一流子女。

第三节 "富不过三代"

中国当前的家族企业经济"富不过三代"是个魔咒。

怎样认识这一魔咒，能否破解这一魔咒呢？

准确地讲，"富不过三代"这一魔咒不完全针对现实的家族企业。

从洋务运动开始，一百多年以来，这一魔咒又伴随着中国家族企业的共盛衰现状形成并成长起来。当然，到了改革开放，形成了基本的事实。

本章之所以专章探讨，是因为在前两节已经就这一魔咒即对家族企业产生、形成与发展的中国特色做了基础性交代。

本节就这一魔咒深入解析。

一、魔咒形成的内因认识

1. 家庭这一社会基本细胞面临瓦解的严峻挑战

前面谈到，中华文明几千年没有中断的主要原因之一是中国文化的格式化与凝固化。

家文化是中国专制政治、专制经济、专制文化的次生性文化，既产生于专制制度，又反过来维系和巩固专制制度，二者相得益彰。

资本文化的中国渗透，在催生中国现代化过程中功不可没。

资本文化的中国渗透，对摧毁中华家文化的挑战作用也不可等闲视之。

现时很严峻。

家庭越来越小。

几世同堂的大家庭在形式上还有少许保留，但在质上却正在发生根本性变异。

2. 家族意识淡化很严重

这与过去几十年中，社会有意识地淡化或消解家庭、家族观念和意识有关。而且淡化与消解的意识形态理念则是家庭、家族观念与意识是典型的"封建主义"或属于封建主义残余。由此形成的错觉是牢固的家庭观念、家庭意识与现代化不相容。

这种对立是错误的。

民营经济与中国现代化

率先进入现代化的西方国家的家庭观念与意识是强烈的。

在这个问题上,我们陷入了误区。

曾经的广泛宣传是,西方国家家庭观念与意识越来越弱化,其表现形式是家庭上下代之间不负责任;典型说法是父母将其子女抚养到18周岁就不再扶养;子女对其进入老年的父母也不赡养。

事实现象性存在,但其原因则是,个体的独立是从小孩开始培养,到了18岁则完全独立,这是人性、人格、素质、能力、角色(包括家庭与社会)等人的解放与发展的全方位培养。责任培养与担当能力培养更为突出。一个没有责任和担当能力的人是不可能参与商品(市场)经济社会的激烈竞争的。西方社会人才辈出的重要原因之一即在此中。至于对老年父母的赡养,已被社会保障体系全覆盖,无须其子女劳心费力了。就拿由移民构成的美国社会来说,其家庭、家族观念、意识、行为的强烈也是十分突出的,否则,其99%占比的家族企业存在就绝不可能。

这里,我们拿日本与我国于此状况做一简要介绍。

中国和日本一衣带水。

近一百多年,明治维新前的日本,相对中国,的的确确是学生与老师的关系(这是我们现实少数国民常常自以为骄傲的话题)。通过明治维新而后来居上的日本一跃而为发达国家。无论资源人均占有,曾经的经济社会发展基础,日本与我国的差距巨大。仅仅数十年,日本把我国甩到了后面,进入现代化的日本,其家族企业占比高达80%左右,尤其,其现时的百年企业有3.5万家,而我们中国只有五家。在日本不存在"富不过三代"这个概念。

日本国家现代化了。

日本的家庭、家族现代化了。

日本的国民现代化了。

我们中国,正在全力以赴地力争实现社会主义现代化。

目前正是关键时期。所谓关键时期,是指如何成功避免或跨越修昔底德陷阱。

2010年,美国哈佛政治学教授艾利森提出这个概念是基于古希腊学者修昔底德在其专著《伯罗奔尼撒战争史》的历史学结论,后起之秀,大国与守成大国之间必然引起包括战争方式的冲突的结论,明确认定当今中国与美国冲突难以避免。

修昔底德陷阱的成功避免或跨越在于我国的制造业能否在今后较长时期地保持领先于美国的状态。

制造业是当代工业强国的基础。在我国,它是由国有大型企业特别是央企所形成的高新科技的尖端成果与强有力规模化的家族企业制造组合成的合力成果。

2010年,美国哈佛大学政治学教授艾利森提出修昔底德陷阱时,明确地认定中国的制造业量上超过美国的2.5倍,质上正在逼近美国或已比肩。

而当年(当时)中国的民营经济(家族企业)正处于发展势头强劲时期。

最近几年,民营经济处于相对衰退期。同时,外资企业不少撤离中国大陆。

而此时,美国第45任总统唐纳德·特朗普公开地提出"美国第一"的口号与理念。到2018年9月始,由美国发动的中美贸易争端(又称中美贸易战)升级,到2019年的5月12日,中美第十轮贸易谈判没有达成共识。

修昔底德陷阱的成功避免或成功跨越前景尚不清晰。

我们中国,解放、激活民营经济的活力、创造力已成当务之急。

打造百年老企,破解"富不过三代"魔咒更响亮地提出来。

二、魔咒形成的外因认识

1. 全社会的诚信、信用、信任的缺失日益侵袭家族企业成员

新中国成立70年,特别是改革开放40余年以来,中国社会主义现代化建设进程神速,成就辉煌。仅仅30余年,世界第二大经济体的桂冠就被我国摘取,乃至美国艾利森教授认定为已实际进入与美国对抗的"修昔底德陷阱"。成就辉煌的同时,我们也应高度警惕日益侵袭全社会的诚信、信用、信任危机。

充斥市场的假、冒、伪、劣产品(只能是产品而不是商品)是信用、信任缺失的表现。

假话、大话、空话、谎话亦然。

其实质是社会,最根本的是人。

人是社会的儿子,犹如人是自然的儿子一样。

人的自然属性产生于基因、遗传。

人的社会属性形成于环境、教育。

社会人的形成是先天的遗传与后天环境教育的合金。

假、冒、伪、劣产品的市场充斥，有人认为是市场的原因，这是错误的。

官倒、贪污、索贿、生活糜烂等腐败严重，有人认为是民营经济惹的祸，这完全错误。

假、冒、伪、劣产品充斥市场，是什么原因？

是制度不健全，是不健全的制度被钻了空子，被利用。

官倒、贪污、索贿、生活糜烂等腐败现象严重，是什么原因？

是制度不健全，是不健全的制度被钻了空子，被利用。

邓小平指出：好的制度不容易出坏人。

习近平同志指出：反腐要健全制度，把腐败关进笼子里，不能腐、不敢腐，以防腐、反腐。

腐败有强势的传染性。只有权力才能滋生腐败，权与利有天生的传导性。

通过权力强势的传导，社会成员迅速地被传染或被污染。

被腐败、被污染、被假话、被假象的直接结果：诚信、信用、信任被消灭！

今天的家族企业，其企业主体的家族股东、非家族股东、董事会、监事会、经理层及广泛的利益相关者，不同程度的被假话、被假象直至被腐败，其难以为继就不足奇怪了。

家族企业成员诚信、信用、信任的日益缺失，家族企业的"富不过三代"似乎是大势所趋。

拯救诚信、信任、信用亦是新时代的当务之急。

2. 产权制度建立建设过程艰难艰辛

市场经济是交换经济。交易双方的前提是其对财产的所有权。

没有所有权就没有交换，所有权是交换的前提。也就是所有权是市场经济的前提。

西方资本主义社会私有财产神圣不可侵犯原则与相关法律法规的确立，从而"在它不到一百年的阶级统治中所创造的生产力，比过去一切时代创造的全部生产力还要多"。[⑦]

中国改革开放的进程，是依赖两个轮子转动前进的。

一个轮子是生产力作为社会前进推动的根本动力和检测社会形态的根本标准的马克思主义理论的正本清源（这在本著作《理论篇》第三章《生产力理论》的第二节《生产力的两大社会功能认识》有专门论述）。

另一个轮子则是产权制度的提出并不断成形。

中国经济在 40 年时间里，一跃而成为全球第二大经济体，其由渐进到跳跃，乃至跨越式发展，依靠马克思主义理论的拨乱反正和产权为核心的法律法规制度的逐步形成和发展。

正是这两大轮子的被装配，经济发展的活力才能不断地被解放激活与释放。

从 20 世纪 70 年代末 80 年代初在农村建立家庭联产承包责任制开始，到 80 年代中后期放开民营经济和 90 年代推进国有企业公司制改革，逐步打破计划经济体制下国有经济一统天下的僵化体制，建立建设多种所有制经济共同发展的产权制度，其间惊涛骇浪，历经艰苦与艰辛。

2002 年 11 月，中共十六大报告提出，完善保护私人财产的法律制度。

2004 年的宪法修正案提出："公民的合法的私有财产不受侵犯，国家尊重和保障人权。"

2007 年，全国人大通过《中华人民共和国物权法》。

3. 继承过程的复杂性认识

继承过程是家族企业创始人与继承人之间角色相互调整的过程，这个过程是相当复杂的演化过程。

这一演化过程主要包括创始人的角色由唯一的执行者、统治者、监督者到顾问四个角色的演化；同时也包括继承人的角色演化过程即从无角色、助手、管理者到统治者。这一复杂的演化过程虽然是在创始人与继承人之间通过渐进的过程而实现，但实质上是家族企业内生性动力与遗传性惰力这一对矛盾的理性解决过程。

家族企业从其产生那天开始，就存在内生性动力与遗传性惰力这一既对立又统一的矛盾。

内生性动力是家族企业产生、存在与发展的原始性动力。

任何组织的产生都有此动力。这一动力是社会进步的原始动力。

遗传性惰力则相当复杂。

民营经济与中国现代化

作为自然之子的人，其与生俱来的自然属性特点表现为诸如"求生忌死""饥餐渴饮""好逸恶劳""爱美虚荣""好高骛远""贪婪凶残"等现象（笔者曾在《社会学概论》⑧中逐点述及）。

既是与生俱来，则必然地要顽强地在生存、生活与发展的过程中表现出来，这是不以人的意志为转移的。

从这一点来看，中国儒家的"人之初，性本善"是非科学的，不过，笔者既然于此提到这个问题，也不得不啰唆几句。儒家（准确地说是孟子）的"人之初，性本善"是劝导性的好心使然。我坚信，孟老夫子在其内心深处是明白"人之初，性本恶"这个理念的，否则《三字经》就不会有"人之初，性本善"之后的"性相近，习相远"了。人性为恶，通过什么使之善呢？通过环境与教育。环境则包括社会、国家、组织、家庭，否则也就没有"孟母三迁"的故事了。孔孟时代，儒法相争尚未形成。

家庭社会通过道德、文化教化、引导初生婴儿成人。

国家通过法律，组织通过法律强制性规范人的"恶"。

据此，国家以宪法为母法的法律制度体系建设至关重要。

市场经济是法制经济。

所以，在家族企业的产权传承上，创始人与继承人之间的角色转换过程就是一个斗争过程。

文明的说法，是一个博弈的过程。

笔者于此，为什么选择使用"文明的说法"呢？其实，人的演化、人类的演化就是文明的演化。

文明的对象针对的是野蛮。

所谓的野蛮，就是人的与生俱来的恶的人性。

文明社会，即是国家通过法律体系制定与忠实执行，而将与生俱来的人性的恶关进法律的笼子里。社会、组织与家庭通过法律与道德规范、劝导、教育社会成员，使之高尚、道德、可爱。

孔子、孟子等老先生们的"人之初，性本善""性相近，习相远"对此予以释疑，善莫大焉！

其实，孔孟儒教的"君轻民重"也只能如此解析。

人是通过环境教育的软约束，通过强硬法律制度体系的硬约束才弃恶崇善，成为拉动社会向文明不断演化为生产力核心的。

人是先天的遗传和后天的环境教育，才成其为人的。

人是自然之子。人是社会之子。

社会将人的可能性（遗传）变成现实性。

野蛮社会激活的是人的自然性即野蛮性，培养出的人是野蛮人，是原始人。

文明社会激活的是人的思维属性，是独具创新思维、能力、智慧、才能的经济人。

马克思主义认定，经济人还不是完全意义上的人。经济人是社会人。

大写的人是共产主义形态中的人，是彻底脱离了恶，并不再依赖"物"的自由人。

笔者在本著作"理论篇"中明确认定：当今世界，尚处于市场经济社会的建设与形成过程中，所有的社会成员都是经济人，绝无例外。

所以，人的任何经济活动不仅是自然的，而且是必然的。

因此，人人都在法律、制度、纪律、道德的约束下生存、生活与发展。

在此大背景或者大前提下，不管西方的还是我国的家族企业的人，传承过程肯定是复杂的博弈过程。

4."富二代"是一个特殊的群体

成为富二代是人性使然；成为富二代是人性的偶然。

所谓人性使然，即富二代是创一代的自然继承人，是"天然"的。

所谓人性偶然，即创一代是中国改革开放特殊时代产生的拼搏者，且其拼搏对中国的改革开放作出了相应贡献。这个特殊时代作为历史机遇于拼搏者具偶然性。其当然对其子女们来说也具偶然性。

富二代是含着金钥匙出生，其生存没有压力，学术没有压力，找工作没有压力。从现象上认识，富二代是"天之骄子"。

富二代也具备相应的优势：学历高且大多从海外的世界一流大学获得硕士、博士学位，知识面宽。世界一流大学获得学位也必经拼搏。眼界高：对资本不仅有认知，还兼具体验，大手笔运作，包括资源在内的家族企业是其豪气表现的巨大底气。

富二代大多经不起挫折，因为缺乏捶打磨炼、历练。

想在顺境中事业能蒸蒸日上，就必须在逆境中经过一番锤炼。台湾著名企业家王永庆提出了"冰激淋哲学"。

富二代的多数不屑于像父母辈那样经营传统行业，而热心乃至沉迷于大刀阔斧的改革家族企业。这样的富二代是创二代，是富二代中的佼佼者，尽管可能是眼高手低。

至于不在少数范围的吃喝玩乐型的富二代，不在这里讨论。

至于媒体报道，不少创二代的成功案例，相对1000多万家家族企业，近5000多万家的个体私营户来说，只是概率而已。

作为财富，特别是巨额财富的继承人，在没有经历过艰苦历练甚至艰难磋磨的锻炼，能顺利执掌较大型的完全自主的家族企业是甚不容易的。

40多来年的独生子女政策导致"80后""90后"的青少年娇骄之气。这于家族企业的继承负面的影响更为严重。

三、"富不过三代"的魔咒破解

"富不过三代"的魔咒不只是说法，而是严峻的现实存在。

1. 能否有效破解

答案是必须破解，我们先从理论明白回答。

我们是社会主义制度的中国。

社会主义是必然的富裕的中国。

邓小平庄严地指出："贫穷不是社会主义。"

马克思主义高瞻远瞩地认定：共产主义社会是人类最美好、最壮丽的社会。它的根本性标准之一是：其前提是社会生产力极高度的发达⑨。这个社会物质财富极大的丰富。他的用语是："物质财富涌流"；标准之二是：这个社会实行"各尽所能，按需分配"；标准之三是：个人不再为财富所累；标准之四是：涌流的财富为全社会成员共同所有，彻底消灭剥削、消灭阶级、消灭私有制；标准之五是："劳动成为人的第一需要"；标准之六是："国家消亡"；标准之七是："人是自由人，个人存在是以他人的存在为前提"；等等。

就"富不过三代"与社会主义中国来讲，狭义地认为就是：中国很可能就建不成合格的社会主义。

为什么？连三代都富不过去，那永远都要富下去的社会主义还有可能吗？

广义地说：连家族企业都富不过三代，那么中华人民共和国还能千秋万代富裕下去吗？

家族企业应该是先富起来的社会群体！他们的责任是先富带后富。如果家族企业都富不过三代，那后富靠谁带呢？

2. 从事实上回答

华为和南街村就是典型案例。

华为在本著作"创新是企业的灵魂"一章中专题做过介绍，于此就不啰唆。但任正非的一句话很经典，在此推出：华为能走到今天，得益于分钱分得好。

从南街村响亮地问世以来，对它的介绍与评述可以说是铺天盖地。

积极的与消极的；正面的与负面的；赞扬肯定的与怀疑质疑的，等等。

甚至，有认定它是"计划经济体制能够搞好社会主义制度建设的典型！"

笔者就南街村的成功做出学者的解析。

首先，南街村是成功的。这必须充分肯定。

其次，南街村是一个实实在在的家族企业。

再次，南街村是初级阶段社会主义市场经济制度的产物！

为什么？

首先，南街村是一个大的家庭与家族。家长或族长是中国共产党南街村委员会！这个党委是坚强有力的社会主义初级阶段制度下的战斗堡垒。

舍此，不可能有今日的成功的南街村。

其次，南街村建立起的是现代企业制度！

再次，南街村实行的现代企业的管理制度！

最后，南街村是社会主义初级阶段社会主义市场经济体制汪洋大海中的一个企业成员。

它的一切经济活动都是按照市场经济体制的制度规范和要求进行的。也就是说，南街村面对的是社会主义市场经济体制。离开这个体制，南街村不可能成为当红的南街村。

笔者再郑重回应南街村的分配制度。

作为中国最具活力的家族企业，与最具活力的央企，如中国电力、中国移动、中国联通等央企比较而言，通过20多年的艰苦拼搏，在南街村党委的坚强有力领导下，南街村的村民现时几乎都成为社会主义初级阶段中国光荣的中产阶级成员。也就是说，这与上面提到的央企正式职工一样，成为社会主义初级阶段中国光荣的中产阶级成员。

这是社会主义中国改革开放的成果。

"第一次分配效率优先；第二次分配兼顾公平。"

南街村党委这个董事长或曰家长在兼顾公平上把握住了非常科学的分寸，也就是科学地把握住了"度"，这是应该给予认真总结、科学分析与积极推广的。科学地兼顾公平，才能更有效地实现"效率优先"！

至于，南街村在生活生产中保留了"文革"时期曾经流行的一些形式的东西，那仅仅是形式，或者不容置喙的，是抢人眼球的现象。但是，笔者倒要认真认为，这正充分体现了社会主义初级阶段中国社会的开放与包容。

笔者的结论为：社会主义初级阶段政治制度和经济制度诞生了具有鲜明社会主义初级阶段特色的南街村。

南街村值得科学总结与积极推广。

3. "效率优先，兼顾公平"上下大功夫

以南街村和华为为榜样，社会主义中国家族企业一定能成功破解"富不过三代"的魔咒。

我们执政的伟大的中国共产党，在以习近平同志为核心的党中央的英明领导下，在强化公平中，更加强有力地解放、激活社会活力，是当前中国经济社会发展的当务之急——兼顾公平，激励活力创造效率，笔者在本著作第十七章第二节"民营经济当事人是社会主义国家的主人翁和建设者"中有阐述。

英国前首相丘吉尔曾这样谆谆告诫英国企业家，成功根本没有秘诀。如果有的话，就只有两个：一个是坚持到底，永不放弃；二是当你想放弃的时候，请回过头来再照着第一个秘诀去做。

于此，也借助世界首富比尔·盖茨的一句话："微软离破产永远只有18个月"。

注释：

①杨光飞：《家族企业的关系治理及演进——以浙江昇兴集团为个案》，中国社会科学

出版社2009年版。

②上海社科院经济研究所：《刘鸿生企业史料》（下册），人民出版社1981年版。

③《社会学》，成都科技大学出版社1991年版。

④该赋已于2018年建军节前赠送与"杨根思连"所在的人民解放军第20集团军机步58旅。

⑤《跨世纪中国经济理论问题研究》，改革出版社1999年版。

⑥摘自《中外管理杂志》2017年第19期。

⑦《马克思恩格斯全集》（第1卷），人民出版社1995年版，第276—279页。

⑧《社会学概论》，成都科技大学出版社1993年版。

⑨《邓小平文选》，人民出版社1993年版，第3卷，第223页。

第二十二章　市场体制建设进程中的计划体制现实存在

邓小平南方谈话中"社会主义也可以搞市场经济"的论断，形式上中止了计划与市场姓"资"姓"社"的争论。中共十四大将建立社会主义市场经济体制作为我国经济体制改革的目标确立，开始了我国市场经济体制的建设进程。20余年来，社会主义市场经济体制建设的进程十分艰难，中央文件曾经的多次"基本建成"认定始终上升不到"建成"认定。特别，近十年来的事实是政府这只"看得见的手"愈加强劲强势；而市场这只"看不见的手"还有点"看不见"了。笔者认为，姓"资"姓"社"已不在理论层面争论，因为国人已对其争论嗤之以鼻。但是，少数既得利益者（或小集团）却巧妙地利用国家、政府公权力、公信力打着市场体制建设的幌子，以堂而皇之地维护和扩张自己的利益——这正是腐败猖獗的原因，或者说是源头之一。从这个角度讲，制度是关键。

第一节　资源稀缺性和人的需求无限性认识

中共十四大关于经济体制改革的决议中认定，市场机制在资源配置中起"基础性作用"。十八届三中全会的相关决议中则是市场机制在资源配置中起"决定性作用"。20年实践后认定的"决定性作用"是中国社会主义市场体制改革与建设的"摸石头期"。从起"基础性作用"到起"决定性作用"的深化，关键在资源稀缺和人的需求无限的关系上。

一、资源稀缺性的最简单认识

资源稀缺是西方经济学的"头号假设"。也就是说，资源稀缺是当代经济学理论的基石之一。其实，这是当代经济学最伟大之处；资源稀缺不是"假设"，而是科学的事实。现实的世界，对人的生存和发展、发生和发挥作用的任何资源都是稀缺的，到现在连清洁的空气也不例外。

就当前中国的现实状况而言，资源的稀缺更是到了耸人听闻的程度：就可耕地而言，14亿人口18亿亩土地红线已不是什么警戒线问题，作为粮食生产大国的中国不仅没有粮食出口，而近1/5的粮食进口依赖已是事实。尤其，18亿亩耕地中已有20%的耕地被不同程度地污染，而治理其污染还没有真正开始。就水而言，中国对669座城市普查，2/3的城市（包括北京）缺水。许多城市地下水抽取过度，造成地面下沉。工业与农业抢水、人与动物抢水现象日趋严重。不仅水稀缺，而且水的被污染也日益严重。水荒和水"害"已是不争的事实。就过去从来认为的不可能稀缺的空气而言，可供人们健康生存的空气的稀缺性，已加快到"史无前例"的程度，而且，这还仅仅是最近几年来才似乎突然间发生的事。至于矿产资源、能源资源这些不可再生资源等，就更不在话下了。

二、人的需求无限性的最简单认识

人的需求是无限的，这也是西方经济的"次头号假设"。该"假设"也同样成为当代经济学理论的基石之一。当然，这也是当代经济学的最伟大之处：人的需求无限不是"假设"，而是科学的真理。现实的世界，就人的生存和发展而言，其需求是永远无限也即永远不可满足。至于不少伟人或款爷或土豪言之凿凿的"再精细美味高档的食物也只能是一小碗就可满足；再精美奢华的宫殿，其床位也就一床而已"，只是自欺欺人而已。如果他们的说法是真理，那就无法解释他们的伟人、款爷、土豪的身份！人的欲望无限不仅仅是人或其为人的原因，还更进一步是人之所以是人的根本！正因为人的欲望无限，才使人与其他动物根本地区别开来。弗洛伊德心理学说之所以成为20世纪"哥白尼式革命"，就在于该学说深刻地揭示出这一点。人的需求无限即不可满足，不只是物质层面的，更是精神和价值范畴的。于此，也才能科学解释某些"风流人物"已经做了该国的皇帝，但仍还不能满足其需求，还要做世界之王乃至宇宙之王如希特勒之流（著名表演艺术家、思想家卓别林表演的希特勒垂死时拼命转动地球仪的造型真是入木三分地刻画出这流人物的"不可满足的需求"）。

第二节　资源的稀缺与人的需求不可满足的矛盾调控认识

资源的稀缺性与人的需求不可满足性之间的矛盾在今天来讲，已是不可忽视的事实。也正因为这对矛盾的存在，尤其是矛盾的"可能解决"，才构成西方经济学即当代经济学体系。为什么"可能解决"？因为二者之间，不可能完全或根本解决——于此，笔者简单地梳理一下人类的历史！

一、人类历史就是资源与需求间解决的过程

人脱离动物的根本原因在于劳动！即"劳动创造了人"！尽管这一命题至今仍遭受质疑，但基本被认定。创造性劳动创造了人，但也因此而将人分划成管理型劳动和被管理型劳动（在此姑且不用"阶级"这个概念）。也正因为创造性劳动的创造性总是不能满足人们的需求，才有更进一步地创造性劳动到今天这样的世界状态！在这整个从不间断的创造性劳动进程中，人类创造出了若干个文明形态，人们企图解决的就是资源稀缺与人的需求无限这对"天生的矛盾"或者说"与人与生俱来的矛盾"！尤其，这个过程中的"管理型劳动"还始终是企图从理论和实践中证明或说明作为管理型即统治层统治的人性的合理性或"天然性"（如奴隶主、封建地主、领主或帝王认定自己是天生的或代表天意的；而被役使的奴隶、农奴、农民则当然也是天生的、不可更改的认定）。就此而言，这也是人类各种千奇百怪的"宗教"产生的根源。就西方而言，从"上帝造人""原罪说"到中世纪的"上帝无所不能""上帝无处不在"，到文艺复兴时期的"上帝在人间""上帝与人同在"，再到近代"上帝死了"，直到今天"上帝就是我们自己"这个过程就足以说明问题。就中国而言，最典型的学说是宋王朝程朱理学的"存天理，灭人欲"！即人欲的无限是世界不能安宁的祸根；而其解决之道则是"灭人欲"。而这里的"天理"就是不可满足人欲的物质财富的稀缺性概括认定。仅此而言，程朱理学可以说是人类最早的企图解决人类资源稀缺性与人的需求（欲望）不可满足性矛盾的"政治经济学理论"！当然，这也就是"资本"出生在中国，却始终在中国长不成参天大树的根本原因（笔者在本著作"理论篇"第四章有专章论述之）。

二、资本主义是解决资源与需求关系的里程碑时代

人类能进入资本主义阶段，不是如西方某些学者所说的"是历史中的偶

然",而只能是马克思学说指出的"是规律性的历史必然"。于此,笔者在本著作"理论篇"中已作专章论述,不在此赘述之。

资本主义打破了"天生说",是对人的巨大解放和发展。当然也就是对社会生产力的巨大解放和发展与封建社会压抑人性、扼杀人性根本区别的张扬人性,激发人的创造性活力相配套的强有力手段是建立法治社会,以法律制度来规范人们的人性过度性超越行为。对此,马克思给予了充分的肯定和颂扬。也就是说,资本主义社会在解决资源的稀缺性与人的需求无限性这一对矛盾体时,有了划时代的历史性进步。当然,这一历史性进步至今仍在过程中。晚年马克思、恩格斯于此有明确的认识。执政后的列宁的"新经济政策"更是于此有深刻的认识。邓小平理论于此更是有其马克思主义发展史上的里程碑意义认识和总结。

三、资本主义不是资源与需求关系矛盾解决的最后阶段

马克思主义充分肯定了资本主义的巨大历史性进步,肯定性地指出相对于过去的社会历史社会而言,资本主义对于资源的稀缺与人的需求无限的矛盾的解决走出了历史性的关键一步,相对打破了束缚人的思想、精神枷锁即"天生论"或"天命论"与"神说论"。资本主义社会的诞生和因此而促成的人类社会的巨大历史性进步开创了"人"的力量解放与发展,即生产的解放与发展的历史进程。相对于同时期以来的所有思想家、理论家和革命家而言,马克思、恩格斯的最为伟大之处还在于,他们在充分认定资本主义制度在巨大解放人、发展人,即解放和发展社会生产力的基础上肯定资本主义制度的同时,更是以科学的辩论的唯物史观尖锐地指出资本主义制度不是人类历史的终结,而只是人类"自然历史过程"中的一个环节。也就是说,在解决资源稀缺与人的需求无限的矛盾斗争中,资本主义迈出了重要和关键的一步,但不是如资产阶级学者、思想家、理论家认定的"最后一步"。马克思运用唯物史论科学指出只有到了社会主义社会,即在社会历史进程中自然地、历史性地彻底解放人、极大地解放和发展社会生产力,创造出极丰富即"涌流"的社会财富的基础上消灭了阶级剥削与阶级压迫之后,才有可能相对解决资源稀缺和人的需求无限的矛盾。而这一历史时代的必然到来,还是相当遥远的未来。

现实的中国,建立起了社会基本制度。但这个制度不是在马克思所论证的高度发达的生产力、涌流的社会财富这个基础之上建立的。而且,距离这

个基础还有很大的差距。又加上建立起这个基本制度后，在一个较长的时间中党的思想路线、组织路线、实践路线及相关政策、措施，又严重偏离甚至背离马克思主义唯物史观，从而使我们的社会主义"不合格"。邓小平在明确指出"不合格"的同时，根据中国的实践和实际，提出我国处于社会主义初级阶段这一科学论断，既创造性地发展了马克思社会主义制度形态阶段论学说，更是实事求是地解决了中国社会发展的阶段性理论指导与实践中的方向、方针大政难题。也正是这一社会主义初级阶段理论指导，才决定了初级阶段社会主义中国在资源配置中利用市场机制，即建立社会主义市场经济体制作为基本经济制度的历史性改革。这一改革，既是经济体制改革，又是政治体制改革的重要组成部分。

第三节 稀缺的资源通过公权力配置是产生腐败的根源

马克思明确认定，生产资料公有制是社会主义的本质特征之一。十月革命后的列宁也曾用此界定新生的苏维埃政权。笔者在本著作"理论篇"中专章作了研究介绍。马克思的社会主义是人类生产力高度发达社会财富十分丰富到"涌流"的程度才可能的制度。而包括苏联在内的所有社会主义都不是马克思认定的社会基础上建立的社会主义。因此，简单地照搬马克思的公有制本质特征就必然建设不好社会主义。其实，社会主义体系中的"腐败者们"所谓维护社会主义公有制是名，利用公有制、公权力疯狂敛聚钱财才是实。在"大老虎"和"小苍蝇"们的头脑中，根本就没有半点社会主义的概念——利用一切权力掠夺社会财富、吸取人民血汗才是他们的唯一目的。当前的严厉反腐很有必要，但反腐治本，必须从体制上着手而使市场在资源配置中起决定性作用，就是治本的制度性安排和选择。

一、公权力配置资源认识

毫无疑问，每一个当权者都想使自己的权力不受上限。尤其，这种不受上限还与财富、金钱、社会影响和控制范围、力度成正比——这来自人类本性欲望特点。而这种欲望在使人成其为人的同时，也宣示出权力边界的制约理性要求即帕金森定律痼疾的"最终解"："不加遏制的权力如果与欲望结合起来，那么欲望驱使下的权力会一直前进到产生遏制力量的边界才会停下来。"边界是什么？是制度、体制。在计划经济体制下，资源的配置是通过政府部门即公权力实现的，而公权力掌握在代表政府公权的人即公权者的手里，公权者怎样配置有限的资源，在相当范围和相对程度上就是"自己"的事了。公权为公，这是情操、道德、修为，其边界是软约束。公权为私是人性、人欲，也是软约束。二者均为软约束，但倾向性则大不一样，公权为公是高尚，但不是本能欲望；而公权为私则是如前所述的受欲望驱使的本能行为。而要有效避免公权为私，除了提升公权者的道德、情操、修为外，根本的方法还是用制度作边界，使之不可能公权私用。就拿现实的美国政界而言，两党的竞选依靠的除了竞选者的能力、才华、学识、眼界等要素外，其最重要的要素是手段。所谓手段则是用什么方式筹得可供大造舆论树立"竞选形象"的巨款。而这巨款是要偿还的。如何选？即制度安排下的"酬庸"，即给捐款者乃至筹款者以相应酬谢：可以是委以小官或中官或相关利益酬谢。但"酬庸"有边界，总统的官员任命必须通过国会，而国会中的反对者只要有一人坚持唱反调，任命就无法通过。至于总统为可能实现竞选诺言，其"酬庸"行为也不可能置自己的切身利益（当然包括所谓国家利益）于不顾。至于封建时代的皇权或王权配置，皇帝或国王考虑的是如何通过资源配置进一步巩固自己的皇权或王权地位，因为天下都是他的——这是出于"私心"或"公心"的配置，原则上不会滥用或乱用。其收取"回扣"那也是换取被配置者的相对忠心、忠诚和唯命是从。而公有制和计划体制的结合，公权者的资源配置，既可以是利用公权做公事，但也很容易利用公权做私事——将国家资源或公众资源通过公权力配置谋取私利如"回扣"即经济上获取利益，甚至笼络人心、结党营私即政治上获取更大权力以实现其野心。直观地说，有限的资源对于众多的"需求者"是珍贵的。众多的需求者都需要，公权者只能将手中有限的资源配置给众多需要者中的少数人。尤其，配置给任何需求者都是合法、合理、合适的情况下，那么，到底配置给谁呢？出于公心，配置给"最应配置者"。出于私心，配置给最于我有利者。其利则是最大边界的"回扣"乃至结党营私。即使是所谓"最应配置者"也无任何边界。在中国计划经济时代，配置者与被配置者之间形成利益链条已是不争的事实。而当今现实则是配置者与被配置者除了形成特殊的利益链条，乃至利益小团体外，更可怕的是结党营私为利益共同体下，众多"窝案"足以说明问题。

二、公权力配置资源导致腐败案例简介

中共十八大后,反腐布局逐步升级。2017 年,全国纪检监察机关处分 52.7 万人。其中处分省部级及以上干部 58 人,厅局级干部 3300 余人,县处级干部 2.1 万人。事发群体呈现"窝案"现象。如山西官场从金道铭、令政策、杜善学等人悉数落马;在查苏荣之前,姚木根及不少于 5 人的江西厅局级官员被查。以刘志军为首的铁道部窝案,以蒋洁敏为首的中石油窝案等均令人深思,公权力的资源配置导致腐败大案、窝案,现象与现实的最根本的原因还是体制问题:腐败者或腐败群体正是借市场体制建设的壳,还计划体制的实。也就是计划体制是腐败产生的根源。计划体制不改革,惩治了一个刘志军,还会有第二个刘志军或张志军、王志军等。在无边界的巨大利益诱惑面前,能有效抵挡数百万元乃至数千万元"特殊利益"的人实在不多。

1. 刘志军腐败窝案案例简介

2013 年 7 月 8 日,北京市第二中级人民法院对原铁道部部长刘志军受贿、滥用职权案作出一审宣判,对刘志军以受贿罪判处死刑,缓期二年执行,剥夺政治权利终身,并处没收个人全部财产;以滥用职权罪判处有期徒刑十年,数罪并罚,决定执行死刑,缓期二年执行,剥夺政治权利终身,并处没收个人全部财产。

北京市第二中级人民法院经审理查明:1986 年至 2011 年,刘志军在担任郑州铁路局武汉铁路分局党委书记、分局长,郑州铁路局副局长,沈阳铁路局局长,原铁道部运输总调度长、副部长、部长期间,利用职务便利,为邵力平、丁羽心等 11 人在职务晋升、承揽工程、获取铁路货物运输计划等方面提供帮助,先后非法收受上述人员给予的财物共计折合人民币 6460 万余元;刘志军在担任铁道部部长期间,违反规定,徇私舞弊,为丁羽心及其与亲属实际控制的公司获得铁路货物运输计划、获取经营动车组轮对项目公司的股权、运作铁路建设工程项目中标、解决企业经营资金困难提供帮助,使丁羽心及其亲属获得巨额经济利益,致使公共财产、国家和人民利益遭受重大损失。

北京市第二中级人民法院认为,检察机关指控刘志军犯受贿罪,数额特别巨大,情节特别严重;犯滥用职权罪,徇私舞弊,致使公共财产、国家和人民利益遭受重大损失,情节特别严重,事实清楚,证据确凿、充分,指控

的罪名成立,应依法惩处。检察机关及刘志军的辩护人所提刘志军具有在有关部门调查期间如实供述犯罪事实并主动交代办案机关未掌握的部分受贿事实,受贿犯罪的赃款大部分已被追回,滥用职权造成的经济损失大部分已被司法机关挽回的量刑情节经查属实。刘志军的受贿行为严重侵害了国家工作人员职务行为的廉洁性,败坏了国家工作人员的声誉,论罪应当判处死刑,鉴于其具有上述法定及酌定从轻处罚情节,且认罪悔罪,对其以受贿罪判处死刑,可不立即执行。刘志军滥用职权犯罪的情节和后果均特别严重,虽造成的经济损失已大部分被挽回,但不足以对其从轻处罚。北京市第二中级人民法院遂依法作出上述判决。

24日上午,山西女商人丁书苗(又名丁羽心)涉嫌非法经营罪和行贿罪案,将在北京市二中院公开开庭审理。今年9月7日,继原铁道部部长刘志军案审结宣判、亲信张曙光案被公诉后,该案涉及的另一关键人物丁书苗被北京市检察院二分院提起公诉,二中院受理。据报道,丁书苗被控从高铁中标项目中非法提取"中介费"30余亿元。

丁书苗,现年58岁,曾是北京博宥投资管理集团有限公司法人代表,该公司涉足高铁设备、影视广告、酒店等多个领域。据报道,1997年,丁书苗通过时任北京铁路局临汾分局副分局长罗金保的介绍,与时任铁道部副部长的刘志军相识。此后,刘志军开始帮助丁书苗获取车皮计划。2011年初,丁书苗因非法经营罪和行贿罪被警方抓获归案。

据检方认定,2007年至2010年间,丁书苗指使中盟世纪投资有限公司原董事长郑朋、江西南昌赣鹏集团原董事长胡斌、道隧集团工程有限公司原董事甘新云以及北京世纪坛医院经济管理办公室原职员郭英以及丁书苗的女儿侯军霞,与投标铁路工程项目的公司商定,以有偿方式帮助中标。随后,丁书苗通过原铁道部部长刘志军干预招标,先后帮助中国水利水电建设集团公司,中铁十局、十三局、二十局集团有限公司等23家公司中标了"新建京沪高速铁路土建工程3标段""新建贵阳至广州铁路站前工程8标段"等50多个铁路工程项目。

而丁书苗的非法经营行为,就是指从这50多个铁路工程项目中收取共计30余亿元的"中介费"。她在掌握确定有把握中标的项目后,委托郑朋、胡斌等人寻找投标企业,并按工程标的额度的1.5%至3.8%收取"中介费"。

起诉书显示,2010年12月24日,北京警方将侯军霞控制。很快,侯军霞供出其母丁书苗。2011年初，丁书苗被警方控制，又供出幕后真正"推手"刘志军。2011年2月，刘志军被双规，于7月8日被北京市二中院判处死缓，剥夺政治权利终身，并处没收个人全部财产。

此外，2003年至2009年间，丁书苗曾出资先后安排多名女性与刘志军在豪华酒店、高消费娱乐场所嫖宿。据报道，在刘志军被控受贿、滥用职权的起诉内容中，丁书苗的名字出现了多达20次。刘志军收受丁书苗钱款共计人民币4900万元。

在刘志军被判后，刘志军案涉及的铁路系统十多位司局级干部的案件陆续进入公开审理。9月10日，原铁道部运输局局长、副总工程师张曙光涉嫌受贿开庭受审，当庭承认受贿4755万元，此案将择期宣判。9月4日，原铁道部运输局副局长兼营运部主任苏顺虎受审，承认受贿2400多万元，未当庭宣判。

2. 中石油腐败窝案案例简介

2013年8月26日，监察部网站消息，中国石油天然气集团公司副总经理兼大庆油田有限责任公司总经理王永春涉嫌严重违纪，目前正接受组织调查。27日，中国石油天然气集团公司（中石油）副总经理李华林、中国石油天然气股份有限公司（下称"中石油股份公司"）副总裁兼长庆油田分公司总经理冉新权、中石油股份公司总地质师兼勘探开发研究院院长王道富等3人涉嫌严重违纪，目前正接受组织调查。这是自前一天中石油副总经理兼大庆油田有限责任公司总经理王永春"涉嫌严重违纪"之后，中石油出现的又一次人事震荡。

值得注意的是，中石油官网昨日在题为《牢记"两个务必"，发挥好"五个表率"作用》的文章中援引集团公司董事长周吉平的表态称，"要以俭养德、以德养政，勤俭办一切事业，反对铺张浪费和大手大脚。保持正派健康的生活情趣和积极向上的精神追求，不走'邪路'，不闯'红灯'，不吃'禁果'"。

资料显示，李华林、冉新权、王道富均是地地道道的老"中石油人"。

对于中石油4位高管落马，石油行业一位资源勘探专家在接受《每日经济新闻》记者采访时分析道，他们被调查既可以说是突然，也可以说是意料之中。在现有石油系统体制下，是存在腐败和寻租的空间。

李华林、王永春、冉新权、王道富都曾负责过中石油上游勘探开发的业务,后三者还曾掌管大庆油田、吉林油田、长庆油田,而李华林负责的则是海外业务。

上述专家说,现在很多油田都有低品位油田区块对外招标,寻求合作开发,这其中存在着一定的潜规则。

所谓"低品位油气田",是指那些质量不高、产量较低的油气田,包括低渗透油层储量,重油、稠油,以及经过开采以后剩余的品位变低的尾矿(废弃油井)。

据媒体报道,早在21世纪初,按照投资回报率衡量,低品位油井开发"不经济",中石油、中石化总体上放弃了对"低品位"油田勘探开发。而中石油由于担心影响在资本市场的业绩,在国内的许多油田,对于开采成本高于6美元每桶的区块,一般情况下会自动放弃。

业内人士做过一个测算,松辽盆地油气藏较浅,通常平均在100米~1400米之间,打一口井只需投资约百万元。按一口产量中等的油井每天出油3吨、每吨原油售价4000多元计,每天收入可达12000元。除去开支,每口井每年产生的利润至少有100万元。

记者在东营论坛上看到有网民称,"中石化胜利油田废井数量估计接近4000余口,承包开采废井油的老板为数不少,实力弱小的承包数量在5至10口不等,资金相对雄厚的则大规模承包区块。曾经有老板承包下一块'低品位'油田后,第一年出油就达4万吨左右。他也一下从几百万元变成了亿万富翁"。

有媒体报道称,胜利油田年产原油3000多万吨,私人承包性质的油井产量就占到总量的两成以上。

据一位石油行业分析师说,现在国际原油价格100美元,外包低品位井所产原油必须统一销售给油田,收购价格和国际油价一致,只要能拿到低品位井,绝对赚大钱。上述专家也说,"中东每桶原油成本为10美元,实际上那些承包的老板都挣大钱了,他们的成本比中东低更多"。

于是,在"两桶油"那里受冷落的"低品位"石油储量,成为各路社会资本狂热追求的"香饽饽"——承包被放弃的边缘油田,然后找投资者合作开发,是个人的致富秘诀。

据《南方周末》2006年报道,当时,吉林油田除少部分规模较大区块经过中石油总部对外进行招商之外,有相当一部分是委托给当地政府进行招商的，而这些区块向社会寻找投资者的时候，通常不直接与中石油对外合作部签订承包协议，只需要经过吉林油田同意即可。

上述专家说，现在部分国内油田都有这种现象，部分石油系统司局级干部在外办有公司，承包低品位油井，这些人能很轻松地拿到这些油井，他们也可以将拿到的油井转包给民营企业，当"二老板"，这样层层转包，使得民营资本挖空心思找关系来获得区块，这就要搞关系，无形中造成了不公平竞争，滋生腐败，甚至可能引起国有资源的流失。

"现有体制自然就产生了寻租空间，出现权钱交易。"上述专家说道。

蒋洁敏等原中石油高管相继落马之后，中石油员工都在等待着，等待这个企业"巨无霸"迎来翻天覆地的变化。

"中石油的垄断早已备受诟病，但实际垄断利益被少数人独占，给公司发展带来巨大问题，并造成诸多内部分配的不公平。"一位中石油内部人士对《华夏时报》记者称。

事实上，中石油就像一个大染缸，背后暴露的是整个能源体制早已千疮百孔。中国能源网首席信息官韩晓平称，中石油多年来从垄断利益集团发展成寡头集团，给中国股市、环保、能源安全都带来重大问题，中央对其"开刀"，是国家反垄断的一个综合系统的、按部就班的部署，对整个能源体制改革是个重大转折。

"蒋洁敏等人的问题由来已久，中石油员工的上访和告状这些年来从来都没有中断过，中纪委开通了公共邮箱之后，中石油员工的告状信把中纪委的邮箱都堵了。"消息人士告诉记者。

中央经过制度性的审计和纪检调查之后，终于对中石油动手了。在蒋洁敏2013年8月31日晚被带走之前一周内，中石油系统已有王永春、李华林、冉新权和王道富4名高管因涉嫌违纪接受调查。

韩晓平认为，中石油"窝案"被揭发，显然是中石油广大员工长期努力的结果。

而据本报记者了解，中石油员工的上访和告状对揭发中石油"窝案"确实起到了重要的促进作用；但蒋洁敏在执掌中石油期间，露骨地维护企业垄断利益，不但造成企业内部严重腐败，还给中国能源安全带来了巨大隐患，是中央各层面达成共识整治中石油的根本原因。

"国内大量石油天然气以及非常规天然气资源都掌握在中石油手中，但中石油并未按照中央能源政策的要求去大力开采天然气资源。"上述消息人士告诉记者，比如中央布置开采页岩气，但中石油为了保护垄断利益，在企业内部下命令，要求所有企业不能和外资企业合作开采、招标。

记者同时获悉，蒋洁敏甚至在就任国资委主任期间，还在为了保护中石油的垄断利益，要求非石油类的其他央企不要搞页岩气。记者从电力系统内部了解到，蒋洁敏上任国资委主任后，五大电力集团就接到了国资委不要搞页岩气的要求。

第二十三章　使市场在资源配置中起决定性作用

中共十八届三中全会决定：市场在资源配置中起决定性作用。这是党在理论和实践上的又一重大推进，即是党在十四大提出以社会主义市场经济体制建设为我国经济体制建设目标，十四届三中全会关于市场在资源配置中起基础性作用后的又一重大推进。这既是通过制度安排解决人民群众日益增长的美好生活需要同不平衡不充分的发展这一主要矛盾的关键性战略决策，同时又是从根源上解决腐败产生土壤的战略性决策。

第一节　制度是社会公平正义的重要保证

邓小平在谈到苏联的弊政时，尖锐地指出，要有效防止坏人钻空子，好人好心办错事，关键在制度。制度不好，好人也可能犯错误。中共十八届三中全会作出市场在资源配置中起决定性作用，也正是从制度入手解决根本性问题。习近平明确指出：制度是社会公平正义的重要保证。

一、"制度是社会公平正义的重要保证"[①]

习近平同志在2013年12月30日发表的《切实把思想统一到党的十八届三中全会精神上来》的讲话中深刻指出："不论处在什么发展水平上，制度都是社会公平正义的重要保证。我们要通过创新制度安排，努力克服人为因素造成的有违社会公平正义的现象，保证人民平等参与、平等发展权利。要把促进社会公平正义、增进人民福祉作为一面镜子，审视我们各方面体制、机制和政策规定，哪里有不符合促进社会公平正义的问题，哪里就需要改革；哪个领域哪个环节问题突出，哪个领域哪个环节就是改革的重点。"

据此，他坚定指出："对由于制度安排不健全造成的有违公平正义的问题要抓紧解决，使我们的制度安排更好体现社会主义公平正义原则，更加有利于实现好、维护好、发展好最广大人民根本利益。"也就是在这次讲话中，习近平同志强调："以经济体制改革为重点，发挥经济体制改革牵引作用。

全会决定用'六个紧紧围绕'描绘了全面深化改革的路线图，突出强调以经济体制改革为重点，发挥经济体制改革牵引作用。""当前，制约科学发展的经济体制障碍不少集中在经济领域，经济体制改革任务远远没有完成，经济体制改革的潜力还没有充分释放出来。坚持以经济建设为中心不动摇，就必须坚持以经济体制改革为重点不动摇。""提出建立社会主义市场经济体制的改革目标，这是我们党在建设有中国特色社会主义进程中的一个重要理论和实践创新，解决了世界上其他社会主义国家长期没有解决的一个重要大问题。"②

二、决定国家竞争力的核心是制度安排

陈志武先生在谈到什么是国家竞争力的核心问题时，很明确说道："在土地、资源、劳动力等生产要素基本可以自由流动的今天，决定国家竞争力的最重要因素是什么呢？是制度。是决定市场交易规则环境、保障私人产权的制度——哪个国家能提供最有利于市场交易发生的完善制度，能降低交易成本，保护个人产权，有公正的司法和有效的契约执行架构，它就会在国家的竞争中脱颖而出，哪个国家就更能从事高利润的经济活动，不用靠卖苦力。一个有效的法治制度可以使个人之间经济交换的代价大大降低，使交易的内容更容易深化，超出简单的实物交易。"③他认定："一个国家（或地区）的制度质量从根本上决定了其资源配置的能力和效率，因而决定其竞争力的高低。"④于此，陈志武先生还以香港为例加以说明：香港的成功在于其有利于市场交易的制度：明确的产权制和契约执行架构、法治观念、受到限制的政府权力和廉洁高效的公务员队伍，以及政府坚持对经济不积极干预的原则。

三、从"效率优先兼顾公平"到"兼顾效率和公平，更加注重公平"

改革作为社会主义制度的自我完善，具有系统性、整体性、协同性特点。在没有现成经验可借鉴，没有固定模式可学习的情况下，中国的改革开放事业在"摸着石头过河"中，走出了一条先易后难、由浅入深、以点带面、重点突破和整体推进相结合的，有中国特色的社会主义改革开放道路。40年来，成就巨大，艰难险阻也不少。改革到今天，深层次矛盾已经凸显，关系复杂、利益冲突多、协调难度大的深水区和攻坚期已经无可回避。

就改革的收入分配取向方面，自确立以社会主义市场经济体制建设为目标以来，根据市场在资源配置中起基础性作用而制定的"效率优先，兼顾公平"的原则,在使市场在资源配置中起决定性作用的现今情况下已不适应,调整为"兼顾效率和公平,更加注重公平"的原则。没有效率就没有经济增长与社会发展,而没有公平就不可能有经济增长与社会的和谐发展。近十年来的收入分配不公、贫富不均现象日益严重的事实充分说明,市场在资源配置中仅起到基础性作用而不是决定性作用,这就为政府在资源配置中留下了起决定性作用的巨大空间。而政府的个别当权者则充分利用人民赋予的公权力,借"看得见的手"强化资源的权力配置即"人的配置"而使市场的基础性作用化为乌有,从而大搞腐败,甚至拉帮结派,结党营私,既形成阻碍经济社会发展的障碍,又严重败坏党的形象和社会主义的声誉,揭露出的刘志军腐败窝案、蒋洁敏腐败窝案,乃至更大的腐败窝案已充分说明。

今天的中国,虽然离发达国家的经济发展水平还有较大的差距,但也早已不是40年前的贫困国家。经济的持续、高速增长、社会财富和人民生活水平和质量的高速提升、社会的现代化进步,已积累起"更加注重公平"的基础性物质财富,在全面建成小康社会,实现中国梦的深化改革、扩大开放的今天,强化"兼顾效率和公平,更加注重公平"的收入分配原则,则是当务之急。与此相关联的重大制度改革,当然就是使市场在资源配置中起决定性作用出台了。

四、以促进社会公平正义、增进人民福祉为出发点与落脚点

通过40年的改革开放,中国经济取得举世瞩目的巨大成就,社会也获得史无前例的发展,这为"更加注重公平"提供了坚实的物质基础和有利条件。在这一过程中,人民群众的公平意识、民主意识、权利意识和法治意识不断增强,对因为政府个别权力者借市场体制的壳、行计划体制之实而疯狂腐败的行为,对社会收入分配严重不公的问题日益不满,严重影响到社会生产力的进一步解放和发展的同时,也对国家发展造成巨大隐患。

习近平同志在《切实把思想统一到党的十八届三中全会精神上来》的讲话中指出:"中央全面审视和科学分析我国经济社会发展现状和态势,认为这个问题不抓紧解决,不仅会影响人民群众对改革开放的信心,而且会影响社会和谐稳定。党的十八大明确提出,公平正义是中国特色社会主义的内在要求;要在全体人民共同奋斗、经济社会发展的基础上,加紧建设对保障社会公平正义具有重大作用的制度,逐步建立以权利公平、机会公平、规则公平为主要内容的社会公平保障体系,努力营造公平的社会环境,保证人民平

等参与、平等发展权利。"

习近平同志深刻指出："全面深化改革必须以促进社会公平正义、增进人民福祉为出发点和落脚点。这是坚持我们党全心全意为人民服务根本宗旨的必然要求。全面深化改革必须着眼创造更加公平正义的社会环境，不断克服各种有违公平正义的现象，使改革发展成果更多更公平惠及全体人民。如果不能给老百姓带来实实在在的利益，如果不能创造更加公平的社会环境，甚至导致更多不公平，改革就失去意义，也不可能持续。"

实现社会公平正义是由多种因素决定的，最主要的还是经济社会发展水平。在不同发展水平上，在不同历史时期，不同思想认识的人，不同阶层的人，对社会公平正义的认识和诉求也会不同。我们讲促进社会公平正义，就要从最广大人民根本利益出发，多从社会发展水平、从社会大局、从全体人民的角度看待和处理这个问题。我国现阶段存在的有违公平正义的现象，许多是发展中的问题，是能够通过不断发展，通过制度安排、法律规范、政策支持加以解决的。我们必须紧紧抓住经济建设这个中心，推动经济持续健康发展，进一步把"蛋糕"做大，为保障社会公平正义奠定更加坚实的物质基础。

"这样讲，并不是说就等着经济发展起来了再解决社会公平正义问题。一个时期有一个时期的问题，发展水平高的社会有发展水平高的问题，发展水平不高的社会有发展水平不高的问题。'蛋糕'不断做大了，同时还要把'蛋糕'分好。我国社会历来有'不患寡而患不均'的观念。我们要在不断发展的基础上尽量把促进社会公平正义的事情做好，既尽力而为、又量力而行，努力使全体人民在学有所教、劳有所得、病有所医、老有所养、住有所居上持续取得新进展。"

第二节 使市场对资源配置起决定性作用

自中共十四大提出建立社会主义市场经济体制的改革目标以来，以市场为取向的改革实践证明，凡是市场配置资源作用发挥比较好的领域，资源配置效率明显提高，经济发展就充满活力；市场作用受限制的领域，对资源的吸引力明显偏低，经济发展就一潭死水。至于如前面章节提到的个别或少数公权者利用公权力搞资源的完全权力配置，借市场体制之壳行计划体制之实以肥己，甚至拉帮结派，结党营私者，更是天怒人怨，人神共愤。

一、实践是检验真理的唯一标准

自党的十四大提出"我国经济体制改革的目标是建立社会主义市场经济体制""就是要使市场在社会主义国家宏观调控下对资源配置起基础性作用"的定位以来，我党一直都在实践根据客观实际的变化要求以对市场功能和作用准确定位。党的十六大提出"在更大程度上发挥市场在资源配置中的基础性作用"，同时删去了"在国家宏观调控下"的定语。党的十七大提出"从制度上更好发挥市场在资源配置中的基础性作用"。党的十八大进一步提出"更大程度更广范围发挥市场在资源配置中的基础作用"。从党的十六大到十八大，在市场基础性作用前面所加的关键词虽有所不同，但都集中在强调改革取向是增进市场作用。这些重要论断为十八届三中全会决定"使市场在资源配置中起决定性作用"在思想和理论上作了充分准备。⑤如本章所述，这既表现出与时俱进的时代性特征，也充分说明"实践是检验真理的唯一标准"的科学性。

二、市场决定性作用认识

如本著作第二章所述，市场经济是人类文明发展的共同成果。人类社会所有经济活动最根本的问题，就是如何有效地配置资源。所谓资源配置，指的是各种生产资源如何用于各种商品的生产，以及所生产的商品如何分配到各生产要素所有者。资源配置的不同方式，会产生不同的配置效率。市场经济之所以能够使资源配置以最低成本取得最大利益，是因为在市场经济体制下，有关资源配置和生产的决策是以价格为基础的，而由价值决定的价格，是生产者、消费者、工人和生产要素所有者之间在市场自愿交换中发现和形成的。市场决定资源配置的优势在于：作为市场经济基本规律的价值规律，具有通过市场交换形成分工和协作的社会生产的机制，通过市场竞争激励先进、鞭策落后和优胜劣汰的机制，通过市场价格自动调节生产（供给）和需求的机制，从而可以引导资源配置符合价值规律以最小投入（费用）取得最大产出（效益）的要求。因此，市场决定资源配置的本质要求，是在经济活动中遵循和贯彻价值规律。使市场在资源配置中起决定性作用，其实质就是让价值规律、竞争和供求规律等市场经济规律在资源配置中起决定性作用。

三、市场决定性作用认定的现实性意义认识

第一，有利于最大限度激发各类市场主体创业、创新活力。企业是市场

经济的细胞,是创业、创新的主体,是整个经济生机活力和蓬勃发展的基础。而平等的市场准入和产权保护、公平的竞争条件和营商环境,是市场主体焕发生机活力的根本保证。现在束缚市场主体创业、创新活力的体制障碍,主要是对民营企业的不公平待遇,阻碍民间投资的"玻璃门""弹簧门"仍然存在;竞争性经济领域的投资审批,既不利于市场机制发挥优胜劣汰的功能,也造成对民营资本的"挤出"效应;一些领域存在明显或变相的行政性垄断,妨碍公平竞争,公用事业和社会事业领域存在准入壁垒,导致大量民间资本不得不拥挤在竞争性经济领域,加剧一些行业产能过剩。科技体制中政府与市场定位不清,妨碍企业成为技术创新主体。政府一方面对企业技术创新过度干预,揠苗助长,不利于激发企业内生动力;另一方面在为创新营造良好环境方面又作为不够,对知识产权保护不力,人才评价机制不够合理。解决体制机制中这些妨碍各类市场主体发挥创业、创新积极性问题,关键是要在经济领域依据市场规则、市场价格、市场竞争进行资源配置。

马克思主义认为,生产力是一切社会发展的最终决定力量。人是生产力中最重要的因素。我国是有近14亿人口的发展中大国,人口超过美、日、欧等发达国家和地区人口的总和,发展需求和潜力也大得多。这么多人的就业、创业,这么多需求的满足,这么多经济、社会建设事业的发展,这一切都必须依靠最广泛、最充分地调动全社会所有人的积极性、主动性和创造性。使市场在资源配置中起决定性作用,归根到底是要进一步解放对生产力发展的所有束缚,让一切劳动、知识、技术、管理、资本的活力竞相迸发,让一切创造社会财富的源泉充分涌流,让发展成果更多更公平惠及全体人民。

第二,有利于加快我国经济转型升级。我国经济结构不合理,粗放型经济发展方式转变迟缓,当前不少行业产能过剩、效益下降,究其原因,同政府对经济干预过多和干预不当、妨碍市场起决定性作用有很大关系。例如,政府定价或管制的价格仍然较多,电力、成品油、天然气等重要商品价格形成的行政性管制特征明显,利率尚未实现市场化,资本市场体系不完善,金融机构多元化程度偏低,城乡建设用地市场不统一,户籍制度限制城乡人口流动,等等,这些问题导致多种要素价格不能真实反映资源稀缺程度和供求关系变化。与此同时,财税体制不够合理,党政干部政绩考核过于看重GDP增长率,助长地方追求速度型经济增长,以及上项目、铺摊子的投资冲动,加剧重复建设和产能过剩;政府以不当方式直接干预资源配置,如以低地价供地、税收减免、财政补贴等方式招商引资等,也扭曲要素价格、干扰市场机制作用,误导资源配置。根据使市场在资源配置中起决定性作用的要求深化相关改革,是加快转变经济发展方式,推动经济更有效率、更加公平、更可持续发展的关键举措。

第三,有利于建设高效廉洁的服务型政府。现在政府治理与市场功能的边界不够清晰,政府越位与缺位并存。政府仍然管了许多不该管、管不了也管不好的事情:一方面将过多时间和精力用在审批项目、招商引资等直接干预微观经济事务上,导致政府在市场监管、社会管理、公共服务等方面的缺位;另一方面政府对社会事务包揽过多,没有充分发挥社会力量参与社会管理和提供公共服务的作用,不仅影响社会管理效率和公共服务供给,也导致政府成为这些方面矛盾的焦点。因此,使市场在资源配置中起决定性作用,凡是市场和企业能解决的,放给市场和企业;凡是社会中介组织能承担的职能,交给社会中介组织。这不仅有利于政府真正转变职能,把重点转到加强市场监管、增强公共服务和维护社会公平正义上来,而且有利于铲除滋生公职人员受贿、权钱交易等腐败现象的土壤和根源。20世纪八九十年代,重要物资和外汇等双轨制,党政机关经商办企业,都曾经是腐败现象的多发高发领域,后来通过改革从体制和制度上解决了这些问题,相关领域滋生腐败的那些土壤就被铲除了。现在政府审批投资项目和直接干预微观经济活动,同样存在权力寻租的机会,因而也导致腐败问题多发高发。使市场在资源配置中起决定性作用,大幅度减少政府对资源的直接配置,是抑制和消除腐败现象的治本之策。

第四,有利于构建开放型经济新体制。国内改革和对外开放相辅相成、相互促进,是40年来我国的一条成功经验。对外开放不仅使我国得以充分利用国际市场和国外资源有力推动国内发展,而且为国内改革提供了发展市场经济的经验、规则借鉴,成为促进改革的重要动力和活力源泉。我国和其他新兴市场经济体是经济全球化和贸易投资自由化的很大受益者。国际金融危机以来,世界经济深度调整,各个领域包括贸易投资规则的竞争更趋激烈。主要发达国家正在推动新一轮贸易投资自由化谈判,涵盖环境保护、竞争中立、政府采购、电子商务、劳工标准等所谓"21世纪新议题",具有领域广、标准高、影响大等特点。正在开展的中美投资协定谈判,焦点问题是要求我国改变现行的外商投资逐案审批制和产业指导目录方式,实行准入前国民待遇和负面清单管理方式。这些既涉及市场准入，又涉及体制改革，要求我们加快改革投资管理模式和制度创新，建立统一、公平、透明的投资准入体制，使微观主体获得更大的自主投资权限，使政府部门从项目审批向反垄断和安全审查等宏观管理职能转变。从对外开放范围看，我国与世界主要经济体的差距，主要在服务业领域开放。据世界银行研究，我国服务业开放水平在103个参与排名的国家中仅列第77位。服务业是我国经济的短板，也是今后我国经济发展的重要潜力所在。推进金融、教育、文化、医疗等服务业领域有序开放，放开相关领域投资准入限制，这有利于引入竞争，加快我国服务业发展。总之，使市场在资源配置中起决定性作用，才能适应新一轮国际贸易投资自由化形势的要求，构建开放型经济新体制，推动我国更高质量、更高水平的对外开放，在广度和深度上进一步融入经济全球化。⑥

四、正确认识市场作用和政府作用的关系

发展社会主义市场经济，既要发挥市场在资源配置中的决定性作用，也要发挥政府的经济职能和重要作用。《决定》对更好发挥政府作用提出了明确要求，强调指出："科学的宏观调控，有效的政府治理，是发挥社会主义市场经济体制优势的内在要求。""政府的职责和作用主要是保持宏观经济稳定，加强和优化公共服务，保障公平竞争，加强市场监管，维护市场秩序，推动可持续发展，促进共同富裕，弥补市场失灵。"

西方古典经济学创始人亚当·斯密主张自由放任的市场经济，由市场这只"无形的手"使资源得到合理配置，政府只承担"守夜人"职能。这主要是因为亚当·斯密生活在资本主义市场经济早期，未能看到它由于内在矛盾发展而产生的重大变化：从1825年起，几乎每隔10年就发生一次周期性经济危机；自由竞争引起资本积聚和集中进而产生垄断；特别是1929年世界性严重经济危机，导致20世纪30年代全球经济大萧条。在此大背景下，英国经济学家凯恩斯在1936年创立了宏观经济学理论，主张当经济周期处于衰退阶段或繁荣阶段时，由政府分别实施扩张性或紧缩性财政政策，以及通过货币政策传导机制，调节消费和投资，进而影响总需求和总产出。第二次世界大战后，各市场经济国家在市场决定资源配置的同时，普遍实行不同方式的政府干预，包括宏观经济管理（宏观调控）和微观经济规制（市场监管）。政府干预不是要弱化或取代市场作用，而是要弥补市场失灵，并为市场有效配置资源和经济有序运行创造良好环境。

在西方发达国家，政府干预的对象是市场功能充分发挥的成熟市场经济，与之不同的是，市场经济在我国从未得到充分发展；我国经济体制改革的起始点，不是自由竞争和发达的市场经济，而是政府高度干预的计划经济；当前改革开放所要解决的主要问题，也仍然是进一步发挥市场机制作用，解决政府对经济干预过多、干预不当和监管不到位问题，因此提出使市场在资源配置中起决定性作用。但这绝不是说市场是万能的、可以把一切交给市场、所有领域都市场化；更不是认为政府对市场可以撒手不管。《决定》强调"坚持社会主义市场经济改革方向"，说明我国的市场化改革是坚持中国特色社会主义方向的经济市场化。市场在资源配置中起决定性作用，并不是起全部作用。市场经济是法治经济，也是讲道德、讲诚信的经济，市场主体的经济行为，不仅受利己动机和竞争压力约束，而且要受法律、法规约束和职业道德、社会公德约束。因此，政府"有形的手"有效配合市场"无形的手"发挥作用，才能保证市场经济健康发展。[⑦]

第三节　市场决定性作用的时代特征和针对性特点认识

党的十八届三中全会决定使市场在资源配置中起决定性作用，既显出我党与时俱进的鲜明时代性特征，又表现出实事求是、一切从实际出发的强烈的现时针对性特点。

一、市场在资源配置中起决定性作用具有与时俱进的鲜明时代特征

党的十一届三中全会以来，我国的经济体制改革一直是围绕调整政府与市场关系进行的，从计划经济体制到有计划的商品经济，再到社会主义市场经济。就是市场经济体制建设说，也有十四届三中全会的市场起基础性作用到十八届三中全会的市场起决定性作用这样一个与时俱进的进程。这样的进程是党对社会主义经济制度改革实践的认识过程，表现出鲜明的与时俱进的特征。

改革开放后相当长一段时期内，我国市场体系和机制尚未建立健全，市场还不能有效配置资源，需要实施渐进性改革。市场的培育也需要一个渐进的过程，这个过程显然包括相应的时间过程。市场的力量释放在时间过程中一步一步积累和实现，才使我党更加注重高度发挥市场作用和能量，对于建

设中国特色社会主义国家有重大意义。正因为市场作用得到相应发挥,中国经济才在 40 年间创造出历史奇迹,其总量跃居世界第二。但是我们更应充分看到,我国人均国内生产总值仅是世界水平的 60% 左右,发展中面临一系列突出矛盾和新的挑战。我国仍处于并将长期处于社会主义初级阶段的基本国情没有变,人民日益增长的美好生活需要同不平衡不充分的发展之间的这一社会主要矛盾没有变,我国是世界最大发展中国家的国际地位没有变。这"三个没有变"决定了我们必须始终坚持以经济建设为中心,而以经济建设为中心与以经济体制为重点在本质上是统一的。这就要求我们必须通过深化经济体制改革,即明确提出市场在资源配置中起决定性作用而改变原有的基础性作用,以更进一步解放和发展社会生产力,进一步解放和增强社会活力,以提高综合国力和国际竞争力。

二、市场在资源配置中起决定性作用有强烈的现时针对性

从国际看,世界经济虽然冲出金融风暴,现时仍处于低速增长期,但经济结构的尝试性调整而使国际竞争会更加激烈。就资本主义制度生产到现在的短短几百年间,其每次经济风暴乃至经济危机过后,更高层次的科技革命孕育着新的经济突破乃至变革。而这种突破或变革,必然形成对我经济社会发展新的重大挑战。沉着应对这一新的挑战,其战略性决策也要求我们必须使市场在资源配置中发挥决定性作用。就国内形势而言,"三个没有变"是对现时的宏观总括。就具体而言,我国经济正处于增长速度换档期、结构调整阵痛期叠加阶段,面临着如何跨越"中等收入陷阱"的严峻考验,也就是"转型升级"的考验。改革开放以来的经济社会发展成就巨大,但发展中的问题也很多,有的甚至很严重,如发展的不平衡、不协调、不可持续,以消耗资源乃至以损失环境为代价等问题就非常严重和突出,一些领域的潜在风险如金融领域风险仍然较大,市场体系不完善、市场竞争不充分,政府权力过大、审批过杂、干预过多和监管不到位等,严重影响社会活力和经济发展活力。尤其,少数居于高位的权力者利用公权力通过有限资源的个人配置大搞腐败,甚至结党营私活动猖獗,这不仅成为经济发展障碍,更是严重败坏党的声誉,败坏社会主义制度形象。这众多问题反映出原有的经济发展方式难以为继,即市场在资源配置中只起基础性作用的制度安排方式难以为继。这就要求我们深化经济体制改革以适应现时的挑战与要求,使市场在资源配置中起决定性作用就成为历史的必然。

▶ 民营经济与中国现代化

  生产力决定生产关系，经济基础决定上层建筑。这一社会发展的基本规律决定了我国从现在开始，要以经济体制改革即建立健全的社会主义市场体制，使市场在资源配置中发挥决定性作用的重大改革为先导，发挥其牵引作用，为全面深化改革创造条件，提供动力。只有牵住深化经济体制改革这个"牛鼻子"，才有可能有力地促进其他领域深层次矛盾的化解，促进其他领域改革的协同深化。

注释：

①习近平：《切实把思想统一到党的十八届三中全会精神上来》，《人民日报》2013年12月31日第一版。

②同上注。

③陈志武：《陈志武说中国经济》，山西经济出版社2010年3月第1版，第71页。

④同上注。

⑤《中共中央关于全面深化改革若干重大问题的决定》（辅导读本），人民出版社2013年11月第1版，第57页。

⑥同上注，第63页。

⑦同上注，第65页。

第二十四章　阳光下的民营经济

阳光下的民营经济，是中国特色的民营经济，即社会主义初级阶段中国特色的民营经济。阳光就是健全的、完善的法律制度体系和以法治国、以法治理市场经济的司法体系，即社会主义初级阶段中国特色的法制与法治。笔者反复强调社会主义初级阶段，因为这是当代中国的基本国情。正如笔者在本著作"理论篇"中强调的，正是社会主义初级阶段的这个基本国情，才决定了民营经济作为中国基本经济制度体系的重要组成部分。党的十九大明确指出，改革开放的新时代，其社会主义初级阶段基本国情没有变。阳光下的民营经济，具体表现为头顶阳光、背靠政府、面向市场、握手金融、高擎科技二十字的民营经济发展理念或曰"二十字诀"。

笔者强调二十字诀的背景是：社会主义初级阶段的中国；社会主义初级阶段中国经济体制建立与建设过程中；这个过程是典型的中国特色——通俗地讲，就是"接地气"。研究中国的经济问题必须"接地气"！也是在这个"接地气"上，本著作才有一定的价值意义。笔者在《不朽遗产——为列宁主义辩护》一书的"导论"中指出："唐朝杜牧《阿房宫赋》发人深省：'秦人不暇自哀，而后人哀之；后人哀之而不鉴之，亦使后人而复哀后人也。'"

我们应该怎样才能避免杜牧尖锐指出的"亦使后人而复哀后人"呢？必须是"接地气"地做好能做好的每一件事情。就比如说民营企业的"背靠政府"现时是必需的，否则就搞不好企业。当然从背靠政府到不背靠政府，社会主义中国市场经济体制就完全建成了——笔者完全坚信，这一天肯定到来。

第一节　头顶阳光

一、阳光即社会主义初级阶段中国的法制与法治

《十八届三中全会公报》坚定指出："全面深化改革的总目标是完善和发

展中国特色社会主义制度，推进国家治理体系和治理能力现代化。"这里强调的国家治理体系，是党领导人民管理国家的制度体系。包括经济、政治、文化、社会、生态文明和党的建设等各领域的体制、机制和法律法规安排，也就是一整套紧密相连，相互协调的国家制度。

国家治理能力，是运用国家管理社会各方面事务的能力，包括改革、发展、稳定、内政、外交、国防、治党、治国、治军等各方面的能力。

1. 国家治理体系和治理能力现代化

所谓国家治理体系和治理能力的现代化，就是使国家治理体系制度化、法制化；使国家治理者善于运用法治思维和法律制度治理国家；从而把中国特色社会主义各方面的制度优势转化为治理国家的效能。这意味着我们不仅于思想观念上不再走人治的老路，而且于政治生态上铲除了人治隐形存在的可能。最终使那种仅停留在口头上的法治无所依凭。

2. 治理的着力点是法治

国家治理、政府治理、社会治理的现代化有赖于各个领域的法治化。要以法治的可预期性、可操作性、可救济性等优势来凝聚转型时期的社会共识，使不同利益主体求同存异，依法追求和实现自身利益最大化。

把社会发展纳入法制轨道，是经济社会发展安定有序、和谐推进的长效机制。宪法至上，法律权威的意识与行为确立，是社会治理的着力点。经济社会发展这个第一要务，必须通过法治才能确保其实践和实现。一个良好的法律环境，使一个人出现问题时，司法第一时间去追诉，他就不大可能犯更大的错误。

十八届三中全会指出，经济体制改革是全面深化改革的重点，核心问题是处理好政府和市场的关系，使市场在资源配置中起决定性作用和更好发挥政府作用。

二、阳光下的利润

民营经济在改革开放过程中诞生、成长，是改革开放的重大成果；反过来，民营经济的发展与成长，又强有力地推进社会主义初级阶段中国的改革开放。

毋庸置疑，民营经济在长足发展的过程中，其被社会诟病的痛点之一是"超极限的剥削"说法，笔者认为，这的的确确是一个症结点，必须正视而不能掩饰，也不能回避。

1. 将政府、企业家、农民工的"利润"呈现在阳光下

笔者在本著作中第十八章第二节第三目中用一个小目《中国农民是伟大的农民》中专门论述到"农村劳动力被排斥在正规部门以外就业，要么在相同的岗位上接受低于城市本地人的工资水平。甚至有的城市干脆设立各种制度歧视农民工"；"农村迁移劳动在就业岗位、工资水平方面，与城市本地劳动力相比有较大差异，所享受的福利待遇的差异尤其巨大"；"农民工获得的现金收入、住房补助、工作餐、儿童健康保健、交通娱乐等方面的待遇远远低于相同就业的城市居民，甚至完全没有"；"收入待遇和获得公共服务方面受到歧视"等等。"这种歧视性政策的长期存在，已经形成一种扭曲的激励机制"；"会影响社会的和谐稳定和经济的发展"……

笔者认定，农民工遭受到的这些不平等的待遇，是一种灰暗的、严重的社会现实即非阳光的社会形态表现。笔者呼吁，"中国农民是伟大的农民"，是基于中国农民对于中国新民主主义革命的历史性巨大贡献（新民主主义革命时期牺牲的数千万革命者的主体是中国农民）；是基于新中国成立初期的"剪刀差"的工业化进程的历史性巨大牺牲（困难时期非正常死亡的主体是中国农民）；基于改革开放以来对中国跃居世界第二大经济体的主要贡献群体亦是伟大的中国农民（农民工）。笔者走访民营企业（包括大型的外资企业），第一线的非专业技术的工种工人基本上是农民工，他们的无劳保、无福利、无社会保障，甚至无安全保护的"四无"状况令笔者十分担忧，如果社会出现大的差失而引起社会震荡，农民工将会是巨大的潜在的群体力量。

2. 对所谓"人口红利"说法的批判

阳光普照民营企业，从法律制度体系上解决"农民工"的"国民待遇"（笔者借助这个概念于此有特殊内涵），已经刻不容缓。近阶段，民营企业大滑坡的众多原因之一是"农民工"流失。农民工进入不了国家用工体系，其本身就是法治严重缺失的表现——于此，被某些官员、学者、专家认定为是"人口红利"，真正是对中国农民的政治歧视与人格尊严歧视，即使是使用"剥削"这个概念，也要依法纳入法制与法治体系中认定并运行。

非法暴富且又为富不仁的极少数贪官和大富豪，不也就是"人口红利"的掠夺者？

笔者在《走出金融风暴——世界没有末日》（中国时代经济出版社2009

年版）第十章第四目中《对扩大内需的几个政策性建议》中的第 4 点建议则是"建议和实现 60 岁以上农民的养老保障制度"；"可以先行启动建立对 60 岁以上农民的养老保障制度"。一是他们为中国革命和建设，国民经济体系的建立，改革开放都作出过巨大贡献和牺牲，现在享受自己的劳动成果是理所当然的；二是中国已初步具备了这样的财政能力；三是建设和谐社会所需；四是应对金融危机所需，减少因工厂倒闭失业的归乡农民工的负担等。

从基础上确立公正的司法制度，老百姓才有指望，才会说这个国家行政权力再出现问题，我们也不用担心，因为有公正的司法制度。

"共产党，像太阳，照到哪里哪里亮。"

第二节 背靠政府

背靠政府，是典型的中国特色。

在原生型市场经济体制下，政府是完全服务型的。本著作在《理论篇》中强调指出：当今中国的市场经济体制建设目标是社会主义的市场经济体制。这个正在建立与建设的市场经济体制是"次生型"的。

中国政府现时不可能完全退出市场。

一、中国政府的职能功能定位

习近平同志在十九大报告中明确要求，坚决破除一切不合时宜的思想观念和体制机制弊端，突破利益固化的樊篱，吸收人类文明有益成果，构建系统完备、科学规范、运行有效的制度体系，充分发挥我国社会主义制度优越性。

1. 推进国家治理体系和治理能力现代化

国家治理能力，是运用国家制度管理社会各方面事务的能力，包括改革发展稳定、内政外交国防、治党治国治军等各个方面的能力。

国家治理体系和治理能力的现代化，就是使国家治理体系制度化、法制化、程序化、科学化，使国家治理者善于运用法治思维和法律制度治理国家，从而把中国特色社会主义各方面的制度优势转化为治理国家的效能。经济建设是国家治理的重要内容之一。

管理的主体只能是政府，而治理的主体还包括社会组织乃至个人。十八大以来，中央多次强调要"加快形成党委领导、政府负责、社会协同、公众参与、法治保障的社会管理体制"，这体现了多元共治的理念。强调政府不再只是治理的主体，而且是被治理的对象；社会不再只是被治理的对象，也是治理的主体。

2. 国家治理的作用

治理应有利于激发社会活力。在当前利益多元化、文化多样化的条件下，国家治理既要确保公共利益和主流道德价值不受侵害，也要根据实际情况尊重差异、包容多样、考虑个别。特别是要保障宪法确认的个人自由，承认合法合理的个性化追求，让公民社会组织充满生机活力，使社会保持动态平衡稳定状态。

治理应有助于实现社会公平正义。公平正义是中国特色社会主义的内在要求，国家治理的重要任务之一就是努力营造公平的社会环境，促进形成正义的社会制度体系。于此，政府的角色和责任至关重要。

治理应有益于增进人民福祉。以促进社会公平正义、增进人民福祉为出发点和落脚点，让一切创造社会财富的源泉充分涌流，让发展成果更多更公平地惠及全体人民。解决好人民最关心、最直接、最现实的利益问题，是深层次的国家治理，有事半功倍之效。

二、中国政府的现有经济职能

中国政府现有的经济职能主要有宏观调控职能、提供公共产品及服务职能和市场监管职能。

1. 宏观调控职能

即政府通过制定和运用财政税收政策和货币政策，对整个国民经济运行进行间接的、宏观的调控，依法为经济发展提供良好的宏观经济环境，对社会总需求和总供给进行总量调控，并促进经济结构调整和优化，保持经济持续快速协调健康发展。

经济调节主要运用经济手段和法律手段，同时通过制定规划和政策指导、发布信息以及规范市场准入，引导和调控经济运行达到物价稳定，充分就业。经济调节的主要内容包括调节经济总量、调节经济结构、调节地区经济、调节对外经济关系等方面。参与一定时期国民收入的初次分配与再分配，实现收入在全社会各部门、各地区、各单位以及社会成员之间进行合理分割，缩小收入差距，体现社会公平。在经济增长速度过快时，实施紧缩的财政、货币政策；而在经济增速过慢时，实施宽松的财政、货币政策，以平衡经济增长的波峰与波谷，使经济保持稳定的状态。

2. 提供公共产品和服务职能

政府通过政府管理、制定产业政策、计划指导、就业规划等方式对整个国民经济实行间接调控；同时，还要发挥社会中介组织和企业的力量，与政府一道共同承担提供公共产品的任务。具体化为：

其一，提供基础设施投资，为企业和个人的经济活动奠定物质基础；

其二，促进教育，为经济发展输送高素质劳动力；

其三，促进技术进步，提升企业和国民经济竞争力；

其四，防止环境恶化，确保经济可持续发展；

其五，科学的中长期规划；

其六，提供经济信息这一最重要的公共服务；

其七，提供优良实在的金融服务；

其八，领导人力、物力、财力等社会资源合理有效的流动形成，优化产业结构，优化资源配置。

3. 市场监管职能

即政府为确保市场运行畅通、保证公平竞争和公平交易、维护企业合法权益而对企业和市场所进行的管理和监督。

市场监管：就是依法对市场主体及其行为进行监督和管理，维护公平竞争的市场秩序，形成统一、开放、竞争、有序的现代市场体系。界定和保护各类产权；创造良好的信用环境；促进全国统一市场的形成。

三、背靠政府

1. 为什么要"背靠政府"

笔者明确地提出"背靠政府"这个命题，是因为在当前形势下，尽管中央确认"政府要退出市场"，但这绝对不是短时期内能做到的。为什么？"政府主导"是典型的"中国特色"。谈中国问题，就必须清楚中国特色。这个"中国特色"表现在经济建设方面，即资源掌握在中央政府手中。尤其，这个状况短时期无法改变，这决定于经济体制由计划经济向社会主义市场经济体制转变是一个过程，而且是一个较长的过程。这一转变过程不单纯地是一个"经济"过程，同时也是一个"政治"过程。

也正是基于此，笔者认定，社会主义市场经济体制的建设既是特别重大的经济体制改变，尤其也是重大的政治体制改革。这也正是马克思主义政治经济学基本原理的鲜明体现：生产力决定生产关系，经济基础决定上层建筑的生动体现。于此，在本著作中为什么专设《理论篇》长篇阐释？笔者亦是用心良苦。

笔者在《不朽遗产——为列宁主义辩护》[①]一书中明确指出，计划经济体制是斯大林用来维护、拱卫自己的集权统治的支撑体系之支柱。"斯大林通过党内斗争，把各个反对派逐一击破，在这一过程中把权力日益集中到自己手里，在政治权力集中的同时，必须牢牢地控制经济，其最重要的途径是建立高度集中的指令性计划经济体制。这在当时来说，从商品货币关系理论来讲，就必须解决一个十分迫切的问题，即谁是社会生产的调节者。两种观点：价值规律或计划经济体制即'看不见的手'或'看得见的手'。价值规律被认定为看不见的手，是通过价值来指导、调节市场，是市场经济的规律。而看得见的手是计划体制。而计划体制是人的计划，人做出的计划，有权力的计划的人做出的，让生产单位和生产的人服从的计划即权力计划。计划经济规律则是人的权力筹划、规划运作与运作的规律，由此，有计划权力的人则可以通过权力掌握计划，当然就掌握社会、国家经济大权，并以此与人事大权即任命制整合成专制政体的支撑体系。作为人类最专横的集权主义者的斯大林当然于此特别青睐。"[②]斯大林还明确指出：价值规律对生产的调节的作用只能与资本主义制度联系在一起。"价值规律只是在资本主义制度下，在存在着生产资料私有制的情况下，在存在着竞争、生产无政府状态、生产过剩危机的情况下，才能是生产的调节者。……在我国，价值规律发生作用的范围被生产资料公有制的存在，被国民经济有计划发展这一规律的作用限制着，因而，也是被大致反映了这个规律的要求的我们的年度计划和五年计划限制着的。"[③]其后的不久，即20世纪30年代，计划经济体制就作为社会主义制度的本质特征被法律形式规定下来。

据此，笔者认定邓小平提出的社会主义市场经济体制改革不仅是重大的经济体制改革，而且也是重大的政治体制改革。

"市场在资源配置中起决定性作用"这一中共十八届三中全会决议指明的方向、目标的实现，同"政府退出市场"一样，还有一个过程。

据此，笔者的中国民营经济运行"二十字诀"明确提出"背靠政府"以"接地气"。

2. 怎样"背靠政府"

关键是民营企业与民营企业家在运行实践中怎样"背靠政府"。

政府是一种公共资源（这与西方国家不一样），谁都可以争取、去获得它的支持。关键是怎样获得。

（1）始终主动地把企业置于阳光的照耀下

市场经济是法治经济，企业和企业家、业主将企业和自己始终主动地置于法律制度体系的框架内，是应尽的责任与义务。

笔者强调民营企业家的双主身份，既是国家主人，又是企业主体（人）。自觉地尊法守纪，是基本的素质要求和职业道德要求。

（2）坚决做好"亲""清"两个字

2016年全国"两会"期间，习近平同志看望参加政协会议的民建、工商联委员时作了重要讲话，主要讲了三个问题：一是怎么看待民营企业在中国经济发展中所处的地位；二是民营企业面临着什么样的困难，怎么帮他们解决；三是应该如何处理好民营企业与政府之间的关系。

如何看待多年来民营企业在发展中所遇到的困难和问题？习近平同志认为，这些问题一直存在并在逐步解决，但不会阻碍民营经济的继续向前发展。多年来，我国政府一直都很注意保护民营企业的产权包括知识产权，并且始终强调在中国的经济发展进程中，国民经济有两个基础：一个基础是公有制企业，一个基础是民营企业。中央一再强调民营企业的重要性，但社会上对此并没有给予充分的注意，为什么呢？这就涉及了第二个问题，即民营企业在发展过程中都遇到了哪些困难，怎么帮助他们解决这些困难。

习近平同志认为，当前大家应该关注的是民营企业的准入难问题。虽然在政策上，我国经济当中的很多领域都是允许民营企业进入的，但往往就是进不去，当民营企业试图进入的时候，常常会出现"玻璃门""弹簧门""旋转门"，进去了容易碰钉子，结果一弹又出来了。这些问题怎么解决？这就涉及如何解决所谓的"最后一公里"的问题。比如民营企业贷款难问题，这就是"最后一公里"的问题，需要政府相关部门来解决。再比如前面所讲的"玻璃门""弹簧门""旋转门"之类的问题，也是因为"最后一公里"的问题没有很好地解决。

如何处理好民营企业跟政府之间的关系？习近平同志对此讲了两个字，第一个是"亲"，第二个是"清"，就是要通过两个字来体现党对民营企业的政策。

从政府部门来看，各级领导干部首先应该做到"亲"，比如领导干部一定要深入基层，真正了解民营企业遇到的困难，真心实意地帮助他们解决问题。其次，各级领导干部一定要注意做到"清"，就是不能以权谋私，比如不能够在跟民营企业交往的过程中向人家伸手要钱、要好处。

对于民营企业家而言，也应该做到"亲"和"清"。所谓"亲"，就是民营企业要主动向政府汇报自己的困难，说清楚想请政府帮助自己解决哪些问题，让相关的政府部门了解到企业面临的实际情况。所谓"清"，就是指民营企业家要认识到在处理同政府的关系时，一定不能行贿，不能给领导干部个人输送各种利益，要维持一种干干净净的关系，这样才对企业发展有好处。

习近平同志提出"亲"和"清"这两个字，可谓语重心长，他既要求政府，又要求干部，也要求民营企业家坚持这两个字。政府的工作人员如果没有做到这两个字，就是党没有教育好，所以今后要对政府工作人员继续加强这方面的教育。民营企业家也不能够违反这两个字，否则会妨碍企业的向前发展。这两个字指出了民营企业正确处理同政府的关系时的原则，实际上是加大了民营企业未来发展的信心。

（3）处理好与政府间的矛盾，首先要避免造成与政府之间的矛盾

这需要民营企业家首先学习和了解政府政策及政府各级的运转模式。其次要学会与政府谈判。大连韩伟企业集团董事长韩伟认为："作为企业家当然要处理好企业与政府的关系，我认为我们之间应是一种共同利益关系。打个比方，我是董事长，有个部门经理，他老是抱怨发牢骚，我只能炒掉他，他会抱怨说意见总不被采纳，我也会说他没有水平，我们各说各的道理，而一个优秀的员工，会主动把他的想法和老总沟通：我认为这件事情应该怎样做，讲道理摆事实来说服老总。其实每个企业的发展都需要更好的建议意见，一个企业能做成绝对不是一个董事长能行的，他靠的是团队的力量和作用。现在，地方政府都在绞尽脑汁发展经济，我们要争取到它的支持，只有把企业做好，事情做好了，地方政府肯定会关注我们。"

民营企业的发展要靠政府和民营企业之间的互动来实现。从制度经济学

的角度来讲，权力不是谁给的，而是利益主体争取的。落实到具体问题上，需要民营企业自己来争取。过去，解决利益冲突采取的是比较隐晦的办法。比如通过政府内部的渠道，通过一层层上报、一层层讨论来解决。这在一定程度上是中国的特色，也是中国在前一阶段体制条件下解决各种问题的一个过程和方法。随着未来中国法制化的逐步完善，逐步会把许多事情公开化，进行讨论把问题摆到法庭上解决。

在与政府发生利益冲突时，避免与政府的直接冲突。民不与官斗，但不是说不要保护企业权利，而是要讲究策略。在处理与政府矛盾时，避免硬碰硬："学会与政府谈判。"

(4) 寻找与政府合作的契机，谋求政府支持

没有政府和政治作为依靠，就失去了资源整合的最佳平台，而且在某些发展的关键时刻，政府领导激动，民营企业家感动，政府有关部门却就是不动，尽管上级领导在各种场合一再强调扶持民营企业要多鼓劲，上面政策可谓"很好"，可是到了下面具体落实时却成了"好狠"，通常是检查走了一拨又一拨，各种处罚应接不暇，而真的需要帮助时则找不到人了，所以要想在这个政商关系的舞会中孤芳自赏也颇为不易。全国工商联原副主席保育钧认为，中国民营企业要发展，说到底要解决好政府跟企业的关系问题。政府跟国有企业的关系处理不好，是管得太紧了，政府跟民营企业的关系离得太远了，总觉得是异类，总要治你一下或职能部门总想揩点油水。问题就出在这儿。

第三节 面向市场

党的十八届三中全会明确认定："使市场在资源配置中起决定性作用。"这与十五届三中全会认定的"使市场在国家宏观调控下对资源配置起基础性作用"相比，是一个认识论上"飞跃性"的发展决定。

一、实践是认识的来源和认识发展的动力

市场在资源配置中起"基础性作用"到起"决定性作用"的关系定位是实践深化的必然结果，亦是对市场与资源配置关系真理性把握的结果。从认识论角度讲，真理是具体的、有条件的。我党对政府与市场关系在不同阶段

有不同的认识，充分说明任何真理都是主观与客观、理论与实践具体的历史的统一。从市场在资源配置中的"基础性作用"到"决定性作用"，说明人类认识是无限发展的，追求真理是一个永无止境的过程。

二、建设统一开放、竞争有序的市场体系，是使市场在资源配置中起决定性作用的基础

1. 现代市场体系

企业自主经营、公平竞争；消费者自由选择、自由消费；商品要素自由流动、平等交换等要素来构成现代市场体系，四个"自"是现代市场体系的灵魂。

政府则依据法律法规（含政策），着力清除市场壁垒，提高资源配置效率，实现其公平性。

2. 统一认识

市场体系的统一性是指市场体系无论是从构成上，还是空间上均是完整统一的。

从构成上看，它不仅包括一般商品市场，而且包括生产要素市场；不仅包括现货市场，而且包括期货市场；不仅包括批发市场，而且包括零售市场；不仅包括城市市场，而且包括农村市场，等等。

从空间上看，各级各类市场在国内地域都是一个整体，不应存在行政分割与封闭状态。部门或地区的分割，不仅会缩小市场的规模，而且会严重限制资源的自由流动，从而大大降低市场的效率。这是完全违背市场经济的基本实质的。

3. 开放性认识

现代市场体系是开放的体系，尤其是在经济全球化的浪潮冲击中。

市场体系的开放性是指各类市场不仅要对国内开放，而且要对国外开放，把国内市场和国外市场有机地联系起来，尽可能主动、能动地参与国际分工和国际竞争，并按国内市场提供的价格信号来配置资源，决定资本流动的方向、规模、能量、体量等，以达到更科学合理地配置国内资源和利用国际资源的目的。

作为企业家，明确自己的定位，积极投身其中是至关重要的选择。

4. 竞争性认识

市场经济是竞争性经济。没有竞争，就不可能有市场。从这个意义上讲，

▶ 民营经济与中国现代化

竞争是市场经济的基础。

市场体系的竞争性是指其鼓励、包容和保护各种经济主体的平等竞争。只有通过公平竞争，才能创造出一个良好、有序、健康、公平的市场环境。生产要素的合理流动和优化配置，都是通过平等竞争实现的。也只有通过平等竞争，通过优胜劣汰，才能促进生产要素的合理流动和优化配置，进而提高经济效率和效益。

目前，在我国对于民营经济整体而言，行政封闭、行业垄断、不正当竞争等非市场化现象还是比较严重的。

5. 有序性认识

市场体系的有序性是指市场经济作为发达的商品经济，其市场必须形成健全的网络、合理的结构；各级各类市场都必须在国家法律、法规、法令中和政策规范要求下有序、规范地运行。

有序性就是企业家把企业和自己主动、能动地置于"阳光"下运行。

三、离开市场，你将什么也不是

企业的生存、发展、壮大或者消失是市场选择的结果。

所有企业家的形成与发展，也是市场选择的结果。

离开市场，就没有今天世界的第二大经济体中国。

笔者在本著作中认识"南街村"或"南街村现象"时，社会主义市场体制的建设与建立，是其形成"南街村"或创造出"南街村现象"的最基本、最根本、最具社会主义初级阶段中国特色的条件。

四、亚当·斯密的历史性贡献

1. 只有劳动生产率增长了，人均收入才会增长

如果不考虑国家劳动生产力总量的变化，给足劳动力总量或者人口总量不变，一个国家总的 GDP 就与人均 GDP 成正比，GDP 增长率就等于人均 GDP 增长率。对于人民福利的增长来说，只有人均收入增长才有意义。而这人均收入的增长，是由劳动生产率的增长决定的（当然，这个直观的定义，是在排除社会其他支出等量的情况下才能成立。例如国家财政支出中的若干项目开支的不确定性增长，或非预算性增长等）。

这个定义简单化为，只有劳动生产率增长了，人均收入才会增长。

平均每一个人创造的财富增长了，平均每个人的收入才会增长。财富不

是天上掉馅饼，而是劳动者（广义的劳动者包括一切与财富创造相关的人）自己创造的。

2. 一切稀缺资源中，只有时间稀缺排第一

劳动生产率的增长来自时间资源的稀缺性宝贵认识与利用。

针对于此，亚当·斯密认定，分工和专业化保证了时间的宝贵性利用。专业化的前提是分工。一个人只要做好一件事，专注于一件事，水平就会大幅度提升。瑞士的手表匠，祖祖辈辈专注于手表，瑞士表则名闻天下。笔者在布达拉宫参观时，惊异于藏药的成就，其原因在于藏药师（专家）们的数十年如一日的专注与刻苦：心无旁骛，是其成就的重要因素。笔者为此深为感慨，今天中国的教授、专家、学者、科学家们能有几个能做到"心无旁骛"呢！

经济学家、诺贝尔奖获得者罗默的研究揭示：人类长期经济发展得益于知识积累产生的"递增效益"（分工与专业化，导致一个人的效益会加速提升）。只有分工，才会有知识积累甚至才有"叠加"。

3. 时间稀缺性的最宝贵利用在市场

分工导致每个人只做一件事，但分工能促成一个人做好一件事。农民种粮食，工人制造工业品。农民需要工业品，工人需要吃饭，二者之间通过交换。交换就是市场，市场就是交换、交易场所或平台（这在今天很普遍）。

市场经济，就是因为分工的需要而出现。当然，如果没有市场，分工就不可能出现。于此倒推下去，则可认为市场规模越大，分工就越深化，即分工更加复杂、精细化。而分工的深化，则成为劳动生产率提高的源泉。

因此，人均经济增长，来自分工的深化。也就是说，人均经济的增长，来自市场规模的扩大。这是亚当·斯密揭示出的"秘密"。

人类追求美好生活是天赋人权；而美好生活来自经济增长，来自人均收入增长；人均收入增长来自劳动生产率增长；劳动生产率增长来自分工与专业化；分工与专业化来自市场——经济增长来自市场规模的扩大。

市场经济是建设人民美好生活的更好、更加有效率的"手段"！

社会的一切成员，都必须面对市场！

而企业家则是面对市场加做好市场！

第四节　握手金融

离开金融，就没有现代企业，当然也就没有现代市场经济。

19世纪70年代，马克思曾预言，资本主义末日的丧钟已经敲响，其最后一响就是伦敦金融机构的垮台。稍后，马克思惊异地发现，伦敦金融机构不仅没垮台，也就是说，资本主义已经敲响的丧钟不仅衰减，竟然还无声息地戛然而止。仔细研究与审视的结果，是金融产业与实体产业的结合即资本产业与实体产业的结合，不仅挽救了"垂死"的资本主义，而且奇迹般地焕发了蕴藏于资本主义体内的顽强生命力。于此，马克思不仅公开地承认自己的"失误"，并立即将已送印刷厂排好版，即将付印的《资本论》第二卷召回重新大修订，并提出资本主义不仅不会马上灭亡，甚至还会较长时间地统治世界的结论。经恩格斯细心修订的《资本论》第二卷，系统地阐释并科学地发展了马克思的这一理念。

于此，学界认定马克思主义延续了资本主义。《资本论》成为影响近代人类思想与行动的最伟大的著作，笔者在《走出金融风暴——世界没有末日》④中谈到，当有史以来世界最强烈金融风暴来袭之时，《资本论》又再次成为西方抢手的著作。

一、金融的本质

1. 经济、金融、资本的概念认识

弄清楚金融的本质，先要弄清楚经济、金融、资本三者的界定与关系。

经济是价值的创造、转化与实现，是指对人们生产、使用、处理、分配一切物质这一动态现象的总称。

金融是货币资金融通的总称，主要指与货币流通和银行信用相关的各种活动。主要内容包括：货币的发行、投放、流通和回笼；各种存款的吸收和提取；各项贷款的发放和收回；银行会计、出纳、转账、结算、保险、投资、信托、租赁、汇兑、贴现、抵押、证券买卖以及国际间的贸易和非贸易的结算、黄金白银买卖、输出、输入等。

资本是人类创造物质和精神财富的各种社会经济资源的总称。资本可以分为制度或社会生产关系资本，它的提升或增值由社会政治思想等变革来实现。

狭义的资本则是指经营工商业的本钱，特指经营工商业活动的货币、人力（管理者、经营者、劳动者）和物力，本文主要采用狭义的概念认识（在其《理论篇》中也用到了广义的资本概念）。

2. 经济、金融、资本三者间的关系认识

广义地讲，经济包含了金融、资本。或者说，金融、资本是经济学的分支。而资本也可以说是金融学的分支。狭义地讲，三者在现代市场经济体系中血肉相连。最生动、形象（但不完全科学）的比喻是：经济就好比人体；金融就是人体的血脉（含血液）；资本就是人体存在与活动所需要的营养物质主体饭菜水等具体实物。

人体的健康状况可以从血脉（金融市场）的状况做出一定的判断，而资本（食物）的运作与质量则一定会直接影响到金融（血脉）。

3. 金融的本质

金融的本质是增殖（值）。

为什么用"殖"？即"生育"，形象地讲，"钱生钱"。

能"生钱"的钱叫"资本"；不能生钱的钱只能叫货币。

4. 金融的三个功能

金融通过其三个方面的功能发挥其作用，做到钱生钱。

第一，为有钱人理财；

第二，为缺钱人融资；

第三，为实体服务。

金融以增殖为目的；以杠杆为手段；以信用为基石；以风险为边界。四者缺一不可，且四者相互作用，相互依存而形成一个大的循环动作系统。注意，这里强调"循环动作"四个字。也就是说，金融系统永远是动态的系统——生命在于运动。

尤其，金融的生命系统是围绕着实体进行的。否则，金融无立锥之地。2008（或曰2007）年美国引发的全球性金融风暴，笔者的感性出发点则是其金融衍生产品太多，尤其脱离了实体经济而酿成的恶果。

当然，金融产业（资本产业）与实体经济之间的关系纯粹比喻为"毛"（金融产业）与"皮"（实体产业）的关系太简单化了。但很形象，方便，便于直观认识二者关系。

二、金融与经济的辩证关系认识

1. 金融是经济发展的结果

金融是指货币流通和信用活动以及与之相关的经济活动。

金融有广狭义之分，狭义的金融就是指资金融通。广义的除资金融通外，还包括金融机构体系和金融市场的构成。

金融是商品货币关系发展的必然结果。

目前，人类社会处于传统的货币经济向金融经济转化的过程之中。这一过程除来势汹涌之外，还有更多我们人类尚未认知的领域存在。这一点是对人类和人类经济活动的巨大挑战。例如发生于2008年的美国因次贷危机引发的金融风暴，迅速波及全球，形成有史以来的最大金融危机，并因此形成初步的全球性经济危机，就是一个大例证。尽管笔者在《走出金融风暴——世界没有末日》中明确世界一定能走出金融风暴，认定世界没有末日，其理性认识也仅仅是从人类近代经济活动形成的经济活动规律出发而得出的结论。其感性认识是其金融衍生产品脱离了实体经济的结果。直至今日，学界对这次史无前例的金融风暴的认识也是有一定模糊性的。

2. 金融促进经济的发展

从最早的金融活动——货币充当交换媒介，到垄断资本主义阶段的金融资本与金融寡头，再到当今国际金融业的迅速发展，金融发展的每一次演进都对经济的发展起着重要的促进作用。

通俗地讲，资本主义制度产生以来的经济危机的产生、爆发与治理，相对时期的经济发展到再次经济危机的来袭与再治理、再发展，金融的功能与价值实现均"功不可没"。

经济危机的过程实质上是对该国该地区乃至全球货币价值重新寻求和再认知的过程。

过去、现在和未来或较长的一定时期内，经济危机有效治理的结果，将推动经济社会的协调发展。

认识这一切，很有必要重温马克思的伟大教导：

"无论哪一种社会形态，在它所容纳的全部生产力发挥出来之前，是绝不会灭亡的；而新的更高的生产关系，在它的物质存在条件在旧社会胎胞里成熟以前，是决不会出现的。所以，人类始终只提出自己解决的任务，因为只要仔细考察就可以发现,任务本身只有在解决它的物质条件已经存在或者至少是在生存过程的时候,才会产生。"⑤

三、金融在现代经济中的核心地位⑥

金融在现代经济中的核心地位,可以从下面六个方面反映出来。

1. 经济货币化程度日益加深

作为经济货币化,是指经济活动中以货币为媒介的交易份额逐步增大的过程。他可以用广义货币 MZ 占 GDP(或 GNP)的比值来表示,随着转轨进程的基本完成,货币对经济发展发挥的作用将越来越大。

随着经济货币化程度的加深,信用的发展以及各种金融工具的出现,整个经济的金融性日益突出,这就形成现时的"经济金融化"。

2. 以银行为主体的多元化金融体系已经形成

金融体系是指在一定的历史时期和社会经济条件下,各种不同的银行和金融机构形成的不同层次和系统及其互相关系的组织体系。由于各国所处的环境条件差异,其金融体系也不尽相同即多元化。新中国已建立的尚不完全的市场经济体制,同最优金融体系建设的要求还有较大的差距,还需要通过改革以实现需要。

3. 金融创新方兴未艾,货币形式正在发生变化

金融创新是变更现有的金融体制和增加新的金融工具,以获取现有金融体系和金融工具所无法取得的潜在利润。金融创新在我国将主要依靠社会经济机体的内部力量来推动。这一推动正加大力度。其前景可预期。如国有银行的股份制改造,深圳中小企业板块的建立等。

货币形式的变化在今天表现为电子货币出现并迅速广泛使用,为储值卡、电子支票系统、信用卡系统及电子现金等。与之相关的还表现在电子货币的替代货币即数字货币和密码货币等。

4. 经济主体的持币动机发生转移

经济主体是指在市场经济活动中能够自主设计行为目标、自由选择行为方式、独立负责行为后果并获得经济利益的能动的经济有机体。宏观地说,包括政府、企业和个人。

其持币动机可以分为交易动机、预防动机和投机动机。

经济主体的持币动机发生转移。由于货币形式的变化,以及金融市场的

不断完善，经济主体持有货币的动机已经不是为了交换或预防未来不确定性支出的需要，而是更注意持有货币的机会成本和持有货币本身带来的收益，即货币已经成为一种真正的资产。

5. 金融调控已经成为主要的宏观调控方式

在传统的商品经济中，货币作为交换的媒介只是被动地推动着生产的发展。而在现在的金融经济中，信贷、利率等经济杠杆引导着货币在经济活动中流转，从而使货币作为第一推动力和持续推动力引导着生产要素的转移。正因为有了这一变化，以实物货币政策为主要方式的金融调控就比传统的市场调节显得更有效。利率水平能够更好地反映经济活动的状况，它成为国民经济活动的主要调节手段。中央银行也因此成为现代经济中主要的宏观调控主体。

6. 金融深化已经成为一国经济发展的必经之路

所谓金融深化就是放松对金融市场和金融体系的过度干预，使利率和汇率能够充分反应资金和外汇供求情况，并能有效地抑制通货膨胀。由于在经济活动中，金融与经济关系息息相关，所以，金融深化必然会不断促进经济良性增长。

金融深化的实质是要求实行金融体制的改革，使之能更好地发挥金融产业在现代经济中的核心作用。

金融深化是当代国家经济发展的必由之路。

现代经济以金融为核心，信贷一定程度上就是金融信心、信用、诚信"三信"的代名词。货币信贷快速增长，有利于打掉通缩预期，提振市场信心，防止陷入通货紧缩与经济下行相互强化的恶性循环。例如2017年以来的所谓"3P"项目，为什么财政部连续发文强制性加以规范？即是因为3P项目强调以地方政府信用为依托，银行往往难以准确及时地获得地方政府的信心，一旦地方财政出现困难，无疑将严重影响银行的信贷资产质量，即作为"信用业"的信用质量。

四、握手金融

自2016年至2018年底，我国民营经济下行压力加大的原因之一就是"融资难"，是为首要。

2018年11月1日，习近平同志主持的民营企业座谈会上，企业家向总书记倾诉的心声、倒的苦水中有"融资难"且"融资贵"。

座谈会后,中央各部委及各省、市、自治区政府陆续发出的大力发展民营经济的举措中,加大对民营企业,尤其是中小微民营企业的融投资倾斜力度,大力扶持民营企业、发展民营经济成为新常态中的特别亮点。

1. 中央各大银行加大支持民营企业贷款的措施与力度

自习近平同志2018年11月1日讲话发表后,金融监管部门就破解融资难、融资贵问题密集宣布了一系列支持举措,可谓重磅不断。各类金融机构对民营企业融资纷纷表态大力支持。

2018年10月9日中国银行发布"中国银行支持民营企业二十条",从优化授信政策,提高服务质量、效果,加强资源配置,健全职能免责,拓宽融资渠道,降低融资费用,完善服务模式,创新产品服务等八大方面重新全面梳理民企贷款,对可能不利于服务民企的条款进行修订或废止。

其后,中行与春秋航空、金风科技、亨通集团、特变电工、沙钢集团、玖龙纸业、富通集团、长城汽车、大疆创新、三一集团、均胜集团、永辉超市等多家各行业龙头民企签署了"总对总协议"。

工商银行已于2018年10月即与100余民营骨干企业举行座谈会,并于会后订"总对总协议"。涵盖装备制造、食品饮料、环境保护、交通运输、IT与电信、纺织、化工等行业。

农业银行则借助其在县域金融业务的传统优势,支持民企融资在其出台的《关于进一步巩固提升县域市场竞争力的若干意见》中,从突出重点深挖县域客户潜力,着力完善县城对公"两户"上量提质,优化完善农户贷款业务支持政策、差异化推进县域网点战略转型,不断创新优化"三农"产品和信贷政策,进一步强化县域业务资源配置和刚性约束等方面,出台了一系列政策措施。

建设银行在2018年5月率先宣布将普惠金融确定为全行发展战略,在确立"住房租赁、金融科技、普惠金融"三大战略的基础上,又相应出台了完善三大战略的相关举措,至今为止,小微企业贷款客户新增15.5万户,占据同业领先地位。

央行行长易纲在"两会"期间提出了"三档存款准备金率"即大型银行为第一档,中型银行为第二档,小型银行特别是县域的农村信用社、农商银行为最低的一档,使得存款准备金率有个更加清晰透明的框架。

2. 中央政府部署金融支持小微企业

2019年4月17日,李克强总理主持召开国务院常务会议,确定进一步降低小微企业融资成本的措施,加大金融对实体经济的支持。

会议指出,坚持不搞"大水漫灌",实施好稳健的货币政策,灵活运用货币政策工具,扩大再贷款、再贴现等工具规模,抓紧建立对中小银行实行较低存款准备金率的政策框架,针对融资难、融资贵主要集中在民营和小微企业的问题,要将释放的增量资金用于民营和小微企业贷款。

此外,扩大债券融资支持工具,确保今年民营企业发债融资规模、金融机构发行小微企业专项金融债券规模均超2018年水平。

会议指出,进一步加大工作力度,确保小微企业融资规模增加,成本下降,促进就业扩大和新动能成长。

会议也指出,通过政府性融资担保降低企业融资费用,中央财政继续安排资金,实施小微企业融资担保降费奖补政策。国家融资担保基金年度支持小微企业2000亿元担保贷款,户数10万户以上。强调各地要尽早实现单户担保金额500万元以下,小微企业担保费率不超过1%,500万元以上不超过1.5%的目标。

本次会议还指出,要引导银行提高信用贷款比重,降低对抵押担保的过度依赖。清理规范企业抵押登记、资产评估、过桥等附加费用,有关部门要对企业融资中不合理和违规收费联合开展专项检查,减轻企业负担。

3. 银保监会发出《关于开展加强金融服务民营企业监督检查工作的通知》(以下简称《通知》)

银保监会4月11日下发《通知》称,监督检查工作要点至少六大方面。重点包括贷款尽职免责和容错纠错机制是否有效建立、贷款审批中对民营企业是否歧视性要求、授信中是否附加以贷转存等不合理条件、民营企业贷款数据是否真实、享受优惠政策低成本资金的使用是否合规等。

4. 中办、国办联合下发《关于促进中小企业健康发展的指导意见》

2019年4月初,中办、国办的指导意见,将大力推进国家级新兴产业发展基金、军民融合产业投资基金的实施与运营,支持战略性产业军民融合产业领域优质企业融资。

5. 握手金融,民营企业家应做到强调底线认识

笔者2019年4月中旬,应四川省园林产业商会邀请,为该会园林民营企

业家（还有其他民营企业家）作关于中央、省级银行强化金融信贷服务小微民营企业相关条例解析讲座，笔者就主要内容摘要于下。

关于"尽职尽责"：就银行方面，该银行按贷款条例、标准做了后，就表明"尽职"。即指贷后管理客户经理实地做了调查，调查内容属实、完整。该发现的发现了，该提示的提示了。如此尽职后如再发生贷款风险，就不能再追究客户经理的责任了。

这是国家银保监会非常接地气的政策性举措。

改革开放40年来，中国金融机构按中央政府的要求，对民营经济自产生、发展、壮大到成规模型气候，所作的金融贡献是极其巨大的。可以说，没有金融业对民营经济产业的有力支持，就不可能有今天的民营经济。

笔者强调了金融业对民营经济发展壮大的巨大支持，促使民营经济大发展之后，话锋一转，尖锐地提出了两个重要问题摆在众多企业家面前：其一是，为什么中央政府于1999年跨世纪时建立四大国有资产公司？其二是，为什么金融业界于2010年前后出台不良贷款问责制度？

会场冷静一会儿后，反响激烈。

笔者总结性地做了回答。1999年，国家组建四大国有资产管理公司，分别对应四大国有银行（华融资产公司对应中国工商银行；长城资产公司对应中国农业银行；东方资产公司对应中国银行；信达资产公司对应中国建设银行），剥离处置四大国有银行常年积存下来的呆账、死账、坏账总额高达1.4万亿元（相当于现在的数十万亿元），以使四大银行能放下包袱，轻装上阵以迎接WTO的加入（特别说明，成立对应的资产管理公司，以剥离处置对应银行的呆、死、坏账，在发达国家银行很少有先例。即使有，也是让资产管理公司盘活处置呆、坏、死账以养活资产管理公司自己，这叫秃鹰举措即秃鹰是吃腐肉生存的，吃完腐肉，秃鹰也就完成使命而消失。美国曾有此举措）。

1.4万亿的呆、死、坏账就是借贷方的"赖账"。

1.4万亿的呆、死、坏账更多的产生于国企乃至央企，但是，我们民营企业也有相应的份额。

尤其，金融业于2010年前后密集出台的数家地方银行的不良贷款问责条例和制度，主要针对的就是民营小微企业的"赖账"行为。

因此，笔者在会上呼吁，我们在座的民营企业家们，要不要重建企业家的信用！重建中国人的信用！重建中华民族的信用！

群情激昂地回答：要！坚决要！

座谈会结束时，笔者获得雷鸣般的热烈掌声。

四大国有银行是国有特大型企业，是央企！是国家金融企业。金融企业是信用企业。离开信用，就不可能有金融企业及金融产业。

中国特色社会主义的民营企业也应该是信用企业。

民营企业家伸向金融业的手，是信用的手，诚信的手，强有力的手！

第五节　高擎科技

本节内容在第十九章《创新是企业的灵魂》中已作论述。在此不必赘述。但预告读者，笔者将结合具体案例，就这个题目编写出一本像样的著述。

在中国，国企尤其央企创新有能力，但动力不足！民企有需求，有动力，但能力有限！所以本著作仅就华为描述了简单的几笔。

注释：

①《不朽遗产——为列宁主义辩护》，中央编译出版社 2015 年 1 月版。

②同上注，2015.1 第 33 页。

③同上注，2015.1 第 332 页。

④《走出金融风暴——世界没有末日》，中国时代经济出版社 2009 年 1 月版。

⑤《马克思恩格斯选集》第二卷，人民出版社 1995 年版，第 33 页。

⑥本目即"三、金融在现代经济中的核心地位"主要摘自《百度文库》2018 年 6 月 30 日发布的《共享文档》。

第二十五章　党组织建在商会是党建新路子

商会是民营企业家之家、是民营企业员工之家。把商会建成党的坚强阵地与堡垒，是新常态经济社会发展的时代要求。党的十六大把加强非公企业党建工作，把非公企业党组织职责写进党章，十八大以来强化全党增强"理论自信、制度自信、道路自信和文化自信"大自信教育，进一步提出抓紧在"非公"组织中加强党的建设，实现"党建工作全覆盖"的要求。

作为中共党建民企党建研究员，也作为成都江津商会顾问小组首席顾问（十余年无报酬服务），我对中共成都江津商会党组织的建立建设工作，特别是其在实践中发展壮大，并发挥重要作用做了详细深入的调查，今报告如下。

第一节　中共成都江津商会党组织建立过程介绍

一、成都江津商会概况

1. 成都江津商会按国务院发布的《社会团体登记管理条例》总则第二条，指中国公民自愿组成，为实现会员共同意愿，按照章程开展活动的非营利性的社会组织，由江津籍在成都地区的民营企业家倡导，经成都市民政局批准，由成都市工商联主管，于2007年7月成立。经过9年的发展，该商会由成立时的几十家企业，发展到现在321家企业，涉及21个行业，固定资产投资达157亿元，就业员工7万余人，法人刘德华。

2. 成都江津商会现已真正成为江津籍民营企业家之家，成为7万余员工之家，是一个朝气蓬勃，富有生机活力的社会组织。

二、中共成都江津商会党组织建立建设概况

1. 2008年8月，经中共重庆市江津区委组织部江组（2008）128号文批准，成立中共成都江津商会总支委员会。

2. 2016年4月，经中共重庆市江津区委津组组（2016）11号文批准，成

立中共成都江津商会党委，并撤销原中共成都江津商会总支委员会。

3. 中共成都江津商会第四次代表大会于2016年5月6日下午选举产生了以宋其才为书记，刘德华为副书记，刘开文、彭岭、龚继周、刘文健、刘焕元、苏玉玲（女）、饶建9人组成的中共成都江津商会第一届委员会。党委成员有明确的组织分工。党委会下设党委办公室。

4. 中共成都江津商会党委现有12个直属党支部，有党员132名。

5. 中共成都江津商会党委由中共重庆市江津区委领导，由中共成都市金牛区委组织部代管。

三、中共成都江津商会党组织建立建设发展详情

1. 成都江津商会成立时，民营企业中建有3个党支部：中共安信物业公司支部；中共成都渝富桥公司支部；中共成都雪域乳业公司支部。3支部共有党员16名。3支部所在公司负责人中有罗树林、刘开文，是年逾70的老党员。3个党支部既是民营企业较早建立的党组织，更是建立成都商会党组织的坚实基础。

2. 已建支部的老党员积极倡议成都江津商会建立党组织

2007年7月，成都江津商会建立伊始，就有老党员罗树林（商会副会长、原中国农资总公司重庆办事处主任、现重庆江津利华集团公司董事长）、老党员刘开文（商会常务副会长、四川武盾实业公司董事长）、老党员李济琛（四川大学非公有制经济研究所所长、民企党建研究员、商会首席顾问）等老同志多次积极建议商会建立党组织，把商会会员企业中的党组织建成坚强的战斗堡垒，以充分发挥党在民营企业中的引导作用，保证民营企业在党的路线、方针、政策领导下建设发展，保证国家宪法、法律、法规在民营企业中坚决地贯彻执行。与此同时，几位老党员还根据时任商会执行会长、秘书长刘德华（原军工企业江津长风机械厂工会俱乐部主任，已退休）和常务副会长彭岭（四川希尔顿公司董事长）的热心公务，积极为商会会员企业服务，为员工服务热情高，公益活动和协调能力强，各方面素质较好的优点，积极培养俩人为入党积极分子，并成功发展两人成为光荣的中共党员。事实证明，俩同志入党后为商会发展壮大，为商会党组织的发展壮大起到了很实在的重要中坚作用。刘德华现是商会执行会长，中共成都商会党委副书记。彭岭现是商会常务副会长，中共成都商会党委委员。几位老党员发展刘、彭二人入党，得到商会会员企业家和员工的广泛好评。更有民主建国会会员曹

型勇（四川科维实业有限公司董事长）认定：刘开文等几位老党员眼光独到，把刘德华、彭岭这样两位优秀企业家发展成中共党员，为共产党增添了新鲜血液。

3. 中共成都商会党组织的建立、建设和发展始终得到上级党组织的高度重视和坚强领导

成都江津商会积极申请建立党组织的想法，经成都江津商会副会长、成都格里特科技公司董事长周晏羽等几位党员讨论，得到充分肯定。经区委组织部认真考查、严格审查后，很快批准建立党总支。2008 年 8 月，江津区委常委、组织部部长万相兰与区委常委、统战部长周德勋率江津区委组织部、江津工商联相关干部到成都，会同中共成都市金牛区委组织部长辜学斌、成都工商联党组书记、工商联主席等在成都江津商会会议室宣读中共江津区委组织部（2008）128 号文件，正式成立中共成都江津商会总支委员会，由周晏羽任总支书记（周在 2010 年离开成都）。按当时有关规定，由中共重庆市江津区委组织部与中共成都市金牛区委组织部，双方正式签定了由中共成都市金牛区委组织部代管中共成都江津商会总支委员会的协议。至今，中共成都市金牛区委组织部始终如一地认真履行了对中共成都江津商会总支（党委）的领导工作，有力保证了成都江津商会党组织的建设与健康有序发展，有声有色地进行，并取得了较为显著的成绩。到 2016 年 4 月，中共成都江津商会党总支已发展到有 12 个党支部，132 名党员的规模。根据发展需要，商会党总支向中共重庆市江津区委组织部提出了建立中共成都江津商会党委会的申请，并很快得到批准。

第二节　中共成都江津商会党组织四大建设与发展

中共成都江津商会党组织建立 8 年来，坚定不移地按照党章要求、按照党中央及各级党委要求，全方位开展党组织建设、发展工作，在思想建设、组织建设、作风建设、纪律建设诸多方面取得显著成绩的同时，并为成都江津商会的发展壮大，为商会会员企业的发展壮大，为商会会员企业员工的整体素质提高和权益维护、收入增加和生活水平质量提升作出了贡献，为国家税收增加作出了贡献。

▶ 民营经济与中国现代化

一、思想建设

1. "学习是前进的基础。"党总支成立伊始，就坚持发扬毛泽东同志思想建设摆在第一的建设思想。民营企业家加入党组织，是我党根据中国处于社会主义初级阶段这一具体国情的一大创举。正如我党建党初期，毛泽东同志根据当时中国处于半殖民地半封建社会阶段的时代特征，大力组织和发展中国贫苦农民入党一样，首先解决入党积极分子思想入党的关键，即使已经入了党的同志，也始终要坚持思想入党的继续努力。毛泽东同志针对中国农民不是纯粹的无产阶级的说法，创造性地提出中国农民其阶级地位不是工人阶级即无产阶级，但他们作为中国无产阶级的革命同盟军，有坚决进行革命的要求与行动，就可以加入党组织，其解决非无产阶级的阶级属性问题，首先是思想入党。而思想入党则必须通过艰苦的学习活动与过程。毛泽东的思想与实践，创立了伟大的毛泽东思想体系。而其辉煌成果则是中国新民主主义革命的代表人类历史新纪元的伟大胜利。

中共成都商会党组织组织多次党课学习、党章宣讲、从思想上强化党员、入党积极分子与企业家的专项教育，收到很好的效果。同时联系改革实际、国际形势、商会实际、商会会员企业实际，多次举办各种类型的形势报告会和专题讲座，全方位提升大家素质。尤其，商会党组织聘请的专家教授举办的各种类型的讲座，都是高质量、紧密结合实际的，使听众受益匪浅，使大家逐渐认识到商会和会员企业建立和强化党组织建设，既是执政党自身建设的需要，更是商会、企业和所有社团组织的发展建设需要。企业稳健发展、做大做强离不开党的坚强领导，离不开党的路线、方针、政策的指引，离不开宪法、法律的坚强保障。商会会员企业通过实践案例，也逐渐认识到企业党组织和商会党组织强化党建工作，既有助于企业家和企业员工表达自己的政治诉求和合法要求，更有利于通过党组织增强企业凝聚力、向心力和竞争力，亦有助于企业家进一步了解明确党和国家的大政方针，把握企业的正确发展目标与方向。笔者在调研中，众多企业家几乎一致认定：我们民营企业家，几乎都是打工仔出身，自身文化水平低，素质不怎么样，眼界也较低，更缺乏战略理念与动力，经过商会和商会党组织的各种学习活动，我们自己也感觉到变了一个人。我们的变化，连我们的另一半（妻子或丈夫）也感到惊奇。企业员工也深刻感受到加入商会并经过党组织的各种教育学习后，老板们变得理性与实在了，也开始懂得尊重我们打工仔了。

2. 通过正反企业家典型案例，强化思想建设。改革开放大潮中，经济发展与社会变革中民营企业家迅速崛起而成为当代中国的一大精英群体，于此方面，党组织在会刊、网站与报告讲座中大力宣讲，特别针对商会自身优秀企业家大力宣传、表彰。这个群体通过奋斗，对社会发展、强大国力、人民生活水平提高作出了显著贡献。但是，毋庸讳言也有极少数民营企业家因为素质低、思想觉悟差，也因为钱挣多了，被吹捧得昏了头而迷失方向，从而走上了官商勾结、权钱交易，甚至越货杀人的犯罪道路。商会党组织抓住典型案例，如震惊中外的四川汉龙集团的刘汉与刘勇兄弟的犯罪事实，就是对民营企业家成长的最好反面教材。这个案例对商会企业家们震动甚大。民营企业家保持思想先进，身正、气正仍然是新时期的重要议题。

3. 采用多种形式对广大党员进行教育。党组织建有百名党员微信群，商会网站有专门的党建栏目。凡是中央、省、市的重要方针、政策都经网络宣传、学习、交流总结。在网络上对党的基层组织和党员进行常态管理，经常在线通报党组织和党员的工作学习情况。党委和下属各支部每逢重大节日都组织文艺活动或体育活动、歌咏比赛、诗歌朗诵等活动。2012年建党91周年总支组织歌咏赛表彰先进基层党组织、优秀党务工作者、优秀共产党员；2013年各党支部开展学习井冈山精神演讲比赛，党委组织了28名党员、32名企业领导、24名入党积极分子前往已故国家主席杨尚昆故里开展以庆祝中国共产党建党92周年为主题的革命传统教育，4名新党员在本次活动中宣誓。此活动受到全国工商联网、新华网报道。2014年党总支在太成宾馆举行党员、非公企业企业家、省市有关部门领导、重庆市江津区有关领导等156人参加的以歌颂党为主题的文艺汇演，各支部的选送节目深受观众欢迎，获得较高赞誉，评出了优秀奖、三等奖、二等奖、一等奖，市工商联和江津区领导为其颁发奖金和锦旗。2015年4月24日组织基层党支书记，党员56人去阆中红军园参观学习，商会副会长李云鹏现场向党组织递交入党申请书。2016年3月3日商会党总支就发出了"两学一做"通知。3月22日召集党总支委员、基层支部书记、部分党员学习中办发出的"两学一做"方案，研究实施意见，此活动立即得到全国工商联网转载。

2013年6月3日~6日，成都江津商会和商会党总支深入企业和基层党支部开展理想信念教育培训。党员、入党积极分子、企业中层干部、职工骨干共计146人参加培训。培训活动以"弘扬井冈山精神　坚定理想信念　实现中国梦"为主题，讲朱毛井冈山会师的历史背景，井冈山精神的精髓，企业家和共产党员的政治责任、个人责任、社会责任，企业家和共产党员的理想、信念等。商会执行会长刘德华在主题宣讲中强调："学习井冈山精神要站在历史发展的高度，站在人类斗争史的高度。井冈山精神是中国革命的伟大精神，它和长征精神、延安精神、西柏坡精神、5·12汶川抗震救灾精神等共同铸就了中国共产党的伟大与辉煌。学习井冈山精神，不仅对于一个政党、一个军队、一个民族、一个国家有意义，对于个人、家庭、单位同样有现实意义。"

大家在讨论中还说：井冈山精神告诉我们困难不是问题，条件不是问题，思想和作风才是关键。只要理想信念正确，作风顽强，敢于拼搏，明天就一定会更美好。

二、组织建设

1. 在强化思想建设的基础上加强组织建设，是中共成都江津商会党总支8年来坚持抓好党的组织与发展工作的前提。党总支要求全体党员积极发展入党积极分子，为发展和壮大党组织尽党员责任与义务。8年来，党员由当初的十多人，发展到今天的百余人，这在民营企业中是不容易的。其中，对于素质较高、基础条件较好的民营企业家，注意专门培养，收效显著。现在党委成员中，9人中有7人是民营企业家。而且6人是党总支建立后发展的。商会会员企业中，有15个企业董事长或总经理是中共党员。当然，这一数量在321家企业中的比例还很小。影响合格的民营企业家入党的原因有很多。如少数民营企业家在此前已加入各民主党派。通过调研，笔者深感民营企业家入党还需要各级党委加大力度。笔者于2008年为纪念改革开放30周年出版的《民营经济与中国现代化》[①]专著中，专节阐述了民营企业家作为中国公民是当家做主的人民的组成分子，是社会主义国家的主人。作为企业业主，是社会主义建设的主体，是财富的创造者，是纳税者，是社会主体构成分子。作为社会主义初级阶段的中国，民营企业家（业主）既是社会主义的主人，又是社会企业的主体，其双主地位决定了他们是社会主义初级阶段的精英群体。对于这个群体，如果用新民主主义革命时期的以财富、财产、资本划分阶级属性的方式来划分阶级，从而将这部分精英群体划分成社会主义另类或"革命"对象，那就是对马克思列宁主义的最大误读乃至背叛。仇富心理、仇富理论是封建观念。笔者在《不朽遗产——为列宁主义辩护》[②]专著中也专章论证了马列主义政党在执政后已经不再简单地是革命阶段中的无产阶级而是工人阶级政党的概念了。因为执政，特别是马列主义政党的执政，在本质上已经是对包括社会主义社会的人在内的所有社会资源、社会资产、社会资本、资金在内的保值与增殖行为，是对解放和发展生产力、增大增强社会财富，以不断地满足最广大人民群众日益增长的物质财富需要的所有者与责任主体了。就此，社会主义初级阶段的工人阶级政党与新民主主义革命时期的无产阶级政党是有显著区别的。"贫穷不是社会主义"是马列主义！社会主义是人类最美好、最辉煌的社会制度，其基础就在社会财富的极大丰富。而作为民营企业家群体，正是创造财富涌流的社会精英群体，既是社会主义社会的主人与主体，又是社会财富的创造者，当然是执政党的基础、中坚力量。至于当前最被人民群众诟病、最痛恨仇视的腐败，如分配不公、权钱交易、资源分配不公等现象，绝不是财富创造者的错误和责任。当前中国社会正在蔓延的仇富、仇视企业家的思想观念，是非常危险的，如形成思潮将再次毁掉社会主义中国大踏步前进的历史性机遇。以习近平为代表的中国共产党人的坚决反腐败的动机和目的之一，是为了公平、公正地解决资源分配和财富分配，并以此加大社会财富增加的创造力，即更好地解放和发展社会主义生产力，以使社会财富真正涌流，以实现民族复兴、国家强大、人民幸福的中国梦。

因此，积极培养和发展符合条件的优秀民营企业家入党是我党建设新经济常态的重要任务之一。否则，我们将重蹈历史覆辙，将失去实现伟大中国梦的历史性机遇——这是笔者专题调研中共成都江津商会党组织建设和发展的初衷。中共十八大确立的进一步解放思想，进一步解放和发展生产力，进一步激活和增强社会活力的深化改革的思路是正确的。为深化改革、扩大开放而努力奋斗，是我作为党员学者的使命与责任。

2. 坚持定期召开党总支委员会。8年来，每月一次的党总支委员学习会雷打不动。会议就组织建设、入党知识分子培养、党课学习内容、专题讲座题目与对象进行例行讨论并形成决议。总支委员如要缺席会议必须请假并经批准。会议作记录，形成的决议要落实。

3. 不定期地召开各支部书记会议。认真研究各支部对入党积极分子的培养状况，对预备党员的审查批准，入党宣誓的举行。

4. 党总支、各支部负责人坚持列席企业关于战略发展、市场研讨等会议，参与企业重大决策，支持职工代表大会开展工作。支持股东会、董事长、监事会和经理（厂长、业主）依法行使职权。

5. 与商会领导班子举行联席会议。遇突发性事件，如5·12汶川大地震、芦山地震等抗震救灾活动的应急处置、向灾区捐赠，组织江津籍老乡每年一度的迎新年团拜会，外出学习、考察活动与友好兄弟商会联谊会等活动安排，都由商会领导班子与商会党总支联合组织并联合行动。

6. 重大活动事前向主管、托管上级党组织请示，获得批准后付诸行动，活动后向主管、托管党组织口头或书面汇报。严格遵守下级服从上级，不搞无组织、无纪律的活动。

7. 年终向主管、托管的上级党组织作出组织汇报。

三、作风建设

民营组织中党组织的作风建设如党组织建设一样，是一个全新的课题。在此方面，中共成都江津商会党总支（党委）也作出了有益的探索。

1. 彻底铲除"官本位"观念与作风

"官本位"是中国封建社会的产物。而与"官本位"紧密相关的是"官本位"观念与作风。而这一观念与作风至今在我们执政党内还甚有市场或影响。多年来，党内较严重的腐败现象与事实俱与"官本位"观念与作风相关联。十八大以来中央于此正在下大力气给予整治。其中，去"官本位"应该是重点之一。

民企党组织的领导不是官。因为民企党组织不像国企那样是上级党委的下属组织，是上级党组织的自然延伸或"派出"组织机构，国企党组织的"官本位"可以说有"原生性"，而民企则没有这种原生性。因此，"官本位"就自然"去除"掉。这是民企党组织与国企党组织的最显著区别。国企党组织代表执政党在国企执政——通过本国企干部任命与管理而实现。民企党组织的建立与组成虽然也经上级批准，但不是任命。但是，按照党建原则，民企党组织在民企中也要全面贯彻落实党的各项方针政策，强化党的领导。那么，怎样履行执政党的职责呢？8年来，成都江津商会党总支的一班人在实践中"创新"出一套思路与实践路子。

（1）总支一班人严格按照党章党规党纪要求自己，处处以身作则，事事起模范带头作用。如向灾区捐物捐款，总支部成员人人带头，那怕是靠菲薄的"打工费"生活的非企业家,也能起带头作用。如芦山地震救灾,纯粹靠"打工"生活的总支书记宋其才,当场毫不犹豫地捐资3000元,刘德华捐资5000元,办公室打工的小年轻也多少捐赠点。

(2)不是官,但为企业排忧解难,利用党组织的影响力和总支委的个人人格魅力,尽自己的能力,加上可能的关系力量,通过正常的组织渠道多次获得完满的解决结果。典型案例是2013年,会员企业重庆聚友建设工程公司在攀枝花工程招标中中标1900多万元工程。四川经济日报驻攀记者站站长陈军找项目经理索要150万元,否则将运用记者站站长权力废标。商会得知情况后,会同党总支当即向省纪委、省新闻出版集团纪委报告。经调查核实后,出版集团纪委对该记者站站长作出注销其记者证和开除处理,并书面回复商会。此举既保证了会员企业利益,更彰显了反腐正义。在大快人心的同时,大大增强了商会党总支的凝聚力、向心力。再如2011年至2014年,四川安和水利水电工程有限公司在四川甘孜州地区投资10亿元建设10万千伏水电站。建成后由于各种拿不出手的台前台后原因而使电站不能验收并网发电,给该公司造成巨大经济损失。商会知情后,会同党总支经合法渠道将实情反映到省发改委能源局,通过规范的整改,很快解决了验收与并网发电难题。又如2012年7月,商会专委会会员企业进鹰草业公司,在运送花木中压坏乡村公路,承包人公司总经理骞进按对方要求赔付后,对方仍要骞进再拿钱摆平,双方争执并发生群殴。商会知情后,刘德华、宋其才、何生带上法律顾问程积焱驱车来到天马镇,通过与村委会书记协调,了结此事。又如2011年,成都威达建设公司因差欠一温州钢材商材料款120万元,钢材商在京川宾馆摆下"鸿门宴",通知威达公司董事长陈昕到场,陈昕当时也想以社会力量以恶制恶了结。商会知晓后,以商会和党总支名义主动给公安部门报告请求协调,使双方达成还款协议,避免了又一次恶性群殴事件。

2. 确立"为人民服务"理念,不是"公仆",胜似公仆。党总支一班人因为不是官,但却始终自觉地将自己置于为商会、为商会会员企业和全体员工服务的地位,除了帮助会员企业排忧解难,维利维权外,更多地是帮助企业员工解决难题。帮助解决会员企业子女入学、当兵、入户。闪电集团子女入茶店子小学;草坪专委会员工张福均儿子入伍;邱克洪儿子入户;会员企业子女吴新钼农业银行就业等事例众多。于此,商会执行会长兼秘书长、现党委副书记的热心、热情与过人的组织协调能力得到企业家、广大员工的一致赞赏，称他为江津商会的老黄牛、热心牛、能干牛、责任牛。在会员企业急难时，商会与总支委联系给力，为威达公司协调资金350万元，为四川力信集团协调资金400万元，为警星、警务器材公司协调资金200万元等。以上案例，充分说明为人民服务的不一定要是官。这正如刘德华、宋其才等党员同志发自肺腑的话所证明："我们不是官，没有半点官权，但我们心中有责任力，手中有'神力'。这个'神力'就是党组织影响力和法律法规法力。我们紧紧依靠党组织，运用执政党的组织影响力，出以公心，出于党员责任心而尽自己的责任。共产党组织影响力与法律法规的法力，是我们能力所能及并为企业服务和为员工维权的'神力'。"

3. 公开所有收入、支出账目，不收取分文非分之财物。因为商会是社团组织，党总支不是硬性的"官本位"组织，致使商会领导班子与党总支一班人无贿可受、无财可贪。从会员单位按章收取的会费，一分一文的开支都有明细表可查。商会、党总支的收入账目按月、季、年份都向会员企业公布。外出联系、考察活动、办公活动的经费支出都有报表可查。

4. 民主之风渐强，公平之风渐行，公正之风渐成，公信之力渐立。商会和党总支既无"官本位"，而使班子成员除了无贿可受之外，还有一无官权可用，二无官威可扬，三无官瘾可染，四无官气可长。但是，还要为会员企业服好务，为员工服好务，为党的路线、方针、政策在企业落地生根、开花结果尽责，为国家宪法、法律、法规在企业成为坚强的支撑尽力。除了尽心尽力的无私奉献精神外，真可谓无任何私利可捞。通过8年来的实践证明，商会建立党组织，除了是占领阵地之外，更重要地是闯出一条立党为公的新型作风建设之路：民主之风渐吹、公平之风渐行、公正之路渐成、公信之力渐立。

5. "两学一做"争优创先。积极响应党中央号召，党委、各支部及全体党员积极开展"两学一做"活动。党员们个个争当合格党员、优秀党员，共同努力，力争使非公企业党建工作做得更好。

四、纪律建设

中共成都江津商会党组织建设过程中始终强调党员纪律建设。其经验可总结为：坚持党的领导在民企中，体现为全党与中央保持一致的同时，民营企业与员工在政治上也必须保持与中央一致。

下面，笔者将用事实来证明这一条党的四大建设之路的意义与作用。

第三节　会员企业、员工与商会党总支荣辱与共、风雨同舟

会员企业得发展，国家税收增加，员工素质提高的同时，其工资、福利得提升，幸福感增添，党的凝聚力大大增强是商会和民企建立党组织的初衷和目的。商会建立党组织，不能被某些非党人士或境外别有用心的媒体宣传，乃至挖苦我党是"共产党抢占地盘"。非公有制经济这块阵地，我党肯定要占领，这是理直气壮，无可非议的。但是怎么占领？这又是一道全新的时代课题。这一课题的破解，有赖于我们全体党员。这也是我8年前受成都江津商会筹备组邀请，以江津籍老乡、党员学者身份作为首席顾问的目的。8年来，我始终密切关注商会的发展，尤其为中共成都江津商会党组织的建立与发展出谋划策。在党总支筹备期，就曾盛情选举我为总支委员，但我婉拒。我坚持不直接参与，但始终跟踪并研讨。现在，对中共成都江津商会党委会建立，可以作一初步结论了。

一、新老党员与党员企业家的无私奉献精神和先锋模范作用

1. 成都江津商会建立党组织，是几位党龄长、年龄高的老党员的提议。其后，几位提议的老党员始终抱定"老骥伏枥、壮心不已"的信念，坚定参与支持党组织的建设、发展与壮大。尤其是年事已逾80岁的老党员刘开文，还被选为首届党委委员。党委现有的六名党员企业家，多年来处处以身作则，不仅自身起到优秀共产党员的先锋模范作用，更是用实际行动团结和带领商会会员企业和员工奋勇前进。四川科维实业有限公司子公司总经理、共产党员赵肖，从事公司LED光源应用太阳能交通警示灯产品设计，在公司转型中积极响应，主动把转型当机遇，带领部门同事，毅然选择了"肖肖照明"项目。该项目专注于LED日光灯管的设计与生产，同时为提供室内照明解决方案。赵肖同志一向爱岗敬业，各方面严格要求自己，将自己的前途和发展与公司的命运紧密联系在一起，为企业发展做出了贡献。四川科维实业公司董事长曹型勇说：关键时刻还是靠党组织，有了党组织和共产党员，我们的工作少了许多烦恼，省心、省事、省时，企业的工作质量、职工素质明显改善。

2. 党员过硬的作风带动了全体职工。共产党员的先进性不仅体现在思想上，更体现在岗位上。党员带头树文明形象，他们着装整齐，戴党徽上岗，文明用语、礼貌待人，在各自岗位上早上班晚下班、加班加点多的是党员。

遇有急、难、险、重任务冲在前面的是党员。中共党员、成都市劳动模范、四川武盾实业总公司总经理王莹同志好学上进、爱岗敬业，具有强烈的事业心和责任感，靠着一种责任、一股激情、一份忠诚，用自己的实际行动在平凡的岗位上埋头苦干，任劳任怨，默默奉献，在工作中坚持以人为本，严格要求自己，每每需要加班时，她都是第一个留下来忙到深夜，第二天一早，她又是第一个来到办公室开始一天辛勤的工作。她时刻不忘自己是一名共产党员、劳动模范，在工作中兢兢业业，顾全大局，注重发挥团队协作作用，充分体现了共产党员应有的素质和职业风范。

3. 共产党员以无私无畏的精神感染职工。企业好人好事不断涌现，抗击灾害、阳光助老、捐资助学等活动中，党员都积极主动。在许多又脏又累的岗位上党员争优创先的事迹屡见不鲜。四川安和水利水电工程有限公司2015年初，中标了西藏洛隆县玛曲拥水电站EPC项目，作为公司涉足西藏的第一个工程，公司上下尤为重视。但因西藏海拔高，高寒缺氧，昼夜温差大、日照时间长、风沙大，条件十分艰苦，在成都市生活习惯了的人根本无法适应。公司领导在决定安排到玛曲拥水电站工程技术人员时犯了难。正当公司领导在人员安排上难以进行的时候，汤九林站了出来，没有更多的语言，他说："我是共产党员，玛曲拥水电站建设我报名去。"就这样，汤九林去了西藏玛曲拥水电站项目一线。项目相关人员2015年4月1日进场，但因高寒、缺氧，工人高原反应，设备无法正常启动，开不了工，面对重重困难，汤九林并未退缩，而是带领技术人员因地制宜，根据西藏的气候特点重新规划，顶着严寒，克服高原反应，身先士卒，加强组织协调，经过一个多月的努力，2015年5月24日如期举行了项目开工典礼。该项目仅用了七个月时间建成并交付使用，建设过程中无质量、安全事故，在西藏水电行业传为佳话。月起日落，时间在不断流逝，但共产党员汤九林的脚步从未停歇，从高寒缺氧的青藏高原又走向了烈日炎炎的异国他乡土地，响应国家"一带一路"的号召，去了老挝淮坡四川安和水利水电工程有限公司的第一个海外水电项目。汤九林以高度的责任心、求真务实、不畏艰难的进取精神、安和人"拓荒者·领航者"的水电精神，以实际行动彰显了共产党员的高贵品质，充分发挥了共产党员的先锋模范作用，为公司职工群众树立了一面永不褪色的旗帜。

二、企业出资人为党组织发挥作用提供保障

企业党支部书记纳入了企业领导班子的分工，参与重大问题决策。员工考核，重要人事变动和重要的生产经营活动，由党支部拿出建议意见，为企

业领导决策提供参考。在日常工作中企业老板尊重党组织和党员的建议，有党组织的企业做到了三个满足：一是党组织计划开展的活动优先研究及早批准，及早安排；二是党内重大活动优先实施，一般性工作为其让路，保证时间落实；三是党建所需经费、场所、人员优先安排，保证落实，办公场所紧张也要优先设置党办、党员活动室。

商会历届领导都重视党的建设，本届会长、四川安和水利水电工程有限公司董事长周跃飞主动要求在他的企业建立党支部，并解决党的活动费用、办公用房等。常务副会长、民建江津商会支部主委、四川科维实业有限公司董事长曹型勇主动要求在他的企业建党支部，并在党支部成立大会上当场解决活动经费，落实党支部办公、党员活动用房。四川天艺园林绿化工程有限公司董事长黄远祥说："要把企业做好，做出品牌形象，还是要有党组织，我自己虽不是共产党员，但我是党的人，是党养育培养了我，我要回报党，要支持党的建设，在我的企业建党支部是我的责任，是我的义务，更是我企业的光荣。"作为农业推广专业硕士，黄远祥所在企业多次荣获省优秀企业称号，特别该企业负责施工的沱江河流域项目获得由建设部颁发的国家环境、建设最高荣誉奖——"人居环境奖"。

三、党员履行社会责任，起到良好的带动作用

近年来，在共产党员带动非公企业家和业主参与下，为地震灾区、家乡重庆江津区特大洪灾、阳光助老、捐资助学等捐款 927 万元。2013 年芦山地震发生后，各级党组织领导成员、共产党员纷纷伸出援助之手，非公企业家和业主积极参与，仅一个星期捐款 136 万元。2012 年 7 月 23 日，重庆江津长江段发生百年罕见的特大洪灾，党组织和党员接通知后积极行动，仅两天时间捐款 79.8 万元，其中共产党员龚继周接通知不到两小时就送来捐款 5 万元。商会常务副会长、成都海能实业股份有限公司董事长况勋泽在第一时间内捐赠 60 万元，仅 2015 年他还为教育事业捐款 320 万元；共产党员刘文健为成都市泡桐小学捐资 9800 元买学生安全教育读本。共产党员、常务副会长、成都希顿服饰有限公司董事长彭岭在地震、洪灾、阳光助老中捐款 29.7 万元人民币。在共产党员龚继周、吴应平的带动下，8 位非公企业家和业主今年认养重庆江津区石蟆镇孤儿 9 人，承诺从现在的小学生培养至大学毕业。据不完全统计，商会成立以来，为公益活动已捐赠 1320 万元。

曹型勇，成都江津商会常务副会长、四川科维实业有限责任公司董事长。2013 年，凭借过人的胆量、常识与经验，承建成都环球中心超大室内屏，面积为4080平方米，为世界最大室内LED显示屏，仅使用的发光二极管就达1956万只。该显示屏的建成并使用，轰动全球LED制造业，成为业界翘楚。2015年，62岁的他从电子行业转行生态农业，竟在当年荣获"成都市2015十大创业新星"。

四、增加国家税金，逐步提高员工工资福利，改革红利让人民安享

成都江津商会会员企业普遍得到发展、壮大的同时，给国家提缴的税金也逐年增加。如四川新千里装饰公司于2012年7月建立了中共四川新千里装饰公司支部委员会，党员人数从成立之初的3人发展到现在的13人。党支部充分发挥党的基层组织的战斗堡垒作用，在企业员工中发挥政治核心作用，在企业发展中发挥政治引领作用，使企业生产力不断解放与发展的同时，企业利税大幅度增长。企业员工工资福利大幅度提升。企业产值与税金增长见下表：

四川新千里装饰公司2011年至2015年五年产值与税金表

年份	2011年	2012年	2013年	2014年	2015年
产值（万元）	1429	2018	3052	3500	7200
税金（万元）	69	73	93	180	420

会长企业：四川安和水利水电工程有限公司

2015年　　年产值　　8亿人民币　　纳税4000万元

常务副会长企业：成都海伦实业公司

2015年　　年产值　　2.5亿人民币　纳税6000万元

以上三个民营企业员工工资福利好，生活水平和质量大幅提升，员工们普遍反映，他们分享到改革带来的实惠与成果，是具有幸福感的员工。

从点上看，效果显著。从面上看，现象良好。商会现有321家企业会员中，绝大部分企业为国家纳税的税收逐年增加的同时，企业员工的收入亦逐年增加。这在近两年全国全面经济不景气中是有显著意义的。

企业发展，缴纳给国家的税金增加，企业的再生产能力增强，员工素质、能力提高的同时，其工资、福利提升，生产力得到不断的解放和发展，党的凝聚力不断增强、党的执政基础不断强化——这就是非公企业建立党组织根本的意义与目的。

五、结束语

对中共成都江津商会党组织建立、发展与壮大过程,多年的跟踪与调研,笔者深刻认识到:中共成都江津商会党组织的建立经历了从无到有、从小到大、由弱到强的过程,可以总结出的重要经验有好多条。例如党性强的老党员(如刘开文、罗树林等)的基础作用;党员企业家(如刘德华、彭岭等)的中坚作用;优秀共产党员(如汤九林、赵肖等)的先锋模范骨干作用;优秀企业家(如周跃飞、况勋泽、黄永祥等)的坚定支持作用;广大员工对党热爱的信任、信仰的支撑力作用,等等。而根本性的核心经验则是:党组织与企业、企业员工的生物群落共生性(不简单的是鱼水情关系:鱼水情是鱼儿离不开水,但水则可以离开鱼)作用。于此,笔者通过商会党组织解决思想建设、组织建设、作风建设、企业家入党的案例剖析,得出这一结论。党组织对商会、商会会员企业和商会众多员工而言,不是所谓的行政领导组织与机构。商会(企业)党组织,从行政角度讲,确实处于无"权"的地位。为什么中共成都商会党组织,能建设成为具有一定公信力、凝聚力的基层战斗保垒,在企业员工中较好地发挥了政治核心作用,在企业发展中发挥政治引领作用?江津商会党组织与企业,企业员工在实践中结成了"共生性"的"生物群落共生关系"。这与新民主主义革命时期党和人民群众造成生死与共的"生物群落共生关系"何其相似。而与新民主主义革命时期不同的社会主义初级阶段的根本性区别则是我们党已是执政党。而执政党在执掌一切权力的同时,则很容易受传统文化"官本位"的影响而使少数党员成为"官老爷"而滋生我是官,而我在领导人民群众的同时,是我养活人民群众的理念与作风,从而使自己脱离人民群众而忽视、轻视党和人民群众在未执政时形成的"生物群落共生关系"。中共成都江津商会党组织能够较好地形成战斗堡垒的根本点在于为成功地开启执政的马列主义政党与"非官本位"状态下重新建立"生物群落共生关系"。党组织运用其执政党的巨大影响力(这是社会主义初级阶段非公企业(经济)党组织能够存在的最基本前提),卓有成效地从不同方面帮助企业解决生存与发展问题,并在此基础上帮助企业员工提高工资、增加福利这一根本问题,从而使企业、企业员工认识到自身的发展和壮大离不开党组织,而更愿意从经济、社会地位上解决商会党组织与企业党组织的发展壮大问题——于此,二者有机、和谐地统一成"生物群落共生关系"。(商会)企业的生存与发展离不开党组织;(商会)党组织的生存与发展离不开（商会）企业。也就是说：在社会主义初级阶段的中国：在党的执政地位的合法性不容任何置疑的基础上，党的绝对领导不是如个别党员领导干部那样高高在上，俯视一切、藐视一切，而必须是"去官本位"的服务社会、服务人民，即对于国家、社会体现在通过生产力的不断解放和发展，通过创造"涌流"③的财富以让人民生活幸福的根本目的上。执政党不能不断地解放和发展生产力；而生产力不断解放和发展所创造的涌流的成果（财富）不能体现在广大人民群众生活水平与质量的不断提升上即成果共享上，这不是社会主义，这样的执政党也不可能是马克思列宁主义政党。马克思列宁主义执政党通过党的路线、方针、政策及发展战略的制定与贯彻实施，最大可能性地解放和激活以各种所有制的企业为主体和所有劳动者的社会活力，并以国家法律法规的坚决执行保障企业活力与企业效益，即是为企业和社会的健康发展服好务，企业和劳动者以资本增殖的成果服务与回报社会，这样良性互动的结果，就一定是具有中国特色社会主义的成功之路，一定是国家强盛、民族复兴、人民幸福的伟大中国梦的实现之路。

附：强化非公经济党组织建设的几点建议

1. 加强新民主主义革命时期的无产阶级政党与社会主义初级阶段的工人阶级政党的区别的理论与实践研究。
2. 强化我党在新民主主义革命时期与社会主义初级阶段与人民群众关系的相同与不同的特点研究。
3. "生物群落关系"的共生性强化研究与实践引导。
4. 符合条件的民营企业家入党的理论深化研究与实践强化。
5. 强化非公经济党建机构的相关政策研究与落地举措，以防止其虚位与虚化现象。
6. 设立非公企业（经济）党建报。

注释：

① 《民营经济与中国现代化》，华文出版社2008年版。
② 《不朽遗产——为列宁主义辩护》，中央编译出版社2015年版。
③ 马克思语。

附：抓党建·促发展

成都江津商会执行会长、秘书长、党委副书记刘德华

2018 年 7 月 18 日

一、基本情况

成都江津商会成立于 2007 年 8 月，原名成都市工商联江津商会。党组织于 2008 年 11 月建立商会党组织，2016 年升格为党委，党委下属总支部 1 个、基层党支部 17 个，现有党员 201 人（含 4 人预备党员）。2014 年 10 月经成都市民政局登记更名为成都江津商会，2016 年被成都市民政局审定获得 5A 级商会殊荣，2016 年被成都市社会组织党建学会吸收为理事单位。执行会长、秘书长、党委副书记刘德华被评为成都市社会组织党建学会副会长。11 年来，党组织充分发挥政治核心和政治引领作用，加强对非公经济人士的统战工作，使商会得到健康有序的发展。迄今为止获得重庆市、四川省、成都市、江津区等 40 余项荣誉。

二、商会统战工作的重要性

商会的成员都是非公经济人士，均属统战对象，鉴于商会统战性质，注定了商会是党的统一战线前沿阵地。一组权威数据显示：改革开放 40 年来，民营企业创造 50% 的税收、60% 的 GDP、70% 的创新成果、80% 的城镇就业、90% 的新增就业。

中共中央　国务院《关于营造企业家健康成长环境、弘扬优秀企业家精神、发挥企业家作用的意见》充分肯定了企业家对提高综合国力作出了卓越贡献，加强对民营企业家的统战工作具有必要和重要意义，要充分发挥党的政治核心、政治引领作用，引领企业家们坚定信念跟党走，永远同党中央保持高度一致是商会党建工作的重要任务，我会的党建工作初见成效，2014 年被确定为成都市工商联的党建工作示范点。

三、我们所做工作有如下几点

1. 建立完善工作机制，保证党建工作的正常开展

我会党委有商会党委委员共9人，其中7人是企业老板，班子成员体现了老、中、青三结合结构。有80多岁的老革命，有40多岁的中年人，有20多岁的企业年轻骨干。商会办公室专职工作人员4人，有3人是党员。分别担任书记、副书记、党办主任。商会有大篇幅的党建宣传阵地，商会阵地也贯穿统战工作元素。有专门的党员活动室，商会工作简报由党委和商会共同署名。涉政治、人事等方面的文件由党委和商会共同发文。党委还专门分别建了党委委员群、支部书记群、商会党员群，做到不同级别的文件分级传达。商会会长办公会、理事会都邀请书记参加。

2. 加强宣传培训工作，统一对党建工作的认识——采用多种形式的培训活动，宣传党建工作的重要意义

商会开展了"两学一做""三严三实"等培训活动，组织班子成员认真学习十八大、十九大精神，在会长企业中反复宣传中央精神，建立了支部的会员企业在企业中发挥战斗堡垒作用的作为典范宣传，感染了企业家。组织部分会长和党员到阆中红军园接受理想信念教育，副会长李云鹏在现场提交入党申请书。输送到市工商联组织的弘扬井冈山精神的特色培训副会长邓秀丽归来第一天到商会提交入党申请书。商会会长周跃飞提交入党申请两年多，因受名额限制迟迟未入党，多次请求党委考察，入党意愿强烈。曾经对党认识不够的个别会长也毅然决然地在该企业建立党支部，四川科维实业的董事长曹型勇、四川天艺园林集团公司总经理黄远祥、四川立信集团的董事长潘品金为该企业成立支部拨经费，提供办公场地。

3. 党支部建在会员企业，促进企业健康发展

早在秋收起义后，毛泽东同志提出把党支部建立在连队上。源于党的历史经验，商会注重在会员企业建立党支部。企业的经营决策、人事任免党组织负责人参与其中。协助企业在职工中开展思想政治工作，围绕提高企业的经济效益、理顺政商关系等发挥战斗堡垒作用，促进企业的健康发展。

4. 培养典型，树典型，宣传典型，发挥党员的先锋模范作用

党委在商会各种会议提出注重对企业骨干的双向培养，并帮助企业把优秀员工培养成典型进行宣传，以点带面，为企业培养优秀人才。把骨干培养

成党员，10年来为企业培养了近40名党员。党员在企业真正起到了先锋模范作用。如武盾支部的王莹，从一般员工培养成党员后，努力学习、勤奋工作，使自己的思想素质、业务水平得到很大提高，被评为成都市的劳动模范，并被该公司提为总经理；又如安和支部的汤九林，公司在西藏玛曲水电安装项目没人去的情况下，毅然决然地站出来："我是党员，我去。"时值严冬腊月，他带领团队克服高原反应，按时保质保量的完成了任务。再如我会发展的党员、四川天艺园林集团的副总王丽娜，目前党支部换届被确定为支部书记候选人等等。

5. 弘扬优秀企业家精神，敢于担当勇于奉献

党的政治引领使企业家们清醒地认识到：拥有今天的财富是得益于党的改革开放好政策。企业家们有责任报效祖国、回馈社会、反哺家乡。

他们具有爱国情怀，在国家民族危难面前都能挺身而出，慷慨解囊。5·12汶川地震、4·20芦山地震以及家乡的特大洪灾，通过多渠道捐款捐物近1400万元。

他们具有创新精神，如会长企业四川安和水利水电工程公司在董事长周跃飞的带领下，通过14年的打拼，大胆创新，摸索出一条投资省、进度快、质量高的经营模式服务业主，成为了全国中小型水电行业的领军者。

他们具有工匠精神，如常务副会长企业新千里装饰集团，董事长诚信敬业，管理规范，发扬工匠精神把产品做精做细，得到消费者的高度评价，成为全国珠宝商装行业的佼佼者。

他们具有奉献精神，关爱下一代成长、帮扶弱势群体、参与精准脱贫等公益事业成为商会企业家们的常态。11年来，先后为黄桷小学、支苹中学、江津八中、江津二中、天泉一小、沐川中学、凤场小学、西南财大、光华教育基金会、石蟆爱心教育基金会、雷波村级救助教育基金捐款近800万元。四川科教频道、江津电视台等多家媒体予以报道。为帮助贫困农村脱贫，先后为邛崃包塘村、大邑雷山村、安岳菩提村、蒲江狮子村捐款。

党建工作推动了党对非公经济人士的统战工作。促进了商会工作的全面发展。"路漫漫其修远兮"，我会党建工作在民企的全覆盖还存在相当距离，我们清醒地认识到"革命尚未成功，同志仍需努力"！

主要参考书目

1. 《马克思恩格斯全集》，人民出版社 1977 年版。
2. 《马克思恩格斯选集》，人民出版社 1972 年版。
3. 《列宁选集》，人民出版社。
4. 《毛泽东选集》1~5 卷，人民出版社 1977 年版。
5. 《邓小平文选》1~3 卷，人民出版社 1993 年版。
6. 《习近平谈治国理政》（第一卷·第二卷），外文出版社，2017 年版。
7. 《习近平重要论述学习笔记》，人民出版社 2017 年版。
8. 徐泰来：《洋务运动新论》，湖南人民出版社 1986 年版。
9. 胡希宁、张锦铨主编：《二十世纪中国经济思想简史》，中共中央党校出版社 1999 年版。
10. 赵靖、易梦虹主编：《中国近代经济思想史》，中华书局 1980 年版。
11. 李扬、王国刚主编：《中国资本市场导论》，经济管理出版社 1998 年版。
12. 程思远主编：《中国国民党百年风云录》，延边大学出版社 1994 年版。
13. 黄孟复主编：《中国民营经济发展报告 NO.1》，社会科学文献出版社 2004 年版。
14. 黄孟复主编：《中国民营经济发展报告 NO.2》，社会科学文献出版社 2005 年版。
15. 黄孟复主编：《中国民营经济发展报告 NO.3~4》，社会科学文献出版社 2006 年版。
16. 黄孟复主编：《中国民营经济发展报告 NO.5》，社会科学文献出版社 2007 年版。
17. 叶险明：《"知识经济"批判》，人民出版社 2007 年版。
18. 顾海良：《马克思经济思想的当代视野》，经济科学出版社 2005

年版。

19. 张燕喜、石霞：《〈资本论〉与中国经济理论热点》，中共中央党校出版社1999年版。

20. 马立诚：《大突破》，中华工商联合出版社2006年版。

21. 赵明义、赵永宪等：《科学社会主义中国化问题研究》，山东大学出版社2002年版。

22. 李新、彭明、孙思白、蔡尚思、陈旭麓主编：《中国新民主主义革命时期通史》（初稿），人民出版社1962年版。

23. 贺耀敏主编：《中国近现代经济史》，中国财政经济出版社1998年版。

24. 苏东斌：《制度人假设》，社会科学文献出版社2007年版。

25. 王建中：《资本复兴》，山东人民出版社2000年版。

26. 李学明：《邓小平非公有制经济理论研究》，四川人民出版社2001年版。

27. 凌志军、马立诚：《呼喊》，广州出版社1999年版。

28. 张亚斌：《中国所有制结构与产业结构耦合研究》，人民出版社2001年版。

29. 张云飞：《跨越峡谷》，人民出版社2001年版。

30. 胡耀苏、陆学艺主编：《中国经济改革与社会结构调整》，社会科学文献出版社2000年版。

31. 李国荣：《民营之路》，上海财经大学出版社2006年版。

32. 任杰、梁凌：《中国政府与私人经济》，中华工商联合出版社2000年版。

33. 杨奎松：《毛泽东与莫斯科的恩恩怨怨》，江西人民出版社2001年版。

34. 《十七大报告辅导读本》，人民出版社2007年版。

35. 靳辉明、罗文东主编：《当代资本主义新论》，四川人民出版社2005年版。

36. 高放主编：《科学社会主义的理论与实践》，中国人民大学出版社1990年版。

37. 中国现代化战略研究课题组、中国科学院中国现代化研究中心：《中国现代化报告2005——经济现代化研究》，北京大学出版社2005年版。

38. 曾壁钧、林木西主编：《新中国经济史〈1949~1989〉》，经济日报出版社1990年版。

39. 李济琛：《继承与发展——邓小平理论研究》，中央文献出版社2005年版。

40. 李济琛：《跨世纪中国经济理论问题研究》，改革出版社1996年版。

41. 李济琛、陈志英：《谁主沉浮》，改革出版社1996年版。

42. 厉以宁：《论民营经济》，北京大学出版社2007年版。

43. 李济琛：《千秋功过》，光明日报出版社1994年版。

44. 保育钧：《呼唤理解》，中华工商联合出版社2002年版。

45. 王朝中主编：《开国领袖毛泽东》，上海人民出版社2000年版。

46. 黄孟复主编：《民营经济蓝皮书》，社会科学文献出版社2007年版。

47. 张志勇：《民营经济四十年》，经济日报出版社2019年版。

48. 娄爽编著：《从入门到精通》，中国政法大学出版社2019年版。

49. 滕泰、刘哲、张海冰：《新红利》，东方出版社2019年版。

50. 曹立主编：《推动中国经济高质量发展》，人民出版社2019年版。

51. 王悦：《混改–资本视角的观察与思考》，中信出版集团2019版。

52. 甘德安：《复杂性家族企业演化理论》，经济科学出版社2010年版。

后　记

拙作《民营经济与中国现代化》一书增订再版，本人十分欣慰！

改革大潮中诞生的基本经济制度既是经济体制改革的重要成果，亦是政治体制改革的重要成果。十一年前，时任全国人大常委会副委员长的司马义·艾买提欣然为本著作所作序言中，在对本著作从三个方面作了充分肯定的基础上，特别指出本著作是一本不可多见的值得一读的原创性著作。

十分遗憾，本著作增订再版时，司马义·艾买提副委员长于2018年10月16日离开了我们。拙作在向改革开放四十一周年暨新中国成立七十周年纪念献礼的同时，也以本著作纪念司马义·艾买提副委员长。

十分感谢华文出版社在十年前推出拙作，并在十一年后的今天再次推出本著作！

诚恳地期待拙作能对广大读者认真学习领会贯彻习近平总书记于2018年11月1日在民营企业座谈会上的重要讲话精神有所帮助！亦期望读者不吝赐教，以帮助笔者将拙作的姊妹篇《民营经济与当今中国》完成得更好！

李济琛
2019年3月30日于四川大学